陕西师范大学中国语言文学"世界一流学科建设"成果

晋方言语音百年来的演变

乔全生　王为民　著

中华书局

图书在版编目(CIP)数据

晋方言语音百年来的演变/乔全生,王为民著. —北京:中华书局,2019.8

ISBN 978-7-101-08649-2

Ⅰ.晋… Ⅱ.①乔…②王… Ⅲ.西北方言-语音-语言史-山西省 Ⅳ.H172.2

中国版本图书馆 CIP 数据核字(2014)第 069852 号

本书所用插图,审图号为:晋 S(2019)001 号

书　　名	晋方言语音百年来的演变
著　　者	乔全生　王为民
出版发行	中华书局
	(北京市丰台区太平桥西里 38 号　100073)
	http://www.zhbc.com.cn
	E-mail:zhbc@zhbc.com.cn
印　　刷	北京市白帆印务有限公司
版　　次	2019 年 8 月北京第 1 版
	2019 年 8 月北京第 1 次印刷
规　　格	开本/710×1000 毫米　1/16
	印张 27　插页 2　字数 480 千字
印　　数	1-1200 册
国际书号	ISBN 978-7-101-08649-2
定　　价	96.00 元

目　录

"再接再捷"

——序乔全生、王为民《晋方言语音百年来的演变》

鲁国尧

一

世人都知道有个成语叫"再接再厉",出处何在?《成语词典》都会告诉读者出典,还有它的意义。在唐代,"斗鸡"是很流行的民俗,唐传奇《东城父老传》就叙述一个斗鸡小儿因为得到皇帝的赏识宠爱而荣耀得令万民羡慕不已的故事。由斗鸡而产生了个成语"再接再厉",它植根于汉语过千年而不衰。现抄录《汉语成语小词典》(北京大学中文系55级语言班原编,商务印书馆出版):"接,交战。厉,原作'砺',磨快。语出唐朝韩愈、孟郊联句中孟郊的诗句。指公鸡相斗,每次交锋以前先磨一下嘴。后用'再接再厉'比喻继续努力,再加一把劲。"如今我将"再接再厉"的最后一个字改一下,"再接再胜"或"再接再捷",作为我对乔全生同志的贺辞。许慎《说文解字》:"捷,猎也,军获得也……《春秋》传曰:'齐人来献戎捷。'"段玉裁注:"《小雅》'一月三捷',传曰:'捷,胜也。'"可见我使用"捷"或"胜"皆于古有征。在现代通语里,"接"音 jiē,"捷"音 jié,从修辞考虑,"捷"胜出,"胜"败选,于是在拙文的标题上"成者王"。

我为何用"再接再捷"四字作贺辞?因为全生学棣于2008年在中华书局出版了《晋方言语音史研究》,赢得学界的高评,北京大学故李小凡教授生前曾经指出,研究方言的著作,都有共时的平面描写,但一般缺历时的纵贯追索,而乔全生同志这本书两者均备,特色鲜明,高出一些其他方言的专著。侯精一先生《现代晋语的研究》(商务印书馆1999年)后记云:"晋语的历史研究、古晋语的研究等重要课题几乎还是一片空白。"后在全生《晋方言语音史研究》之序中提及"现代晋语的研究从上个世纪50年代末60年代初山西大学进行山西方言普查时算起,近50个年头过去了,这期间研究晋语的专著、论文出版了多种,但对晋语史研究的专门性著作几近空白"。全生的这本《晋方言语音史研究》引证了大量的历史文献以探究晋方言的历史,填补了空白,将晋方言的研究推进了一大步。尤其是他在书中提出了"现代晋方言是唐五代西北方言的直系支裔"(35页),"汾河片则是宋西夏汉语西北方音的延续和发展","晋方言与官话非同步发展"(375页),这是原始创新,可贵! 全生取得了如此成就,并不自满,并不停步,过了9年,如今又和青年才俊王为民教授联手推出这本《晋方言语音百年来的演变》,值得庆贺。

二

我认为,这本《晋方言语音百年来的演变》出版的意义在于它赢得了个"第一",因而在中国方言研究史上留下了一个深深的印记。

2007年我为拙著《语言学文集:考证、义理、辞章》写的"自序"说:"我认为,人应该有主见,有主张,多年来我提倡'三史'……何谓'三史'? 从1961年起我就多次呼吁重视'汉语方言史'。我自己身体力行,写了若干篇论文,我的学生做得更多,做得更好,我感到很为欣慰的是,汉语方言史于今已经成了中国语言学的热点之一。"到如今,十年,不寻常的十年,汉语方言史的研究取得了更为丰硕的成果。这本《晋方言语音百年来的演变》就是明证。

晋方言是汉语下的一个重要方言,关于它的"地位"颇有争论,已经好多年了。一种观点是它和官话方言、吴方言、闽方言、湘方言等并列,另一种观点则认为它是官话方言的下位方言,与中原官话、兰银官话、江淮官话相当。我们中国人长期以来官本位思想很是浓重,例如大学校长,按理说,乃是清要之职,德重学高颇有时誉者方能当此,岂是斗筲官员所能觊觎? 即在共和国初年,校长的任命书都盖有政务院或国务院总理周恩来的签字章。但是现在校长竟有副省部级、正厅局级之分,界限分明,待遇也悬殊,讣告上经常标明"享受某某级医疗待遇",即是一证。我2000年在上海参加一个学术讨论会时,曾戏将吴、湘、赣、徽等方言称为省部级方言,中原官话、冀鲁官话、胶辽官话、江淮官话等自然低了一级,算是厅局级方言。我的观察,在汉语诸方言中,唯一"不安其位"的是晋方言,是晋升为省部级方言呢,还是降格为厅局级方言呢? 各路诸侯热烈争论,出主入奴,至今仍相持不下,不知何时方休?

我们是学者,可不可以来一个"去行政化",不理会官本位? 晋方言主要在山西省,只有南部的临汾市的一小片方言属于中原官话。山西省周边的内蒙、河北、河南、陕西四个省区都有若干市县通行晋方言,因此晋方言论面积约60万平方公里,论人口约6000万;论有记载的历史,可以从三千年前周成王"桐叶封弟"算起;论多元性,先秦以来,特别是从"五胡乱华"起很多民族都在晋方言区"演出威武雄壮的活剧";论内部分歧,不算小;论通话率,外地人听不懂山西当地的方言;论特色,打开《汉语方音字汇》(这书可是方言学的一部经典),22个点中,平声不分阴阳只有太原一地,记得我第一次读到此处,不禁一惊。诸如此类,论体量(此词类似政治学的"综合国力"),晋方言跟湘方言、赣方言比较,不可谓"伯仲之间"?跟"徽方言"比较,不可谓"胜出一筹"?

请看,论研究成果,被认定的省部级大方言或厅局级方言有哪一个出版过《百年方音演变史》?某一个点的《百年演变史》倒是出了若干,但是整个方言的百年史呢,没有,就是没有。迄今为止,体量大的方言,出版《百年演变史》的"独此一家",就是这晋方言。打个比方,在2017年的全运会一百公尺赛跑中,夺得金牌的是晋方言。

能不向他们道贺?

如今时尚"一流",我敢说在汉语诸方言的研究中,晋方言史的研究处于"一流"地位,《晋方言语音百年来的演变》一书的出版是重要标志。

三

为什么其他大方言或次方言只能有某个单点的"百年演变史"的论文,而晋方言却可以写出整个方言的百年演变史的专著?

该书列举了太原、文水、太谷、兴县、晋城、大同、呼和浩特等七个点的百年演变的史料,这难能可贵。众所周知,史料在历时研究中非常重要,马克思在《资本论》里说:"研究必须充分地占有材料,分析它的各种发展形式,探寻这些形式的内在联系。"这本《晋方言语音百年来的演变》对七个点都详列了近一百年的早期、中期、近期的语料。我认为,近期材料不难,只要得到经费,肯下功夫去调查,就可以获得。中期材料是利用《汉语方音字汇》《大同方言志》《文水方言志》等文献,也不难。难的是早期史料,别的方言,如吴方言的宁波、江淮方言的南京,纵有史料,但都是单点方音。而《晋方言语音百年来的演变》胪陈的晋方言却有七个点,这就达到通常说的"成规模",时间一致,成于一手,且是优质语料,这些语料源自瑞典学者高本汉。这就是"得天独厚",别的方言无此条件。众所周知,纵有了充足的客观条件,还是"人的因素是第一位的",近年山西方言学者乔全生、王为民,独具慧眼,及时发掘,充分利用,而成大功,岂不可喜可贺?

中国人的古话"饮水思源",是一个很有价值的人生哲学观点,人们,人们啊,应该有"感恩"思想!对凡是作出贡献的作古之人,或者健在的人,都应该感谢,绝不能忘记他们的功绩。一百年前的西洋学者高本汉就值得山西学人感谢,也值得全体中国学人感谢。当年高本汉万里迢迢来到山西大学堂任教,同时调查记录了八个点的方言,留下了一笔十分宝贵的遗产,如同俗语所说"前人栽树后人乘凉",我们感谢"前人",也褒扬"后人"。

关于高本汉的生平,他的高足马悦然的《我的老师高本汉》(李之义译,吉林出版集团2009年)记载最详,我曾经逐字读过这本书,我写过关于高本汉的两篇文章(见《鲁国尧语言学文集:衰年变法丛稿》)。我考证兼推测:"高本汉第一次在中国居留的确切时间是1910年4月28日至1911年11月中旬,计一年六个多月。"他是在1910年5月10日前后到达太原的,除了外出调查方言和短期至北京外,他都是在太原从事教学、调查、研究(拙著《鲁国尧语言学文集:衰年变法丛稿》第308页)。

对于高本汉,中国人都是交口赞誉。《鲁迅全集》中的《中国人与中国文》一文讲道:"高本汉先生是个瑞典人,他的真姓是珂罗倔伦(Karlgren),他为什么'贵姓'高呢?那无疑的是因为中国化了,他的确对于中国语文有很大的贡献。"我在拙文《愚鲁庐学思脞录:"智者高本汉",接受学与"高本汉接受史"……》(《鲁国尧语言学文集:衰年变法丛稿》第102~103页)里讲过:"高本汉在1949年出版的《汉语》里说:'我责成我自己追随着这些显赫的学者(本文笔者按,指清代大师)的开路工作,而把现代西方语言学的方法应用到他们所搜集的材料上去,以便重建一个相当古的阶段的汉语语音系统,作为有效地研究方言的必要基础。'(王力先生翻译录载于其《中国语言学史》第186~187页)看,高本汉总是声明他是清代诸大师的追随者。请再读高本汉1936年为《中国音韵学研究》中译本写的'著者赠序':'中国民族史上的研究工作何等的大,一个西洋人再要想在这上面担任多大一部分工作,现在其实已经不是时候了。中国新兴的一班学者,他们的才力学识既比得上清代的大师如顾炎武、段玉裁、王念孙、俞樾、孙诒让、吴大澂(本文笔者按,原译文诸人名之间无顿号),同时又能充分运用近代文史语言学的新工具;我也不必在这里把人名都列出来,只须举一些刊物,例如:《历史语言研究所集刊》《国学季刊》《燕京学报》《金陵学报》《文哲季刊》《北平图书馆馆刊》,此外还有许多第一流的杂志及各种目录。一个西洋人怎么能妄想跟他们竞争呐? 这一班新学者既能充分地理解古书,身边又有中国图书的全部,他们当然可以研究到中国文化的一切方面;而一个西洋人就只能在这个大范围里选择一小部分,作深彻的研究,求适度的贡献而已。这样,他对于他所敬爱的一个国家、一种民族、一系文化,或者还可以效些许的劳力。无论如何,我自己恳切的志愿是如此的。'(赵元任译文)读了这段文字,谁能不为这'一个西洋人'的诚挚所感动? 须知高本汉写这段文字的1936年10月,正是中国灾难深重、为列强所轻所鄙、日寇加紧进攻步步进逼之时。而那些对中国语言学界竟居高临下、颐指气使的人,较之高本汉,宁无愧色?"

凡是"以平等待我"之境外学者,我们都热诚欢迎,给予尊敬。而对于俯视我们,无论是外国人、或者所谓华裔,无论他有多么鲜亮、多么吓人的头衔,我们绝不仰视。最近有篇文章值得阅读,《中国社会科学报》2017年6月6日发表的署名文章指出存在多种崇洋现象:"盲目追逐当代西方最新学术潮流、学术著作、学术新人","盲目崇拜当代西方哲学社会科学成果,崇洋媚外,甚至挟洋自重","照搬西方哲学社会科学理论分析、解释中国问题,食洋不化","新世纪以来,洋教条主义有蔓延之势。"此文作者张亮教授讲得何等硬气:"我们要有战斗的勇气,敢于挑战当代西方哲学社会科学的意识形态偏见。在当代国际政治舞台上,中国的尊严需要以实际行动来捍卫……学术领域也是如此。"当此中华民族伟大复兴之时,岂能容忍崇洋雾霾弥漫? 必须予以荡除!

四

乔、王的这本专著,内容丰赡,刌发了晋方言的若干现象,提出了若干高见,如太原方言已经被通语"同化"得很厉害,不能再作为晋方言的代表点,读到这一段,我为之一惊,因为一提到晋方言,就自然想到太原话是晋方言的当然代表点,就到《汉语方音字汇》里查阅太原点的情况,然后引用。读了这本《晋方言语音百年来的演变》,我深深感到,须要与时俱进,接受学术新成果。

再饶舌几句,此书的附录是晋方言七个点百年来早、中、近三期的方音字汇,很有价值,不可小觑,这是一个富矿。待他日研究方言时,当仔细研读,或许能有所发现,书此志之,不可忘,不可忘!

丁酉中秋于金陵南秀村

第一章　序　言

1. 本课题研究的意义

近百年来,尤其是近半个世纪以来,随着中国经济的快速发展,交通的极大便利,汉语方言也在发生着急剧变化。李如龙、陈章太[1]通过对福建宁德闽方言岛的研究,指出宁德方言在过去30年的演变速度超过了之前近两百年的演变速度。其实这种现象不仅发生在闽方言上,其他汉语方言也发生了类似的演变,晋方言也不例外。

近百年是山西经济大发展时期,也是晋方言演变较快的时期,晋方音到底发生了多大变化? 有哪些主要变化? 哪些地区变化快? 哪些地区变化慢? 本课题试图揭示这些变化及原因。对晋方言百年演变史的研究尚属首次,这一研究不仅有利于对山西方言的深入了解,找出其历史演变的轨迹,揭示其发展演变的规律,在一定程度上可以丰富整个晋方言语音史的研究。同时,对其他方言的百年演变史研究也具有参考和借鉴作用。

2. 本课题研究现状

上世纪汉语方言研究的主流是共时描写。20世纪20年代后,对方言断代史的研究逐渐升温,出现了大量成果。如马伯乐[2]、王力[3]、刘文锦[4]、周祖谟[5]、藤堂明保[6]、黄淬伯[7]、刘晓南[8]、储泰松[9]等,这些文献都侧重于断代研究某个方言点的历史状况,都没有涉及到史的研究。近20年来,以考察某个方言点历史演变的论文渐多,计有近50篇。鲁国尧早在上世纪60年代写就、80年代发表的《泰州方音史与通泰方言史研究》[10]尝试用多种方法研究方音演变史,丁邦新《汉语方言史和方言区域史的研究》(1992)[11]提出综合研究法,游汝杰《古文献所见吴语的鼻音韵尾和塞音韵尾》(1997)[12]所运用的文献考证法,为开展其他方音演变史的系统研究提供了方法论,具有很好的指导意义和启迪作用。乔全生[13]首次从泛时角度对晋方言语音史进行了深入的研究,开创了晋方言语音史研究的先河。但这个课题是对晋方言音韵特点的历史研究,并不是集中讨论百年演变史。

在研究某方言点百年语音演变史方面,胡明扬《上海话一百年来的若干变化》和丁邦新《一百年前的苏州话》均值得称道,但这些研究仅限于个别点的历史演变,不是整个方言区语音的百年演变。此外,近年陆续有一些单篇论文结合百年前传教士留下的方言材料,探讨某方言点、某一语音现象的百年演变史,如胡方[14]、徐睿渊[15]等;我们课题组成员也陆续发表了数篇论文谈晋方言某方言点语音的百年演变,这些论文均是谈某一语言现象的百年演变的。本课题进行晋方言语音百年来微观演变的研究,这在汉语方言学界至今尚属首次。

3. 本课题研究方法

3.1　历史比较法与历史文献考证法相结合

20世纪初,瑞典汉学家高本汉对山西的太原、兴县、太谷、文水、大同、凤台(晋城)6个点,加上归化(今呼和浩特,属晋方言)共7个点的方音做了细致的调查,并将1300多个汉字的读音收录在他的《中国音韵学研究·方言字汇》中。高本汉的调查记录为我们留下了20世纪初期晋方言的基本面貌,对研究晋方言语音百年演变可以说是一份难得的历史文献,这份历史文献比之前只有音类价值的汉语方言历史文献更显得弥足珍贵,因为它不仅有音类价值,而且还有实际的音值记录。

历史比较法至今仍然是语音史研究的基本方法,而且历史比较法与所运用材料的丰富性是成正比的,材料越丰富,历史比较法运用的时间跨度越小,所得结论就越可靠。在本课题中,我们以高本汉所调查的方音作为百年演变的起点,以我们最新调查的记录作为百年演变的终点,进而观察晋方言7个点语音百年来的微观演变,即将历史文献考证法和历史比较法相结合。

3.2　田野调查法与地理语言学方法相结合

我们对这7个点进行了重新调查,调查分老、中、青三代,以《方言调查字表》的3000多字为基础,超出了高本汉1300多字的范围。另外,为了能够得到更丰富的材料,我们又对7个点进行了更详细的内部差异的调查,将7个点中的每一个点又分作10个小点进行多点、多层、多字的调查,以期能发现更丰富的有关语音演变的痕迹。

本课题调查的7个方言点,从地域上看涉及到山西晋中(太原、太谷、文水属并州片)、晋西(兴县属吕梁片)、晋北(大同属大包片)、晋东南(晋城属上党片)以及与山西毗邻的内蒙古(呼和浩特属张呼片)的晋方言,涵盖了晋方言的核心地区与边缘区。从方言地理学的角度看,7个方言点之间横向的比较所反映出的地理渐变的空间过渡特点,也能为百年演变史研究提供变化的根据,可以多角度地观察到晋方言的语音演变规律及特性。

4. 本课题所用材料的验证和甄别

高本汉《中国音韵学研究》在材料利用上主要存在以下两个问题:运用二手材料问题;严式记音与宽式记音不统一。就本课题来说,运用"二手材料"问题不存在。因为高本汉申明,"山西、陕西、甘肃、河南的方言一直到现在很少人知道,我自己在中国住了很长的时间,曾经很细心地亲自调查了这些地方方言中的十七种"[16]。山西的太原、太谷、文水、兴县、大同、凤台(晋城)及内蒙古归化(呼和浩特)都是高本汉亲自调查,因此这些地区不存在利用"二手材料"问题。

张文轩曾讨论过高本汉所记兰州方言的问题,指出高本汉所找的发音人有问题,发音人所发的是读书音而不是纯正的兰州音。另外,高本汉还过分考虑古音差异而强行分辨音值[17]。

李无未、秦曰龙[18]以张文轩的研究为基础,认为高本汉所记录其他方音也或多或少存在一些问题。李、秦文指出,虽然高本汉说"我挑选了一个人,这个人是在我所要研究的地方生长并且是在这个地方受教育的,还得经我详细考虑过后才断定他可以代表这个地方的读音",但高本汉又说"关于河南、山西、陕西、甘肃各方言的记载,不过是取一个标本的性质。《字汇》里所记的音都是我挑选了认为可以代表那地方的一个个人的读音。如果将来在这些地方多找些人做详细一点的调查,当然会有好些地方可以改正跟补充我们关于这方面方言的知识的。我这种开荒的工作尽管免不了有细目上的错误,我所根据的材料尽管有限,但是我希望从全体上看起来他所给人的这些至今还不大有人知道——并且内中有几个很古怪很重要(文水、兴县、太谷、固始、归化、凤台)——的几种官话的印象,是大致不离的"。进而李、秦认为"挑选了一个人",而不是几个人,就有可能犯以偏概全的错误,名义上的"第一手资料",就有可能出现像"兰州音"一样的虚假,成为亲自调查的"第二手资料"。

我们对李无未、秦曰龙的上述观点有不同看法。关于高本汉的记音问题,应该具体问题具体分析。高本汉的记音的确存在问题,但这主要与高本汉的音素记音有关。由于高本汉调查方言的目的是构拟古音,因而他并未对他调查的结果进行音系分析。另外,高本汉反对音位学,这也是他不对调查结果进行分析的原因之一。高本汉所记录方音的声母基本可靠,主要问题出在韵母的元音问题上。由于他没有对所调查的结果进行分析,故出现了某些音类在形式上合并但实际并未合并的现象。这一点在高本汉所记录的太谷方言就曾出现过^①。但我们认为之所以会出现这种状况，还与汉译者的音标选择有关。高本汉所用的音标是瑞典龙德尔方言字母，这与国际音标不是一一对应的关系。汉译者在翻译高本汉的著作时统一采用了国际音标的形式，这就难免出现问题。因此我们有必要对此进行甄别。总之，高本汉调查方言或许存在这样那样的问题，但却不能认为这是运用"二手材料"的问题。即便是记录的早期的读书音，而不是白读音，也对我们研究该方言有重要的意义。

高本汉主要利用的是严式音标，也就是严格的音素记音。根据李无未、秦曰龙的考察，高本汉书中所运用的"印出来的材料"基本上采用的是宽式音标记音。而与本课题有关的7个点的方言调查材料都不属于所谓的"印出来的材料"的范围。因此第二个问题也基本与本课题无关。

然而面对高本汉音素记音所带来的问题，我们必须通过比较进行甄别。我们将高本汉的材料与20世纪中后期的材料进行比对，如果早期的材料和后期的材料基本一致，或是存在由语音演变造成的差异，则认为高本汉的记音是准确的。如果高本汉的记音材料既与后期的不一致，又不能通过语音演变进行解释，那么认为高本汉的记音存在问题。

5. 本课题研究的基本思路

本课题首先以高本汉记录的7个点的材料为基础，讨论晋方言这7个点百年前已完成的演变。透过20世纪初期晋方言7个点的基本面貌，窥探这7个点在百年前已完成的音韵演变，并由此总结出百年前晋方言这7个点的语音特征。

然后，再将百年前的语音状况与20世纪中后期的语音状况进行比较，考察晋方言这7个点百年来发生的演变。进而在此基础上，窥探晋方言这7个点在百年前形成的音韵特征在20世纪中后期是如何发展演变的。也就是说，考察晋方言这7个点在百年前所形成的音韵特征在中后期是持续保持不变，还是沿着已有的轨迹继续发展演变，抑或受某种外界因素改变方向，进而丢失本身的特征。

最后，在综合考察的基础上，通过晋方言这7个点语音的百年演变，窥探晋方言区域性特征的形成、扩散和磨损，总结晋方言这7个点语音百年来演变的规律。

---

① 参见第三章第二节太谷方言阴声韵的演变。

第二章　总　论

第一节　晋方言元音系统的演变

无论是百年前还是百年来,晋方言最大的变化就是元音系统的变化。而元音系统的演变表现最为突出的就是元音高化。王力[19]曾指出"元音高化可以说是汉语语音发展规律之一"。与普通话及其他汉语方言相比,元音高化在晋方言表现得相当活跃。地处黄土高原的晋方言在语音演变上属于"孤立区域模式",它一方面具有明显的滞后性,一方面又具有明显的创新性。这正如刘勋宁[20]所说"山地一方面使语言保守,一方面使语言分歧"。在晋方言的创新性演变中,表现最突出的就是元音高化。张光宇[21]曾指出晋方言主要元音的演变是相当剧烈的,"黄土高原语言的保守性"说法有相当大的局限性。

1. 晋方言元音高化的类型

从共时的角度着眼,晋方言元音高化的类型可以从多个侧面分析,我们更多地关注元音的结构分析,故从元音在元音三角中的位置入手对它们进行分类。下面先将地点方言分出不同的类型,然后再看这些类型在地理上的分布。

1.1　音系单侧元音高化型

所谓音系单侧元音高化,是指与普通话相比,在元音三角某个侧面的元音高化比较明显或强势。这又分为两种类型:

1.1.1　后元音高化型

太谷、介休、盂县、岚县、大宁、长治、潞城、平顺、壶关、运城、芮城、永济、平陆、临猗、万荣、河津、乡宁、吉县、夏县、闻喜、垣曲、稷山、新绛、绛县、襄汾、临汾、古县、洪洞、霍州

1.1.2　前元音高化型

太原、和顺、离石、石楼、蒲县、天镇、应县、代县、浑源、神池、偏关、河曲

1.2　音系双侧元音高化型

所谓音系双侧元音高化,是指与普通话相比,在元音三角两侧的元音都有不同程度的高化。这又分两种情况:一种是某个韵的主元音都采取一致的高化方向,对此,我们称为音系双侧元音多项高化;另一种是某个韵的主元音依据介

音的不同,采取不同的高化方向,介音是前元音的主元音前高化,介音是后元音的主元音后高化。我们称这种类型为音系双侧强势高化。

1.2.1　音系双侧元音多项高化

清徐、晋中、文水、交城、祁县、平遥、孝义、寿阳、榆社、娄烦、灵石、阳曲、阳泉、昔阳、左权、汾阳、中阳、柳林、临县、方山、静乐、隰县、永和、沁源、沁县、武乡、襄垣、黎城、屯留、晋城、阳城、陵川、高平、沁水、大同、阳高、怀仁、左云、右玉、山阴、繁峙、忻州、定襄、原平、五寨、保德、朔州、平鲁、灵丘、宁武、岢岚、侯马、翼城、浮山、广灵

1.2.2　音系双侧元音强势高化

兴县、汾西、五台

1.3　晋方言元音高化类型的地理分布

我们将后高化型称为A型,前高化型称为B型,双侧多项高化称为C型,双侧强势高化称为D型,下面来观察一下这些类型在晋方言中的分布,为了讨论的方便,我们所说的晋方言也包括晋南汾河片中原官话方言和东北冀鲁官话的广灵方言,如图1所示。

从晋方言四种类型的地理分布来看,A型集中在南区汾河片中原官话区;B型在北区相对集中;C型主要分布在中区、西区和东南区;D型则分布在方言区划的交界地带。

A型的分布最具典型性。潘悟云[22]提出汉语元音普遍存在后高化规则,A型在南区汾河片中原官话区的集中分布正好说明了这一点。另外A型在东南区也有少量集中分布,这一点在3中讨论。

B型在北区有较为集中的分布。整个晋方言处于一个孤立的封闭环境之中,北区距离南区中原官话最为遥远,在北区靠近中区的还是和中区一样,以C型为主,越往北越以B型为主。

C型是整个晋方言分布最广的类型。如果连同B型一起思考,似乎可以得出这样的结论,即整个晋方言元音前高化现象都比较突出,后高化是官话方言的典型特征,C型夹在A型和B型之间正好说明了元音高化在类型上的过渡性特征。

D型虽然只是C型中的一个小类,但有必要将其单列,以示其典型性。这种类型分布在方言区划的交界地带,为研究方言的接触与形成提供了重要的范本。

图1　山西方言元音高化分布图

2. 晋方言元音高化的韵类特征及其与四种类型之间的关系

下面分析一下晋方言元音高化在韵类上的分布及其与上述四种类型之间的关系,我们把每种类型单独列表,并标示出其元音高化的韵类,如表1、表2、表3、表4所示。

表1　元音后高化的韵类(表中二合元音表示裂化)

项目地点	韵摄	果摄	宕江摄	遇摄	效摄
中区	太谷	ie/ye	o	uo	
	介休	iɛ/uɛ/yɛ	ə	əu	
	盂县		o	əu	ɔ
西区	岚县	ɛ/iɛ/uɛ	o	ou	
	大宁		ɔ/o	əu	
东南区	长治				ɔ
	潞城				ɔ
	平顺				ɔ
	壶关				ɔ
南区	运城		o	ou	
	芮城		o	ou	
	永济		o	əu	
	平陆		o	əu	
	临猗		o	əu	
	万荣		ɤ	əu	
	河津		ɤ	əu	
	乡宁		ə	əu	
	吉县		ə	ou	
	侯马			əu	
	夏县		ɤ	ou	
	闻喜		ə	əu	
	垣曲		o	əu	
	稷山		o	ou	
	新绛		ə	əu	

续表

项目\韵摄\地点		果摄	宕江摄	遇摄	效摄
南 区	绛县			ə	əu
	襄汾			ɤ	ou
	临汾			ɔ	əu
	古县		o		əu
	洪洞		o		ou
	霍州		o		ou

表2 元音前高化的韵类

项目\韵摄\地点		山咸摄	蟹摄	宕江摄	假摄
中 区	太原	e（细音）			
	和顺	æ			
西 区	离石	ɛ	ɛ		
	石楼		ɛ		
	蒲县	ã			ɛ
北 区	天镇	æ	ɛ		
	应县	ɛ̃	ɛ		
	代县	ɛ	æ		
	浑源	ɛ	ɛ		
	神池	e			
	偏关	i/y	ɛ		i
	河曲	æ	æ		

由表1可以看出，元音后高化型方言主要分布在南区、中区和东南区，通过相关韵摄的比较可以看出，中区元音后高化是南区元音后高化特征扩散并进一步发展的结果，而东南区的元音后高化则基本与南区和中区无关，显示其独立发展的一面。

由表2可以看出，元音前高化型方言主要分布在中区、西区和北区，独南区不明显，显示出元音前高化应该是晋方言的后起特征，这一点与元音后高化截然不同。

表3　音系双侧元音多项高化的韵类

项目\地点	韵摄	山咸摄	宕江摄	效摄	果摄	遇摄	蟹摄	假摄
中区	清徐	ɛ/ɜ	ɒ					
	晋中	ɛ/ɜ		ɔ				
	文水	e	ʊ	i	əi		e	
	交城		ɔ		ɤɯ		ɛ	
	祁县	ẽ		o	ɯ		ei	
	平遥	E	ə	ɔ	iE/yE/ei		æ	
	孝义	E	ɤ					
	寿阳	e	ɒ		əɯ			
	榆社	E		i			ɛ	
	娄烦	ɛ			əɯ			
	灵石	e	ɤ	ɔ				
	阳曲	ɛ	ɔ	ɛ			æ	
	阳泉	æ		ɔ			E	
	昔阳	æ		ɔ			ɛ	
	左权	ɛ/e	ɔ					
西区	汾阳	i/y		ɔ	ɯ	əu	æ	i
	中阳	æ	ɤ				æ	
	柳林	ɛ	o					
	临县	æ	ɔ̃/o			əɯ	ɛ	
	方山	æ/ə	ɒ/ə			əɯ		
	静乐	ã	ɤ	ɔ		əu		
	隰县	æ	ə			əu		
	永和	E	o			əu		
东南区	黎城	æ		ɔ			E	
	屯留			ɔ			æ	
	沁源	æ		ɔ	ɜ		ɛ	
	沁县	ɿ/ʮ		ɔ		əu	ɛ	
	武乡	ɜ/æ		ɔ		əu		
	襄垣	æ/e		ɔ				
	晋城	æ/e					ɛ	
	阳城						e	
	陵川			ɔ			æ	
	高平	æ		ɔ				

续表

项目 地点 韵摄	山咸摄	宕江摄	效摄	果摄	遇摄	蟹摄	假摄
北区　大同	æ/ɛ					ɜ	
阳高	ɛ	ɔ					
怀仁	æ	ɒ					
左云	æ/ɛ	ɒ			ɣu	ɜ	
右玉	æ/ɛ	ɒ			əue	ɜ	
山阴	æ/ᴇ	ɒ			əu	ɛ	
繁峙	e					ɜ	
忻州		ɜ	ɔ		əue	æ	
定襄	ə̃/ɛ̃	ɔ				æ	
原平	ɛ̃		ɔ		əme	æ	
朔州	æ/ɛ	ɒ				ɜ	
平鲁	æ/ᴇ		ɔ		əu	ɜ	
灵丘	æ	ɔ				ɜ	
宁武	æ/ᴇ		ɔ				
岢岚	ɜ				əme		
保德		ɒ			əu	ɜ	
东北　广灵	æ	ɔ				ɜ	
南区　沁水					əue	æ	
翼城		ɒ			ou	æ	
浮山	ɛ	ɣ/o					

表4　音系双侧元音强势高化的韵类

项目 地点 韵摄	宕江摄	果摄	山咸摄	效摄	假摄	蟹摄
西区　兴县	ɔ/ɜ					
汾西	i/u	ɯ/u			i	
北区　五台			ɣ/i/y/u	ɔ		ɜ

由表3可以看出,音系双侧元音多项高化型方言主要分布于中区、西区、东南区和北区,以晋方言为主,南区的中原官话也有零星分布。从韵摄的比较来看,中区和北区主要集中在山咸摄、宕江摄、果摄和蟹摄,显示出其一脉相承的发展关系。东南区主要是效摄、蟹摄和山咸摄元音高化,山咸摄和蟹摄与中区和北区是一致的,但效摄却不同,而这恰恰是东南区的特征。

由表4可以看出,音系双侧元音强势高化的方言元音高化所涉及的韵摄毫无关系,显示出它们是在三个不同的地点各自独立发展的结果。

从上述分析来看,东南区晋方言无论是在音系单侧元音高化类型上还是在音系双侧元音高化类型上都与中区和南区不同,显示出独立发展的一面。这应该和东南区晋方言所处地形有关。侯精一曾指出"不同的地貌很大程度影响晋语区的分片"。山西省为山地型黄土高原,地貌分区明显,中部为一系列盆地,东西两侧为山地、高原。根据地形地貌,山西可以分为7个区域,即5个盆地、2个高原。除运城盆地和汾河盆地之间没有大的自然阻隔外,其他5个区域之间均有明显的自然界限。东南区晋方言地处沁潞高原之上,与南区和中区皆有明显的地理界线。这应该是它能独立发展的一个因素。而南区和中区虽然也有自然区隔,但中间有一条汾河联系,因此中区和南区在元音后高化方面表现一致是可以理解的。

3. 晋方言元音高化的原因

3.1　汉语元音高化的基因

王力[19]指出元音高化是汉语发展规律之一。潘悟云[22]进一步提出了汉语元音高化的后高化规则。如鱼部字在上古是低元音 a,而现在它们已经高化到顶。这种现象在官话方言中表现最为突出和典型,可以说是官话方言的特征。从南区汾河片中原官话的表现来看,其元音高化的特征正是后高化,不过在后高化的韵类特征上与其他官话方言不同,而这正是晋方言的后起特征造成的。

3.2　晋方言后起特征的影响

3.2.1　阳声韵鼻音韵尾的弱化及脱落

晋方言涉及元音高化的阳声韵类主要是宕江摄和山咸摄,前者主要是后高化,后者主要是前高化。从晋方言宕江摄和山咸摄目前的表现来看,绝大多数方言这几个韵摄鼻音韵尾弱化脱落,变成阴声韵。这些韵摄一旦失去韵尾,必然与相应的阴声韵产生关系,要么与相应的阴声韵合并,要么为了避免形成大量同音字而独立成韵。

从宕江摄的表现来看,一部分方言宕江摄丢失韵尾之后与相应的假摄二等字合并,另一部分方言则与相应的果摄字合并,甚至还有的方言开口与假摄合并,合口与果摄合并。这实际上涉及的是宕江摄白读的语音层次,根据乔全生[13]的研究,晋方言宕江摄舒声白读的语音层次有如下几类:

唐五代	宋（西夏）	元	清	上世纪初	现代	方言点
? —	? —	? —	? —宕江摄独韵		[ɑ]/[ɒ]	云中片、五台片
					[ʊ]	并州片文水
宕江读同假摄[a]————————————————————————					宕江[a]	并州片介休等
宕江读同果摄[o]—	宕江[o] —	宕江[o]—	宕江[o] —	宕江[o]		汾河片、并州片
? —	? —	? —	? —宕江摄开合口不同韵			
			开口同麻韵合口同戈韵			并州片祁县
			开口同麻韵合口同果摄			并州片娄烦
			开口同果摄开口、合口同果摄合口			吕梁片离石、临县
						汾河片汾西

除了宕江摄白读读同假摄麻韵之外,晋方言宕江摄白读均发生了不同程度的高化。以宕江摄读同果摄来说,正是由于宕江摄白读丢失韵尾之后与果摄发生合并,故这些字也随着果摄字元音的后高化发生了元音高化现象。这是南区汾河片方言和中区并州片方言的共同特点。

然而,晋方言并非如南区一样宕江摄丢失韵尾之后即与果摄字合流,它还有多种形式。这说明,导致宕江摄元音高化的动因是鼻音韵尾弱化脱落,并不是南区汾河片方言的特征扩散到整个晋方言,应该说是鼻音韵尾弱化脱落是整个晋方言的特征,这一特征是使得韵尾对韵腹的稳定作用消失,导致元音高化。

从山咸摄的表现来看,它主要是和假摄产生关系,但与宕江摄不同的是,山咸摄主要和假摄三等字合并。关于晋方言山咸摄白读的语音层次,目前学者讨论较少。结合乔全生[13]的研究,我们认为晋方言山咸摄白读的语音层次如下:

宋（西夏）	元	清	上世纪初	现代	方言点
山咸摄独韵—————————————————————————				山咸[æ]	上党片高平等
山咸细音读同假摄三等 —————————————————				山咸[ie]	并州片、吕梁片
				山咸[ye]	五台片、上党片
山咸摄洪音独韵细音读同假摄三等—————————————				洪音[æ]/[ɛ]	并州片晋中等
				细音[ie]	上党片晋城等
山咸摄开口读同假摄三等合口读同果摄————————————				开口[æ]/[iæ]	吕梁片临县等
				合口[ə]/[o]	

山咸摄开合口独韵齐齿读同止摄撮口读同遇摄————开合口[æ]/[uæ]　　五台片偏关等
　　　　　　　　　　　　　　　　　　　　　　　　　齐齿[i]撮口[y]

　　从宕江摄和山咸摄的表现来看,它们的元音高化是鼻音韵尾弱化脱落导致韵尾对韵腹的稳定作用消失造成的。结果它们也加入了阴声韵的演变序列。而这些演变序列是汉语所共有的。特别的是,有些晋方言对此进行了新的调整,于是又产生了不同程度的元音高化。

3.2.2　阴声韵韵基的单元音化

　　侯精一[23]提出了晋方言的10个主要特征,其中一条就是"某些复合元音(北京话的'桃'[-au]'条'[-iau];'盖'[-ai]'怪'[-uai])的单元音化"。侯精一同时指出"晋语的单元音化现象应该看作是早期晋语的行为"。这主要涉及效摄和蟹摄。这些韵摄的主要元音在北京话中都是低元音a,而在晋方言中,单元音化后,这些韵摄的主要元音都不同程度地高化了,效摄的主元音从ɔ到o到i都有,蟹摄的主元音从æ到ε到ᴇ到e到i都有。由上述演变方式来看,效摄主元音从ɔ到o到i的演变看起来有点特别,其实这要分两个阶段:一个阶段是效摄的韵基单元音化后由ɔ高化到o,另一个是效摄韵基单元音化后在介音i的影响下前移,与假摄麻韵三等合流,一起高化为i,这一演变以汾西方言为代表。由效摄和蟹摄不同的高化方式来看,在早期晋方言单元音化的过程中,韵尾舌位的前后决定了不同的高化方向。前元音韵尾影响蟹摄的主元音前高化,后元音韵尾影响效摄的主元音后高化。

3.3　音韵结构的调整——元音高化的直接动因

　　语言系统必须要保持音类之间的区别度,目的就是要避免形成众多的同音字而造成交际上的困难。晋方言自身的阳声韵鼻音韵尾弱化脱落及阴声韵韵基的单元音化使得音系中原有音类之间的对比发生了改变,各方言对这种对比的改变往往采取不同的方式进行调整。有的方言容忍了音类对比的消失,形成新的同音字组,这样音系原有的元音音位结构就没有改变,如南区、中区宕江摄与果摄的合并等。有的方言不能容忍音类对比之间的消失,结果不得不进行调整,结果使得新形成的音独立成韵,与相关韵摄保持区别,改变了元音音位结构之间的对比关系,如五台片保德方言在宕江摄韵尾弱化脱落之前,低元音已经合并为一个a,而宕江摄韵尾脱落之后,音系为了保持音类之间的对比,低元音重新形成了前后的对比。就宕江摄而言,前一种调整使得宕江摄会和原来的果摄字一起高化,而后一种调整会使宕江摄与相关韵摄继续保持区别并进入元音后高化的链条,如中区文水方言宕江摄白读元音为 ʊ,而前面的果摄已经高化到顶裂化为 əi。

4. 晋方言元音高化的规律

4.1 元音高化的方向与韵尾舌位之间有密切关系

从上面的列举来看,晋方言元音高化的韵摄原来多半是有韵尾的韵摄,从其后来高化的方向来看,与原有韵尾的舌位前后有密切关系。

4.1.1 韵尾舌位靠前的韵摄元音前高化

山咸摄的元音在高化之前,韵尾已经变为 n,它和蟹摄 i 韵尾一样,舌位靠前,它们都发生了前高化。这一点,无论这些韵尾是否丢失,其元音都发生了高化,只不过没有丢失韵尾的方言元音高化强度小,韵尾脱落的方言元音高化的强度大。

4.1.2 韵尾舌位靠后的韵摄元音后高化

宕江摄的韵尾为 ŋ,效摄的韵尾为 u,舌位靠后,它们一般都发生了后高化。

4.2 元音高化的方向与介音有密切关系

4.2.1 腭化介音的音节的元音倾向于前高化

从晋方言元音高化的方向看,有腭化介音的音节倾向于前高化。这种状况甚至可以改变元音高化的方向,如以效摄来说,其韵尾为 u,原本发生的是后高化,但是在文水方言中,效摄的细音字元音都高化为 i 了,这是介音影响元音高化方向的典型。

4.2.2 非腭化介音的音节的元音倾向于后高化

果摄字在这方面表现得尤为突出,一等字后高化,三等字前高化。果摄字元音不同的高化方向正与腭化介音的有无有密切的关系。

从晋方言元音高化的表现来看,韵尾的舌位对元音高化方向的影响与腭化介音对元音高化的影响程度不同,前者的强度大于后者。这是个值得注意的特点。

上面我们主要从共时平面对晋方言元音高化的类型、原因及规律进行了初步的探讨。晋方言元音高化有三个特点:第一,官话方言主要是元音后高化,而晋方言不仅存在元音后高化,而且还存在元音前高化;第二,晋方言元音高化与韵尾的舌位有密切的关系,而这一点在官话方言中表现不突出;第三,晋方言元音高化的类型与各方言片所处地理位置也有一定的关系。这些特点还仅是从共时平面的观察所得,至于历时方面的探讨则有待进一步深入研究。

第二节　晋方言的音韵特征及其演变

1. 声母的音韵特征及其演变

1.1　古知庄章三组声母在山西方言中的演变

王洪君[24]对古知庄章三组声母在山西方言中的分合类型及其演变进行了深入的探讨,将古知庄章三组声母分为三种分合类型、四个发展阶段、十多种不同的演变方向,到目前为止,此可谓对山西方言古知庄章三组声母最为全面系统的研究。王洪君的这一研究主要是采用历史比较法对山西方言古知庄章三组声母的发展和演变作出的假设和推断,这种假设和推断符合音变的逻辑过程,但它是否符合音变的历史过程,也就是说,历史上的演变是否和音变的逻辑过程一致则有待检验。众所周知,历史比较法本身是有缺陷的,"历史比较法的实质是在材料允许的范围内对亲属语言的发展作出科学的假设和推断"。正如法国语言学家房德里耶斯所说,"从本身的能耐看,比较法有时是无能为力的。比较法假定语言的发展总是有规则的、连续的、没有任何外部的事故。比较法虽然是历史的延伸却反而轻视历史,因为它只利用理论上的材料,假定出一种简化的历史,把它归结为一系列因果的有规则的衔接,缺乏构成历史的真实的复杂性和多样性"。要使音变的历史过程再现,必须做到历史比较法和历史文献考证法相结合。"运用历史比较法所能取得的成果是与材料的丰富性、可靠性成正比的"。本节即从历史文献角度重新审视王洪君[24]所讨论的知庄章三组声母合一型的演变过程,并讨论音变的逻辑过程和历史过程之间的关系。本节将王洪君[24]采用历史比较法作出的假设和推断称为音变的逻辑过程,将音变发生的真实过程称为音变的历史过程,二者统称为音变过程。

1.1.1　知庄章三组合一型的音变过程

王洪君[24]将古知庄章三组合一型又分为三个小类型:

(1)知庄章开口并入精组ts类,合口归并且演变为pf组(与精组对立)。本节称为闻喜型。

(2)知庄章开合口均并入精组ts类。本节称为太原型。

(3)知庄章开合口均并入tʂ组(或部分知三章并入tɕ组,与知二庄对立),精组也并入tʂ组。本节称为晋城型。

由于闻喜型没有历史上的文献材料,故本节不讨论闻喜型的演变过程。

1.1.2　音变的逻辑过程

王洪君[24]对晋城型和太原型演变过程的分析如图所示：

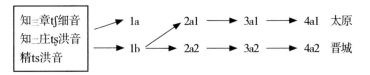

详细过程见表1：

表1

方　言　类　型 ＼ 发　生　的　演　变	太原	晋城
1a合口知二庄入精与知三章分一立tʂu→tsu	－	－
1b合口知三章入知二庄与精组对立tʃiu→tʃu→tʂu	＋	＋
2a1开口知二庄入精不含知三章tʂ（或tʃ）→ts/开口	＋	－
2a2开口精入知二庄不含知三章ts→tʂ/开口	－	＋
2b开口知三章入知二庄与精组分立tʃi→tʃ→tʂ/开口	－	－
3a1合口卷舌音舌尖化tʂu→tsu	＋	－
3a2合口舌尖音卷舌化tsu→tʂu	－	＋
3b合口卷舌音唇齿化tʂu→pfu	－	－
4a1开口卷舌音（知三章）舌尖化tʂ→ts，卷舌声母消失	＋	－
4a2开口舌叶音（知三章）卷舌化tʃ→tʂ，舌叶音声母消失	－	＋

　　太原型和晋城型同来源于1b，即它们在第一个阶段的演变道路是相同的，都是"合口知三章入知二庄，与精组对立tʃiu→tʃu→tʂu"。此后，太原型和晋城型分道扬镳，朝着相反的方向发展，太原型知庄章声母由卷舌转向舌尖与精组洪音合流，而晋城型则精组洪音由舌尖转向卷舌，与知庄章合流。这两种演变模式都是对原有相同的读音类型如何演变成现代不同的读音类型所作的假设和推断。这种假设和推断是否符合历史事实，是值得思考的。

1.1.3　音变的历史过程

1.1.3.1　太原型音变的历史过程

　　根据高本汉的记录，太原方言在20世纪初已经完成了知庄章精四组声母的合流且变成舌尖声母，由此不好判断其历史过程与逻辑过程是否一致。但是同属太原型的文水方言在20世纪初还没有完成这一音变，但到20世纪中期这一音变已经完成，这正好可以弥补上面的缺憾。下面就来看一下文水方言知庄章三组声母在这一时期的音变过程，看其与逻辑过程是否一致。20世纪初文水方言知庄章三组声母的分合状况如表2所示，20世纪中期文水方言知庄章三组声母的分合状况如表3所示（初期记音依据的是高本汉[16]，中期记音依据的是胡双宝[25]）。

表2　（表中"×"表示无字，"—"表示高本汉没有记录）

	果摄		假摄		遇摄	蟹摄		止摄		效摄	流摄	咸摄	
	开口	合口	开口	合口	合口	开口	合口	开口	合口	开口	开口	开口	合口
tʂ、tʂʻ、ʂ	×	×	章	—		知三章		知三		知三章	知三章	知三章	×
ts、tsʻ、s	×	×	知二庄	—	知庄	知二庄	知庄章	庄章	知庄	知二庄	庄	知二庄	×

	深摄	山摄		臻摄		宕摄		江摄	曾摄		梗摄		通摄
	开口	开口	合口	开口	合口	开口	合口	开口	开口	合口	开口	合口	合口
tʂ、tʂʻ、ʂ	知三章	知三章		知三章		知三章	×	知三章	知三章	×	知三章	×	
ts、tsʻ、s	庄	知二庄	知二庄	庄	知庄章	知庄	×	知二庄	庄	×	知二庄	×	知庄章

表3　（表中"×"表示无字，"+"表示读音是舌尖声母与精组洪音同）

	果摄	假摄	遇摄	蟹摄	止摄	效摄	流摄	咸摄
ts、tsʻ、s	×	+	+	+	+	+	+	+

	深摄	山摄	臻摄	宕摄	江摄	曾摄	梗摄	通摄
ts、tsʻ、s	+	+	+	+	+	+	+	+

由表2和表3可以看出，20世纪初文水方言知庄章三组声母基本上是开口以知二庄和知三章为条件，前者舌尖化与精组洪音合流，后者依然保持卷舌，而合口则舌尖化与精组洪音合流，唯一的例外就是止摄开口章组声母也已经舌尖化。到20世纪中期，文水方言知庄章三组声母完全舌尖化与精组洪音声母合流，完成了太原型的演变。与上节的逻辑过程比较，可以看出文水方言确实经

历2a1、3a1和4a1变成了现代的样子,这一历史过程与王洪君提出的逻辑过程完全一致。这是历史过程和逻辑过程一致的情况,下面再来看看逻辑过程和历史过程不一致的情况。

1.1.3.2　晋城型音变的历史过程

20世纪初期和中期晋城方言知庄章三组字的分合状况如表4所示,精组洪音的读音状况如表5所示(初期记音依据的是高本汉[16],中期记音依据的是沈慧云[26])。

表4　(表中"×"表示无字)

	果摄	假摄	遇摄	蟹摄	止摄	效摄	流摄	咸摄
初期	×	ts、ts‘、s	ts、ts‘、s	ts、ts‘、s	ts、ts‘、s	ts、ts‘、s	ts、ts‘、s	ts、ts‘、s
中期	×	tʂ、tʂ‘、ʂ	tʂ、tʂ‘、ʂ	tʂ、tʂ‘、ʂ	tʂ、tʂ‘、ʂ	tʂ、tʂ‘、ʂ	tʂ、tʂ‘、ʂ	tʂ、tʂ‘、ʂ

	深摄	山摄	臻摄	宕摄	江摄	曾摄	梗摄	通摄
初期	ts、ts‘、s	ts、ts‘、s	ts、ts‘、s	ts、ts‘、s	ts、ts‘、s	ts、ts‘、s	ts、ts‘、s	ts、ts‘、s
中期	tʂ、tʂ‘、ʂ	tʂ、tʂ‘、ʂ	tʂ、tʂ‘、ʂ	tʂ、tʂ‘、ʂ	tʂ、tʂ‘、ʂ	tʂ、tʂ‘、ʂ	tʂ、tʂ‘、ʂ	tʂ、tʂ‘、ʂ

表5(表中"×"表示无字)

	果摄	假摄	遇摄	蟹摄	止摄	效摄	流摄	咸摄
初期	ts、ts‘、s	×	ts、ts‘、s	ts、ts‘、s	ts、ts‘、s	ts、ts‘、s	ts、ts‘、s	ts、ts‘、s
中期	tʂ、tʂ‘、ʂ	×	tʂ、tʂ‘、ʂ	tʂ、tʂ‘、ʂ	tʂ、tʂ‘、ʂ	tʂ、tʂ‘、ʂ	tʂ、tʂ‘、ʂ	tʂ、tʂ‘、ʂ

	深摄	山摄	臻摄	宕摄	江摄	曾摄	梗摄	通摄
初期	ts、ts‘、s	ts、ts‘、s	ts、ts‘、s	ts、ts‘、s	ts、ts‘、s	ts、ts‘、s	×	ts、ts‘、s
中期	tʂ、tʂ‘、ʂ	tʂ、tʂ‘、ʂ	tʂ、tʂ‘、ʂ	tʂ、tʂ‘、ʂ	tʂ、tʂ‘、ʂ	tʂ、tʂ‘、ʂ	×	tʂ、tʂ‘、ʂ

可以看出,20世纪初晋城方言古知庄章三组声母完全舌尖化与精组洪音声母合流,到20世纪中期晋城方言所有的舌尖声母又完全卷舌化了。这样晋城方言古知庄章三组声母演变的历史过程就与王洪君[24]提出的逻辑过程不一致了。20世纪初晋城方言古知庄章三组声母与精组洪音声母的分合状况及读音类型与太原型完全相同,演变成现代的晋城型是20世纪以来的事情。由此可知,20世纪初晋城方言和太原方言同属于太原型。这样,晋城方言很难说是经2a2、3a2、4a2演变成现在这个样子的。这就出现了音变的逻辑过程和历史过程不一致的状况。尽管王洪君[24]强调"要抓住现代方言的字音分合关系,对比历代音韵文献分合关系,运用历史比较法的工作程序,来显示方言音韵演变的真正线

索",但由于没有注意到高本汉记录的20世纪初晋城方言的语音状况,还是导致了其推测的音变的逻辑过程和历史过程不一致。这也说明,历史比较法的跨度越短,其结论的可靠性越强,跨度越长,其结论的可靠性越弱。同时,这种现象的产生也与汉语方言演变存在分化与回归的二重性有关。

1.1.4　对晋城型音变过程的省察

从晋城型型音变的历史过程来看,晋城型音变经历了下面的音变:

（1）tʂ、tʂʻ、ʂ＞ts、tsʻ、s

（2）ts、tsʻ、s＞tʂ、tʂʻ、ʂ

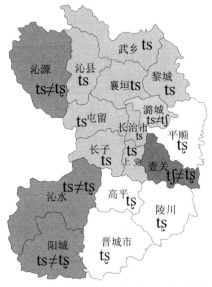

图3　晋东南方言知₂庄与知₃章分合图

这是历时的规律逆转过程。如图所示,晋东南知庄章三组声母合一型方言多数属于太原型,与此相邻隶属河南的晋方言在知庄章三组的读音类型只有tʂ、tʂʻ、ʂ与ts、tsʻ、s两分型和通读ts、tsʻ、s型,没有通读tʂ、tʂʻ、ʂ的类型。这使得晋城型在地理分布上显得非常特别。导致这种演变的原因值得深入研究,目前还不能给予满意的回答。至今在晋城一些人口中"三"和"尸"仍然念舌尖声母,前者是心母字,后者是书母字。根据王洪君[24]的推测,晋城方言只有舌尖转为卷舌的历史,没有卷舌转为舌尖的历史,由此"尸"读为舌尖声母便不好解释了。这也证明晋城方言早期可能属于太原型。另外我们考察了高本汉记录的20世纪初所有的山西方言点知庄章声母的分合状况,除了晋城以外,其他点均与王洪君[24]的推测一致,可见高本汉的记录是可信的。

与此类似的音变在汉语方言中也不乏其例。根据何大安[27]的研究,湖南临湘方言也经历过历时的规律逆转:

$$（3）\begin{bmatrix} -送气 \\ +浊音 \end{bmatrix} > \begin{bmatrix} +送气 \\ -浊音 \end{bmatrix} \qquad （4）\begin{bmatrix} +送气 \\ -浊音 \end{bmatrix} > \begin{bmatrix} -送气 \\ +浊音 \end{bmatrix}$$

这一音变导致临湘方言与周围的方言都不同,周围的方言没有浊塞擦音声母,而临湘方言不但有浊塞擦音声母,且其他方言中的送气清塞擦音声母和送气清塞音声母在临湘方言中也读成不送气的浊音了。从历史发展的角度看,这就是次清化浊。

1.1.5 音变的逻辑过程与历史过程之间的关系

历史比较法是根据方言或语言的现状来推测其演变过程。从音变的逻辑来说,上述晋城型音变和临湘方言的音变完全可以分别忽略(1)和(3)的演变,而直接从某一个起点来分析其演变过程。如以晋城型音变的逻辑过程来看,其过程是:

1b>2a2>3a2>4a2

这个过程从第二个阶段开始就和太原型音变的过程不同:

1b>2a1>3a1>4a1

然而,事实上是晋城型曾经也属于太原型,其音变过程只是比太原型多了一个阶段而已:

1b>2a1>3a1>4a1>(2)

像晋城和临湘这样的方言,如果采用历史比较法直接由读音的现状去推测其演变过程,势必会出现与历史不符的情况,也就是说会出现音变的逻辑过程和历史过程不一致的状况。除了规律逆转会造成这种情况之外,循环演变、无中生有等情况也会造成类似的结果,应当引起我们的重视。

研究语言的演变,探索其逻辑演变过程固然重要,但终极目标是探索语言本身的历史发展过程。音变的逻辑过程可能和历史过程一致,也可能不一致。就历史比较法来说,其时间的跨度越大,可利用的材料越少,由此得到的音变的逻辑过程与历史过程不同的可能性就越大。汉语方言的历史发展是复杂的,姊妹方言的分化是在民族共同语的不断影响下进行的。共同语和周边的强势方言对方言的巨大影响,经常促使方言向共同语靠拢、或在强势方言之间左右摇摆。汉语方言本身存在着分化与回归(融合)的二重性。正如张光宇[21]所说"汉语方言发展史既有谱系树(Stammbaum)分枝的一面,又有波浪扩散(Wallen)横被的一面"。这就要求我们必须重视汉语方言复杂的历史过程,在运用历史比较法分析方言演变的过程时充分挖掘历史文献材料,真正做到历史比较法与历史文献考证法相结合。

1.1.6 小结

音变的逻辑过程可能与历史过程相同,也可能不同。这是个值得关注和深思的问题。张光宇[21]提出"如何从一个已经融合为平面的系统透视它立体的本质,语言学家可以从考古类型学汲取经验,尤其是在区别历史过程和逻辑过程的思辨上"。这句话虽是针对汉语方言的层次分析提出的,但对研究汉语方言的历史发展同样具有警示意义。

1.2 鼻音声母的去塞化

根据高本汉的记录,20世纪初晋方言文水、兴县、平阳古明母字读[mb]、泥母读[nd]、疑母读[ŋg]。根据20世纪中期的记录,晋方言并州片、吕梁片等几十个方言点鼻音声母均带有同部位的塞音成分,古明母读[mb]、泥母读[nd]、疑母读[ŋg]。如下表所示:

	文水	太谷	交城	祁县	孝义	榆社	娄烦	左权
明母m	m^b	m^b	m^b	m^b	m^b	m^b	m^b	m^b
泥母n	n^d	n^d	n^d	n^d	n^d	n^d	n^d	n^d
疑母ŋ	$ŋ^g$	$ŋ^g$	$ŋ^g$	$ŋ^g$	$ŋ^g$	$ŋ^g$	$ŋ^g$	$ŋ^g$

	灵石	兴县	离石	汾阳	中阳	柳林	方山	岚县
明母m	m^b	m^b	m^b	m^b	m^b		m^b	m^b
泥母n	n^d	n^d	n^d		n^d		n^d	n^d
疑母ŋ	$ŋ^g$	$ŋ^g$	$ŋ^g$	$ŋ^g$	$ŋ^g$	$ŋ^g$	$ŋ^g$	$ŋ^g$

	静乐	隰县	大宁	永和	蒲县	汾西	安塞	米脂
明母m	m^b	m^b	m^b	m^b			m^b	m^b
泥母n	n^d	n^d	n^d	n^d	n^d	n^d	n^d	n^d
疑母ŋ	$ŋ^g$	$ŋ^g$	$ŋ^g$	$ŋ^g$	$ŋ^g$	$ŋ^g$	$ŋ^g$	$ŋ^g$

关于晋方言鼻音声母带有同部位浊塞音的历史,乔全生[13]曾做过详细的讨论,这里不赘。现在看一下20世纪后期这些鼻音声母的表现。我们以高本汉曾调查过的文水、兴县两个点20世纪后期年轻人的读音为依据,如下表所示:

读音字 地点	魔 果合一 平戈明	美 止开三 上旨明	民 臻开三 平真明	拿 假开二 平麻泥	男 咸开一 平覃泥	泥 蟹开四 平齐泥	碍 蟹开一 去代疑	涯 蟹开二 平佳疑
文水	ˌməi	ˊmei	ˌmiəŋ	ˌna	ˌnaŋ	ˌnz̩	ŋaiˀ	ˌiai
兴县	ˌmɤ	ˊmei	ˌmiŋ	ˌna	ˌnæ	ˌni	ŋei	ˌnai

20世纪后期年轻人的读音或许受普通话的影响比较大,从而更多表现文读音。但是年轻人的读音毕竟代表的是这些方言点未来的发展方向,语言的变化归根结底是语言使用者的变化。

2. 韵母的音韵特征及其演变

2.1 晋方言典型外转摄的演变模式

北方官话典型外转摄的演变模式是一等开口＝二等开合口≠一等合口,这里所谓典型的外转摄是指开合四等俱全的韵摄。由于阳声韵外转摄在现代晋方言中已基本合并,而效摄只有开口没有合口,因此这里主要讨论蟹摄。

在《切韵》音系中,蟹摄一等咍韵和灰韵分立,多数学者认为咍与灰之间仅是开合口的差别,韵基相同,如王力[19]、李荣[28]等。但也有学者认为,咍韵和灰韵韵基不同,如冯蒸[29]等。冯蒸之所以提出《切韵》的咍和灰韵基不同,主要依据就是现代大多数方言的咍和灰韵基不同。

但是在晋方言核心区,如并州片和吕梁片,咍和灰的韵基相同,也就是说,在晋方言咍韵与灰韵一直是开合口的关系。

同时值得注意的是,在晋方言吕梁片,不仅蟹摄一等的咍与灰不分韵,而且蟹摄一等与二等也还保持对立。也就是说,在吕梁方言中,蟹摄字的演变模式是蟹摄一等＝三四等合口≠二等≠三四等开口。在并州片,随着等第差别消失,蟹摄字的演变模式与吕梁片有别。并州片蟹摄字的演变模式是蟹摄一等＝二等≠三四等合口≠三四等开口。

2.2 晋方言鼻音韵尾的演变

张琨[30]指出,"关于在低元音后边*n韵尾和*ŋ韵尾持久性的比较,我们可以归纳成下面三点:(1)*n韵尾消失的机会比*ŋ韵尾多,*ŋ韵尾保存的机会比*n韵尾多;(2)要是*ŋ韵尾已经受了鼻化作用的影响,则*n韵尾至少也已经受了鼻化作用的影响,甚至已经把鼻音韵尾完全丢掉了,读成纯元音;(3)要是*ŋ韵尾完全消失了,则*n韵尾也一定已经完全消失掉了"。

张琨的观点是基于吴方言和官话方言得出的。张琨[30]所依据的晋方言的材料只有太原一个点。而我们知道,由于受普通话的影响,太原方言已经被官话方言覆盖,已不能代表晋方言的模式和类型。

拿晋方言与之比较,我们会发现,晋方言最早丢失鼻音韵尾的不是张琨所说的低元音后附舌头鼻音韵尾(*a/an),而是低元音后附舌根鼻音韵尾。晋方言低元音后附舌根鼻音韵尾最早丢失鼻音韵尾,可见*ŋ韵尾保存的机会并不比*n韵尾多。而且,低元音后附舌根鼻音韵尾丢失了鼻音韵尾,但是 n 韵尾还一直处于鼻化韵的阶段,并没有任何消失的迹象。就晋方言来说,*ŋ 韵尾的丢失或弱化和其前面元音的高低有密切的关系。如果前面是低元音,则其很早就丢失了,若是非低元音,则其保存的机会就很大。

晋方言鼻音韵尾的消失与其他汉语方言存在明显的不同,它对音系演变的影响值得进一步深入研究,这对全面了解汉语方言鼻音韵尾的演变有重要的补充意义。

3. 入声调的舒化

学界之所以将晋方言从官话方言中独立出来成为一个与官话平行的方言,就是因为晋方言有入声。并州片方言大多有阴入和阳入两个入声调。

现代晋方言的入声韵虽然仍然强势存在,入声韵虽然没有减少,但入声字却正在舒化的过程之中。20世纪后期太原年轻人的口语入声调已经不再区分阴入和阳入。另外,太原原来的两套入声韵 əʔ、aʔ 在20世纪后期年轻人的口中也已经合并为一套 əʔ。太原方言入声的演变可以视为晋方言并州片入声演变的缩影。其他点入声韵和入声调虽然没有像太原一样合并得如此迅速,但也处于舒化的过程之中。

第三章　太原方音百年来的演变

太原市是山西省省会,简称"并"。太原市位于山西高原中部,太原盆地(亦称晋中盆地)北端,占地6988平方公里,占全省总面积的4.5%。其中城区136平方公里,地貌总轮廓是北、西、东三面环山。汾河自北而南纵贯全市,流经100公里。整个地势北高南低,逐渐倾斜。全市人口271.05万。太原市是全省政治、经济、科技、文化、信息的中心和交通枢纽,是我国的能源重化工基地。

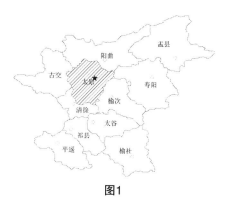

图1

太原方言属晋方言并州片。并州片是晋方言的核心地区,而太原方言是并州片的代表点。此处取材主要是太原城区方言。我们以高氏所记的太原方音《汉语方音字汇》等资料中记录的太原方音和我们新调查的太原方音材料作为对太原方音百年不同时期演变的比较材料,探讨其演变规律。

第一节　声母的演变

1. 齿音声母的演变

禅、邪、心、书个别字在三个时期的读音状况

读音\时间 \例字	殊	尝	辞	词	祠	赐	伸	囚	睡
	遇合三平虞禅	宕开三平阳禅	止开三平之邪	止开三平之邪	止开三平之邪	止开三去真心	臻开三平真书	流开三平尤邪	止合三去真禅
初期	ts'u	—	sɿ	—	—	—	—	ɕieu	ʂuɛi
中期	₌su	₌sɔ̃/ts'ũ	ʂɿ˭/ts'ɿ˭	ʂɿ˭/ts'ɿ˭	ʂɿ˭/ts'ɿ˭	ʂɿ˭/ts'ɿ˭	ʂəŋ/səŋ	tɕ'ieu˭	suei˭
后期	₌su	ts'ũ	ʂɿ˭	ʂɿ˭	ts'ɿ˭	ʂɿ˭	ʂəŋ	tɕ'ieu˭	suei˭

　　古知庄章三组声母在20世纪初期的太原方言中已基本与精组洪音声母合流,只有禅母的"睡、赡"两字依然保持卷舌类读音。禅、邪、心、书四母在中古是擦音声母,但在官话方言中有许多字读塞擦音,而晋方言则主要读擦音而非塞擦音。这一点由20世纪初的太原话也可以看出端倪,如上表所示。

　　可以看出,只有"殊"字为塞擦音,其他都为擦音。乔全生[13]曾对"殊"字做过讨论,认为这是受官话方言影响而产生的读音,不是晋方言的主流音。

　　表中的禅、邪、心、书诸字(除"殊"外)在20世纪初皆读擦音声母,但这些字到20世纪中期几乎都产生了文白异读,文读为塞擦音,白读为擦音。20世纪后期,文读音战胜了白读音。这是受普通话影响的结果。

2. 疑母字的演变

　　疑母字在三个时期的读音状况如下:

读音时间＼例字	咬	眼	牙	硬	崖
	效开二 上巧疑	山开二 上产疑	假开二 平麻疑	梗开二 去映疑	蟹开二 平佳疑
初期	—	—	—	—	—
中期	ˉniau/ˉiau	ˉnie/ˉie	₋nia/₋ia	niŋ²/iŋ²	₋nia/₋ia
后期	ˉiau	ˉie	₋ia	iŋ²	₋ia

　　20世纪初,太原方言的疑母字有两个读音:一、二等开口洪音声母读ɣ,合口读零声母,三、四等细音声母也读零声母。然而值得注意的是二等开口字,这些字的i介音是后来产生的,且产生的步调不一致。有的已经产生了i介音,有的则还没有。高本汉对这类字的记音比较少,如"衙"字,高本汉记为ia。这很可能是个文读音。

　　20世纪中期,太原方言二等开口疑母字多有文白异读,文读为零声母,白读为n声母。而20世纪后期,文读代替了白读。这种演变与一、二等开口洪音疑母字的演变相同。20世纪初期,这些字读ɣ声母,20世纪后期,这些字多读零声母。这是受普通话影响的结果。

3. 全浊声母的演变

　　全浊声母在三个时期的读音状况

读音\字例\时间	骑	田	桃	厨	迟	爬	墙
	止开三平支群	山开四平先定	效开一平豪定	遇合三平虞澄	止开三平脂澄	假开二平麻并	宕开三平阳从
初期	tɕʻi	tʻie	—	tsʻu	tsʐ̩	pʻa	tɕʻia
中期	tɕi/tɕʻi	tie/tʻie	tau/tʻau	tsu/tsʻu	tsʐ̩/tsʻʐ̩	pa/pʻa	tɕiɒ̃/tɕʻiɒ̃
后期	tɕʻi	tʻie	tʻau	tsʻu	tsʻʐ̩	pʻa	tɕʻiɒ̃

据《汉语方音字汇》的记录,太原方音"群、定、澄、并、从"五母在20世纪中期白读都是不送气音,而文读都演变为送气音,20世纪后期沿用文读音。在《中国音韵学研究》中,这些音大多记作送气音,20世纪初期高氏调查所记当为文读音。

20世纪中期,太原方言古全浊声母大都有文白异读,白读不送气,文读送气,20世纪后期,文读基本覆盖了白读。太原方言古全浊声母早期本都读不送气声母,但现在多为平声送气、仄声不送气。太原方言在古全浊声母上原有的晋方言特色基本消失。

4. 梗通摄喻母字的演变

梗通摄喻母字在三个时期的读音状况

读音\字例\时间	荣	融	容	溶	熔
	梗合三平庚云	通合三平东以	通合三平钟以	通合三平钟以	通合三平钟以
初期	—	—	—	—	—
中期	yuŋ	yuŋ	yuŋ	yuŋ	yuŋ
后期	zuŋ	zuŋ	zuŋ	zuŋ	zuŋ

虽然高本汉对梗通摄喻母字没有记录,但从20世纪中期的读音形式来看,20世纪初,梗通摄喻母字当读零声母。

20世纪中期,太原方言梗通摄喻母字为零声母字,到20世纪后期,这些字都读为 z 声母。这是受普通话影响的结果。由于太原方言此时已没有卷舌声母,故这些字今读都是 z 声母。可以看出,太原方言梗通摄喻母字基本被文读音覆盖。

5. 百年来太原方言声母的演变特点及其成因分析

百年来太原方言原有的特点基本消失殆尽,其中最明显的是古全浊声母由无论平仄全都为不送气音,变成官话方言的平声送气仄声不送气。其他变化诸如影疑母字的演变,梗通摄喻母字的演变都显示出太原方言自身特点的磨损。

太原方言声母近一个世纪的变化,显然是受普通话影响所致。其演变方式是文读覆盖白读,白读消失殆尽。

第二节　韵母的演变

1. 阴声韵的演变

果摄字的演变

果摄字在三个时期的读音状况

表1　果摄一等字的读音

读音例字 时间	多	左	蛾	颇	朵	骡	锁	过	火
	果开一平歌端	果开一上哿精	果开一平歌疑	果合一平戈滂	果合一上果端	果合一平戈来	果合一上果心	果合一去过见	果合一上果晓
初期	to	tso	ɣə	pʻə	to	lo	so	kuə	xuə
中期	˓tɤ/˓tuɤ	˓tsɤ/˓tsuɤ	˓ɣɤ	pʻɤ˒	˓tuɤ	˓luɤ	˓suɤ	kuɤ˒	˓xuɤ
后期	˓tuɤ	˓tsuɤ	˓ɣ	pʻɤ˒	˓tuɤ	˓luɤ	˓suɤ	kuɤ˒	˓xuɤ

表2　果摄三等字的读音

读音例字 时间	茄	瘸	靴
	果开三平戈群	果合三平戈群	果合三平戈晓
初期	—	—	—
中期	˓tɕʻie	˓tɕʻye	˓ɕye
后期	˓tɕʻie	˓tɕʻye	˓ɕye

由高本汉的记音来看,20世纪初,太原方言的果摄字开口端组字依然保持开口读法,同时合口字的端组也读开口,这应该是一种平行演变。可见,当时太原方言果摄开合口的区别在端组已经遭到破坏。

20世纪以来,太原方言果摄字基本丧失了开合口的界限。这种演变可从开口字文白异读的消失得到印证。保持果摄开合口的界限是晋方言并州片的特点。太原方言在这一点上显然已经丧失了晋方言的特色。

1.2　假摄字的演变

假摄字在三个时期的读音状况

表3　假摄二等字的读音

读音 时间	例字	巴	拿	茶	叉	纱	嘉	霞	瓜	花
		假开二 平麻帮	假开二 平麻泥	假开二 平麻澄	假开二 平麻初	假开二 平麻生	假开二 平麻见	假开二 平麻匣	假合二 平麻见	假合二 平麻晓
初期		pa	na	tsʻa	tsʻa	sa	tɕia	çia	kua	xua
中期		₌pa	₌na	₌tsʻa	₌tsʻa/tsʻa	₌sa	₌tɕia	₌çia	₌kua	₌xua
后期		₌pa	₌na	₌tsʻa	₌tsʻa/tsʻa	₌sa	₌tɕia	₌çia	₌kua	₌xua

太原方言假摄字的演变与官话方言完全一致。麻韵三等与二等的主要元音有别,这应该是自宋代以来就发生的演变。

表4　假摄三等字的读音

读音 时间	例字	借	写	蔗	车	射	赦	惹	爷	夜
		假开三 去祃精	假开三 上马心	假开三 去祃章	假开三 平麻昌	假开三 去祃船	假开三 去祃书	假开三 上马日	假开三 平麻以	假开三 去祃以
初期		tɕie	çie	tsə	tsʻə	sə	sə	zə	—	ie
中期		tɕie²	ᶜçie	tsʏ²	₌tsʻʏ	sʏ²	sʏ²	ᶜzʏ	₌ie	ie²
后期		tɕie²	ᶜçie	tsʏ²	₌tsʻʏ	sʏ²	sʏ²	ᶜzʏ	₌ie	ie²

太原方言麻韵二等字基本没有发生什么变化。变化主要是麻韵三等知系字元音由早期的ə变成现在的ʏ。这或许不是什么变化,可能跟高本汉的记音有关。

太原方言假摄字在过去一个世纪没有发生明显的变化,主要是因为这个韵摄字的读音就和官话方言基本一致。

1.3　遇摄字的演变

遇摄字在三个时期的读音状况

表5　遇摄一等字的读音

读音 时间	例字	补	土	徒	卢	租	粗	苦	虎	乌
		遇合一 上姥帮	遇合一 上姥透	遇合一 平模定	遇合一 平模来	遇合一 平模精	遇合一 平模清	遇合一 上姥溪	遇合一 上姥晓	遇合一 平模影
初期		pu	tʻu	tʻu	lɛu	tsu	tsʻu	kʻu	xu	u
中期		ᶜpu	ᶜtʻu	₌tʻu	₌lɐu	₌tsu	₌tsʻu	ᶜkʻu	ᶜxu	₌u
后期		ᶜpu	ᶜtʻu	₌tʻu	₌lu	₌ts	₌tsʻu	ᶜkʻu	ᶜxu	₌u

表6　遇摄三等字的读音

读音时间\例字	女	猪	阻	诸	巨	夫	驱	诛	于
	遇合三上语泥	遇合三平鱼知	遇合三上语庄	遇合三平鱼章	遇合三上语群	遇合三平虞非	遇合三平虞溪	遇合三平虞知	遇合三平虞云
初期	ȵy	tsu	tsu	su	tɕy	fu	tɕʰy	tsu	y
中期	ˀȵy	ˈtsu	ˈtsu	ˈtsu	tɕy˧	ˈfu	ˈtɕʰy	ˈtsu	ˈy
后期	ˀȵy	ˈtsu	ˈtsu	ˈtsu	tɕy˧	ˈfu	ˈtɕʰy	ˈtsu	ˈy

根据高本汉的记录,百年前太原方言遇摄来母字已经发生了裂化,与流摄合并。这是晋方言的特色之一,从南部的汾河片方言一直到北部的五台片方言,都有这种遇摄舌齿音的裂化,只不过所涉及的音类多少不同而已。

百年来太原遇摄字的这一特色自中期开始已被磨灭。遇摄来母字又被文读音覆盖,重新读为遇摄的 u 韵母。

太原遇摄来母字读音的变化,再次说明太原方言中晋方言特色的消失。

1.4　蟹摄字的演变

蟹摄字在三个时期的读音状况

表7-1　蟹摄一等字的读音（咍海代）

读音时间\例字	胎	来	灾	该	玫	堆	催	魁	回
	蟹开一平咍透	蟹开一平咍来	蟹开一平咍精	蟹开一平咍见	蟹合一平灰明	蟹合一平灰端	蟹合一平灰清	蟹合一平灰溪	蟹合一平灰匣
初期	tʰɛi	lɛi	tsɛi	kɛi	mɛi	tuɛi	tsʰuɛi	kʰuɛi	xuɛi
中期	ˈtʰai	ˈlai	ˈtsai	ˈkai	ˈmei	ˈtuei	ˈtsʰuei	ˈkʰuei	ˈxuei
后期	ˈtʰai	ˈlai	ˈtsai	ˈkai	ˈmei	ˈtuei	ˈtsʰuei	ˈkʰuei	ˈxuei

表7-2　蟹摄一等字的读音（泰）

读音时间\例字	贝	带	赖	盖	艾	兑	最	外	会
	蟹开一去泰帮	蟹开一去泰端	蟹开一去泰来	蟹开一去泰见	蟹合一去泰疑	蟹合一去泰定	蟹合一去泰精	蟹合一去泰疑	蟹合一去泰匣
初期	pɛi	tɛi	lɛi	kɛi	ɣɛi	tuɛi	tsuɛi	vɛi	xuɛi
中期	pei˧	tai˧	lai˧	kai˧	ɣai˧	tuei˧	tsuei˧	vai˧	xuei˧
后期	pei˧	tai˧	lai˧	kai˧	ɣai˧	tuei˧	tsuei˧	vai˧	xuei˧

表8-1　蟹摄二等字的读音（皆骇怪）

读音时间＼例字	拜	排	斋	豺	皆	谐	挨	怪	坏
	蟹开二去怪帮	蟹开二平皆并	蟹开二平皆庄	蟹开二平皆崇	蟹开二平皆见	蟹开二平皆匣	蟹开二平皆影	蟹合二去怪见	蟹合二去怪匣
初期	pɛi	pʻɛi	tsɛi	tsʻɛi	ˌtɕie	ɕie	ɣɛi	kuɛi	xuɛi
中期	ˌpai	ˌpʻai	ˌtsai	ˌtsʻai	ˌtɕie	ˌɕie	ˌɣai	kuaiˀ	xuaiˀ
后期	ˌpai	ˌpʻai	ˌtsai	ˌtsʻai	ˌtɕie	ˌɕie	ˌɣai	kuaiˀ	xuaiˀ

表8-2　蟹摄二等字的读音（佳蟹卦夬）

读音时间＼例字	摆	奶	债	街	败	怪	挂	快	话
	蟹开二上蟹帮	蟹开二上蟹泥	蟹开二去卦庄	蟹开二平佳见	蟹开二平佳并	蟹合二去怪见	蟹合二去卦见	蟹合二去夬溪	蟹合二去夬匣
初期	pɛi	nɛi	tsɛi	ˌtɕia	pɛi	kuɛi	kua	kʻuɛi	xua
中期	ˈpai	ˈnai	tsaiˀ	ˌtɕie	paiˀ	kuaiˀ	kuaˀ	kʻuaiˀ	xuaˀ
后期	ˈpai	ˈnai	tsaiˀ	ˌtɕie	paiˀ	kuaiˀ	kuaˀ	kʻuaiˀ	xuaˀ

表9　蟹摄三等字的读音（祭废）

读音时间＼例字	敝	祭	滞	制	艺	岁	赘	锐	肺
	蟹开三去祭并	蟹开三去祭精	蟹开三去祭澄	蟹开三去祭章	蟹开三去祭疑	蟹合三去祭心	蟹合三去祭章	蟹合三去祭以	蟹合三去废敷
初期	pi	tɕi	tsʅ	tsʅ	i	suɛi	tsuɛi	zuɛi	fei
中期	piˀ	tɕiˀ	tsʅˀ	tsʅˀ	iˀ	suei ˀ	tsueiˀ	zueiˀ	feiˀ
后期	piˀ	tɕiˀ	tsʅˀ	tsʅˀ	iˀ	suei ˀ	tsueiˀ	zueiˀ	feiˀ

表10　蟹摄四等字的读音

读音时间＼例字	批	题	妻	西	继	奚	圭	奎	慧
	蟹开四平齐滂	蟹开四平齐定	蟹开四平齐清	蟹开四平齐心	蟹开四去霁见	蟹开四平齐匣	蟹合四平齐见	蟹合四平齐溪	蟹合四去霁匣
初期	pʻi	tʻi	tɕʻi	ɕi	tɕi	ɕi	kuɛi	kʻuɛi	xuɛi
中期	ˌpʻi	ˌtʻi	ˌtɕʻi	ˌɕi	tɕiˀ	ˌɕi	ˌkuei	ˌkʻuei	xueiˀ
后期	ˌpʻi	ˌtʻi	ˌtɕʻi	ˌɕi	tɕiˀ	ˌɕi	ˌkuei	ˌkʻuei	xueiˀ

　　由高本汉的记音来看，太原方言蟹摄一、二等和三、四等合口字完全合并。这一点与现在的左权方言类似。同时，20世纪初，太原方言的"街"字读低元音，这一点值得关注。

　　20世纪以来,太原方言蟹摄字的音类格局被打破。其实是被普通话的音类格局覆盖,变成了一等开口等于二等,不等于一等合口。

1.5　止摄字的演变

止摄字在三个时期的读音状况

表11-1　支韵系字的读音（开）

读音时间 \ 例字	披	离	紫	知	筛	支	儿	寄	戏
	止开三平支滂	止开三平支来	止开三上纸精	止开三平支知	止开三平支生	止开三平支章	止开三平支日	止开三去寘见	止开三去寘晓
初期	pʻi	li	tsʅ	tsʅ	—	tsʅ	ar	tɕi	ɕi
中期	꜀pʻi	꜀li	꜂tsʅ	tsʅ	꜀sai	tsʅ	꜂ɚ	tɕi꜄	ɕi꜄
后期	꜀pʻi	꜀li	꜂tsʅ	tsʅ	꜀sai	tsʅ	꜂ɚ	tɕi꜄	ɕi꜄

表11-2　支韵系字的读音（合）

读音时间 \ 例字	累	髓	睡	吹	垂	亏	危	麾	委
	止合三去寘来	止合三上纸心	止合三去寘禅	止合三平支昌	止合三平支禅	止合三平支溪	止合三平支疑	止合三平支晓	止合三上纸影
初期	luei	suei	ʂuei	tsʻuei	tsʻuei	kʻuei	vei	xuei	vei
中期	꜀luei	꜂suei	suei꜄	꜀tsʻuei	꜀tsʻuei	꜀kuei	꜀vei	—	꜂vei
后期	꜀luei	꜂suei	suei꜄	꜀tsʻuei	꜀tsʻuei	꜀kuei	꜀vei		꜂vei

表12-1　脂韵系字的读音（开）

读音时间 \ 例字	比	地	资	致	师	旨	二	肌	伊
	止开三上旨帮	止开三去至定	止开三平脂精	止开三去至知	止开三平脂生	止开三上旨章	止开三去至日	止开三平脂见	止开三平脂影
初期	pi	ti	tsʅ	tsʅ	sʅ	tsʅ	—	tɕi	i
中期	꜂pi	ti꜄	꜀tsʅ	tsʅ꜄	꜀sʅ	꜂tsʅ	ɚ꜄	꜀tɕi	꜀i
后期	꜂pi	ti꜄	꜀tsʅ	tsʅ꜄	꜀sʅ	꜂tsʅ	ɚ꜄	꜀tɕi	꜀i

表12-2　脂韵字系的读音（合）

读音时间 \ 例字	醉	虽	追	衰	锥	水	龟	葵	帷
	止合三去至精	止合三平脂心	止合三平脂知	止合三平脂生	止合三平脂章	止合三上旨书	止合三平脂见	止合三平脂群	止合三平脂云
初期	tsuɛi	suɛi	tsuɛi	—	tsuɛi	suɛi	kuɛi	kʻuɛi	vɛi
中期	tsuei꜄	꜀suei	꜀tsuei	꜀suai	꜀tsuei	꜂suei	꜀kuei	꜀kʻuei	꜀vei
后期	tsuei꜄	꜀suei	꜀tsuei	꜀suai	꜀tsuei	꜂suei	꜀kuei	꜀kʻuei	꜀vei

表13　之韵系字的读音

读音 时间 \ 例字	你	兹	置	使	止	己	欺	喜	医
	止开三 上止泥	止开三 平之精	止开三 去志知	止开三 上止生	止开三 上止章	止开三 上止见	止开三 平之溪	止开三 上止晓	止开三 平之影
初期	ȵi	tsɿ	tsɿ	sɿ	tsɿ	tɕi	tɕʰi	ɕi	i
中期	ˈȵi	ˈtsɿ	tsɿ/tsəʔ	ˈsɿ	ˈtsɿ	ˈtɕi	ˈtɕʰi	ˈɕi	ˈi
后期	ˈȵi	ˈtsɿ	tsɿ	ˈsɿ	ˈtsɿ	ˈtɕi	ˈtɕʰi	ˈɕi	ˈi

表14　微韵系字的读音

读音 时间 \ 例字	幾	祈	衣	非	妃	肥	鬼	挥	威
	止开三 上旨见	止开三 平微群	止开三 平微影	止合三 平微非	止合三 平微敷	止合三 平微奉	止合三 上尾见	止合三 平微晓	止合三 平微影
初期	tɕi	tɕʰi	i	fei	fei	fei	kuei	xuei	vei
中期	ˈtɕi	tɕʰieʔ	ˈi	ˈfei	ˈfei	ˈfei	ˈkuei	ˈxuei	ˈvei
后期	ˈtɕi	ˈtɕʰi	ˈi	ˈfei	ˈfei	ˈfei	ˈkuei	ˈxuei	ˈvei

　　止摄字的音类格局在20世纪初与官话方言基本一致。所不同的是,止摄合口与蟹摄洪音字完全合流,而官话方言只是与蟹摄合口一、三、四等合流。

　　百年来止摄字的演变是与蟹摄字的演变平行的,都是受官话方言覆盖的结果。主要表现就是 εi 韵母变成了 ei 韵母。

1.6　效摄字的演变

效摄字在三个时期的读音状况

表15　效摄一等字的读音

读音 时间 \ 例字	保	刀	劳	遭	曹	扫	高	好	袄
	效开一 上晧帮	效开一 平豪端	效开一 平豪来	效开一 平豪精	效开一 平豪从	效开一 上晧心	效开一 平豪见	效开一 上晧晓	效开一 上晧影
初期	pau	tau	lau	tsau	tsʰau	sau	kau	xau	ɣau
中期	ˈpau	ˈtau	ˈlau	ˈtsau	ˈtsʰau	ˈsau	ˈkau	ˈxau	ˀvu/ɣau
后期	ˈpau	ˈtau	ˈlau	ˈtsau	ˈtsʰau	ˈsau	ˈkau	ˈxau	ˈau

表16　效摄二等字的读音

读音 时间 \ 例字	包	铙	罩	抄	巢	交	敲	咬	孝
	效开二 平肴帮	效开二 平肴泥	效开二 去效知	效开二 平肴初	效开二 平肴崇	效开二 平肴见	效开二 平肴溪	效开二 上巧疑	效开二 去效晓
初期	pau	nau	tsau	tsʰau	tsʰau	tɕiau	tɕʰiau	iau	ɕiau

读音时间 \ 例字	包 效开二平肴帮	铙 效开二平肴泥	罩 效开二去效知	抄 效开二平肴初	巢 效开二平肴崇	交 效开二平肴见	敲 效开二平肴溪	咬 效开二上巧疑	孝 效开二去效晓
中期	₍pau	—	tsau⁾	₍tsʻau	₍tsʻau	₍tɕiau	₍tɕʻiau	ˈniau/ˈiau	ɕiau⁾
后期	₍pau	—	tsau⁾	₍tsʻau	₍tsʻau	₍tɕiau	₍tɕʻiau	ˈniau/ˈiau	ɕiau⁾

表17　效摄三等字的读音

读音时间 \ 例字	表 效开三上小帮	飘 效开三平宵滂	燎 效开三平宵来	焦 效开三平宵精	宵 效开三平宵心	朝 效开三平宵澄	烧 效开三平宵书	乔 效开三平宵群	耀 效开三去笑以
初期	piau	pʻiau	leau	tɕiau	ɕiau	tsau	sau	tɕʻiau	iau
中期	ˈpiau	₍pʻiau	₍liau	₍tɕiau	₍ɕiau	₍tsau	₍sau	₍tɕʻiau	iau⁾
后期	ˈpiau	₍pʻiau	₍liau	₍tɕiau	₍ɕiau	₍tsau	₍sau	₍tɕʻiau	iau⁾

表18　效摄四等字的读音

读音时间 \ 例字	刁 效开四平萧端	挑 效开四平萧透	聊 效开四平萧来	尿 效开四去啸泥	浇 效开四平萧见	叫 效开四去啸见	窍 效开四去啸溪	尧 效开四平萧疑	晓 效开四上筱晓
初期	tiau	tʻiau	leau	ȵiau	—	tɕiau	tɕʻiau	iau	ɕiau
中期	₍tiau	₍tʻiau	₍liau	niau⁾	₍tɕiau	tɕiau⁾	tɕʻiau⁾	₍iau	ˈɕiau
后期	₍tiau	₍tʻiau	₍liau	niau⁾	₍tɕiau	tɕiau⁾	tɕʻiau⁾	₍iau	ˈɕiau

　　百年前效摄字的音类格局与官话方言基本一致,所不同的是来母细音字的介音为 e,这可能与高本汉的记音有关。

　　百年来,太原方言的效摄字基本没有发生变化。

　　同假摄字一样,太原方言的效摄字之所以没有发生变化,是因为它们的音类格局本身就和官话方言一致。

1.7　流摄字的演变

流摄字在三个时期的读音状况

表19　流摄一等字的读音

读音时间 \ 例字	剖 流开一上厚滂	斗 流开一上厚端	头 流开一平侯定	走 流开一上厚精	叟 流开一上厚心	钩 流开一平侯见	口 流开一上厚溪	偶 流开一上厚疑	候 流开一去候匣
初期	—	tɛu	tʻu	tsɛu	sɐ̆u	kɛu	kʻɛu	ɣɛu	xɐ̆u

续表

读音时间 ＼ 例字 音	剖	斗	头	走	叟	钩	口	偶	候
	流开一上厚滂	流开一上厚端	流开一平侯定	流开一上厚精	流开一上厚心	流开一平侯见	流开一上厚溪	流开一上厚疑	流开一去候匣
中期	꜌pʻau	꜂təu	꜀tʻəu	꜂tsəu	꜂səu	꜀kəu	꜂kʻəu	꜂ɣəu	xəuꜗ
后期	꜌pʻau	꜂təu	꜀tʻəu	꜂tsəu	꜂səu	꜀kəu	꜂kʻəu	꜂ɣəu	xəuꜗ

表20　流摄三等字的读音

读音时间 ＼ 例字 音	否	流	酒	肘	绉	周	九	谬	纠
	流开三上有非	流开三平尤来	流开三上有精	流开三上有知	流开三去宥庄	流开三平尤章	流开三上有见	流开三去幼明	流开三上黝见
初期	fu	leu	tɕieu	tsʅ	tsʅ	tsʅ	tɕieu	miau	tɕieu
中期	꜂fu	꜀liəu	꜂tɕiəu	꜂tsʅ	—	꜂tsʅ	꜂tɕiəu	niəuꜗ	꜂tɕiəu
后期	꜂fu	꜀liəu	꜂tɕiəu	꜂tsʅ	—	꜂tsʅ	꜂tɕiəu	miəuꜗ	꜂tɕiəu

由高本汉的记音来看,百年前太原方言流摄三等唇音字已经转入遇摄,这不仅是晋方言的特色,也是北方官话的特色。另外,流摄三等来母高本汉记为leu,可能也是高本汉的记音问题。

百年来太原流摄字基本保持20世纪的音类格局,没有发生明显变化,其变化主要是音值的变化 εu>əu。当然这也可能和记音有关。

1.8　太原方言阴声韵演变特点及其形成原因

果摄开合口区别的消失、蟹摄音类格局的破坏等都说明,太原方言20世纪的面貌已经基本被官话方言覆盖。只要是在音类格局上与官话方言不同,太原方言都磨损了,都被官话方言覆盖了。所保持的即与官话音类格局基本一致。这充分说明太原方言晋方言特色的消失。

太原方言晋方言特色的消失,主要是受普通话影响的结果。太原作为省会城市,推普工作比周围的县市开展得好,另外大量外来移民对太原方言也有一定的影响。

2. 阳声韵的演变

2.1　山咸摄字读音的演变

山摄字的读音状况

表1　山摄一等字的读音

读音\时间\例字	滩	檀	残	干	盘	端	暖	酸	官
	山开一平寒透	山开一平寒定	山开一平寒从	山开一平寒见	山合一平桓並	山合一平桓端	山合一上缓泥	山合一平桓心	山合一平桓见
初期	tʻæ	tʻæ	tsʻæ	kæ	pʻæ	tuæ	nuæ	suæ	kuæ
中期	꜀tʻæ̃	꜀tʻæ̃	꜀tsʻæ̃	꜀kæ̃	꜀pʻæ̃	꜀tæ̃/tuæ̃	ˀnæ̃/nuæ̃	꜀suæ̃	꜀kuæ̃
后期	꜀tʻæ̃	꜀tʻæ̃	꜀tsʻæ̃	꜀kæ̃	꜀pʻæ̃	꜀tuæ̃	ˀnuæ̃	꜀suæ̃	꜀kuæ̃

表2　山摄二等字的读音

读音\时间\例字	盼	山	艰	删	颜	顽	撰	关	还
	山开二去裥滂	山开二平山生	山开二平山见	山开二平删生	山开二平删疑	山合二平删疑	山合二上潸崇	山合二平删见	山合二平删匣
初期	pʻæ	sæ	tɕie	sæ	ie	væ	tsuæ	kuæ	xuæ
中期	꜀pʻæʔ	꜀sæ̃	꜀tɕie	꜀sæ̃	꜀ie	꜀væ̃	tsuæ̃ʔ	꜀kuæ̃	꜀xæ̃/꜀xuæ̃
后期	꜀pæ̃	꜀sæ̃	꜀tɕie	꜀sæ̃	꜀ie	꜀væ̃	tsuæ̃ʔ	꜀kuæ̃	꜀xuæ̃

表3-1　山摄三等字的读音（开）

读音\时间\例字	鞭	仙	缠	善	件	延	建	言	宪
	山开三平仙帮	山开三平仙心	山开三平仙澄	山开三上狝禅	山开三上狝群	山开三平仙以	山开三去愿见	山开三平元疑	山开三去愿晓
初期	pie	ɕie	tsʻæ	sæ	tɕie	ie	tɕie	ie	ɕie
中期	꜀pie	꜀ɕie	꜀tsʻæ̃	sæ̃	tɕieʔ	꜀ie	tɕieʔ	꜀ie	ɕieʔ
后期	꜀pie	꜀ɕie	꜀tsʻæ̃	sæ̃	tɕieʔ	꜀ie	tɕieʔ	꜀ie	ɕieʔ

表3-2　山摄三等字的读音（合）

读音\时间\例字	全	传	川	软	捲	员	反	劝	元
	山合三平仙从	山合三平仙澄	山合三平仙昌	山合三上狝日	山合三上狝见	山合三平仙云	山合三上阮非	山合三去愿溪	山合三平元疑
初期	tɕʻye	tsʻuæ	tsʻuæ	zuæ	tɕye	ye	fæ	tɕʻye	ye
中期	꜀tɕʻye	꜀tsʻuæ	꜀tsʻuæ	ˀzuæ	꜀tɕye	꜀ye	ˀfæ̃	tɕʻyeʔ	꜀ye
后期	꜀tɕʻye	꜀tsʻuæ	꜀tsʻuæ	ˀzuæ	꜀tɕye	꜀ye	ˀfæ̃	tɕʻyeʔ	꜀ye

表4　山摄四等字的读音

读音\时间\例字	片	颠	年	千	肩	牵	贤	烟	玄
	山开四去霰滂	山开四平先端	山开四平先泥	山开四平先清	山开四平先见	山开四平先溪	山开四平先匣	山开四平先影	山合四平先匣
初期	pʻie	tie	ȵie	tɕʻie	tɕie	tɕʻie	ɕie	ie	ɕye

续表

读音时间＼例字 音字间	片 山开四 去霰滂	颠 山开四 平先端	年 山开四 平先泥	千 山开四 平先清	肩 山开四 平先见	牵 山开四 平先溪	贤 山开四 平先匣	烟 山开四 平先影	玄 山合四 平先匣
中期	p'ie⁼	₋tie	₋nie	₋tɕ'ie	₋tɕie	₋tɕ'ie	₋ɕie	₋ie	₋ɕye
后期	p'ie⁼	₋tie	₋nie	₋tɕ'ie	₋tɕie	₋tɕ'ie	₋ɕie	₋ie	₋ɕye

咸摄字的读音状况

表5　咸摄一等字的读音

读音时间＼例字 音字间	贪 咸开一 平覃透	男 咸开一 平覃泥	参 咸开一 平覃清	感 咸开一 上感见	含 咸开一 平覃匣	担 咸开一 平谈端	三 咸开一 平谈心	甘 咸开一 平谈见	酣 咸开一 平谈匣
初期	t'æ	næ	ts'æ	kæ	xæ	tæ	sæ	kæ	xæ
中期	₋t'æ̃	₋næ̃	₋ts'æ̃	ˈkæ̃	₋xæ̃	₋tæ̃	₋sæ̃	₋kæ̃	₋xæ̃
后期	₋t'æ̃	₋næ̃	₋ts'æ̃	ˈkæ̃	₋xæ̃	₋tæ̃	₋sæ̃	₋kæ̃	₋xæ̃

表6　咸摄二等字的读音

读音时间＼例字 音字间	站 咸开二 去陷知	斩 咸开二 上豏庄	馋 咸开二 平咸崇	鹻 咸开二 上豏见	咸 咸开二 平咸匣	搀 咸开二 平衔初	监 咸开二 平衔见	嵌 咸开二 平衔溪	衔 咸开二 平衔匣
初期	tsæ	tsæ	ts'æ	tɕie	ɕie	ts'æ	tɕie	—	ɕie
中期	tsæ̃⁼	ˈtsæ̃	₋ts'æ̃	ˈtɕie	₋ɕie	₋ts'æ̃	₋tɕie	tɕ'ie⁼	₋ɕie
后期	tsæ̃⁼	ˈtsæ̃	₋ts'æ̃	ˈtɕie	₋ɕie	₋ts'æ̃	₋tɕie	tɕ'ie⁼	₋ɕie

表7　咸摄三等字的读音

读音时间＼例字 音字间	尖 咸开三 平盐精	占 咸开三 平盐章	沾 咸开三 平盐知	染 咸开三 上琰日	钳 咸开三 平盐群	欠 咸开三 去酽溪	严 咸开三 平衔疑	泛 咸合三 去梵滂	凡 咸合三 平凡奉
初期	₋tɕie	tsæ	tsæ	zæ	₋tɕ'ie	tɕ'ie⁼	ie	fæ	fæ
中期	₋tɕie	₋tsæ̃	₋tsæ̃	ˈzæ̃	₋tɕ'ie	tɕ'ie⁼	₋ie	fæ̃⁼	₋fæ̃
后期	₋tɕie	₋tsæ̃	₋tsæ̃	ˈzæ̃	₋tɕ'ie	tɕ'ie⁼	₋ie	fæ̃⁼	₋fæ̃

表8　咸摄四等字的读音

读音 时间 ＼ 例字	点 咸开四上忝端	添 咸开四平添透	甜 咸开四平添定	念 咸开四去桥泥	兼 咸开四平添见	谦 咸开四平添溪	嫌 咸开四平添匣
初期	ˀtie	t'ie	t'ie	nie	tɕie	tɕ'ie	ɕie
中期	ˀtie	t'ie	t'ie	nie³	tɕie	tɕ'ie	ɕie
后期	ˀtie	t'ie	t'ie	nie³	tɕie	tɕ'ie	ɕie

　　由高本汉的记录来看,20世纪初太原方言山咸摄字已经完全合并,且都失去了鼻音韵尾进入了阴声韵。同时山咸摄细音字已经和假开三合并,这是太原方言的特色之一。

　　山咸摄字在20世纪变化很小,唯一的变化就是山咸摄洪音字由高本汉记录的纯元音韵变成现在的鼻化韵。这或许跟高本汉的记录有关。现从太原及周围方言的状况来看,尚未发现山咸摄洪音字读纯元音韵的现象,因此可能高本汉的记录有误,或许是手民刻印之误。

2.2　深臻摄读音的演变

深摄字的读音状况

表9　深摄字的读音

读音 时间 ＼ 例字	禀 深开三上寝帮	临 深开三平侵来	心 深开三平侵心	沈 深开三上寝书	甚 深开三上寝禅	今 深开三平侵见	琴 深开三平侵群	音 深开三平侵影	淫 深开三平侵以
初期	piəŋ	leəŋ	ɕiəŋ	səŋ	səŋ	tɕiəŋ	tɕ'iəŋ	iəŋ	iəŋ
中期	ˀpiŋ	liŋ	ɕiŋ	ˀsəŋ	səŋ³	tɕiŋ	tɕ'iŋ	iŋ	iŋ
后期	ˀpiŋ	liŋ	ɕiŋ	ˀsəŋ	səŋ³	tɕiŋ	tɕ'iŋ	iŋ	iŋ

臻摄字的读音状况

表10　臻摄一等字的读音

读音 时间 ＼ 例字	痕 臻开一平痕匣	跟 臻开一平痕见	恳 臻开一上很溪	恩 臻开一平痕影	本 臻合一上混帮	敦 臻合一平魂端	尊 臻合一平魂精	坤 臻合一平魂溪	温 臻合一平魂影
初期	xəŋ	kəŋ	k'əŋ	ɣəʔ	pəd	tuŋ	tsuŋ	k'uŋ	vəŋ
中期	xəŋ	kəŋ	ˀk'əŋ	ɣəʔ³	ˀpəd	tuŋ	tsuŋ	k'uŋ	vəŋ
后期	xəŋ	kəŋ	ˀk'əŋ	əʔ³	ˀpəd	tuŋ	tsuŋ	k'uŋ	vəŋ

表11-1　臻摄三等字的读音（开）

读音时间\字例	宾	津	珍	巾	银	斤	勤	欣	隐
	臻开三平真帮	臻开三平真精	臻开三平真知	臻开三平真见	臻开三平真疑	臻开三殷见	臻开三殷群	臻开三殷晓	臻开三上隐影
初期	₌piəŋ	₌tɕiəŋ	₌tsəŋ	₌tɕiəŋ	₌iəŋ	₌tɕiəŋ	₌tɕʻiəŋ	₌ɕiəŋ	ˈiəŋ
中期	₌piŋ	₌tɕiŋ	₌tsəŋ	₌tɕiŋ	₌iŋ	₌tɕiŋ	₌tɕʻiŋ	₌ɕiŋ	ˈiŋ
后期	₌piŋ	₌tɕiŋ	₌tsəŋ	₌tɕiŋ	₌iŋ	₌tɕiŋ	₌tɕʻiŋ	₌ɕiŋ	ˈiŋ

表11-2　臻摄三等字的读音（合）

读音时间\字例	伦	俊	椿	春	均	纷	文	君	训
	臻合三平谆来	臻合三去稕精	臻合三平谆彻	臻合三平谆昌	臻合三平谆见	臻合三平文敷	臻合三平文微	臻合三平文见	臻合三去问晓
初期	lyuŋ	tɕyuŋ⁼	tsʻuŋ	tsʻuŋ	₌tɕyuŋ	₌fəŋ	₌vəŋ	₌tɕyuŋ	ɕyuŋ⁼
中期	₌lyuŋ/luŋ	tɕyuŋˀ	₌tsʻuŋ	₌tsʻuŋ	₌tɕyuŋ	₌fəŋ	₌vəŋ	₌tɕyuŋ	ɕyuŋˀ
后期	₌luŋ	tɕyuŋˀ	₌tsʻuŋ	₌tsʻuŋ	₌tɕyuŋ	₌fəŋ	₌vəŋ	₌tɕyuŋ	ɕyuŋˀ

　　20世纪初期深臻摄已经完全合并，且有五类韵母，əŋ、eəŋ、iəŋ、uŋ、yuŋ。知系开口为əŋ，合口为uŋ。其他开口为iəŋ，合口为yuŋ。其中值得注意的是泥母eəŋ韵母，其介音为e，这可能是高本汉的记音问题。

　　20世纪以来，高本汉的eəŋ韵母消失，变成了iŋ韵母。其他开口细音字的韵母也变成了iŋ韵母。不过由早期的iəŋ变成现在的iŋ，或许并不是语音的实际变化，而是记音问题。

　　20世纪，太原方言深臻两摄字变化很小，这与其他方言的表现是一致的。同时在下文我们还会看到，太原方言深臻两摄字已经和梗曾通摄合并了。

　　2.3　江宕摄读音的演变

　　江摄字的读音状况

表12　江摄字的读音

读音时间\字例	邦	棒	椿	撞	窗	双	江	腔	项
	江开二平江帮	江开二上讲并	江开二平江知	江开二去绛澄	江开二平江初	江开二去绛生	江开二平江见	江开二平江溪	江开二上讲匣
初期	pa	pa	tsua	tsua	—	sua	tɕia	tɕʻia	ɕia
中期	₌põ	põˀ	₌tsõ	tsʻõˀ/tsuõˀ	₌tsʻõ	tsʻõˀ/suõˀ	₌tɕiõ	₌tɕʻiõ	ɕiõˀ
后期	₌paŋ	paŋˀ	₌tsuaŋ	tsʻuaŋˀ	₌tsʻuaŋ	suaŋˀ	₌tɕiaŋ	₌tɕʻiaŋ	ɕiaŋˀ

宕摄字的读音状况

表13　宕摄一等字的读音

读音时间＼例音字	旁	当	苍	刚	昂	光	荒	皇	汪
	宕开一平唐並	宕开一平唐端	宕开一平唐清	宕开一平唐见	宕开一平唐疑	宕合一平唐见	宕合一平唐晓	宕合一平唐匣	宕合一平唐影
初期	pʻa	ta	tsʻa	ka	ɣa	kua	xua	xua	va
中期	₍pɒ̃	tɒ̃ˀ	₍tsɒ̃	₍kɒ̃	₍ɣɒ̃	₍kuɒ̃	₍xuɒ̃	₍xuɒ̃	₍vɒ̃
后期	₍paŋ	₍taŋ	₍tsʻaŋ	₍kaŋ	₍aŋ	₍kuaŋ	₍xuaŋ	₍xuaŋ	₍vaŋ

表14　宕摄三等字的读音

读音时间＼例音字	娘	将	张	庄	昌	疆	方	匡	王
	宕开三平阳泥	宕开三平阳精	宕开三平阳知	宕开三平阳庄	宕开三平阳昌	宕开三平阳见	宕合三平阳非	宕合三平阳溪	宕合三平阳云
初期	n̠ia	tɕia	tsa	tsua	tsʻa	tɕia	fa	kʻua	va
中期	₍n̠iɒ̃	₍tɕiɒ̃	₍tsɒ̃	₍tsuɒ̃	₍tsʻɒ̃	₍tɕiɒ̃	₍fɒ̃	₍kʻuɒ̃	₍vɒ̃
后期	₍nian	₍tɕian	₍tsan	₍tsuan	₍tsʻan	₍tɕian	₍fan	₍kʻuan	₍van

由高本汉的记录来看，20世纪初太原方言宕江摄已经完全合并，且都失去了鼻音韵尾变成了纯元音韵。

到20世纪中期，太原方言江宕摄字的韵母由高本汉记录的纯元音韵变成了鼻化韵。而到20世纪后期，鼻化韵都变成了鼻尾韵。

20世纪初高本汉记录的太原方言江宕摄纯元音韵肯定有误。通过比较法文原版，我们发现，高本汉记录的山咸摄洪音字为纯元音 a 韵，而江宕摄也是 a 韵。这说明，山咸摄已经与江宕摄合并。但是后来的演变说明，它们没有合并。鼻化韵和纯元音韵比较难以分辨，高本汉作为一个外籍人，就更不易分辨，出现误记也在所难免。

2.4　梗曾通摄字的演变

梗摄字的读音状况

表15　梗摄二等字的读音

读音时间＼例音字	烹	撑	更	行	棚	争	耿	幸	横	宏
	梗开二平庚滂	梗开二平庚彻	梗开二平庚见	梗开二平庚匣	梗开二平耕並	梗开二平耕庄	梗开二上耿见	梗开二上耿匣	梗合二平庚匣	梗合二平耕匣
初期	pʻəŋ	tsʻəŋ	kəŋ	ɕiəŋ	pʻəŋ	tsəŋ	kəŋ	ɕiəŋ	xuŋ	xuŋ

续表

读音时间＼例字	烹	撑	更	行	棚	争	耿	幸	横	宏
音韵地位	梗开二平庚滂	梗开二平庚彻	梗开二平庚见	梗开二平庚匣	梗开二平耕并	梗开二平耕庄	梗开二上耿见	梗开二上耿匣	梗合二平庚匣	梗合二平耕匣
中期	p'əŋ	ts'əŋ	kəŋ	ɕiŋ	p'ie/p'əŋ	tsəŋ	kəŋ	ɕiŋ	xuŋ/xəŋ	xuŋ
后期	p'əŋ	ts'əŋ	kəŋ	ɕiŋ	p'əŋ	tsəŋ	kəŋ	ɕiŋ	xəŋ	xuŋ

表16　梗摄三等字的读音

读音时间＼例字	兵	京	明	精	贞	征	轻	兄	倾
音韵地位	梗开三平庚帮	梗开三平庚见	梗开三平庚明	梗开三平清精	梗开三平清知	梗开三平清章	梗开三平清溪	梗合三平庚晓	梗合三平清溪
初期	piəŋ	tɕiəŋ	miəŋ	tɕiəŋ	tsəŋ	tsəŋ	tɕ'iəŋ	ɕyuŋ	tɕ'iəŋ
中期	piŋ	tɕiŋ	mi/miŋ	tɕiŋ	tsəŋ	tsəŋ	tɕ'iŋ	ɕyuŋ	tɕ'iŋ
后期	piŋ	tɕiŋ	mi/miŋ	tɕiŋ	tsəŋ	tsəŋ	tɕ'iŋ	ɕyuŋ	tɕ'iŋ

表17　梗摄四等字的读音

读音时间＼例字	瓶	顶	听	宁	灵	星	经	形	营
音韵地位	梗开四平青并	梗开四上迥端	梗开四平青透	梗开四平青泥	梗开四平青来	梗开四平青心	梗开四平青见	梗开四平青匣	梗合四平青以
初期	p'iəŋ	tiəŋ	t'iəŋ	niəŋ	leəŋ	ɕiəŋ	tɕiəŋ	ɕiəŋ	iəŋ
中期	p'iŋ	tiŋ	t'iŋ	niŋ	liŋ	ɕi/ɕiŋ	tɕiŋ	ɕiŋ	iŋ
后期	p'iŋ	tiŋ	t'iŋ	niŋ	liŋ	ɕi/ɕiŋ	tɕiŋ	ɕiŋ	iŋ

曾摄字的读音状况

表18　曾摄一等字的读音

读音时间＼例字	崩	朋	登	能	增	曾	僧	肯	恒
音韵地位	曾开一平登帮	曾开一平登并	曾开一平登端	曾开一平登泥	曾开一平登精	曾开一平登从	曾开一平登心	曾开一上等溪	曾开一平登匣
初期	pəŋ	p'əŋ	təŋ	nəŋ	tsəŋ	ts'əŋ	səŋ	k'əŋ	xəŋ
中期	pəŋ	p'əŋ	təŋ	nəŋ	tsəŋ	ts'əŋ	səŋ	k'əŋ	xəŋ
后期	pəŋ	p'əŋ	təŋ	nəŋ	tsəŋ	ts'əŋ	səŋ	k'əŋ	xəŋ

表19　曾摄三等字的读音

读音时间 \ 例字	冰	凭	征	惩	蒸	仍	凝	兴	蝇
	曾开三平蒸帮	曾开三平蒸並	曾开三平蒸知	曾开三平蒸澄	曾开三平蒸章	曾开三平蒸日	曾开三平蒸疑	曾开三平蒸晓	曾开三平蒸以
初期	piəŋ	p'iəŋ	tsəŋ	—	tsəŋ	zəŋ	ȵiəŋ	ɕiəŋ	iəŋ
中期	ˍpiŋ	ˍp'iŋ	ˍtsəŋ	ˍts'əŋ	ˍtsəŋ	ˍzəŋ	ˍȵiŋ	ˍɕiŋ	ˍiŋ
后期	ˍpiŋ	ˍp'iŋ	ˍtsəŋ	ˍts'əŋ	ˍtsəŋ	ˍzəŋ	ˍȵiŋ	ˍɕiŋ	ˍiŋ

通摄字的读音状况

表20　通摄一等字的读音

读音时间 \ 例字	蓬	东	鬆	公	翁	冬	脓	宗	宋
	通合一平东並	通合一平东端	通合一平东精	通合一平东见	通合一平东影	通合一平冬端	通合一平冬泥	通合一平冬精	通合一去宋心
初期	p'əŋ	tuŋ	tsuŋ	kuŋ	—	tuŋ	nəŋ	tsuŋ	suŋ
中期	ˍp'əŋ	ˍtuŋ	ˍtsuŋ	ˍkuŋ	ˍkuŋ/ˍvəŋ	ˍtuŋ	ˍnəŋ	ˍtsuŋ	suŋˀ
后期	ˍp'əŋ	ˍtuŋ	ˍtsũŋ	ˍkuŋ	ˍvəŋ	ˍtuŋ	ˍnəŋ	ˍtsuŋ	suŋˀ

表21　通摄三等字的读音

读音时间 \ 例字	风	中	戎	弓	封	宠	钟	恭	雍
	通合三平东非	通合三平东知	通合三平东日	通合三平东见	通合三平钟非	通合三上肿彻	通合三平钟章	通合三平钟见	通合三平钟影
初期	fəŋ	tsuŋ	zuŋ	kuŋ	—	ts'uŋ	tsuŋ	kuŋ	yuŋ
中期	ˍfəŋ	ˍtsuŋ	ˍzuŋ	ˍkuŋ	ˍfəŋ	ˈts'uŋ	ˍtsuŋ	ˍkuŋ	ˍyuŋ
后期	ˍfəŋ	ˍtsuŋ	ˍzuŋ	ˍkuŋ	ˍfəŋ	ˈts'uŋ	ˍtsuŋ	ˍkuŋ	ˍyuŋ

前文我们已经说过，20世纪初太原方言深臻与梗曾通摄已经完全合并。开口洪音为 əŋ 韵母，细音为 iəŋ 韵母，合口洪音为 uŋ 韵母，细音为 yuŋ 韵母。

20世纪以来，太原方言梗曾通摄基本没有发生什么变化。另外值得注意的是，梗摄三、四等在20世纪中期有文白异读，文读为鼻尾韵 iŋ，白读为 i 韵母。这一点在20世纪初期高本汉的记录中并没有表现，但这确是并州片的特色，这说明，高本汉记录的20世纪初期的读音为文读音，他没有记白读音。20世纪后期，文读覆盖了白读。这又表明太原方言晋方言特色的消失。

2.5 百年来太原方言阳声韵的演变特点及其成因

低元音后附鼻音韵尾的增强 20世纪太原方言山咸摄洪音字和江宕摄字高本汉记录为纯元音韵,这可能是高本汉的误记。误记的原因是高本汉难以分辨鼻化韵和纯元音韵,从这里我们得到启示,20世纪初期山咸摄洪音字和江宕摄字都是鼻化韵。20世纪中后期,随着普通话的推广,这些鼻化韵不但没有进一步退化成纯元音韵,反而鼻音成分加强,变成了鼻尾韵。

晋方言特色的消失 梗摄三、四等在晋方言并州片有文白异读,白读为 i 韵母。根据乔全生[113]的研究,晋方言并州片是唐五代西北方音的"直系后裔",唐五代西北方音注音材料中就有梗齐互注的现象。20世纪后期,太原方言梗摄三、四等字白读音的消失,表明太原方言晋方言特色的进一步消失。

太原方言阳声韵所发生的变化基本上与普通话的影响有关。太原方言阳声韵与官话方言差异较大的,太原方言发生了变化,除非阳声韵已经和其他韵发生了合并,例如山咸摄细音字与假开三合并。阳声韵仍保持独立,越来越接近于普通话。

3. 入声韵的演变

3.1 咸山摄入声韵的演变

咸山摄入声韵在三个时期的读音状况

表1 咸摄一等入声韵的读音

读音\时间 例字	答	踏	纳	拉	杂	鸽	合	塔	腊
	咸开一入合端	咸开一入合透	咸开一入合泥	咸开一入合来	咸开一入合从	咸开一入合见	咸开一入合匣	咸开一入盍透	咸开一入盍来
初期	taʔ	t'aʔ	naʔ	laʔ	tsaʔ	—	xaʔ	t'aʔ	laʔ
中期	taʔ₂	t'aʔ₂	naʔ₂	ˌla	tsaʔ₂	kaʔ₂ / kəʔ₂	xaʔ₂ / xəʔ₂	t'aʔ₂	laʔ₂
后期	təʔ₂	t'əʔ₂	naʔ	ˌla	tsəʔ₂	kəʔ₂	xəʔ₂	ˆta	ləʔ₂

表2 咸摄二等入声韵的读音

读音\时间 例字	劄	插	夹	掐	狭	甲	鸭
	咸开二入洽知	咸开二入洽初	咸开二入洽见	咸开二入洽溪	咸开二入洽匣	咸开二入狎见	咸开二入狎影
初期	taʔ	ts'aʔ	tɕiæʔ	tɕ'iæʔ	ɕiæʔ	tɕiaʔ	iaʔ
中期	—	ts'aʔ₂	tɕiaʔ₂	tɕ'iaʔ₂	ɕiaʔ₂	tɕiaʔ₂	iaʔ₂
后期	—	ts'əʔ₂	tɕiəʔ₂	tɕ'iəʔ₂	ɕia	tɕia	iəʔ₂

表3　咸摄三等入声韵的读音

读音\时间\例字	猎	接	妾	摺	叶	劫	怯	法	乏
	咸开三入叶来	咸开三入叶精	咸开三入叶清	咸开三入叶章	咸开三入叶以	咸开三入业见	咸开三入业溪	咸合三入乏非	咸合三入乏奉
初期	leəʔ	tɕiaʔ	tɕʻiaʔ	tsaʔ	iəʔ	tɕiaʔ	tɕʻiaʔ	faʔ	faʔ
中期	lieʔ˨	tɕiəʔ˨	tɕʻiəʔ˨	tsaʔ˨ / tsəʔ˨	iəʔ˨	tɕiəʔ˨	tɕʻiəʔ˨	faʔ˨	faʔ˨
后期	ˈlie	tɕiəʔ˨	tɕʻiəʔ˨	tsaʔ˨	iəʔ˨	tɕʻiəʔ˨	tɕʻiəʔ˨	fəʔ˨	fɔʔ˨

表4　咸摄四等入声韵的读音

读音\时间\例字	帖	叠	协
	咸开四入帖透	咸开四入帖定	咸开四入帖匣
初期	tʻiəʔ	tiəʔ	ɕiəʔ
中期	tʻiəʔ˨	tiəʔ˨	ɕiəʔ˨
后期	tʻiəʔ˨	tiəʔ˨	ɕiəʔ˨

表5　山摄一等入声韵的读音

读音\时间\例字	达	辣	葛	渴	泼	脱	夺	阔	豁
	山开一入曷定	山开一入曷来	山开一入曷见	山开一入曷溪	山合一入末滂	山合一入末透	山合一入末定	山合一入末溪	山合一入末晓
初期	taʔ	laʔ	kaʔ	kʻaʔ	pʻaʔ	tʻuaʔ	tuaʔ	kʻuaʔ	xuaʔ
中期	taʔ˨	laʔ˨	kaʔ˨ / kəʔ˨	kʻaʔ˨ / kʻəʔ˨	pʻaʔ˨ / pʻəʔ˨	tʻuaʔ˨ / tʻuəʔ˨	tuaʔ˨ / tuəʔ˨	kʻuaʔ˨ / kʻuəʔ˨	xuaʔ˨ / xuəʔ˨
后期	təʔ˨	laˀ	kəʔ˨	kʻəʔ˨	pʻəʔ˨	tʻuəʔ˨	tuəʔ˨	kʻuəʔ˨	xuəʔ˨

表6　山摄二等入声韵的读音

读音\时间\例字	八	拔	札	察	瞎	辖	滑	刷	刮
	山开二入黠帮	山开二入黠並	山开二入黠庄	山开二入黠初	山开二入辖晓	山开二入辖匣	山合二入黠匣	山合二入辖生	山合二入辖见
初期	paʔ	paʔ	tsaʔ	tsʻaʔ	xaʔ	xaʔ	xuaʔ	suaʔ	kuaʔ
中期	paʔ˨	paʔ˨	tsaʔ˨	tsʻaʔ˨	xaʔ˨ / ɕiaʔ˨	ɕiaʔ˨	xuaʔ˨	suaʔ˨	kuaʔ˨
后期	pəʔ˨	pəʔ˨	tsaʔ˨	tsʻaˀ	ɕiəʔ˨	ɕiəʔ˨	xuəʔ˨	suəʔ˨	kuəʔ˨

表7　山摄三等入声韵的读音

读音时间＼例字	别	彻	孽	歇	绝	拙	悦	发	月
	山开三入薛帮	山开三入薛彻	山开三入薛疑	山开三入月晓	山合三入薛从	山合三入薛章	山合三入薛以	山合三入月非	山合三入月疑
初期	piəʔ	tsʻaʔ	niəʔ	çiəʔ	tɕyəʔ	tsuaʔ	yəʔ	faʔ	yəʔ
中期	piəʔ₂	tsʻaʔ₂ tsʻəʔ₂	niəʔ₂	çiəʔ₂	tɕyəʔ₂	—	yəʔ₂	fəʔ₂	yəʔ₂
后期	piəʔ₂	tsʻəʔ₂	niəʔ₂	çiəʔ₂	tɕyəʔ₂	—	yəʔ₂	fəʔ₂	yəʔ₂

表8　山摄四等入声韵的读音

读音时间＼例字	铁	节	切	截	结	噎	决	缺	穴
	山开四入屑透	山开四入屑精	山开四入屑清	山开四入屑从	山开四入屑见	山开四入屑影	山合四入屑见	山合四入屑溪	山合四入屑匣
初期	tʻiəʔ	tɕiəʔ	tɕʻiəʔ	tɕiəʔ	tɕiəʔ	iəʔ	tɕyəʔ	tɕʻyəʔ	çyəʔ
中期	tʻiəʔ₂	tɕiəʔ₂	tɕʻiəʔ₂	tɕiəʔ₂	tɕiəʔ₂	iəʔ₂	tɕyəʔ₂	tɕʻyəʔ₂	çyəʔ₂
后期	tʻiəʔ₂	tɕiəʔ₂	tɕʻiəʔ₂	tɕiəʔ₂	tɕiəʔ₂	iəʔ₂	tɕyəʔ₂	tɕʻyəʔ₂	çyəʔ₂

　　根据高本汉的记录，20世纪初太原方言山咸摄入声韵主要形成两类韵母：aʔ、əʔ。前者是山咸摄洪音字，后者是山咸摄细音字。在高本汉的记录中，虽然没有标入声韵韵尾ʔ，但高本汉明确说明了这一点。

　　20世纪以来，太原方言山咸摄入声韵洪音字由 aʔ 类逐渐转入 əʔ 类。这可由中期文白异读得到印证。文读为 əʔ 类，白读为 aʔ 类。20世纪后期，白读音逐渐减少，基本被文读音覆盖。另外，20世纪后期，还出现入声舒化的现象。

3.2　深臻摄入声韵的演变

深臻摄入声韵在三个时期的读音状况

表9　深摄入声韵的读音

读音时间＼例字	立	集	习	涩	执	入	急	泣	吸
	深开三入缉来	深开三入缉从	深开三入缉邪	深开三入缉生	深开三入缉章	深开三入缉日	深开三入缉见	深开三入缉溪	深开三入缉晓
初期	leaʔ	tɕiəʔ	çiəʔ	saʔ	tsəʔ	zuəʔ	tɕiəʔ	tɕʻiəʔ	çiəʔ
中期	liəʔ₂	tɕiəʔ₂	çiəʔ₂	saʔ₂ səʔ₂	tsəʔ₂	zuəʔ₂	tɕiəʔ₂	tɕʻiəʔ₂	çiəʔ₂
后期	liʔ	tɕiəʔ₂	çiəʔ₂	sʮʔ	tsəʔ	zuəʔ₂	tɕiəʔ₂	tɕʻiʔ	çiəʔ₂

表10　臻摄一等入声韵的读音

读音\时间 \ 例字	没	突	猝	骨	窟	忽
	臻合一入没明	臻合一入没定	臻合一入没清	臻合一入没见	臻合一入没溪	臻合一入没晓
初期	maʔ	tʼuaʔ	tsuaʔ	kuaʔ	kʼuaʔ	xuaʔ
中期	məʔ˨	tʼuaʔ˨ tʼuaʔ˨	tsuaʔ˨	kuaʔ˨	kʼuaʔ˨	xuaʔ˨
后期	məʔ˨	tʼuaʔ˨	tsuaʔ˨	kuaʔ˨	kʼuaʔ˨	xuə˨

表11　臻摄三等入声韵的读音

读音\时间 \ 例字	笔	七	质	吉	戌	出	橘	佛	屈
	臻开三入质帮	臻开三入质清	臻开三入质章	臻开三入质见	臻合三入术心	臻合三入术昌	臻合三入术见	臻合三入物奉	臻合三入物溪
初期	piəʔ	tɕʼiəʔ	tsəʔ	tɕiəʔ	ɕyəʔ	tsʼuəʔ	tɕyəʔ	fəʔ	tɕʼyəʔ
中期	piəʔ˨	tɕʼiəʔ˨	tsəʔ˨ tsəʔ˨	tɕiəʔ˨	ɕyəʔ˨	tsʼuəʔ˨	tɕyəʔ˨	fəʔ˨	tɕʼyəʔ˨
后期	ˈpi	tɕʼiəʔ	tsəʔ	tɕiəʔ	ˈɕy	tsʼuəʔ	tɕyəʔ	ˈfv	tɕʼyəʔ

深臻两摄入声韵已经完全合并，并形成两套入声韵：aʔ 类和 əʔ 类。əʔ 类是主流，aʔ 类是个别现象。很可能 aʔ 类是白读，əʔ 类是文读。

20世纪以来，深臻摄入声韵由两类合并为 əʔ 类一套。另外，还出现入声舒化的现象，如"笔、戌、佛"等。

结合前文山咸摄入声韵的演变，我们会发现太原方言有由早期的两套入声韵变成现在的一套入声韵的趋势。

3.3　江宕摄入声韵的演变

江宕摄入声韵在三个时期的读音状况

表12　江摄入声韵的读音

读音\时间 \ 例字	驳	朴	卓	捉	朔	觉	确	岳	学
	江开二入觉帮	江开二入觉滂	江开二入觉知	江开二入觉庄	江开二入觉生	江开二入觉见	江开二入觉溪	江开二入觉疑	江开二入觉匣
初期	paʔ	pʼaʔ	tsuaʔ	tsuaʔ	suaʔ	tɕiəʔ	tɕʼiəʔ	yəʔ	ɕiəʔ
中期	paʔ˨ pəʔ˨	pʼaʔ˨ pʼəʔ˨	tsuaʔ˨	tsuaʔ˨	suaʔ˨ suəʔ˨	tɕyəʔ˨	tɕʼiəʔ˨ tɕʼyəʔ˨	yəʔ˨	ɕieʔ˨ ɕyəʔ˨
后期	pəʔ˨	ˈpʼu	tsuaʔ˨	tsuaʔ˨	suaʔ˨	tɕyəʔ˨	tɕʼyəʔ˨	yəʔ˨	ɕyəʔ˨

表13　宕摄一等入声韵的读音

读音时间＼例字	博	薄	铎	作	索	各	鹤	郭
	宕开一入铎帮	宕开一入铎並	宕开一入铎定	宕开一入铎精	宕开一入铎心	宕开一入铎见	宕开一入铎匣	宕合一入铎见
初期	paʔ	paʔ	tuaʔ	tsʻuaʔ	suaʔ	kaʔ	xaʔ	—
中期	paʔ₂ / pəʔ₂	paʔ₂ / pəʔ₂	tuəʔ₂	tsuaʔ₂ / tsuəʔ₂	saʔ₂ / suaʔ₂	kaʔ₂ / kəʔ₂	xaʔ₂ / xəʔ₂	kʻuaʔ₂ / kuaʔ₂
后期	ˌpɤʔ	ˌpɤʔ	ˌtuɤ	tsuəʔ₂	suəʔ₂	kɤʔ	xɤʔ	kuəʔ₂

表14　宕摄三等入声韵的读音

读音时间＼例字	略	爵	削	酌	绰	若	脚	却	缚
	宕开三入药来	宕开三入药精	宕开三入药心	宕开三入药章	宕开三入药昌	宕开三入药日	宕开三入药见	宕开三入药溪	宕合三入药奉
初期	leəʔ	tɕiəʔ	—	tsaʔ	tsʻaʔ	zaʔ	tɕyeʔ	tɕʻiaʔ	—
中期	liəʔ₂	tɕyəʔ₂	ɕiəʔ₂ / ɕyəʔ₂		tsʻaʔ₂ / tsʻəʔ₂	zaʔ₂ / zəʔ₂	tɕiəʔ₂ / tɕyəʔ₂	tɕiəʔ₂ / tɕyəʔ₂	fəʔ₂
后期	lyɤ	tɕyəʔ₂	ɕyəʔ₂	tsuaʔ	tsʻuɤ	zuɤ	tɕyɤ	tɕʻyɤ	fu

20世纪初，江宕摄入声韵已经完全合并，形成两套韵母：aʔ 类和 əʔ 类，洪音为 aʔ 类，细音为 əʔ 类。仅宕开三"却"为例外。

20世纪以来，江宕摄入声韵由原来的两套合并为一套 əʔ 类。虽然表面上看，江宕摄入声韵依然是两套：əʔ 类和 ɤ 类，但两者完全互补。因此，我们认为这是一套入声韵。另外，20世纪后期，还出现入声舒化的现象。

江宕摄入声韵的演变再次印证了太原方言入声韵已由早期的两套入声韵合并为一套的趋势。

3.4　梗曾通摄入声韵的演变

梗曾通摄入声韵在三个时期的读音状况

表15　梗摄二等入声韵的读音

读音时间＼例字	百	泽	窄	格	额	麦	责	革	获
	梗开二入陌帮	梗开二入陌澄	梗开二入陌庄	梗开二入陌见	梗开二入陌疑	梗开二入麦明	梗开二入麦庄	梗开二入麦见	梗合二入麦匣
初期	piəʔ	tsaʔ	tsaʔ	kaʔ	ɣaʔ	miəʔ	tsaʔ	kaʔ	xuaʔ
中期	piəʔ₂	tsaʔ₂ / tsəʔ₂	tsaʔ₂ / tsəʔ₂	kaʔ₂ / kəʔ₂	ɣaʔ₂ / ɣəʔ₂	miəʔ₂	tsaʔ₂ / tsəʔ₂	kaʔ₂ / kəʔ₂	xuaʔ₂ / xuəʔ₂
后期	ˌpai	tsəʔ₂	ˌtsai	kəʔ₂	ˌɤ	mai	tsəʔ₂	kəʔ₂	xuɤ

表16　梗摄三等入声韵的读音

读音 时间 ＼ 例字	碧	逆	壁	积	掷	只	石	益	疫
	梗开三 入陌帮	梗开三 入陌疑	梗开三 入昔帮	梗开三 入昔精	梗开三 入昔澄	梗开三 入昔章	梗开三 入昔禅	梗开三 入昔影	梗合三 入昔以
初期	piəʔ	n̠iəʔ	piəʔ	tɕiəʔ	—	tsəʔ	sə	iəʔ	—
中期	piəʔ˨	niəʔ˨	piəʔ˨	tɕiəʔ˨	tsəʔ˨	tsəʔ˨	səʔ˨	iəʔ˨	i˧
后期	pi˧	ni˧	pi˧	tɕiəʔ˨	tsɿ˧	ˌtsɿ	səʔ˨	i˧	i˧

表17　梗摄四等入声韵的读音

读音 时间 ＼ 例字	壁	觅	滴	溺	绩	戚	寂	锡	击
	梗开四 入锡帮	梗开四 入锡明	梗开四 入锡端	梗开四 入锡泥	梗开四 入锡精	梗开四 入锡清	梗开四 入锡从	梗合四 入锡心	梗合四 入锡见
初期	piəʔ	miəʔ	tiəʔ	n̠iəʔ	tɕiəʔ	tɕʰiəʔ	tɕiəʔ	ɕiəʔ	tɕiəʔ
中期	piəʔ˨	miəʔ˨	tiəʔ˨	niəʔ˨	tɕiəʔ˨	tɕʰiəʔ˨	tɕiəʔ˨	ɕiəʔ˨	tɕiəʔ˨
后期	pi˧	mi˧	tiəʔ˨	ni˧	tɕiəʔ˨	tɕʰiəʔ˨	tɕiəʔ˨	ɕiəʔ˨	tɕiəʔ˨

表18　曾摄一等入声韵的读音

读音 时间 ＼ 例字	北	得	肋	则	塞	刻	黑	国	或
	曾开一 入德邦	曾开一 入德端	曾开一 入德来	曾开一 入德精	曾开一 入德心	曾开一 入德溪	曾开一 入德晓	曾合一 入德见	曾合一 入德匣
初期	piəʔ	tiəʔ	leaʔ	tsaʔ	ɕiəʔ	kʰaʔ	xəʔ	kuaʔ	xuaʔ
中期	pieʔ˨	tieʔ˨	liəʔ˨	tsaʔ˨ tsəʔ˨	saʔ˨ səʔ˨	kʰaʔ˨ kʰəʔ˨	xəʔ˨	kuəʔ˨	xuaʔ˨ xuəʔ˨
后期	ˈpei	ˌty	lei˧	tsəʔ˨	ˌsai	kʰʏ˧	xəʔ˨	kuəʔ˨	ˈxuʏ

表19　曾摄三等入声韵的读音

读音 时间 ＼ 例字	逼	匿	即	直	测	织	极	抑	域
	曾开三 入职帮	曾开三 入职泥	曾开三 入职精	曾开三 入职澄	曾开三 入职初	曾开三 入职章	曾开三 入职群	曾开三 入职影	曾合一 入职云
初期	piəʔ	n̠iəʔ	tɕiəʔ	tsəʔ	tsʰaʔ	tsəʔ	tɕiəʔ	iəʔ	yəʔ
中期	piəʔ˨	niəʔ˨	tɕiəʔ˨	tsəʔ˨	tsʰaʔ˨ tsʰəʔ˨	tsəʔ˨	tɕiəʔ˨	iəʔ˨	yəʔ˨
后期	piəʔ˨	ni˧	tɕiəʔ˨	tsəʔ˨	tsʰəʔ˨	tsəʔ˨	tɕiəʔ˨	i˧	ˈy

表20　通摄一等入声韵的读音

读音\时间	卜	木	秃	速	谷	屋	笃	毒	酷
例字	通合一入屋帮	通合一入屋明	通合一入屋透	通合一入屋心	通合一入屋影	通合一入屋影	通合一入沃端	通合一入沃定	通合一入沃溪
初期	paʔ	məʔ	t'uəʔ	suəʔ	kuəʔ	vəʔ	tuəʔ	tuəʔ	k'uəʔ
中期	pəʔ˨	məʔ˨	t'uəʔ˨	suəʔ˨	kuəʔ˨	vəʔ˨	—	tuəʔ˨	k'uəʔ˨
后期	pəʔ˨	məʔ˨	t'uəʔ˨	su˨	kuəʔ˨	u˨	—	tuəʔ˨	k'u˨

表21　通摄三等入声韵的读音

读音\时间	福	陆	肃	竹	菊	绿	足	烛	曲
例字	通合三入屋非	通合三入屋来	通合三入屋心	通合三入屋知	通合三入屋见	通合三入烛来	通合三入烛精	通合三入烛章	通合三入烛溪
初期	fəʔ	luəʔ	ɕyəʔ	tsuəʔ	tɕyəʔ	luəʔ	tɕyəʔ	tsuəʔ	tɕ'yəʔ
中期	fəʔ˨	luəʔ˨	ɕyəʔ˨	tsuəʔ˨	tɕyəʔ˨	lyəʔ˨	tɕyəʔ˨	tsuəʔ˨	tɕ'yəʔ˨
后期	fəʔ˨	lu˨	suəʔ˨	tsuəʔ˨	tɕyəʔ˨	ly˨	tɕuəʔ˨	tsuəʔ˨	'tɕ'y

　　20世纪初,太原方言梗曾通摄入声韵完全合并。梗开二主要是 aʔ 类,其中唇音是 əʔ 类,且有腭化介音。根据侯精一[31]的研究,这是晋方言的典型特征之一。梗开三主要是 əʔ 类,其中知系字为 aʔ 类。曾开一主要是 aʔ 类,唇音和端组是 əʔ 类,且有腭化介音。曾开三主要是 əʔ 类,知系为 aʔ 类。通摄主要是 əʔ 类,个别为 aʔ 类,如"卜"字。

　　百年来,梗曾通摄入声韵由早期的两套合并为一套。

3.5　太原方言入声韵演变特点及其形成原因

　　入声韵类由两套合并为一套　太原方言由20世纪初的两套入声韵合并为现在的一套入声韵。王洪君[32]指出山西方言仅有极个别点入声韵合并为一套,并认为此种类型是保留塞尾,合并韵类方向演化的极端代表,如平遥话。如今太原方言也加入了这种类型。

　　入声韵的舒化　太原方言一个世纪以来不但入声韵由两套合并为一套,而且还有些字在后期完全舒化,失去了塞音韵尾。这些完全舒化的字采用的是类似普通话的读音形式,只不过在调类上依然采用太原方言的调类系统,如平声不分阴阳等。

　　太原方言入声韵的合并是文读覆盖白读的结果。王洪君[32]指出"太原文读当是受其他北方方言的影响,特别是受元明时期读书音的影响而出现的"。同时,王洪君还指出"山西大部分地区入声韵的外来新读还没有形成一致的足以覆盖当地音系的文读层次"。但是,我们现在看到,太原方言入声韵的合并,就是文读覆盖白读的结果。

第四章　文水方音百年来的演变

文水县地处山西省太原盆地西侧,北部与交城县为邻,西北部与娄烦县、方山县接壤,西邻离石县,南邻汾阳市,东南是平遥县,东面与祁县以汾河为界。文水虽然在行政区划上属于吕梁市管辖,但无论是根据侯精一[33]还是沈明[34]方言分区的结果,文水方言都属于晋方言并州片。

文水方言地处并州片与吕梁片交界地带。文水方言在百年来发生的演变如此独树一帜,就是因为它是交界地带的方言。

文水

第一节　声母的演变

文水方言属于晋方言核心地区并州片。20世纪初,高本汉对文水方言做了细致的调查,记录了1358个汉字的读音。其后,胡双宝的《文水方言志》对20世纪80年代的文水语音进行了更加细致的描写。本节将从历时的角度,以《中国音韵学研究》所反映的文水方言为20世纪初期的文水方言,胡双宝《文水方言志》所反映的文水方言为20世纪中期的文水方言,现代青年人的读音为20世纪后期的文水方言的读音,纵向探讨文水方言声母百年来的演变,并试析其演变规律和原因。

1. 文水方言声母的主要变化

文水方言声母除了唇音声母没有太大的变化之外,舌、齿、牙、喉音声母都有变化,具体分析如下:

1.1　知庄章三组声母读音的演变

20世纪初文水方言还有卷舌声母 tʂ tʂʻ ʂ,到了20世纪中期卷舌声母与精组洪音舌尖声母完全合并,20世纪后期沿用了中期的读音。现将20世纪初文水方言知庄章三组声母的状况统计如下表。可以看出,20世纪初文水方言知庄章三组声母基本上是开口以知二庄和知三章为条件,前者舌尖化与精组洪音合流,后者依然保持卷舌,这个特点一直保持到20世纪中期,而合口则舌尖化与精组洪音合流,唯一的例外就是止摄开口章组声母也已经舌尖化。王洪君[24]认为Ⅰ型不可能是Ⅱ型的源头,而Ⅲ型理论上既可以是Ⅰ型、也可以是Ⅱ型的进一步发展,但考虑到Ⅰ型和Ⅱ型在地域上的分布,Ⅲ型大多应该从Ⅰ型发展而来。今天文水方言已经没有卷舌声母,知庄章三组字完全与精组洪音声母合流,属于Ⅲ型方言,但从高本汉记录的20世纪初的文水方言来看,当时的文水方言属于Ⅰ型方言,文水方言知庄章三组的演变个案从事实上证明Ⅲ型方言确实可以来源于Ⅰ型方言。同时文水方言知庄章三组开口字的演变说明,最早突破开口知二庄、知三章对立格局的是止摄。

	果摄		假摄		遇摄	蟹摄		止摄		效摄	流摄	咸摄	
	开口	合口	开口	合口	合口	开口	合口	开口	合口	开口	开口	开口	合口
tʂ、tʂʻ、ʂ	×	×	章	——		知三章		知三		知三章	知三章	知三章	×
ts、tsʻ、s	×	×	知二庄	——	知庄章	知庄章	知庄章	庄	知庄章	知二庄	庄	知二庄	×

	深摄	山摄		臻摄		宕摄		江摄	曾摄		梗摄		通摄
	开口	开口	合口	开口	合口	开口	合口	开口	开口	合口	开口	合口	合口
tʂ、tʂʻ、ʂ	知三章	知三章		知三章		知三章	×		知三章	×	知三章	×	
ts、tsʻ、s	庄	知庄章	知庄章	庄	知庄章	庄	×	知庄章	庄	×	知二庄	×	知庄章

1.2　精组、见晓组(疑母除外)细音声母读音的演变

20世纪初期文水话中的精组细音和见晓组细音声母合流为舌面音 tɕ、tɕʻ、ɕ,即尖团合流。到20世纪中期,原来读i韵母和y韵母的字,声母由舌面音变成了舌尖音,即发生了如下的变化:tɕ→ts、tɕʻ→tsʻ、ɕ→s,如下表所示。其中假摄开三麻韵从母字"藉"比较特殊,20世纪中期保持了初期的读音未变,20世纪后期声母才由 tɕ 变到 ts。

	止摄		蟹摄			假摄	遇摄	
	开三支	合三支	开四齐			开三麻	合三鱼	合三虞
声组	见	心	溪	精	匣	从	晓	群

	止摄		蟹摄			假摄	遇摄	
	开三支	合三支	开四齐			开三麻	合三鱼	合三虞
例字	寄	髓	启	济	奚	藉	虚	惧
20世纪初期	tɕi⁼	ɕy	ˈtɕʰi	tɕi⁼	ɕi	tɕi⁼	ɕy	tɕy⁼
20世纪中期	tsʅ⁼	ˌsue	ˈtsʅ	tsʅ⁼	ˌsʅ	ˌtɕi	ˌsʅ	tsʮ⁼
20世纪后期	tsʅ⁼	ˌsue	ˈtsʅ	tsʅ⁼	ˌsʅ	ˌtsʅ	ˌsʅ	tsʮ⁼

1.3　日母字的演变

20世纪初文水方言日母字有3种读音：儿系列字为零声母，开口为 z̩ 声母，合口为 z 声母。在高本汉所记录的字音中，只有"入"和"仍"例外，它们本属于开口但声母都为 z。20世纪中期，文水方言儿系列字仍然是零声母，但开口由 z̩ 变成 z，合口依然保持 z 声母，只有通摄合口日母字读零声母。20世纪后期，通摄合口日母又由零声母变回 z，这是个奇特的变化，其原因有待考察。如下表所示：

	止摄		通摄		臻摄	假摄	效摄
	开三支	开三止	合三东	合三钟	合三稕	开三麻	开三宵
例字	儿	耳	戎	茸	润	惹	饶
20世纪初期	ɚ	ɚ	zũ	zũ	zuõ	zɯ	zau
20世纪中期	ˌe	ˈe	ˌȵyəŋ	ˌȵyəŋ	zuəŋ⁼	ˈzɿ	ˌzau
20世纪后期	ˌɚ	ˈɚ	ˌzũ	ˌzũ	zuõ⁼	ˈzɿ	ˌzau

1.4　明泥疑影母字读音的演变

文水方言属于并州片的代表点，今天文水方言明母字读 m 声母，泥母字基本上读 n/ȵ 声母（前者拼洪音韵母，后者拼细音韵母），疑母一等开口字读 ŋ 声母。20世纪初期高本汉记录的文水方言与此不同，明、泥和疑母一等开口字声母后带有同部位的浊塞音，分别读 mb、nd / ȵd 和 ŋg，而这正是唐五代西北方音的特色之一。从高本汉记录的文水方言来看，其明母和泥母读鼻音加同部位浊塞音的范围与传统的明母和泥母一致，而疑母字则已经发生了重要的变化。疑母字保留鼻音加同部位浊塞音读法的字只存在于一等开口洪音字，其他则基本上变成零声母。有几个字则变入泥母细音声母，如"咬、牛、业、眼、颜、谚、蘖、臬、银、凝、逆"等，没有明显规律可循。不过除疑母一等开口洪音字读 ŋg 声母外，非高元音

的一等影母字也读 ŋg 声母。

以厦门为代表闽方言中有鼻音声母读塞音 b、d、g 的现象，但当这些声母出现于鼻韵前时又变成了鼻音 m、n、ŋ。罗常培[35]曾将厦门音系中的这些塞音和文水、兴县、平阳方言中的 mb、nd 和 ŋg 比较，认为唐五代西北方音 'b、'd、'ŋ 的音值更倾向于 mb、nd 和 ŋg。

我们认为厦门方言中的这些塞音早期可能也和文水、兴县、平阳的 mb、nd 和 ŋg 一样，都是鼻音加同部位的浊塞音，只不过后来它们各自所走的道路不同，山西方言所走的道路是去塞化读同官话方言的 m、n、ŋ，而以厦门为代表的闽方言走的道路是去鼻化读同塞音。而这些字之所以在鼻韵前又变成 m、n、ŋ，是因为这些闽方言存在鼻音共谐现象，即要求浊声母必须与其元音在鼻音性上共谐。就20世纪初到20世纪后期，文水方言明泥疑三母的演变来说，除了各自的去塞化之外，来自蟹摄和遇摄、韵母是单元音 i 和 y 的泥母字声母由 nd 变成了 nz，疑母齐齿呼细音字变入泥母细音的范围扩大，疑母一等开口字也有读零声母的趋势。如下列三表所示：

	果摄	止摄	臻摄	梗摄	山摄	通摄
	合一戈	开三脂	开三真	开二耕	合一末	合三屋
声纽	明	明	明	明	明	明
例字	魔	美	民	萌	末	目
20世纪初期	mbɯ	mbɛi	mbiə̃	mbə̃	mba	mbə
20世纪中期	₌mbɤ	ˆmbe	₌mbiəŋ	₌mbuəŋ	mbaʔ₌	mbəʔ₌
20世纪后期	₌mɤ	ˆmei	₌miəŋ	₌muəŋ	maʔ₌	məʔ₌

	假摄	蟹摄	咸摄	山摄	效摄	梗摄	蟹摄	遇摄
	开二麻	开一泰	开一覃	开四先	开三萧	开四锡	开四齐	合三鱼
声纽	泥	泥	泥	泥	泥	泥	泥	泥
例字	拿	奈	男	年	尿	溺	泥	女
20世纪初期	nda	ndɛi	ndã	ȵdiẽ	ȵdiau	ȵdiəʔ	ȵdi	ȵdy
20世纪中期	₌nda	ndaiˀ	₌ndaŋ	₌ȵdiəŋ	ȵdiauˀ	ȵdiəʔ₌	₌nzɿ	₌nzʮ
20世纪后期	₌na	naiˀ	₌naŋ	₌ȵiəŋ	ȵiauˀ	ȵiəʔ₌	₌nzɿ	₌nzʮ

	蟹摄				山摄		咸摄	宕摄
	开一咍	开一咍	开一泰	开二佳	开二山	开三仙	开二狎	开三药
声组	疑	影	影	疑	疑	疑	影	疑
例字	碍	哀	挨	涯	眼	谚	鸭	疟
20世纪初期	₋ŋai	₋ŋai	₋ŋai	₋ia	n̠ḍiã	n̠ḍiẽ	iaʔ	iæ
20世纪中期	₋ŋai	₋ai	₋ȵiai	₋ȵiai	ˀȵiaŋ	iəŋˀ	ŋaʔˀ	ȵiaʔˀ
20世纪后期	₋ȵai	₋ai	₋ȵiai	₋iai	ˀȵiaŋ	iəŋˀ	iaʔˀ	ȵiaʔˀ

1.5　全浊並、定、从、澄、群五母读音的演变

胡双宝的《文水方言志》中记录文水方言並、定、从、澄、群五母在20世纪中期白读都是不送气音,而文读音都为送气音,20世纪后期沿用文读音,是由于受到普通话影响。《中国音韵学研究》中这些音大多记作送气音,可能高氏当时调查所记录为文读音。如下表:

	臻摄	效摄	止摄	蟹摄	曾摄	臻摄
	合一魂	开一豪	开三之	开四齐	开三蒸	合三文
声组	並	定	从		澄	群
例字	盆	桃①	慈	齐	惩	群
20世纪初期	pɤ̃	tau	tsʅ	tɕi	tsɤ̃	tɕʰyũ
20世纪中期	₋pʰuəŋ文 ₋puəŋ白	₋tʰau文 ₋tau白	₋tsʰʅ文 ₋tsʅ白	₋tsʰʅ文 ₋tsʅ白	ˀtsʰəŋ文 ˀtsəŋ白	₋tɕʰyəŋ文 ₋tɕyəŋ白
20世纪后期	₋pʰuəŋ	₋tʰau	₋tsʰʅ	₋tsʰʅ	ˀtsʰəŋ	₋tɕʰyəŋ

①"桃"字的声母为不送气音,在20世纪初期的文水方言中,全浊声母不送气的例字很少。

2. 文水方言声母演变的原因

由文水方言声母百年来的演变看,其原因既有内部因素,也有外部因素。

2.1　内部因素

任何一种语言都是一个完整的系统,其变化都要受到系统的制约和影响。"方言中某些语音成分的变化主要不是以个体为单位的自由行动,而是声韵调各个不同层级的集群的集体性变化。也就是说,语音变化要受到语音系统的制约,具有系统性"(王力[19])。就文水方言声母的演变来说,由系统调整而引起的声母的演变主要体现在以下3个方面:

2.1.1　日母字由 z̠ 到 z

由1.3可知,20世纪初文水方言日母字有3种读音。到20世纪中期和后期,

主要变化是开口的日母字产生了由 ʐ 到 z 的变化。这是音系内部调整的结果。这种演变的起因是开口知三章组字声母由卷舌变为舌尖，与精组洪音声母合流。日母字本来就与章组声母相配，当章组由卷舌变为舌尖之后，系统中就剩下日母为卷舌了，这样就造成日母字的 ʐ 在发音部位的聚合关系上处于孤立的地位。在聚合关系中处于孤立地位的音不稳定，容易发生变化，为了保持与章组声母的平行性，日母字由卷舌的 ʐ 变成了舌尖的 z。

2.1.2　舌面音tɕ、tɕʻ、ɕ的舌尖化

从20世纪初到20世纪中期，原来韵母是单元音 i 和 y 的舌面音声母字由舌面音tɕ、tɕʻ、ɕ变成了舌尖音ts、tsʻ、s。这是由声母拼合关系的改变造成的音系调整。原因是由于假摄三等和效摄二、三、四等细音字韵母单元音化后升高为前元音 i，导致系统中原有的来自止摄和蟹摄的单元音韵母 i 高出顶位舌尖化为 ɿ。这是推链作用的结果，这样就造成了特殊的拼合关系，即*tɕɿ、*tɕʻɿ、*ɕɿ。这是不符合文水话音系要求的，于是，系统必须对此进行调整。由于文水话中能和 ɿ 相拼的声母只有 ts、tsʻ、s 一套，因此，这些字的声母便由舌面音调整为舌尖音。

由于 i 高出顶位舌尖化为 ɿ，与之相配的圆唇韵母 y 也舌尖化为 ʮ 了，这不是推链作用而是系统平衡作用拉动的结果。由于发生这种变化的 y 变成了 ʮ，原来与之相拼的舌面音 tɕ、tɕʻ、ɕ 也就随之调整为 ts、tsʻ、s 了。

表2中"藉"字在20世纪中期读音为 ₌tɕi，显得与其他字格格不入，它属于假摄开口三等麻韵字，根据上面的解释，它在20世纪中期变成 ₌tɕi 是正常演变，真正特殊的是到20世纪晚期它也变成了 tsɿ。由于发生这种变化的字数很少，难以判断其原因具体是什么。

2.1.3　泥母细音字由 nd 变成 nz

由于原来的 i 和 y 只拼细音声母，只能和细音声母相拼的声母除了 tɕ、tɕʻ、ɕ 之外，就只剩下 nd 了。i 和 y 舌尖化为 ɿ 和 ʮ 之后，系统将 tɕ、tɕʻ、ɕ 调整为 ts、tsʻ、s，可以说是"旧瓶装新酒"，属于资源重新利用。但是系统除了对 tɕ、tɕʻ、ɕ 进行调整之外，还必须对 nd 进行调整，然而旧系统中没有能与 ɿ 和 ʮ 相拼的鼻音声母，由于能与 ɿ 和 ʮ 相拼的只有塞擦音或擦音，于是系统就对原有的只和开口韵母相拼的 n 进行改造，对它进行擦化，由于 n 本身就是浊鼻塞音，于是选择的擦化当然就只能是浊擦音 z 了，这样系统就创造了一个新的声母 nz。

2.2 外部因素

就引起文水方言声母演变的外部因素来说,晋方言区域特征的影响和官话方言的影响是两个重要的方面。

2.2.1 晋方言区域特征的影响

2.2.1.1 开口知二庄和知三章的合流

晋方言中区太原片16个点在古知庄章精的分合关系上有三种类型:一是古知庄章三组声母并入精组洪音都读ts、ts'、s;二是开口知二庄读ts、ts'、s,知三章读tʂ、tʂ'、ʂ,合口并入精组洪音也读ts、ts'、s;三是开口知二庄读ts、ts'、s,知三章读tʂ、tʂ'、ʂ,合口与精组洪音对立读pf、pf'、f。太原、文水、清徐、盂县、寿阳、榆次、交城、榆社、灵石、阳曲属于第一种类型,平遥、孝义、介休、祁县、太谷属于第二种类型,娄烦属于第三种类型。第一种和第二种类型是主流,而第一种类型是主导类型,因为它们属于核心地区。根据1.1可知,20世纪初的文水方言在知庄章组与精组的关系上属于第二种类型,而非第一种类型。这说明早期中区方言太原片第二种类型的范围要比现在广,可能是中区方言发展的源头。由于受中区核心区的拉拢和影响,文水方言逐渐向核心区靠拢,最终在古知庄章精四组声母的分合关系上变得和核心区一致,这是方言区域特征扩散影响的结果。

2.2.1.2 疑影母的分合关系

晋方言在古疑影母的分合关系上存在一条区域性特征,即开口一等字影母并入疑母,而合口疑影母合流。根据1.4可知,文水方言从20世纪初到现在符合这一条通则。而发生变化的是疑母齐齿呼字转入泥母现象的增多和影母齐齿呼字读泥母现象的出现。文水方言20世纪初疑影母细音字基本不分读零声母,但是由于文水方言受到疑影母细音字基本可分(疑母细音字多读鼻音声母,而影母细音字多读零声母)的太原、太谷、清徐等晋方言中区核心力量的影响,于是出现了疑母齐齿呼字转入泥母现象的增多和影母齐齿呼字读泥母现象的出现。文水方言影母齐齿呼字读鼻音的现象和太原、太谷、清徐的影母齐齿呼字读鼻音声母的现象非常近似,这不能不说是区域特征扩散的影响。

2.2.2 官话方言的影响

2.2.2.1 明泥疑三组声母的去塞化

根据1.4可知,20世纪初文水方言的明泥疑三组声母分别读 ᵐb、ⁿd/ⁿdʑ 和 ᵑg。这是罗常培[35]早引以为据的唐五代西北方音的直接遗留,是晋方言为唐五代西北方言直系支裔的铁证。唐五代宋西北方言普遍存在的这些读音其西部已为兰银官话所覆盖,但在东部的晋方言中却大面积保存下来了。这个事实越来越为学者所认可。丁邦新认为"今天山西西部平阳、文水等地的鼻音加浊塞音声母也许就是一种遗迹"。丁邦新所据之文水方言,当是指20世纪初高本汉所调查的文水方言。今天的文水方言明泥疑三组声母已经分别丢失浊塞音成分变成 m、n / ȵ 和 ŋ,这应该说是受官话方言的影响,与唐五代西北方言的西部为兰银官话覆盖属于相同的变化。

2.2.2.2　全浊声母塞音塞擦音今读类型的转化

根据1.5可知,20世纪中期文水方言古全浊声母白读无论平仄一律不送气,而文读则平声送气仄声不送气。在20世纪初的文水方言中,古全浊声母平声送气占大多数,不送气为少数,高本汉记录的也许是文读音。但到20世纪后期,文水方言古全浊声母白读不分平仄一律不送气的类型已经基本消失,转而变成与官话方言一致的平声送气仄声不送气的类型。

第二节　韵母的演变

文水地处晋方言并州片和吕梁片交界地带,它既有并州片的特点又受吕梁片的影响,因此文水方言无论是在并州片还是在吕梁片都显得非常特别。本节在前人研究的基础上,考察文水方言韵母在20世纪的变化,探讨文水方言在晋方言区域特征和普通话强势影响下的演变历程。

1. 阴声韵的演变

1.1　果摄字的演变

果摄字在三个时期的读音状况

表1　果摄一等字的读音

读音时间\例字	多	磋	蛾	播	朵	骡	锁	过	火
	果开一平歌端	果开一平歌清	果开一平歌疑	果合一平戈帮	果合一上果端	果合一平戈来	果合一上果心	果合一平戈见	果合一上果晓
初期	tɯ	tsʻɯ	ŋgɯ	pɯ	tuɯ	lɯ	syi	kuɯ	xuɯ
中期	ᵗiəˀ	ᵗsʻiəˀ／ᶜtʂʻi̯／ᵗsʻiəˀ	iəˀ	ᵖəˀ	ᶜiəˀ	iəˀ	ᶜɕyəˀ／ᶜsuəˀ	kuəˀ	xuəˀ
后期	ᵗiəˀ	ᵗsʻiəˀ	iəˀ	ᵖəˀ	ᶜiəˀ	iəˀ	ᶜsʐ̩	kuəˀ	xuəˀ

表2　果摄三等字的读音

读音时间＼例字	茄	瘸	靴
	果开三平戈群	果合三平戈群	果合三平戈晓
初期	—	—	—
中期	tɕi	tɕʻyəi	ɕyəi
后期		tɕʻyəi	ɕyəi

由表1可以看出,百年前,文水方言果摄字仍保持开合口的分立,且其元音已经高化到顶,成为后高不圆唇元音 ɯ。果摄字保持开合口的对立是晋方言并州片的主要特点之一。此外,果摄合口精组字已经出现腭化。这种腭化不独见于文水方言,一百年前太谷方言也出现了同样的现象。不过值得注意的是,百年前太谷方言一等合口端系字(包括端组和精组)同时出现了腭化现象,而文水方言则只有精组字出现了这种腭化现象。果摄一等字舌齿音字的腭化现象也是晋方言并州片的特征之一。今天并州片平遥方言果摄字仍然保留一个腭化白读层,开口为 iɛ,合口为 yɛ,且这个腭化的白读层在音类上不限于舌齿音字,还包括见系字。

百年来,文水方言果摄字发生的主要变化就是高元音的裂化,即 ɯ>əi。这一裂化不仅涉及开口字,同时也涉及合口字。20世纪初,高本汉虽然没有记录果摄合口三等字的情况,但由后世字音也可以推测出其曾经发生的变化。

百年来,文水方言果摄字的演变表现出既有继承性,也有显著的个性。继承性表现在它仍然保持着开合口的对立,个性表现在元音的裂化。元音的裂化可能与文水方言音韵结构的调整有关。

1.2　假摄字的演变

假摄字在三个时期的读音状况

表3　假摄二等字的读音

读音时间＼例字	巴	拿	茶	叉	纱	嘉	霞	瓜	花
	假开二平麻帮	假开二平麻泥	假开二平麻澄	假开二平麻初	假开二平麻生	假开二平麻见	假开二平麻匣	假合二平麻见	假合二平麻晓
初期	pa	nda	tsʻa	tsʻa	sa	tɕia	ɕia	kua	xua
中期	₌pa	₌na	₌tsʻa	₌tsʻa	₌sa	₌tɕia	₌ɕia	₌kua	₌xua
后期	₌pa	₌na	₌tsʻa	₌tsʻa	₌sa	₌tɕia	₌ɕia	₌kua	₌xua

表4　假摄三等字的读音

读音 时间	借	写	蔗	车	射	赦	惹	爷	夜
例字	假开三 去祃精	假开三 上马心	假开三 去祃章	假开三 平麻昌	假开三 去祃船	假开三 去祃书	假开三 上马日	假开三 平麻以	假开三 去祃以
初期	tɕie	çie	tʂɯ	tʂʻɯ	ʂɯ	ʂɯ	ʐɯ	—	—
中期	ꜗtɕiˀ	ꜗçi	tsaʔₔ	ꜛtsʻɤ	səˀ	səˀ	ꜗzɤ	iˀ	iˀ
后期	ꜗtɕiˀ	ꜗçi	ꜛtsɤ	ꜛtsʻɤ	səˀ	səˀ	ꜗzɤ	iˀ	iˀ

　　百年前麻韵二等字没有发生什么变化,麻韵三等非知系字的主元音由低元音变成了中元音 e,知系字的元音则由低元音变成了高元音 ɯ。文水方言假摄知系字的变化是值得关注的问题。知三章组字后面 i 介音的失落是比较晚的。文水方言假摄知系字的元音高化现象当是在其 i 介音还没有失落的情况下发生的。

　　百年来,文水方言麻韵三等字进一步发生了元音高化。非知系字的元音由中元音 e 高化到高元音 i,而知系字的元音则已经高顶出位,发生了裂化。

　　文水方言的假摄知系字应该在百年前已经与果摄开口字发生了合并,后来由于音韵结构的调整,假摄知系字和果摄开口字的元音 ɯ 发生了裂化。

1.3　遇摄字的演变

遇摄字在三个时期的读音状况

表5　遇摄一等字的读音

读音 时间	补	土	徒	卢	租	粗	苦	虎	乌
例字	遇合一 上姥帮	遇合一 上姥透	遇合一 平模定	遇合一 平模来	遇合一 平模精	遇合一 平模清	遇合一 上姥溪	遇合一 上姥晓	遇合一 平模影
初期	pu	tʻu	tʻu	ləɵ	tsɵ	tsʻɵ	kʻu	xu	u
中期	ꜗpu	ꜗtʻu	ꜛtʂ̍	ꜛlou	ꜛtsou	tsʻouˀ	ꜗkʻu	ꜗxu	ꜛu
后期	ꜗpʻu	ꜗtʻuɯ	ꜛtʻuɯ	ꜛluɯ	ꜛtsuɯ	ꜛtsʻuɯ	ꜗkʻuɯ	ꜗxuɯ	ꜛuɯ

表6　遇摄三等字的读音

读音 时间	女	猪	阻	诸	巨	夫	取	诛	拘
例字	遇合三 上语泥	遇合三 平鱼知	遇合三 上语庄	遇合三 平鱼章	遇合三 上语群	遇合三 平虞非	遇合三 上虞清	遇合三 平虞知	遇合三 平虞见
初期	nȡy	tsu	tsu	tsu	tɕy	xu	tɕʻy	tsu	tɕy
中期	ꜗnzu ꜗnzʅ	ꜛtsu	ꜗtsu	ꜛtsu	tsʅˀ	xu	ꜗtsʻʅ	ꜛtsu	ꜛtsʅ
后期	ꜗnzʅ	ꜛtsuɯ	ꜗtsuɯ	ꜛtsuɯ	tsʅˀ	xuɯ	ꜗtsʻʅ	ꜛtsuɯ	ꜛtsʅ

同其他并州片方言一样,文水方言在百年前已经完成了遇摄舌齿音字的裂化,但其舌齿音所涉及的范围不包括端组的塞音声母。从裂化的形式来看,百年前文水方言的裂化是 u>əө,但从后期的读音形式以及其他方言现代的读音形式来看,əө 可能是高本汉的音值记音形式。

百年来,文水方言遇摄字发生的演变主要有二:一是洪音字的裂化 u>ɯu,二是细音字的舌尖化 y>ʮ。这两项变化也与文水方言音韵结构的调整有关。但同时值得关注的是,百年前已经完成裂化的模韵舌齿音声母字的元音又进一步发生元音高化 ou>ɯu。经过这次高化之后舌齿音字与其他非舌齿音字发生了合并。从语音演变的历史来看,其过程应该是:首先模韵舌齿音字发生了 u>ou /{舌齿},然后其他非舌齿音洪音字也发生了裂化,u>ou /{非舌齿音},最后遇摄字洪音字的元音发生了高化,ou>ɯu。

无论是裂化还是舌尖化都是元音高顶出位的表现。果摄、假摄、遇摄一系列的高化和裂化及舌尖化很可能是元音系统链式音变的结果。

1.4 蟹摄字的演变

蟹摄字在三个时期的读音状况

表7-1 蟹摄一等字的读音(咍海代灰贿队)

读音时间 \ 例字	胎	来	灾	该	玫	堆	催	魁	回
	蟹开一平咍透	蟹开一平咍来	蟹开一平咍精	蟹开一平咍见	蟹合一平灰明	蟹合一平灰端	蟹合一平灰清	蟹合一平灰溪	蟹合一平灰匣
初期	tʰɛi	lɛi	tsɛi	kɛi	mbɛi	tuei	tsʰuei	kʰuei	xuei
中期	tʰe	₌lai	tse/tsai	ke/kai	₌me	₌tue	₌tsʰue	₌kʰue	₌xue
后期	tʰei	₌lai	₌tsai	kei/kai	₌mei	₌tuei	₌tsʰuei	₌kʰuei	₌xuei

表7-2 蟹摄一等字的读音(泰)

读音时间 \ 例字	贝	带	赖	盖	艾	兑	最	外	会
	蟹开一去泰帮	蟹开一去泰端	蟹开一去泰来	蟹开一去泰见	蟹开一去泰疑	蟹合一去泰定	蟹合一去泰精	蟹合一去泰疑	蟹合一去泰匣
初期	pɛi	tɛi	lai	kɛi	ŋɛi	tuei	tsuei	uɛi	xuei
中期	pe²	te²/tai	lai²	ke²/kai	ŋe²/ŋai	tue²	tsue²	ue²	xue²
后期	pei²	tei²	lai²	kai²	ŋai²	tuei²	tsuei²	uei²	xuei²

表8-1 蟹摄二等字的读音（皆骇怪）

读音时间 \ 例字	拜	排	斋	豺	皆	谐	挨	怪	坏
	蟹开二去怪帮	蟹开二平皆並	蟹开二平皆庄	蟹开二平皆崇	蟹开二平皆见	蟹开二平皆匣	蟹开二平皆影	蟹合二去怪见	蟹合二去怪匣
初期	pai	pʻai	tsai	tsʻai	tɕiɛi	çiɛi	ŋgai	kuɛi	xuɛi
中期	pai꜔	꜀pʻai	꜀tsai	—	꜀tɕiai	꜀çi	ᶇiai꜕	kuai꜔	xuai꜕
后期	꜀pai	꜀pʻai	꜀tsai	꜀tsʻai	꜀tɕiai	꜀çiai	ŋai꜕	kuai꜔	xuai꜕

表8-2 蟹摄二等字的读音（佳蟹卦夬）

读音时间 \ 例字	摆	奶	债	街	败	枴	挂	快	话
	蟹开二上蟹帮	蟹开二上蟹泥	蟹开二去卦庄	蟹开二平佳见	蟹开二去夬並	蟹合二上蟹见	蟹合二去卦见	蟹合二去夬溪	蟹合二去夬匣
初期	pai	ndai	tsai	tɕiai	pai	—	kua	kʻuɛi	xua
中期	꜀pai	꜀nai	tsai	꜀tɕiai	pai꜕	—	kua꜕	kʻuai꜕	xua꜕
后期	꜀pei	꜀nai	tsai	꜀tɕiai	pei꜕	꜀kuai	kua꜕	kʻuai꜕	xua꜕

表9 蟹摄三等字的读音（祭废）

读音时间 \ 例字	敝	祭	滞	制	艺	岁	赘	锐	肺
	蟹开三去祭並	蟹开三去祭精	蟹开三去祭澄	蟹开三去祭章	蟹开三去祭疑	蟹合三去祭心	蟹合三去祭章	蟹合三去祭以	蟹合三去废非
初期	pi	tɕi	tʂʅ	tʂʅ	i	suei	tsuei	zuei	xuei
中期	pʅ꜕	tsʅ꜕	tsʅ꜕	tsʅ꜕	ʅ꜕	sʮ꜕ / sue꜕	tsue꜕	zue꜕	xue꜕
后期	pʅ꜕	tsʅ꜕	tsʅ꜕	tsʅ꜕	ʅ꜕	suei꜕	tsuei꜕	zuei꜕	xuei꜕

表10 蟹摄四等字的读音

读音时间 \ 例字	批	题	妻	西	继	奚	圭	奎	慧
	蟹开四平齐滂	蟹开四平齐定	蟹开四平齐清	蟹开四平齐心	蟹开四去霁见	蟹开四平齐匣	蟹合四平齐见	蟹合四平齐溪	蟹合四去霁匣
初期	pʻi	tʻi	tɕʻi	çi	tɕi	çi	kuei	kʻuei	xuei
中期	pʻʅ	tʻʅ	tsʻʅ	sʅ	tsʅ꜕	sʅ	꜀kue	꜀kʻue	xue
后期	pʻʅ	tʻʅ	tsʻʅ	sʅ	tsʅ꜕	sʅ	꜀kuei	꜀kʻuei	xuei꜕

文水方言蟹摄一等字存在文白异读，这一点虽然在20世纪初高本汉的记音

中没有明显表现,但这是由于高本汉的记音问题造成的。从后世的读音来看,20世纪初,高本汉记录的文水方言蟹摄一等咍韵字的 ei 韵母当是文读音,其白读当与蟹摄一等灰韵字的 ei 一致。也就是说,文水方言蟹摄一、二等字的韵母不同,尤其是咍灰不分韵,这是晋方言的特点,沈明[36]对此有详细的讨论。文水方言地处吕梁片和并州片的交界地带,文水方言的蟹摄一、二等字的表现带有这种特征是可以理解的。

总之,百年来文水方言蟹摄字发生的主要变化有二:一是一等字文白异读的竞争,这主要表现在蟹摄一等白读音的减少和文读音的增多;二是蟹摄三、四等开口字元音的舌尖化。这种舌尖化当与果、假和遇摄是平行的元音高化现象的表现。

1.5 止摄字的演变

止摄字在三个时期的读音状况

表11-1 支韵系字的读音(开)

读音 时间	披 止开三 平支滂	离 止开三 平支来	紫 止开三 上纸精	知 止开三 平支知	筛 止开三 平支生	支 止开三 平支章	儿 止开三 平支日	寄 止开三 去寘见	戏 止开三 去寘晓
初期	pʻi	li	tsʅ	tʂʅ	—	tsʅ	ər	tɕi	çi
中期	₌pʻʅ	₌lʅ	ˊtsʅ	₌tʂʅ	₌sai	₌tsʅ	₌e	tsʅˀ	sʅˀ
后期	₌pʻʅ	₌lʅ	ˊtsʅ	₌tʂʅ	₌sai	₌tsʅ	₌ɚ	tsʅˀ	sʅˀ

表11-2 支韵系字的读音(合)

读音 时间	累 止合三 上纸来	髓 止合三 上纸心	缒 止合三 去寘澄	吹 止合三 平支昌	垂 止合三 平支禅	亏 止合三 平支溪	危 止合三 平支疑	麾 止合三 平支晓	委 止合三 上纸影
初期	luei	çy	tsuei	tsʻuei	tsʻuei	kʻuei	uei	xuei	uei
中期	ˊlue	ˊsue	—	₌tsʻue	₌tsʻue	kʻue	₌ue	₌xue	ˊue
后期	lueiˀ	ˊsuei	—	₌tsʻuei	₌tsʻuei	kʻuei	₌uei	—	ˊuei

表12-1 脂韵系字的读音(开)

读音 时间	比 止开三 上旨帮	地 止开三 去至定	资 止开三 平脂精	致 止开三 去至知	狮 止开三 平脂生	旨 止开三 上旨章	二 止开三 去至日	肌 止开三 平脂见	伊 止开三 平脂影
初期	pi	ti	tsʅ	tʂʅ	sʅ	tsʅ	ər	tɕi	i
中期	ˊpʅ	—	₌tsʅ	₌tʂʅ	₌sʅ	ˊtsʅ	₌e	₌tsʅ	ˊʅ
后期	ˊpʅ	—	₌tsʅ	₌tʂʅ	₌sʅ	ˊtsʅ	—	₌tsʅ	ˊʅ

表12–2　脂韵字系的读音（合）

读音时间\例字	醉	虽	追	衰	锥	水	龟	葵	帷
	止合三去至精	止合三平脂心	止合三平脂知	止合三平脂生	止合三平脂章	止合三上旨书	止合三平脂见	止合三平脂群	止合三平脂云
初期	tɕy	suei	tsuei	suɛi	tsuei	suei	kuei	kʻuei	uei
中期	tsʅ˧ tsue˧	₌sue	₌tsue	₌suai	₌tsue	ˊsue	₌kue	₌kʻue	—
后期	tsʅ˧ tsuei˧	₌suei	₌tsuei	₌suai	₌tsuei	ˊsuei	₌kuei	₌kʻuei	—

表13　之韵系字的读音

读音时间\例字	你	兹	置	使	止	己	欺	喜	医
	止开三上止泥	止开三平之精	止开三去志知	止开三上止生	止开三上止章	止开三上止见	止开三平之溪	止开三上止晓	止开三平之影
初期	ȵɿdi	tsʅ	tʂʅ	ʂʅ	tʂʅ	tɕi	tɕʻi	ɕi	i
中期	ˊnzɿ	₌tsʅ	—	ˊʂʅ	ˊtʂʅ	—	₌tsʻʅ	ˊʂʅ	₌ʅ
后期	ˊnzɿ	₌tsʅ	tʂʅ	ˊʂʅ	ˊtʂʅ	ˊtʂʅ	₌tsʻʅ	ˊʂʅ	₌ʅ

表14　微韵系字的读音

读音时间\例字	幾	祈	衣	非	妃	肥	鬼	挥	威
	止开三平微见	止开三平微群	止开三平微影	止合三平微非	止合三平微敷	止合三平微奉	止合三上尾见	止合三平微晓	止合三平微影
初期	tɕi	tɕʻi	i	xuei	xuei	xuei	kuei	xuei	uei
中期	₌tsʅ	₌tsʻʅ	₌ʅ	₌xue	₌xue	₌xue	ˊkue	₌xue	₌ue
后期	₌tsʅ	₌tsʻʅ	₌ʅ	₌xuei	₌xuei	₌xuei	ˊkuei	₌xuei	₌uei

　　文水方言止摄字在百年前的表现与北方官话基本一致。主要差别在于止摄合口字存在支微入鱼的现象，而这一点在北方官话中基本不存在。值得注意的是，百年前文水方言支微入鱼的现象只见于精组字，这应该是一种残留。

　　百年来，文水方言止摄字发生的主要变化有二：一是开口字高元音 i 的舌尖化，这一变化当与蟹摄三、四等开口字的变化平行，是止蟹两摄开口三、四等合流之后发生的。二是支微入鱼现象的萎缩。

　　由于止摄开口本是高元音，在音韵结构调整的压力下，止摄开口字的元音发生了高顶出位。在推链作用的过程中，止摄应该不是起变元，而是应变元。

1.6　效摄字的演变

效摄字在三个时期的读音状况

表15　效摄一等字的读音

读音时间 \ 例字	保	刀	劳	遭	曹	扫	告	好	袄
	效开一上晧帮	效开一平豪端	效开一平豪来	效开一平豪精	效开一平豪从	效开一上晧心	效开一去号见	效开一上晧晓	效开一上晧影
初期	pau	tau	lau	tsau	tsʻau	sau	kɯ	xau	ŋgau
中期	ꞈpau	ꞈtau	ꞈlau	ꞈtsau	ꞈtsau / ꞈtsʻau	ꞈsau	kəɤˀ / kauˀ	ꞈxau	ꞈŋau
后期	ꞈpau	ꞈtau	ꞈlau	ꞈtsau	ꞈtsʻau	ꞈsau	kauˀ	ꞈxau	ŋauˀ

表16　效摄二等字的读音

读音时间 \ 例字	包	铙	罩	抄	巢	交	敲	咬	孝
	效开二平肴帮	效开二平肴泥	效开二去效知	效开二平肴初	效开二平肴崇	效开二平肴见	效开二平肴溪	效开二上巧疑	效开二去效晓
初期	pau	ndau	tsau	tsʻau	tsʻau	tɕiau	tɕʻiau	nȡiau	ɕiau
中期	ꞈpau	nzau / nau	tsauˀ	tsʻau	tsʻau	tɕiau	tɕʻiau	ɲiau	ɕiau
后期	ꞈpau	ꞈnau	tsauˀ	tsʻau	tsʻau	tɕiau	tɕʻiau	ɲiau	ɕiau

表17　效摄三等字的读音

读音时间 \ 例字	表	飘	燎	焦	宵	朝	烧	乔	舀
	效开三上小帮	效开三平宵滂	效开三平宵来	效开三平宵精	效开三平宵心	效开三平宵知	效开三平宵书	效开三平宵群	效开三上小以
初期	piau	pʻeɯ	leɯ	tɕiau	ɕieɯ	tʂau	ʂɯ	tɕʻieɯ	ieɯ
中期	ꞈpi / piau	ꞈpʻi / pʻiau	—	tɕi / tɕiau	ꞈɕi / ɕiau	—	ꞈsəɤ	tɕʻiau	Ꞌi / iau
后期	ꞈpiau	pʻiau	ꞈli / liau	tɕi / tɕiau	ꞈɕi / ɕiau	ꞈtʂau	ꞈsau	tɕʻiau	Ꞌi / iau

表18　效摄四等字的读音

读音时间 \ 例字	刁	挑	聊	尿	浇	叫	窍	尧	晓
	效开四平萧端	效开四平萧透	效开四平萧来	效开四去啸泥	效开四去啸见	效开四去啸见	效开四去啸溪	效开四平萧疑	效开四上筱晓
初期	tiau	tʻeɯ	leau	nȡiau	tɕieɯ	tɕiauˀ	tɕʻiau	iau	ɕieɯ

续表

读音时间 ＼ 例字	刁	挑	聊	尿	浇	叫	窍	尧	晓
	效开四平萧端	效开四平萧透	效开四平萧来	效开四去啸泥	效开四平萧见	效开四去啸见	效开四去啸溪	效开四平萧疑	效开四上筱晓
中期	ˌti ˌtiau	ˌtʻi ˌtʻiau	ˌli ˌliau	n̠iau² 	ˌtɕi ˌtɕiau	tɕi² tɕiau²	tɕʻi² tɕʻiau²	ˌiau	ꞈɕi ꞈɕiau
后期	ˌtiau	ˌtʻiau	ˌliau	n̠iau²	ˌtɕiau	tɕi² tɕiau²	tɕʻiau²	ˌiau	ꞈɕiau

　　百年前,文水方言效摄字四等之间的元音已经失去了差别,这一点有别于吕梁片晋方言。同时,高本汉的记音效摄三、四等一些字的韵基是 eɯ,这应该是高本汉音值记音的问题。另外,效摄一等见系个别字如"告"及三等知系个别字如"烧"的元音已经高化为 ɯ。这是个显著的变化。这一变化应该是和假摄三等知系字的演变平行的。

　　百年来,文水方言效摄字基本没有发生大的变化。主要的变化就是文白异读的竞争,白读音节节败退。在20世纪中期,效摄三、四等字基本都有文白异读,但在后期,白读音逐渐减少。另外一个变化就是前文所提到的韵母为 ɯ 的效摄个别字发生了裂化。

　　文水方言虽然地处晋方言并州片和吕梁片交界地带,但在效摄中并没有保持一、二等区别的痕迹。在这一点上,文水方言更像并州片方言。另外,文水方言效摄白读在晋方言并州片也显得格外引人注意。效摄白读在百年前是什么形态,由于高本汉没有记录,无法得到信息。前文提到的韵基为 eɯ 的字是否就是早期文水方言三、四等白读的表现形式呢? 这是个值得注意的问题。

1.7　流摄字的演变

流摄字在三个时期的读音状况

表19　流摄一等字的读音

读音时间 ＼ 例字	剖	斗	斢	走	叟	钩	口	偶	侯
	流开一上厚滂	流开一上厚端	流开一平侯来	流开一上厚精	流开一上厚心	流开一平侯见	流开一上厚溪	流开一上厚疑	流开一平侯匣
初期	pɯ	teə	leə	tseə	səə	kəə	kʻəə	ŋeə	xəə
中期	—	ꞈtou	ˌlou	ꞈtsou	—	ˌkou	ꞈkʻou	ˌŋou	ˌxou
后期	ꞈpʻau	ꞈtɯɯ	ˌlɯɯ	ꞈtsɯɯ	ꞈsɯɯ	ˌkɯɯ	ꞈkʻɯɯ	ˌŋɯɯ	ˌxɯɯ

表20　流摄三等字的读音

读音时间＼例字	否	流	洒	肘	绉	周	九	谬	纠
	流开三上有非	流开三平尤来	流开三上有精	流开三上有知	流开三去宥庄	流开三平尤章	流开三上有见	流开三去幼明	流开三上黝见
初期	xu	leə	tɕieə	tʂəe	tsəe	tʂəe	tɕieə	mbiau	tɕieə
中期	ˀxu	ˌliou	ˀtɕiou	ˀtsou	tsou˔	ˌtsou	ˀtɕiou	—	ˌtɕiou
后期	ˀxɯɯ	ˌliɯɯ	ˀtɕiɯɯ	ˀtsɯɯ	tsɯɯ˔	ˌtsɯɯ	ˀtɕiɯɯ	miɯɯ˔	ˌtɕiɯɯ

百年前,文水方言流摄字同并州片其他方言一样,唇音声母三等字与遇摄合并。另外,高本汉虽然将流摄字的韵基记为 əe,但这可能是其音值记音的结果。从后世的读音形式即周围其他方言流摄字的读音状况来看,文水方言流摄字的韵基应该是 ou。

百年来,文水方言流摄字发生的主要变化就是元音的继续高化,即 ou>ɯɯ。这一音变当与遇摄非舌齿音字的音变是平行的。

百年前文水方言的流摄字无论在结构上还是在音值上都与并州片其他方言基本一致,但近百年来,文水方言流摄字不仅在音值上发生了变化,而且音韵结构也发生了变化。文水方言流摄字音韵结构的变化主要是唇音三等字又重新与非唇音字同韵。这一变化的原因是流摄字与遇摄字合并范围的扩大。

1.8　文水方言阴声韵演变特点及其形成原因

1.8.1　文水方言阴声韵演变的特点

典型外转摄一、二等差异的消失　晋方言吕梁片典型外转摄蟹摄和效摄一、二等韵母之间有明显的差异,而晋方言并州片典型外转摄一、二等韵母之间的差异基本消失。在这一点上,文水方言的表现更接近于并州片。在并州片方言中,有部分点蟹摄一、二等仍有差别,主要是演变模式与北方官话不同。北方官话蟹摄一等开合分韵,而并州片部分点蟹摄一等开合不分韵,正是由于这一点,并州片方言有的仍保持蟹摄一、二等之间的差别,如百年前文水方言即是如此。有的则一、二等完全合并,如百年前的太原即是如此。现在文水方言蟹摄一等有文白异读,而且文读占据上风,白读节节败退。导致在演变模式上,文水方言蟹摄字越来越接近于北方官话。而现在的太原市区方言则已经失去了百年前太原方言蟹摄字的基本面貌,完全被北方官话覆盖。

效摄一、二等之间的差别在文水方言中已经完全消失,且这种消失在百年前已经完成。

元音系统的链式推移　从三个时期文水方言阴声韵的读音状况可以看出，文水方言的元音系统在一个世纪以来发生了剧烈的变化，这种变化的剧烈程度在整个晋方言都是十分显著的。文水方言元音系统的变化犹如历史上英语元音系统的位移。但是文水方言元音系统的位移是有条件的，文水方言元音的位移受音节结构的限制。有腭化音节的元音前高化，无腭化音节的元音后高化。这一点，乔全生[37]曾有详细讨论。

1.8.2　文水方言阴声韵演变特点的成因

晋方言并州片和吕梁片同是晋方言核心区。但不同的是，吕梁片由于地理位置和地形地貌等原因在音韵结构的演变上比并州片缓慢。就保持外转摄一、二等的区别来说，吕梁片各方言基本保持，而并州片则基本不保持。文水方言虽然地处吕梁片与并州片的交界地带，但在方言分区上属于并州片。文水方言在外转摄一、二等韵的演变上遵循并州片的演变规律而没有遵循吕梁片的演变规律。

晋方言并州片方言普遍存在元音高化的现象，且多数是推链式高化。根据乔全生[13][37]的研究，晋方言元音高化多与晋方言音韵结构的调整有关。有关这一点，下节再详细讨论。

1.9　总结

文水方言阴声韵在20世纪发生了剧烈的变化，虽然这种变化是音值的变化而不是音位性变化。正是因为这种变化，使得文水方言在表面上显得与其他并州片方言迥然不同。但我们认为这种不同只是音值的不同，而不是音类之间关系的不同。同时值得关注的是，文水方言阴声韵明显带有吕梁片方言的个别特征，这是文水地处吕梁片与并州片交界地带的结果。

2. 阳声韵的演变

2.1　山咸摄的演变

山摄字的读音状况

表1　山摄一等字的读音

读音\时间	例字	滩 山开一平寒透	难 山开一平寒泥	残 山开一平寒从	干 山开一平寒见	安 山开一平寒影	般 山合一平桓帮	端 山合一平桓端	酸 山合一平桓心	官 山合一平桓见
初期		tʰã	ndã	tsʰã	kẽ	ŋgẽ	pẽ	tuẽ	ɕyẽ	kuẽ
中期		ˌtʰaŋ	ˌnaŋ	ˌtsʰaŋ	ˌkən	ˌŋən	ˌpəd	ˌtuən	ˌɕyən	ˌkuən
后期		ˌtʰaŋ	ˌnaŋ	ˌtsʰaŋ	ˌkãĩ	ˌŋãĩ	ˌpãĩ	ˌtuãĩ	ˌɕyãĩ	ˌkuãĩ

表2-1　山摄二等字的读音（山韵系）

读音时间＼例字	扮	绽	盏	艰	眼	限	鳏	顽	幻
	山开二去裥帮	山开二去裥澄	山开二上产初	山开二平山见	山开二上产疑	山开二上产匣	山合二平山见	山合二平山疑	山合二去裥匣
初期	pã	tsã	tsã	tɕiã	ȵdiã	ɕiã	kuã	uã	—
中期	—	—	—	꜀tɕiaŋ	꜀ȵiaŋ	ɕiaŋ꜄	—	꜀uəŋ	—
后期	paŋ꜄	tsaŋ꜄	꜂tsaŋ	꜀tɕiaŋ	꜀ȵiaŋ	ɕiaŋ꜄	꜀kuaŋ	uãĩ꜄	xuaŋ꜄

表2-2　山摄二等字的读音（删韵系）

读音时间＼例字	班	蛮	删	谏	颜	撰	关	还	湾
	山开二平删帮	山开二平删明	山开二平删生	山开二去谏见	山开二平删疑	山合二上潸崇	山合二平删见	山合二平删匣	山合二平删影
初期	pã	mbã	sã	tɕiã	ȵdiã	tsuã	kuã	xuã	uã
中期	꜀paŋ	꜀maŋ	꜀səŋ	tɕiaŋ꜄	<u>iəŋ</u> ꜀ȵiaŋ	tsəŋ꜄	꜀kuaŋ	꜀xuaŋ	꜀uaŋ
后期	꜀pãĩ	꜀mãĩ	꜀sãĩ	tɕiãĩ꜄	꜀iãĩ	tsuaŋ꜄	꜀kuaŋ	꜀xuaŋ	꜀uaŋ

表3-1　山摄三等字的读音（元韵系）

读音时间＼例字	建	言	宪	反	幡	万	劝	元	苑
	山开三去愿见	山开三平元疑	山开三去愿晓	山合三上阮非	山合三平元敷	山合三去愿微	山合三去愿溪	山合三平元疑	山合三上阮影
初期	tɕiẽ	iẽ	ɕiẽ	xuã	xuã	uã	tɕʻyẽ	yẽ	yẽ
中期	tɕiəŋ꜄	꜀iəŋ	ɕiəŋ꜄	꜂xuaŋ	꜀xuaŋ	uaŋ꜄	tɕʻyəŋ꜄	꜀yəŋ	꜂uəŋ
后期	tɕiãĩ꜄	꜀iãĩ	ɕiãĩ꜄	꜂xuaŋ	꜀xuaŋ	uaŋ꜄	tɕʻyãĩ꜄	꜀yãĩ	꜂yãĩ

表3-2　山摄三等字的读音（仙韵系）

读音时间＼例字	鞭	连	煎	缠	然	虔	全	川	权
	山开三平仙帮	山开三平仙来	山开三平仙精	山开三平仙澄	山开三平仙日	山开三平仙群	山合三平仙从	山合三平仙昌	山合三平仙群
初期	piẽ	liẽ	tɕiẽ	tʂʐẽ	zẽ	tɕiẽ	tɕʻyẽ	tsʻuẽ	tɕʻyẽ
中期	꜀piəŋ	꜀liəŋ	꜀tɕiəŋ	꜀tsʻəŋ	꜀zəŋ	꜀tɕiəŋ	꜀tɕʻyəŋ	꜀tsʻuəŋ	꜀tɕʻyəŋ
后期	꜀piãĩ	꜀liãĩ	꜀tɕiãĩ	꜀tsʻãĩ	꜀zãĩ	꜀tɕiãĩ	꜀tɕʻyãĩ	꜀tsʻuãĩ	꜀tɕʻyãĩ

表4　山摄四等字的读音

读音 时间＼例音字	蝙 山开四 平先帮	颠 山开四 平先端	年 山开四 平先泥	笾 山开四 平先精	先 山开四 平先心	肩 山开四 平先见	烟 山开四 平先影	玄 山合四 平先匣	渊 山合四 平先影
初期	piẽ	tiẽ	ȵdiẽ	tɕiẽ	ɕiẽ	tɕiẽ	iẽ	ɕyẽ	yẽ
中期	ˌpiən	ˌtiən	ˌȵiən	tɕiəŋˀ	ˌɕiən	tɕiəŋˀ	nei	ˌɕyən	ˌyən
后期	ˌpiɑ̃ĩ	ˌtiɑ̃ĩ	ˌȵiɑ̃ĩ	tɕiɑ̃ĩˀ	ˌɕiɑ̃ĩ	tɕiɑ̃ĩˀ	iɑ̃ĩˀ	ˌɕyɑ̃ĩ	ˌyɑ̃ĩ

咸摄字的读音状况

表5　咸摄一等字的读音

读音 时间＼例音字	贪 咸开一 平覃透	参 咸开一 平覃清	感 咸开一 上感见	勘 咸开一 去勘溪	担 咸开一 平谈端	蓝 咸开一 平谈来	惭 咸开一 平谈从	甘 咸开一 平谈见	酣 咸开一 平谈匣
初期	t'ã	ts'ã	kɛ̃	k'ã	tã	lã	ts'ã	kɛ̃	xɛ̃
中期	ˌt'aŋ	—	kənˀ	k'ənˀ	ˌtaŋ	ˌlaŋ	—	ˌkən	nexˀ
后期	ˌt'aŋ	ˌts'aŋ	kɑ̃ĩˀ	kɑ̃ĩˀ	ˌtaŋ	ˌlaŋ	ˌts'ɑ̃ĩ	ˌkɑ̃ĩ	xɑ̃ĩ

表6　咸摄二等字的读音

读音 时间＼例音字	站 咸开二 去陷知	斩 咸开二 上豏庄	馋 咸开二 平咸崇	减 咸开二 上豏见	咸 咸开二 平咸匣	搀 咸开二 平衔初	衫 咸开二 平衔生	监 咸开二 平衔见	衔 咸开二 平衔匣
初期	tsã	tsã	ts'ã	—	ɕiã	ts'ã	sã	tɕiã	ɕiã
中期	tsaŋˀ	—	ˌts'aŋ	ˌtɕiən ˌtɕiaŋ	ˌɕiaŋ	ˌts'aŋ	ˌsaŋ	tɕiaŋ	ˌxaŋ ˌɕiaŋ
后期	tsaŋˀ	ˌtsaŋ	ˌts'aŋ	kɑ̃ĩˀ	ˌxaŋ ˌɕiaŋ	ˌts'aŋ	ˌsaŋ	tɕiaŋ	ˌɕiaŋ

表7　咸摄三等字的读音

读音 时间＼例音字	黏 咸开三 平盐泥	尖 咸开三 平盐精	占 咸开三 平盐章	俭 咸开三 上琰群	险 咸开三 上琰晓	炎 咸开三 平盐云	欠 咸开三 去酽溪	严 咸开三 平严疑	凡 咸合三 平凡奉
初期	ȵdiẽ	tɕiẽ	tʂẽ	tɕiẽ	ɕiẽ	iẽ	tɕ'iẽ	iẽ	xuã
中期	ˌnzən	ˌtɕiən	—	tɕiənˀ	ˌɕiən	ˌiən	—	—	ˌxuaŋ
后期	ˌnzɑ̃ĩ	ˌtɕiɑ̃ĩ	ˌtsɑ̃ĩ	tɕiɑ̃ĩˀ	ˌɕiɑ̃ĩ	ˌiɑ̃ĩ	tɕ'iɑ̃ĩˀ	ˌiɑ̃ĩ	ˌxuaŋ

表8　咸摄四等字的读音

读音 时间 ＼ 例字	点	添	甜	念	兼	谦
	咸开四 上忝端	咸开四 平添透	咸开四 平添定	咸开四 去桥泥	咸开四 平添见	咸开四 平添溪
初期	tiẽ	tʻiẽ	tʻiẽ	n̩d̯iẽ	tɕiẽ	tɕʻiẽ
中期	ˉtieŋ	ˉtʻieŋ	ˉtʻieŋ	ˉnieŋˉ	ˉtɕieŋ	ˉtɕʻieŋ
后期	ˉtiãĩ	ˉtʻiãĩ	ˉtʻiãĩ	ˉniãĩˉ	ˉtɕiãĩ	ˉtɕʻiãĩ

根据高本汉的记录,百年前文水方言山咸摄字已经完全合并。合并之后,山咸摄字基本形成三类韵母:ã 类、ẽ 类、ɛ̃ 类。ẽ 类和 ɛ̃ 类当是一类,这是高本汉的记音问题造成的。ɛ̃ 类韵母主要分布在山咸摄一等见系字和三等知系字,ẽ 类韵母主要分布在山咸摄其他字。ã 类和 ẽ 类呈现严格的条件式互补分布。洪音为 ã 类,细音为 ẽ 类。同时还可以看出,ẽ 类韵母的形成发生在二等喉牙音声母产生 i 介音之前,知系字后的 i 介音丢失之前,轻唇音后的i介音丢失之后。值得注意的是,文水方言山咸摄一等见系字没有 i 介音,但它的韵母也是 ẽ 类韵母。这一点似乎有点特别。这一现象和太谷方言类似,但太谷方言的记音材料却显示山咸摄一等见系字曾有过 i 介音。

到20世纪中期,文水方言山咸摄字还在百年前演变所形成的轨道上。只不过,高本汉所记的鼻化韵母韵在20世纪中期却是鼻音韵尾韵,更为重要的是,洪音字为后鼻韵尾,细音字为前鼻韵尾。这种演变看起来有点匪夷所思。但结合20世纪后期的读音形式,我们认为这很可能是一种"矫枉过正"现象。这种现象是普通话影响的结果。而20世纪后期年轻人的读音则完全脱离了文水方言演变的轨道。如果说20世纪中期的读音是一种旧文读,那么20世纪后期的这种读音应该是一种新文读。

百年来,文水方言山咸摄字发生了值得关注的演变。20世纪中期,文水方言的山咸摄字还在自身演变的轨道上,到20世纪后期,文水方言的山咸摄字则已经脱离了自身演变的轨道。脱离轨道的原因应该是普通话的影响。

2.2　深臻摄的演变

深摄字的读音

表9 深摄字的读音

例字 / 读音 / 时间	禀	品	临	心	沉	渗	任	今	音
	深开三上寝帮	深开三上寝滂	深开三平侵来	深开三平侵心	深开三平侵澄	深开三去沁生	深开三平侵日	深开三平侵见	深开三平侵影
初期	piə̃	p‘iə̃	leə̃	ɕiə̃	tʂ‘ə̃	sə̃	ʐə̃	ȶɕiə̃	iə̃
中期	—	꜂p‘iə̃	꜀̱liəŋ	꜀ɕiəŋ	꜀ts‘əŋ	—	꜀zəŋ	꜀tɕiəŋ	꜀iəŋ
后期	꜂liə̃	꜂p‘iə̃	꜀liə̃	꜀ɕiə̃	꜀ts‘ə̃	sə̃꜄	꜀zə̃	꜀tɕiə̃	꜀iə̃

臻摄字的读音

表10 臻摄一等字的读音

例字 / 读音 / 时间	跟	恳	痕	恩	本	敦	尊	坤	温
	臻开一平痕见	臻开一上很溪	臻开一平痕匣	臻开一平痕影	臻合一上混帮	臻合一平魂端	臻合一平魂精	臻合一平魂溪	臻合一平魂影
初期	kə̃	k‘ə̃	xə̃	ŋgə̃	pə̃	tũ	tsũ	k‘ũ	ũ
中期	꜀kəŋ	꜂k‘əŋ	꜀xəŋ	꜀ŋəŋ	꜂pəŋ	꜀təŋ	꜀tsuəŋ	꜀k‘uəŋ	꜀uəŋ
后期	꜀kə̃	꜂k‘ə̃	꜀xə̃	꜀ŋə̃	꜂puə̃	꜀tuə̃	꜀tsuə̃	꜀k‘uə̃	꜀uə̃

表11 臻摄三等字的读音

例字 / 读音 / 时间	宾	津	珍	巾	斤	俊	春	均	文	君
	臻开三平真帮	臻开三平真精	臻开三平真知	臻开三平真见	臻开三平殷见	臻合三去稕精	臻合三平谆昌	臻合三平谆见	臻合三平文微	臻合三平文见
初期	piə̃	ȶɕiə̃	tʂə̃	ȶɕiə̃	ȶɕiə̃	ȶɕyũ	ts‘ũ	ȶɕyũ	ũ	ȶɕyũ
中期	꜀piəŋ	꜀tɕiəŋ	꜀tsəŋ	꜀tɕiəŋ	꜀tɕiəŋ	tɕyəŋ꜄	꜀ts‘uəŋ	꜀tɕyəŋ	꜀̱uəŋ	꜀tɕyəŋ
后期	꜀piə̃	꜀tɕiə̃	꜀tsə̃	꜀tɕiə̃	꜀tɕiə̃	tɕyə̃꜄	꜀ts‘uə̃	꜀tɕyə̃	꜀uə̃	꜀tɕyə̃

百年前，文水方言深臻两摄已经完全合并。依据开合口形成两类韵母：ə̃类和ũ类。这种演变应该是与梗曾通摄的演变平行，应该是深臻摄与梗曾通摄合并之后的共同演变。

20世纪中期文水方言深臻两摄的读音似乎是受普通话影响而产生的文读音，因为这些音已经不在20世纪初文水方言深臻摄发展的轨道之上。而20世纪后期的读音则是20世纪中期读音的后继发展。这发展主要是原为鼻音韵尾的现在变成了鼻化韵。20世纪后期深臻的读音虽然是鼻化韵，但这与20世纪初期的读音截然不同。20世纪初期的读音深臻摄形成了两套不同的鼻化韵,而20世纪后期的读音则完全是一套鼻化韵。这是两者的根本区别。

　　20世纪初,文水方言的深臻摄已经与梗曾通摄合并,从而形成 ə̃ 和 ũ 两类韵母。20世纪中期文水方言深臻摄由于受普通话的影响,脱离了自身的发展轨道,20世纪后期深臻摄的读音是20世纪中期读音的继承和发展。

2.3　江宕摄的演变

江摄字的读音

表12　江摄字的读音

读音\时间\例字	邦	棒	椿	窗	双	江	腔	项	巷
	江开二平江帮	江开二上讲并	江开二平江知	江开二平江初	江开二平江生	江开二平江见	江开二平江溪	江开二上讲匣	江开二去绛匣
初期	pã	pu	tsʻuã	su	tsʻu	tɕiã	tɕʻiã	çiã	xu
中期	ˌpaŋ	puꞋ paŋꞋ	—	ˌtsʻu tsʻuaŋ	ˌsu suaŋ	ˌtɕiu tɕiaŋ	ˌtɕʻiu tɕʻiaŋ	çiuꞋ çiaŋ	xuꞋ xaŋꞋ çiaŋ
后期	ˌpu puaŋ	puꞋ paŋꞋ	ˌtsuaŋ	ˌsu suaŋ	ˌsu suaŋ	ˌtɕiu tɕiaŋ	ˌtɕʻiu tɕʻiaŋ	çiuꞋ çiaŋ	xaŋꞋ çiaŋ

宕摄字的读音

表13　宕摄一等字的读音

读音\时间\例字	榜	当	葬	刚	康	昂	光	荒	汪
	宕开一上荡帮	宕开一平唐端	宕开一去宕精	宕开一平唐见	宕开一平唐溪	宕开一平唐疑	宕合一平唐见	宕合一平唐晓	宕合一平唐影
初期	pã	tã	tsu	kã	kʻã	ŋgã	kuã	xu	uã
中期	ˌpu paŋꞋ	ˌtu taŋꞋ	—	ˌku kaŋꞋ	ˌkʻu kʻaŋꞋ	ˌŋaŋ	ˌku kuaŋꞋ	xuꞋ xuaŋ	ˌu uaŋꞋ
后期	ˌpaŋ	ˌtu	tsaŋꞋ	ˌku kaŋ	ˌkʻu kʻaŋ	ˌaŋ	ˌku kuaŋ	xuꞋ xuaŋ	ˌu uaŋꞋ

表14　宕摄三等字的读音

读音\时间\例字	将	张	庄	章	疆	方	房	匡	王
	宕开三平阳精	宕开三平阳知	宕开三平阳庄	宕开三平阳章	宕开三真见	宕合三平阳非	宕合三平阳奉	宕合三平阳溪	宕合三平阳云
初期	tɕiã	tʂu	tsu	tʂu	tɕiã	xuã	xu	kʻuã	u

续表

读音字例／时间	将	张	庄	章	疆	方	房	匡	王
	宕开三平阳精	宕开三平阳知	宕开三平阳庄	宕开三平阳章	宕开三平阳见	宕合三平阳非	宕合三平阳奉	宕合三平阳溪	宕合三平阳云
中期	₌tɕiu ₌tɕiaŋ	₌tsu ₌tsaŋ	₌tsu ₌tsaŋ	₌tsu ₌tsaŋ	₌tɕiu ₌tɕiaŋ	₌xu ₌xuaŋ	₌xu ₌xuaŋ	₌kʰu ₌kʰuaŋ	₌u ₌uaŋ
后期	₌tɕiu ₌tɕiaŋ	₌tsaŋ	₌tsu ₌tsaŋ	₌tsu ₌tsaŋ	₌tɕiu ₌tɕiaŋ	₌xu ₌xuaŋ	₌xu ₌xuaŋ	₌kʰu ₌kʰuaŋ	₌u ₌uaŋ

百年前，文水方言江宕摄字形成两套不同的韵母，即 u 类和 ã 类。结合文水方言江宕摄字中后期的读音状况，我们认为文水方言初期江宕摄的这两套读音性质不同。u 类为白读音，ã 类为文读音。从白读音来看，文水方言江宕摄字早已失去了鼻音韵尾，并进而高化到了 u。文水方言江宕摄白读的元音之所以能高化到顶，与文水方言所处地理位置有相当的关系。在晋方言并州片中，除了文水之外，还没有哪个方言江宕摄白读元音为高元音。交界地带的方言元音异常高化，这是晋方言的特点之一，关于这一点乔全生[37]有详细的讨论。

到20世纪中后期，文水方言江宕摄依然有两套不同的韵母，即白读为 ʊ 韵母，文读为 aŋ 韵母。文水方言中后期的读音当是20世纪初期读音的继承。但并不是说，u 变成了 ʊ，ã 变成了 aŋ。之所以会出现这种状况，可能和记音有关。

20世纪以来，文水方言江宕摄韵母并没有太大变化。这说明，文水方言江宕摄字的读音早在20世纪之前已经基本形成。

2.4　梗曾通摄的演变

梗摄字的读音

表15　梗摄二等字的读音

读音字例／时间	烹	撑	生	更	萌	争	耿	横	轰
	梗开二平庚滂	梗开二平庚彻	梗开二平庚生	梗开二平庚见	梗开二平耕明	梗开二平耕庄	梗开二上耿见	梗合二平庚匣	梗合二去净晓
初期	pʰã	tsʰã	sã	kã	mbã	tsã	kã	xũ	xũ
中期	₌pʰəŋ	₌tsʰəŋ	₌sɿ ₌səŋ	₌kəŋ	₌məŋ	₌tsəŋ	ˀkəŋ	₌xu ₌xəŋ	—
后期	₌pʰuã	—	₌sã	₌kã	₌mã	₌tsɿ ₌tsã	ˀkã	₌xã	—

表16　梗摄三等字的读音

读音时间 \ 例字	兵	明	京	名	精	征	颈	兄	倾
	梗开三平庚帮	梗开三平庚明	梗开三平庚见	梗开三平清明	梗开三平清精	梗开三平清章	梗开三上静见	梗合三平庚晓	梗合三平清溪
初期	piə̃	mbi	tɕiə̃	mbiə̃	tɕiə̃	tʂə̃	tɕiə̃	ɕyu	tɕʰiə̃
中期	˗piəŋ	˗m̩ / ˗miəŋ	˗tɕiəŋ	˗m̩ / ˗miəŋ	˗tsʰ̩ / ˗tɕiəŋ	˗tsəŋ	—	˗sʰ̩ / ˗ɕyəŋ	˗tsʰ̩ / ˗tɕʰiəŋ
后期	˗piə̃	˗miə̃	˗tɕiə̃	˗miə̃	˗tɕiə̃	˗tsə̃	꜒tɕiə̃	˗ɕyə̃	˗tɕʰiə̃

表17　梗摄四等字的读音

读音时间 \ 例字	瓶	钉	灵	青	星	经	馨	形	萤
	梗开四平青并	梗开四平青端	梗开四平青来	梗开四平青清	梗开四平青心	梗开四平青见	梗开四平青晓	梗开四平青匣	梗合四平青匣
初期	pʰiə̃	ti	leə̃	tɕʰi	ɕiə̃	tɕiə̃	ɕiə̃	ɕiə̃	
中期	˗pʰiə̃d	˗t̩ / ˗tiəŋ	˗liəŋ	˗tsʰ̩ / ˗ɕiəŋ	˗sʰ̩ / ˗ɕiəŋ	˗tɕiəŋ	—	˗ɕiəŋ	˗yəŋ
后期	˗pʰiə̃	˗tiə̃	˗liə̃	˗tɕʰiə̃	˗ɕiə̃	˗tɕiə̃	˗tɕiə̃	˗ɕiə̃	꜒iə̃

曾摄字的读音

表18　曾摄一等字的读音

读音时间 \ 例字	崩	朋	登	能	棱	增	僧	恒	弘
	曾开一平登帮	曾开一平登并	曾开一平登端	曾开一平登泥	曾开一平登来	曾开一平登精	曾开一平登心	曾开一平登匣	曾合一平登匣
初期	pə̃	pʰə̃	tə̃	ndə̃	lə̃	tsə̃	sə̃	xə̃	
中期	˗pəŋ	˗pʰəŋ	˗təŋ	˗nəŋ	—	˗tsəŋ	˗səŋ	˗xəŋ	˗xuəŋ
后期	˗pə̃	˗pʰə̃	˗tə̃	˗nə̃	—	˗tsə̃	˗sə̃	˗xə̃	˗xuə̃

表19　曾摄三等字的读音

读音时间 \ 例字	冰	陵	徵	蒸	承	仍	凝	应	蝇
	曾开三平蒸帮	曾开三平蒸来	曾开三平蒸端	曾开三平蒸章	曾开三平蒸禅	曾开三平蒸日	曾开三平蒸疑	曾开三平蒸影	曾开三平蒸以
初期	piə̃	leə̃	tʂə̃	tʂə̃	tʂə̃	ez̃	ndʑiə̃	iə̃	i̯ / iə̃
中期	˗piəŋ	—	˗ts̩ / ˗tsəŋ	˗tsəŋ	˗tʂəŋ	˗z̩	˗ɲiəŋ	꜒iəʔ	꜒ / ˗iəŋ
后期	˗piə̃	˗liə̃	˗ts̩ / ˗tsəŋ	˗tsə̃	˗tʂə̃	˗zə̃	˗ɲiə̃	꜒iə̃	꜒ / ꜒iə̃

通摄字的读音

表20　通摄一等字的读音

读音\时间　例字	篷	东	动	聪	送	公	冬	统	宋
	通合一平东並	通合一平东端	通合一上董定	通合一平东清	通合一去送心	通合一平东见	通合一平冬端	通合一上宋透	通合一去宋心
初期	p'ə̃	tũ	tuõ	ts'ũ	suõ	kũ	tũ	t'uõ	suõ
中期	ˌp'əŋ	ˌtuəŋ	ˈtuəŋ	ˌts'uəŋ	suəŋˌ	ˌkuəŋ	ˌtuəŋ	ˈt'uəŋ	suəŋˌ
后期	ˌp'ə̃	ˌtə̃	ˈluə̃	ˌts'uə̃	suə̃ˌ	ˌkuə̃	ˌtə̃	ˈt'ə̃	suə̃ˌ

表21　通摄三等字的读音

读音\时间　例字	风	隆	中	崇	弓	封	从	冢	恐
	通合三平东非	通合三平东来	通合三平东知	通合三平东崇	通合三平东见	通合三平钟非	通合三平钟从	通合三上肿知	通合三上肿溪
初期	xũ	lũ	tsũ	ts'ũ	kũ	xũ	ts'ũ	tsuõ	k'uõ
中期	ˌxuəŋ	ˌluəŋ	ˌtsuəŋ	ˌts'uəŋ	ˌkuəŋ	ˌxuəŋ	ˌts'uəŋ	ˈtsuəŋ	ˈk'uəŋ
后期	ˌxuə̃	ˌluə̃	ˌtsuə̃	ˌts'uə̃	ˌkuə̃	ˌxuə̃	ˌts'uə̃	ˈtsuə̃	ˈk'uə̃

　　在前节我们已经说过，文水方言深臻摄与梗曾通摄在百年前已经合并，形成ə̃与ũ两套韵母。这两套韵母以开合为条件呈互补分布。值得注意的是，在20世纪初期，文水方言的通摄字存在一种声调分韵的现象。侯精一[38]将此称为"声调变韵"，并主张同襄垣方言的声调变韵、闽方言的异调变韵和湘方言的调值分韵进行比较。文水方言20世纪初期的声调分韵现象值得进一步深入研究。

　　到20世纪中期，文水方言梗曾通摄字读音已经同深臻摄一样脱离了自身发展的轨道。这同深臻一样是受普通话影响的结果。到20世纪后期，梗曾通摄字的读音又在中期的基础上发展成了鼻化韵。

　　早在20世纪之前，文水方言梗曾通摄字就已经和深臻摄字发生了合并。然而到20世纪中期，文水方言无论是深臻摄还是梗曾通摄，都受普通话影响脱离了自身的演变轨道，20世纪后期年轻人的读音即是在20世纪中期读音基础上发展而来的。另外值得注意的是，20世纪初期文水方言通摄的声调分韵现象到中后期已完全消失。

2.5　百年来文水方言阳声韵演变的特点及其成因

2.5.1　百年来文水方言阳声韵演变的特点

山咸摄一等见系字的腭化及一、二等与三、四等的分韵　山摄是典型的外转摄,在《中原音韵》中,山摄一等开口与二等合并为寒山韵,山摄一等合口独立为桓欢韵,山摄三、四等合并为先天韵。咸摄虽然也是外转摄,但基本没有合口,因此咸摄在《中原音韵》中只有两韵:一是咸摄一、二等所形成的监咸韵;一是三、四等所形成的廉纤韵。在现在的北方官话中,山咸摄已经完全合并,形成一套 an 韵母。而文水方言则不同,在20世纪初期文水方言山咸摄一等见系字与三、四等同韵,一等非见系字与二等同韵。这说明,文水方言山咸摄字的演变同蟹摄字的演变基本平行,依然保持一、二等与三、四等的分别。到20世纪中期,文水方言山咸摄字格局还基本保持,但到20世纪后期这种格局被打破了。

江宕摄白读的元音高化　根据乔全生[113]的研究,晋方言并州片是唐五代西北方音的直系后裔,其江宕摄的鼻音韵尾早在唐五代时期就失落了。由于鼻音韵尾的脱离,韵尾对韵腹失去了保护作用,导致江宕摄白读的元音发生了元音的后高化,对此乔全生[37]有详细的讨论。

2.5.2　百年来文水方言阳声韵演变特点的成因

晋方言区域性特征的影响　晋方言并州片山咸摄洪音字和细音字多不同韵,山咸摄洪音字多为鼻化韵,山咸摄细音字多与麻韵三等合流。这种音类分合格局是山咸摄四等字完全合流之后的再分化。晋方言吕梁片山咸摄字的音类格局多与并州片不同,吕梁片方言山咸摄一、二等为一类,三、四等为一类,且多有一等字腭化的现象。并州片方言虽然也有一等字腭化的现象,但多出现在果摄字中,山咸摄则很少出现。文水方言地处并州片与吕梁片的交界地带,文水方言山咸摄字的演变当为吕梁片区域性特征所致。

音韵结构的调整　正是由于文水方言江宕摄字很早就转入了阴声韵,使得文水方言阴声韵原有的音类格局发生了变化。江宕摄白读失去鼻音韵尾之后,对其他韵摄产生影响最大的当属果摄和假摄。因为江宕摄字的元音本来就是后低元音,恰好处于假摄和果摄之间。这种格局江宕摄要么与假摄合流,要么与果摄合流,要么独立且导致果摄字的元音发生位移。文水方言采取了后者,在文水方言中,江宕摄白读既不与假摄合流,也不与果摄合流,结果导致果摄字发生了元音高化现象。20世纪初,果摄的字还是高元音 ɯ,20世纪中期果摄的元音裂化为 əɪ,江宕摄白读变成了高元音 u(ʊ)。

普通话的影响　文水方言深臻梗曾通摄的读音在20世纪中期脱离了自身演变的轨迹,山咸摄的读音在20世纪后期脱离了自身演变的轨迹。这种变化不是文水方言自身演变的结果,而是与普通话的推广有密切的关系。20世纪后期的年轻人放弃了自身方言的音类格局,采用普通话的音类格局是导致出现这种状况的根本原因。

2.6　总结

总体来说,文水方言阳声韵在20世纪没有发生剧烈的变化。文水方言的阳声韵在20世纪初期明显带有吕梁片方言的部分特征,但这些特征在20世纪中后期逐渐失落了,这与普通话的推广有关。

3. 入声韵的演变

3.1　咸山摄入声韵的演变

咸摄入声韵字的读音

表1　咸摄一等入声韵字的读音

读音时间 \ 例字	答	踏	纳	拉	杂	蛤	喝	塔	腊
	咸开一入合端	咸开一入合透	咸开一入合泥	咸开一入合来	咸开一入合从	咸开一入合见	咸开一入合晓	咸开一入盍透	咸开一入盍来
初期	taʔ	t'aʔ	ndaʔ	laʔ	tsaʔ	kaʔ	—	t'aʔ	laʔ
中期	taʔ$_2$	t'aʔ$_2$	naʔ$_2$	laʔ$_2$	tsaʔ$_2$	kaʔ$_2$	xaʔ$_2$	t'aʔ$_2$	laʔ$_2$
后期	taʔ$_2$	t'aʔ$_2$	naʔ$_2$	laʔ$_2$	tsaʔ$_2$	kaʔ$_2$	xaʔ$_2$	t'aʔ$_2$	laʔ$_2$

表2　咸摄二等入声韵字的读音

读音时间 \ 例字	劄	眨	插	夹	掐	狭	甲	狎	鸭
	咸开二入洽知	咸开二入洽庄	咸开二入洽初	咸开二入洽见	咸开二入洽溪	咸开二入洽见	咸开二入狎见	咸开二入狎匣	咸开二入狎影
初期	tsaʔ	—	ts'aʔ	tɕiaʔ	tɕ'iaʔ	çiaʔ	tɕiaʔ	çiaʔ	ŋaʔ
中期	—	tsaʔ$_2$	ts'aʔ$_2$	tɕiaʔ$_2$	tɕ'iaʔ$_2$	çiaʔ$_2$	tɕiaʔ$_2$	çiaʔ$_2$	ŋaʔ$_2$
后期	—	tsaʔ$_2$	ts'aʔ$_2$	tɕiaʔ$_2$	tɕ'iaʔ$_2$	çiaʔ$_2$	tɕiaʔ$_2$	çiaʔ$_2$	iaʔ$_2$ / ŋaʔ$_2$

表3　咸摄三等入声韵字的读音

读音时间 \ 例字	猎	接	妾	摺	涉	叶	劫	怯	乏
	咸开三入叶来	咸开三入叶精	咸开三入叶初	咸开三入叶章	咸开三入叶禅	咸开三入叶以	咸开三入业见	咸开三入业溪	咸合三入乏奉
初期	leæʔ	tɕiæʔ	tɕ'iæʔ	tʂaʔ	ʂaʔ	iæʔ	tɕiæʔ	tɕ'iæʔ	xuaʔ
中期	liaʔ$_2$	tɕiaʔ$_2$	tɕ'iaʔ$_2$	tʂaʔ$_2$	saʔ$_2$	iaʔ$_2$	tɕiaʔ$_2$	tɕ'iaʔ$_2$	xuaʔ$_2$
后期	liaʔ$_2$	tɕiaʔ$_2$	tɕ'iaʔ$_2$	tʂaʔ$_2$	saʔ$_2$	iaʔ$_2$	tɕiaʔ$_2$	tɕ'iaʔ$_2$	xuaʔ$_2$

表4　咸摄四等入声韵字的读音

读音时间 \ 例字	跌	帖	叠	挟	协
	咸开四 入帖端	咸开四 入帖透	咸开四 入帖定	咸开四 入帖见	咸开四 入帖匣
初期	—	t'iæʔ	tiæʔ	—	çiæʔ
中期	tiaʔ$_2$	t'iaʔ$_2$	tiaʔ$_2$	tçiaʔ$_2$	çiaʔ$_2$
后期	tiaʔ$_3$	t'iaʔ$_2$	tiaʔ$_2$	tçiaʔ$_2$	çiaʔ$_2$

山摄入声韵字的读音

表5　山摄一等入声韵字的读音

读音时间 \ 例字	达	捺	辣	葛	渴	钵	掇	撮	阔
	山开一 入曷定	山开一 入曷泥	山开一 入曷来	山开一 入曷见	山开一 入曷溪	山合一 入末帮	山合一 入末端	山合一 入末清	山合一 入末溪
初期	taʔ	—	laʔ	kaʔ	k'aʔ	paʔ	taʔ	tsuaʔ	k'uaʔ
中期	taʔ$_2$	naʔ$_2$	laʔ$_2$	kaʔ$_2$	k'aʔ$_2$	paʔ$_2$	taʔ$_2$	ts'uaʔ$_2$	k'uaʔ$_2$
后期	taʔ$_3$	naʔ$_2$	laʔ$_2$	kaʔ$_2$	k'aʔ$_2$	paʔ$_2$	taʔ$_2$	tsuaʔ$_2$	k'uaʔ$_2$

表6　山摄二等入声韵字的读音

读音时间 \ 例字	八	札	察	轧	瞎	辖	滑	刷	刮
	山开二 入黠帮	山开二 入黠庄	山开二 入黠初	山开二 入黠影	山开二 入辖晓	山开二 入辖匣	山合二 入黠匣	山合二 入辖生	山合二 入辖见
初期	paʔ	tsaʔ	ts'aʔ	—	xaʔ	xaʔ	xuaʔ	suaʔ	kuaʔ
中期	paʔ$_2$	—	ts'aʔ$_2$	ɲiaʔ$_2$	xaʔ$_2$	xaʔ$_2$	xuaʔ$_2$	suaʔ$_2$	kuaʔ$_2$
后期	paʔ$_2$	tsaʔ$_2$	ts'aʔ$_2$	ɲiaʔ$_2$	xaʔ$_2$	xaʔ$_2$	xuaʔ$_2$	suaʔ$_2$	kuaʔ$_2$

表7-1　山摄三等入声韵字的读音(仙韵系)

读音时间 \ 例字	灭	列	彻	折	杰	劣	绝	拙	悦
	山开三 入薛明	山开三 入薛来	山开三 入薛彻	山开三 入薛章	山开三 入薛群	山合三 入薛来	山合三 入薛从	山合三 入薛章	山合三 入薛以
初期	mbiæʔ	leæʔ	tʂ'aʔ	tʂaʔ	tçiæʔ	leæʔ	tçyæʔ	tsuaʔ	yæʔ
中期	miaʔ$_2$	liaʔ$_2$	ts'aʔ$_2$	tsaʔ$_2$	tçiaʔ$_2$	liaʔ$_2$	tçyaʔ$_2$	tsuaʔ$_2$	yaʔ$_2$
后期	miaʔ$_3$	liaʔ$_2$	ts'aʔ$_2$	tsaʔ$_2$	tçiaʔ$_2$	lyaʔ$_2$	tçyaʔ$_2$	tsuaʔ$_2$	yaʔ$_2$

表7-2　山摄三等入声韵字的读音（元韵系）

读音时间\例字	揭	歇	谒	发	伐	袜	阙	月	越
	山开三入月见	山开三入月晓	山开三入月初	山合三入月非	山合三入月並	山合三入月微	山合三入月溪	山合三入月疑	山合三入月云
初期	—	ɕiæʔ	iæʔ	xuaʔ	xuaʔ	uaʔ	tɕyʔ	yæʔ	yæʔ
中期	tɕiaʔ˳	ɕiaʔ˳	—	xuaʔ˳	xuaʔ˳	uaʔ˳	—	yaʔ˳	yaʔ˳
后期	tɕiaʔ˳	ɕiaʔ˳	—	xuaʔ˳	xuaʔ˳	uaʔ˳	—	yaʔ˳	yaʔ˳

表8　山摄四等入声韵字的读音

读音时间\例字	篾	铁	节	切	结	噎	决	缺	穴
	山开四入屑明	山开四入屑透	山开四入屑精	山开四入屑清	山开四入屑见	山开四入屑影	山合四入屑见	山合四入屑溪	山合四入屑匣
初期	mbiæʔ	tʻiæʔ	tɕiæʔ	tɕʻiæʔ	tɕiæʔ	iæʔ	tɕyæʔ	tɕʻyæʔ	ɕyæʔ
中期	miaʔ˳	tʻiaʔ˳	tɕiaʔ˳	tɕʻiaʔ˳	tɕiaʔ˳	iaʔ˳	tɕyaʔ˳	tɕʻyaʔ˳	ɕyaʔ˳
后期	miaʔ˳	tʻiaʔ˳	tɕiaʔ˳	tɕʻiaʔ˳	tɕiaʔ˳	iaʔ˳	tɕyaʔ˳	tɕʻyaʔ˳	ɕyaʔ˳

百年前，文水方言山咸摄入声韵主要有两类韵母：aʔ和æʔ。这与山咸摄阳声韵的ã韵母和ẽ韵母基本平行。所不同的是，知系入声韵字的韵母属aʔ类而不属æʔ类，这是山咸摄入声韵与阳声韵不平行的地方。

到20世纪中期，文水方言山咸摄入声韵只有一类aʔ。这种元音类型与山咸摄阳声韵是一致的。山咸摄入声韵在20世纪中后期也脱离了文水方言自身演变的轨迹。

在20世纪初期，文水方言山咸摄阳声韵和入声韵是基本平行的。到20世纪中后期，文水方言山咸摄阳声韵和入声韵虽然还是基本平行，却与20世纪初期迥然不同。

3.2　深臻摄入声韵的演变

深摄入声韵字的读音

表9　深摄入声韵字的读音

读音时间\例字	立	集	濇	执	十	入	急	泣	吸
	深开三入缉来	深开三入缉从	深开三入缉生	深开三入缉章	深开三入缉禅	深开三入缉日	深开三入缉见	深开三入缉溪	深开二入缉晓
初期	leəʔ	tɕiəʔ	səʔ	tʂəʔ	ʂəʔ	zuəʔ	tɕiəʔ	tɕʻiəʔ	ɕiəʔ

续表

读音\时间	立	集	潗	执	十	入	急	泣	吸
例字	深开三入缉来	深开三入缉从	深开三入缉生	深开三入缉章	深开三入缉禅	深开三入缉日	深开三入缉见	深开三入缉溪	深开二入缉晓
中期	liəʔ₃	tɕiəʔ₃	—	tsəʔ₂	səʔ₂	zuəʔ₂	tɕiəʔ₂	tɕʰiəʔ₂	ɕiəʔ₂
后期	liəʔ₃	tɕiəʔ₃	—	tsəʔ₂	səʔ₂	zuəʔ₂	tɕiəʔ₂	tɕʰiəʔ₂	ɕiəʔ₂

臻摄入声韵字的读音

表10　臻摄一等入声韵字的读音

读音\时间	脖	没	突	卒	猝	骨	窟	忽	核
例字	臻合一入没並	臻合一入没明	臻合一入没定	臻合一入没精	臻合一入没清	臻合一入没见	臻合一入没溪	臻合一入没晓	臻合一入没匣
初期	paʔ	mbəʔ	tʰuəʔ	—	tsʰuəʔ	kuəʔ	kʰuəʔ	xuəʔ	—
中期	paʔ₂	məʔ₂	tʰuəʔ₂	—	—	kuəʔ₂	kʰuəʔ₂	xuəʔ₂	k̲ʰ̲u̲ə̲ʔ̲₂̲ / x̲ə̲ʔ̲₂̲
后期	pəʔ₂	məʔ₂	tʰuəʔ₂	tsuəʔ₂	tsʰuəʔ₂	kuəʔ₂	kʰuəʔ₂	xuəʔ₂	xəʔ₂

表11　臻摄三等入声韵字的读音

读音\时间	毕	栗	吉	乞	戌	出	橘	勿	屈
例字	臻开三入质帮	臻开三入质来	臻开三入质见	臻开三入迄精	臻合三入术心	臻合三入术昌	臻合三入术见	臻合三入物微	臻合三入物溪
初期	piəʔ	leəʔ	tɕiəʔ	tɕʰiəʔ	çyəʔ	tsʰuəʔ	tɕyəʔ	uəʔ	tɕʰyəʔ
中期	piəʔ₂	liəʔ₂	tɕiəʔ₂	tɕʰiəʔ₂	—	tsʰuəʔ₂	tɕyəʔ₂	uəʔ₂	tɕʰyəʔ₂
后期	piəʔ₂	liəʔ₂	tɕiəʔ₂	tɕʰiəʔ₂	çyəʔ₂	tsʰuəʔ₂	tɕyəʔ₂	uəʔ₂	tɕʰyəʔ₂

　　20世纪初，文水方言深臻摄入声韵已经完全合并，形成一套əʔ韵母。这是与深臻摄阳声韵平行的。同时文水方言深臻摄入声韵与梗曾通摄入声韵也是合并的，这一点我们将在下节讨论。

　　20世纪以来，文水方言深臻摄入声韵几乎没有发生任何变化，依然保持20世纪初期的音类格局。初中后三期读音基本一致，唯一不同的是初期来母细音字的介音e，与后期不同。这可能是高本汉的记音问题，与演变无关。

3.3　宕江摄入声韵的演变
宕摄入声韵字的读音

表12　宕摄一等入声韵字的读音

读音\时间 \ 例字	博	铎	昨	各	鹤	恶	椁	扩	霍
	宕开一入铎帮	宕开一入铎定	宕开一入铎从	宕开一入铎见	宕开一入铎匣	宕开一入铎影	宕合一入铎见	宕合一入铎溪	宕合一入铎晓
初期	paʔ	taʔ	tsaʔ	kaʔ	xaʔ	ŋaʔ	kuaʔ	kʻuaʔ	—
中期	paʔ$_2$	taʔ$_2$	—	kaʔ$_2$	xaʔ$_2$	ŋaʔ$_2$	—	kʻuəʔ$_2$	xuəʔ$_2$
后期	paʔ$_2$	taʔ$_2$	tsaʔ$_2$	kaʔ$_2$	xaʔ$_2$	ŋaʔ$_2$	—	kʻua	xuaʔ$_2$

表13　宕摄三等入声韵字的读音

读音\时间 \ 例字	略	爵	酌	脚	却	疟	药
	宕开三入药来	宕开三入药精	宕开三入药章	宕开三入药见	宕开三入药溪	宕开三入药疑	宕开三入药以
初期	leæʔ	tɕiæʔ	tʂaʔ	tɕyəʔ	tɕʻiæʔ	iæʔ	yəʔ
中期	liaʔ$_2$	tɕiaʔ$_2$	tsaʔ$_2$	tɕiaʔ$_2$	tɕiaʔ$_2$	ȵiaʔ$_2$	yəʔ$_2$
后期	lyaʔ$_2$	tɕyəʔ$_2$	tsaʔ$_2$	tɕyəʔ$_2$	tɕyəʔ$_2$	ȵyəʔ$_2$	yəʔ$_2$

江摄入声韵字的读音

表14　江摄入声韵字的读音

读音\时间 \ 例字	八	卓	濯	捉	朔	觉	确	岳	学
	江开二入觉帮	江开二入觉知	江开二入觉澄	江开二入觉庄	江开二入觉生	江开二入觉见	江开二入觉溪	江开二入觉疑	江开二入觉匣
初期	paʔ	tsuaʔ	tsuaʔ	tsuaʔ	suaʔ	tɕiæʔ	tɕʻiæʔ	çiæʔ	çiæʔ
中期	paʔ$_2$	tsuaʔ$_2$	—	tsuaʔ$_2$	suaʔ$_2$	tɕyaʔ$_2$	tɕʻiaʔ$_2$	<u>miaʔ$_2$ / yaʔ$_2$</u>	çiaʔ$_2$
后期	paʔ$_2$	tsuaʔ$_2$	—	tsuaʔ$_2$	suaʔ$_2$	tɕyaʔ$_2$	—	yaʔ$_2$	çyaʔ$_2$

百年前，文水方言江宕摄入声韵已经完全合并。宕摄一等和三等知系及江摄非见字形成 aʔ 类韵母。宕摄三等非知系字及江摄见系字形成 æʔ、əʔ 类韵母。值得注意的是，æʔ 与 əʔ 类韵母没有明显的音类界限。这可能与高本汉的记音有关。

根据高本汉的记音，20世纪初江宕摄来母字的介音为 e，这是一个特别的读音。这个 e 介音总是变为后世的 i 介音，但它对主元音的影响却是不定的。这个 e 介音对主元音的影响与真正的 i 介音不同。宕摄三等 e 介音的 æʔ 韵多变为 aʔ 韵，而 i

介音的 æʔ 韵多变为 ɔʔ。因此这个 e 介音值得进一步关注，还需要更深入的研究。

　　江宕摄入声韵的演变与江宕摄阳声韵不平行，这是因为江宕摄白读鼻音韵尾很早就失落了，韵尾对韵腹的保护作用消失，导致江宕摄阳声韵白读发生异常的元音高化，因此江宕摄白读的元音是高元音。但江宕摄入声依然保持喉塞韵尾，这个韵尾依然对韵腹具有保护作用，因此江宕摄入声韵的元音没有与阳声韵发生平行的元音高化现象。

3.4　曾梗通摄入声韵的演变

曾摄入声韵字的读音

表15　曾摄一等入声韵字的读音

读音时间 ＼ 例字	北	得	勒	则	塞	刻	黑	国	或
	曾开一入德帮	曾开一入德端	曾开一入德来	曾开一入德精	曾开一入德心	曾开一入德溪	曾开一入德晓	曾合一入德见	曾合一入德匣
初期	piæʔ	tiəʔ	ləʔ	tsəʔ	səʔ	kʼəʔ	xəʔ	kuəʔ	xuəʔ
中期	piæʔ₂	tiəʔ₂	ləʔ₂	tsəʔ₂	səʔ₂	kʼəʔ₂	xəʔ₂	kuəʔ₂	xuəʔ₂
后期	piəʔ₂	təʔ₂	ləʔ₂	tsəʔ₂	səʔ₂	kʼəʔ₂	xəʔ₂	kuəʔ₂	xuaʔ₂

表16　曾摄三等入声韵字的读音

读音时间 ＼ 例字	逼	匿	力	即	直	测	织	极	域
	曾开三入职帮	曾开三入职泥	曾开三入职来	曾开三入职精	曾开三入职澄	曾开三入职初	曾开三入职章	曾开三入职群	曾合三入职云
初期	piəʔ	nȡiəʔ	leəʔ	tɕiəʔ	tʂəʔ	tsʼaʔ	tʂəʔ	tɕiəʔ	yəʔ
中期	piəʔ₂	—	liəʔ₂	tɕiaʔ₂	tsəʔ₂	tsʼaʔ₂	tsəʔ₂	tɕiəʔ₂	yəʔ₂
后期	piəʔ₂	nz̩₂	liəʔ₂	tɕiəʔ₂	tsəʔ₂	tsʼaʔ₂	tsəʔ₂	tɕiəʔ₂	yəʔ₂

梗摄入声韵字的读音

表17　梗摄二等入声韵字的读音

读音时间 ＼ 例字	百	泽	窄	格	麦	责	革	虢	获
	梗开二入陌帮	梗开二入陌澄	梗开二入陌庄	梗开二入陌见	梗开二入麦明	梗开二入麦庄	梗开二入麦见	梗合二入陌见	梗合二入麦匣
初期	piæʔ	tsaʔ	tsaʔ	kaʔ	mbiæʔ	tsaʔ	kaʔ	—	xuaʔ
中期	piaʔ₂	tsaʔ₂	tsəʔ₂	kaʔ₂	miaʔ₂	tsaʔ₂	kaʔ₂	kuaʔ₂	xuaʔ₂
后期	piəʔ₂	tsaʔ₂	tsaʔ₂	kaʔ₂	miaʔ₂	tsaʔ₂	kaʔ₂	—	xuaʔ₂

表18　梗摄三等入声韵字的读音

读音时间＼例字	碧	逆	僻	积	掷	尺	石	益	役
	梗开三入陌帮	梗开三入陌疑	梗开三入昔滂	梗开三入昔精	梗开三入昔澄	梗开三入昔昌	梗开三入昔禅	梗开三入昔影	梗合三入昔以
初期	piəʔ	n̠ʑiəʔ	pʻiəʔ	tɕiəʔ	tʂəʔ	tʂʻəʔ	ʂəʔ	iəʔ	—
中期	piəʔ₂	n̠iəʔ₂	pʻiəʔ	tɕiaʔ₂	tsʐ̩ˀ	tsʻəʔ₂	səʔ₂	iəʔ₂	iəʔ₂
后期	piəʔ₂	n̠iəʔ₂	pʻiəʔ	tɕiəʔ₂	tsʐ̩ˀ	tsʻəʔ₂	səʔ₂	iəʔ₂	ʐ̩ˀ

表19　梗摄四等入声韵字的读音

读音时间＼例字	壁	觅	滴	敌	溺	历	绩	锡	击
	梗开四入锡帮	梗开四入锡明	梗开四入锡端	梗开四入锡定	梗开四入锡泥	梗开四入锡来	梗开四入锡精	梗开四入锡心	梗开四入锡见
初期	piəʔ	mbiəʔ	tiæʔ	tiæʔ	n̠ʑiəʔ	leəʔ	tɕiəʔ	ɕiəʔ	tɕiəʔ
中期	piəʔ₂	miəʔ	tiaʔ₂	tiaʔ₂	n̠iəʔ	liəʔ₂	tɕiəʔ₂	ɕiəʔ₂	tɕiəʔ₂
后期	piəʔ₂	m̩ˀ	tiəʔ₂	tiəʔ₂	n̠iəʔ	liəʔ₂	tɕiəʔ₂	ɕiəʔ₂	tɕiəʔ₂

通摄入声韵字的读音

表20　通摄一等入声韵字的读音

读音时间＼例字	卜	秃	族	谷	哭	屋	笃	毒	酷
	通合一入屋帮	通合一入屋透	通合一入屋从	通合一入屋见	通合一入屋溪	通合一入屋影	通合一入沃端	通合一入沃定	通合一入沃溪
初期	paʔ	tʻuəʔ	tɕyəʔ	kuəʔ	kʻuəʔ	uəʔ	tuəʔ	tuəʔ	kʻuəʔ
中期	paʔ₂	tʻuəʔ₂	tɕyəʔ₂	kuəʔ₂	kuəʔ₂	uəʔ₂	tuəʔ₂	tuəʔ₂	kuəʔ₂
后期	paʔ₂	tʻuəʔ₂	tɕyəʔ₂	kuəʔ₂	kuəʔ₂	uəʔ₂	tuəʔ₂	tuəʔ₂	kuəʔ₂

表21　通摄三等入声韵字的读音

读音时间＼例字vt	福	肃	竹	缩	祝	菊	足	烛	曲
	通合三入屋帮	通合三入屋心	通合三入屋知	通合三入屋生	通合三入屋章	通合三入屋见	通合三入烛精	通合三入烛章	通合三入烛溪
初期	xuəʔ	ɕyəʔ	tsuəʔ	suaʔ	tsuəʔ	tɕʻyəʔ	tɕyəʔ	tsuəʔ	tɕʻyəʔ
中期	xuəʔ₂	ɕyəʔ₂	tsuəʔ₂	<u>suaʔ₂</u> <u>ɕyəʔ₂</u>	tsuəʔ₂	tɕʻyəʔ₂	tɕyəʔ₂	tsuəʔ₂	tɕʻyəʔ₂
后期	xuəʔ₂	ɕyəʔ₂	tsuəʔ₂	suaʔ₂	tsuəʔ₂	tɕʻyəʔ₂	tɕyəʔ₂	tsuəʔ₂	tɕʻyəʔ₂

梗曾通摄的阳声韵与深臻摄的阳声韵已经完全合并,但梗曾通摄的入声韵与深臻摄入声韵并没有完全合并。20世纪初,通摄入声字除了帮系为 aʔ 外,其他则多为 ɔʔ 类。梗摄字则基本形成 aʔ、æʔ、ɔʔ 三套韵母,梗摄二等多为 aʔ 类韵母,但唇音字则为 æʔ 类。梗摄三等基本为 ɔʔ 类韵母,梗摄四等基本为 ɔʔ 韵母,但端组字则为 æʔ 类韵母。曾摄字基本为 ɔʔ 类,仅个别庄组字为 aʔ 类韵母。另外,曾开一端组及梗开二唇音字发生了腭化,产生了 i 介音。根据侯精一[31]的研究,这是晋方言入声韵的区别性特征。

20世纪后期,文水方言梗曾通摄入声韵基本为 aʔ 与 ɔʔ 两套韵母。原来的 æʔ 类韵母基本变为 ɔʔ 类韵母,虽然这些韵母在中期曾是 aʔ 类韵母。现在文水方言梗摄入声韵 aʔ 与 ɔʔ 的分野基本以洪细为条件。曾摄和通摄则基本为 ɔʔ 类韵母。

3.5　百年来文水方言入声韵演变的特点及其成因

3.5.1　文水方言入声韵演变的特点

文水同其他并州片方言一样,"北、得、百、麦"等都有腭化介音 i。这是晋方言的共同特征之一。从高本汉的记音来看,这些特征在百年前就已经形成了。

从文水方言入声韵在初、中、后三期的读音状况及文水方言阳声韵的读音状况可以看出,山咸摄入声韵与阳声韵、江宕摄入声韵与阳声韵、梗曾摄入声韵与阳声韵的元音没有发生完全平行的演变。这些入声韵的元音相对要比阳声韵的元音低。

文水方言入声韵虽然还有相当的完整性,但入声字的舒化已经崭露头角。这不仅是文水方言的特点,也是整个晋方言的特点。也就是说,晋方言入声正在舒化的过程之中。

3.5.2　文水方言演变特点的成因

根据侯精一[31]的研究,晋方言入声韵相对于其他方言入声韵有区别性特征。这些特征不仅在晋方言核心区有一致性,就是在晋方言边缘区也有一定的表现。我们将此视为晋方言的区域性特征。正是由于这种内部演变的一致性,才不仅使晋方言核心区入声韵有一致性表现,而且也使边缘区带有这一特征。文水方言地处晋方言核心区,因此也带有晋方言的共同特征。

文水方言入声韵元音之所以要比阳声韵的元音低,其主要原因应当与喉塞尾有直接的关系。同时,喉塞尾与鼻音尾乃至鼻化的作用应该有相当差别。这是一个值得深入研究的课题。

3.6　总结

文水方言入声韵与阳声韵演变的不平行性,是文水方言入声韵演变的主要特色。这一特色不仅是文水方言的特色,也是整个并州片乃至晋方言核心区的特色。由文水方言可以看出,晋方言入声韵的区别性特征早在20世纪初就已经形成了。

4. 百年来文水方言的元音高化

　　晋方言既有保守性一面,也有革新性一面,元音高化是晋方言革新性一面的主要表现。本节以文水方言为个案,来探讨晋方言元音高化的表现形式,并由此分析晋方言元音高化的一般形式和文水方言的个体特征。元音高化是汉语语音史中一个普遍的现象,但本节所论之高化都是官话语音未曾经历的。

4.1　百年前文水方言已完成的元音高化

4.1.1　果摄元音的高化

　　从高本汉记录的文水方言来看,20世纪初文水方言的果摄字已经完成了中元音的高化。我们先来看果摄高化的表现形式,如表1所示:

表1　20世纪初文水方言果摄字的读音

	帮系				端系						见系			
开口					多	拖	驼	挪	罗	磋	歌	可	蛾	何
					tu	tʻu	tʻu	ndu	lu	tsʻu	ku	kʻu	ŋgu	xu
合口	播	颇	婆	魔	朵	妥	憜	骡	刴	唆	过	科	火	踒
	pu	pʻu	pʻu	mbu	tuɯ	tʻuɯ	tuɯ	luɯ	tsuɯ	suɯ	kuɯ	kʻuɯ	xuɯ	uɯ

　　可以看出,文水方言果摄大体上以中古开合为条件开合有别,为保持这种开合对比的格局,在元音高化之后文水方言必须对原有的音韵系统进行调整,因为原有的系统中开合对比是介音 u 的有无,当果摄的元音高化之后,如果高化后的元音是 u,那么开合之间的对比必然不能继续,因为文水方言没有长短元音 u 与 *uu 之间的对比,因此文水方言选择了 u 的不圆唇元音 ɯ 作为果摄元音高化后的元音,以此来保持果摄开合之间的对比。汾西方言中也有类似的表现,不过汾西方言采用圆唇与否来代替原来的开合对比。如表2所示:

表2　汾西方言果摄字的读音

	帮系				端系						见系			
开口					多	拖	驼	挪	罗	搓	歌	可	蛾	何
					tuɯ	tʻuɯ	tuɯ	nuɯ	luɯ	tsʻuɯ	kuɯ	kʻuɯ	ŋuɯ	xuɯ
合口	波	坡	婆	魔	朵	妥	憜	骡	莝	锁	过	科	火	踒
	pɯ	pʻɯ	pʻɯ	mɯ	tu	tʻu	tu	lu	tsʻu	su	ku	kʻu	xu	u

与文水方言同属并州片的祁县方言果摄开口字也经历了同样的高化,且高化后主元音为ɯ。

4.1.2　假摄章组字元音的高化

20世纪初,文水方言的假摄章组字也同果摄一样发生了元音高化,结果这些假摄章组字变得与果摄同韵,如表3所示:

表3　20世纪初文水方言假摄章组字的读音

假摄章组	蔗	车	奢	蛇	射	赦	社	惹
	tʂɯ	tʂʻɯ	tʂʻɯ	ʂɯ	ʂɯ	ʂɯ	ʂɯ	zɯ

4.1.3　宕江摄舒声字白读元音的高化

同样,宕江摄白读也完成了中元音的高化,只不过宕江摄白读元音高化后并没有和果摄、假摄合流,而是独为一韵,如表4所示:

表4　宕江摄舒声的读音(上为白读,下为文读,下同)

	谤	挡	糠	娘	尝	枉	讲	撞
初	pu	tu	ku	n̠dyu	ʂu	u	tɕyu	tsʻu
中	—	tʊ taŋ	kʊ kaŋ	n̠iʊ n̠iaŋ	tsʻaŋ	uaŋ	tɕiʊ tɕiaŋ	tsʊ tsuaŋ
后	paŋ	taŋ	kʊ kaŋ	n̠iʊ n̠iaŋ	tsʻaŋ	ʊ uaŋ	tɕiʊ tɕiaŋ	tsuaŋ

高本汉在记录中没有同时标明白读和文读,也没有说明是白读或文读,但是从早中晚的对比来看,高本汉记录的字音是白读。再者,高本汉虽然用 u 来记录宕江摄白读的元音,但是这里的 u 却与遇摄的 u 不同,也就是说宕江摄白读不是真正的后高圆唇元音 u。对此高本汉有比较详细的说明。高本汉说文水宕江摄白读的 u 是“一个开 u,很倾向于 ɵ,所以跟下面遇摄的 u 不同”。这也是为什么中晚期宕江摄白读元音是 ʊ 而不是 u,很可能高本汉所谓的 ɵ 就是现代 ʊ。

4.1.4　梗曾摄白读元音的高化

梗曾摄白读为前高元音无尾韵是晋方言并州片的特征之一,文水方言也不例外,这应该是文水方言很早就已经完成的元音高化,下面将会看到这些梗曾摄的白读随着止摄和蟹摄的前高元音一起舌尖化了,如表5所示:

表5　20世纪初文水方言梗曾摄白读

蝇	明	镜	影	井	净	赢	钉	听	铃	青
i	mbi	tɕi	i	tɕi	tɕi	i	ti	tʻi	li	tɕʻi

4.2　百年来文水方言元音的高化和继续高化

4.2.1　高化

20世纪初,文水方言假摄开口三等精见组字元音为中元音,到中后期,这些字的元音已变成前高元音,如表6所示:

表6　早中晚期文水方言假摄开口三等精见组字的读音

	借	且	藉	写	邪	夜	野	爷
初	tɕie	tɕ'ie	tɕie	ɕie	ɕie	i		
中	tɕi	tɕi		ɕi	ɕi	i	i	i
后	tɕi	tɕi	tɕi	ɕi	ɕi	i	i	i

早在20世纪初期,假摄开口三等以母字"夜"就已经高化为 i,不过高化才刚刚开始,还没有扩散到精组字,到中期,这一高化过程在精见两组字中就已经完成了。

高本汉记录的20世纪初的文水方言效摄字没有白读,这有两种可能:一种是高本汉没有记录白读,一种是当时白读还没有出现。然而中期和后期文水方言效摄二等牙喉音字和三、四等字已经出现了前高元音的白读,如表7所示:

表7　文水方言效摄二等牙喉音及三四等字的读音

	交	教	敲	表	椒	萧	挑	浇	晓
初	tɕiau		tɕ'iau	piau	tɕieɯ	ieɯ	t'eɯ	tɕ'eɯ	ɕieɯ
中	tɕiau	tɕi tɕiau	tɕ'iau	pi piau	tɕi tɕiau	i iau	t'i t'iau	tɕi tɕiau	ɕi ɕiau
后	tɕi tɕiau	tɕiau	tɕ'i tɕ'iau	piau	tɕi tɕiau	i iau	t'iau	tɕiau	ɕiau

那么文水方言的白读高元音是否是突然出现的呢?我们认为不是,这从文水周围的方言可以看出端倪。太谷和祁县方言效摄字的主元音是 o,平遥方言效摄字的主元音是 ɔ,这些方言效摄字都没有 u 韵尾,这些方言效摄字读后中元音且没有韵尾是本地特征,由此我们推测文水的白读也可能经历了这个阶段。由于太谷、祁县、平遥方言中元音还保持前后对比,而文水方言中元音的前后对比已经消失,故文水方言效摄白读随着假摄麻韵三等字高化为前高元音了。

4.2.2 继续高化

4.2.2.1 前高元音的舌尖化

在官话语音史上,止摄精组字的前高元音最先发生一次舌尖化,是《中原音韵》时代支思韵形成的先声,文水方言也不例外,也发生了相同的演变,这不在本节的讨论之列,但我们必须了解,这是声母对韵母影响的结果,和元音的高化无关。然而文水方言除了止摄精组字发生舌尖化之外,来自止蟹两摄的所有的前高元音都发生了舌尖化,这是元音高化的表现,这一变化在20世纪初还没有发生,到中期已经完成,后期沿用中期的读音,如表8所示:

表8　止蟹两摄字开口三四等字的读音

	批	例	艺	披	离	比	肌	你	疑
初	pʻi	li	i	pʻi	li	pi	tɕi	nȵi	i
中	pʻɿ	lɿ	ɿ	pʻɿ	lɿ	pɿ	tsɿ	nzɿ	ɿ
后	pʻɿ	lɿ	ɿ	pʻɿ	lɿ	pɿ	tsɿ	nzɿ	ɿ

由于梗曾摄白读元音高化在止蟹两摄前高元音舌尖化之前已经完成,因此梗曾摄白读便与止蟹两摄前高元音合流,与止蟹两摄的前高元音一起舌尖化了,如表9所示:

表9　梗曾摄白读("—"表示没有白读)

	蝇	明	镜	影	井	净	赢	钉	听	铃	青
初	i	mbi	tɕi	i	tɕi	tɕi	i	ti	tʻi	li	tɕʻi
中	ɿ	mɿ	tsɿ	ɿ	tsɿ	tsɿ	—	tɿ	tʻɿ	—	tsʻɿ
后	ɿ	—	—	—	—	—	—	—	—	—	—

由表9可以看出,梗曾摄白读到中期已经完成舌尖化,而到后期,由于文白异读的竞争及推普工作的影响,白读处于弱势。

遇摄及止摄合口三等白读在20世纪初还读舌面前高圆唇元音,但在中期和晚期已经高化为舌尖元音了,如表10所示:

表10　遇摄及止摄合口三等白读字音

	女	居	语	聚	须	惧	驱	髓	随	醉	遂
初	nȵy	tɕy	y	tɕy	ɕy	tɕy	tɕʻy	ɕy	ɕy	tɕy	ɕy

续表

	女	居	语	聚	须	惧	驱	髓	随	醉	遂
中	nzu nzʮ	tsʮ	ʮ	tsʮ	sʮ	tsʮ	tsʰʮ	sʮ	sʮ	tsʮ	sʮ
后	nzʮ	tsʮ	ʮ	tsʮ	sʮ	tsʮ	tsʰʮ	—	sʮ	tsʮ	—

4.2.2.2　后高不圆唇元音的裂化

20世纪初文水方言的后高不圆唇元音是果摄和假摄章组字元音高化的结果,然而这个高元音并不稳定,它在中期已经裂为 ɑɪ,后期沿用中期的读音,如表11所示:

表11　果摄及假摄章组字的读音

	多	挪	何	婆	朵	过	火	蔗	车	社	惹
初	tɯ	ndɯ	xɯ	pʰɯ	tuɯ	kuɯ	xuɯ	tʂɯ	tʂʰɯ	ʂɯ	ʐɯ
中	təɪ	nəɪ	xəɪ	pʰəɪ	tuəɪ	kuəɪ	xuəɪ	tsəɪ	tsʰəɪ	səɪ	zəɪ
后	təɪ	nəɪ	xəɪ	pʰəɪ	tuəɪ	kuəɪ	xuəɪ	tsəɪ	tsʰəɪ	səɪ	zəɪ

由此反观和文水毗邻的平遥方言,其果摄字读 ei 韵,它早期大概也经历了元音高化再裂化的过程,或许这将成为该地区的一项小的区域特征。

4.3　文水方言元音高化的原因分析

4.3.1　晋方言的共性特征

晋方言继承了唐五代西北方音的许多特征,其中最重要的特征之一就是后鼻音韵尾 ŋ 在《切韵》音系不圆唇元音后的丢失。韵尾对韵腹具有稳定作用,由于失去了韵尾的制约,唐五代西北方音音韵材料中就出现了宕江摄读同果摄、庚齐互注、清齐互注及青齐互注等现象,这都是元音高化的结果。元音高化是汉语语音史中一个重要的特征,晋方言后鼻音韵尾的丢失更加剧了这一特征,使之成为晋方言元音高化的强势基因,因此晋方言除了经历官话方言的元音高化过程之外,还出现了许多官话方言所未曾经历的元音高化现象。文水方言宕江摄白读及梗曾摄白读元音高化即是这共性特征的表现。

4.3.2　语音系统的调整

从百年来文水方言元音高化的现象来看,元音高化涉及了不同音类自中元音向高元音方向的高化,为了保持系统的间接性以及音类之间的区别度,文水方言不得不对原有的高元音系统进行调整,这调整的动力就来自推链式的元音

高化,如下图所示:

百年来元音的高化					
效摄	*iau	*iɔ			
			*ie	i	
假摄	*ia	*ie			
			止蟹	i	ɻ
			梗曾摄		
百年前已完成的元音高化					继续高化

　　由于假摄和效摄的链式高化推移,使得来自止摄、蟹摄及梗曾摄白读的前高元音 i 变成了舌尖元音 ɻ,这是系统为保持音类之间的区别而调整的结果。然而系统的另一种调整就使得文水方言显得有点特别,那就是遇摄非知系前高圆唇 y 变成 ʮ。这是一种比附性演变,因为 i 和 y 原是系统中一对开合对比的元音,i 在推链动力的作用下舌尖化为 ɻ 后,使得 y 在聚合关系中处于孤立的地位,为了达到新的平衡,y 也舌尖化为 ʮ 了,虽然它没有像偏关和离石方言那样有推链动力的影响。这一点文水方言就和汾西方言有着显著的不同。汾西方言的前高不圆唇元音i在推链动力的作用下变成了 ɿ,而相应的前高圆唇 y 由于没有推链动力的影响,没有发生任何改变。可见为了达到系统平衡的比附性演变不像推链动力作用下的演变那样是必然发生的,这是个值得深入观察和研究的课题。

　　文水方言后高不圆唇元音的裂化的方式在汉语方言中是非常少见的。根据朱晓农[40]的研究,高元音裂化显化的方式主要有以下几种,如表12所示。然而我们看到文水方言后高元音 ɯ 的裂化方式为 ɯ>əɪ,这实际上是与朱晓农所说的前高元音 i>ei 一致。ɯ的裂化在吴语中比较突出,但还没有见到类似文水方言的裂化方式的报告。朱晓农[40]认为前显裂化是出于显化,即增加区别度,然而究竟区别度小到何种程度开始裂化,便是个难以回答的问题。拉波夫的3个元音链移通则①,对解释已经发生的裂化多有裨益,但是对是否裂化没有预测性,因此裂化的原因仍然是个谜。

---

①　长元音高化,短元音低化,后元音前化。

表12 朱晓农描述的高元音裂化显化的方式 ①

	前显裂化	后显裂化
i	ij＞ei＞ai	iə/ie
y	øy	yə/yɤ/ye
u	əu/ou	uə/uɤ
ɿ		əɿ＜ɤɿ／eɿ
ɯ	əɯ	ɯə＜ɤ

4.4 小结

文水方言的元音高化在晋方言并州片是比较突出的,它既经历了官话方言所经历的元音高化,也显示出晋方言元音高化创新性的一面。就文水方言元音高化的动力来源来说,既有晋方言共性特征的影响,也有语音系统自身的调整。文水方言元音高化可以说是晋方言元音高化现象的一个缩影,如果我们把官话方言所经历的元音高化现象称为常态元音高化,那么类似文水方言所经历的官话方言没有经历的元音高化可以称为非常态元音高化。这样,我们就可以说晋方言是汉语方言非常态元音高化非常突出的方言,这是一个值得深入探讨的课题,它对研究汉语方言语音结构的演变有着重要的参考价值。

---

① 朱晓农《汉语元音的高顶出位》,《中国语文》2004年第5期第440~451页。

第五章　太谷方音百年来的演变

太谷位于太岳山北麓,太原盆地东北部。太谷西北与清徐县接壤,东北与榆次相连,东南与榆社交界。太谷全县山多川少,地势东南高,西北低,形成山地、丘陵、平川的倾斜地貌。太谷的地理位置如图1所示。

太谷方言属于晋方言并州片。

图1　太谷

第一节　声母的演变

1. 古知庄章三组声母的演变

根据高本汉的记录,20世纪初,太谷方言古知庄章三组声母基本与精组洪音声母合流,读 ts、ts'、s。20世纪中后期,太谷方言古知庄章精的音类格局没有发生什么变化。

根据王洪君[24]的研究,山西方言古知庄章三组声母共同的演变基础是知二庄与知三章分立。王洪君[24]将太谷方言古知庄章今读类型归结为开口知二庄(ts组)与知三章(tʂ组)分立,合口知庄章精合一的忻州型。但无论是根据高本汉的记录还是根据杨述祖[39]的记录,太谷方言古知庄章三组声母都是合一的,并没有知二庄与知三章分立的痕迹。虽然这并不能否定太谷方言早期曾是知二庄与知三章分立的,但古知庄章声母中的擦音声母合口字的读音提示我们,太谷方言早期应该是古知庄章声母合口字合一但不与精洪合流的类型。

下面先看一下古庄章三组声母中的擦音声母字在三个时期的读音状况,如表1所示:

表1　古生书禅三母在三个时期的读音状况

读音时间＼例字	梳	书	税	睡	说	顺	双	叔	束
	遇合三平鱼生	遇合三平鱼书	蟹合三去祭书	止合三去祭禅	山合三入薛书	臻合三去稕船	江开二去绛生	通合三入屋书	通合三入烛书
初期	fo	fu	fu	fu	fa	fũ	fuɔ	fəʔ	fəʔ
中期	˛fuo ˛su	˛fu ˛su	fuˀ sueiˀ	fuˀ sueiˀ	faʔ˛ suaʔ˛	sũˀ	tsʻuoˀ	suaʔ˛	fəʔ˛ suaʔ˛
后期	˛fuo ˛su	˛fu ˛su	sueiˀ	fuˀ sueiˀ	faʔ˛ suaʔ˛	sũˀ	tsʻuoˀ	suaʔ˛	suˀ

可以看出,古知庄章三组声母中的擦音声母合口字都读 f 声母。其中读 f 声母的不仅有生母字,而且有书母和禅母字。古知庄章三组声母中擦音声母读唇齿音是从 ş 来的,其条件是合口。也就是说其发生的音变是 ş>f/_u。这就说明,太谷方言的这种音变发生在江摄庄组字转入合口之后,因为"双"字也读 f 声母。另外,值得注意的是,遇摄庄组的生母字和章组的书母字在 20 世纪初韵母不同,前者读 o,后者读 u。这说明,太谷方言遇摄的庄组字同其他方言一样曾发生过裂化。而且在裂化之前,庄组中的生母应该已经是 f。

擦音声母和塞擦音声母是相配的。如果擦音声母曾是卷舌 ş,那么塞擦音声母也必然是卷舌 tş、tşʻ 类。由生、书和禅母字的演变来看,太谷方言早期古庄章两组声母的合口字是合并的,且是卷舌类声母,与精组洪音不合。

2. 日母和通摄以母字的演变

表2　非通摄日母字的读音状况

读音时间＼例字	惹	如	儒	儿	蕊	饶	染	软	仍
	假开三上马日	遇合三平鱼日	遇合三平虞日	止开三平支日	止合三上纸日	效开三平宵日	咸开三上琰日	山合三上狝日	曾开三平蒸日
初期	zə	u	u	ɚ	zuei	zo	zã	uẽ	zõ
中期	˛zɣ	˛vu ˛zu	˛vu ˛zu	˛ər	˛zuei	˛zuo	˛zẽ	˛vẽ ˛zyẽ	˛zõ
后期	˛zɿ	˛zuuu	˛zuuu	˛ɚ	˛zuei	˛zao	˛zãĩ	˛zuãĩ	˛zõ

表3　通摄日母字和以母字的读音状况

读音 时间＼例字	戎	肉	茸	辱	融	育	容	用	欲
	通合三 平东日	通合三 入屋日	通合三 平钟日	通合三 入烛日	通合三 平东以	通合三 入屋以	通合三 平钟以	通合三 去用以	通合三 入烛以
初期	uõ	uəʔ	uõ	uəʔ	—	—	—	yũ	yəʔ
中期	və̃ zũ	zəu	və̃ zũ	zuəʔ	yũ	yəʔ	yũ	yũ	yəʔ
后期	zũ	zəu	zũ	zu	yũ	yəʔ	yũ	yũ	yəʔ

20世纪初,太谷方言日母字开口读 z,合口读零声母,只有"蕊"字是个例外。同时值得注意的是,太谷方言通摄日母和以母字均为零声母,日母字为合口呼,以母字为撮口呼。这一点太谷方言的表现与北方官话不同。从明代开始,北方官话的通摄日母和以母字均发生了卷舌化。虽然大家对现代北方官话日母字的音值有不同看法,但均认为它们是卷舌音。朱晓农[40]认为普通话和大部分官话方言的日母为卷舌近音。在这一点上,太谷方言在百年前还没有走上北方官话的道路。

20世纪中期,太谷方言日母开口字依然保持 z 声母读法,合口字则出现文白异读,白读为 v,文读为 z。通摄以母字依然保持零声母,而日母字则发生了变化。日母字的主要变化是出现了文白异读,白读为 v,文读为 z。白读的 v,是20世纪初期零声母合口呼读法的继承和发展,就像北京话的零声母合口呼今读 v 一样。到20世纪后期,日母文白异读消失,白读音完全被文读覆盖。日母字文读为 z,是与知庄章三组声母今读 ts、tsʻ、s 的平行发展。

3. 太谷方言声母的演变特点及其成因

3.1　太谷方言声母的演变特点

以太原为代表的并州片方言古知庄章精已经完全合流,这是并州片方言的典型特征。太谷方言作为并州片方言的一个代表,其古知庄章三组声母的演变也与太原方言基本类似,唯一不同的是太谷方言古知庄章三组声母中的擦音声母今读 f。太原城区话已无古知庄章擦音声母字今读 f 声母的现象,但西山郊区还有。

日母合口字读零声母在20世纪初期的太谷方言表现得十分突出,这一特点在并州片显得非常特别。20世纪中后期,太谷方言日母合口字出现文白异读,白读为 v,文读为 z。白读的 v 当是合口零声母的自由变体形式。

3.2　太谷方言声母演变特点的成因

古知庄章三组声母在太谷方言中演变格局的形成当是并州片方言古知庄章三组声母演变的区域性特征影响的结果。并州片方言的太原、清徐、文水、盂县、寿阳、榆次等点均已完成这种演变。20世纪初的文水方言还没有形成这个格局，但到20世纪中后期，文水方言的这种格局已形成。太谷方言的这种格局是什么时候形成的，现在无法判断，但至少在20世纪初期已经形成是毋庸置疑的。

太谷方言日母合口字今文读为 z 声母，之所以会形成如此模式，是与太谷方言古知庄章三组声母的读法有密切关系的。文读形式要接受本地形式的改造。太谷方言本地系统中已没有卷舌声母，文读的卷舌在这种情况下，也只好调整为舌尖声母，以适应本地形式。

总之，太谷方言的声母系统在一个世纪以来并没有发生剧烈的变化。也就是说，太谷方言声母的读音格局在20世纪初期就已经奠定了。

第二节　韵母的演变

1. 阴声韵的演变

目前，对太谷方言的研究多见于平面描写，历史研究几近空白，本节以历史资料的整理和现实状况的调查为基础，对太谷方言阴声韵韵母百年来的演变做初步的探讨。

本节将太谷方言百年来的语音状况分为三期，20世纪初期的材料即《中国音韵学研究》附录《方言字汇》中记录的太谷方言1287个单字的声和韵。20世纪中期太谷方言音系以杨述祖[39]《太谷方言志》为依据。我们重新调查了太谷20岁左右发音人的语音状况，以此作为20世纪后期太谷方言音系的基本材料。

1.1　果摄字韵母的演变

果摄字韵母的读音状况

表1-1　果摄一等字的读音（开口，上为白读，下为文读）

读音时期\例字	多	拖	挪	罗	左	歌	可	蛾	何
初期	to	t'o	no	lo	tso	kə	k'ə	ŋgə	xə
中期	₌tuo	₌t'uo	₌nuo	₌lie ₌luo	⁻tsuo	₌kie	⁻k'ie	₌ŋie	₌xie
后期	₌tuo	₌t'uo	₌nuo	₌luo	⁻tsuo	₌kie	⁻k'ie	₌ŋie	₌xie

表1-2　果摄一等字的读音（合口,上为白读,下为文读,"一"表示没有记录,下同）

读音 例字 时期	颇	朵	骡	座	过	科	课	火	祸
初期	p'ə	tyɛ	lo	tso	kuə	k'uə	—	ₑux	ₑux
中期	₌p'ɣ	ˊtye	ˌlie ouɬ	tsuoˀ	kyeˀ	₌k'ye	k'yeˀ	ˊxye	xyeˀ
后期	₌p'ɣ	ˊtye	ˌluo	tsuoˀ	kyeˀ	₌k'ie	k'ieˀ	ˊxye	xyeˀ

　　开合口的转化　由表1可以看出,在20世纪初期,除"骡、座"部分字由合口转为开口外,太谷方言果摄一等字基本上保持中古开合口的界限。到20世纪中期,果摄一等舌齿音字由开口转为合口,原来读开口的"骡、座"又"恢复"了合口的读法。常用字"骡"还保持文白异读,白读为开口,文读为合口。20世纪后期,果摄合口部分见组字由合口转为开口。这是个值得注意的变化,是太谷方言向普通话靠拢的表现。在这里我们一方面看到了太谷方言果摄一等字读音向普通话靠拢的过程,一方面又看到了太谷方言在这一过程中自身音系的调整。

　　腭化介音的增生与扩散　由表1还可以看出太谷方言果摄一等字百年来腭化介音增生与扩散的过程。在20世纪初期,果摄一等合口部分端精组字,如"朵"等,出现读细音的状况,表明这些字已经出现了腭化介音 i,由于 i 和 u 介音在当时的音系中已经不能并存,故其表现形式为介音 y。到20世纪中期,果摄一等字腭化介音的增生已经扩散到除唇音字外的所有音类。20世纪后期,果摄一等字的读音又有所调整,这主要和文白异读的竞争有关。

　　文白异读的竞争　由腭化介音的增生与扩散过程可以看出,20世纪中期太谷方言果摄一等端精组由开口转为合口及部分合口字"恢复"为开口,不是自身演变的结果,而是文白异读竞争的结果。这可以由"罗"和"骡"文白异读的竞争得到证实。"罗"和"骡"在20世纪初期都读开口,这是太谷方言自身的读音,它们在20世纪中期产生了腭化介音 i,到20世纪后期,文读战胜了白读。果摄一等字产生腭化介音限在白读的范围之内,而白读的范围与高本汉的记录正相应,这说明高本汉记录的果摄一等字的读音是以白读为基础的,或者可能当时果摄字还没有产生文白异读。

　　另外一个值得注意的有趣的现象就是"科"和"课"等字读音的变化。这些字在20世纪中期还保持合口的读音,故随着腭化介音的增生读撮口呼。到20世纪后期,这些字由撮口转为齐齿,这可以说是一种新文读。这是太谷方言在向普通话靠拢的过程中自身调整的结果,与"多、拖、罗、骡、座"等字文读未经太谷方言自身音系调整不同。这也可以说是一种类推演变,太谷方言果摄见组字本身就有开合口的不同,开口读齐齿呼,合口读撮口呼。20世纪后期,20多岁的年轻人受普通话影响,将"科、课"等字由合口读为开口,选择了太谷方言原有的形式,由撮口转为齐齿。

1.2　遇摄字韵母的演变

遇摄诸韵字的读音状况

表2-1　模韵字的读音状况

读音 时期 ＼ 例字	铺	蒲	都都是	奴	租	苏	苦	虎	胡
初期	p'u	p'u	to	no	tso	so	k'u	xu	xu
中期	₌p'u	₌p'u	₌tuo	₌nuo	₌tsuo	₌suo	ˈk'uo	ˈxu	₌xu
后期	₌p'u	₌p'u	₌tuo	₌nu	₌tsu	₌su	ˈk'uo	ˈxu	₌xu

表2-2　鱼韵字的读音状况

读音 时期 ＼ 例字	女	吕	猪	除	阻	初	诸	书	居
初期	ɳy	ly	tsu	ts'u	tso	ts'o	tsu	fu	tɕy
中期	ˈɳy	ˈly	₌tsu	₌tsu ₌ts'u	ˈtsu	₌ts'uo	₌tsu	₌fu ₌su	₌tɕy
后期	ˈɳy	ˈly	₌tsu	₌ts'u	₌tsu	₌ts'uo	₌tsu	₌fu ₌su	₌tɕy

表2-3　虞韵字的读音状况

读音 时期 ＼ 例字	夫	须	诛	厨	雏	数	主	输	拘
初期	fu	ɕy	tsu	ts'u	ts'o	fo	tsu	fu	tɕy
中期	₌fu	₌ɕy	₌tsu	₌ts'u	₌ts'uo	ˈfu ˈsu	ˈtsu	₌fu ₌su	₌tɕy
后期	₌fu	₌ɕy	₌tsu	₌ts'u	₌ts'u	ˈfu ˈsu	ˈtsu	₌fu ₌su	₌tɕy

由表2可以看出,20世纪初,太谷方言模韵的舌齿音声母字与果摄开口舌齿音字合流,韵母都是 o。鱼虞两韵庄组字与知章组字不同,前者与模韵舌齿音同韵,韵母为 o,后者与唇音和牙喉音同韵,韵母为 u/y。

高本汉[16]在谈到太谷方言遇摄字的读音状况时指出:"有些方言表现些特别的现象。汕头话在古代腭音的后头作 -u 跟别的方言一样:ɕiwo＞su。在古代齿上音的后头保存了原来的 -o:ʂiwo＞so。在古代舌根音的后头就发生上面所说的腭化作用:kjiwo＞ky,ki。厦门话无论在古代腭音或舌根音的后头都作 -u 跟别的方言一样:ɕiwo＞su,kjiwo＞ku,但在古齿上音的后头却跟汕头话一样也把 -o 保存着:ʂiwo＞so。广州话跟太谷话也像汕头跟厦门似的,只在齿上音的后头保存了古代的 -o:ʂiwo＞广州 ʂo,太谷 so,可是这两个方言把 -o 推广,连虞韵里齿上音声母的字也同样地作 -o 了:tʂˇiu＞广州 čˇo,太谷 tsˇo。"显然高本汉认为20世纪初太谷方言遇摄庄组字读 o 韵母是存古的表现。

我们不同意高本汉的观点。存古表现一般是零星式的,没有语音条件,也没有严整的规律。太谷方言在遇摄读音上表现出严整的规律,这一点与存古表现泾渭分明。遇摄庄组字与其他声母字读音不同在山西方言很多点都有类似的表现。如表3所示:

表3　山西方言遇摄字读音之比较（太谷采用20世纪初高本汉记音）

读音 方言 \ 例字	土 遇合一 上姥透	鲁 遇合一 上姥来	租 遇合一 平模精	猪 遇合三 平鱼知	朱 遇合三 平虞章	锄 遇合三 平鱼崇
太谷	tʻo	—	tso	tsu	—	tsʻo
沁县	₌tʻu	₌ləu	₌tsuo	₌tsu	₌tsu	₌tsˑuo
长子	˘tʻu	₌lu	₌tsu	₌tsu	₌tsu	₌tsˑuə/₌tsˑu
隰县	˘tʻu	₌ləu	₌tsəu	₌tʂu	₌tʂu	₌tʂˑəu
石楼	˘tʻu	₌ləu	₌tsəu	₌tʂu	₌tʂu	₌tʂˑəu/₌tʂu
汾西	tʻβˀ	₌lou	₌tsou	₌tsβ	₌tsβ	₌sou
洪洞	˘tʻu	₌lou	₌tsou	₌tʂu	₌tʂu	₌sou
临汾	˘tʻu	₌ləu	₌tsəu	₌tʂu	₌tʂu	₌ʂəu
霍州	˘tʻu	₌ləu	₌tsəu	₌tʂu	₌tʂu	₌səu
闻喜	˘tʻu	₌ləu	₌tsəu	₌pfu	₌pfu	₌tsˑəu

续表

读音\方言\例字	土	鲁	租	猪	朱	锄
	遇合一上姥透	遇合一上姥来	遇合一平模精	遇合三平鱼知	遇合三平虞章	遇合三平鱼崇
新绛	ꞈtʻu	ꞈləu	꜀tsəu	꜀pfu	꜀pfu	꜂tsʻuə
运城	ꞈtʻu	ꞈlou	꜀tsou	꜀pfu	꜀pfu	꜂tsʻuo
吉县	ꞈtʻu	ꞈlou	꜀tsou	꜀pfu	꜀pfu	꜂tsʻou
万荣	ꞈtʻu	ꞈləu	꜀tsəu	꜀pfu	꜀pfu	꜂tsʻuə
永济	ꞈtʻu	ꞈləu	꜀tsəu	꜀pfu	꜀pfu	꜂tʂʻəu

可以看出，太谷、沁县、长子表现相对一致，可为一类，其余各点表现相对一致，可为另一类。这两类有几近相同的语音条件，即韵母的区别以声母为条件，舌音、精庄组为一类，知章组为一类。由此也看出这种音变是以遇摄为条件的，这已经不是存古性质的音变了。太谷一类方言遇摄 o/ə 韵母是裂化音变的后续发展。其经过可能是 u＞əu/ou＞ə/o＞uə/uo。沁县方言的状况有一定的启示。在沁县方言中，遇摄来母字为裂化的 əu 韵母，而精庄组字为 uo 韵母，还部分保留裂化的痕迹。

太谷方言遇摄知章组字及唇音和牙喉音字韵母百年来没有什么变化。变化的是模韵舌齿音韵母和鱼虞两韵的庄组字韵母，这两类韵母在20世纪初与果摄开口舌齿音韵母相同。前节已经说过，果摄字在20世纪初还基本保持开合的区别，但到20世纪中期，果摄舌齿音韵母由开口转为合口。正是由于在20世纪初，遇摄模韵舌齿音韵母和鱼虞两韵庄组字韵母与果摄开口舌齿音韵母相同，这两类韵母才同果摄开口舌齿音一样转变成合口。

1.3　假摄字韵母的演变

假摄字韵母的读音状况

表4　假摄字韵母在初中后三期的读音状况

读音\时期\例字	巴	拿	茶	嘉	借	车	夜	瓜	花
初期	pɔ	nɔ	tsʻɔ	tɕiɔ	tɕiɛ	tsʻə	iɛ	kuɔ	꜀xuɔ
中期	꜀pɒ	꜀nɒ	꜀tsʻɒ	꜀tɕiɒ	tɕieˀ	꜀tsʻɤ	ieˀ	꜀kuɒ	꜀xuɒ
后期	꜀pɒ	꜀nɒ	꜀tsʻɒ	꜀tɕiɒ	tɕieˀ	꜀tsʻɤ	ieˀ	꜀kuɒ	꜀xuɒ

仅就记录的形式来看,太谷方言假摄字韵母的变化主要有3项：ɔ>ɒ；iɛ<ie；ə>ɣ。变化主要发生在初期到中期之间,中期到后期没有变化。高本汉根据上腭跟舌面最高部分的接近点将舌面元音分为4大类12小类,其中ə类跨前央两大类,u类跨央后两大类。从太谷方言的3项变化来看,第一项和第二项是跨高本汉的类的,而第三项则属于央元音的ə(ɛ、ɔ、ɣ)类,不跨类,可能仅仅是音色的差异而已。第一项跨o类和a类,前者属后元音,后者属a类元音。第二项跨e类和ɛ类,两者都属于前元音类。假摄麻韵三等字的元音原为低元音,在i介音的作用下元音升高,以致在后来进一步升高都是可能的。因此第二项变化也可以看作是元音的高化。从现代语音学角度看,ɔ和ɒ虽然都属于后元音系列,但高度不同,前者为半低,后者为低。太谷方言是否果真经历了元音降低的变化,颇令人费解。再者,高本汉记录的20世纪初假摄二等开合口字的韵母与效摄一、二等字同韵母,但今天它们并不同韵,因此高本汉记音的准确性还有必要进一步讨论。

1.4　效摄韵母的演变

效摄诸韵的读音状况

表5-1　豪韵的读音状况

读音 时期 \ 例字	毛	刀	劳	遭	高	考	豪	好	袄
初期	ᵐɔ	tɔ	lɔ	tsɔ	ko	kʻo	xo	xɔ	ŋɒɔ
中期	ˌmau	ˌtau	ˌlau	ˌtsau	ˌkuo	ˌkʻuo	ˌxau	ˊxau	ˊŋau
后期	ˌmau	ˌtau	ˌlau	ˌtsau	ˌkuo	ˌkʻuo	ˌxau	ˊxau	ˊŋau

表5-2　看韵的读音状况

读音 时期 \ 例字	茅	铙	罩	爪	巢	交	敲	咬	孝
初期	ᵐɔ	nɔ	tsɔ˗	tsɔˊ	tsʻɔˊ	tɕiɔ	tɕʻiɔ˗	niɔˊ	çiɔˊ
中期	ˌmau	ˌnau	tsauˊ	ˊtsau	ˊtsʻau	ˌtɕiau	tɕʻiauˊ	ˊniau	çiauˊ
后期	ˌmau	ˌnau	tsauˊ	ˊtsau	ˊtsʻau	ˌtɕiau	tɕʻiauˊ	ˊniau	çiauˊ

表5-3　宵韵的读音状况

读音时期＼例字	苗	燎	消	潮	烧	骄	乔	轿	妖
初期	myɵ	lyɵ	ɕyɵ	tsʻo	so	tɕyɵ	tɕʻyɵ	tɕyɵ	yɵ
中期	ˌmio	ˌlio	ˌɕio	ˌtsʻuo	ˌsuo	ˌtɕio	ˌtɕʻio	tɕioˀ	ˌio
后期	ˌmio	ˌlio	ˌɕio	ˌtsʻuɯ	ˌsuo	ˌtɕiaɯ	ˌtɕʻio	tɕiaɯˀ	ˌio

表5-4　萧韵的读音状况

读音时期＼例字	刁	挑	聊	掉	萧	叫	窍	尧	晓
初期	tyɵ	tʻyɵ	lyɵ	tyɵ	ɕyɵ	tɕyɵ	tɕʻyɵ	yɵ	ɕyɵ
中期	ˌtio	ˌtʻio	ˌlio	tioˀ	ˌɕio	tɕioˀ	tɕioˀ	ˌio	ˈɕio
后期	ˌtio	ˌtʻio	ˌlio	tioˀ	ˌɕio	tɕioˀ	tɕioˀ	ˌio	ˈɕio

效摄一、二等韵母的变化及其与果摄和假摄的关系　由表5-1和表5-2可以看出，就记录的形式来看，效摄一、二等韵母的变化主要有2项：ɔ＞aɯ；o＞uo，还有一个特殊的变化即豪 xo＞xɯɯ。如果将表5-1和表5-2分别与表1和表4比较，可以看出，20世纪初效摄"高、考、豪"几个字的韵母与果摄开口舌齿音字韵母相同，都是 o。此外，效摄一、二等字的韵母与假摄二等字韵母相同，都是 ɔ/iɔ。然而值得注意的是，除了"豪"之外，效摄的 o 与果摄的 o 一样，发生了 o＞uo 音变，但效摄的 ɔ/iɔ 却没有与假摄二等一道发生相同的变化。

高本汉将20世纪初假摄二等字和效摄一、二等字记为同韵母，可能存在问题。若这两类字的韵母果真相同，它们一般不会向不同的方向发展，除非是受普通话的影响。即使是受普通话的影响，两者的界限也不会十分清晰。这可以由从太谷方言的效摄部分牙喉音字"高、考、豪"读音的演变得到证实。这些字在20世纪初与果摄开口舌齿音同韵母，结果"高、考"的演变与果摄开口舌齿音一样，转为合口。而"豪"则不同，它受普通话的影响，韵母变为 aɯ。这种变化都是受普通话的影响而产生的，结果使"高、考、豪"产生了不同方向的演变。这种演变的界限不会十分清楚，因为之前它们毕竟和果摄开口舌齿音字韵母相同。但是假摄二等字和效摄一、二等字韵母截然分开，向不同的方向变化，这不免令人生疑。

由效摄韵母的整体情况看，20世纪初太谷方言效摄一、二等字韵母的主元

音为 ɔ 的可能性更大。高本汉认为效摄字的 o "算是 au（ou）的单音化"，在高氏系统中，ɔ 属于 o 类元音。与太谷毗邻的平遥话效摄字韵母也是 ɔ/iɔ。值得注意的是，在整个晋方言并州片没有一个方言假摄一、二等字与效摄一、二等字合流。因此我们认为高本汉记录的20世纪初太谷方言的假摄一、二等字的元音不应该是 ɔ 这个 o 类元音，而应该是比 ɔ 低的 a 类元音。

效摄三、四等韵母的变化及其与果摄的关系　　20世纪初效摄三、四等韵母有两类：一类是知章组字，韵母为 o；一类是非知章组字，韵母为 yθ。高本汉对《广韵》效摄的构拟为一等豪-ɑu，二等肴-au，三等跟四等 a）宵 ǐεu、b）萧 ieu。高本汉认为太谷话效摄一、二等字的演变与三、四等不同。一、二等的 ɑu/au 单元音化为 ɔ，而三、四等则不同，"太谷话的 yθ（＜iu）从二等今读的 iɔ（＜iau）可以看出来它所丢掉的是 ε 而不是 a"。

高氏记录的 yθ 属于复合元音 yu 类。根据高本汉的分析，θ 虽然属于央的 u 类元音，但它为"松元音，合唇度半窄（3号），舌的部位跟 ɣ 或 ə 一样"。高氏的央的 u 类元音包括 ʉ、θ、ʉ；央的 ə 类元音包括 ɣ、ɵ、ɜ；后的 o 类元音包括 θ、o、ɔ。由此来看，高本汉的分类与现在的国际音标是有很大差距的。在高氏的元音图中，θ 是与 ɣ 相配的松紧元音，即圆唇与不圆唇元音。从国际音标的角度说，ɣ 却是与 o 相配的不圆唇与圆唇元音，而且 θ 也是 ø 和 o 之间的圆唇元音。既然在高氏的系统中，θ 是与 ɣ 相配的松紧元音，即圆唇与不圆唇元音，同时在太谷方言中，θ 与 o 又不存在对立，那么按照相应的国际音标，θ 应该对应于 o 才是。由此高本汉记录的 yθ 实与 yo 相当。

从这个角度来看，我们认为太谷方言效摄三、四等字同一、二等字一样是 ɑu/au 单元音化的结果。不过三、四等的单元音化要早于一、二等字，故三、四等字的元音比一、二等字的元音高，这是后元音高化的结果。

至于为什么太谷方言的 yo 变成了 io，则是个值得思考的问题。这可能有两个原因：一是太谷方言的 yo 本来就是 io，高本汉记录的有问题；一是太谷方言受普通话的影响，由撮口变成了齐齿，正如果摄"科、课"由 ye 变成 ie 一样。

1.5　高本汉的记音问题

高本汉对汉语方言的调查在中国语言学界产生了一定的影响，但其工作本身还有许多缺陷。何耿镛很早就曾指出"高本汉的调查，只是企图从方音中寻找构拟古音的依据为出发点，因此记录的只是若干单字的字音（不表调），并没有注意到方言音系的整理和词汇语法的调查研究"。正是由于高本汉对所调查的方言没有进行音系整理,因此高本汉没有制作各个方言的同音字表,因此由高本汉的记音无法判断高氏记音的差别是音素性区别还是音位性区别。因此对高本汉的记音必须审慎地对待,既不能完全否定,也不能完全以此作为研究的基础。

就本节所讨论的阴声韵来说,高本汉比较准确地记录了20世纪初果摄开合口基本保持区别的状况,同时也比较准确地记录了果摄开口舌齿音字与遇摄部分字、效摄部分字(及本节没有讨论的宕江摄合口字)的同韵关系,高本汉的记录由这些字后来的演变得到了证实。另外,高本汉对20世纪初太谷方言果摄字的记音对了解太谷方言果摄字读音百年来的演变具有重要的价值。

根据高本汉的记录,太谷方言还存在假摄二等字与效摄一、二等字及宕江摄开口字的同韵关系。但是根据目前我们对晋方言的了解,宕江摄白读只存在独韵、与假摄同韵、与果摄同韵、开口与假摄同韵合口与果摄同韵4个不同的层次,还没有发现一个方言宕江摄白读与效摄一、二等字同韵的层次,这不能不引起我们的注意。

高本汉记录的20世纪初太谷方言假摄二等与效摄一、二等同韵的韵母为ɔ/iɔ。这个ɔ对应于高本汉的瑞典方言字母ω,对此赵元任[16]等学者翻译为ɔ,并解释说:"原文 u、ө、o、ω 我们译为 u、ө、o、ɔ,这四个后元音就比前元音麻烦多了……ω 这个符号高氏认为在后 ɑ 与o(他的 o)之间的音,所以比第六标准元音 ɔ 略低一点,我们就译作 ɔ。这个我们译者试过的。准确当然是同样的不准确,但是还有一个更大的毛病就是在宽式中高氏把第二第三音合并为 o,而仍分出第四类 ω,不但为标方言,并且讨论古音时用它(后来他写作 å);照那样一对照,o、ɔ 合并起来把个极通行的 ɔ 号吞掉了,反而剩了个又不多见,又易与其他国际音标又易与高氏所用音标(当 ɐ 者)混乱的草体倒写 ɒ 来做家常便饭,所以这是不行的。那么现在既然定了用 u、ө、o、ɔ 来对译原文的 u、ө、o、ω 四个符号,我们就得记得这个对译,并非对于高氏的记录有任何修改的意思含蕴在符号里,——凡有修改的地方都另有译者注明白说出——所以比方原文写上海'恶'的元音为 ω(或 å),我们对译作国际音标部位比 ω(或 å)略高的 ɔ,那并不是说我们所听出来的上海'恶'字音的确比高氏所听的部位较高,乃是因为在那部位国际音标没有符号而用一个最近似的符号的办法。这本来是一切对译的当然的前提,现在因为在这几个后元音特别容易发生误会,所以要特别声明一下。"

　　现在太谷方言假摄二等字、宕江摄白读开口字的主元音都是ɒ。赵元任等学者的解释和说明对理解太谷方言假摄二等字和宕江摄白读开口字的主元音有重要的作用。这个ɒ对应于高本汉的ω(或å)。但是高本汉同时又用这个符号来记录效摄一、二等字的韵母,就有问题了。无论用ɒ与ɔ哪个符号对译高本汉的ω(或å)都不能解释高本汉为什么把假摄二等字,效摄一、二等字,宕江摄开口白读字视为同韵。很可能是因为ɒ与ɔ都是后ɑ与o之间的音,而高氏的符号系统后元音只分4级,不足以处理ɒ与ɔ之间的区别。更为重要的是高本汉自己在记录太谷假摄、效摄及宕江摄时没有注意区别是否是同韵关系,而是各自为政,分别记录的。高本汉没有注意假摄二等与宕江摄开口同韵,而与效摄不同韵,但是两者的元音都是ɑ与o之间的音,前者元音较低,后者元音较高。高本汉在记录这三类字的元音时,就各自独立地运用ω这个符号,结果他准确地记录了两类,而另一类却没有准确记录。如果高本汉不能区别ɒ与ɔ的不同,那么这种不准确是必然发生的。这和翻译造成的不准确(如上海话的"恶",高本汉记录为较低的元音,而翻译时却用较高的ɔ)显然不同。

1.6　百年来太谷方言阴声韵演变的特点及其成因

　　百年来,太谷方言的阴声韵韵母在演变上表现出独特性减少而受普通话影响增强的特点,尤其是中期以后,太谷年轻一代受普通话的影响更是深刻,一些字的韵母径直向普通话靠拢,而不再是在原有的系统中改造,这是个值得注意的问题。

　　百年来太谷方言阴声韵韵母最典型的变化就是果摄字腭化介音的增生与扩散。什么原因造成这一现象呢?这是晋中方言的一项区域性特征——元音高化的结果。如图1所示,这一特征还波及西区的汾阳、汾西,南区的霍州,东南区的沁源等方言。该区域果摄字存在不同程度的元音高化现象。娄烦、寿阳、清徐方言果摄字读ɣu韵;文水方言果摄字读ɪɛ韵(文水方言20世纪初果摄字读ɯ韵,后来裂化为əɪ);平遥方言果摄一小部分读iɛ/

图1　晋方言中区果摄字的元音高化

ʏɛ 韵,大部分读 ei;祁县方言果摄字读 ɯ 韵;介休方言果摄字读 iɛ/ʏɛ/uɛ 韵。祁县方言果摄字读音可以代表高化到顶的表现,其他方言表现出3种不同的继续高化方式——裂化:(1)ɯ>ei;(2)ɯ>ie;(3)ɯ>yɯ。表现最为有趣的是平遥方言,它一小部分果摄字如南部的介休方言一样读细音,显然采用的裂化方式为(2),大部分果摄字犹如北部的文水方言一样,读ei韵,采用的裂化方式又是(1),足见其所受周围方言的影响。太谷方言和介休方言是该区域果摄字裂化后读细音的典型代表,而尤以介休方言最为典型。

普通话的强势影响,使得太谷方言的果摄开口字增生 u 介音,变成复合韵母,打断了其高化的路线,结果使这些字没有高化,故也没有出现像"朵、锁"等字一样高化后又裂化的现象。另外,中期以后,也是由于受到普通话的影响,使得本来读撮口的"课、科"等字变成齐齿,从而适应开口与合口的对立。

20世纪初,太谷方言的遇摄舌齿音字和庄组字本来与果摄开口舌齿音字同读 o 韵,到中期,这些字开始出现变化,向普通话靠拢,如"阻、数"等字,进入后期之后,这种现象继续扩散,"雏、租、苏"也加入了这个行列。以《方言调查字表》中模韵舌齿音字来说,20世纪中期全都读 uo 韵母。到后期,只有"都都是、堵赌肚、吐兔、肚腹肚、粗、酥、诉、做、醋、措、错"还保持 uo 韵母,其他已经变成了 u 韵母。其中"做、措、错"恐怕还是受普通话的影响。足见普通话对太谷方言影响之大。

20世纪初,太谷方言效摄一、二等字大都读 ɔ/iɔ 韵,到中期,这些全都转为aɯ/iaɯ 韵,这是受普通话影响的结果。这还可以从部分效摄三、四等字从中期到后期的演变得到证实。如"潮、骄、轿"在20世纪中期还分别读 tsʻuo、tɕio、tɕio,到后期已经分别转变为 tsʻaɯ、tɕiaɯ、tɕiaɯ。普通话对效摄三、四等 io 的影响,目前只波及到三等字,四等字还未发现。在20世纪中期,三等字中只有"猫"读aɯ 韵,到后期,已经有"猫、焦、超、朝、潮、兆、招、昭、沼、诏、韶、邵、骄、娇、矫、轿"等16字读 aɯ 韵。这从侧面说明,几十年间效摄一、二等字的韵母发生了较大的变化,完成了 ɔ>aɯ 的替换。

1.7　小结

上面讨论了太谷方言在音值上彼此有关的果、假、遇、效摄字韵母百年来的演变(蟹摄和止摄待另文专论),同时也对高本汉记录的20世纪初太谷方言字音的准确性进行了评述。高本汉的记音既有准确性的一面,也有值得怀疑的地方,关键是他没有从音系的角度整理他所调查的字音,这是他所处的时代所决定的,因为那个时代还没有出现所谓结构和系统的概念。从太谷方言这几个阴声韵百年来的演变来看,它既表现出在晋方言区域性总体特征影响下的独立发展,又表现出普通话的强势影响。而且普通话对太谷方言的影响还有进一步增强的趋势,这是一个值得继续深入探讨的问题。

2. 阳声韵的演变

2.1 山咸摄字读音的演变

20世纪初期的读音以《中国音韵学研究·方言字汇》为依据,20世纪中期的读音以杨述祖[39]为依据,20世纪后期的读音以我们最新的调查为依据。

山摄字的读音状况

表1 山摄一等字的读音

读音时间\例字	滩	檀	残	干	盘	端	佘	酸	官
	山开一平寒透	山开一平寒定	山开一平寒从	山开一平寒见	山合一平桓並	山合一平桓端	山合一平桓清	山合一平桓心	山合一平桓见
初期	t'ã	tã	ts'ã	kẽ	p'ẽ	tyẽ	ts'uẽ	syẽ	kuẽ
中期	ꞈt'ã	ꞈtã	ꞈts'ã	ꞈkẽ	ꞈp'ẽ	ꞈtyẽ	ꞈts'uẽ	ꞈɕyẽ	ꞈkuẽ
后期	ꞈt'ã	ꞈtã	ꞈts'ã	ꞈkẽ	ꞈp'ẽ	ꞈtyẽ	ꞈts'uẽ	ꞈɕyẽ	ꞈkuẽ

表2 山摄二等字的读音

读音时间\例字	扮	山	艰	删	颜	鰥	撰	关	还
	山开二去裥帮	山开二平山生	山开二平山见	山开二平删生	山开二平删疑	山合二平山见	山合二上潸崇	山合二平删见	山合二平删匣
初期	pã	sã	tɕiẽ	sã	iẽ	kuã	tsuã	kuã	xuã
中期	ꞈpã	ꞈsã	ꞈtɕiẽ	ꞈsã	ꞈiẽ	ꞈkuã	ˋtsuã	ꞈkuã	ꞈxuã
后期	ꞈpã	ꞈsã	ꞈtɕiẽ	ꞈsã	ꞈiẽ	ꞈkuã	ˋtsuã	ꞈkuã	ꞈxuã

表3-1 山摄三等字的读音(开)

读音时间\例字	鞭	仙	缠	善	件	延	建	言	宪
	山开三平仙帮	山开三平仙心	山开三平仙澄	山开三上狝禅	山开三上狝群	山开三平仙以	山开三去愿见	山开三平元疑	山开三去愿晓
初期	piẽ	ɕiẽ	tsʒ	sẽ	tɕiẽ	iẽ	tɕiẽ	iẽ	ɕiẽ
中期	ꞈpiẽ	ꞈɕiẽ	ꞈtsʒ̃	sẽˀ	tɕiẽ	ꞈiẽ	tɕiẽ	ꞈiẽ	ɕiẽˀ
后期	ꞈpiẽ	ꞈɕiẽ	ꞈtsʒ̃	sẽˀ	tɕiẽ	ꞈiẽ	tɕiẽ	ꞈiẽ	ɕiẽˀ

表3-2　山摄三等字的读音（合,上为白读,下为文读,下同）

读音时间＼例字	全	传	专	软	捲	员	反	劝	元
	山合三平仙从	山合三平仙澄	山合三平仙章	山合三上狝日	山合三上狝见	山合三平仙云	山合三上阮非	山合三去愿溪	山合三去元疑
初期	tɕʰyẽ	tsʰuẽ	tsuẽ	uẽ	tɕʰyẽ	yẽ	fã	tɕʰyẽ	yẽ
中期	₌tɕʰyẽ	₌tsʰuẽ	₌tsuẽ	᷈vẽʔ / ₌zyẽ	ꜛtɕʰyẽ	₌yẽ	ꜛfã	tɕʰyẽ꜒	₌yẽ
后期	₌tɕʰyẽ	₌tsʰuẽ	₌tsuẽ	᷈vẽʔ / ₌zyẽ	ꜛtɕʰyẽ	₌yẽ	ꜛfã	tɕʰyẽ꜒	₌yẽ

表4　山摄四等字的读音

读音时间＼例字	片	颠	年	千	肩	牵	贤	玄	渊
	山开四去霰滂	山开四平先端	山开四平先泥	山开四平先清	山开四平先见	山开四平先溪	山开四平先匣	山合四平先匣	山合四平先影
初期	pʰiẽ	tiẽ	niẽ	tɕʰiẽ	tɕiẽ	tɕʰiẽ	ɕiẽ	ɕyẽ	yẽ
中期	pʰiẽ꜒	₌tiẽ	₌niẽ	₌tɕʰiẽ	ꜛtɕiẽ	₌tɕʰiẽ	₌ɕiẽ	₌ɕyẽ	₌yẽ
后期	pʰiẽ꜒	₌tiẽ	₌niẽ	₌tɕʰiẽ	ꜛtɕiẽ	₌tɕʰiẽ	₌ɕiẽ	₌ɕyẽ	₌yẽ

咸摄字的读音状况

表5　咸摄一等字的读音

读音时间＼例字	贪	男	参	感	含	担	三	甘	酣
	咸开一平覃透	咸开一平覃泥	咸开一平覃清	咸开一上感见	咸开一平覃匣	咸开一平谈端	咸开一平谈心	咸开一平谈见	咸开一平谈匣
初期	tʰæ̃	næ̃	tsʰæ̃	kæ̃	xæ̃	tæ̃	sæ̃	kæ̃	xæ̃
中期	₌tʰæ̃	₌næ̃	₌tsʰæ̃	ꜛkæ̃	₌xæ̃	₌tæ̃	₌sæ̃	₌kæ̃	₌xæ̃
后期	₌tʰæ̃	₌næ̃	₌tsʰæ̃	ꜛkæ̃	₌xæ̃	₌tæ̃	₌sæ̃	₌kæ̃	₌xæ̃

表6　咸摄二等字的读音

读音时间＼例字	战	斩	馋	㦱	咸	搀	监	嵌	衔
	咸开二去陷章	咸开二上豏庄	咸开二平咸崇	咸开二上豏见	咸开二平咸匣	咸开二平衔初	咸开二平衔见	咸开二平衔溪	咸开二平衔匣
初期	tsæ̃	tsæ̃	tsʰæ̃	tɕiẽ	ɕiẽ	tsʰæ̃	tɕiẽ	tɕʰiẽ	ɕiẽ
中期	₌tsæ̃	ꜛtsæ̃	₌tsʰæ̃	ꜛtɕiẽ	₌ɕiẽ	₌tsʰæ̃	ꜛtɕiẽ	₌tɕʰiẽ	₌ɕiẽ
后期	₌tsæ̃	ꜛtsæ̃	₌tsʰæ̃	ꜛtɕiẽ	₌ɕiẽ	₌tsʰæ̃	₌tɕiẽ	₌tɕʰiẽ	₌ɕiẽ

表7　咸摄三等字的读音

读音\例字\时间	尖	占	沾	染	钳	欠	严	泛	凡
音字时间	咸开三平盐精	咸开三上盐章	咸开三平盐知	咸开三上琰日	咸开三平盐群	咸开三去酽溪	咸开三平严疑	咸合三去梵敷	咸合三平凡奉
初期	₊tɕiẽ	₊tsẽ	₊tsẽ	zã	₊tɕʰiẽ	tɕʰiẽˀ	iẽ	fã	fã
中期	₊tɕiẽ	₊tsẽ	₊tsẽ	ᶜzẽ	₊tɕʰiẽ	tɕʰiẽˀ	₋iẽˀ	fãˀ	fãˀ
后期	₊tɕiẽ	₊tsẽ	₊tsẽ	ᶜzẽ	₊tɕʰiẽ	tɕʰiẽˀ	₋iẽ	fãˀ	fã

表8　咸摄四等字的读音

读音\例字\时间	点	添	甜	念	兼	谦	嫌
音字时间	咸开四上忝端	咸开四平添透	咸开四平添定	咸开四去㮇泥	咸开四平添见	咸开四平添溪	咸开四平添匣
初期	tiẽ	tʰiẽ	tiẽ	n̠iẽ	tɕiẽ	tɕʰiẽ	ɕiẽ
中期	ᶜtiẽ	₊tʰiẽ	₋tiẽ / ₊tiẽ	n̠iẽˀ	₊tɕiẽ	₊tɕʰiẽ	₊ɕiẽ
后期	ᶜtiẽ	₊tʰiẽ	₋tiẽ / ₊tiẽ	n̠iẽˀ	₊tɕiẽ	₊tɕʰiẽ	₊ɕiẽ

百年前,太谷方言山咸摄字的鼻音韵尾都发生了弱化,变成了鼻化韵。这一变化奠定了百年来太谷方言进一步发展演变的基础。由于鼻音韵尾的弱化,韵尾对韵腹的稳定作用也趋于弱化,太谷方言山咸摄字发生了元音高化现象。这一现象发生的基本条件是有腭化介音或声母为钝音(即p系、k系)的一等非腭化音。

一些锐音的非腭化音节的元音也发生了元音高化现象,如"占、沾、缠、善"等字,这些字都是知系的三等字,而这些字原来都是有腭化介音的。说明当这些知系三等字还有腭化介音的时候,太谷方言山咸摄的鼻音韵尾就已经弱化为鼻化韵了。四等韵本身没有腭化介音,而我们看到太谷方言的山咸摄四等韵也发生了元音高化现象,且它们现在都有腭化介音,因此我们相信,太谷方言的鼻音韵尾弱化一定发生在四等韵产生腭化介音之后。也就是说,太谷方言的鼻音韵尾弱化发生在四等韵产生腭化介音之后知系三等字丢失腭化介音之前,同时元音高化也发生在这一阶段。由于整个山咸摄没有庄组三等字,而知二庄二及精组洪音字都没有发生元音高化现象,因此我们推测元音高化发生在早期韵图之后,即知二庄和知三章分别合并之后,这也和四等韵产生腭化介音的时间是吻合的。此外,所有山咸摄合口三等轻唇音字都没有发生元音高化现象,这又进一步说明,太谷方言山咸摄鼻音韵尾弱化为鼻化韵的时间在轻唇化之后,这很容易理解,因为轻唇化导致合口三等的腭化介音丢失,不符合元音高化的条件了。综合这些条件,我们推测太谷方言鼻音韵尾弱化为鼻化韵发生的时间大致应在《中原音韵》时代。这还可以由山咸摄开口二等见系字的元音高化得到证明。

另外,山摄一等合口端组字及精组擦音字早在百年前就发生了腭化,它们的元音也符合元音高化的基本条件,即有腭化介音,故也发生了这种现象。从这种现象产生的结果来看,山摄一等合口腭化首先在端组字上发生,然后波及精组擦音字,然而并没有波及精组的塞音和塞擦音。从这种现象发生的时间来看,精组擦音的腭化一定发生在精组细音腭化之后,否则它们必定和其他精组细音字一起腭化了,然而,从高本汉记录的20世纪初太谷方言的语音来看,"酸"仍然读syē,声母并没有腭化。这个字在中期和后期的腭化音读法应该是受普通话影响而发生的变化。由此,我们推测山摄一等合口端组及精组擦音字腭化介音的产生在精组细音声母腭化之后,是很晚才产生的现象。这也说明,腭化音节中的鼻化韵元音升高现象是循环演变现象,只要条件符合,这种现象就会产生。

我们曾指出声母为钝音的非腭化音节也发生了元音高化。它有着严格的条件限制,即一等字。我们可以看到山摄二等的开口字"扮",合口字"鳏、关、还"等字都没有发生元音高化现象,因为它们都没有腭化介音。那么为什么独一等字 p 系和 k 系的非腭化音节发生元音高化了呢? 它们没有腭化介音,元音高化怎么发生了呢? 这是个值得注意的问题。

这些一等非腭化的 p 系和 k 系字是否历史上也曾经产生过腭化介音呢? 如果它们产生过腭化介音,那么它们当然也就符合元音高化的条件了。仅从单字音来看,无论是高本汉记录的太谷话,还是杨述祖记录的太谷话,这些字都没有腭化介音。但是在杨述祖记录的故事中,我们发现太谷方言这些一等字都有腭化介音。如表9所示:

表9　故事标音中的山咸摄一等字读音

例字	汉	看	搬
读音	xiē	kʻiē	piē

这些见系帮系一等字都有腭化介音。这些故事口耳相传,反映的是较早的太谷方言语音。这些字在后来的语音演变中丢失了腭化介音,但这一现象一定发生在元音高化之后,且在高本汉记录太谷方言之前就发生了,这就是我们目前看到的现象。声母为钝音的非腭化音节也发生了元音高化现象。它们原来

也曾产生腭化介音。它们是符合元音高化的条件的。

综上所论,百年前太谷方言山咸摄字所发生的变化主要是鼻音韵尾的弱化及元音高化,其元音高化的条件是具有腭化介音。

百年来,太谷方言山咸摄字发生的音变主要是非腭化韵元音的进一步升高,即 ɛ̃>ẽ。这一音变发生的范围都是非腭化音节。山咸摄的这些非腭化韵曾经也存在过腭化介音。这些韵的腭化介音在高本汉时代的太谷方言单字音中就已经存在了。这些非腭化韵的元音在高本汉时代比腭化韵的元音要低。这就说明,这些非腭化韵的腭化介音产生的时间要比腭化韵腭化介音产生的时间要晚,且它们在后来的演变中消失了。但这种消失一定发生在元音高化之后。这样这些非腭化韵便与腭化韵形成对立的韵,这是因为它们存在着有无介音 i 的对立。有腭化介音的音节,其主要元音舌位高,没有腭化介音的音节,其主要元音舌位稍低,但比从来就没有腭化介音的音节元音要高。这从表1至表8可以清楚地看到。同时,我们认为高本汉记录的 ɛ̃ 和 ẽ 很有可能是同位音。前者由于没有腭化介音,舌位显得稍低,而后者因为有腭化介音,舌位显得稍高。我们知道,高本汉不相信音位学,因此他的记音是音素性记音。现在我们一般采用音位记音,所以 ɛ̃>ẽ 的变化应该是音值性变化,而不是音位性变化。由于高本汉没有对太谷方言进行音系分析,没有制定同音字表,因此上述变化到底是音值性的还是音位性的,还有待进一步考察。不过,从音变的角度看,音值性演变的可能性较大。

从太谷方言山咸摄字读音的演变来看,鼻音韵尾弱化为鼻化韵是所有演变的起点。由此可以看出,相较阳声韵,鼻化韵同阴声韵一样是不稳定的。太谷方言是晋方言核心地区的典型方言,晋方言核心地区腭化音节中的元音倾向于前高化,太谷方言也不例外。

2.2　深臻摄读音的演变

深摄字的读音状况

表10　深摄字的读音

读音时间 \ 例字	禀	临	心	沈	甚	今	琴	音	淫
	深开三上寝帮	深开三平侵来	深开三平侵心	深开三上寝书	深开三上寝禅	深开三平侵见	深开三平侵群	深开三平侵影	深开三平侵以
初期	piẽ	leẽ	çiẽ	tsõ	sõ	tɕiẽ	tɕʰiẽ	iẽ	iẽ
中期	ʿpiẽ	ʿliẽ	ʿçiẽ	ʿsẽ	ʿsẽ	tɕiẽ	tɕʰiẽ	iẽ	iẽ
后期	ʿpiẽ	ʿliẽ	ʿçiẽ	ʿsẽ	ʿsẽ	tɕiẽ	tɕʰiẽ	iẽ	iẽ

臻摄字的读音状况

表11　臻摄一等字的读音

读音时间 \ 例字	吞 臻开一平痕透	跟 臻开一平痕见	恳 臻开一上很溪	痕 臻开一平痕匣	本 臻合一上混帮	敦 臻合一平魂端	尊 臻合一平魂精	坤 臻合一平魂溪	温 臻合一平魂影
初期	tõ	kõ	kʻõ	xõ	põ	tũ	tsũ	kʻũ	uõ
中期	ˌtõ	ˌkõ	ˈkʻõ	ˌxõ	ˈpõ	ˌtũ	ˌtsũ	ˌkʻũ	ˌvõ
后期	ˌtõ	ˌkõ	ˈkʻõ	ˌxõ	ˈpə	ˌtũ	ˌtsũ	ˌkʻũ	ˌvõ

表12-1　臻摄三等字的读音（开）

读音时间 \ 例字	宾 臻开三平真帮	津 臻开三平真精	珍 臻开三平真知	巾 臻开三平真见	银 臻开三平真疑	斤 臻开三平殷见	勤 臻开三平殷群	欣 臻开三平殷晓	隐 臻开三上隐影
初期	piə̃	tɕiə̃	tsə̃	tɕiə̃	ȵiə̃	tɕiə̃	tɕʻiə̃	ɕiə̃	iə̃
中期	ˌpiə̃	ˌtɕiə̃	ˌtsə̃	ˌtɕiə̃	ˌȵiə̃	ˌtɕiə̃	ˌtɕʻiə̃	ˌɕiə̃	ˈiə̃
后期	ˌpiə̃	ˌtɕiə̃	ˌtsə̃	ˌtɕiə̃	ˌȵiə̃	ˌtɕiə̃	ˌtɕʻiə̃	ˌɕiə̃	ˈiə̃

表12-2　臻摄三等字的读音（合）

读音时间 \ 例字	伦 臻合三平谆来	俊 臻合三去稕精	椿 臻合三平谆彻	春 臻合三平谆昌	均 臻合三平谆见	纷 臻合三平文敷	文 臻合三平文明	君 臻合三平文微	训 臻合三去问晓
初期	lyũ	tɕyũ	tsʻũ	tsʻũ	tɕyũ	fõ	uõ	tɕyũ	ɕyũ
中期	ˌlyũ	tɕyũˀ	ˌtsʻũ	ˌtsʻũ	ˌtɕyũ	ˌfõ	ˌvõ	ˌtɕyũ	ɕyũˀ
后期	ˌlyũ	tɕyũˀ	ˌtsʻũ	ˌtsʻũ	ˌtɕyũ	ˌfõ	ˌvõ	ˌtɕyũ	ɕyũˀ

同山咸摄一样,百年前深臻两摄字鼻音韵尾合并且弱化为鼻化韵了,这一点由表10~12可以看出,而这是它们后来一切演变的基础。从表10~12还可以看出,到20世纪初深臻两摄的合口一等字(除影母字外)及合口三等字(除唇音字外)都变成了高元音鼻化韵ũ,而其他则读中元音鼻化韵ə̃或õ。ə̃和õ是同位音,它们的分布呈互补状态,前者出现在有腭化介音的韵,后者反之。深臻两摄的开合韵本来是同韵的,它们的主元音本来是相同的。在这个系列的演变中有没有腭化介音不是演变的关键,而有没有合口介音u却是两类不同演变结果的

根本原因。耐人寻味的是影母合口字,它虽然有合口介音,但它同唇音字一样,没有变成高元音 u。其中的原因,我们将在讨论穿鼻韵时一并讨论,因为这种现象还涉及到穿鼻韵中的字。

百年来,深臻两摄读音最明显的变化就是 ə̃>ə̃。从音位角度说,深臻两摄读音其实并没有发生变化。其表面上的变化是记音方法不同造成的,是音值的变化,而不是音位上的变化。另外,涉及到深臻两摄读音变化的是零声母合口字的合口介音 u 变成了唇齿浊擦音 v。

2.3　江宕摄读音的演变
江摄字的读音状况

表13　江摄字的读音

读音时间 \ 例字	邦	棒	椿	撞	窗	双	江	腔	项
	江开二平江帮	江开二上讲并	江开二平江知	江开二去绛澄	江开二平江初	江开二去绛生	江开二平江见	江开二平江溪	江开二上讲匣
初期	po	po	tsʻuo	tsʻuo	—	fuo	tɕiɔ	tɕʻiɔ	ɕiɔ
中期	ˬpuo	puoˀ	ˬtsʻuo	tsʻuoˀ	ˬtsʻuo	tsʻuoˀ	ˬtɕiɒ	ˬtɕʻiɒ	ɕiɒˀ
后期	ˬpɒ	puoˀ	—	tsʻuoˀ	ˬtsʻuo	tsʻuoˀ	ˬtɕiɒ	ˬtɕʻiɒ	ɕiɒˀ

宕摄字的读音

表14　宕摄一等字的读音

读音时间 \ 例字	旁	当	苍	刚	昂	光	荒	皇	汪
	宕开一平唐并	宕开一平唐端	宕开一平唐清	宕开一平唐见	宕开一平唐疑	宕合一平唐见	宕合一平唐晓	宕合一平唐匣	宕合一平唐影
初期	pʻo	tɔ	tsʻɔ	kɔ	ŋgɔ	kuɔ	xuɔ	xuɔ	ɔ
中期	ˬpʻuo	tɒ	ˬtsʻɒ	kɒ	ˬŋgɒ	ˬkuo	ˬxuo	ˬxuo	ˬvuo
后期	ˬpʻuo	tɒ	ˬtsʻɒ	kɒ	ˬŋgɒ	ˬkuo	ˬxuo	ˬxuo	ˬvɒ

表15　宕摄三等字的读音

读音时间 \ 例字	娘	将	张	庄	昌	疆	方	匡	王
	宕开三平阳泥	宕开三平阳精	宕开三平阳知	宕开三平阳庄	宕开三平阳昌	宕开三平阳见	宕合三平阳非	宕合三平阳溪	宕合三平阳云
初期	ˬȵiɔ	tɕiɔ	tsɔ	tsuɔ	tsʻɔ	tɕiɔ	fo	kʻɔ	uo
中期	ˬȵiɒ	tɕiɒ	tsɒ	tsuo	tsʻɒ	tɕiɒ	fuo	ˬkʻɒ	ˬvuo
后期	ˬȵiɒ	tɕiɒ	tsɒ	tsuo	tsʻɒ	tɕiɒ	fuo	ˬkʻɒ	ˬvuo

　　百年前,太谷方言江宕摄字已经完全丢失了鼻音韵尾,进入阴声韵的行列。同时宕摄的开口庄组字同江摄的开口庄组字一样已经增生了合口介音转入合口。

　　高本汉记录的20世纪初太谷方言江宕摄字的读音同时和假摄二等字、果摄合口字及效摄字同韵。但是现代太谷方言江宕摄字的读音只和假摄二等字和果摄合口字同韵,与效摄无关。这是百年来江宕摄字最主要的变化。但这是否语音演变的实际,值得讨论和澄清。高本汉的记录存在一定的问题,高本汉对太谷方言没有进行音系整理,采用音值记音法。另外,这个问题也和当初赵元任等学者翻译《中国音韵学研究》时所定的原则有关。

　　赵元任等在翻译《方言字汇》时,采用宽式音标将 ɵ 和 o 合并为 o,ɔ 保留。但是 ɔ 对译的是高本汉的 ω,这个 ω 是 o 和 ɑ 之间的音。o 和 ɑ 之间有两个音,ɔ 和 ɒ。这个音到底是指哪一个,高本汉没有进行细分。高本汉有时用 ω 记录 ɔ,有时又用它记录 ɒ。相同的符号记录不同的音,这主要是由于他采用的符号系统中后元音只有4级不足以区别 ɔ 和 ɒ。对此赵元任等在翻译时已经意识到了,别的方言一般不存在 ɔ 和 ɒ 之间的对立,而太谷方言却正好存在,这是表面上看来近百年来太谷方言发生较大变化的原因。

　　高本汉在记音时没有对太谷方言进行音系处理,没有制定同音字表,没有能正确地处理好是否同韵的关系。否则,如果对太谷方言进行音系处理,高本汉就会采用不同的符号来处理假摄二等、果摄合口及效摄之间音值上的对立关系,尤其是假摄二等和效摄音值上的对立关系,而不是采用同一个符号来记录两个处于 o 和 ɑ 之间的音。

　　百年来,太谷方言江宕摄字的演变与深臻摄的演变有相同之处,也有不同之处。相同之处是江宕摄一部分字的演变是音值上的变化而不是音位上的变化,这主要是开口和齐齿两类字。不同之处是,江宕摄还有部分字是属于音位上的变化,而不仅仅是音值上的变化,这主要是合口字。

2.4　梗曾通摄字的演变

梗摄字的读音状况

表16　梗摄二等字的读音

读音时间 \ 例字	烹	撑	更	行	棚	争	耿	幸	横	宏
	梗开二平庚滂	梗开二平庚彻	梗开二平庚见	梗开二去映匣	梗开二平耕并	梗开二平耕庄	梗开二上耿见	梗开二上耿匣	梗合二平庚匣	梗合二平耕匣
初期	pʰõ	tsʰõ	kõ	ɕiɑ̃	pʰõ	tsõ	kõ	ɕiɑ̃	xũ	xũ

续表

读音时间 \ 例字	烹 梗开二平庚滂	撑 梗开二平庚彻	更 梗开二平庚见	行 梗开二去映匣	棚 梗开二平耕並	争 梗开二平耕庄	耿 梗开二上耿见	幸 梗开二上耿匣	横 梗合二平庚匣	宏 梗合二平耕匣
中期	₌p'ə̃	₌ts'ə̃	₌kə̃	ɕiə̃ˀ	₌p'ə̃	₌tsə̃	ˀkə̃	ɕiə̃ˀ	xũ / xə̃	₌xũ
后期	₌p'ə̃	₌ts'ə̃	₌kə̃	ɕiə̃ˀ	₌p'ə̃	₌tsə̃	ˀkə	ɕiə̃ˀ	xə̃	₌xũ

表17 梗摄三等字的读音

读音时间 \ 例字	兵 梗开三平庚帮	京 梗开三平庚见	明 梗开三平庚明	精 梗开三平清精	贞 梗开三平清知	征 梗开三平清章	轻 梗开三平清溪	兄 梗合三平庚晓	倾 梗合三平清溪
初期	piə̃	tɕiə̃	miə̃	tɕiə̃	tsõ	tsõ	tɕ'iə̃	ɕyũ	tɕ'iə̃
中期	₌piə̃	₌tɕiə̃	₌miə̃	₌tɕiə̃	₌tsə̃	₌tsə̃	₌tɕ'iə̃	₌ɕy / ₌ɕyũ	₌tɕ'iə̃
后期	₌piə̃	₌tɕiə̃	₌miə̃	₌tɕiə̃	₌tsə̃	₌tsə̃	₌tɕ'iə̃	₌ɕy / ₌ɕyũ	₌tɕ'iə̃

表18 梗摄四等字的读音

读音时间 \ 例字	瓶 梗开四平青並	丁 梗开四平青端	听 梗开四平青透	宁 梗开四平青泥	星 梗开四平青心	经 梗开四平青见	形 梗开四平青匣	萤 梗合四平青匣	迥 梗合四上迥匣
初期	p'iə̃	tiə̃	t'iə̃	niə̃	ɕiə̃	tɕiə̃	ɕiə̃	—	—
中期	₌p'iə̃	₌tiə̃	₌t'iə̃	₌niə̃	₌ɕiə̃	₌tɕiə̃	₌ɕiə̃	₌iə̃	₌tɕyũ
后期	₌p'iə̃	₌tiə̃	₌t'iə̃	₌niə̃	₌ɕiə̃	₌tɕiə̃	₌ɕiə̃	₌iə̃	₌tɕyũ

曾摄字的读音状况

表19 曾摄一等字的读音

读音时间 \ 例字	崩 曾开一平登帮	朋 曾开一平登並	登 曾开一平登端	增 曾开一平登精	曾 曾开一平登从	僧 曾开一平登心	肯 曾开一上等溪	恒 曾开一平登匣	弘 曾合一平登匣
初期	põ	p'õ	tõ	tsõ	ts'õ	sõ	k'õ	xõ	—
中期	₌pə̃	₌p'ə̃	₌tə̃	₌tsə̃	₌ts'ə̃	₌sə̃	ˀk'ə̃	xõ	xũ
后期	₌pə̃	₌p'ə̃	₌tə̃	₌tsə̃	₌ts'ə̃	₌sə̃	ˀk'ə̃	xõ	xũ

表20　曾摄三等字的读音

读音时间 \ 例字	冰	凭	征	惩	蒸	仍	凝	兴	蝇
字间	曾开三平蒸帮	曾开三平蒸並	曾开三平蒸知	曾开三平蒸澄	曾开三平蒸章	曾开三平蒸日	曾开三平蒸疑	曾开三平蒸晓	曾开三平蒸以
初期	piə̃	p'iə̃	tsõ	ts'õ	tsõ	zõ	ŋiə̃	çiə̃	iə̃
中期	₍piə̃	₍p'iə̃	₍tsə̃	₍ts'ə̃	₍tsə̃	₍zə̃	₍ȵiə̃	₍çiə̃	₍iə̃
后期	₍piə̃	₍p'iə̃	₍tsə̃	₍ts'ə̃	₍tsə̃	₍zə	₍ȵiə̃	₍çiə̃	₍iə̃

通摄字的读音状况

表21　通摄一等字的读音

读音时间 \ 例字	蓬	东	鬃	公	翁	冬	脓	宗	宋
字间	通合一平东並	通合一平东端	通合一平东精	通合一平东见	通合一平东影	通合一平冬端	通合一平冬泥	通合一平冬精	通合一去宋心
初期	p'õ	tũ	tsũ	kũ	uõ	tũ	nõ	tsũ	sũ
中期	₍p'ə̃	₍tũ	₍tsũ	₍kũ	kũ / və̃	₍tũ	₍nõ	₍tsũ	sũˀ
后期	₍p'ə̃	₍tũ	₍tsũ	₍kũ	kũ / və̃	₍tũ	₍nə̃	₍tsũ	sũˀ

表22　通摄三等字的读音

读音时间 \ 例字	风	中	戎	弓	封	冢	茸	恭	雍
字间	通合三平东非	通合三平东知	通合三平东日	通合三平东见	通合三平钟非	通合三上肿知	通合三平钟日	通合三平钟见	通合三平钟影
初期	fõ	tsũ	uõ	kũ	fõ	tsũ	uõ	kũ	yũ
中期	₍fə̃	₍tsũ	və̃ / zũ	₍kũ	₍fə̃	ˀtsũ	və̃ / zũ	₍kũ	₍yũ
后期	₍fə̃	₍tsũ	₍zũ	₍kũ	₍fə̃	ˀtsũ	₍zũ	₍kũ	₍yũ

　　同深臻两摄一样,梗曾通三摄字在20世纪初之前已经完成了鼻音韵尾的弱化变成了鼻化韵。另外值得注意的是,这五摄有共同的演变结果,即开口和齐齿都是中元音 o/ə 鼻化韵,合口和撮口都是高元音 u 鼻化韵,但合口韵中的唇音字和大部分零声母字除外。太谷方言这五摄的演变结果说明,它们是在 n 和 ŋ 合并之后发生的。从太谷方言这五摄现在的非前元音读音形式及晋方言核心地带这五摄的关系及读音形式来看,我们认为太谷方言是深臻两摄的n并入了

梗曾通摄的 ŋ。我们在前面曾说过"在这一系列演变中有没有腭化介音不是演变的关键，而有没有合口介音 u 却是两类不同演变结果的根本原因"。唇音字容易理解，它们的合口介音被声母的圆唇性特征取代，结果导致唇音字在形式上失去部分合口字的性质。影母合口字的演变是什么原因呢？从后来与影母合并的唇音三等微母字及日母字也发生了同样演变的现象来看，这一演变当发生在影微合流及部分日母字变成零声母之后。其实这不光是太谷方言的现象，北京话当中也有类似的现象，如"沃"读 uoʔ 而不读 u，只不过前者是鼻化韵的演变，而普通话则是入声韵的演变而已。然而，究竟是什么原因导致零声母发生了这一演变，还需要深入研究。

　　深臻两摄读音百年来最明显的变化就是 õ>ɔ̃。前面我们认为这只是个同位音的演变而已。通过深臻与梗曾通的比较，结合它们在百年前的演变，我们认为深臻两摄的 n 韵尾先变成 ŋ，然后其前元音也变成了后圆唇元音，并与梗曾通合流。这是百年前已经完成的演变。随着 ŋ 韵尾的弱化，开口字元音的圆唇性也逐渐弱化，变成非圆唇元音，但是由于太谷方言所有的鼻音韵尾已经弱化为鼻化韵（只不过江宕摄的鼻音韵尾已完全脱落，而山咸摄的鼻音韵尾是先变成 n 韵尾，然后才弱化），因此山咸摄的鼻化韵都是前元音鼻化韵，而深臻梗曾通则不同，它们的元音是后元音。在太谷方言只有一套鼻化韵的情况下，鼻化韵在中元音上只有前后的对比，后元音的圆唇与否变得没有意义，因此，õ>ɔ̃ 的发生是很自然的变化。

2.5　太谷方言阳声韵的特点及其演变

2.5.1　太谷方言阳声韵鼻音韵尾弱化的过程

　　从太谷方言鼻音韵尾的演变来看，太谷方言江宕摄鼻音韵尾 ŋ 最早丢失了，它们是先经过弱化还是直接丢失了现在很难证明。不过我们知道这是晋方言的一项特征之一，乔全生[113]认为早在唐五代时期，西北方言江宕摄的 ŋ 韵尾就丢失了，而晋方言的核心地区继承了唐五代西北方音的特征，可见太谷方言江宕摄的鼻音韵尾最早丢失是既定的事实。这一点由太谷方言鼻音韵尾的现状也可以看出。

　　接下来的问题是山咸摄与深臻梗曾通摄的鼻音韵尾是哪一类先弱化。山咸摄的鼻音韵尾演变过程是咸摄的 m 韵尾变成 n 韵尾与山摄合并，然后 n 鼻音韵尾弱化。深臻梗曾通则不同，其过程是深臻两摄的 n 韵尾变成 ŋ，然后 ŋ 韵尾弱化。那么是山咸摄的 n 鼻音韵尾先弱化，还是深臻梗曾通的 ŋ 韵尾先弱化。从太谷方言鼻化韵的演变结果来看,我们推测山咸摄的 n 韵尾先弱化,因为我们看到山咸摄的腭化音节鼻化韵中的元音已经升高,由低元音变成了前中元音,而这一切是需要时间的。

2.5.2　太谷方言鼻化韵与其他方言鼻化韵形成的差异

Matthew Chen(陈渊泉)[41]和张琨[30]曾指出,鼻化作用发生在低元音后边比较普遍,且多半发生在 n 鼻音韵尾的韵母上,也就是说 n 鼻音低元音韵是最早变成鼻化韵的。张琨[30]则进一步指出,汉语方言的鼻音韵尾,"最保守的一组是后高(圆唇)元音后附舌根音韵尾(*oŋ),其次是前高(不圆唇)元音后附舌根鼻音韵尾(*eŋ),最前进的一组韵母是低元音后附舌头鼻音韵尾(*a/an)"。

拿太谷方言与之比较,太谷方言最早丢失鼻音韵尾的不是低元音后附舌头鼻音韵尾(*a/an),而是低元音后附舌根鼻音韵尾。这是太谷方言的特色,也是整个晋方言核心地带方言的特色。

另外,张琨[30]还指出,"关于在低元音后边 *n 韵尾和 *ŋ 韵尾持久性的比较,我们可以归纳成下面三点:(1)*n 韵尾消失的机会比 *ŋ 韵尾多,*ŋ 韵尾保存的机会比 *n 韵尾多;(2)要是 *ŋ 韵尾已经受了鼻化作用的影响,则 *n 韵尾至少也已经受了鼻化作用的影响,甚至已经把鼻音韵尾完全丢掉了,读成纯元音;(3)要是 *ŋ 韵尾完全消失了,则 *n 韵尾也一定已经完全消失掉了"。

就太谷方言来看,张琨的观点并不适合。张琨的观点是基于吴方言和官话方言得出的。其所依据的晋方言的材料只有太原一个点。太谷方言低元音后附舌根鼻音韵尾最早丢失鼻音韵尾,可见 *ŋ 韵尾保存的机会并不比 *n 韵尾多。而且,低元音后附舌根鼻音韵尾丢失了鼻音韵尾,但是 n 韵尾还一直处于鼻化韵的阶段,并没有任何消失的迹象。可见,就太谷方言来说,*ŋ 韵尾的丢失或弱化和其前面元音的高低有密切的关系。如果前面是低元音,则其很早就丢失了,若是非低元音,则其保存的机会就很大。

2.6　结论

上面讨论了太谷方言阳声韵百年前和百年来的发展演变。太谷方言鼻音韵尾弱化消失的过程与其他方言有别。*ŋ 韵尾前元音的高低决定了其保存的机会的大小,这不仅是太谷方言本身的特点,也是晋方言核心地带方言的特点之一。太谷方言鼻音韵尾弱化的过程是先低元音后附舌根鼻音韵尾,其次是低元音后附舌头鼻音韵尾,最后是非低元音后附舌根鼻音韵尾。在低元音后附舌头鼻音韵尾的演化过程中,有无腭化介音是决定其演变结果的重要条件,而在非低元音后附舌根鼻音韵尾的演化过程中,有无合口介音是决定其演变结果的重要条件。

晋方言地处北方山地,在语言演变的地理类型上属于"孤立区域模式"。张光宇[21]曾指出"晋方言主要元音的演变是相当剧烈的"。这一点形成的直接原因就是晋方言鼻音韵尾的弱化消失。晋方言鼻音韵尾的消失与其他汉语方言存在明显的不同,它对音系演变的影响值得我们进一步深入研究,这对全面了解汉语方言鼻音韵尾的演变有重要的补充意义。

3. 入声韵的演变

目前我们看到的、对太谷方言入声韵记录最早的是高本汉的《中国音韵学研究》,从书中记录的20世纪初期太谷方言入声韵的韵类情况来看,当时太谷方言的韵类要比现在复杂得多,这种复杂的入声韵类究竟是太谷方言自身的特点,还是高本汉记音的失误,值得探讨。本节将以《中国音韵学研究·方言字汇》和杨述祖[39]及我们重新调查的太谷20岁左右年轻人的语音材料为基础,把20世纪太谷方言的读音分为初、中、后三个时期,探讨百年来太谷方言入声韵的演变情况。

3.1　咸山摄入声韵的演变

咸摄入声韵的读音

表1　咸摄一等入声韵的读音

读音时间 \ 例字	答 咸开一入合端	踏 咸开一入合透	纳 咸开一入合泥	拉 咸开一入合来	杂 咸开一入合从	蛤 咸开一入合见	合 咸开一入合匣	塔 咸开一入盍透	腊 咸开一入盍来
初期	taʔ	t'aʔ	naʔ	laʔ	tsaʔ	kəaʔ	xəaʔ	t'aʔ	laʔ
中期	taʔ$_2$	t'aʔ$_2$	naʔ$_2$	laʔ$_2$	tsaʔ$_2$	xəʔ$_2$ / kəʔ$_2$	xiaʔ$_2$ / kiaʔ$_2$	t'aʔ$_2$	laʔ$_2$
后期	taʔ$_2$	t'aʔ$_2$	naʔ$_2$	laʔ$_2$	tsaʔ$_2$	xəʔ$_2$ / kəʔ$_2$	xiaʔ$_2$ / kiaʔ$_2$	t'aʔ$_2$	laʔ$_2$

表2　咸摄二等入声韵的读音

读音时间 \ 例字	劄 咸开二入洽知	插 咸开二入洽初	夹 咸开二入洽见	揑 咸开二入洽溪	狭 咸开二入洽匣	甲 咸开二入狎见	鸭 咸开二入狎影
初期	tsaʔ	ts'aʔ	tɕiaʔ	tɕ'iaʔ	ɕiaʔ	tɕiæʔ	iæʔ
中期	tsaʔ$_2$	ts'aʔ$_2$	tɕiaʔ$_2$	tɕ'iaʔ$_2$	ɕiaʔ$_2$	tɕiaʔ$_2$	iaʔ$_2$
后期	tsaʔ$_2$	ts'aʔ$_2$	tɕiaʔ$_2$	tɕ'iaʔ$_2$	ɕiaʔ$_2$	tɕiaʔ$_2$	iaʔ$_2$

表3　咸摄三等入声韵的读音

读音\例字\时间	猎	接	姜	摺	叶	劫	怯	法	乏
	咸开三入叶来	咸开三入叶精	咸开三入叶清	咸开三入叶章	咸开三入叶以	咸开三入业见	咸开三入业溪	咸合三入乏非	咸合三入乏奉
初期	leæʔ	tɕiæʔ	tɕʻiæʔ	tsaʔ	iæʔ	tɕiæʔ	tɕʻiæʔ	faʔ	faʔ
中期	liaʔ$_3$	tɕiaʔ$_3$	tɕʻiaʔ$_3$	tsaʔ$_3$	iaʔ$_3$	tɕiaʔ$_3$	tɕʻiaʔ$_3$	faʔ$_2$	faʔ$_2$
后期	liaʔ$_3$	tɕiaʔ$_3$	tɕʻiaʔ$_3$	tsaʔ$_3$	iaʔ$_3$	tɕiaʔ$_3$	tɕʻiaʔ$_3$	faʔ$_2$	faʔ$_2$

表4　咸摄四等入声韵的读音

读音\例字\时间	帖	叠	协
	咸开四入帖透	咸开四入帖定	咸开四入帖匣
初期	tʻiæʔ	tiæʔ	ɕiæʔ
中期	tʻiaʔ$_2$	tiaʔ$_2$	ɕiaʔ$_2$
后期	tʻiaʔ$_2$	tiaʔ$_2$	ɕiaʔ$_2$

山摄入声韵的读音

表5　山摄一等入声韵的读音

读音\例字\时间	达	辣	葛	渴	泼	脱	夺	阔	豁
	山开一入曷定	山开一入曷来	山开一入曷见	山开一入曷溪	山合一入末滂	山合一入末透	山合一入末定	山合一入末溪	山合一入末晓
初期	taʔ	laʔ	kəaʔ	kʻəaʔ	pʻəaʔ	tʻyæʔ	tyæʔ	kʻuaʔ	xuaʔ
中期	taʔ$_2$	laʔ$_2$	kiaʔ	kʻiaʔ$_2$	pʻaʔ$_2$	tʻyaʔ$_2$	tyaʔ$_2$	kʻuaʔ	xuaʔ
后期	taʔ$_2$	laʔ$_2$	kiaʔ	kʻiaʔ$_2$	pʻiaʔ$_2$	tʻyaʔ$_2$	tyaʔ$_2$	kʻuaʔ	xuaʔ

表6　山摄二等入声韵的读音

读音\例字\时间	八	拔	札	察	瞎	辖	滑	刷	刮
	山开二入黠帮	山开二入黠並	山开二入黠庄	山开二入黠初	山开二入辖晓	山开二入辖匣	山合二入黠匣	山合二入辖生	山合二入辖见
初期	paʔ	paʔ	tsaʔ	tsʻaʔ	xaʔ	xaʔ	xuaʔ	faʔ	kuaʔ
中期	paʔ$_2$	paʔ$_2$	tsaʔ$_2$	tsʻaʔ$_2$	xaʔ$_2$	ɕiaʔ$_2$	xyaʔ$_2$	<u>faʔ$_2$</u> <u>sua$_a$</u>	kuaʔ$_2$
后期	paʔ$_2$	paʔ$_2$	tsaʔ$_2$	tsʻaʔ$_2$	xaʔ$_2$	ɕiaʔ$_2$	xyaʔ$_2$	<u>faʔ$_2$</u> <u>sua$_a$</u>	kuaʔ$_2$

表7　山摄三等入声韵的读音

读音 时间　例字	别	彻	杰	歇	绝	拙	悦	发	月
	山开三 入薛帮	山开三 入薛彻	山开三 入薛群	山开三 入月晓	山合三 入薛从	山合三 入薛章	山合三 入薛以	山合三 入月非	山合三 入月疑
初期	piæʔ	tsʻaʔ	tɕiæʔ	ɕiæʔ	tɕyæʔ	tsuaʔ	yæʔ	faʔ	yæʔ
中期	piaʔ˩	tsʻaʔ˩	tɕiaʔ˩	ɕiaʔ˩	tɕyaʔ˩	tsuaʔ˩	yaʔ˩	faʔ˩	yaʔ˩
后期	piaʔ˩	tsʻaʔ˩	tɕiaʔ˩	ɕiaʔ˩	tɕyaʔ˩	tsuaʔ˩	yaʔ˩	faʔ˩	yaʔ˩

表8　山摄四等入声韵的读音

读音 时间　例字	篾	铁	节	截	结	噎	决	缺	穴
	山开四 入屑明	山开四 入屑透	山开四 入屑精	山开四 入屑从	山开四 入屑见	山开四 入屑影	山合四 入屑见	山合四 入屑溪	山合四 入屑匣
初期	miæʔ	tʻiæʔ	tɕiæʔ	tɕiæʔ	tɕiæʔ	iæʔ	tɕyæʔ	tɕʻyæʔ	ɕyæʔ
中期	miaʔ˩	tʻiaʔ˩	tɕiaʔ˩	tɕiaʔ˩	tɕiaʔ˩	iaʔ˩	tɕyaʔ˩	tɕʻyaʔ˩	ɕyaʔ˩
后期	miaʔ˩	tʻiaʔ˩	tɕiaʔ˩	tɕiaʔ˩	tɕiaʔ˩	iaʔ˩	tɕyaʔ˩	tɕʻyaʔ˩	ɕyaʔ˩

　　根据高本汉的记录,百年前太谷方言山咸摄入声字的塞音尾已经弱化为喉塞音 ʔ。山咸摄基本形成两套入声韵:a 类和 æ 类。前者主要包括非腭化音节,形成 aʔ、əaʔ、iaʔ、uaʔ 4个入声韵;后者主要是腭化音节,形成 eæʔ、iæʔ、yæʔ 3个入声韵。两套入声韵只在咸摄二等有对立,其他则呈互补状态。

　　百年来,太谷方言山咸摄入声韵最明显的变化就是入声韵类的"减少",由20世纪初的7个减少到4个:aʔ、iaʔ、uaʔ、yaʔ。这种变化究竟是语音的系统性演变,还是高本汉的记音问题呢? 从这两套入声韵在20世纪以来的演变来看,它们的演变路径完全相同,而且已经完全合并,更为重要的是,这两套入声韵在高本汉的记音中基本上呈互补状态。由此,我们推测它们的分别可能是高本汉的记音问题。腭化音节中的元音和非腭化音节中的元音之间的差异只是音色上的不同,并没有区别意义的作用,同时这也可能是调查者在有意地区别一、二(开口牙喉音除外)等韵和二(非开口牙喉音)、三、四等韵。根据张文轩[17]的研究,高本汉在记录兰州方音时也存在这种状况,如高本汉将兰州方言效摄二等细音字的韵母记为 io,将三、四等细音字的韵母记为 ci。而这种语音区别在兰州及其周边的方言中都不存在。类似的现象在高本汉所记太谷方言中也存在,如他将效摄三等今读洪音字的元音记为 ə,今读细音字的元音记为 o,然而今天这些韵母的元音并无分别。何耿镛[42]也曾指出过高本汉只以音素记音而未进行音系处理的问题。

3.2　深臻摄入声韵的演变

深摄入声韵的读音

表9　深摄入声韵的读音

读音时间＼例字	立	集	习	涩	执	入	急	泣	吸
	深开三入缉来	深开三入缉从	深开三入缉邪	深开三入缉生	深开三入缉章	深开三入缉日	深开三入缉见	深开三入缉溪	深开三入缉晓
初期	leəʔ	tɕiəʔ	ɕiəʔ	səʔ	tsəʔ	uəʔ	tɕiəʔ	tɕʻiəʔ	ɕiəʔ
中期	liəʔ˧	tɕiəʔ˧	ɕiəʔ˧	səʔ˧	tsəʔ˧	vəʔ˧ / zuəʔ˧	tɕiəʔ˧	tɕʻiəʔ˧	ɕiəʔ˧
后期	liəʔ˧	tɕiəʔ˧	ɕiəʔ˧	səʔ˧	tsəʔ˧	vəʔ˧ / zuəʔ˧	tɕiəʔ˧	tɕʻiəʔ˧	ɕiəʔ˧

臻摄入声韵的读音

表10　臻摄一等入声韵的读音

读音时间＼例字	没	突	猝	骨	窟	忽
	臻合一入没明	臻合一入没定	臻合一入没清	臻合一入没见	臻合一入没溪	臻合一入没晓
初期	məaʔ	tʻuəʔ	tsʻuəʔ	kuəʔ	kʻuəʔ	xuəʔ
中期	məʔ˧	tʻuəʔ˧	tsʻuəʔ˧	kuəʔ˧	kʻuəʔ˧	xuə˧
后期	məʔ˧	tʻuəʔ˧	tsʻuˀ	kuəʔ˧	kʻuəʔ˧	xuə˧

表11　臻摄三等入声韵的读音

读音时间＼例字	笔	七	质	吉	戌	出	橘	佛	掘
	臻开三入质帮	臻开三入质清	臻开三入质章	臻开三入质见	臻合三入质心	臻合三入术昌	臻合三入术见	臻合三入物奉	臻合三入物群
初期	piəʔ	tɕʻiəʔ	tsəʔ	tɕiəʔ	ɕyəʔ	tsʻuəʔ	tɕyəʔ	fəʔ	—
中期	piəʔ˧	tɕʻiəʔ˧	tsəʔ˧	tɕiəʔ˧	ɕyəʔ˧	fəʔ˧ / tsʻuəʔ˧	tɕyəʔ˧	fəʔ˧	tɕya ʔ˧
后期	piəʔ˧	tɕʻiəʔ˧	tsəʔ˧	tɕiəʔ˧	ɕyəʔ˧	fəʔ˧ / tsʻuəʔ˧	tɕyəʔ˧	fəʔ˧	tɕyaʔ˧

百年前,太谷方言深臻两摄入声韵已经完全合并,形成一套入声韵,即

əʔ、eəʔ、iəʔ、uəʔ、yəʔ。这5个入声韵显得有点奇怪,əʔ、iəʔ、uəʔ、yəʔ 相配且形成完整的四呼,而 eəʔ 则只出现在来母上,这显然是互补的。结合前面咸摄入声韵中的 eæʔ 也只出现在来母的情况,以及类似的 əaʔ 只出现在钝音 p 系和 k 系这一情况来看,这种状况不仅适合山咸摄,而且在整个20世纪初的太谷方言中都是如此。由此,我们认为 eəʔ 及 əaʔ 中的 e 和 ə 可能是i的两个音位变体。

百年来,深臻两摄入声韵最大的演变就是介音位置上 e 和 ə 的变化,这个变化和整个系统中 e 和 ə 的变化是一致的。通过下文的表格会清楚地看到,所有的 e 都变成了 i,而 ə 则不同,所有 k 系声母后的 ə 都变成了 i,p 系声母后的 ə 则没有变成 i。

另外,还有个别入声字转入舒声,如"猝"在20世纪后期由 tsʻuəʔ变成 tsʻuˀ,由入声转入去声,丢失喉塞尾。这种演变可能是受普通话影响的结果,就整个太谷方言来说,百年来入声字完全转入舒声的还比较少,待到下文详细分析。

3.3　江宕摄入声韵的演变

江摄入声韵的读音

表12　江摄入声韵的读音

读音时间 \ 例字	驳 江开二 入觉帮	朴 江开二 入觉滂	卓 江开二 入觉知	捉 江开二 入觉庄	朔 江开二 入觉生	觉 江开二 入觉见	确 江开二 入觉溪	岳 江开二 入觉疑	学 江开二 入觉匣
初期	pəaʔ	pʻəaʔ	tsuaʔ	tsuaʔ	faʔ	tɕiæʔ	tɕʻiæʔ	iæʔ	ɕiæʔ
中期	paʔ꜄	pʻaʔ꜄	tsuaʔ꜄	tsuaʔ꜄	suaʔ꜄	tɕiaʔ꜄	tɕʻiaʔ꜄	iaʔ꜄	ɕiaʔ꜄
后期	paʔ꜄	pʻaʔ꜄	tsuaʔ꜄	tsuaʔ꜄	suoˀ	tɕiaʔ꜄	tɕʻiaʔ꜄	iaʔ꜄	ɕiaʔ꜄

宕摄入声韵的读音

表13　宕摄一等入声韵的读音

读音时间 \ 例字	博 宕开一 入铎帮	薄 宕开一 入铎并	铎 宕开一 入铎定	作 宕开一 入铎精	索 宕开一 入铎心	各 宕开一 入铎见	鹤 宕开一 入铎匣	郭 宕合一 入铎见	扩 宕合一 入铎溪
初期	pəaʔ	pəaʔ	taʔ	tsaʔ	saʔ	kəaʔ	xəaʔ	—	kʻuaʔ
中期	paʔ꜄	pɔʔ꜄	tuəʔ꜄	tsaʔ꜄	suaʔ꜄	kiaʔ	xiaʔ	kuəʔ꜄	kʻuaʔ꜄
后期	paʔ꜄	pɔʔ꜄	tuəʔ꜄	tsaʔ꜄	suaʔ꜄	kiaʔ	ɕxie	kuəʔ꜄	kʻuaʔ꜄

表14　宕摄三等入声韵的读音

读音时间 \ 例字	略	爵	削	酌	绰	若	脚	却	缚
	宕开三入药来	宕开三入药精	宕开三入药心	宕开三入药章	宕开三入药昌	宕开三入药日	宕开三入药见	宕开三入药溪	宕合三入药奉
初期	leæʔ	tɕiæʔ	ɕyəʔ	tsaʔ	tsʻaʔ	zuaʔ	tɕyəʔ	tɕʻiæʔ	fəʔ
中期	liaʔ˨	tɕiaʔ˨	ɕyəʔ˨	tsaʔ˨	tsʻaʔ˨	zaʔ˨	tɕyəʔ˨	tɕʻyaʔ˨	fəʔ˨
后期	lyaʔ˨	tɕyaʔ˨	ɕyəʔ˨	tsaʔ˨	tsʻaʔ˨	zaʔ˨	tɕyəʔ˨	tɕʻyaʔ˨	fəʔ˨

百年前，太谷方言江宕摄入声韵形成了3套不同的入声韵，即 aʔ、əaʔ、uaʔ、eæʔ、iæʔ、ɔʔ、yəʔ。这3套入声韵中的前两套 aʔ 与 æʔ 与山咸摄2套入声韵的分布基本上是一致的。æʔ 只出现在来母，əaʔ 只出现在钝音的 p 系和 k 系声母。这2套入声韵基本呈互补状态。另外，一个值得注意的现象是太谷方言已经失去鼻音韵尾的宕摄开口三等阳声韵字仍然读低元音 ɒ，如"娘" niɒ 等，但是由高本汉的记录我们看到，仍具塞音韵尾的"削"和"脚"的主元音却是中元音 ə，且其读音由齐齿变成了撮口。"缚"字与此类似。从宕摄一等字来看，高本汉的记录全是低元音 a，到中期和后期"薄、铎、索、郭"等字则由低元音变成了中元音，而同类的字则至今仍然读低元音，毫无规律可循。太谷方言的这些字读中元音的宕摄入声字显得非常特别。我们认为这些读中元音的宕摄入声字很可能是文读音。试比较太原方言宕摄入声字的读音状况：

表15　太原方言宕摄一等入声字的读音

读音时间 \ 例字	博	薄	铎	作	索	各	鹤	郭	扩
	宕开一入铎帮	宕开一入铎並	宕开一入铎定	宕开一入铎精	宕开一入铎心	宕开一入铎见	宕开一入铎匣	宕合一入铎见	宕合一入铎溪
初期	paʔ	paʔ	tuaʔ	—	suaʔ	kaʔ	xaʔ	—	—
中期	pəʔ˨ / paʔ˨	pəʔ˨ / paʔ˨	—	tsuəʔ˨ / tsuaʔ˨	suəʔ˨ / saɣ˨	kəʔ˨ / kaʔ˨	xəʔ˨ / xaʔ˨	kuəʔ˨ / kuaʔ˨	kʻuəʔ˨ / kʻuaʔ˨
后期	˧pɣʔ	˧pɣʔ	˧tuɣʔ	tsuɣʔ˧	suɣ˧	˧kɣ	xɣ˧	kuəʔ˧	kʻuɣ˧

表16　太原方言宕摄三等入声字的读音

读音时间 \ 例字	略	爵	削	酌	绰	若	脚	却	缚
	宕开三入药来	宕开三入药精	宕开三入药心	宕开三入药章	宕开三入药昌	宕开三入药日	宕开三入药见	宕开三入药溪	宕合三入药並
初期	leəʔ	tɕiəʔ	—	tsaʔ	tsʻaʔ	zaʔ	tɕyəʔ	tɕʻiaʔ	—

续表

读音时间＼例字	略	爵	削	酌	绰	若	脚	却	缚
	宕开三入药来	宕开三入药精	宕开三入药心	宕开三入药章	宕开三入药昌	宕开三入药日	宕开三入药见	宕开三入药溪	宕合三入药並
中期	lieʔ₂	—	ɕyaʔ₂ ɕieʔ₂	—	tsʻəʔ₂ tsʻaʔ₂	zəʔ₂ zaʔ₂	tɕyaʔ₂ tɕieʔ₂	tɕyaʔ₂ tɕʻieʔ₂	faʔ₂
后期	lye⁷	tɕyaʔ₂	ɕyaʔ₂	tsuaʔ₂	tsʻuɤ⁷	zuɤ⁷	tɕyaʔ₂	tɕʻye⁷	fu²

太原方言宕摄入声字在百年前主要读低元音。但太原方言到中期时,宕摄一等字呈现比较规则的文白异读,文读为中元音,白读为低元音。宕摄三等字则稍异,失去 i 介音的字文白异读同一等,文读为中元音,白读为低元音;而保持 i 介音的字虽然都读中元音,但文读为撮口,白读为齐齿。到后期,太原方言文读基本上代替了白读,表现最为明显的就是宕摄入声字全部读中元音,宕摄三等字由开口变成了合口,齐齿变成了撮口,且许多字完全舒化。这显然是受普通话影响的结果。

太谷方言的表现,虽然没有太原方言那么明显,但可以隐约看出其受普通话影响的端倪,如太谷方言后期“略、爵、却”虽然仍保持低元音,但却由齐齿变成了撮口。然而有所不同的是,它没有像太原方言一样在中期表现出明显的成系统的文白异读。我们认为,与其说太谷方言宕摄入声部分字读中元音是受普通话影响的结果,不如说是受与其毗邻的太原方言文读扩散影响的结果。

百年来,太谷方言江宕摄入声最明显的变化之一就是入声韵的简化,即由三套简化为两套,最主要的变化就是 æ 类入声韵的消失。这和山咸摄入声韵的演变是一致的,因此这类演变其实不是语音系统的演变,而是高本汉的记音问题。与此相关的就是介音位置上 e 和 ə 的演变,其演变结果和山咸摄也是一致的,即所有的 e 都变成了 i,而 ə 则不同,所有 k 系声母后的 ə 都变成了 i,p 系声母后的 ə 则没有变成 i。

百年来,太谷方言另一个明显的变化就是一个 p 系的 əaʔ 韵字“薄”由 paʔ 变成了 pəʔ₂,这是一个特别的变化,前面曾指出 p 系 əaʔ 韵中的 ə 基本上是趋于消失,而此处则是 ə 后面的 a 消失了,其中的原因值得进一步研究。

另外,“鹤”在20世纪中期还处在太谷方言江宕摄入声韵的演变道路上,xəaʔ＞xiaʔ,到20世纪后期,它完全舒化,变成了 ₋xie。结合太谷方言阴声韵果摄开口字的演变,果摄开口字在20世纪中期由20世纪初的 ə 变成了 ie。假如"鹤"在20世纪中期还读入声,那么20世纪后期,它的非入声读法应该是来自普通话,但是这个韵在太谷方言中已经不存在了,它已经完全变成了 ie 韵,太谷方言吸收的这个普通话的读音又受到太谷方言自身的调整,调整的结果自然是根据太谷方言自身的演变规律由 xə 变成 xie。

3.4　梗曾通摄入声韵的演变

梗摄入声韵的读音

表17　梗摄二等入声韵的读音

读音时间\例字	百	泽	窄	格	额	麦	责	革	获
	梗开二入陌帮	梗开二入陌澄	梗开二入陌庄	梗开二入陌见	梗开二入陌疑	梗开二入麦明	梗开二入麦庄	梗开二入麦见	梗合二入麦匣
初期	piæʔ	tsəʔ	tsəʔ	kəaʔ	ŋgəaʔ	miæʔ	tsəʔ	kəaʔ	xuaʔ
中期	piaʔ₂	tsəʔ₂	tsəʔ₂	kiaʔ₂	ȵiaʔ₂	miaʔ₂	tsəʔ₂	kiaʔ₂	xyaʔ₂
后期	piaʔ₂	tsəʔ₂	tsəʔ₂	kiaʔ₂	ȵiaʔ₂	miaʔ₂	tsəʔ₂	kiaʔ₂	xyaʔ₂

表18　梗摄三等入声韵的读音

读音时间\例字	碧	逆	壁	积	掷	支	石	益	疫
	梗开三入陌帮	梗开三入陌疑	梗开三入昔帮	梗开三入昔精	梗开三入昔澄	梗开三入昔章	梗开三入昔禅	梗开三入昔影	梗合三入昔以
初期	—	ȵieʔ	pieʔ	tɕieʔ	tsəʔ	tsəʔ	səʔ	iəʔ	—
中期	pieʔ₂	ȵieʔ₂	pieʔ₂	tɕieʔ₂	tsəʔ₂	tsəʔ₂	səʔ₂	iəʔ₂	iəʔ₂
后期	pieʔ₂	ȵieʔ₂	pieʔ₂	tɕieʔ₂	tsəʔ₂	tsəʔ₂	səʔ₂	iəʔ₂	iəʔ₂

表19　梗摄四等入声韵的读音

读音时间\例字	壁	觅	滴	溺	绩	戚	寂	锡	击
	梗开四入锡帮	梗开四入锡明	梗开四入锡端	梗开四入锡泥	梗开四入锡精	梗开四入锡清	梗开四入锡从	梗合四入锡心	梗合四入锡见
初期	piəʔ	miəʔ	tiəʔ	ȵiəʔ	tɕiəʔ	tɕʰiəʔ	tɕiəʔ	ɕiəʔ	tɕiəʔ
中期	piəʔ₂	miəʔ₂	tiəʔ₂	ȵiəʔ₂	tɕiəʔ₂	tɕʰiəʔ₂	tɕiəʔ₂	ɕiəʔ₂	tɕiəʔ₂
后期	piəʔ₂	miəʔ₂	tiəʔ₂	ȵiəʔ₂	tɕiəʔ₂	tɕʰiəʔ₂	tɕiəʔ₂	ɕiəʔ₂	tɕiəʔ₂

曾摄入声韵的读音

表20　曾摄一等入声韵的读音

读音时间＼例字	北	得	肋	则	塞	刻	黑	国	或
	曾开一入德帮	曾开一入德端	曾开一入德来	曾开一入德精	曾开一入德心	曾开一入德溪	曾开一入德晓	曾合一入德见	曾合一入德匣
初期	piəʔ	tiəʔ	leəʔ	tsəʔ	ɕiəʔ	kʻəʔ	xəʔ	kuəʔ	xuəʔ
中期	piəʔ$_2$	tiəʔ$_2$	liəʔ$_2$	tsəʔ$_2$	ɕiəʔ$_2$	kʻəʔ$_2$	xəʔ$_2$	kuəʔ$_2$	xuəʔ$_2$
后期	piəʔ$_2$	tiəʔ$_2$	liəʔ$_2$	tsəʔ$_2$	ɕiəʔ$_2$	kʻəʔ$_2$	xəʔ$_2$	kuəʔ$_2$	xuəʔ$_2$

表21　曾摄三等入声韵的读音

读音时间＼例字	逼	匿	即	直	测	织	极	抑	域
	曾开三入职帮	曾开三入职泥	曾开三入职精	曾开三入职澄	曾开三入职初	曾开三入职章	曾开三入职群	曾开三入职影	曾合一入职云
初期	piəʔ	ȵiəʔ	tɕiəʔ	tsəʔ	tsʻəʔ	tsəʔ	tɕiəʔ	iəʔ	yəʔ
中期	piəʔ$_2$	ȵiəʔ$_2$	tɕiəʔ$_2$	tsəʔ$_2$	tsʻəʔ$_2$	tsəʔ$_2$	tɕiəʔ$_2$	iəʔ$_2$	yəʔ$_2$
后期	piəʔ$_2$	ȵiəʔ$_2$	tɕiəʔ$_2$	tsəʔ$_2$	tsʻəʔ$_2$	tsəʔ$_2$	tɕiəʔ$_2$	iəʔ$_2$	yʔ、yəʔ$_2$

通摄入声韵的读音

表22　通摄一等入声韵的读音

读音时间＼例字	福	陆	肃	竹	菊	绿	足	烛	曲
	通合三入屋非	通合三入屋来	通合三入屋心	通合三入屋知	通合三入屋见	通合三入烛来	通合三入烛精	通合三入烛章	通合三入烛溪
初期	fəʔ	luəʔ	ɕyəʔ	tsəʔ	tɕyəʔ	luəʔ	tɕyəʔ	tsuəʔ	tɕʻyəʔ
中期	fəʔ$_2$	luəʔ$_2$	ɕyəʔ$_2$	tsuəʔ$_2$	tɕyəʔ$_2$	luəʔ$_2$	tɕyəʔ$_2$	tsuəʔ$_2$	tɕʻyəʔ$_2$
后期	fəʔ$_2$	luəʔ$_2$	ɕyəʔ$_2$	tsuəʔ$_2$	tɕyəʔ$_2$	luəʔ$_2$	tɕyəʔ$_2$	tsuəʔ$_2$	tɕʻyəʔ$_2$

表23　通摄三等入声韵的读音

读音时间＼例字	卜	木	秃	速	谷	屋	笃	毒	酷
	通合一入屋帮	通合一入屋明	通合一入屋透	通合一入屋心	通合一入屋见	通合一入屋影	通合一入沃端	通合一入沃定	通合一入沃溪
初期	pəaʔ	məʔ	tʻuəʔ	syəʔ	kuəʔ	uəʔ	tuəʔ	tuəʔ	kʻuəʔ
中期	pəʔ$_2$	məʔ$_2$	tʻuəʔ$_2$	ɕyəʔ$_2$	kuəʔ$_2$	vəʔ$_2$	tuəʔ$_2$	tuəʔ$_2$	kʻuəʔ$_2$
后期	pəʔ$_2$	məʔ$_2$	tʻuəʔ$_2$	ɕyəʔ$_2$	kuəʔ$_2$	vuʔ$_2$、vəʔ$_2$	tuəʔ$_2$	tuəʔ$_2$	kʻuəʔ$_2$

百年前,太谷方言梗摄三、四等,曾摄及通摄入声韵完全合并,除"卜"字外形成 əʔ、eəʔ、iəʔ、uəʔ、yəʔ 一套央元音入声韵。而梗摄二等字则不同,它有 æ 类、a 类和 ɔ 类三套入声韵。梗摄二等入声韵在整个晋方言核心区并州片多读低元音,但太原则不同,太原方言这类字有文白异读,文读中元音,白读低元音。太谷方言知系声母梗摄二等字读中元音似乎是受太原方言的影响所致。

百年来,太谷方言梗摄二等字发生的主要变化就是 æ 类入声韵并入 a 类。这一点和前面讨论的山咸摄及江宕摄入声韵中的 æ 类入声韵的消失是一致的。

梗摄三、四等,曾摄及通摄入声韵百年来的变化很小,只有个别字由入声变成舒声,如"畜、粟、易"等。另外"疫"字虽然仍然读入声,但是已经脱离了太谷方言入声韵演变的轨道,"屋"字已经舒化。

3.5　太谷方言入声韵的舒化

3.5.1　在短语的不同位置出现舒促两种读音

在调查入声字的过程中,我们发现同一个入声字在短语的不同位置读音不同。为了将这种情况调查清楚,我们设计了含有21个入声字的21组短语。这些入声字基本来自《方言调查词汇手册》。这21个入声字的来源及其所组成的短语如下:

月亮、新月、下雪、雪白、热闹、闷热、麻辣、辣椒、开裂、裂开、开阔、阔气、警察、察觉(山摄)

大伯、伯父、小麦、麦子(梗摄)

大叔、叔父、舒服、服务、督促、促进、大陆、陆地、严肃、肃静、食欲、欲望(通摄)

食指、进食、黑板、摸黑(曾摄)

指甲、甲乙(咸摄)

饭桌、桌子(江摄)

快吃、吃饭(臻摄)

收拾、拾起(深摄)

这些入声字在短语的不同位置并不是总是出现舒促两读,而且不同的发音人也有不同的语感。下面我们将发音人具有共同语感的8组短语列为表24。在这些短语的不同位置,入声字出现舒促两读。

表24

例字	促		伯		裂		阔	
地位	通合三入烛清		梗开二入陌帮		山开三入薛来		山合一入末溪	
短语	督促	促进	大伯	伯父	开裂	裂开	开阔	阔气
读音	tsʻuaʔ˳	tsuᵓ	piaʔ˳	˻pe	liaʔ˳	lieᵓ	kʻuaʔ˳	kʻuəᵓ
例字	察		陆		肃		欲	
地位	山开二入黠初		通合三入屋来		通合三入屋心		通合三入烛以	
短语	警察	察觉	大陆	陆地	严肃	肃静	食欲	欲望
读音	tsʻaʔ˳	˻tsʻ˳	luəʔ˳	luᵓ、˻eulʔ˳	ɕyʔ˳	suᵓ、ɕyʔ˳	yʔ˳	yᵓ、yəʔ˳

可以看出,在不同词组中舒入两读的入声字,它的舒声和入声的读音都呈现出相同的规律:同一个入声字,作为短语末字读入声,作为短语首字读舒声。

岩田礼[43]从实验语音学角度对太谷方言入声韵尾的历时变化进行了探讨,认为"太谷话入声的音节时长单读时较长而连读时却短促;闽南话带 -ʔ 的音节与太谷恰恰相反,单读时短促而连读时与舒声音节大致相同。入声的舒声化在有的方言中先开始在话语的末位,而在有的方言中先开始在非末位……太谷话入声音节的紧喉运动在音节末才比较显著。紧喉作用越弱音节时长越长,音节越长喉化的起始时间相对越迟,以至与舒声音节一样了。紧喉作用的弱化在韵母方面引起了元音音质的变化,入声韵与舒声韵合流,太谷话尚未发生韵母的合流"。

岩田礼[43]实验的结果与我们的调查相吻合。正是由于太谷方言入声音节的紧喉运动在音节末才比较显著,因此才出现同一个入声字在双音节末读入声,而出现在双音节首读舒声的现象。太谷方言入声的舒声化首先在短语的首位发生。太谷方言的这种演变方式与同属晋方言的河北永年方言完全相反。永年方言属于晋方言邯新片。在永年方言中,同一个入声字,处于短语首位仍读入声,如"北京"的"北"读 piəʔ˳,处于短语末位读舒声,如"东北"的"北"读 ˻piei。所不同的是,永年方言老中青三代都出现这种状况,而太谷方言的这种状况目前还多出现在年轻人口中。

总之,太谷年轻人的这种读音习惯显示出入声字在舒化过程中的渐变、渐进的过渡性状态。

3.5.2　同一个短语中可舒可促

表25

例字	钵	乞	博	漠	朴	匿	域
音韵地位	山合一入末帮	臻开三入迄溪	宕开一入铎帮	宕开一入铎明	江开二入觉滂	曾开三入职泥	曾合三入职云
组词	衣钵	乞讨	博士	沙漠	朴素	藏匿	西域
读音	paʔ˨ ˌpo	tɕiʔ˨ ˌtɕi	paʔ˨ ˌpo	miaʔ˨ moˀ	pʰaʔ˨ pʰuˀ	niaʔ˨ niˀ	yaʔ˨ yˀ

例字	窄	逆	益	碧	僻	溺	寂
音韵地位	梗开二入陌庄	梗开三入陌疑	梗开三入昔影	梗开三入陌帮	梗开三入昔滂	梗开四入锡泥	梗开四入锡从
组词	宽窄	逆流	有益于	碧绿	僻静	溺水	寂寞
读音	tsəʔ˨ ˌtsei	niəʔ˨ niˀ	iəʔ˨ iˀ	piəʔ˨ piˀ	pʰiəʔ˨ pʰiˀ	niəʔ˨ niˀ	tɕiəʔ˨ tɕiˀ

例字	壁	觅	祝	覆	曲	赎	促
音韵地位	梗开四入锡帮	梗开四入锡明	通合三入屋章	通合三入屋敷	通合三入烛溪	通合三入烛船	通合三入烛清
组词	隔壁	寻觅	祝贺	覆盖	歌曲	赎买	仓促
读音	piəʔ˨ piˀ	miəʔ˨ miˀ	tsuəʔ˨ tsuˀ	fəʔ˨ fuˀ	tɕʰyʔ˨ ˌtɕʰy	fəʔ˨ ˌsu	tsʰuʔ˨ tsʰuˀ

如表25所示,在同一短语中,入声读音是白读音,舒声读音是文读音,且多接近普通话读音。在普通话的影响下,舒声读音会逐渐取代入声读音,最终导致入声舒化。我们还发现,在不同的语境下,随着说话者心理活动的变化、听话对象的不同、环境的变迁等因素的影响,往往使得说话者在选择文白读音时存在某种潜在的取向,如同一个年轻人在对长辈和同龄人说同一个词语时,有时会不自觉地分别选择白读音和文读音以示区别。这种两读现象并不是单纯的语音现象,往往混杂着词汇、语用等方面的影响。文白读的分立也表明太谷方言渐渐向普通话靠近的趋势。

3.5.3　阴入字舒化的速度快于阳入字

由于高本汉记录的太谷方言没有标记声调,且记录字数较少,仅从这些字的演变上无法窥探入声字舒化现象的全貌,因此我们考察太谷方言入声舒化的现象只从中期开始。考察以《方言调查字表》收录的607个(含同形字9个)入声字为准（其中全清220个，次清116个，全浊148个，次浊124个）。根据我们的考察，太谷方言中后期都存在入声舒化的现象，但后期明显多于中期。我们考察入声舒化的标准是单字音读舒声即算舒化，如表26所示：

表26

读　例　字 音 时　间	袭	泄	讫	乞	勃	猝	佛	泊	诺
	深开三入缉邪	山开三入薛心	臻开三入迄见	臻开三入迄溪	臻合一入没並	臻合一入没清	臻合三入物敷	宕开一入铎滂	宕开一入铎泥
中期	ɕiəʔ₂	ɕieʔ	tɕ'iəʔ₂	tɕ'iəʔ	paʔ₂	ts'uəʔ₂	fəʔ₂	p'aʔ₂	nuaʔ₂
后期	₌ɕi	ɕie	tɕ'i	tɕ'i	₌puo	ts'u	₌fu	p'uo	nuo

读　例　字 音 时　间	错	鹤	朔	鲫	亿	翼	域	吓	屐
	宕开一入铎清	宕开一入铎匣	江开二入觉生	曾开三入职精	曾开三入职影	曾开三入职以	曾合三入职云	梗开二入陌晓	梗开三如陌群
中期	ts'uoˀ	xiaʔ₂	suaʔ₂	tɕiˀ	iəʔˀ	iˀ	yəʔ₂	xəʔˀ	tɕiəʔ₂
后期	ts'uoˀ	₌xie	suoˀ	tɕiˀ	iˀ	iˀ	yˀ	xieˀ	₌tɕi

读　例　字 音 时　间	夕	掷	炙	益	易	液	腋	划	役
	梗开三入昔邪	梗开三入昔澄	梗开三入昔章	梗开三入昔影	梗开三入昔以	梗开三入昔以	梗开三入昔以	梗合二入麦匣	梗合三入昔以
中期	ɕiəʔ₂	tsəʔ₂	tsəʔ	iəʔˀ	iˀ	ieˀ	ieˀ	xuɒˀ	iəʔˀ
后期	₌ɕi	tsʅ	tsʅ	iˀ	iˀ	ieˀ	ieˀ	xuɒˀ	iˀ

读　例　字 音 时　间	卜	屋	笃	酷	沃	六	畜	轴
	通合一入屋帮	通合一入屋影	通合一入沃端	通合一入沃溪	通合一入沃影	通合三入屋来	通合三入屋晓	通合三入屋澄
中期	pəʔˀ	vəʔ₂	tuaʔˀ	k'uəʔ	vaʔ₂	luəˀ	ts'uˀ	tsuəʔ₂
后期	peiˀ	₌vu	₌tu	k'uˀ	vuoˀ	₌liəu	ts'uˀ	₌tsəu

读　例　字 音 时　间	淑	肉	粟	嘱	辱	曲	玉
	通合三入屋禅	通合三入屋日	通合三入烛心	通合三入烛章	通合三入烛日	通合三入烛溪	通合三入烛疑
中期	suəˀ	zəuˀ	suˀ	tsuəʔˀ	zuəʔ₂	tɕ'yəʔˀ	yəʔˀ
后期	₌su	zəuˀ	suˀ	₌tsu	₌zu	tɕ'y	yˀ

可以看出，中期和后期都舒化的字共有11个，其中阴入字10个，阳入字1个。后期舒化但中期不舒化的共31个，其中阴入字25个，阳入字6个。入声舒化后，并不保持独立的调类，而是派入其他声调，阴入和阳入的派入方式虽然与普通

话基本一致,但由于太谷方言平声字没有阴阳之分,因此阳入字也都基本派入平声,个别如"轴"派入上声,与普通话不同。

3.6　结论

综上所述,百年来太谷方言入声韵的主要变化,一是入声韵类的减少,二是入声的舒化。入声韵类的减少只是个表面现象,这主要是由于高本汉只以音素记音而并未进行音系处理造成的,并不是语音的系统性变化。入声的舒化虽然还只是少数现象,却是值得关注的。太谷方言的阴入字和阳入字虽然都有舒化现象,但阴入字舒化的速度明显快于阳入字。入声字舒化后不保持独立的调类,而是派入其他声调,归派的方式与普通话基本一致。太谷方言的入声韵虽然百年来几乎没有减少,但入声字在词汇中出现了逐渐舒化的现象,甚至还有个别入声字在单念时也已经完全舒化。太谷方言入声字在词汇中的舒化现象也比较特别,它是在前字位置上舒化,在后字位置上不舒化,而这一点和其他方言正好相反。由太谷方言入声舒化的现象可以看出,这种变化不是太谷方言自身的演变结果,而是普通话推广的影响,其舒化是以文读战胜白读,文读覆盖白读的形式出现的。

还有一点值得关注,那就是太谷方言山咸摄入声韵和江宕摄入声韵并没有和相应的阳声韵一起发生演变,其演变的步调要比相应的阳声韵慢一个节拍。入声韵由 p、t、k 尾弱化为 ʔ 尾,鼻音韵尾由 m、n、ŋ 弱化为鼻化韵,喉塞尾和鼻化韵对音韵系统究竟起了怎样的影响,还值得我们深思和探讨。

第六章　兴县方音百年来的演变

　　兴县位于山西省西北部,属吕梁地区,总面积3165.3平方公里,居全省各县之首。兴县地处黄河中游,吕梁山脉北部西侧晋西北黄土高原。东依石楼山、石堆山与岢岚、岚县接壤;南傍大度山、二青山和临县毗连,北跨岚漪河同保德为邻,西隔黄河与陕西省神木县相望;蔚汾河自东向西横穿中部注入黄河。地处省境西北边缘,远离省、地经济中心、工业中心和铁道线。

图1

　　最早对兴县方言进行记录的是高本汉,有关兴县方言的语音研究还有:20世纪60年代北大中文系汉语专业师生在山西兴县进行方言调查实习记录的语音资料;80年代兴县县政府主持主编的《兴县志》中第四编《方言》;90年代由侯精一、温端政主编山西高校联合出版社出版的《山西方言调查研究报告》。

第一节　声母的演变

　　兴县方言属于晋方言吕梁片汾州小片。《中国音韵学研究》为我们考察百年来兴县方言语音的演变奠定了基础。侯精一、温端政[44]为我们记录了上世纪80年代兴县方言语音的基本状况。白静茹[45]调查了兴县蔡家会镇方言的语音状况,我们重新调查了兴县10个点老中青三代人的语音状况。

1. 古知庄章三组声母的演变

　　百年前古知庄章三组声母在兴县方言中的读音状况,如表1-1所示:

表1-1　20世纪初古知庄章三组声母在兴县方言中的读音状况

	果摄		假摄		遇摄	蟹摄		止摄		效摄	流摄	咸摄	
	开口	合口	开口	合口	合口	开口	合口	开口	合口	开口	开口	开口	合口
tʂ、tʂ'、ʂ	×	×	章	—		知三章		知三		知三章	知三章	知三章	×
ts、ts'、s	×	×	知二庄	—	知二庄	知二庄		庄章	庄	知二庄	庄	知二庄	
tɕ、tɕ'、ɕ	×	×					章		知三章				×

	深摄	山摄		臻摄		宕摄		江摄	曾摄		梗摄		通摄
	开口	开口	合口	开口	合口	开口	合口	开口	开口	合口	开口	合口	合口
tʂ、tʂ'、ʂ	知三章	知三章		知三章		知三章	×	知三章	知三章	×	知三章	×	
ts、ts'、s	庄	知二庄	知庄章	庄	知庄章	庄	×	知二庄	庄	×	知二庄	×	知庄章

可以看出，20世纪初兴县方言除了蟹摄和止摄合口知三章读 tɕ、tɕ'、ɕ 声母外，其他基本上是开口以知二庄和知三章为条件，前者舌尖化与精组洪音合流，后者依然保持卷舌，而合口则也舌尖化与精组洪音合流，唯一的例外就是止摄开口章组声母也已经舌尖化。

20世纪中期和末期古知庄章三组声母在兴县方言中的读音状况，以我们调查的兴县城关中年和青年人的口音为基础，如表1-2所示：

表1-2　20世纪中期和末期古知庄章三组声母在兴县方言的读音状况

		果摄		假摄		遇摄	蟹摄		止摄		效摄	流摄	咸摄	
		开口	合口	开口	合口	合口	开口	合口	开口	合口	开口	开口	开口	合口
中	ts、ts'、s	×	×	知庄章		知庄章	知庄章		知庄章（支合除外）		知庄章	知庄章	知庄章	×
	tɕ、tɕ'、ɕ	×	×							知三章（支合）				×
后	ts、ts'、s	×	×	知庄章		知庄章	知庄章		知庄章（齐合除外）		知庄章	知庄章	知庄章	×
	tɕ、tɕ'、ɕ	×	×							知庄章（齐合）				×

续表

		深摄	山摄		臻摄		宕摄		江摄	曾摄		梗摄		通摄
		开口	开口	合口	开口	合口	开口	合口	开口	开口	合口	开口	合口	合口
中	ts、ts'、s	知庄章	知庄章	×	知庄章	知庄章	知庄章	×	知庄章	×	知庄章	×	知庄章	×	知庄章
后	ts、ts'、s	知庄章	知庄章	×	知庄章	知庄章	知庄章	×	知庄章	×	知庄章	×	知庄章	×	知庄章

可以看出,除了止摄合口齐韵古知三章组声母读 tɕ、tɕ'、ɕ 之外,其他各韵不论开合口均与精组洪音合并读 ts、ts'、s 声母。

通过比较表1-1和表1-2可以看出,兴县方言古知庄章三组声母由20世纪初的 ts、ts'、s 和tʂ、tʂ'、ʂ 两分型变成了现在的 ts、ts'、s 一分型。今天兴县方言已经没有卷舌声母,知庄章三组字完全与精组洪音声母合流,显然属于王洪君[24]所说的Ⅲ型方言,但从高本汉记录的20世纪初的兴县方言来看,当时的兴县方言属于Ⅰ型方言,兴县方言知庄章三组的演变个案从事实上证明Ⅲ型方言确实可以来源于Ⅰ型方言。同时兴县方言知庄章三组开口字的演变说明,最早突破开口知二庄、知三章对立格局的是止摄。

在20世纪初,兴县方言宕摄开口庄组字及江摄开口知二庄组字均变成了合口,且读 ts、ts'、s。由此给我们提出一个问题,即兴县方言宕摄开口庄组字及江摄开口知二庄组字究竟是在变成合口之前已经变成了 ts、ts'、s,还是在变成合口之后才与其他知庄章组合口字一道变成了 ts、ts'、s。由于由开口变成合口的字恰好是知二庄组字,这些字无论是开口还是合口都与精洪合并了,因此仅从目前的状况难以判断它们与精洪合并及变入合口这两个音变发生的先后。

20世纪初蟹摄合口章组字和止摄合口知三章组字读 tɕ、tɕ'、ɕ,到20世纪中后期只有支韵合口的知三章组字读 tɕ、tɕ'、ɕ,蟹摄合口章组字及止摄其他各韵合口的知三章组已经改读为 ts、ts'、s。这表明,20世纪初,蟹摄合口章组及止摄合口知三章组的 tɕ、tɕ'、ɕ 与其他各摄知三章组的 tʂ、tʂ'、ʂ 不属于一个语音层次。读 tɕ、tɕ'、ɕ 的是所谓的支微入鱼的层次,只不过它的范围不限于止摄合口知三章组字,而且还包括蟹摄合口的章组字而已。到20世纪中后期,支微入鱼的覆盖面大大萎缩,只限于止摄支韵合口的知三章组字了。

在知庄章三组声母与精组洪音合流之后,兴县方言的日母也发生了相应的变化，由 ẓ 变成了 z。在20世纪初期，兴县方言的日母有三种读法：儿系列字读零声母；开口字读 ẓ 声母；合口字读 z 声母。随着 tʂ、tʂʻ、ʂ 全部并入 ts、tsʻ、s，ẓ 也全部并入了 z。

2. 轻唇音声母的演变

非敷奉三母的读音状况

表2-1　20世纪三个时期兴县方言非敷奉声母字的读音状况

读音时间\例字	夫	废	非	浮	凡	反	纷	放	风	封
	遇合三平虞非	蟹合三去废非	止合三平微非	流开三平尤奉	咸合三平凡奉	山合三上阮非	臻合三平文敷	宕合三去漾非	通合三平东非	通合三平钟非
初期	fu	fuɛ	fuɛ	fu	fuã	fuã	fuɔ	fuɔ	fuɔ	fuɔ
中期	₌xu	xuei⸴	₌xuei	₌xu	₌xuæ̃	ᵋxuæ̃	₌xuəŋ	xuɤ⸴	₌xuəŋ	₌xuəŋ
后期	₌xu	xuei⸴	₌xuei	₌xu	₌xuæ̃	ᵋxuæ̃	₌xuəŋ	xuɤ⸴	₌xuəŋ	₌xuəŋ

微母字的读音状况

表2-2　20世纪三个时期兴县方言微母字的读音状况

读音时间\例字	武	尾	万	袜	文	勿	亡
	遇合三上虞微	止合三上尾微	山合三去愿微	山合三入月微	臻合三平文微	臻合三入物微	宕合三平阳微
初期	vu	vɛ	vã	vaʔ	vɤ̃	vəʔ	və
中期	₌u	uei⸴	væ̃⸴	₌uaʔ	₌uəŋ	₌uəʔ	₌xy
后期	₌u	uei⸴	uæ̃⸴	₌uaʔ	₌uəŋ	₌uəʔ	₌xy

由表2-1可以看出，非敷奉三母由20世纪初的 f 变成了中期和后期的 x，这说明兴县方言经历了 f>x/__u。从流摄开口三等的"浮"也变成了 ₌xu 这一事实来看，f>x/__u 音变一定发生在流摄开口三等轻唇音字转入遇摄之后。

由表2-2可以看出，微母由20世纪初期的 v 变成了现在的零声母。在20世纪中，还有个别字读 v 母，到后期则全部变成了零声母。

3. 鼻音声母的演变

明母字的读音状况

表3-1　20世纪三个时期明母字的读音状况

读音时间\例字	魔	马	埋	米	美	蛮	满	民	墨	木
	果合一平戈明	假开三上马明	蟹开二平皆明	蟹开四上荠明	止开三上旨明	山开二平删明	山合一上缓明	臻开三平真明	曾开一入德明	通合一入屋明
初期	mbə	mba	mbai	mbi	mbɛ	mbã	mbəŋ	mbiɔ	mbiəʔ	mbəʔ

续表

读音时间 \ 例字	魔	马	埋	米	美	蛮	满	民	墨	木
	果合一平戈明	假开三上马明	蟹开二平皆明	蟹开四上荠明	止开三上旨明	山开二平删明	山合一上缓明	臻开三平真明	曾开一入德明	通合一入屋明
中期	₅mY	₅ma	₅mɑi	ˆmi	ˆmei	₅mæ	₅mɑŋ	₅miŋ	miɘʔ	mɘʔ
后期	₅mY	₅ma	₅mɑi	ˆmi	ˆmei	₅mæ	₅mɑŋ	₅miŋ	miɘʔ	mɘʔ

泥母字的读音状况

表3-2　20世纪三个时期泥母字的读音状况

读音时间 \ 例字	拿	奴	男	暖	嫩	能	咬	年	匿	宁
	假开二平麻泥	遇合一平模泥	咸开一平覃泥	山合一上缓泥	臻合一去恩泥	曾开一平登泥	效开二上巧疑	山开四平先泥	曾开三入职泥	梗开四去径泥
初期	nba	mbo	mbã	nduəŋ	nduə̃	ndə̃	n̠d̠iau	n̠d̠iŋ	n̠d̠iəʔ	n̠d̠iə̃
中期	₅na	₅nəu	₅nan	ˆnuəŋ	ˆnuəŋ	₅nəŋ	ˆniau	₅niŋ	niəʔ	₅niŋ
后期	₅na	₅nəu	₅nan	ˆnuəŋ	ˆnuəŋ	₅nəŋ	ˆniau	₅niŋ	niəʔ	₅niŋ

疑母字的读音状况

表3-3-1　20世纪三个时期古开口一等疑母字的读音状况

读音时间 \ 例字	蛾	艾	熬	藕	岸	昂
	果开一平歌疑	蟹开一去泰疑	效开一平豪疑	流开一上厚疑	山开一去翰疑	宕开一平唐疑
初期	ŋgə	ŋgɛ	ŋgu	ŋgo	ŋgɛn	ŋgə
中期	₅na	₅nəu	₅nan	ˆnəu	nuəŋ	₅nəŋ
后期	₅na	₅nəu	₅nan	ˆnəu	nuəŋ	₅nəŋ

表3-3-2　20世纪三个时期其他疑母字的读音状况

读音时间 \ 例字	卧	衙	瓦	愚	艺	外	危	验	眼	逆
	果合一去过疑	假开三平麻疑	假合二上马疑	遇合三平虞疑	蟹开三去祭疑	蟹合一去泰疑	止合三平支疑	咸开三去艳疑	山开二上产疑	梗开三入陌疑
初期	uo	ia	ua	yi	i	uɛ	uɛ	iŋ	n̠d̠iã	n̠d̠iəʔ
中期	uY	₅ia	ˆua	₅y	i	uei	ˆuei	iæ	ˆiæ	niəʔ
后期	uY	₅ia	ˆua	₅y	i	uei	ˆuei	iæ	ˆiæ	niəʔ

鼻音声母的去塞化　由表4可以看出,在20世纪初期兴县方言的明、泥母字

和开口一等疑母字都带有同部位的浊塞音 b、d／d、g。这一特点和罗常培[35]考察的唐五代西北方音一致。乔全生[13]认为晋方言是唐五代西北方音的直系后裔。从高本汉记录的兴县方言来看,其明母和泥母读鼻音加同部位浊塞音的范围与传统的明母和泥母一致,而疑母字则已经发生了重要的变化。疑母字保留鼻音加同部位浊塞音读法的字只存在于一等开口洪音字,其他则基本上变成零声母,只有个别齐齿呼字读同泥母细音,如"眼"和"研"等。

晋方言的鼻音声母带有同部位的浊塞音是否为这一支方言的原生态? 从唐五代西北方音到现代晋方言,鼻音声母带有同部位的浊塞音一脉相承,似乎证明其原生态就是带有同部位浊塞音的。但同时这只是重唇音的情况。轻唇音则没有任何痕迹。如果早期重唇音带有同部位浊塞音,那么是变成轻唇音的这部分重唇音字本身就没有同部位浊塞音,还是它们在分化的同时失去了同部位的浊塞音呢? 这个问题现在难以考证,以待来贤。

20世纪中后期,兴县方言的鼻音声母全部失去了同部位的浊塞音,也就是说它们发生了去塞化。

疑母齐齿呼字读同泥母细音的萎缩　20世纪初兴县方言疑母开口一等字带有同部位的塞音,有一些开口细音字也带有同部位的塞音,这些字与泥母的细音字声母一样。这些字之所以没有像其他大部分细音字一样变成零声母,是因为在这之前它们已经变成了泥母细音,但也有可能它们根本就不是同一个读音层次。这些字同疑母一等一样也经历了去塞化。不过在去塞化的同时,这些读同泥母细音的疑母字正在萎缩。

4. 百年来兴县方言声母演变的原因

4.1　内部因素

任何一种语言都是一个完整的系统,其变化都要受到系统的制约和影响。"方言中某些语音成分的变化主要不是以个体为单位的自由行动,而是声韵调各个不同层级的集群的集体性变化。也就是说,语音变化要受到语音系统的制约,具有系统性"[46]。就兴县方言声母的演变来说,由系统调整而引起的声母的演变主要体现在日母字声母由 z_{l} 变成 z。

日母字本来就与章组声母相配,当章组由卷舌变为舌尖之后,系统中就剩下日母为卷舌了,这样就造成日母字的z在发音部位的聚合关系上处于孤立的地位。在聚合关系中处于孤立地位的音不稳定,容易发生变化,为了保持与章组声母的平行性,日母字由卷舌的 z_{l} 变成了舌尖的 z。

4.2 外部因素

就引起兴县方言声母演变的外部因素来说,晋方言区域特征的影响和官话方言的影响是两个重要的方面。

晋方言吕梁片共15个点,中古知庄章精的分合关系上有四种类型:一是开口知₂庄读 ts、ts'、s 与精洪合并,知₃章读 tʂ、tʂ'、ʂ,合口合并为 tʂ、tʂ'、ʂ,如石楼、汾阳、中阳、大宁、永和、蒲县;二是开口知₂庄读 ts、ts'、s 与精洪合并,知₃章读 tʂ、tʂ'、ʂ,合口亦读 ts、ts'、s 与精洪合并,如离石、临县、方山、隰县;三是开口知庄章读 ts、ts'、s 与精洪合并,合口读 pf、pf'、f,如静乐;四是知庄章精合并为 ts、ts'、s,如汾西、兴县和岚县。

吕梁片方言早期都是知₂庄、知₃章两分型。由此出发,我们可以认为上述四种类型发展的先后次序为一>二>三、四。从这四种类型的分布来看,第一种类型主要分布在南部,第二种类型主要分布在中部,第三和第四种类型主要分布在北部。就知₂庄与知₃章的分合来看,由南向北逐渐呈合并态势。

晋方言并州片方言共16个点,古知庄章精的分合关系有三种类型:一是开口知₂庄读 ts、ts'、s,知₃章读 tʂ、tʂ'、ʂ,合口并入精组洪音也读 ts、ts'、s;二是开口知₂庄读 ts、ts'、s,知₃章读 tʂ、tʂ'、ʂ,合口与精组洪音对立读 pf、pf'、f。三是古知庄章三组声母并入精组洪音都读 ts、ts'、s,平遥、孝义、介休、祁县、太谷属于第一种类型,娄烦属于第二种类型,太原、文水、清徐、盂县、寿阳、榆次、交城、榆社、灵石、阳曲属于第三种类型。由此来看,第一种和第三种类型是主流,而第三种类型是主导类型,因为它们属于核心地区。更为主要的是就知₂庄与知₃章的分合来看,这三种类型也是由南向北呈合并态势。

晋方言并州片知庄章精合流成为主导类型,成为晋方言的区域性特征,在这一特征的影响下,兴县方言也走了类似的道路。

根据乔全生[13]的研究,晋方言非敷奉读 x 主要集中在并州片的祁县、平遥、文水、孝义和吕梁片的离石、隰县、石楼。这里虽然没有提到兴县,但是兴县也是非敷奉读 x 的典型方言。根据《中国音韵学研究》的记录,属于晋方言并州片的文水方言在20世纪初非敷奉就读 x,这一点与兴县不同。兴县方言在20世纪初非敷奉三母还是读 f。这似乎说明,f 读 x 的范围在20世纪初要比现在小,f 读 x 是后起的。

但是,根据张清常[48]的研究,天城梵书与汉字对音反映的宋西北方音就已经出现了轻唇音读如舌根轻擦音的现象。张清常曾将这一现象与文水方言作比较,认为它们是一脉相承的。假如我们承认文水 f 读 x 自宋代以来即如此,我们就必须承认这一现象正在扩散之中。这似乎正在逐渐成为晋方言并州片和吕梁片的一项区域性特征。不过这还没有成为主流特征。

20世纪初兴县方言的明泥疑三组声母分别读 mb、nd / ɳɖ 和 ŋg。唐五代宋西北方言普遍存在的这些读音其西部已为兰银官话所覆盖,但在东部的晋方言中却大面积保存下来了。这个事实越来越为学者所认可。兴县方言鼻音声母的去塞化与唐五代西北方言的西部为兰银官话覆盖属于相同的变化,这应该说是受官话方言的影响。

20世纪初期,兴县方言的微母还读 v,到中期和后期变成了零声母。在官话方言中,微母大都变成了零声母,有些是 v/ø 自由变读,不区别意义。兴县方言的这一变化表明,晋方言早期微母读 v 的范围要比现在大,随着时间发展以及官话方言影响,微母逐渐变成了零声母。

通过对20世纪初中后三期兴县方言声母的考察及其演变原因的分析,可以发现百年来兴县方言的声母发生了剧烈的变化,这些变化是兴县方言音系内部调整和晋方言区域特征扩散及官话方言影响的结果。这表明,晋方言并州片和吕梁片都是晋方言核心区域。

第二节　韵母的演变

1. 阴声韵的演变

1.1　果摄字的演变

从高本汉的记录来看,除了见系字仍保持果摄开合口之间的对比外,其他果摄合口字都失去了合口介音。值得注意的是果摄合口的端系字和帮系字,其中帮系和端系来母字的主元音和其他开口字一样是 ə,端系非来母字主元音和保持合口的见系字一样为后元音 o。这样的结果显示出果摄开合口发生了变化,但是果摄开口端系非来母字与果摄合口之间是否具有音位上的对立则是值得关注的。

果摄字在20世纪三个时期的读音状况

表1　果摄字在20世纪三个时期的读音状况

读音时间＼例字	多 果开一 平歌端	歌 果开一 平歌见	颇 果合一 平戈滂	朵 果合一 上果端	骡 果合一 平戈来	过 果合一 去过见	火 果合一 上果晓	茄 果开三 平戈群	瘸 果合三 平戈群
初期	tə	kə	pʻə	to	lə	kuo	xuo	—	—
中期	ˀtʏ	ˀkʏ	ˀpʻʏ	ˀtuʏ	ˀlʏ	kuʏˀ	ˀxuʏ	ˌtɕiɛ	ˌtɕʻyɛ

续表

读音时间\例字	多	歌	颇	朵	骡	过	火	茄	瘸
	果开一平歌端	果开一平歌见	果合一平戈滂	果合一上果端	果合一平戈来	果合一去过见	果合一上果晓	果开三平戈群	果合三平戈群
后期	ˌtɣ	ˌkɣ	ˈpʻɣ	ˈtuɣ	ˌlɣ	kuɣ˧	xuɣˈ	tɕʻiɛ˧	tɕʻyɛ˧

由中期和后期读音状况来看,除了唇音之外,中古的果摄合口字仍然为合口。值得注意的是果摄合口端系非来母字,它们由初期的 o 变成了 uɣ,与见系合口字继续保持一致。而果摄开口的端系字仍然读开口,这一点与北京话不同。在北京话中,果摄端系开口字均变成了合口。而兴县方言则不同,除了果摄端系来母字转入开口之外,其他仍然保持开合口的区别。这从侧面说明,高本汉记录的初期的果摄合口端系非来母字的o确与开口的端系字ə是音位上的区别,而不仅仅是音值上的区别。

在北京话中,果摄字的演变以果摄开口端系字转入合口及果摄合口见系部分字转入开口为主。这一点在兴县方言中表现不同,兴县方言不存在果摄开口转入合口的现象,果摄合口转入开口的也不是见系而是端系的来母字。

1.2 遇摄字的演变

遇摄字在20世纪三个时期的读音状况

表2-1 遇摄模韵系字在20世纪三个时期的读音状况

读音时间\例字	补	土	奴	卢	租	粗	苏	沽	苦
	遇合一上姥帮	遇合一上姥透	遇合一平模泥	遇合一平模来	遇合一平模精	遇合一平模清	遇合一平模心	遇合一平模见	遇合一上姥溪
初期	pu	tʻu	ndo	lo	tso	tsʻo	so	ku	kʻu
中期	ˈpu	ˈtʻu	ˌnou	ˌlou	ˌtsou	ˌtsʻou	ˌsou	ˌku	kʻu
后期	ˈpu	ˈtʻu	ˌnou	ˌlou	ˌtsou	ˌtsʻou	ˌsou	ˌku	kʻu

表2-2 遇摄鱼韵系字在20世纪三个时期的读音状况

读音时间\例字	女	吕	序	猪	阻	诸	居	去	虚
	遇合三上语泥	遇合三上语来	遇合三上语邪	遇合三平鱼知	遇合三上语庄	遇合三平鱼章	遇合三平鱼见	遇合三去御溪	遇合三平鱼晓
初期	nȡyi	lyi	çyi	tsu	tsu	tsʻu	tɕyi	tɕʻyi	çyi
中期	ˈny	ˈly	çyˈ	ˌtsu	ˌtsu	ˌtsu	ˌtɕy	tɕʻyˈ	ˌçy
后期	ˈny	ˈly	çyˈ	ˌtsu	ˌtsu	ˌtsu	ˌtɕy	tɕʻyˈ	ˌçy

表2-3　遇摄虞韵系字在20世纪三个时期的读音状况

读音\时间\例字	夫	缕	取	诛	雏	主	拘	驱	愚
	遇合三平虞非	遇合三上虞来	遇合三上虞清	遇合三平虞知	遇合三平虞崇	遇合三上虞章	遇合三平虞见	遇合三平虞溪	遇合三平虞疑
初期	fu	lyi	tɕʻyi	tsu	tsu	tsʻu	tɕyi	tɕʻyi	yi
中期	₌xu	ʻly	ʻtɕʻy	₌tsu	₌tsʻu	ʻtsu	₌tɕy	₌tɕʻy	₌y
后期	₌xu	ʻly	ʻtɕʻy	₌tsu	₌tsʻu	ʻtsu	₌tɕy	₌tɕʻy	₌y

由高本汉的记录可以看出，百年前模韵端系的精组字及泥母和来母字由 u 变成了 o。比较表2-1、2-2和2-3可以看出，知庄章合口字已经与精组洪音合流，但知庄章组字却没有发生 u>o 的音变，这说明在知庄章合口字与精组洪音合流之前模韵的精组字已经发生了 u>o音变，而这一次音变不是循环性演变，等到知庄章组符合这一演变条件时，已经错过了演变的时间，故没有发生上述演变。

百年来遇摄字主要发生了两项变化：一是初期的 yi 变成了 y，二是初期的 o 变成了 ou。第一项变化似乎不是演变关系，而是记音问题。第二项变化是否为实际的语音演变待到下节再讨论。

遇摄韵母的变化显示，兴县方言和其他晋方言及汾河片中原官话不同。在大多数晋方言和汾河片中原官话中，遇摄的庄组字和模韵的精组字一样经历了 u>ou 的变化，但是兴县却不同，兴县的庄组字没有经历这样的变化。这在一个方面说明了晋方言的语音演变的复杂性及个体差异。

1.3　蟹摄字的演变

蟹摄字在20世纪三个时期的读音状况

表3-1-1　蟹摄一等开口字在20世纪三个时期的读音状况

读音\时间\例字	胎	来	灾	材	该	贝	带	奈	盖
	蟹开一平咍透	蟹开一平咍来	蟹开一平咍精	蟹开一平咍从	蟹开一平咍见	蟹开一去泰帮	蟹开一去泰端	蟹开一去泰泥	蟹开一去泰见
初期	tʻai	lɛ	tsɛ	tsʻɛ	kɛ	pɛ	tɛ	ndɛ	kɛ
中期	₌tʻei	₌lei	₌tsei	₌tsʻei	₌kei	peiˀ	teiˀ	neiˀ	keiˀ
后期	₌tʻei	₌lei	₌tsei	₌tsʻei	₌kei	peiˀ	teiˀ	neiˀ	keiˀ

表3-1-2　蟹摄一等合口字在20世纪三个时期的读音状况

读音\时间 \ 例字	辈	堆	雷	催	魁	兑	最	外	会
	蟹合一 去队帮	蟹合一 平灰端	蟹合一 平灰来	蟹合一 平灰清	蟹合一 平灰溪	蟹合一 去泰定	蟹合一 去泰精	蟹合一 去泰疑	蟹合一 去泰匣
初期	pɛ	tuɛ	luɛ	tsʻuɛ	kʻuɛ	tuɛ	tsuɛ	uɛ	xuɛ
中期	pei²	꜀tuei	꜀luei	꜀tsʻuei	꜀kʻuɛ	tuei²	tsuei²	uei²	xuei²
后期	pei²	꜀tuei	꜀luei	꜀tsʻuei	꜀kʻuɛ	tuei²	tsuei²	uei²	xuei²

表3-2-1　蟹摄二等皆韵系开口字在20世纪三个时期的读音状况

读音\时间 \ 例字	拜	排	埋	斋	豺	皆	谐	挨
	蟹开二 去怪帮	蟹开二 平皆并	蟹开二 平皆明	蟹开二 平皆庄	蟹开二 平皆崇	蟹开二 平皆见	蟹开二 平皆匣	蟹开二 平皆影
初期	pai	pʻai	mbai	tsai	tsʻai	tɕiæ	ɕiæ	ŋgai
中期	pai²	꜀pʻai	꜀mai	꜀tsai	꜀tsʻai	꜀tɕiɛ	꜀ɕiɛ	꜀ŋai
后期	pai²	꜀pʻai	꜀mai	꜀tsai	꜀tsʻai	꜀tɕiɛ	꜀ɕiɛ	꜀ŋai

表3-2-2　蟹摄二等佳韵系及夬韵字开口字在20世纪三个时期的读音状况

读音\时间 \ 例字	牌	买	派	奶	债	钗	佳	街	败
	蟹开二 平佳并	蟹开二 上蟹明	蟹开二 去卦滂	蟹开二 上蟹泥	蟹开二 去卦庄	蟹开二 平佳初	蟹开二 平佳见	蟹开二 平佳见	蟹开二 去夬并
初期	pʻai	mbai	pʻɛ	ndai	tsai	tsʻa	tɕia	tɕiæ	pai
中期	꜀pʻai	꜀mai	pʻei²	꜀nai	tsai²	꜀tsʻai	tɕia	꜀tɕiɛ	pʻai²
后期	꜀pʻai	꜀mai	pʻei²	꜀nai	tsai²	꜀tsʻai	tɕia	꜀tɕiɛ	pʻai²

表3-2-3　蟹摄二等合口字在20世纪三个时期的读音状况

读音\时间 \ 例字	怪	坏	挂	画	快	话
	蟹合二 去怪见	蟹合二 去怪匣	蟹合二 去卦见	蟹合二 去卦匣	蟹合二 去夬溪	蟹合二 去夬匣
初期	kuai	xuai	kua	xua	kʻuai	xua
中期	kuai²	xuai²	kʻua²	xua²	kʻuai²	xua²
后期	kuai²	xuai²	kʻua²	xua²	kʻuai²	xua²

表3-3-1　蟹摄开口三四等字在20世纪三个时期的读音状况

读音 时间　　　例字	敝	祭	制	艺	批	题	西	启	诣
	蟹开三 去祭並	蟹开三 去祭精	蟹开三 去祭章	蟹开三 去祭疑	蟹开四 平齐滂	蟹开四 平齐定	蟹开四 平齐心	蟹开四 上荠溪	蟹开四 去霁疑
初期	pi	tɕʻi	tsʅ	i	pʻi	tʻi	ɕi	tɕʻi	i
中期	pi²	tɕi²	tsʅ²	i²	ˌpʻi	ˌtʻi	ˌɕi	ˌtɕʻi	i²
后期	pi²	tɕi²	tsʅ²	i²	ˌpʻi	ˌtʻi	ˌɕi	ˌtɕʻi	i²

表3-3-2　蟹摄合口三、四等字在20世纪三个时期的读音状况

读音 时间　　　例字	岁	税	卫	锐	废	吠	圭	奎	慧
	蟹合三 去祭心	蟹合三 去祭书	蟹合三 去祭云	蟹合三 去祭以	蟹合三 去废非	蟹合三 去废奉	蟹合四 平齐见	蟹合四 平齐溪	蟹合四 去霁匣
初期	ɕyi	ɕyi	uɛ	yi	fuɛ	fuɛ	kuɛ	kʻuɛ	xuɛ
中期	suei²	suei²	uei²	zuei²	xuei²	xuei²	ˌkuei	ˌkʻuei	xuei²
后期	suei²	suei²	uei²	zuei²	xuei²	xuei²	ˌkuei	ˌkʻuei	xuei²

由表3-1和表3-2可以看出,兴县方言蟹摄字百年前所走的路与官话方言不同。蟹摄是典型的外转摄,在官话方言中,蟹摄所走的路是一等合口为一类,一等开口和二等为一类。但兴县方言则不同,其所走的道路是蟹摄一等为一类,不分开合口,蟹摄二等为一类亦不分开合口。这是一项重要的演变,是兴县方言区别于其他方言的重要特征。

另一项重要的特征是蟹摄合口三等祭韵字读 yi,前文曾经说过这个 yi 应该就是 y,是记音的问题。这是所谓支微入鱼的扩展性表现,和其他三等字读 uɛ 不是一个层次。

由高本汉的记录来看,百年来兴县方言蟹摄发生的主要变化:一是 ɛ>ei。这可能是记音的问题;二是蟹摄三等祭韵合口失去支微入鱼的层次,变得与其他三等合口和四等合口一样。

蟹摄的演变显示了兴县方言的独特性,兴县方言的这种演变代表了晋方言蟹摄演变的一个类型。

1.4　止摄字的演变

止摄字在20世纪三个时期的读音状况

表4-1-1　　止摄开口支韵系字在20世纪三个时期的读音状况

读音时间 \ 例字	披	离	斯	知	差	支	儿	骑	移
	止开三平支滂	止开三平支来	止开三平支心	止开三平支知	止开三平支初	止开三平支章	止开三平支日	止开三平支群	止开三平支以
初期	pʻi	li	sʅ	tʂʅ	—	tsʅ	ɚ	tɕʻi	i
中期	₌pʻi	₌li	₌sʅ	₌tʂʅ	₌tsʻʅ	₌tsʅ	ɚˀ	₌tɕʻi	₌ʅ
后期	₌pʻi	₌li	₌sʅ	₌tʂʅ	₌tsʻʅ	₌tsʅ	ɚˀ	₌tɕʻi	₌ʅ

表4-1-2　　止摄合口支韵系字在20世纪三个时期的读音状况

读音时间 \ 例字	累	随	吹	垂	睡	诡	亏	危	为
	止合三上纸来	止合三平支邪	止合三平支昌	止合三平支禅	止合三去寘禅	止合三上纸见	止合三平支溪	止合三平支疑	止合三平支云
初期	lyi	ɕyi	tɕʻyi	tɕʻyi	ɕyi	kuɛ	kʻuɛ	uɛ	uɛ
中期	˄luei	₌ɕy	₌tɕʻy	₌tɕʻy	ɕyˀ	˄kuei	₌kʻuei	₌uei	₌uei
后期	˄luei	₌ɕy	₌tɕʻy	₌tɕʻy	ɕyˀ	˄kuei	₌kʻuei	₌uei	₌uei

表4-2-1　　止摄开口脂韵系字在20世纪三个时期的读音状况

读音时间 \ 例字	琵	梨	资	迟	师	鸱	二	肌	伊
	止开三平脂並	止开三平脂来	止开三平脂精	止开三平脂澄	止开三平脂生	止开三平脂昌	止开三去至日	止开三平脂见	止开三平脂影
初期	pʻi	li	tsʅ	tʂʻʅ	sʅ	tsʻʅ	ɚ	tɕi	i
中期	₌pʻi	₌li	₌tsʅ	₌tʂʻʅ	₌sʅ	₌tsʻʅ	ɚˀ	₌tɕi	₌ʅ
后期	₌pʻi	₌li	₌tsʅ	₌tʂʻʅ	₌sʅ	₌tsʻʅ	ɚˀ	₌tɕi	₌ʅ

表4-2-2　　止摄合口脂韵系字在20世纪三个时期的读音状况

读音时间 \ 例字	醉	虽	追	槌	锥	水	龟	柜	惟
	止合三去至精	止合三平脂心	止合三平脂知	止合三平脂澄	止合三平脂章	止合三上旨书	止合三平脂见	止合三去至群	止合三平脂以
初期	tɕyi	ɕyi	tɕyi	tɕʻyi	tɕyi	ɕyi	kuɛ	kuɛ	vɛ
中期	tsueiˀ	₌ɕy	₌tsuei	₌tsʻuei	₌tsuei	˄suei	₌kuei	kʻueiˀ	₌uei
后期	tsueiˀ	₌ɕy	₌tsuei	₌tsʻuei	₌tsuei	˄suei	₌kuei	kʻueiˀ	₌uei

表4-3　止摄开口之韵系字在20世纪三个时期的读音状况

读音时间 ＼ 例音字	你	狸	慈	痴	使	诗	耳	欺	医
	止开三 上止泥	止开三 平之来	止开三 平之从	止开三 平之彻	止开三 上止生	止开三 平之书	止开三 上止日	止开三 平之溪	止开三 平之影
初期	nʐi	li	tsʅ	tʂʅ	ʂʅ	ʂʅ	ɚ	tɕʻi	i
中期	⁼ni	₌li	₌tsʅ	₌tsʅ	⁼ʂʅ	⁼ʂʅ	⁼ɚ	₌tɕʻi	₌i
后期	⁼ni	₌li	₌tsʅ	₌tsʅ	⁼ʂʅ	⁼ʂʅ	⁼ɚ	₌tɕʻi	₌i

表4-4-1　止摄开口微韵系字在20世纪三个时期的读音状况

读音时间 ＼ 例音字	几	祈	希	衣	几	岂
	止开三 平微见	止开三 平微群	止开三 平微晓	止开三 平微影	止开三 上尾见	止开三 上尾溪
初期	tɕi	tɕʻi	çi	i	tɕi	tɕʻi
中期	₌tɕi	₌tɕʻi	₌çi	₌i	⁼tɕi	⁼tɕʻi
后期	₌tɕi	₌tɕʻi	₌çi	₌i	⁼tɕi	⁼tɕʻi

表4-4-2　止摄合口微韵系字在20世纪三个时期的读音状况

读音时间 ＼ 例音字	非	妃	肥	尾	鬼	挥	威	违
	止合三 平微非	止合三 平微敷	止合三 平微奉	止合三 上尾微	止合三 上尾见	止合三 平微晓	止合三 平微影	止合三 平微云
初期	fuɛ	fuɛ	fuɛ	vɛ	kuɛ	xuɛ	uɛ	uɛ
中期	₌xuei	₌xuei	₌xuei	⁼uei	⁼kuei	₌xuei	₌uei	₌uei
后期	₌xuei	₌xuei	₌xuei	⁼uei	⁼kuei	₌xuei	₌uei	₌uei

　　根据表4,可以看出百年前兴县方言的止摄已经完成的演变主要有两项:一是大部分止摄合口的腭化介音已经丢失,即由细音转为洪音;二是止摄合口支韵和脂韵残存支微入鱼的现象,仍然保留细音读法。这和蟹摄三等合口祭韵的细音读法是一致的,但是否同一时间形成的,还有待考察。

　　百年来,兴县方言止摄韵母主要变化是止摄合口支韵和脂韵支微入鱼现象进一步萎缩。20世纪初,支韵和脂韵合口几乎全部都是细音读法,还保留支微入鱼的现象。20世纪中后期,脂韵合口细音读法成了个别现象,只有支韵合口大多还保留支微入鱼的现象。

　　根据刘勋宁[49]的研究,支微入鱼是中原官话曾经存在的一个语音层次。兴县方言状况表明,早期中原官话的辐射面要比现在大。

1.5 效摄字的演变

效摄字在20世纪三个时期的读音状况

表5-1 效摄一等豪韵系字在20世纪三个时期的读音状况

读音时间＼例字	堡	毛	刀	劳	遭	曹	高	考	袄
音韵地位	效开一上晧帮	效开一平豪明	效开一平豪端	效开一平豪来	效开一平豪精	效开一平豪从	效开一平豪见	效开一上晧溪	效开一上晧影
初期	pau	mbau	tau	lau	tsau	ts'au	ku	k'au	ŋgu
中期	ˬpau	ˌmau	ˬtau	ˌlau	ˬtsau	ˌts'au	ˌkou	ˬk'au	ˌŋou
后期	ˬpau	ˌmau	ˬtau	ˌlau	ˬtsau	ˌts'au	ˌkou	ˬk'au	ˌŋou

表5-2 效摄二等肴韵系字在20世纪三个时期的读音状况

读音时间＼例字	包	茅	铙	罩	爪	抄	交	敲	咬
音韵地位	效开二平肴帮	效开二平肴明	效开二平肴泥	效开二去效知	效开二上巧庄	效开二平肴初	效开二平肴见	效开二平肴溪	效开二上巧疑
初期	pau	mbau	ndau	tsau	tsau	ts'au	tɕiau	tɕ'iau	ndiau
中期	ˬpau	ˌmau	ˌnau	tsau˭	ˬtsua	ˌts'au	ˌtɕiau	ˌtɕ'iau	ˬiau
后期	ˬpau	ˌmɑu	ˌnau	tsau˭	ˬtsua	ˌts'au	ˌtɕiau	ˌtɕ'iau	ˬiau

表5-3 效摄三等宵韵系字在20世纪三个时期的读音状况

读音时间＼例字	表	苗	燎	焦	消	朝	招	骄	乔
音韵地位	效开三上小帮	效开三平宵明	效开三平宵来	效开三平宵精	效开三平宵心	效开三平宵知	效开三平宵章	效开三平宵见	效开三平宵群
初期	piu	mbiu	lyu	tɕiu	ɕiu	tʂu	tʂu	tɕiu	tɕ'iu
中期	ˬpiou	ˌmiau	ˌliou	ˌtɕiou	ɕiou	ˌtsau	ˌtsou	ˌtɕiou	ˌtɕ'iou
后期	ˬpiou	ˌmiau	ˌliou	ˌtɕiou	ɕiou	ˌtsau	ˌtsou	ˌtɕiou	ˌtɕ'iou

表5-4 效摄四等宵韵系字在20世纪三个时期的读音状况

读音时间＼例字	刁	挑	调	掉	尿	聊	叫	窍	晓
音韵地位	效开四平萧端	效开四平萧透	效开四平萧定	效开四去啸定	效开四去啸泥	效开四平萧来	效开四去啸见	效开四去啸溪	效开四上筱晓
初期	tiu	t'iu	t'iu	tiu	ndiu	lyu	tɕiu	tɕ'iu	ɕiu
中期	ˌtiou	ˌt'iou	ˌt'iou	tiou˭	niou˭	ˌliou	tɕiou˭	tɕ'iau˭	ˬɕiou
后期	ˌtiou	ˌt'iou	ˌt'iou	tiou˭	niou˭	ˌliou	tɕiou˭	tɕ'iou˭	ˬɕiou

就高本汉的记录来看，百年前兴县方言效摄字已经完成了元音高化的演变。其表现是效摄一等的见系字及三、四等字完成了元音高化，其元音由早期的 au 变成了 u。这是值得关注的一种变化。这一变化没有涉及二等喉牙音字，说明三、四等字的元音高化发生在二等字开口喉牙音产生 i 介音之前。

比较表 5 所反映的 20 世纪三个时期效摄的读音状况，我们可以发现兴县方言效摄一等见系字及三、四等字发生了继续高化——裂化。20 世纪初期的 u 发生了 u>ou 裂化。

效摄一等见系字和三、四等字在兴县方言中经历了元音高化的过程，由早期的复元音单化高化为后高元音 u，接着再由后高元音 u 裂化为 ou。但是 20 世纪初兴县方言效摄的 u 与遇摄的 u 是不同的，遇摄的 u 并没有发生效摄那样的裂化。

1.6　流摄字的演变

流摄字在 20 世纪三个时期的读音状况

表6–1　流摄一等侯韵系字在20世纪三个时期的读音状况

读音时间 例字	母 流开一上厚明	斗 流开一上厚端	头 流开一平侯定	髅 流开一平侯来	走 流开一上厚精	叟 流开一上厚心	钩 流开一平侯见	口 流开一上厚溪	偶 流开一上厚疑
初期	mbu	to	t'o	lo	tso	so	ko	k'o	ŋgo
中期	⸢mu	⸢tou	₌t'ou	₌lou	⸢tsou	⸢sou	₌kou	⸢k'ou	₌ŋou
后期	⸢mu	⸢tou	₌t'ou	₌lou	⸢tsou	⸢sou	₌kou	⸢k'ou	₌ŋou

表6–2　流摄三等尤韵系字在20世纪三个时期的读音状况

读音时间 例字	浮 流开三平尤奉	谋 流开三平尤明	钮 流开三上有泥	流 流开三平尤来	酒 流开三上有精	抽 流开三平尤彻	愁 流开三平尤崇	周 流开三平尤章	丘 流开三平尤晓
初期	fu	mbu	n̠dio	leo	tɕio	tʂ'o	ts'o	tʂo	tɕ'io
中期	₌xu	₌mu	⸢n̠iou	₌liou	⸢tɕiou	₌tʂ'ou	₌ts'ou	⸢tsou	₌tɕ'iou
后期	₌xu	₌mu	⸢n̠iou	₌liou	⸢tɕiou	₌tʂ'ou	₌ts'ou	⸢tsou	₌tɕ'iou

表6–3　流摄三等尤韵系字在20世纪三个时期的读音状况

读音时间 例字	彪 流开三平幽帮	谬 流开三去幽明	丢 流开三平幽端	纠 流开三上黝见	幽 流开三平幽影	幼 流开三去幽影
初期	—	mbiu	—	—	—	ieə

续表

读音时间＼例字	彪	谬	丢	纠	幽	幼
	流开三平幽帮	流开三去幽明	流开三平幽端	流开三上黝见	流开三平幽影	流开三去幽影
中期	ˍpiou	miouˀ	ˍtiou	ˍtɕiou	ˍiou	iouˀ
后期	ˍpiou	miouˀ	ˍtiou	ˍtɕiou	ˍiou	iouˀ

由高本汉的记录来看,20世纪初兴县方言流摄字主要完成了两项变化:一是帮系字转入遇摄,二是非帮系字由早期的复合元音变成了 o。

比较表6所反映的20世纪初、中、后三期兴县方言流摄的读音状况,可以看出百年来兴县方言的流摄字经历了 o>ou 这一音变,和遇摄模韵精组字的演变是一致的,应该是同一层次的演变。这也从侧面说明,遇摄模韵字的变化是语音的演变,不仅仅是记音的问题。

比较效摄和流摄百年来的演变我们可以看出,效摄一等见系和三、四等字到20世纪中后期发生了合并,这是一项特别的变化。不过随着时间的演变,也有个别字脱离了这一演变的轨道,变得与普通话类似。

1.7　兴县方言阴声韵韵母演变的特点及其原因

兴县方言的阴声韵韵母在演变上既表现出强烈的独立特点又表现出受普通话影响的端倪,尤其是中期以后,兴县年轻一代受普通话的影响有增强的趋势。一些字的韵母径直向普通话靠拢,这是个值得注意的问题。

任何一种语言都是一个完整的系统,其变化都要受到系统的制约和影响。就兴县方言来说,主要体现在以下几个方面:

在20世纪初,兴县方言止摄开口庄章组声母已经和精组洪音合并,但知组还保持卷舌音。到20世纪中后期,兴县方言止摄开口知庄章三组声母都与精组洪音合并,随着止摄知组声母的舌尖化,止摄知组字的韵母也由舌尖后高元音 ʅ 变成了舌尖前高元音 ɿ。

从高本汉的记录及后来的演变来看,效摄一等见系的u及三、四等的 iu 与遇摄的 u 和 y 有很大的不同。效摄的 u 后来发生了 u>ou 裂化,而遇摄的 u 却没有发生这一变化。之所以效摄的 u 会发生裂化,就是因为效摄的高化导致其元音与遇摄冲突,结果导致效摄 u 的裂化。这与其他方言的变化有所不同,大多数晋方言在这种状况下都是遇摄元音继续高化,如文水方言等。

同周围其他晋方言一样,兴县方言的模韵精组字发生了 u>ou 裂化。这一演变由南部的中原官话向北部的晋方言逐渐扩散,影响渐趋衰落。尽管如此,这一特征已经成为中南部及西部晋方言和汾河片中原官话的一项区域性特征。

果摄开口端系字在晋方言并州片多与普通话一样由开口变成了合口或与合口演变一致。但在吕梁片,果摄开口端系字在兴县、柳林、汾阳及隰县都仍然保持开口的特征,这已然成为吕梁片的另一项区域性特征。

在20世纪初,兴县方言果摄合口端系字都变成了开口。到20世纪中后期,除了来母字外,其他端系合口字均又恢复了合口的读法,这显然是普通话影响的结果。只有来母字仍然保持兴县方言自己的特征。

20世纪初,兴县方言支微入鱼现象的覆盖面要比现在大,支微入鱼曾是中原官话存在的一个层次,后来它的影响渗透到晋方言。随着普通话影响的逐步加深,支微入鱼层次逐步被普通话蚕食。这显示出兴县方言受普通话影响正在逐步加深。

1.8　结论

从兴县方言这几个阴声韵韵母的演变来看,兴县方言无论是在吕梁片还是在整个晋方言都是一个个性鲜明的方言,这一点由前文对兴县方言声母演变的研究也可看出。兴县方言既表现出在晋方言区域性特征总体特征影响下的独立发展,又表现出在普通话影响下的个性泯灭和迁移。我们将在此基础上,继续对兴县方言进行长期的跟踪性记录和研究,以期发现它新的发展和变化。

2. 阳声韵的演变

2.1　山咸摄字的演变

山摄字的读音状况

表1-1　山摄一等字的读音状况

读 例 音 字 时 间	滩 山开一 平寒透	檀 山开一 平寒定	残 山开一 平寒从	干 山开一 平寒见	盘 山合一 平桓并	端 山合一 平桓端	攒 山合一 平桓清	酸 山合一 平桓心	官 山合一 平桓见
初期	tʰã	tʰã	tsʻã	kæŋ	pʻəŋ	tuəŋ	tsʻuəŋ	suəŋ	kuəŋ
中期	tʰæ̜	tʰæ̜	tsʻæ̜	kæŋ	pʻəŋ	tuəŋ	tsʻæ̜ŋ	suəŋ	kuəŋ
后期	tʰæ̜	tʰæ̜	tsʻæ̜	kæŋ	pʻəŋ	tuəŋ	tsʻæ̜ŋ	suəŋ	kuəŋ

表1-2 山摄二等字的读音状况

读音时间\例字	扮	山	艰	删	颜	鳏	撰	关	还
	山开二去裥帮	山开二平山生	山开二平山见	山开二平删生	山开二平删疑	山合二平山见	山合二上潸崇	山合二平删见	山合二平删匣
初期	pã	sã	tɕiã	sã	iã	kuã	tsuã	kuã	xuã
中期	pæ̃ʔ	ˌsæ̃	ˌtɕiæ̃	ˌsæ̃	ˌiæ̃	ˌkuæ̃	tsuæ̃ʔ	ˌkuæ̃	ˌxuæ̃
后期	pæ̃ʔ	ˌsæ̃	ˌtɕiæ̃	ˌsæ̃	ˌiæ̃	ˌkuæ̃	tsuæ̃ʔ	ˌkuæ̃	ˌxuæ̃

表1-3-1 山摄三等开口字的读音状况

读音时间\例字	鞭	仙	缠	善	件	延	建	言	宪
	山开三平仙帮	山开三平仙心	山开三平仙澄	山开三上狝禅	山开三上仙群	山开三平仙以	山开三去愿见	山开三平元疑	山开三去愿晓
初期	piŋ	ɕiŋ	tsʰəŋ	səŋ	tɕiŋ	iŋ	tɕiŋ	iŋ	ɕiŋ
中期	ˌpiŋ	ˌɕiŋ	ˌtsʰəŋ	səŋˈ	tɕiŋˈ	ˌiŋ	tɕiŋˈ	ˌiŋ	ɕiæ̃
后期	ˌpiŋ	ˌɕiŋ	ˌtsʰəŋ	səŋˈ	tɕiŋˈ	ˌiŋ	tɕiŋˈ	ˌiŋ	ɕiæ̃

表1-3-2 山摄三等合口字的读音状况

读音时间\例字	全	传	专	软	捲	员	反	劝	元
	山合三平仙从	山合三平仙澄	山合三平仙章	山合三上狝日	山合三上仙见	山合三平仙云	山合三上阮非	山合三去愿溪	山合三去元疑
初期	tɕʰỹ	tsʰuəŋ	tsuəŋ	zuəŋ	—	ỹ	fuã	tɕʰỹ	ỹ
中期	tɕʰỹŋ	tsʰuəŋ	tsuəŋ	zuəŋ	tɕʰỹŋ	ỹŋ	xuæ̃	tɕʰỹŋ	ỹŋ
后期	tɕʰỹŋ	tsʰuəŋ	tsuəŋ	zuəŋ	tɕʰỹŋ	ỹŋ	xuæ̃	tɕʰỹŋ	ỹŋ

表1-4 山摄四等字的读音状况

读音时间\例字	片	颠	年	千	肩	牵	贤	玄	渊
	山开四去霰滂	山开四平先端	山开四平先泥	山开四平先清	山开四平先见	山开四平先溪	山开四平先匣	山合四平先匣	山合四平先影
初期	pʰiŋ	tiŋ	ndiŋ	tɕʰiŋ	tɕiŋ	tɕʰiŋ	ɕiŋ	ɕỹ	ỹ
中期	pʰiŋˈ	ˌtiæ̃	ˌniŋ	tɕʰiŋ	tɕiŋ	tɕʰiŋ	ˌɕiŋ	ˌɕỹŋ	ˌỹŋ
后期	pʰiŋˈ	ˌtiæ̃	ˌniŋ	tɕʰiŋ	tɕiŋ	tɕʰiŋ	ˌɕiŋ	ˌɕỹŋ	ˌỹŋ

咸摄字的读音状况

表2-1　咸摄一等字的读音状况

读音时间＼例字	贪	男	参	感	含	担	三	甘	酣
	咸开一平覃透	咸开一平覃泥	咸开一平覃清	咸开一上感见	咸开一平覃匣	咸开一平谈端	咸开一平谈心	咸开一平谈见	咸开一平谈匣
初期	tã	ndã	tsʻã	kã	xã	tã	sã	kəŋ	xəŋ
中期	ˌtʻæ̃	ˌnæ̃	ˌtsʻæ̃	ˈkæ̃	ˌxæ̃	ˌtæ̃	ˌsæ̃	ˌkəŋ	ˌxæ̃
后期	ˌtʻæ̃	ˌnæ̃	ˌtsʻæ̃	ˈkæ̃	ˌxæ̃	ˌtæ̃	ˌsæ̃	ˌkəŋ	ˌxæ̃

表2-2　咸摄二等字的读音状况

读音时间＼例字	站	斩	馋	黪	咸	搀	监	嵌	衔
	咸开二去陷知	咸开二上豏庄	咸开二平覃崇	咸开二上豏见	咸开二平咸匣	咸开二平衔初	咸开二平衔见	咸开二平衔溪	咸开二平衔匣
初期	tsã	tsã	tsʻã	—	çiã	tsʻã	tɕiã	tɕʻiã	çiã
中期	tsæ̃	ˈtsæ̃	ˈtsʻæ̃	ˈtɕiæ̃	ˌçiæ̃	ˌtsʻæ̃	ˌtɕiæ̃	ˌtɕʻiæ̃	ˌçiæ̃
后期	tsæ̃	ˈtsæ̃	ˈtsʻæ̃	ˈtɕiæ̃	ˌçiæ̃	ˌtsʻæ̃	ˌtɕiæ̃	ˌtɕʻiæ̃	ˌçiæ̃

表2-3　咸摄三等字的读音状况

读音时间＼例字	尖	占	沾	染	钳	欠	严	泛	凡
	咸开三平盐精	咸开三平盐章	咸开三平盐知	咸开三上琰日	咸开三平盐群	咸开三去酽溪	咸开三平严疑	咸合三去梵敷	咸合三平凡奉
初期	tɕiŋ	—	tsəŋ	zəŋ	tɕʻiŋ	tɕiŋ	iŋ	fuã	fuã
中期	ˌtɕiæ̃	ˈtsæ̃	ˌtsæ̃	ˈzæ̃	ˌtɕʻiæ̃	tɕʻiæ̃ˀ	ˌiæ̃	xuæ̃	ˌxuæ̃
后期	ˌtɕiæ̃	ˈtsæ̃	ˌtsæ̃	ˈzæ̃	ˌtɕʻiæ̃	tɕʻiæ̃ˀ	ˌiæ̃	xuæ̃	ˌxuæ̃

表2-4　咸摄四等字的读音状况

读音时间＼例字	点	添	甜	念	兼	谦	嫌
	咸开四上忝端	咸开四平添透	咸开四平添定	咸开四去桥泥	咸开四平添见	咸开四平添溪	咸开四平添匣
初期	tiŋ	tʻiŋ	tʻiŋ	n̪diŋ	tɕiŋ	tɕʻiŋ	—
中期	ˈtiŋ	ˌtʻiŋ	ˈtʻiŋ	niŋˀ	ˌtɕiŋ	ˌtɕʻiŋ	ˌçiŋ
后期	ˈtiŋ	ˌtʻiŋ	ˈtʻiŋ	niŋˀ	ˌtɕiŋ	ˌtɕʻiŋ	ˌçiŋ

根据高本汉的记录,兴县方言山摄演变模式完全符合典型外转摄的演变模

式，即一开＝二≠一合＝三、四合≠三、四开。唯一的例外是一等开口见系与合口同韵。咸摄不是典型的外转摄，它没有合口，故其演变模式与山摄稍有不同，它基本上是一等＝二等≠三、四等。另外，20世纪初兴县山摄一开（见系除外）与二等为鼻化韵，一合与三、四等为ŋ尾韵。咸摄与此类似，一（见系除外）、二等为鼻化韵，三、四等为 ŋ 尾韵。

20世纪以来，兴县方言山咸摄字基本沿用了20世纪初的音类格局，没有发生什么变化。只是在音值上，早期的鼻尾韵变成了中后期的鼻化韵。

保持典型外转摄的演变模式是兴县方言的特色之一，这不仅在吕梁片是一个特色，就是在整个晋方言也是一个特色。

2.2　深臻摄读音的演变

深摄字的读音状况

表9　深摄字的读音

读＼例　音＼字　时＼间	禀	临	心	沈	甚	今	琴	音	淫
音间	深开三上寝帮	深开三平侵来	深开三平侵心	深开三上寝书	深开三上寝禅	深开三平侵见	深开三平侵群	深开三平侵影	深开三平侵以
初期	piə̃	leə̃	ɕl̩ĩ	ʂl̩ĩ	ʂə̃	tɕiə̃	tɕʻiə̃	iə̃	iə̃
中期	ˀpiŋ	ˍɕiə̃	ˍɕiŋ	ˍɕiŋ	səŋˀ	ˍtɕiŋ	ˍtɕʻiŋ	ˍiŋ	ˍiŋ
后期	ˀpiŋ	ɕ.ʦ̩ə̃	ˍsəŋ	ˍsəŋ	səŋˀ	ˍtɕiŋ	ˍtɕʻiŋ	ˍiŋ	ˍiŋ

臻摄字的读音状况

表10　臻摄一等字的读音

读＼例　音＼字　时＼间	痕	跟	恳	恩	本	敦	尊	坤	温
音间	臻开一平痕匣	臻开一平痕见	臻开一上很溪	臻开一平痕影	臻合一上混帮	臻合一平魂端	臻合一平魂精	臻合一平魂溪	臻合一平魂影
初期	xə̃	kə̃	kʻə̃	ŋə̃	pə̃	tuə̃	tsuə̃	kʻuə̃	uə̃
中期	ˍxəŋ	ˍkəŋ	kʻəŋˀ	ŋəŋˀ	pəŋˀ	ˍtuəŋ	ˍtsuəŋ	ˍkʻuəŋ	ˍuəŋ
后期	ˍxəŋ	ˍkəŋ	kʻəŋˀ	ŋəŋˀ	pəŋˀ	ˍtuəŋ	ˍtsuəŋ	ˍkʻuəŋ	ˍuəŋ

表11-1　臻摄三等字的读音（开）

读＼例　音＼字　时＼间	宾	津	珍	巾	银	斤	勤	欣	隐
音间	臻开三平真帮	臻开三平真精	臻开三平真知	臻开三平真见	臻开三平真疑	臻开三平殷见	臻开三平殷群	臻开三平殷晓	臻开三上隐影
初期	piə̃	tɕiə̃	tʂə̃	tɕiə̃	iə̃	tɕiə̃	tɕʻiə̃	ɕiə̃	iə̃

续表

读音 时间 \ 例字	宾	津	珍	巾	银	斤	勤	欣	隐
	臻开三平真帮	臻开三平真精	臻开三平真知	臻开三平真见	臻开三平真疑	臻开三殷见	臻开三殷群	臻开三殷晓	臻开三上隐影
中期	₍piŋ	₍tɕiŋ	₍tsəŋ	₍tɕiŋ	₍niŋ	₍tɕiŋ	₍tɕʻiŋ	₍ɕiŋ	ʔiŋˀ
后期	₍piŋ	₍tɕiŋ	₍tsəŋ	₍tɕiŋ	₍niŋ	₍tɕiŋ	₍tɕʻiŋ	₍ɕiŋ	ʔiŋˀ

表11-2　臻摄三等字的读音（合）

读音 时间 \ 例字	伦	俊	椿	春	均	纷	文	君	训
	臻合三平谆来	臻合三去稕精	臻合三平谆彻	臻合三平谆昌	臻合三平谆见	臻合三平文敷	臻合三平文微	臻合三平文见	臻合三去问晓
初期	luɔ̃	tɕyɔ̃	tsʻuɔ̃	tsʻuɔ̃	tɕyɔ̃	fuɔ̃	vɔ̃	tɕyɔ̃	ɕyɔ̃
中期	₍luəŋ	tɕyŋˀ	₍tsʻuəŋ	₍tsʻuəŋ	₍tɕyŋ	₍xuəŋ	₍uəŋ	₍tɕyŋ	ɕyŋˀ
后期	₍luəŋ	tɕyŋˀ	₍tsʻuəŋ	₍tsʻuəŋ	₍tɕyŋ	₍xuəŋ	₍uəŋ	₍tɕyŋ	ɕyŋˀ

　　由高本汉的记录来看，20世纪初，兴县方言深臻两摄已经完全合并，且基本变成鼻化韵。

　　20世纪以来，兴县方言深臻两摄基本没有发生什么变化，只是深臻两摄由高本汉记录的鼻化韵变成了ŋ尾韵，这或许不是演变的问题，而是和高本汉的记音有关。

2.3　江宕摄读音的演变

江摄字的读音状况

表12　江摄字的读音

读音 时间 \ 例字	邦	棒	椿	撞	窗	双	江	腔	项
	江开二平江帮	江开二上讲并	江开二平江知	江开二去绛澄	江开二平江初	江开二去绛生	江开二平江见	江开二平江溪	江开二上讲匣
初期	pə	pə	tsʻuɔ̃	tsʻuə	—	suə	tɕiə	tɕʻiə	ɕiã
中期	₍pɤ	pɤˀ	₍tsʻuəŋ	tsuãˀ	₍tsʻuə	suɤˀ	₍tɕiɤ	₍tɕʻiɤ	ɕiãˀ
后期	₍pɤ	pɤˀ	₍tsʻuəŋ	tsuãˀ	₍tsʻuə	suɤˀ	₍tɕiɤ	₍tɕʻiɤ	ɕiãˀ

宕摄字的读音状况

表13　宕摄一等字的读音

读音\\时间	例字	旁	当	苍	刚	昂	光	荒	皇	汪
		宕开一平唐並	宕开一平唐端	宕开一平唐清	宕开一平唐见	宕开一平唐疑	宕合一平唐见	宕合一平唐晓	宕合一平唐匣	宕合一平唐影
初期		pʻə	tə	tsʻə	kə	ŋgə	kuə	xuə	xuə	uə
中期		꜂pʻɤ	꜀tɤ	꜀tsʻɤ	꜀kɤ	꜀ŋɤ	꜀kuɤ	꜀xuɤ	꜂xuɤ	uɤꜗ
后期		꜂pʻɤ	꜀tɤ	꜀tsʻɤ	꜀kɤ	꜀ŋɤ	꜀kuɤ	꜀xuɤ	꜂xuɤ	uɤꜗ

表14　宕摄三等字的读音

读音\\时间	例字	娘	将	张	庄	昌	疆	方	匡	王
		宕开三平阳泥	宕开三平阳精	宕开三平阳知	宕开三平阳庄	宕开三平阳昌	宕开三平阳见	宕合三平阳非	宕合三平阳溪	宕合三平阳云
初期		nȵiə	tɕiə	tʂə	tsuə	tʂʻə	tɕiə	fuə	kʻuə	uə
中期		꜂niɤ	꜀tɕiɤ	꜀tʂɤ	꜀tsuɤ	꜀tʂʻɤ	꜀tɕiɤ	꜀xuɤ	꜀kʻuɤ	꜂uɤ
后期		꜂niɤ	꜀tɕiɤ	꜀tʂɤ	꜀tsuɤ	꜀tʂʻɤ	꜀tɕiɤ	꜀xuɤ	꜀kʻuɤ	꜂uɤ

　　根据高本汉的记录,20世纪初兴县方言江宕摄已经完全合并,且都失去了鼻音韵尾,同时其元音也都变成了中元音。这是晋方言的特色之一。

　　百年来,兴县方言江宕摄字没有发生什么变化,依然保持20世纪初的音类格局。百年来兴县江宕摄的元音由早期的 ə 变成了现在的 ɤ,这可能是记音问题,不是语音的演变。

2.4　梗曾通摄字的演变

梗摄字的读音状况

表15　梗摄二等字的读音

读音\\时间	例字	烹	撑	更	行	棚	争	耿	幸	横	宏
		梗开二平庚滂	梗开二平庚彻	梗开二平庚见	梗开二平庚匣	梗开二平耕並	梗开二平耕庄	梗开二上耿见	梗开二上耿匣	梗合二平庚匣	梗合二平耕匣
初期		pʻə̃	tsʻə̃	kə̃	ɕiə̃	pʻə̃	tsə̃	kə̃	ɕiə̃	xuə̃	xuə̃
中期		꜀pʻəŋ	꜀tsʻəŋ	꜂kəŋ	꜀ɕiŋ	꜀pʻəŋ	꜀tsəŋ	꜂kəŋ	꜀ɕiŋꜗ	꜂xəŋ	꜀xuəŋ
后期		꜀pʻəŋ	꜀tsʻəŋ	꜂kəŋ	꜀ɕiŋ	꜀pʻəŋ	꜀tsəŋ	꜂kəŋ	꜀ɕiŋꜗ	꜂xəŋ	꜀xuəŋ

表16　梗摄三等字的读音

读音时间＼例字	兵	京	明	精	贞	征	轻	兄	倾
	梗开三平庚帮	梗开三平庚见	梗开三平清明	梗开三平庚精	梗开三平清知	梗开三平清章	梗开三平清溪	梗合三平庚晓	梗合三平清溪
初期	piə̃	tɕiə̃	mbiə̃	tɕiə̃	tʂə̃	tʂə̃	tɕʻiə̃	ɕyə̃	tɕʻiə̃
中期	₋piŋ	₋tɕiŋ	₋mi	₋tɕiŋ	₋tsəŋ	₋tsəŋ	₋tɕʻiŋ	₋ɕyŋ	₋tɕʻiŋ
后期	₋piŋ	₋tɕiŋ	₋mi	₋tɕiŋ	₋tsəŋ	₋tsəŋ	₋tɕʻiŋ	₋ɕyŋ	₋tɕʻiŋ

表17　梗摄四等字的读音

读音时间＼例字	瓶	顶	听	宁	灵	星	经	形	营
	梗开四平青并	梗开四上迥端	梗开四平青透	梗开四平青泥	梗开四平青来	梗开四平青心	梗开四平青见	梗开四平青匣	梗合四平青以
初期	pʻiə̃	tiə̃	—	nⁿdiə̃	leə̃	ɕiə̃	tɕiə̃	ɕiə̃	iə̃
中期	₋pʻi	ˀtiŋ	ˀtʻi	₋niŋ	₋liŋ	₋ɕiŋ	₋tɕiŋ	₋ɕiŋ	₋iŋ
后期	₋pʻi	ˀtiŋ	ˀtʻi	₋niŋ	₋liŋ	₋ɕiŋ	₋tɕiŋ	₋ɕiŋ	₋iŋ

曾摄字的读音状况

表18　曾摄一等字的读音

读音时间＼例字	崩	朋	登	能	增	曾	僧	肯	恒
	曾开一平登帮	曾开一平登并	曾开一平登端	曾开一平登泥	曾开一平登精	曾开一平登从	曾开一平登心	曾开一上等溪	曾开一平登匣
初期	pə̃	pʻə̃	tə̃	ndə̃	tsʻə̃	tsə̃	sə̃	kʻə̃	xə̃
中期	₋pəŋ	₋pʻəŋ	₋təŋ	₋nəŋ	₋tsʻəŋ	₋tsəŋ	₋səŋ	ˀkʻəŋ	₋xəŋ
后期	₋pəŋ	₋pʻəŋ	₋təŋ	₋nəŋ	₋tsʻəŋ	₋tsəŋ	₋səŋ	ˀkʻəŋ	₋xəŋ

表19　曾摄三等字的读音

读音时间＼例字	冰	凭	征	惩	蒸	凝	兴	蝇
	曾开三平蒸帮	曾开三平蒸并	曾开三平蒸知	曾开三平蒸澄	曾开三平蒸章	曾开三平蒸疑	曾开三平蒸晓	曾开三平蒸以
初期	piə̃	pʻiə̃	tʂə̃	tʂʻə̃	tʂə̃	nⁿdiə̃	ɕiə̃	iə̃
中期	₋piŋ	₋pʻiŋ	₋tsəŋ	₋tsʻəŋ	₋tsəŋ	₋niŋ	ɕiŋˀ	₋iŋ
后期	₋piŋ	₋pʻiŋ	₋tsəŋ	₋tsʻəŋ	₋tsəŋ	₋niŋ	ɕiŋˀ	₋iŋ

通摄字的读音状况

表20　通摄一等字的读音

读音时间\例字	蓬	东	鬃	公	翁	冬	脓	宗	宋
	通合一平东並	通合一平东端	通合一平东经	通合一平东见	通合一平东影	通合一平冬端	通合一平冬泥	通合一平冬精	通合一去宋心
初期	—	tuə̃	tsuə̃	kuə̃	uə̃	tuə̃	nduə̃	tsuə̃	suə̃
中期	ꞏpʻəŋ	ꞏtuŋ	ꞏtsuŋ	ꞏkuŋ	ꞏuŋ	ꞏtuŋ	ꞏnuŋ	ꞏtsuŋ	suaŋꞏ
后期	ꞏpʻəŋ	ꞏtuŋ	ꞏtsuŋ	ꞏkuŋ	ꞏuŋ	ꞏtuŋ	ꞏnuŋ	ꞏtsuŋ	suaŋꞏ

表21　通摄三等字的读音

读音时间\例字	风	中	戎	弓	封	宠	钟	恭	雍
	通合三平东非	通合三平东知	通合三平东日	通合三平东见	通合三平钟非	通合三上肿彻	通合三平钟章	通合三平钟见	通合三平钟影
初期	fuə̃	tsuə̃	zuə̃	kuə̃	fuə̃	tsʻuə̃	—	kuə̃	yə̃
中期	ꞏxuŋ	ꞏtsuŋ	ꞏzuŋ	ꞏkuŋ	ꞏxuŋ	tsʻuŋꞏ	ꞏtsuŋ	ꞏkuŋ	yŋꞏ
后期	ꞏxuŋ	ꞏtsuŋ	ꞏzuŋ	ꞏkuŋ	ꞏxuŋ	tsʻuŋꞏ	ꞏtsuŋ	ꞏkuŋ	yŋꞏ

　　根据高本汉的记录,百年前兴县方言梗曾通摄已经完全合并,同时也和深臻两摄完全合并。另外值得注意的是,梗摄三、四等常用字存在白读音i韵母,曾开三存在ɿ韵母。这均是晋方言的重要特点之一。

　　20世纪以来,兴县方言梗曾通摄阳声韵没有发生什么变化。只是梗曾通摄阳声韵由早期的鼻化韵变成了现在的ŋ尾韵,这或许不是什么语音性演变,而是记音问题。

3. 入声韵的演变

3.1　咸山摄入声韵的演变

咸摄入声韵的读音

表1　咸摄一等入声韵的读音

读音时间\例字	答	踏	纳	拉	杂	鸽	合	塔	腊
	咸开一入合端	咸开一入合透	咸开一入合泥	咸开一入合来	咸开一入合从	咸开一入合见	咸开一入合匣	咸开一入盍透	咸开一入盍来
初期	taʔ	tʻaʔ	ndaʔ	laʔ	tsaʔ	—	xəʔ	tʻaʔ	laʔ
中期	taʔ₂	tʻaʔ₂	naʔ₂	laʔ₂	tsʻaʔ₂	kəʔ₂	xəʔ₂	tʻaʔ₂	laʔ₂
后期	taʔ₂	tʻaʔ₂	naʔ₂	laʔ₂	tsʻaʔ₂	kəʔ₂	xəʔ₂	tʻaʔ₂	laʔ₂

表2　咸摄二等入声韵的读音

读音时间 \ 例字	劄	插	夹	掐	狭	甲	鸭
	咸开二入洽知	咸开二入洽初	咸开二入洽见	咸开二入洽溪	咸开二入洽匣	咸开二入狎见	咸开二入狎影
初期	taʔ	tsʻaʔ	tɕiaʔ	tɕʻiaʔ	ɕiaʔ	tɕiaʔ	iaʔ
中期	taʔ˨	tsʻɑʔ˨	tɕiaʔ˨	tɕʻiaʔ˨	ɕiaʔ˨	tɕiaʔ˨	iɑʔ˨
后期	taʔ˨	tsʻɑʔ˨	tɕiaʔ˨	tɕʻiaʔ˨	ɕiaʔ˨	tɕiaʔ˨	iɑʔ˨

表3　咸摄三等入声韵的读音

读音时间 \ 例字	猎	接	妾	摺	叶	劫	怯	法	乏
	咸开三入叶来	咸开三入叶精	咸开三入叶清	咸开三入叶章	咸开三入叶以	咸开三入业见	咸开三入业溪	咸合三入乏非	咸合三入乏奉
初期	—	tɕiaʔ	tɕʻiaʔ	tʂaʔ	iaʔ	tɕiaʔ	tɕʻiaʔ	fuaʔ	fuaʔ
中期	ˊliã	tɕiaʔ˨	tɕʻiaʔ˨	ˊtsə	iaʔ˨	tɕiaʔ˨	tɕʻiɛˀ	xuaʔ˨	xuã˜˿
后期	ˊliã	tɕiaʔ˨	tɕʻiaʔ˨	ˊtsə	iaʔ˨	tɕiaʔ˨	tɕʻiɛˀ	xuaʔ˨	xuã˜˿

表4　咸摄四等入声韵的读音

读音时间 \ 例字	帖	叠	协
	咸开四入帖透	咸开四入帖定	咸开四入帖匣
初期	tʻiəʔ	tiəʔ	ɕiaʔ
中期	tʻiəʔ˨	tiəʔ˨	ɕiəʔ˨
后期	tʻiəʔ˨	tiəʔ˨	ɕiəʔ˨

山摄入声韵的读音

表5　山摄一等入声韵的读音

读音时间 \ 例字	达	辣	葛	渴	泼	脱	夺	阔	豁
	山开一入曷定	山开一入曷来	山开一入曷见	山开一入曷溪	山合一入末滂	山合一入末透	山合一入末定	山合一入末溪	山合一入末晓
初期	taʔ	laʔ	kəʔ	kʻəʔ	—	tʻuəʔ	tuəʔ	kʻuəʔ	xaʔ
中期	taʔ˨	laʔ˨	kəʔ˨	kʻəˀ	pʻəʔ˨	tʻuəʔ˨	tuəʔ˨	kʻuəʔ˨	xuəʔ˨
后期	taʔ˨	laʔ˨	kəʔ˨	kʻəˀ	pʻəʔ˨	tʻuəʔ˨	tuəʔ˨	kʻuəʔ˨	xuəʔ˨

表6　山摄二等入声韵的读音

读音\例字\时间	八	拔	札	察	瞎	辖	滑	刷	刮
	山开二入黠帮	山开二入黠並	山开二入黠庄	山开二入黠初	山开二入辖晓	山开二入辖匣	山合二入黠匣	山合二入辖生	山合二入辖见
初期	paʔ	paʔ	tsaʔ	tsʻaʔ	xaʔ	xaʔ	xuaʔ	suaʔ	kuaʔ
中期	paʔ₃	pʻaʔ₂	tsaʔ₃	tsʻaʔ₃	xaʔ₃	ɕiaʔ₃	xuaʔ₂	suaʔ₃	kuaʔ₃
后期	paʔ₃	pʻaʔ₂	tsaʔ₃	tsʻaʔ₃	xaʔ₃	ɕiaʔ₃	xuaʔ₂	suaʔ₃	kuaʔ₃

表7　山摄三等入声韵的读音

读音\例字\时间	别	彻	孽	歇	绝	悦	发	月
	山开三入薛帮	山开三入薛彻	山开三入薛疑	山开三入月晓	山合三入薛从	山合三入薛以	山合三入月非	山合三入月疑
初期	piəʔ	tʂʻəʔ	n̩diəʔ	ɕiəʔ	tɕyəʔ	yəʔ	fua	yəʔ
中期	piəʔ₃	tsʻəʔ₃	niəʔ₃	ɕiəʔ₃	tɕyəʔ₃	yəʔ₃	xuaʔ₃	yəʔ₂
后期	piəʔ₃	tsʻəʔ₃	niəʔ₃	ɕiəʔ₃	tɕyəʔ₃	yəʔ₃	xuaʔ₃	yəʔ₂

表8　山摄四等入声韵的读音

读音\例字\时间	铁	节	切	截	结	噎	决	缺	穴
	山开四入屑透	山开四入屑精	山开四入屑清	山开四入屑从	山开四入屑见	山开四入屑影	山合四入屑见	山合四入屑溪	山合四入屑匣
初期	tʻiəʔ	tɕiəʔ	tɕʻiəʔ	—	tɕiəʔ	iəʔ	tɕyəʔ	tɕʻyəʔ	ɕyəʔ
中期	tʻiəʔ₃	tɕiəʔ₃	tɕʻiəʔ₃	tɕiəʔ₃	tɕiəʔ₃	iəʔ₃	tɕyəʔ₃	tɕʻyəʔ₃	ɕyəʔ₃
后期	tʻiəʔ₃	tɕiəʔ₃	tɕʻiəʔ₃	tɕiəʔ₃	tɕiəʔ₃	iəʔ₃	tɕyəʔ₃	tɕʻyəʔ₃	ɕyəʔ₃

由高本汉的记录来看,20世纪初兴县方言山咸摄入声韵的演变与山咸摄阳声韵基本平行。山摄基本保持典型外转摄的读音格局,即一等开口(见系除外)=二等≠一等开口见系=一等合口=三、四等。咸摄与此类似,只是没有合口。

百年来兴县方言山咸摄入声韵没有发生什么变化,依然保持20世纪初的音类格局。山咸摄入声韵与山咸摄阳声韵平行,是兴县方言的语音特点之一。这一点与太原方言不同。

3.2　深臻摄入声韵的演变

深摄入声韵的读音

表9　深摄入声韵的读音

读音时间 ＼ 例字	立	集	习	涩	执	入	急	泣	吸
	深开三入缉来	深开三入缉从	深开三入缉邪	深开三入缉生	深开三入缉章	深开三入缉日	深开三入缉见	深开三入缉溪	深开三入缉晓
初期	leəʔ	tɕiəʔ	ɕiəʔ	—	tʂəʔ	zuəʔ	tɕiəʔ	tɕʻiʔ	ɕiəʔ
中期	liəʔ₂	tɕiəʔ₂	ɕiəʔ₂	səʔ₂	tsəʔ₂	zuəʔ₂	tɕiəʔ₂	tɕʻiʔ	ɕiəʔ₂
后期	liəʔ₂	tɕiəʔ	ɕiəʔ₂	səʔ₂	tsəʔ₂	zuəʔ₂	tɕiəʔ	tɕʻiʔ	ɕiəʔ₂

臻摄入声韵的读音

表10　臻摄一等入声韵的读音

读音时间 ＼ 例字	没	突	猝	骨	窟	忽
	臻合一入没明	臻合一入没定	臻合一入没清	臻合一入没见	臻合一入没溪	臻合一入没晓
初期	mbəʔ	tʻuəʔ	—	kuəʔ	kʻuəʔ	xuəʔ
中期	məʔ₂	tʻuəʔ₂	tsuəʔ₂	kuəʔ	kʻuəʔ	xuəʔ
后期	məʔ₂	tʻuəʔ	tsuəʔ₂	kuəʔ	kʻuəʔ	xuəʔ

表11　臻摄三等入声韵的读音

读音时间 ＼ 例字	笔	七	质	吉	戌	出	橘	佛	屈
	臻开三入质帮	臻开三入质清	臻开三入质章	臻开三入质见	臻合三入术心	臻合三入术昌	臻合三入术见	臻合三入物奉	臻合三入物溪
初期	piəʔ	tɕʻiəʔ	tʂəʔ	tɕiəʔ	ɕyəʔ	tsʻuəʔ	tɕyəʔ	fuəʔ	—
中期	piəʔ	tɕʻiəʔ₂	tʂəʔ	tɕiəʔ	ɕyˀ	tsʻuəʔ₂	tɕyəʔ₂	xuəʔ₂	tɕʻyəʔ₂
后期	piəʔ₂	tɕʻiəʔ₂	tʂəʔ	tɕiəʔ	ɕyˀ	tsʻuəʔ₂	tɕyəʔ₂	xuəʔ₂	tɕʻyəʔ₂

　　由高本汉的记录来看,20世纪初兴县方言深臻摄入声韵已经完全合并,且深臻摄入声韵与深臻摄阳声韵也是平行的。20世纪初兴县方言形成一套入声韵,即əʔ类韵母。

　　百年来兴县方言深臻摄入声韵基本没有发生什么变化。深臻摄入声韵仍然保持20世纪初的音类格局,且与相应的阳声韵平行。但值得注意的是,深臻摄的一些入声字舒化了,如"戌"等。

3.3　江宕摄入声韵的演变

江摄入声韵的读音

表12　江摄入声韵的读音

读音时间 ＼ 例字	驳	朴	卓	捉	朔	觉	确	岳	学
	江开二入觉帮	江开二入觉滂	江开二入觉知	江开二入觉庄	江开二入觉生	江开二入觉见	江开二入觉溪	江开二入觉疑	江开二入觉匣
初期	pəʔ	p'əʔ	tsuaʔ	tsuaʔ	suaʔ	tɕiəʔ	tɕ'iəʔ	iəʔ	ɕiəʔ
中期	pəʔ˳	p'əʔ˳	tsuəʔ˳	tsuɑʔ˳	suaʔ˳	tɕyəʔ˳	tɕ'yəʔ˳	yəʔ˳	ɕiəʔ˳
后期	pəʔ˳	p'əʔ˳	tsuəʔ˳	tsuɑʔ˳	suaʔ˳	tɕyəʔ˳	tɕ'yəʔ˳	yəʔ˳	ɕiəʔ˳

宕摄入声韵的读音

表13　宕摄一等入声韵的读音

读音时间 ＼ 例字	博	薄	作	索	各	鹤	郭
	宕开一入铎帮	宕开一入铎并	宕开一入铎精	宕开一入铎心	宕开一入铎见	宕开一入铎匣	宕合一入铎见
初期	pəʔ	pəʔ	tsəʔ	səʔ	kəʔ	xəʔ	—
中期	pəʔ˳	p'əʔ˳	tsəʔ˳	suaʔ	kəʔ˳	xə˒	kuaʔ˳
后期	pəʔ˳	p'əʔ˳	tsəʔ˳	suəʔ	kəʔ˳	xə˒	kuəʔ˳

表14　宕摄三等入声韵的读音

读音时间 ＼ 例字	略	爵	削	酌	绰	若	脚	缚
	宕开三入药来	宕开三入药精	宕开三入药心	宕开三入药章	宕开三入药昌	宕开三入药日	宕开三入药见	宕合三入药奉
初期	leəʔ	tɕiəʔ	—	tʂəʔ	tʂ'əʔ	zəʔ	tɕiəʔ	—
中期	liəʔ˳	tɕyəʔ˳	ɕyəʔ˳	tsuəʔ	ts'uəʔ	zuəʔ	tɕiəʔ˳	ˌxu
后期	liəʔ˳	tɕyəʔ˳	ɕyəʔ˳	tsuəʔ	ts'uəʔ	zuəʔ	tɕiəʔ˳	ˌxu

　　根据高本汉的记录,兴县方言江宕摄入声韵已经完全合并,且形成一套入声韵即 əʔ 类韵母。这是与江宕摄阳声韵平行的演变。

　　百年来兴县方言江宕摄入声韵基本保持20世纪初的音类格局,没有发生什么变化。唯一的变化就是宕摄三等来母字的 e 介音变成了 i 介音,这可能是高本汉的记音问题,而不是什么语音性变化。

3.4　梗曾通摄入声韵的演变
梗摄入声韵的读音

表15　梗摄二等入声韵的读音

读音时间 \ 例字	百	泽	窄	格	额	麦	责	革	获
	梗开二入陌帮	梗开二入陌澄	梗开二入陌庄	梗开二入陌见	梗开二入陌疑	梗开二入麦明	梗开二入麦庄	梗开二入麦见	梗合二入麦匣
初期	piəʔ	—	tsəʔ	kəʔ	ngəʔ	mbiəʔ	tsəʔ	kəʔ	xuəʔ
中期	pʻiəʔ꜔	tsəʔ꜔	tsəʔ꜔	kəʔ꜔	ŋə꜒	miəʔ꜔	tsəʔ꜔	kəʔ꜔	xuəʔ꜔
后期	pʻiəʔ꜔	tsəʔ꜔	tsəʔ꜔	kəʔ꜔	ˌŋə	miəʔ꜔	tsəʔ꜔	kəʔ꜔	xuəʔ꜔

表16　梗摄三等入声韵的读音

读音时间 \ 例字	碧	逆	积	掷	只	石	益	疫
	梗开三入陌帮	梗开三入陌疑	梗开三入昔精	梗开三入昔澄	梗开三入昔章	梗开三入昔禅	梗开三入昔影	梗合三入昔以
初期	piəʔ	ȵdʑiəʔ	tɕiəʔ	tʂəʔ	tʂəʔ	ʂəʔ	iəʔ	—
中期	piəʔ	niəʔ	tɕiəʔ	tsəŋ	tsəʔ	səʔ	iəʔ	iəʔ
后期	piəʔ	niəʔ	tɕiəʔ	tsəŋ˞	tsəʔ	səʔ	iəʔ	iəʔ

表17　梗摄四等入声韵的读音

读音时间 \ 例字	壁	觅	滴	溺	绩	戚	寂	锡	击
	梗开四入锡帮	梗开四入锡明	梗开四入锡端	梗开四入锡泥	梗开四入锡精	梗开四入锡清	梗开四入锡从	梗合四入锡心	梗合四入锡见
初期	piəʔ	mbiəʔ	tiəʔ	ȵdȵiəʔ	tɕiəʔ	tɕʻiəʔ	tɕiəʔ	ɕiəʔ	tɕiəʔ
中期	piəʔ	mi꜒	tiəʔ	niəʔ	tɕiəʔ	tɕʻiəʔ	tɕi꜒	ɕiəʔ	tɕiəʔ
后期	piəʔ	mi꜒	tiəʔ	niəʔ	tɕiəʔ	tɕʻiəʔ	tɕi꜒	ɕiəʔ	tɕiəʔ

曾摄入声韵的读音

表18　曾摄一等入声韵的读音

读音时间 \ 例字	北	得	肋	则	塞	刻	黑	国	或
	曾开一入德帮	曾开一入德端	曾开一入德来	曾开一入德精	曾开一入德心	曾开一入德溪	曾开一入德晓	曾合一入德见	曾合一入德匣
初期	piəʔ	təʔ	—	tsəʔ	—	kʻəʔ	xəʔ	kuəʔ	xuəʔ
中期	piəʔ꜔	təʔ꜔	ləʔ꜔	tsəʔ꜔	səʔ꜔	kʻəʔ꜔	xəʔ꜔	kuəʔ꜔	xuəʔ꜔
后期	piəʔ꜔	təʔ꜔	ləʔ꜔	tsəʔ꜔	səʔ꜔	kʻəʔ꜔	xəʔ꜔	kuəʔ꜔	xuəʔ꜔

表19　曾摄三等入声韵的读音

读音\时间 \ 例字	逼	匿	即	直	测	织	极	抑	域
	曾开三入职帮	曾开三入职泥	曾开三入职精	曾开三入职澄	曾开三入职初	曾开三入职章	曾开三入职群	曾开三入职影	曾合一入职云
初期	piəʔ	nȡiəʔ	tɕiəʔ	tʂəʔ	tsʻəʔ	tsəʔ	tɕiəʔ	iəʔ	yəʔ
中期	piəʔ˩	niˀ	tɕiəʔ˩	tsəʔ˩	tsʻəʔ˩	tsəʔ˩	tɕiəʔ˩	iˀ	yəʔ˩
后期	piəʔ˩	niˀ	tɕiəʔ˩	tsəʔ˩	tsʻəʔ˩	tsəʔ˩	tɕiəʔ˩	iˀ	yəʔ˩

通摄入声韵的读音

表20　通摄一等入声韵的读音

读音\时间 \ 例字	卜	木	秃	速	谷	屋	笃	毒	酷
	通合一入屋帮	通合一入屋明	通合一入屋透	通合一入屋心	通合一入屋见	通合一入屋影	通合一入沃端	通合一入沃定	通合一入沃溪
初期	—	mbəʔ	tʻuəʔ	ɕyəʔ	kuəʔ	vaʔ	tuəʔ	tuəʔ	kʻuəʔ
中期	pʻəʔ˩	məʔ˩	tʻuəʔ˩	suəʔ˩	kuəʔ˩	uəʔ˩	tuəʔ˩	tuəʔ˩	kʻuˀ
后期	pʻəʔ˩	məʔ˩	tʻuəʔ˩	suəʔ˩	kuəʔ˩	uəʔ˩	tuəʔ˩	tuəʔ˩	kʻuˀ

表21　通摄三等入声韵的读音

读音\时间 \ 例字	福	陆	肃	竹	菊	绿	足	烛	曲
	通合三入屋非	通合三入屋来	通合三入屋心	通合三入屋知	通合三入屋见	通合三入屋来	通合三入烛精	通合三入烛章	通合三入烛溪
初期	fuəʔ	luəʔ	ɕyəʔ	tsuəʔ	tɕyəʔ	luəʔ	tsuəʔ	tsuəʔ	tɕʻyəʔ
中期	xuəʔ˩	luəʔ˩	suəʔ˩	tsuəʔ˩	tɕyəʔ˩	luəʔ˩	tsuəʔ˩	tsuəʔ˩	tɕʻyəʔ˩
后期	xuəʔ˩	luəʔ˩	suəʔ˩	tsuəʔ˩	tɕyəʔ˩	luəʔ˩	tsuəʔ˩	tsuəʔ˩	tɕʻyəʔ˩

　　根据高本汉的记录,20世纪初兴县方言梗曾通摄入声韵已经完全合并,且与深臻摄也已合并,形成一套 əʔ 类入声韵。同时值得注意的是梗开二唇音字和曾开一唇音字具有腭化介音 i,这是晋方言入声韵的特点之一。

　　20世纪以来,兴县方言梗曾通摄入声韵基本没有发生什么变化,依然保持20世纪初的音类格局。同阳声韵平行演变,这是晋方言的特点。

3.5　兴县方言入声韵的演变特点及成因

　　入声韵与阳声韵平行演变是兴县方言入声韵演变的最大特色,尤其是典型外转摄如山咸摄的演变更说明了这一点。这一特色在高本汉记录的7个方言点是独树一帜的。

兴县方言入声韵在过去的一个世纪里，基本保持20世纪初的面貌。这一点也是值得关注的。

兴县方言入声韵与阳声韵平行演变，且典型外转摄依然保持《中原音韵》时代的音类格局，这是晋方言吕梁片的典型特征。晋方言吕梁片外转摄依然保持一、二等韵母的区别，是晋方言吕梁片的普遍特征，兴县方言的这一特点对我们进一步研究晋方言吕梁片的音韵史有重要的价值。

兴县的这种地理位置、地形地貌，决定了兴县方言很少受外方言的影响，因此具有很强的保守性。正是由于这种保守性，兴县方言入声韵基本保持20世纪初的基本面貌。

兴县方言入声韵和阳声韵保持平行，且依然保持20世纪初期的基本面貌。这一点使得兴县在我们所讨论的7个方言点百年演变中具有独特性。

第七章　晋城方音百年来的演变

晋城市位于山西省东南部，东面与河南省辉县、修武接壤；南面与河南省博爱、沁阳、济源交界；西面与临汾、运城为邻；西北与长治市相连。总面积为9490平方公里。晋城是山西省东南部的门户，北距省城太原317公里，南离河南郑州市181公里。晋城市地势险要，山河襟带，为历代兵家必争之地。

晋城方言属晋方言邯新片获济小片。

图1

第一节　声母的演变

百年来晋城方言声母的演变主要体现在古知庄章三组声母的演变上，这一点我们在总论中已讨论过，这里不再赘述。

第二节　韵母的演变

1. 阴声韵的演变

1.1　果摄字的演变

果摄字在三个时期的读音状况

表1　果摄一等字的读音

读音时间 例字	多 果开一平歌端	搓 果开一平歌清	蛾 果开一平歌疑	婆 果合一平戈并	朵 果合一上果端	骡 果合一平戈来	锁 果合一上果心	过 果合一平戈见	火 果合一上果晓
初期	to	tsʻo	ɣua	pʻo	to	lo	so	kuo	xuo
中期	ᵗuᵊ	ᵗsᵊuᵊ	ˠ ˠ	ᵖuᵊ	ᵗuᵊ	ᶫuᵊ	ˢʂuᵊ	ˢkuᵊ	ˣxuᵊ
后期	ᵗuᵊ	ᵗsᵊuᵊ	ᵉᵉ	ᵖuᵊ	ᵗuᵊ	ᶫuᵊ	ˢʂuᵊ	ˢkuᵊ	ˣxuᵊ

表2　果摄三等字的读音

读音时间 例字	茄	瘸	靴
	果开三平戈群	果合三平戈群	果合三平戈晓
初期	—	—	—
中期	ꞈtɕie	ꞈtɕʻye	ꞈɕye
后期	ꞈtɕieˀ	ꞈtɕʻyeˀ	ꞈɕyeˀ

由高本汉的记录可以看出,20世纪初期晋城方言果摄一等开口见系读低元音 a 类韵母,其他则读中元音 o 类韵母。此外,果摄开合口的界限在20世纪初已被打破,这一点由表1可以看出。

百年来,晋城方言果摄开口字由两类韵母变成了一类韵母,果摄一等开口见系字失去了原有的特点,由低元音变成了中元音。这一点究竟说明了什么,还值得进一步探讨。也就是说,高本汉记录的20世纪初果摄一等开口见系读低元音到底是什么性质的读音,还值得我们继续探讨。

20世纪以来,晋城方言果摄一等字可以说发生了比较明显的变化,主要是由两类韵母变成了一类韵母,这种变化显然是受普通话的影响。

1.2　假摄字的演变

假摄字在三个时期的读音状况

表3　假摄二等字的读音

读音时间 例字	巴	拿	茶	叉	纱	嘉	霞	瓜	花
	假开二平麻帮	假开二平麻泥	假开二平麻澄	假开二平麻初	假开二平麻生	假开二平麻见	假开二平麻匣	假合二平麻见	假合二平麻晓
初期	pa	na	tʂʻa	tʂʻa	sa	tɕia	ɕia	kua	xua
中期	ꞈpɑ	ꞈnɑ	ꞈtʂʻɑ	ꞈtʂʻɑ	ꞈsɑ	ꞈtɕia	ꞈɕia	ꞈkua	ꞈxuɑ
后期	ꞈpɑ	ꞈnɑ	ꞈtʂʻɑˀ	ꞈtʂʻɑˀ	ꞈsɑ	ꞈtɕiaˀ	ꞈɕiaˀ	ꞈkuɑ	ꞈxuɑ

表4　假摄三等字的读音

读音时间 例字	借	写	蔗	车	射	赦	惹	爷	夜
	假开三去祃精	假开三上马心	假开三去祃章	假开三平麻昌	假开三去祃船	假开三去祃书	假开三上马日	假开三平麻以	假开三去祃以
初期	tɕia	ɕia	tʂʻa	tʂʻa	sʐa	sʐa	zʐa	—	ia
中期	tɕieˀ	ꞈɕie	tʂʐˀ	tʂʐˀ	ʂʐˀ	ʂʐˀ	ꞈʐʐ	ꞈieˎꞈiʌ	ieˀ
后期	tɕieˀ	ꞈɕie	tʂɤˀ	tʂʻɤˀ	ʂɤˀ	ʂɤˀ	ꞈzɤ	ꞈieˀꞈiʌ	ieˀ

根据高本汉的记录，20世纪初晋城方言假摄字依然保持低元音的读法，尤其是三等字读低元音，二等和三等不分是其特点。这是晋南方言的特点。

到20世纪中期，晋城方言假摄二等和三等分立，假摄三等字由低元音变成中元音。假摄三等只有在个别亲属称谓词中还有文白异读，文读中元音，白读低元音，如"爷"字。这进一步印证了高本汉记音的正确性。同时由"爷"字文白异读可以看出，20世纪中期，晋城方言假摄二、三等的分立，是文读覆盖的结果，而不是自身的演变。

百年前，晋城方言假摄还带有晋南方言的特征。20世纪中后期，这一特征消失殆尽。

1.3　遇摄字的演变

遇摄字在三个时期的读音状况

表5　遇摄一等字的读音

读音时间＼例字	补	土	徒	卢	租	粗	苦	虎	乌
	遇合一上姥帮	遇合一上姥透	遇合一平模定	遇合一平模来	遇合一平模精	遇合一平模清	遇合一上姥溪	遇合一上姥晓	遇合一平模影
初期	pu	t'u	t'u	lu	tsu	ts'u	k'u	xu	u
中期	ꜜpu	ꜜt'u	ꜛt'u	ꜜlu	ꜛtʂu	ꜛtʂ'u	ꜜk'u	ꜜxu	ꜛu
后期	ꜜp'u	ꜜt'u	ꜛt'u	ꜛlu	ꜛtʂu	ꜛtʂ'u	ꜜk'u	ꜜxu	ꜛu

表6　遇摄三等字的读音

读音时间＼例字	女	猪	阻	诸	巨	夫	取	诛	拘
	遇合三上语泥	遇合三平鱼知	遇合三上语庄	遇合三平鱼章	遇合三上语群	遇合三平虞非	遇合三上虞清	遇合三平虞知	遇合三平虞见
初期	ny	tsu	tsu	tsu	tɕy	fu	tɕ'y	tsu	tɕy
中期	ꜜnyə	ꜛtʂu	ꜛtʂu	ꜛtʂu	tɕy˥	ꜛfu	tɕ'y˥	ꜛtʂu	ꜛtɕy
后期	ꜜnuə	ꜛtʂu	ꜛtʂu	ꜛtʂu	tɕy˥	ꜛfu	tɕ'y˥	ꜛtʂu	ꜛtɕyə

根据高本汉的记录，20世纪初期晋城方言遇摄字全都读高元音。尤其值得注意的是，遇摄舌齿音字没有读复元音的状况，这应该说明，当时晋城方言遇摄字没有发生舌齿音字的裂化，这一点晋城方言与晋南汾河片中原官话和并州片晋方言不同。

20世纪中后期，晋城方言遇摄字基本没有什么变化。一个小的变化就是遇摄三等字如"女"和"拘"由单元音变成复元音。这种变化比较特别，类似太谷方言的变化，但又不同。太谷方言的变化仍然集中在舌齿音字，而晋城方言则不同。

1.4　蟹摄字的演变

蟹摄字在三个时期的读音状况

表7-1　蟹摄一等字的读音（咍海代）

读音时间	例字	胎	来	灾	该	妹	堆	催	魁	回
		蟹开一平咍透	蟹开一平咍来	蟹开一平咍精	蟹开一平咍见	蟹合一去队明	蟹合一平灰端	蟹合一平灰清	蟹合一平灰溪	蟹合一平灰匣
初期		tʻɛi	lɛi	tsɛi	kɛi	mai	tuai	tsʻuai	kʻuai	xuai
中期		꜀tʻE	꜀lE	꜀tʂE	꜀kE	mɣɯ²	꜀tuɣɯ	꜀tʂʻɣɯ	kʻuɣɯ	꜀xuɣɯ
后期		꜀tʻE	꜀lE	꜀tʂE	꜀kE	mɣɯ²	꜀tuɣɯ	꜀tʂʻɣɯ	꜀kuɣɯ	꜀xuɣɯ

表7-2　蟹摄一等字的读音（泰）

读音时间	例字	贝	带	赖	盖	艾	兑	最	外	会
		蟹开一去泰帮	蟹开一去泰端	蟹开一去泰来	蟹开一去泰见	蟹开一去泰疑	蟹合一去泰定	蟹合一去泰精	蟹合一去泰疑	蟹合一去泰匣
初期		pai	tɛi	lɛi	kɛi	ɣei	tuai	tsuai	uɛi	xuai
中期		pɣɯ²	tE²	lE²	kE²	ɣE²	tuɣɯ²	tʂuɣɯ²	uE²	xuɣɯ²
后期		pɣɯ²	tE²	lE²	kE²	E²	tuɣɯ²	tʂuɣɯ²	uE²	xuɣɯ²

表8-1　蟹摄二等字的读音（皆骇怪）

读音时间	例字	拜	排	斋	豺	皆	谐	挨	怪	坏
		蟹开二去怪帮	蟹开二平皆並	蟹开二平皆庄	蟹开二平皆崇	蟹开二平皆见	蟹开二平皆匣	蟹开二平皆影	蟹合二去怪见	蟹合二去怪匣
初期		pɛi	pʻɛi	tsɛi	tsʻɛi	tɕia	çia	ɣei	kuɛi	kuɛi
中期		pE²	꜀pʻE	꜀tʂE	꜀tʂʻE	꜀tɕiɑ	꜀çie	꜀ɣE	kuE²	xuE²
后期		pE²	꜀pʻE	꜀tʂE	꜀tʂʻE	꜀tɕie	꜀çie	꜀E	kuE²	xuE²

表8-2　蟹摄二等字的读音（佳蟹卦夬）

读音时间	例字	摆	奶	债	街	败	枴	挂	快	话
		蟹开二上蟹帮	蟹开二上蟹泥	蟹开二去卦庄	蟹开二平佳见	蟹开二去夬並	蟹合二上蟹见	蟹合二去卦见	蟹合二去夬溪	蟹合二去夬匣
初期		pa	nɛi	tsɛi	tɕia	pɛi	—	kua	kʻuɛi	xua
中期		꜀pE	꜀nE	tʂE²	꜀tɕie	pE²	꜀kuE	kuɑ²	kʻuE²	xuɑ²
后期		꜀pE	꜀nE	tʂE²	꜀tɕie	pE²	꜀kuE	kuɑ²	kʻuE²	xuɑ²

表9　蟹摄三等字的读音（祭废）

读音时间	敝	祭	滞	制	艺	岁	赘	锐	肺
例字	蟹开三去祭并	蟹开三去祭精	蟹开三去祭澄	蟹开三去祭章	蟹开三去祭疑	蟹合三去祭心	蟹合三去祭章	蟹合三去祭以	蟹合三去废帮
初期	pi	tɕi	tʂɿ	tʂɿ	i	suai	tsuai	zuai	—
中期	pi˨	tɕi˨	tʂɿ˨	tʂɿ˨	i˨	ʂuɯ˨	tʂuɯ˨	zuɯ˨	fɣɯ˨
后期	pi˨	tɕi˨	tʂɿ˨	tʂɿ˨	i˨	ʂuɯ˨	tʂuɯ˨	zuɯ˨	fɣɯ˨

表10　蟹摄四等字的读音

读音时间	批	题	妻	西	继	奚	圭	奎	慧
例字	蟹开四平齐滂	蟹开四平齐定	蟹开四平齐清	蟹开四平齐心	蟹开四去霁见	蟹开四平齐匣	蟹合四平齐见	蟹合四平齐溪	蟹合四去霁匣
初期	pʰi	tʰi	tɕʰi	ɕi	tɕi	ɕi	kuai	kʰuai	xuai
中期	˷pʰi	˷tʰi	˷tɕʰi	˷ɕi	tɕi˨	˷ɕi	˷kuyɯ	˷kʰuyɯ	xuyɯ˨
后期	˷pʰi	˷tʰi	˷tɕʰi	˷ɕi	tɕi˨	˷ɕi	˷kuyɯ	˷kʰuyɯ	xuyɯ˨

根据高本汉的记录，晋城方言蟹摄字在音类格局上与官话方言没有什么差别。但晋城方言蟹摄一等合口与三、四等合口的元音比一等开口与二等要低，这与官话方言正相反。

20世纪中后期，晋城方言蟹摄字在音类格局上依然保持20世纪初期的状况，但在音值上发生了大的变化。蟹摄一等合口与三、四等合口由原来的i韵尾变成了ɯ韵尾，蟹摄一等开口与二等字由原来的ɛi变成了ɛ。

1.5　止摄字的演变

止摄字在三个时期的读音状况

表11-1　支韵系字的读音（开）

读音时间	披	离	紫	知	筛	支	儿	寄	戏
例字	止开三平支滂	止开三平支来	止开三上纸精	止开三平支知	止开三平支生	止开三平支章	止开三平支日	止开三去寘见	止开三去寘晓
初期	pʰi	li	tsɿ	tʂɿ	—	tʂɿ	z̩	tɕi	ɕi
中期	˷pʰi	˷li	˷tsɿ	tʂɿ˨	˷ʂE	˷tʂɿ	˷ʐ̩	tɕi˨	ɕi˨
后期	˷pʰi	˷li	˷tsɿ	tʂɿ˨	—	˷tʂɿ	˷ʐ̩	tɕi˨	ɕi˨

表11-2　支韵系字的读音（合）

读音时间＼例字	累	髓	揣	吹	垂	亏	危	麾	委
	止合三 上纸来	止合三 上纸心	止合三 上纸初	止合三 平止昌	止合三 平支禅	止合三 平支溪	止合三 平支疑	止合三 平支晓	止合三 上纸影
初期	luai	suai	—	tsʻuai	tsʻuai	kʻuai	uai	xuai	uai
中期	ˬluyɯ	ˢsuyɯ	ˢtʂuE	ˬtʂʻuɯ	ˬtʂʻuɯ	ˬkʻuɯ	ˬuyɯ	—	ˬuyɯ
后期	ˬluyɯ	ˢsuyɯ	ˢtʂuE	ˬtʂʻuɯ	ˬtʂʻuɯ	ˬkʻuɯ	ˬuyɯ	ˬxuyɯ	ˬuyɯ

表12-1　脂韵系字的读音（开）

读音时间＼例字	比	地	资	致	师	旨	二	肌	伊
	止开三 上旨帮	止开三 去至定	止开三 平脂精	止开三 去至知	止开三 平脂生	止开三 上旨章	止开三 去至日	止开三 平脂见	止开三 平脂影
初期	pi	ti	tsɿ	tsɿ	sɿ	tsɿ	zʅ	tɕi	i
中期	ˬpi	tiˀ	ˬtsʅ	tsʅˀ	ˬsʅ	ˬtsʅ	ʑˀ	ˬtɕi	ˬi
后期	ˬpi	tiˀ	ˬtsʅ	tsʅˀ	ˬsʅ	ˬtsʅ	ʑˀ	ˬtɕi	ˬi

表12-2　脂韵系字的读音（合）

读音时间＼例字	醉	虽	追	衰	锥	水	龟	葵	位
	止合三 去至精	止合三 平脂心	止合三 平脂知	止合三 平脂生	止合三 平脂章	止合三 上旨书	止合三 平脂见	止合三 平脂群	止合三 去至云
初期	tsuai	suai	tsuai	suɛi	tsuai	suai	kuai	kʻuai	—
中期	tʂuyˀ	ˢsuyɯ	ˢtʂuyɯ	ˢsuE	ˢtʂuyɯ	ˢsuyɯ	ˢkuyɯ	ˢkʻuyɯ	uyˀ
后期	tʂuyˀ	ˢsuyɯ	ˢtʂuyɯ	ˢsuE	ˢtʂuyɯ	ˢsuyɯ	ˢkuyɯ	ˢkʻuyɯ	uyˀ

表13　之韵系字的读音

读音时间＼例字	你	兹	置	使	止	己	欺	喜	医
	止开三 上止泥	止开三 平之精	止开三 去志知	止开三 上止生	止开三 上止章	止开三 上止见	止开三 平之溪	止开三 上止晓	止开三 平之影
初期	ni	tsɿ	tsɿ	sɿ	tsɿ	tɕi	tɕʻi	ɕi	i
中期	ˬniə	ˬtsʅ	tsʅˀ	ˬsʅ	ˬtsʅ	ˬtɕi	ˬtɕʻi	ˬɕi	ˬi
后期	ˬniə	ˬtsʅ	tsʅˀ	ˬsʅ	ˬtsʅ	ˬtɕi	ˬtɕʻi	ˬɕi	ˬi

表14　微韵系字的读音

读音\时间	幾 止开三平微见	祈 止开三平微群	衣 止开三平微影	非 止合三平微非	妃 止合三平微敷	肥 止合三平微奉	鬼 止合三上尾见	挥 止合三平微晓	威 止合三平微影
初期	₌tɕi	⌐tɕʻi	i	fai	fai	fai	kuai	xuai	uai
中期	₌tɕi	⌐tɕʻi	ʅ	₌fɣɯ	₌fɣɯ	₌fɣɯ	⌐kuɣɯ	₌xɣɯ	₌uɣɯ
后期	₌tɕi	⌐tɕʻi	ʅ	₌fɣu	₌fɣu	₌fɣu	⌐kuɣɯ	₌xɣɯ	₌uɣɯ

　　根据高本汉的记录,20世纪初期晋城方言止摄合口字是与蟹摄一等合口及合口三、四等合流的,且都读低元音。这一点与官话方言不同,在官话方言中,只有止摄合口庄组才读低元音,如"帅"等。晋城方言与此不同。另外,知系字在20世纪初都读 ɿ 韵母,只有日母字为 ʅ 韵母,这与其声母有关。

　　20世纪以来,晋城止摄字在音类上没有发生变化,但在音值上发生了较大的变化。发生的最大变化就是,知系字的韵母由 ɿ 变成了 ʅ,这是在声母的影响下发生的,因为晋城方言知系原读舌尖声母,到中后期都改读卷舌声母。另外,止摄合口字同蟹摄合口一、三、四等一样,发生了类似普通话读音的变化,不过韵尾由 i 变成了 ɯ。

1.6　效摄字的演变

效摄字在三个时期的读音状况

表15　效摄一等字的读音

读音\时间	保 效开一上晧帮	刀 效开一平豪端	劳 效开一平豪来	遭 效开一平豪精	曹 效开一平豪从	扫 效开一上晧心	考 效开一上晧溪	好 效开一上晧晓	袄 效开一上晧影
初期	po	to	lo	tso	tsʻo	so	kʻo	xo	ɣo
中期	⌐po	₌to	₌lo	₌tʂo	₌tʂʻo	⌐ʂo	⌐kʻo	⌐xo	⌐ɣo
后期	⌐po	₌to	₌lo	₌tʂo	₌tʂʻoˀ	⌐ʂo	⌐kʻo	⌐xo	oˀ

表16　效摄二等字的读音

读音\时间	包 效开二平肴帮	铙 效开二平肴泥	罩 效开二去效知	抄 效开二平肴初	巢 效开二平肴崇	交 效开二平肴见	敲 效开二平肴溪	咬 效开二上巧疑	孝 效开二去效晓
初期	po	no	tso	tsʻo	tsʻo	tɕio	tɕʻio	io	ɕio
中期	₌po	—	tʂoˀ	₌tʂʻo	₌tʂʻo	₌tɕio	₌tɕʻio	⌐io	ɕioˀ
后期	₌po	₌no	tʂoˀ	₌tʂʻo	₌tʂʻo	₌tɕio	₌tɕʻio	⌐io	ɕioˀ

表17　效摄三等字的读音

读音 时间＼例字	表 效开三 上小帮	飘 效开三 平宵滂	燎 效开三 平宵来	焦 效开三 平宵精	宵 效开三 平宵心	朝 效开三 平宵知	烧 效开三 平宵书	乔 效开三 平宵群	舀 效开三 上小以
初期	pio	pʰio	leo	tɕio	ɕio	tʂo	ʂo	tɕʰio	io
中期	ꞈpio	ꞈpʰio	˪lio	tɕio꜄	ɕio	˪tʂo	˪ʂo	˪tɕʰio	io꜄
后期	ꞈpio	ꞈpʰio	˪lio	˪tɕio	˪ɕio	˪tʂo	˪ʂo	˪tɕʰio	io꜄ zo꜄

表18　效摄四等字的读音

读音 时间＼例字	刁 效开四 平萧端	挑 效开四 平萧透	聊 效开四 平萧来	尿 效开四 去啸泥	浇 效开四 平萧见	叫 效开四 去啸见	窍 效开四 去啸溪	尧 效开四 平萧疑	晓 效开四 上筱晓
初期	tio	tʰio	leo	ȵio	—	tɕio꜄	tɕʰio꜄	io	ɕio
中期	˪tio	˪tʰio	˪lio	nio꜄	˪tɕio	tɕio꜄	tɕʰio꜄	˪io	˪ɕio
后期	˪tio	˪tʰio	˪lio	nio꜄	˪tɕio	tɕio꜄	tɕʰio꜄	˪io	˪ɕio

　　根据高本汉的记录,晋城方言效摄字在20世纪初期已经完成了韵基的单元音化,效摄字都读 o 类韵母。侯精一[50]曾指出晋东南方言一个典型的特征就是韵基的单元音化。

　　百年来,晋城方言效摄字基本保持20世纪初期的面貌,没有发生什么变化,而且音值上依然保持 o 类韵母。唯一的变化就是来母字介音由 e 变成 i,这或许是高本汉的记音问题。

1.7　流摄字的演变

流摄字在三个时期的读音状况

表19　流摄一等字的读音

读音 时间＼例字	剖 流开一 上厚滂	斗 流开一 上厚端	髅 流开一 平侯来	走 流开一 上厚精	叟 流开一 上厚心	钩 流开一 平侯见	口 流开一 上厚溪	偶 流开一 上厚疑	侯 流开一 平侯匣
初期	—	tɑɯ	—	tsɑɯ	sɑɯ	kɑɯ	kʰɑɯ	ɣɑɯ	xɑɯ
中期	˪po	ꞈtɑɯ	˪lɑɯ	ꞈtʂɑɯ	ꞈʂɑɯ	˪kɑɯ	ꞈkʰɑɯ	ꞈɣɑɯ	˪xɑɯ
后期	˪po	ꞈtɑɯ	˪lɑɯ	ꞈtʂɑɯ	ꞈsɑɯ	˪kɑɯ	ꞈkʰɑɯ	ꞈɑɯ	˪xɑɯ

表20　流摄三等字的读音

读音\例字\时间	否	流	酒	肘	绉	周	九	谬	纠
字音间	流开三上有非	流开三平尤来	流开三上有精	流开三上有知	流开三去宥庄	流开三平尤章	流开三上有见	流开三去幼明	流开三上黝见
初期	fu	leau	ʨiau	tsau	tsau	tsau	ʨiau	miau	ʨiau
中期	ˌfu	ˈliau	ˈʨiau	ˈʂuɯ	tʂau²	ˌtʂau	ˈʨiau	niau²	ˌʨiau
后期	ˈfu ˌfɤɯ	ˌliau	ˈʨiau	ˈʂuɯ	tsau²	ˌtʂau	ˈʨiau	mio²	ˌʨiau

根据高本汉的记录,20世纪初期晋城方言流摄三等唇音字已经转入遇摄,这是晋方言的特征之一。另外,晋城方言流摄字的元音读低元音,这一点与官话方言不同。"谬"字在多数晋方言中读入效摄,但在20世纪初期的晋城方言中,"谬"字仍在流摄。

20世纪以来,流摄一等唇音字转入效摄,"谬"也转入效摄。其他流摄字基本保持原貌,变动很小。

1.8　晋城方言阴声韵的演变特点及其成因

效摄字韵基单元音化、流摄字读低元音,晋城方言这些特点在20世纪初期已经形成,一直保持到现在,这是晋城阴声韵演变的特点之一。晋城方言这些韵类的格局不仅没有变动,音值上也没有变动。

晋城方言蟹摄合口一、三、四等本来要比开口一等和二等的元音低,这是晋城方言的特点。但是到20世纪中后期,晋城方言蟹摄合口一、三、四等字的音值发生了特别的变化,由原来的 uai 变成了 uɤɯ。同时蟹摄开口一等与二等的音值也发生了变化,由原来的 ɛi 变成了 ɛ,也发生了单元音化。经历过这种变化之后,蟹摄合口一、三、四等的元音就不再是低元音了。这是晋城方言向普通话靠拢的表现。

晋城在20世纪80年代成为一个地区中心城市,普通话成为这个新兴城市市民模仿的对象。但是晋城方言有自己的特点,尽管晋城方言音类格局与普通话相差无几,但在音值上,晋城方言与普通话差别较大。晋城人对普通话的模仿要受到本地音系的制约,于是出现类似把普通话的 uei 发成 uɤɯ 的现象,这是因为在晋城话里本就没有 uei 这样的韵母。由于模仿不到位,于是出现了上述情况。

2. 阳声韵的演变

2.1　山咸摄字读音的演变

山摄字的读音状况

表1　山摄一等字的读音

读音时间＼例字	滩	檀	残	干	盘	端	暖	酸	官
	山开一平寒透	山开一平寒定	山开一平寒从	山开一平寒见	山合一平桓並	山合一平桓端	山合一上缓泥	山合一平桓心	山合一平桓见
初期	tʻɛ	tʻɛ	tsʻɛ	kɛ	pʻɛ	tuɛ	nuɛ	suɛ	kuɛ
中期	tʻæ	tʻæ	tʂʻæ	kæ	pʻæ	tuæ	nuæ	ʂuæ	kuæ
后期	tʻæ̃	tʻæ̃	tʂʻæ̃	kæ̃	pʻæ̃	tuæ̃	nuæ̃	ʂuæ̃	kuæ̃

表2　山摄二等字的读音

读音时间＼例字	盼	山	艰	删	颜	顽	撰	关	还
	山开二去裥滂	山开二平山生	山开二平山见	山开二平删生	山开二平删疑	山合二平删疑	山合二上潸崇	山合二平删见	山合二平删匣
初期	pʻɛ	sɛ	tɕia	sɛ	ia	uɛ	tsuɛ	kuɛ	xuɛ
中期	pʻæ	ʂæ	tɕie	ʂæ	ie	uæ	tʂuæ	kuæ	xuæ
后期	pʻæ̃	ʂæ̃	tɕiæ̃	ʂæ̃	iæ̃	uæ̃	tʂuæ̃	kuæ̃	xuæ̃

表3-1　山摄三等字的读音（开）

读音时间＼例字	鞭	仙	缠	善	件	延	建	言	宪
	山开三平仙帮	山开三平仙心	山开三平仙澄	山开三上狝禅	山开三上狝群	山开三平仙以	山开三去愿见	山开三平元疑	山开三去愿晓
初期	pia	ɕia	tsʻɛ	sɛ	tɕia	ia	tɕia	ia	ɕia
中期	pie	ɕie	tsʻæ	ʂæ	tɕie	ie	tɕie	ie	ɕie
后期	piæ̃	ɕiæ̃	tsʻæ̃	ʂæ̃	—	iæ̃	tɕiæ̃	iæ̃	ɕiæ̃

表3-2　山摄三等字的读音（合）

读音时间＼例字	全	传	川	软	捲	员	反	劝	元
	山合三平仙从	山合三平仙澄	山合三平仙昌	山合三上狝日	山合三上狝见	山合三平仙云	山合三上阮非	山合三去愿溪	山合三平元疑
初期	tɕʻya	tsʻuɛ	tsʻuɛ	zuɛ	tɕya	ya	fɛ	tɕʻya	ya
中期	tɕʻye	tʂʻuæ	tʂʻuæ	zuæ	tɕye	ye	fæ	tɕʻye	ye
后期	tɕʻyæ̃	tʂʻuæ̃	tʂʻuæ̃	zuæ̃	tɕye	yæ̃	fæ̃	tɕʻyæ̃	yæ̃

表4　山摄四等字的读音

读音时间＼例字	片	颠	年	千	肩	牵	贤	研	玄
	山开四去霰滂	山开四平先端	山开四平先泥	山开四平先清	山开四平先见	山开四平先溪	山开四平先匣	山开四平霰疑	山合四平先匣
初期	pʰia	tia	nia	tɕʰia	tɕia	tɕia	ɕia	ia	ɕya
中期	pʰieʔ	ꜜtie	ꜜnie	ꜜtɕʰie	ꜜtɕie	ꜜtɕie	ꜜɕie	ꜜie	ꜜɕye
后期	—	ꜜtiæ̃	ꜜniæ̃	ꜜtɕʰiæ̃	ꜜtɕiæ̃	ꜜtɕiæ̃	ꜜɕiæ̃	ꜜiæ̃	ꜜɕyæ̃

咸摄字的读音状况

表5　咸摄一等字的读音

读音时间＼例字	贪	男	参	感	含	担	三	甘	酣
	咸开一平覃透	咸开一平覃泥	咸开一平覃清	咸开一上感见	咸开一平覃匣	咸开一平谈端	咸开一平谈心	咸开一平谈见	咸开一平谈匣
初期	tʰɛ	nɛ	tsʰɛ	kɛ	xɛ	tɛ	sɛ	kɛ	xɛ
中期	ꜜtʰæ	ꜜnæ	ꜜtsʰæ	kæ	xæ	ꜜtæ	ꜜsæ	kæ	xæ
后期	ꜜtʰæ̃	ꜜnæ̃	ꜜtsʰæ̃	kæ̃	xæ̃	ꜜtæ̃	ꜜsæ̃	kæ̃	xæ̃

表6　咸摄二等字的读音

读音时间＼例字	站	斩	谗	鹻	咸	搀	监	嵌	衔
	咸开二去陷知	咸开二上豏庄	咸开二平咸崇	咸开二上豏见	咸开二平咸匣	咸开二平衔初	咸开二平衔见	咸开二平衔溪	咸开二平衔匣
初期	tsɛ	tsɛ	tsʰɛ	tɕia	ɕia	tsʰa	tɕia	tɕʰia	ɕia
中期	tsæʔ	ꜜtʂæ	ꜜtʂʰæ	—	ꜜɕie	ꜜtʂʰæ	ꜜtɕie	tɕʰieʔ	ꜜɕie
后期	tʂæ̃ʔ	ꜜtʂæ̃	ꜜtʂʰæ̃	—	ꜜɕiæ̃	ꜜtʂʰæ̃	ꜜtɕiæ̃	tɕʰiæ̃ʔ	ꜜɕiæ̃

表7　咸摄三等字的读音

读音时间＼例字	尖	占	沾	染	钳	欠	严	泛	凡
	咸开三平盐精	咸开三平盐章	咸开三平盐知	咸开三上琰日	咸开三平盐群	咸开三去酽溪	咸开三平严疑	咸合三去梵敷	咸合三平凡奉
初期	tɕia	tsɛ	tsɛ	zɛ	tɕia	tɕia	ia	fɛ	fɛ
中期	ꜜtɕie	ꜜtʂæ	ꜜtʂæ	ꜜzæ	ꜜtɕie	tɕʰieʔ	ꜜie	fæʔ	ꜜfæ
后期	ꜜtɕiæ̃	tʂæ̃	ꜜtʂæ̃	ꜜzæ̃	ꜜtɕiæ̃	tɕʰiæ̃ʔ	ꜜiæ̃	fæ̃	ꜜfæ̃

表8　咸摄四等字的读音

读音时间＼例字	点	添	甜	念	兼	谦	嫌
	咸开四上忝端	咸开四平添透	咸开四平添定	咸开四去桥泥	咸开四平添见	咸开四平添溪	咸开四平添匣
初期	tia	t'ia	t'ia	nia	tɕia	tɕ'ia	ɕia
中期	ˀtie	ˌt'ie	ˌt'ie	nieˀ	ˌtɕie	ˌtɕ'ie	ˌɕie
后期	ˀtiæ̃	ˌt'iæ̃	ˌt'iæ̃	niæ̃ˀ	ˌtɕiæ̃	ˌtɕ'iæ̃	ˌɕiæ̃

根据高本汉的记录,20世纪初晋城方言山咸摄字已经完全合并,且都变成了纯元音无尾韵。主要元音 a 与 ε 之间的差异仅是音色的差异,而不是音位的差异,这可由它们在中后期的演变得到证实。但值得注意的是,晋城方言山咸摄字并未与任何阴声韵合流,仍然保持独立性。在晋方言并州片,山咸摄细音字多与假开三合流,但在晋城方言中这一现象并未发生。

到20世纪中期,晋城方言山咸摄字依然保持20世纪初期的音类格局,只不过在音色上与高本汉所记稍有不同。20世纪后期,年轻人是学习普通话的生力军,因此年轻人口中的山咸摄字又恢复了山咸摄原属阳声韵的特征,由纯元音韵变成了鼻化韵。这显然是年轻人模仿普通话的结果。

2.2　深臻摄读音的演变

深摄字的读音状况

表9　深摄字的读音

读音时间＼例字	禀	临	心	沈	甚	今	琴	音	淫
	深开三上寝帮	深开三平侵来	深开三平侵心	深开三上寝书	深开三上寝禅	深开三平侵见	深开三平侵群	深开三平侵影	深开三平侵以
初期	pẽ	lẽ	ɕiẽ	tsʰã	sã	tɕiẽ	tɕ'ie	iẽ	iẽ
中期	ˀpiẽĩ	ˌliẽĩ	ˌɕiẽĩ	ˀsẽ	sẽˀ	ˌtɕiẽĩ	ˌtɕ'iẽĩ	ˌiẽĩ	ˌiẽĩ
后期	ˀpiõn	ˌliõn	ˌɕiõn	ˀʂõn	ʂõnˀ	ˌtɕiõn	ˌtɕ'iõn	ˌiõn	ˌiõn

臻摄字的读音状况

表10　臻摄一等字的读音

读音时间＼例字	痕	跟	恳	痕	本	敦	尊	坤	温
	臻开一平痕匣	臻开一平痕见	臻开一上很溪	臻开一平痕匣	臻合一上混帮	臻合一平魂端	臻合一平魂精	臻合一平魂溪	臻合一平魂影
初期	xəŋ	kəŋ	k'əŋ	xəŋ	pəŋ	təŋ	tsəŋ	k'uoŋ	vəŋ

续表

读音时间 \ 例字	痕	跟	恳	痕	本	敦	尊	坤	温
字	臻开一平痕匣	臻开一平痕见	臻开一上很溪	臻开一平痕匣	臻合一上混帮	臻合一平魂端	臻合一平魂精	臻合一平魂溪	臻合一平魂影
中期	₋xõŋ	₋kõŋ	ˊkʼõŋ	₋xõŋ	ˊpõŋ	₋tũŋ	₋tsũŋ	₋kʼũŋ	₋võŋ
后期	₋xõŋ	₋kõŋ	ˊkʼõŋ	₋xõŋ	ˊpõŋ	₋tũŋ	₋tsũŋ	₋kʼũŋ	₋võŋ

表11-1　臻摄三等字的读音（开）

读音时间 \ 例字	宾	津	珍	巾	银	斤	勤	欣	隐
字	臻开三平真帮	臻开三平真精	臻开三平真知	臻开三平真见	臻开三平真疑	臻开三平殷见	臻开三平殷群	臻开三平殷晓	臻开三平隐影
初期	pẽ	tɕiẽ	tsã	tɕiẽ	iẽ	tɕiẽ	tɕʼiẽ	çiẽ	iẽ
中期	₋piẽĩ	₋tɕiẽĩ	₋tʂẽ	₋tɕiẽĩ	₋iẽĩ	₋tɕiẽĩ	₋tɕʼiẽĩ	₋çiẽĩ	₋iẽĩ
后期	₋piẽn	₋tɕiẽn	₋tʂẽn	₋tɕiẽn	₋iẽn	₋tɕiẽn	₋tɕʼiẽn	₋çiẽn	₋iẽn

表11-2　臻摄三等字的读音（合）

读音时间 \ 例字	伦	俊	椿	春	均	纷	文	君	训
字	臻合三平谆来	臻合三去稕精	臻合三平谆彻	臻合三平谆昌	臻合三平谆见	臻合三文敷	臻合三平文微	臻合三平文见	臻合三去问晓
初期	luæ̃	tɕyẽ	tsʼuæ̃	tsʼuæ̃	tɕyẽ	fã	uã	tɕyẽ	çyẽ
中期	ˊluẽ	tɕyẽ	₋tʂʼuẽ	₋tʂʼuẽ	₋tɕyẽ	₋fẽ	₋uẽ	₋tɕyẽ	çyẽ
后期	₋luẽn	tɕyẽn	₋tʂʼuẽn	₋tʂʼuẽn	₋tɕyẽn	₋fẽn	₋uẽn	₋tɕyẽn	çyẽn

　　根据高本汉的记录，20世纪初晋城方言深臻两摄字已经完全合并，形成 ã、ẽ、ɔŋ 三套不同的韵母，其中知系字和轻唇音字为 ã 类韵母，非知系细音字为 ẽ 类韵母，臻摄一等为 ɔŋ 类韵母。这说明，深臻两摄曾经的变化是洪音字转入 ŋ 尾韵，细音字鼻化。

　　到20世纪中期，晋城方言的细音字由 ẽ 类韵母演变为 ẽĩ 类韵母，这一演变与晋南汾河片临汾方言的演变类似，只不过临汾方言已经完全失去了鼻化而已。到20世纪后期，在晋城年轻人的口音里深臻两摄的阳声韵色彩进一步增强了，鼻化韵进而变成了鼻尾韵，而且这些细音字变成为 n 尾韵，而不是 ŋ 尾韵。另外，知系字和轻唇音字已经脱离了原来的轨道，进入普通话的发音轨道。

2.3　江宕摄读音的演变

江摄字的读音状况

表12　江摄字的读音

读音时间 \ 例字	邦	棒	椿	撞	窗	双	江	腔	项
	江开二平江帮	江开二上讲并	江开二平江知	江开二去绛澄	江开二平江初	江开二去绛生	江开二平江见	江开二平江溪	江开二上讲匣
初期	pã	pã	tsʻuã	tsuã	—	suã	tɕiã	tɕʻiã	ɕiã
中期	₌põ	põˀ	—	tʂuõˀ	₌tʂʻuõ	ʂuõˀ	₌tɕiõ	₌tɕʻiõ	₌ɕiõ
后期	₌põŋ	põŋˀ	₌tʂuõŋ	tʂuõŋˀ	₌tʂʻuõŋ	ʂuõŋˀ	₌tɕiõŋ	₌tɕʻiõŋ	₌ɕiõŋ

宕摄字的读音状况

表13　宕摄一等字的读音

读音时间 \ 例字	旁	当	苍	刚	昂	光	荒	皇	汪
	宕开一平唐并	宕开一平唐端	宕开一平唐清	宕开一平唐见	宕开一平唐疑	宕合一平唐见	宕合一平唐晓	宕合一平唐匣	宕合一平唐影
初期	pʻã	tã	tsʻã	kã	ɣã	kuã	xuã	xuã	uã
中期	₌pʻõ	₌tõ	₌tʂʻõ	₌kõ	₌ɣõ	₌kuõ	₌xuõ	xuõˀ	₌uõ
后期	₌pʻõŋ	₌tõŋ	₌tʂʻõŋ	₌kãŋ	₌õŋ	₌kuõŋ	₌xuõŋ	xuõŋˀ	₌uõŋ

表14　宕摄三等字的读音

读音时间 \ 例字	娘	将	张	庄	昌	疆	方	匡	王
	宕开三平阳泥	宕开三平阳精	宕开三平阳知	宕开三平阳庄	宕开三平阳昌	宕开三平阳见	宕合三平阳非	宕合三平阳溪	宕合三平阳云
初期	n̠iã	tɕiã	tʂã	tʂã	tʂʻã	tɕiã	fã	kʻuã	₌vuã / vã
中期	₌niã	₌tɕiã	₌tʂã	₌tsuã	₌tʂʻã	₌tɕiã	₌fã	₌kʻuã	₌vuã
后期	₌niã	₌tɕiã	₌tʂã	₌tsuã	₌tʂʻã	₌tɕiã	₌fã	₌kʻuã	₌vuã

20世纪初,晋城方言江宕摄阳声韵字已经完全合并了,且形成了一套 ã 类韵母。"王"字读音值得关注,它有文白异读,文读为鼻化韵,白读为纯元音无尾韵。这说明在晋城方言的历史上,江宕摄字的本地音也像晋南汾河片中原官话一样是无尾韵。

　　到20世纪中期,晋城方言江宕摄的读音基本保持20世纪初期的状态。而到20世纪后期,江宕摄洪音字出现了 ŋ 韵尾,细音字依然保持鼻化韵的状态。而晋城方言江宕摄的白读音已不复存在。

　　晋城方言江宕摄在过去一个世纪里鼻音性的增强,是受普通话影响的结果。

2.4　梗曾通摄字的演变

梗摄字的读音状况

表15　梗摄二等字的读音

读音时间＼例字	烹	撑	更	行	棚	争	耿	幸	横	宏
	梗开二平庚滂	梗开二平庚彻	梗开二平庚见	梗开二平庚匣	梗开二平耕並	梗开二平耕庄	梗开二上耿见	梗开二上耿匣	梗合二平庚匣	梗合二平耕匣
初期	p'əŋ	tsʻã	kã	çiē	p'əŋ	tsã	kã	çiē	xuŋ	xuŋ
中期	꜀p'oŋ	꜀ʂẽ	꜁kẽ	꜁çiēĩ	꜀p'oŋ	꜀ʂẽ	꜁kẽ	çiēĩꜙ	ẽũ / xuoŋ	xuoŋ
后期	꜀p'oŋ	꜀tʂʻõn	꜁kõn	꜁çiõn	꜀p'oŋ	꜀tʂõn	꜁kõn	çiõnꜙ	꜁xõ	xuoŋ

表16　梗摄三等字的读音

读音时间＼例字	兵	京	明	精	贞	征	轻	兄	倾
	梗开三平庚帮	梗开三平庚见	梗开三平庚明	梗开三平清精	梗开三平清知	梗开三平清章	梗开三平清溪	梗合三平庚晓	梗合三平清溪
初期	pẽ	tçiē	mi	tçiē	tsã	tsã	tç'iē	çyuŋ	tç'iē
中期	꜀piēĩ	꜀tçiēĩ	꜁mi	꜀tçiēĩ	꜀tʂẽ	꜀tʂẽ	꜀tç'iēĩ	꜀çyoŋ	꜀tç'iēĩ
后期	꜀piēn	꜀tçiõn	꜁mi	꜀tçiõn	꜀tʂõn	꜀tʂõn	꜀tç'iõn	꜀çyoŋ	꜀tç'iõn

表17　梗摄四等字的读音

读音时间＼例字	瓶	顶	听	宁	灵	星	经	形	萤
	梗开四平青並	梗开四上迥端	梗开四平青透	梗开四平青泥	梗开四平青来	梗开四平青心	梗开四平青见	梗开四平青匣	梗合四平青匣
初期	p'iē	tē	t'ē	ni	lē	çiē	tçiē	çiē	—
中期	꜁p'iēĩ	꜂tiēĩ	꜀t'iēĩ	꜁ni	꜁liēĩ	꜀çiēĩ	꜀tçiēĩ	꜁çiēĩ	꜁iēĩ
后期	꜁p'iõn	꜂tiõn	꜀t'iõn	꜁niõn	꜁liõn	꜀çiõn	꜀tçiõn	꜁çiõn	꜁iõn

曾摄字的读音状况

表18　曾摄一等字的读音

读音时间 \ 例字	崩	朋	登	能	增	曾	僧	肯	恒
	曾开一平登帮	曾开一平登並	曾开一平登端	曾开一平登泥	曾开一平登精	曾开一平登从	曾开一平登心	曾开一上等溪	曾开一平登匣
初期	pəŋ	p'əŋ	təŋ	nəŋ	tsəŋ	ts'əŋ	səŋ	k'əŋ	xəŋ
中期	₌pə̃ŋ	₌p'ə̃ŋ	₌tə̃ŋ	₌nə̃ŋ	₌tsə̃ŋ	₌ts'ə̃ŋ	—	⁺k'ə̃ŋ	₌xəŋ
后期	₌pə̃ŋ	₌p'ə̃ŋ	₌tə̃ŋ	₌nə̃ŋ	₌tsə̃ŋ	₌ts'ə̃ŋ	—	⁺k'ə̃ŋ	₌xəŋ

表19　曾摄三等字的读音

读音时间 \ 例字	冰	凭	征	惩	蒸	仍	凝	兴	蝇
	曾开三平蒸帮	曾开三平蒸並	曾开三平蒸知	曾开三平蒸澄	曾开三平蒸章	曾开三平蒸日	曾开三平蒸疑	曾开三去证晓	曾开三平蒸以
初期	pẽ	p'iẽ	tsã	tsã	tsã	zã	n̩i	çiẽ	iẽ
中期	₌piẽĩ	⁺p'iẽĩ	₌tʂẽĩ	₌tʂ'ẽĩ	₌ʂẽĩ	₌zẽĩ	⁺ni	çiẽĩ⁺	₌iẽĩ
后期	₌piẽŋ	⁺p'iẽŋ	₌tʂẽŋ	₌tʂ'ẽŋ	₌ʂẽŋ	₌zẽŋ	₌niẽŋ	çiẽŋ⁺	₌iẽŋ

通摄字的读音状况

表20　通摄一等字的读音

读音时间 \ 例字	蓬	东	鬃	公	翁	冬	脓	宗	宋
	通合一平东並	通合一平东端	通合一平东经	通合一平东见	通合一平东影	通合一平冬端	通合一平冬泥	通合一平冬精	通合一去宋心
初期	p'əŋ	tuŋ	—	kuŋ	uəŋ	tuŋ	nuŋ	tsuŋ	suŋ
中期	₌p'oŋ	₌tuoŋ	₌tʂuoŋ	₌kuoŋ	₌uoŋ	₌tuoŋ	₌nuoŋ	₌tʂuoŋ	ʂuoŋ⁺
后期	₌poŋ	₌tuoŋ	₌tʂuoŋ	₌kuoŋ	₌uoŋ	₌tuoŋ	₌nuoŋ	₌tʂuoŋ	ʂuoŋ⁺

表21　通摄三等字的读音

读音时间 \ 例字	风	中	戎	弓	封	宠	钟	恭	雍
	通合三平东非	通合三平东知	通合三平东日	通合三平东见	通合三平钟帮	通合三上肿彻	通合三平钟章	通合三平钟见	通合三平钟影
初期	fəŋ	tsuŋ	zuŋ	kuŋ	fəŋ	ts'uŋ	tsuŋ	kuŋ	yuŋ
中期	₌foŋ	₌tʂoŋ	₌zuoŋ	₌kuoŋ	₌foŋ	⁺tʂ'uoŋ	₌tʂuoŋ	₌kuoŋ	₌yoŋ
后期	₌foŋ	₌tʂuoŋ	₌zuoŋ	₌kuoŋ	₌foŋ	⁺tʂ'uoŋ	₌tʂuoŋ	₌kuoŋ	₌yoŋ

根据高本汉的记录，20世纪初晋城方言梗曾通摄字已完全合并，且与深臻摄也已合并。值得注意的是，梗摄二等知系和见系字读低元音，梗摄三、四等字有白读音 i。由此可以看出，梗摄白读与齐韵合流不仅是晋方言并州片和吕梁片的特征，也曾是邯新片的特征。

到20世纪中期，晋城方言梗曾通摄字基本保持20世纪初期的面貌。但到20世纪后期，晋城方言梗曾通摄发生了偏离本地方言特征的变化，主要是原来读低元音的字改读中元音，与普通话越来越接近。同时，与深臻摄类似，梗曾通摄的细音字的韵尾也由鼻化韵变成了 n 尾韵。这是一种平行变化。

2.5　晋城方言阳声韵的演变特点及其成因

晋城方言的阳声韵在20世纪初期多变为鼻化韵，有的甚至变成了纯元音无尾韵。但是进入20世纪后期，在年轻人的口音中，晋城方言的这些阳声韵又重新获得了鼻音性，有的甚至出现了鼻音韵尾。其鼻音性增强的特点是，洪音字增生的是 ŋ 音尾，细音字增生的是 n 音尾。这似乎说明，晋城方言有某种部位和谐的特性。

晋城方言阳声韵到20世纪中期依然保持20世纪初期的特征。进入20世纪后期，晋城方言阳声韵自身的特点逐渐磨损，越来越接近普通话。这在时间上恰与晋城在80年代成为一个地区中心城市相吻合。晋城方言阳声韵的这一特点或许与此有关。

晋城方言阳声韵鼻音性的增强是普通话影响的结果。晋城是山西通往河南的交通要道，随着20世纪80年代晋城成为一个地区中心城市，晋城方言受普通话的影响越来越严重。晋城方言受普通话的影响而出现的现象不仅表现在阳声韵上，而且还表现在阴声韵上。

3. 入声韵的演变

3.1　咸山摄入声韵的演变

咸摄入声韵的读音

表1　咸摄一等入声韵的读音

读音时间＼例字	答	踏	纳	拉	杂	合	塔	腊
	咸开一入合端	咸开一入合透	咸开一入合泥	咸开一入合来	咸开一入合从	咸开一入合匣	咸开一入盍透	咸开一入盍来
初期	taʔ	t'aʔ	naʔ	laʔ	tsaʔ	xaʔ	t'aʔ	laʔ
中期	tʌʔ	t'ʌʔ	nʌʔ	lʌʔ	tʂʌʔ	xʌʔ	t'ʌʔ	lʌʔ
后期	tʌʔ、tɑ	t'aʔ、t'ɑ	nɑ	lɑ	tʂʌʔ	—	t'ɑ	lʌʔ

表2　咸摄二等入声韵的读音

读音时间 ＼ 例字	劄	插	夹	掐	狭	甲	鸭
	咸开二入洽知	咸开二入洽初	咸开二入洽见	咸开二入洽溪	咸开二入洽匣	咸开二入狎见	咸开二入狎影
初期	taʔ	tsʻaʔ	tɕiaʔ	tɕʻiaʔ	ɕiaʔ	tɕiaʔ	iaʔ
中期	—	tʂʻʌʔ˨	tɕiʌʔ˨	tɕʻiʌʔ˨	ɕiʌʔ˨	tɕiʌʔ˨	iɑ
后期	—	tʂʻʌʔ˨	tɕiʌʔ˨	tɕʻiʌʔ˨	˨ɕiɑ	tɕiʌʔ˨, ˨tɕiɑ	iʌʔ˨

表3　咸摄三等入声韵的读音

读音时间 ＼ 例字	猎	接	妾	摺	叶	劫	怯	法	乏
	咸开三入叶来	咸开三入叶精	咸开三入叶清	咸开三入叶章	咸开三入叶以	咸开三入业见	咸开三入业溪	咸合三入乏帮	咸合三入乏並
初期	leaʔ	tɕiaʔ	tɕʻiaʔ	tsaʔ	iaʔ	tɕiaʔ	tɕʻiaʔ	faʔ	faʔ
中期	liʌʔ˨	tɕiʌʔ˨	tɕʻiʌʔ˨	tʂʌʔ˨	iʌʔ˨	tɕʻiʌʔ˨	tɕʻiʌʔ˨	fʌʔ˨	fʌʔ˨
后期	liʌʔ˨	tɕiʌʔ˨	tɕie˨	tʂʌʔ˨	ie˨	tɕiʌʔ˨, ˨tɕie	—	fʌʔ˨	fʌʔ˨

表4　咸摄四等入声韵的读音

读音时间 ＼ 例字	帖	叠	协
	咸开四入帖透	咸开四入帖定	咸开四入帖匣
初期	tʻiaʔ	tiaʔ	ɕiaʔ
中期	tʻiʌʔ˨	tiʌʔ˨	˨ɕie
后期	tʻiʌʔ˨	tiʌʔ˨	˨ɕie

山摄入声韵的读音

表5　山摄一等入声韵的读音

读音时间 ＼ 例字	达	辣	葛	渴	泼	脱	夺	阔	豁
	山开一入曷定	山开一入曷来	山开一入曷见	山开一入曷溪	山合一入末滂	山合一入末透	山合一入末定	山合一入末溪	山合一入末晓
初期	taʔ	laʔ	kaʔ	kʻaʔ	paʔ	tʻuaʔ	tuaʔ	kʻuaʔ	xuaʔ
中期	tʌʔ˨	lʌʔ˨	kʌʔ˨	kʻʌʔ˨	pʻʌʔ˨	tʻuʌʔ˨	tuʌʔ˨	kʻuʌʔ˨	xuʌʔ˨
后期	tʌʔ˨	lʌʔ˨	˨kɤ	kʻʌʔ˨	pʻʌʔ˨	tʻuʌʔ˨	tuʌʔ˨	kʻuʌʔ˨	xuʌʔ˨

表6　山摄二等入声韵的读音

读音时间 \ 例字	八	拔	札	察	瞎	辖	滑	刷	刮
	山开二入黠帮	山开二入黠庄	山开二入黠庄	山开二入黠初	山开二入辖晓	山开二入辖匣	山合二入黠匣	山合二入辖生	山合二入辖见
初期	paʔ	paʔ	—	tsʰaʔ	çiaʔ	çiaʔ	xuaʔ	suəʔ	kuaʔ
中期	pʌʔ₃	pʌʔ₃	tʂʌʔ₃	tʂʰʌʔ₃	çiʌʔ₃	çiʌʔ₃	xuʌʔ₃	ʂuʌʔ₃	kuʌʔ₃
后期	pʌʔ₃	pʌʔ₃	tʂʌʔ₃	ˌtʂʰʌ	çiʌʔ₃	ˌçia	ˌxua	ʂuʌʔ₃	kuʌʔ₃

表7　山摄三等入声韵的读音

读音时间 \ 例字	别	彻	孽	歇	绝	拙	悦	发	月
	山开三入薛帮	山开三入薛彻	山开三入薛疑	山开三入月晓	山合三入月从	山合三入薛章	山合三入薛以	山合三入月帮	山合三入月疑
初期	piaʔ	tsʰaʔ	iaʔ	çiaʔ	tɕyaʔ	tsuaʔ	yaʔ	faʔ	yaʔ
中期	piʌʔ₃	tʂʰʌʔ₃	iʌʔ₃	çiʌʔ₃	tɕyʌʔ₃	tʂuʌʔ₃	yeʔ	fʌʔ₃	yʌʔ₃
后期	piʌʔ₃	tʂʰʌʔ₃	iʌʔ₃	çiʌʔ₃	tɕyʌʔ₃	tʂuʌʔ₃	yʌʔ₃	fʌʔ₃	yʌʔ₃

表8　山摄四等入声韵的读音

读音时间 \ 例字	铁	节	切	截	结	决	缺	穴
	山开四入屑透	山开四入屑精	山开四入屑清	山开四入屑从	山开四入屑见	山合四入屑见	山合四入屑溪	山合四入屑匣
初期	tʰiaʔ	tɕiaʔ	tɕʰiaʔ	tɕiaʔ	tɕiaʔ	tɕyaʔ	tɕʰyaʔ	çyaʔ
中期	tʰiʌʔ₃	tɕiʌʔ₃	tɕʰiʌʔ₃	tɕiʌʔ₃	tɕiʌʔ₃	tɕyʌʔ₃	tɕʰyʌʔ₃	çyʌʔ₃
后期	tʰiʌʔ₃	tɕiʌʔ₃	tɕʰiʌʔ₃	tɕiʌʔ₃	tɕiʌʔ₃	tɕyʌʔ₃	tɕʰyʌʔ₃	çyʌʔ₃

由高本汉的记录来看,晋城方言山咸摄入声字在20世纪初期已经完全合并,且基本形成一套 aʔ 类入声韵。这是与山咸摄阳声韵平行演变的结果。

20世纪初期,山咸摄入声韵还与山咸摄阳声韵平行演变。到20世纪中后期,山咸摄入声韵不再与山咸摄阳声韵平行演变。到20世纪中后期,山咸摄入声韵元音变得与假开三的元音相同,形成 ʌʔ 类入声韵。然而山咸摄细音字终究没有与假开三合流,究竟是什么原因导致这一变化,值得进一步深究。另外,山咸摄一些字已经完全舒化。

3.2　深臻摄入声韵的演变

深摄入声韵的读音

表9 深摄入声韵的读音

读音时间 \ 例字	立	集	习	涩	执	入	急	泣	吸
	深开三入缉来	深开三入缉从	深开三入缉邪	深开三入缉生	深开三入缉章	深开三入缉日	深开三入缉见	深开三入缉溪	深开三入缉晓
初期	leəʔ	tɕiəʔ	ɕiəʔ	saʔ	tsəʔ	zuəʔ	tɕiəʔ	tɕʰiəʔ	ɕiəʔ
中期	liəʔ	tɕiəʔ	ɕiəʔ	ʂəʔ	tʂəʔ	zuəʔ	tɕiəʔ	tɕʰiʔ	ɕiəʔ
后期	liəʔ	tɕiəʔ	ɕiəʔ	ʂəʔ	tʂəʔ	—	tɕiəʔ	—	ɕiəʔ

臻摄入声韵的读音

表10 臻摄一等入声韵的读音

读音时间 \ 例字	没	突	猝	骨	窟	忽
	臻合一入没明	臻合一入没定	臻合一入没清	臻合一入没见	臻合一入没溪	臻合一入没晓
初期	muəʔ	tʰuəʔ	tsʰuəʔ	kuəʔ	kʰuəʔ	xuəʔ
中期	məʔ	tʰuəʔ	tʂuəʔ	kuəʔ	kʰuəʔ	xuəʔ
后期	məʔ	tʰuəʔ	—	kuəʔ	kʰuəʔ	xuəʔ

表11 臻摄三等入声韵的读音

读音时间 \ 例字	笔	七	质	吉	戌	出	橘	佛	掘
	臻开三入质帮	臻开三入质从	臻开三入质章	臻开三入质见	臻合三入术邪	臻合三入术昌	臻合三入术见	臻合三入物奉	臻合三入物群
初期	piəʔ	tɕʰiəʔ	tsəʔ	tɕiəʔ	ɕyəʔ	tsʰuəʔ	tɕyəʔ	fəʔ	—
中期	piəʔ	tɕʰiəʔ	tʂəʔ	tɕiəʔ	ɕyəʔ	tʂʰuəʔ	tɕyəʔ	fəʔ	tɕʰyəʔ
后期	piəʔ	tɕʰiəʔ	tʂəʔ	tɕiəʔ	ɕyˀ	tʂʰuəʔ	tɕyəʔ	fəʔ	tɕʏʌʔ

20世纪初期,晋城方言深臻摄入声韵已经完全合并,主要形成 əʔ 类韵母,但深摄庄组字的韵母为 aʔ 类。这与20世纪初晋城方言深臻摄阳声韵是平行的。

到20世纪中后期,晋城方言深臻摄入声韵由两类合并为一类 əʔ。这一演变使得深臻摄入声韵的演变脱离了20世纪初期的模式,但这却与20世纪中后期的深臻摄阳声韵是平行的。

3.3 江宕摄入声韵的演变

江摄入声韵的读音

表12　江摄入声韵的读音

读音\\时间\\例字	驳	朴	卓	捉	朔	觉	确	岳	学
	江开二入觉帮	江开二入觉滂	江开二入觉知	江开二入觉庄	江开二入觉生	江开二入觉见	江开二入觉溪	江开二入觉疑	江开二入觉匣
初期	paʔ	pʻaʔ	tsuaʔ	tsuaʔ	suaʔ	tɕiaʔ	tɕʻiaʔ	iaʔ	ɕiaʔ
中期	pʌʔ˦	pʻəʔ˦	tʂuʌʔ˦	tʂuʌʔ˦	ʂuʌʔ˦	tɕiʌʔ˦	tɕʻyʌʔ˦	yʌʔ˦	ɕiʌʔ˦ / ɕyʌʔ˦
后期	pʌʔ˦	pʻəʔ˦	tʂuʌʔ˦	tʂuʌʔ˦	ʂuəʔ˦	tɕyʌʔ˦	—	yʌʔ˦	ɕyʌʔ˦

宕摄入声韵的读音

表13　宕摄一等入声韵的读音

读音\\时间\\例字	博	薄	铎	作	索	各	鹤	郭	扩
	宕开一入铎帮	宕开一入铎并	宕开一入铎定	宕开一入铎精	宕开一入铎心	宕开一入铎见	宕开一入铎匣	宕合一入铎见	宕合一入铎溪
初期	paʔ	paʔ	tuaʔ	tsuaʔ	suaʔ	kaʔ	xaʔ	—	kʻuaʔ
中期	pʌʔ˦	pʌʔ˦	tuəʔ˦	tʂuəʔ˦	ʂuə	kʌʔ˦	xɣ˧	kuʌʔ˦	kʻuʌʔ˦
后期	pʌʔ˦	pʌʔ˦	—	tʂuʌʔ˦	ʂuəʔ˦	kʌʔ˦	xɣ˧	kuʌʔ˦	kʻuʌʔ˦

表14　宕摄三等入声韵的读音

读音\\时间\\例字	略	爵	削	酌	绰	若	脚	却	缚
	宕开三入药来	宕开三入药精	宕开三入药心	宕开三入药章	宕开三入药昌	宕开三入药日	宕开三入药见	宕开三入药溪	宕合三入药奉
初期	leaʔ	tɕiaʔ	—	tsaʔ	tsuaʔ	zaʔ	tɕiaʔ	tɕʻiaʔ	fu
中期	liʌʔ˦	tɕyʌʔ˦	ɕyʌʔ˦	tʂuʌʔ˦	tʂʻuə	zuʌʔ˦	tɕiʌʔ˦	tɕʻiʌʔ˦	fu˧
后期	lyʌʔ˦	tɕʻyʌʔ˦	ɕyʌʔ˦	tʂuʌʔ˦	tʂʻuə	zuʌʔ˦	tɕiʌʔ˦	tɕʻiʌʔ˦	—

　　20世纪初,江宕摄入声韵已经完全合并,形成一套 aʔ 类入声韵,这与20世纪初期的江宕摄阳声韵是平行的。

　　20世纪中期,早期的 aʔ 类入声韵基本变为 ʌʔ 类入声韵,但舌齿音字却变成 əʔ 类入声韵。到20世纪后期,əʔ 类入声韵又多与 ʌʔ 类合并。

　　20世纪晋城方言江宕摄入声韵在初期与阳声韵是平行演变的,到中后期,江宕摄入声韵变得与阳声韵不平行。这与山咸摄入声韵有点类似。

　　3.4　梗曾通摄入声韵的演变
　　梗摄入声韵的读音

表15　梗摄二等入声韵的读音

读音时间 \ 例字	百	泽	窄	格	额	麦	责	革	获
	梗开二入陌帮	梗开二入陌澄	梗开二入陌庄	梗开二入陌见	梗开二入陌疑	梗开二入麦明	梗开二入麦庄	梗开二入麦见	梗合二入麦匣
初期	paʔ	tsəʔ	tsəʔ	kaʔ	ɣaʔ	maʔ	tsəʔ	kaʔ	xuaʔ
中期	pʌʔ˨	tʂəʔ˨	tʂəʔ˨	kəʔ˨	ɣəʔ˨	mʌʔ˨	tʂəʔ˨	kəʔ˨	xuʌʔ˨
后期	pʌʔ˨	tʂəʔ˨	tʂəʔ˨	kəʔ˨	—	mʌʔ˨	tʂəʔ˨	kəʔ˨	xuʌʔ˨

表16　梗摄三等入声韵的读音

读音时间 \ 例字	碧	逆	壁	积	掷	只	石	益	疫
	梗开三入陌帮	梗开三入陌疑	梗开三入昔帮	梗开三入昔精	梗开三入昔澄	梗开三入昔章	梗开三入昔禅	梗开三入昔影	梗合三入昔以
初期	piəʔ	i	—	tɕiəʔ	tsəʔ	tsʼəʔ	səʔ	i	—
中期	piəʔ˨	ˀi	piəʔ˨	tɕiəʔ˨	tʂʅ	tʂʼəʔ˨	ʂəʔ˨	iˀ	iˀ
后期	piˀ	niˀ	piˀ、piəʔ˨	tɕiəʔ˨	tʂʅ	tʂʼəʔ˨	ʂəʔ˨	iˀ	iˀ

表17　梗摄四等入声韵的读音

读音时间 \ 例字	壁	觅	滴	溺	绩	戚	寂	锡	击
	梗开四入锡帮	梗开四入锡明	梗开四入锡端	梗开四入锡泥	梗开四入锡精	梗开四入锡清	梗开四入锡从	梗开四入锡心	梗开四入锡见
初期	piəʔ	miəʔ	tiəʔ	ȵiəʔ	tɕiəʔ	tɕʼiəʔ	tɕiəʔ	ɕiəʔ	tɕiəʔ
中期	piəʔ˨	miˀ	tiəʔ˨	niˀ	tɕiəʔ˨	tɕʼiəʔ˨	tɕiˀ	ɕiəʔ˨	tɕiəʔ˨
后期	piˀ	miəʔ˨	tiəʔ˨	niˀ	tɕiəʔ˨	tɕʼi	tɕi	ɕiˀ	tɕiəʔ˨

曾摄入声韵的读音

表18　曾摄一等入声韵的读音

读音时间 \ 例字	北	得	肋	则	塞	刻	黑	国	或
	曾开一入德帮	曾开一入德端	曾开一入德来	曾开一入德精	曾开一入德心	曾开一入德溪	曾开一入德晓	曾合一入德见	曾合一入德匣
初期	pai	taʔ	—	tsəʔ	saʔ	kʼaʔ	xaʔ	kuəʔ	xuəʔ
中期	˨pʌɯ	tʌʔ˨	ləʔ˨	tsəʔ˨	ʂəʔ˨	kʼəʔ˨	xəʔ˨	kuəʔ˨	xuəʔ˨
后期	˨pʌɯ	tʌʔ˨	ləʔ˨	tsəʔ˨	—	kʼəʔ˨	xəʔ˨	kuəʔ˨	xuʌʔ˨

表19　曾摄三等入声韵的读音

读音\时间\字\例	逼	匿	即	直	测	织	极	抑	域
	曾开三入职帮	曾开三入职泥	曾开三入职精	曾开三入职澄	曾开三入职初	曾开三入职章	曾开三入职群	曾开三入职影	曾合一入职云
初期	piəʔ	niəʔ	tɕiəʔ	tsəʔ	tsʰəʔ	tsəʔ	tɕiəʔ	i	yəʔ
中期	piəʔ˳	ni˺	tɕiəʔ˳	tʂəʔ˳	tʂʰəʔ˳	tʂəʔ˳	tɕiəʔ˳	i˺	y˺
后期	—	ni˺	tɕiəʔ˳	tʂəʔ˳	tʂʰəʔ˳	tʂəʔ˳	tɕiəʔ˳	i˺	y˺

通摄入声韵的读音

表20　通摄一等入声韵的读音

读音\时间\字\例	卜	木	秃	速	谷	屋	笃	毒	酷
	通合一入屋帮	通合一入屋明	通合一入屋透	通合一入屋心	通合一入屋见	通合一入屋影	通合一入沃端	通合一入沃定	通合一入沃溪
初期	pa	muəʔ	tʰuəʔ	suəʔ	kuəʔ	uəʔ	tuəʔ	tuəʔ	kʰuəʔ
中期	pu˺	məʔ˳	tʰuəʔ˳	ʂuəʔ˳	kuəʔ˳	uəʔ˳	—	tuəʔ˳	kʰu˺
后期	pəʔ˳	məʔ˳	tʰuəʔ˳	ʂuəʔ˳	kuəʔ˳	uəʔ˳	tuəʔ˳	tuəʔ˳	kʰu˺

表21　通摄三等入声韵的读音

读音\时间\字\例	福	陆	肃	竹	菊	绿	足	烛	曲
	通合三入屋非	通合三入屋来	通合三入屋心	通合三入屋知	通合三入屋见	通合三入烛来	通合三入烛精	通合三入烛章	通合三入烛溪
初期	fəʔ	luəʔ	ɕyəʔ	tsuəʔ	tɕʰyəʔ	luəʔ	tɕyəʔ	tsuəʔ	tɕʰyəʔ
中期	fəʔ˳	luəʔ˳	ɕyəʔ˳ / ʂuəʔ˳	tʂuəʔ˳	tɕʰyəʔ˳	luəʔ˳	tɕyəʔ˳	tʂuəʔ˳	tɕʰyəʔ˳
后期	fəʔ˳	luəʔ˳	ʂuəʔ˳	—	tɕʰyəʔ˳	luəʔ˳	tʂuəʔ˳ / tɕyəʔ˳	tʂuəʔ˳	tɕʰyəʔ˳ / ˀtɕʰy

20世纪初,晋城方言梗曾通摄入声韵已完全合并。梗摄二等见系字和帮系字读 aʔ 类入声韵,曾摄一等开口也基本读 aʔ 类入声韵,其他则读 əʔ 类入声韵。同时,梗摄二等唇音字没有腭化介音,曾摄一等唇音字和端组字没有腭化介音。这一点,晋城方言与并州片方言不同。

20世纪中后期,梗曾通摄入声韵由早期的两类合并为 əʔ 一类。这显示出梗曾通入声韵与20世纪初期脱离,但却与20世纪中后期的阳声韵是平行的。

3.5　晋城方言入声韵的演变特点及其成因

晋城方言山咸摄、江宕摄入声韵在20世纪初期还与阳声韵平行演变,但到20世纪中后期,山咸摄、江宕摄入声韵就不再与阳声韵平行演变。20世纪初期,晋城方言的深臻与梗曾通摄入声韵与阳声韵平行演变,20世纪中后期,晋城方言的深臻摄与梗曾通摄阳声韵也平行演变,但两者之间却不是一脉相承的关系。

虽然有部分 aʔ 类入声韵变成了现在的 əʔ 类入声韵,但晋城方言在过去的20世纪里一直保持两套独立的入声韵,20世纪初期是 aʔ 与 əʔ;20世纪中后期是 ʌʔ 类与 əʔ 类。也就是说,晋城方言入声韵依然保持两套不同入声韵。

晋城方言入声韵的演变与普通话的影响有直接关系。普通话主要影响晋城方言阳声韵的演变,而晋城方言的入声韵又多半与阳声韵平行演变,故普通话又对晋城方言的入声韵发生了间接影响。总之,不管是阴声韵、阳声韵还是入声韵的演变,都与普通话影响有关。

4. 晋城方言一个元音前高化链条的中断

4.1　晋城方言止蟹两摄合口字在四个不同时期的读音状况

我们将高本汉记录的晋城方言音系称为晋城方言的初期音系。我们分别调查了晋城三个年龄段(75、50、20岁)的语音材料,可分别代表前期、中期和后期的语音系统。止蟹两摄合口字在四个不同时期的读音状况如表1所示:

表1-1　止蟹两摄合口字不同时期的读音状况(第一类字)

读音 时间 \ 例字	跪	水	非	辈	岁	慧
	止合三 上纸群	止合三 上旨书	止合三 平微非	蟹合一 去队帮	蟹合三 去祭心	蟹合四 去霁匣
初期	kuai	suai	fai	pai	suai	xuai
前期	kuɛeʔ	ʂuɛʔ	fɛeʔ	pɛeʔ	ʂuɛʔ	xuɛʔ
中期	kuɣɯʔ	ʂuɣɯ	fɣɯ	pɣɯ	ʂuɣɯʔ	xuɣɯʔ
后期	kuɣɯʔ	ʂuɣɯ	fɣɯ	pɣɯ	ʂuɣɯʔ	xuɣɯʔ

20世纪初,除蟹摄合口二等字之外,止摄和蟹摄合口无论是在音类上还是在音值上已经完全合并,演变步调一致。这一点没有什么特殊之处,这一演变和官话方言所走的道路是一样的。但在音值上,晋城方言则有明显的特点。在

大部分官话方言中,止摄合口和蟹摄合口一、三、四等字的主元音多是中元音 e,而晋城方言则是低元音 a。在大多数官话方言中只有止摄合口庄组字的主元音才读低元音 a并与蟹摄开口一等和二等(开口非见系)合并,如"衰、揣、帅"等。这一点晋城方言和大多数官话方言在音类上也是一样的,只是音值不同,如表2所示。表1-1所代表的字相当于《中原音韵》齐微韵的合口字(下面称为"第一类字"),而表1-2的合口字相当于《中原音韵》皆来韵的合口字(下面称为"第二类字")。这说明,20世纪初晋城方言止蟹两摄合口字的读音状况是在《中原音韵》的基础上形成的。而就《中原音韵》各家的拟音来说,多数学者认为皆来韵合口字的主元音为低元音 a,齐微韵合口字的主元音为 e。由此来说,《中原音韵》之后,晋城方言止蟹两摄合口字的读音又发生了变化,而多数官话方言这两类字的读音早在《中原音韵》时期就定型了。

由各个时期的读音状况来看,晋城方言的止蟹两摄合口字自前期开始又进入新一轮的演变,两类字的主元音开始高化,第一类字的韵尾变成 ɯ,第二类字的韵尾丢失。

表1-2　止蟹两摄合口字不同时期的读音状况(第二类字)

读音 时间 ＼ 例字	怪 蟹合二 去怪见	柴 蟹开二 平佳崇	豺 蟹开二 平皆崇	来 蟹开一 平哈来	该 蟹开一 平哈见	衰 止合三 平脂生	揣 止合三 上纸初
初期	kuei	tsʻei	tʻei	lei	kei	suei	—
前期	kuε⁵	₌tʂʻE	₌tʂʻE	₌lE	₌lE	₌suE	ʻtʂʻuE
中期	kuε⁵	₌tʂʻE	₌tʂʻE	₌lE	₌lE	₌suE	ʻtʂʻuE
后期	kuε⁵	₌tʂʻE	₌tʂʻE	₌lE	₌lE	₌suE	ʻtʂʻuE

注:阴影部分非第二类字。

自《中原音韵》以来,多数官话方言第一类字的主元音比第二类字的主元音高,而20世纪初的晋城方言则正好相反。假设在《中原音韵》时期晋城方言止蟹两摄合口字的读音与多数官话方言一样,那么晋城方言在《中原音韵》之后发生了如下两个音变:

（1）e>a / u＿i（第一类字）　　（2）a>ε / u＿i（第二类字）

就（1）与（2）发生的先后次序来说,单从晋城方言自身很难判断。如果（1）发生在前,那么这是一个典型的推链式演变。如果（2）发生在前,那么这就是一个典型的拉链式演变。然而如果考虑到与晋城方言毗邻的阳城方言第一类字和第二类字完全合并,且合并后读较低元音 æ 来看,似乎晋城方言的(1)较(2)先发生,这一音变倾向于是推链式音变。

4.2　百年来晋城方言止蟹两摄合口字的语音演变

4.2.1　百年前推链式位移的继续

由第一类字在20世纪前期的读音来看,其元音较初期又高化了,出现了如下音变:

(3) a>ɛ/u__e (第一类字)

正如普通话中u韵尾其实只代表发音时舌位运动的方向,其音值并没有达到 u 的高度一样,(3)中的 e,其实际音值的舌位可能更低,但不会是 ɛ,因为晋城方言不允许长元音的存在。我们推测 e 的实际音值是 ɛ。

第一类字的元音高化使得其元音已经和第二类字相当接近,其发展结果只能有两个,要么合并,要么第二类字继续高化。晋城方言选择了后者,结果发生了如下音变:

(4) ɛi>ɛ (第二类字)

这个音变其实是两个过程的合并:元音的高化、复合元音的单元音化。由第一类字的演变可以推测出第二类字单元音化的历程。晋城方言的i韵尾舌位偏低,记为 e,实际上可能更低。当第一类字元音高化之后,第二类字元音也跟着高化了,如下所示:

(4') ɛ>ɛ/u__ɛ

由于晋城方言不允许存在长元音,(4')形成的音节是不合法的,晋城方言对此进行韵尾元音的删除,即:

(4") ɛ>ø/uɛ__

(4')(4")就是上述两个音变过程的表达。

4.2.2　推链式位移的中断

从20世纪初到规则(4)完成,晋城方言的第一类字和第二类字的语音表达发生了跟随性演变。第二类字走过的路,第一类字也几乎走了一遍,只不过没有走完而已。事实上也不可能走完,一旦走完,两类字就像阳城方言一样合并了。从第一类字在中期的表现来看,它们之所以没有沿着第二类字的轨道继续前进,是因为某种原因使得它们脱离了轨道。为什么第一类字会脱离轨道,这是我们讨论的问题。

4.3　晋城市区方言元音前高化链条中断的原因

4.3.1　晋城周围乡镇方言两类字的读音

上面讨论的是晋城市城区方言的演变，为了搞清楚上述演变是城区方言所独有的还是该区域方言总体特征，我们对晋城市郊乡镇和周围乡镇共20个点进行了调查。调查点的分布如图2所示：

根据这20个点的读音状况，我们可以将它们分为A、B、C三类，下面看一下这三类读音的具体状况，如表2所示：

图2

表2-1　晋城市郊及周围乡镇第一类字读音状况

读音类别 \ 例字	跪	水	非	辈	岁	慧
	止合三上纸群	止合三上旨书	止合三平微非	蟹合一去队帮	蟹合三去祭心	蟹合四去霁匣
A	kuɣɯˀ	ʂɣɯ	ꞔfɯˀ	pɣɯˀ	ʂuɣɯˀ	xuɣɯˀ
B	kuɛɛˀ	ʂɐɛ	ꞔfɛe	pɛeˀ	ʂuɛɛˀ	xuɛˀ
C	kuai	ꞔsuai	ꞔfai	paiˀ	suai	xuaiˀ

表2-2　晋城市郊及周围乡镇第二类字读音状况

读音类别 \ 例字	怪	怀	快	拐	帅	衰	揣
	蟹合二去怪见	蟹合二平皆匣	蟹合二去夬溪	蟹合二上蟹见	止合三去至生	止合三平脂生	止合三上纸初
A	kuEˀ	ꞔxuE	kʻuEˀ	ꞔkuE	ʂuEˀ	ꞔʂuE	ꞔtʂʻuE
B	kuEˀ	ꞔxuE	kʻuEˀ	ꞔkuE	ʂuEˀ	ꞔʂuE	ꞔtʂʻuE
C	kuEˀ	ꞔxuE	kʻuEˀ	ꞔkuE	ʂuEˀ	ꞔʂuE	ꞔtʂʻuE

4.3.2　被调查者的年龄及语言态度

为了显示被调查者的语音与年龄和语言态度的关系，我们将按被调查者所处乡镇分类列表，如表3所示：

表3

		65—75			40—50			15—25		
		Y	N	F	Y	N	F	Y	N	F
A	南村	赵保庄						赵丹		
	钟家庄				薛富贵			李刚		
	西上庄				高菊花			薛丽芳		
	衙道				时改娇					
	晋庙铺				王富强			王琴		
B	东下村				赵宝儿			赵飞		
	柳树口							许宁宁		
	金村							王艳		
	下村							段伟伟		
	大东沟							唐爱玲		
	川底									陈英英
	周村							张彩林		
C	巴公	李富荣			马明生				秦萌萌	
	北义城							马丽娜		
	大阳				任卫平			孟芳芳		
	高都							司瑞婷		
	北石店									
	李寨							郭书宇		
	犁川							陈泽华		
	大箕									申亚利

　　Y认为晋城话比较土气,N认为晋城话挺好的,和普通话比起来土气一些,但是和其他方言比起来不觉得土气,F认为没感觉。

　　由表3可以看出,A区中青两代人都读 ɤɯ 韵母,B区的中青年都读 ai 韵母,C区的老中青三代人也都读 εε 韵母。结合表1,可以看出晋城市区方言有比较清楚的年龄分层现象,而周围乡镇的人则分层现象不明显。

4.3.3　晋城市区元音前高化链条中断原因初探

4.3.3.1　晋城市周围乡镇两类字读音的分布特点

　　根据图2及表2可以看出,第一类字在晋城市东西方向的乡镇多保持高本汉所记录的 ai 韵母读法,晋城市南北方向的乡镇多保持20世纪前期 ɛɛ 读法(南部的"衙道"和"晋庙铺"除外),晋城市郊与晋城中后期读音一致。这种分布正好和晋城市区第一类字所经历的元音前高化相应。这种对称式分布与环绕式分布不同。这说明,这种分布的形成不是晋城市区方言特征扩散所引起的,而是该方言区域的早期特征。这种分布模式只能说明晋城市区方言的演变比周围乡镇快。

第二类字无论是在晋城市区、郊区还是周围乡镇读音都是 uE 韵母,保持一致。这种分布说明,第一类字韵基的单元音化及后来元音的高化是在较早前形成的。侯精一[50]曾指出"晋语的单元音化现象应该看作是早期晋语的行为。从高本汉的记录来看,西北地区的一些方言也有单元音化现象,均可看作早期读音的保留"。从晋城市区方言来看,在20世纪前期,第二类字的韵基已经单元音化,且元音高化为 E 了。

4.3.3.2　晋城市区及郊区第一类字脱轨的原因

就第一类字来说,晋城市区在中期以前一直处于元音前高化的轨道上。但到中期之后,晋城市区方言突然改变成 ɤɯ 韵母,这样第二类字元音前高化的推动力就中断了,也就是说晋城市区及郊区方言止蟹合口字的元音前高化的链条就中断了。

由于这种变化是晋城市区及郊区方言的个体特征,而不是周围方言的影响,因此这种原因只能从晋城市区方言自身上找原因。下面我们先来看一下新调查的20世纪后期晋城市区方言韵母系统:

ʅ 知自辞迟私	i 比宁继医民	u 亩奴土武书	y 女去继语铝
ɚ 耳儿二	ɚ 儿而		
ɑ 爬茶纱打拿	iɑ 霞佳丫衙架	uɑ 花挂瓦话瓜	
	iʌ 姐爷也	uʌ 驼刜	
	ie 姐夜写借协		
ɤ 科亩婆蛾车		uə 火武座骡多	yə 女铝
o 保刀劳高草	io 条标鸟咬轿		
E 海材派埋白		uE 外坏快怪	
ɤɯ 非美辈内北		uɤɯ 雷跪岁慧泪	
ʌɯ 收谋欧否牛	iʌɯ 生流九休友		
æ 感寒盼凡然	iæ 咸前点缘恋	uæ 换转关玩软	yæ 劝宣缘卷元
ə̃n 沈人蒸硬领	iə̃n 音民宁行定	uə̃n 唇闰论吞孙	yə̃n 均群旬军云
ɔ̃ŋ 唐长榜房棒	iɔ̃ŋ 洋娘项墙江	uɔ̃ŋ 庄况双王皇	

oŋ 朋猛逢风梦		uoŋ 怒宏龙空颂	yoŋ 兄颂用龙胸
ʌʔ 腊舌得白博	iʌʔ 猎灭脚要血	uʌʔ 说夺或刮托	yʌʔ 绝学略缺月
əʔ 十直核目福	iəʔ 急一逼敌力	uəʔ 骨核或绿足	yəʔ 律局绿玉橘

从晋城市区方言20世纪后期的读音来看，高元音韵尾只有一个ɯ，这涉及到两类字：一类是本节讨论的第一类字，另一类是流摄字。流摄字高本汉记录的韵基是aɯ，现在的韵基是ʌɯ，除了主元音受韵尾影响后高化之外，没有什么特别之处。而第一类字就显得非常特别了，这类字现在读yɯ韵母是后来形成的。从20世纪后期晋城方言的韵母来看，其韵基必须符合部位和谐原则。也就是说，如果韵尾具有[+后]/[−后]特征，则韵腹也必须是后元音/非后元音。再者，如果韵尾为元音韵尾，则韵基除了要符合部位和谐原则之外，还要符合唇状和谐原则。也就是说，如果韵尾是圆唇元音，那么韵腹也必须是圆唇元音；如果韵尾为非圆唇元音，那么韵腹也必须是非圆唇元音。我们假设yɯ一类韵母是晋城人模仿普通话时在晋城方言音系框架下调整的结果。普通话这一类韵母是ei韵母，由于在晋城方言音系中，韵尾有至关重要的作用，因此晋城人在模仿普通话时先要对韵尾进行调节。ei韵母的韵尾为前高元音，但是此时晋城高元音韵尾只有ɯ一个，因此晋城人就只好选择了这个ɯ作为普通话ei类韵母的韵尾。一旦选择了这样的韵尾，就必须同时选择部位和谐和唇状和谐两个原则，这样由ei>yɯ则是必然的。

上节曾假设晋城yɯ一类韵母是晋城人在模仿普通话时在晋城方言音系框架下调整的结果。这是基于晋城人语言态度的一项假设。从表3来看，在27个被调查者中，仅有3人认为"晋城话挺好的，和普通话比起来土气一些，但是和其他方言比起来不觉得土气"，有2人没有什么感觉，剩下22人都认为"晋城话比较土气"。这还仅仅是晋城市区周围乡镇人的看法，晋城市区更是如此。而更为重要的是，晋城市区的人有更为强烈的模仿普通话的动机和需要。这也是我们提出上面假设的基础。

根据图2，可以看出，衙道和晋庙铺特别地和晋城市区及郊区一致，而和李寨、犁川及大箕不同，这是非常特别的现象。仔细分析这一现象，正好可以解释晋城人的语言态度对晋城方言的影响。衙道和晋庙铺的特殊性是由被调查者的职业造成的。晋庙铺的王琴为在校大学生，王富强为政府工作人员，他们和晋城市区的人一样都有学习普通话的动机和需要。衙道的时改娇虽然是家庭妇女，但在晋城市郊居住了十年以上，受晋城市区方言影响比较大。衙道和晋庙铺语音在地域上分布的特殊性正好给我们解释晋城市区方言第一类字读音的形成提供了重要的依据。

　　透过晋城市区方言百年来的演变，我们认为晋城方言止蟹两摄合口字曾存在一个元音前高化的推链式链条，但是这个链条的推动力在20世纪后期消失了，也就是说这个推链式链条在晋城市区及郊区中断了。通过对晋城市区方言音系的分析和对晋城市周围乡镇止蟹两摄合口字读音及被调查者年龄和职业的调查，我们认为晋城市区方言第一类字脱离元音前高化链条的轨道是由于晋城人学习模仿普通话不到位造成的。其内在原因是晋城方言存在韵基部位和谐和唇状和谐。外在原因是晋城人的语言态度及学习普通话的动机和需要。但是C区的第一类字和第二类字仍然处在元音前高化的轨道之上，它们是否会继续元音前高化甚至单元音化，仍然需要继续观察。C区的人和晋城市区的人一样认为晋城方言比较土，但是他们和晋城市区的人不一样的地方在于模仿普通话愿望强烈程度不同。对这一项正在发生的音变，我们将继续关注。

第八章　大同方音百年来的演变

图1

大同位于山西省北部,居晋、冀、内蒙交界处,介于内外长城之间,地处大同盆地的西北边缘,地跨桑干河支流御河两岸。东距首都北京380公里,南离省会太原市352公里,处于京包、同蒲铁路的交汇点上。北隔长城与内蒙古自治区丰镇县接壤;南与怀仁县为邻;东接阳高、大同两县;西与左云毗邻。全境南北长57.65公里,东西宽55公里,总面积2080平方公里。

大同方言属于晋方言大包片。

第一节　声母的演变

1. 梗通摄喻母字的演变

梗通摄喻母字在三个时期的读音状况

读音 时间	荣 梗合三平庚云	融 通合三平东以	容 通合三平钟以	蓉 通合三平钟以
初期	—	—	—	—
中期	ɣeʔ³	ɣeʔ³	ɣeʔ³	ɣeʔ³
后期	ɣzʔ³	ɣzʔ³	ɣzʔ³	ɣzʔ³

高本汉在百年前没有记录梗通摄喻母字的读音,因此我们无法确切地指出百年前大同方言梗通摄韵母字的实际读法,但由20世纪中期的读音来看,20世纪初期大同方言梗通摄的读音应该也是零声母。

从20世纪中期到现在,大同方言梗通摄喻母字的声母发生了显著的变化,它们由零声母变成了 z 声母。

2. 影疑母字的演变

根据高本汉的记录,20世纪初期,大同方言一等开口疑母字基本上为 n 声母,二、三、四等开口疑母字基本上为零声母,但"牛(流开三)、凝(曾开三)、硬(梗开二)、逆(梗开三)"4个字例外。合口高元音疑母字为零声母,如"吴、鱼"等,合口非高元音疑母字为 v 声母。影母一等开口字为 n 声母,二、三、四等开口为零声母,但"挨(蟹开二)、轭(梗开二)"例外。影母合口高元音字为零声母,非高元音字为 v 声母。

20世纪中后期,大同方言影疑母基本保持20世纪初期的读音格局,但也有少数一等开口读 n 声母的字出现 n 声母与零声母的两读现象,如"岸"(山开一)等。甚至还有部分一等开口字失去了 n 声母读法,变成了零声母,如"昂"(宕开一)等。

由高本汉的记录来看,大同方言影疑母字在20世纪初已经完全合并。影疑母一等字读 n 是它们合流之后的读音形式。同时由个别影疑母二、三、四等开口字读 ȵ 声母可以看出,早期大同方言影疑母字读合口之后,开口二、三等的声母也曾经是 ȵ 声母,后来此类声母逐渐脱落。影疑母合口字的 v 声母应该是 u 介音摩擦化的结果。

百年来,大同方言影疑母字基本保持原来的面貌,但也发生了一些值得注意的变化。这种变化主要体现在一些开口一等字的声母由原来的 n 声母变成了零声母。

大同方言影疑母字洪音基本保持 n 声母,除少数字外,细音包括二等开口喉牙音字基本不读 ȵ。这种格局表明,早期大同方言影疑母字声母可能也是 ȵ,后来这些细音字前的 ȵ 声母逐渐失去鼻音声母。

3. 百年来大同方言声母演变的特点及其成因

根据高本汉的记录,结合20世纪中期和后期的调查材料,可以看出在20世纪大同方言的声母系统没有发生剧烈的变化。换句话说,大同方言的声母格局在20世纪初期已经基本形成了。这一点,无论是在知庄章三组声母的演变,还是影疑母字的演变上都可以得到证明。

在20世纪初期,晋方言梗通摄喻母字还基本读零声母,这一点由20世纪初期的太原等方言读音状况可以得到印证。同时,现在的太谷、文水等方言也可以说明这一点。但现在的大同方言和太原方言一样,梗通摄喻母字均发生了卷舌化。

另外,影疑母字的也有个别字失去鼻音声母,影疑母字读鼻音声母曾是晋方言的特色之一。

在北方官话方言中,梗通摄喻母字在明代之后出现了卷舌化的倾向。这一点陈宁[51]曾进行详细的讨论。大同方言梗通摄韵母字的卷舌化与此有关。

大同方言的影疑母开口一等字之所以能基本保持读 n 声母,就是晋方言区域性特征的影响。白静茹[52]曾讨论过山西方言影疑母字的演变及分合,她将大同方言影疑母字的读音状况归结为大同陵川型。认为晋方言疑母字的演变源头是 ŋ,细音字的 n 声母是受高元音 i、y 的影响而出现的条件变体。这一点不适合大同的方言,因为大同方言疑母洪音字也读 n,这不是受高元音影响而出现的结果。晋方言早期影疑母合流后的读音形式可能有不同的类型,但不管怎样,晋方言影疑母读鼻音声母是其特色之一。而这一点虽然在北方官话方言中也有,但远没有晋方言这么典型。

第二节　韵母的演变

1. 阴声韵的演变

1.1　果摄字的演变

果摄字在三个时期的读音状况

表1　果摄一等字的读音

读音时间 \ 例字	多 果开一平歌端	搓 果开一平歌清	蛾 果开一平歌疑	婆 果合一平戈并	朵 果合一上果端	骡 果合一平戈来	锁 果合一上果心	过 果合一平戈见	火 果合一上果晓
初期	to	tsʻuo	no	pʻo	to	lo	so	kuo	xuo
中期	꜀tuo	꜀tsʻuo	꜀nɣ	pʻo	꜀tuo	꜀luo	꜀suo	kuoꜝ	꜀xuo
后期	꜀tuo	꜀tsʻuo	꜀nɣ	pʻo	꜀tuo	꜀luo	꜀suo	kuoꜝ	꜀xuo

表2　果摄三等字的读音

读音时间 \ 例字	茄 果开三平戈群	瘸 果合三平戈群	靴 果合三平戈晓
初期	—	—	—
中期	꜀tɕʻiɛ	꜀tɕʻyɛ	꜀ɕyɛ
后期			

　　根据高本汉的记录,大同方言果摄字在20世纪初期还有开合不同的痕迹,只出现开口精组转入合口、合口端系转入开口的现象。这一点大同方言的表现与晋方言并州片不同,在晋方言并州片20世纪初大多数方言保持果摄开合口的区别。

　　到20世纪中后期,大同方言果摄字开合口之间的区别进一步泯灭。但与20世纪初期的表现并不相同。这次泯灭的表现与官话方言的发展方向一致,而与20世纪初期的大同方言不同。

　　尽管百年来大同方言果摄的音值没有发生多大的变化,但果摄字开合口的结构却发生了质的变化。晋方言的特色越来越少,与普通话的接近程度越来越高。

1.2　假摄字的演变

假摄字在三个时期的读音状况

表3　假摄二等字的读音

读音时间＼例字	巴 假开二平麻帮	拿 假开二平麻泥	茶 假开二平麻澄	叉 假开二平麻初	纱 假开二平麻生	嘉 假开二平麻见	霞 假开二平麻匣	瓜 假合二平麻见	花 假合二平麻晓
初期	pa	na	tsʻa	tsʻa	sa	tɕia	çia	kua	xua
中期	˪pa	˪na	˪tsʻa	˪tsʻa	˪sa	˪tɕia	˪çia	˪kua	˪xua
后期	˪pa	˪na	˪tsʻa	˪tsʻa	˪sa	˪tɕia	˪çia	˪kua	˪xua

表4　假摄三等字的读音

读音时间＼例字	借 假开三去祃精	写 假开三上马心	蔗 假开三去麻章	车 假开三平麻昌	射 假开三去祃船	赦 假开三去祃书	惹 假开三上马日	爷 假开三平麻以	夜 假开三去祃以
初期	tɕie	çie	tʂə	tʂʻə	ʂə	ʂə	zə	—	ie
中期	tɕiɛʔ	˪çiɛ	—	˪tʂʅʻ	ʂʅʻ	ʂʅʻ	zʅʻ	˪iɛ	iɛʔ
后期	tɕiɛʔ	˪çiɛ	tʂʅʻ	ʂʅʻ	ʂʅʻ	ʂʅʻ	zʅʻ	˪iɛ	iɛʔ

　　百年前,大同方言假摄二等和三等字已经分立,这一点可由高本汉的记录确认。这几乎是整个晋方言的特征。地处晋方言与中原官话交界地带的汾河片方言仍然保持假摄二等与三等同韵的现象。

　　百年来,大同方言假摄字发生的变化主要是假开三音值的变化,但这应与高本汉的记音有关,可能并不是实际的音值变化。不过就整个格局来说,百年来大同方言假摄字并没有发生多大变化,这可能是因为它与普通话差别较小。

1.3　遇摄字的演变

遇摄字在三个时期的读音状况

表5　遇摄一等字的读音

读音时间	补	土	徒	卢	租	粗	苦	虎	乌
例字	遇合一上姥帮	遇合一上姥透	遇合一平模定	遇合一平模来	遇合一平模精	遇合一平模清	遇合一上姥溪	遇合一上姥晓	遇合一平模影
初期	pu	tʻu	tʻu	lɛu	tsu	tsʻu	kʻu	xu	u
中期	ꞏpu	ꞏtʻu	₌tʻu	₌lu	₌tsu	₌tsʻu	₌kʻu	₌xu	₌u
后期	ꞏpu	ꞏtʻu	₌tʻu	₌lu	₌tsu	₌tsʻu	₌kʻu	₌xu	₌u

表6　遇摄三等字的读音

读音时间	女	猪	阻	诸	巨	夫	取	诛	拘
例字	遇合三上语泥	遇合三平鱼知	遇合三上语庄	遇合三平鱼章	遇合三上语群	遇合三平虞非	遇合三上虞溪	遇合三平虞知	遇合三平虞见
初期	ȵy	tʂu	tʂu	tʂu	tɕy	fu	tɕʻy	tʂu	tɕy
中期	ꞏȵy	₌tʂu	ꞏtʂu	₌tʂu	tɕy꜓	ꞏfu	ꞏtɕʻy	₌tʂu	₌tɕy
后期	ꞏȵy	₌tʂu	ꞏtʂu	₌tʂu	tɕy꜓	ꞏfu	ꞏtɕʻy	₌tʂu	₌tɕy

由高本汉的记录来看，大同方言遇摄字在20世纪初期已经完全合并。同时，模韵来母字曾发生过裂化 u>ɛu。这是晋方言的典型特征之一。不是大同方言自身演变的结果。

虽然大同方言遇摄字在百年来发生的变化很小，但却是值得注意的变化。因为这一变化显示出大同方言晋方言特征的磨损。

1.4　蟹摄字的演变

蟹摄字在三个时期的读音状况

表7-1　蟹摄一等字的读音（哈海代）

读音时间	胎	来	灾	该	陪	堆	催	魁	回
例字	蟹开一平咍透	蟹开一平咍来	蟹开一平咍精	蟹开一平咍见	蟹合一平灰並	蟹合一平灰端	蟹合一平灰清	蟹合一平灰溪	蟹合一平灰匣
初期	tʻɛi	lɛi	tsɛi	kɛi	pʻɛi	tui	tsʻui	kʻui	xui
中期	ꞏtʻee	₌lee	₌tsee	ꞏkee	ꞏpʻee	₌tuɛ	₌tsʻuɛ	ꞏkʻuɛ	ꞏxuɛ
后期	ꞏtʻee	₌lee	₌tsee	ꞏkee	ꞏpʻee	tui	₌tsʻui	ꞏkʻui	₌xui

表7-2　蟹摄一等字的读音（泰）

读音 时间 \ 例字	贝 蟹开一 去泰帮	带 蟹开一 去泰端	赖 蟹开一 去泰来	盖 蟹开一 去泰见	艾 蟹开一 去泰疑	兑 蟹合一 去泰定	最 蟹合一 去泰精	外 蟹合一 去泰疑	会 蟹合一 去泰匣
初期	pɛi	tɛi	lɛi	kɛi	nɛi	tui	tsui	vɛi	xui
中期	pɛeʾ	tɛeʾ	lɛeʾ	kɛeʾ	nɛeʾ	tuɛeʾ	tsuɛeʾ	uɛeʾ	xuɛeʾ
后期	pɛeʾ	tɛeʾ	lɛeʾ	kɛeʾ	nɛeʾ	tuiʾ	tsuiʾ	vɛeʾ	xuiʾ

表8-1　蟹摄二等字的读音（皆骇怪）

读音 时间 \ 例字	拜 蟹开二 去怪帮	排 蟹开二 平皆并	斋 蟹开二 平皆庄	豺 蟹开二 平皆崇	皆 蟹开二 平皆见	谐 蟹开二 平皆匣	挨 蟹开二 平皆影	怪 蟹合二 去怪见	坏 蟹合二 去怪匣
初期	pɛi	p'ɛi	tʂɛi	tsʰɛi	tɕie	çie	nɛi	kuɛi	xuɛi
中期	pɛeʾ	ˌp'ɛe	ˌtsɜʐ	ˌts'ɜʐ	ˌtɕie	ˌçie	ˌnɛe	kuɛeʾ	xuɛeʾ
后期	pɛeʾ	ˌp'ɛe	ˌtsɜʐ	ˌts'ɜʐ	ˌtɕie	ˌçie	ˌnɛe	kuɛeʾ	xuɛeʾ

表8-2　蟹摄二等字的读音（佳蟹卦夬）

读音 时间 \ 例字	摆 蟹开二 上蟹帮	奶 蟹开二 上蟹泥	债 蟹开二 去卦庄	街 蟹开二 平佳见	败 蟹开二 去夬并	柺 蟹合二 上蟹见	挂 蟹合二 去卦见	快 蟹合二 去夬溪	话 蟹合二 去夬匣
初期	pɛi	nɛi	tsɛi	tɕie	pɛi	—	kua	kʰuɛi	xua
中期	ˈpɛe	ˈnɛe	tsɛeʾ	ˌtɕiɛ	pɛeʾ	ˈkuɛe	kuaʾ	kʰuɛeʾ	xuaʾ
后期	ˈpɛe	ˈnɛe	tsɛeʾ	ˌtɕiɛ	pɛeʾ	ˈkuɛe	kuaʾ	kʰuɛeʾ	xuaʾ

表9　蟹摄三等字的读音（祭废）

读音 时间 \ 例字	敝 蟹开三 去祭并	祭 蟹开三 去祭精	滞 蟹开三 去祭澄	制 蟹开三 去祭章	艺 蟹开三 去祭疑	岁 蟹合三 去祭心	赘 蟹合三 去祭章	锐 蟹合三 去祭以	肺 蟹合三 去废帮
初期	pi	tɕi	tʂʅ	tʂʅ	i	sui	tʂui	zɛi	fei
中期	piʾ	tɕiʾ	—	tʂʅʾ	iʾ	suɛeʾ	tʂuɛeʾ	zuɛeʾ	fɛeʾ
后期	piʾ	tɕiʾ	—	tʂʅʾ	iʾ	suiʾ	tʂuiʾ	zuiʾ	fɛeʾ

表10　蟹摄四等字的读音

读音 时间＼例字	批	题	妻	西	继	奚	圭	奎	慧
	蟹开四 平齐滂	蟹开四 平齐定	蟹开四 平齐清	蟹开四 平齐心	蟹开四 去霁见	蟹开四 平齐匣	蟹合四 平齐见	蟹合四 平齐溪	蟹合四 去霁匣
初期	pʻi	tʻi	tɕʻi	ɕi	tɕi	ɕi	kui	kʻui	xui
中期	₌pʻi	₌tʻi	₌tɕʻi	₌ɕi	tɕi⁼	₌ɕi	₌kuɛ	₌kʻuɛ	xuɛ⁼
后期	₌pʻi	₌tʻi	₌tɕʻi	₌ɕi	tɕi⁼	₌ɕi	₌kui	₌kʻui	xui⁼

　　由高本汉的记录来看,大同方言蟹摄字的演变模式与官话方言典型外转摄的演变模式完全相同,然与20世纪中期的大同方言比较,我们就会发现高本汉的记录可能是文读而不是白读。北方官话典型外转摄蟹摄的演变模式是一等开口与二等开口同韵而与一等合口不同韵,一等合口与三、四等合口同韵。20世纪初期的大同方言基本符合这一特征。

　　到20世纪中期,大同方言蟹摄字演变模式与20世纪初期完全不同,演变模式为一、二、三、四等洪音为一类,细音为一类。这不是语音演变造成的,而是与高本汉的调查有关。20世纪中期,大同方言蟹摄字的演变模式与20世纪初期太原方言的演变模式基本一致。到20世纪中期太原方言蟹摄字的演变模式变得与北方官话基本一致,大同方言在20世纪后期也发生了同样的变化,这显然是官话方言覆盖的结果。

1.5　止摄字的演变

止摄字在三个时期的读音状况

表11-1　支韵系字的读音(开)

读音 时间＼例字	披	离	紫	知	筛	支	儿	寄	戏
	止开三 平支滂	止开三 平支来	止开三 上纸精	止开三 平支知	止开三 平支生	止开三 平支章	止开三 平支日	止开三 去寘见	止开三 去寘晓
初期	pʻi	li	ʦʅ	ʈʂʅ	—	ʦʅ	ər	tɕi	ɕi
中期	₌pʻi	₌li	ˑʦʅ	₌ʈʂʅ	₌sɛɛ	₌ʦʅ	ˑɚ	tɕi⁼	ɕi⁼
后期	₌pʻi	₌li	ˑʦʅ	₌ʈʂʅ	₌sɛɛ	₌ʦʅ	ˑɚ	tɕi⁼	ɕi⁼

表11-2　支韵系字的读音(合)

读音 时间＼例字	累	髓	缒	吹	垂	亏	危	麾	委
	止合三 上纸来	止合三 上纸心	止合三 去寘澄	止合三 平止昌	止合三 平支禅	止合三 平支溪	止合三 平支疑	止合三 平支晓	止合三 上纸影
初期	lɛi	sui	tsuei	tʂʻui	tʂʻui	kʻui	vei	xɛi	vei

续表

读音时间＼例字	累	髓	绌	吹	垂	亏	危	麾	委
	止合三上纸来	止合三上纸心	止合三去真澄	止合三平止昌	止合三平支禅	止合三平支溪	止合三平支疑	止合三平支晓	止合三上纸影
中期	ˈlɛe	ꜜsuɛe	—	tʂʰuɛeꜜ	ꜜtsʰuɛe	kʰuɛeꜛ	ꜛvɛe	xuɛe	ꜛvɛe
后期	ˈlei	ꜜsuei	—	tʂʰui	ꜜtsʰui	kʰuiꜛ	ꜛvei	xui	ꜛvei

表12-1　脂韵系字的读音（开）

读音时间＼例字	比	地	资	致	狮	旨	二	肌	伊
	止开三上旨帮	止开三去至定	止开三平脂精	止开三去至知	止开三平脂生	止开三上旨章	止开三去至日	止开三平脂见	止开三平脂影
初期	pi	ti	tsɿ	tʂʅ	sʅ	tsʅ	ər	tɕi	i
中期	ˈpi	tiꜜ	ꜜtsɿ	tʂʅꜜ	ꜜsʅ	ˈtsʅ	—	tɕi	ꜜi
后期	ˈpi	tiꜜ	ꜜtsɿ	tʂʅꜜ	ꜜsʅ	ˈtsʅ	—	tɕi	ꜜi

表12-2　脂韵字系的读音（合）

读音时间＼例字	醉	虽	追	衰	锥	水	龟	葵	惟
	止合三去至精	止合三平脂心	止合三平脂知	止合三平脂生	止合三平脂章	止合三上旨书	止合三平脂见	止合三平脂群	止合三平脂以
初期	tsui	sui	tʂui	—	tʂui	ʂui	kui	kʰui	vei
中期	tsuɛeꜜ	ꜜsuɛe	ꜜtsuɛe	ꜜʂuɛe	ꜜtsuɛe	ˈʂuɛe	ꜜkuɛe	ꜜkʰuɛe	—
后期	tsuiꜜ	ꜜsui	ꜜtʂui	ꜜʂuɛe	ꜜtʂui	ˈʂui	ꜜkui	ꜜkʰui	

表13　之韵系字的读音

读音时间＼例字	你	兹	置	使	止	己	欺	喜	医
	止开三上止泥	止开三平之精	止开三去志知	止开三上止生	止开三上止章	止开三上止见	止开三平之溪	止开三上止晓	止开三平之影
初期	n̺i	tsɿ	tʂʅ	sʅ	tsʅ	tɕi	tɕʰi	ɕi	i
中期	ˈn̺i	ꜜtsɿ	—	ꜜsʅ	ˈtsʅ	ˈtɕi	ꜜtɕʰi	ˈɕi	ꜜi
后期	ꜛn̺i	ꜜtsɿ	—	ꜜsʅ	ˈtsʅ	ˈtɕi	ꜜtɕʰi	ˈɕi	ꜜi

表14　微韵系字的读音

读音字 时间	幾	祈	衣	非	妃	肥	鬼	挥	威
	止开三 平微见	止开三 平微群	止开三 平微影	止合三 平微非	止合三 平微敷	止合三 平微奉	止合三 上尾见	止合三 平微晓	止合三 平微影
初期	tɕi	tɕʻi	i	fei	fei	fei	kui	xui	vəi
中期	˗tɕi	—	ˏi	˗ɕe	˗ɕe	˗ɕe	˗kuɛ	˗xuɛ	˗vɛe
后期	˗tɕi	—	ˏi	˗fei	˗fei	˗fei	˗kui	˗xui	˗vei

由高本汉的记录来看,20世纪初期大同方言止摄已经形成开合口分韵的特征。同时止摄合口字出现两类韵母：ɛi 与 ui。ɛi 类韵母基本与中期的 ɛe 类韵母相当。ui 类韵母与后期的 ui 类和 ei 类相当。我们认为前者是白读,后者是文读。

20世纪中期,大同方言止摄基本上依据开合口形成两类韵母:开口为 i 类韵母,合口为 ɛe 类韵母。到20世纪后期,大同方言虽然依然依据开合口形成两类韵母,但音值发生了变化,开口依然是i类韵母,合口变成了 ui 类韵母。这种变化与蟹摄一样是被官话方言覆盖的结果。

在百年前,大同方言止摄合口字曾与蟹摄洪音字同韵,其特点是读低元音。但到20世纪后期大同方言的这些低元音字都变成了中元音。这显然是被官话方言覆盖的结果。

1.6　效摄字的演变

效摄字在三个时期的读音状况

表15　效摄一等字的读音

读音字 时间	保	刀	劳	遭	曹	扫	告	好	祅
	效开一 上晧帮	效开一 平豪端	效开一 平豪来	效开一 平豪精	效开一 平豪从	效开一 上晧心	效开一 去号见	效开一 上晧晓	效开一 上晧影
初期	po	to	lo	tso	tsʻo	so	ko	xo	no
中期	ˆpɤo	˗tɤo	˗lɤo	˗tsɤo	˗tsʻɤo	ˆsɤo	kɤoˆ	ˆxɤo	nɤoˆ
后期	ˆpɤo	˗tɤo	˗lɤo	˗tsɤo	˗tsʻɤo	ˆsɤo	kɤoˆ	ˆxɤo	nɤoˆ

表16　效摄二等字的读音

读音字 时间	包	铙	罩	抄	巢	交	敲	咬	孝
	效开二 平肴帮	效开二 平肴泥	效开二 去效知	效开二 平肴初	效开二 平肴崇	效开二 平肴见	效开二 平肴溪	效开二 上巧疑	效开二 去效晓
初期	po	no	tso	tsʻo	tsʻo	tɕio	tɕʻio	io	ɕio

续表

读音\时间　音\字	包	铙	罩	抄	巢	交	敲	咬	孝
	效开二平肴帮	效开二平肴泥	效开二去效知	效开二平肴初	效开二平肴崇	效开二平肴见	效开二平肴溪	效开二上巧疑	效开二去效晓
中期	₀pɤo	—	tsɤo°	tsʰɤo°	tsɤo°	tɕiɤo°	tɕʰiɤo°	°iɤo	ɕiɤo°
后期	₀pɤo	—	tsɤo°	tsʰɤo°	tsɤo°	tɕiɤo°	tɕʰiɤo°	°iɤo	ɕiɤo°

表17　效摄三等字的读音

读音\时间　音\字	表	飘	燎	焦	宵	朝	烧	乔	耀
	效开三上小帮	效开三平宵滂	效开三平宵来	效开三平宵精	效开三平宵心	效开三平宵澄	效开三平宵书	效开三平宵群	效开三去笑以
初期	pio	pʰio	leo	tɕio	ɕio	tʂʰo	ʂo	tɕʰio	io
中期	₀piɤo	pʰiɤo	₀liɤo	tɕiɤo°	ɕiɤo°	tʂʰɤo	₀ʂɤo	tɕʰiɤo	iɤo°
后期	₀piɤo	pʰiɤo	₀liɤo	tɕiɤo°	ɕiɤo°	tʂʰɤo	₀ʂɤo	tɕʰiɤo	iɤo°

表18　效摄四等字的读音

读音\时间　音\字	刁	挑	聊	尿	浇	叫	窍	尧	晓
	效开四平萧端	效开四平萧透	效开四平萧来	效开四去啸泥	效开四平萧见	效开四去啸见	效开四去啸溪	效开四平萧疑	效开四上筱晓
初期	tio	tʰio	leo	nio	—	tɕio°	tɕʰio°	—	ɕio
中期	₀tiɤo	tʰiɤo	₀liɤo	niɤo°	—	tɕiɤo°	tɕʰiɤo°	₀ʐɤo	₀ɕiɤo
后期	₀tiɤo	tʰiɤo	₀liɤo	niɤo°	—	tɕiɤo°	tɕʰiɤo°	₀ʐɤo	₀ɕiɤo

根据高本汉的记录,20世纪初期大同方言效摄字与果摄字同韵。但是效摄字并未与果摄字在后来的演变中发生平行演变,而依然是单独成类。已经完全合流的音类在后来的演变中是难以再截然分开的。这说明,高本汉在20世纪初记录的效摄字的语音有误。这主要是与高本汉音素记音性质有关,且高本汉没有进行音系分析,结果造成本不同韵的字,高本汉所记的结果却是同韵。这一点在太谷方言中也曾出现过。

到20世纪中后期,大同方言的效摄字形成一套 ɤo 类韵母。这不是高本汉记录的继承和发展。高本汉记录的大同方言效摄与果摄字都是 o 类韵母。如果效摄字的 ɤo 是 o 类韵母的进一步发展,何以果摄字 o 类韵母未曾发生过这一演变呢?因此这一变化不是真实的语音性演变,而是高本汉的记录有问题。

1.7 流摄字的演变

流摄字在三个时期的读音状况

表19　流摄一等字的读音

读音时间＼例字	剖	斗	头	走	叟	钩	口	偶	侯
	流开一上厚滂	流开一上厚端	流开一平侯定	流开一上厚精	流开一上厚心	流开一平侯见	流开一上厚溪	流开一上厚疑	流开一平侯匣
初期	—	tɛu	tʰɛu	tsɛu	sɛu	kəu	kʰəu	nəu	xəu
中期	ˈpʰəu	ˈtəu	ˈtʰəu	ˈtsəu	ˈsəu	ˈkəu	ˈkʰəu	ˈnəu	xəuˈ
后期	ˈpʰəu	ˈtəu	ˈtʰəu	ˈtsəu	ˈsəu	ˈkəu	ˈkʰəu	ˈnəu	xəuˈ

表20　流摄三等字的读音

读音时间＼例字	否	流	酒	肘	绉	周	九	谬	纠
	流开三上有非	流开三平尤来	流开三上有精	流开三上有知	流开三去宥庄	流开三平尤章	流开三上有见	流开三去幼明	流开三上黝见
初期	fu	lieu	tɕieu	tʂeu	tseu	tʂeu	tɕieu	niau	tɕieu
中期	ˈfu	ˈliəu	ˈtɕiəu	ˈtʂəu	tsəuˈ	ˈtʂəu	ˈtɕiəu	niəuˈ	ˈtɕiəu
后期	ˈfu	ˈliəu	ˈtɕiəu	ˈtʂəu	tsəuˈ	ˈtʂəu	ˈtɕiəu	niəuˈ	ˈtɕiəu

由高本汉的记录来看,20世纪初期大同方言流摄三等唇音字已经转入遇摄。这是晋方言的特点之一,尽管这一点与北方官话方言的表现一致。同时高本汉记录的端系和知系流摄字有读 ε 元音的现象,但这一现象在中后期消失了,与同摄其他字完全合流。这一点可以认为是大同方言百年来发生的主要变化。其他方面大同方言流摄字基本保持原有的格局。

这种变化很可能并不是语音的实际变化,而是与高本汉的记音有关。

1.8 大同方言阴声韵演变特点及其形成原因

百年来大同方言阴声韵发生的主要变化就是晋方言特征的磨损。这种现象在止摄和蟹摄表现得最为突出。20世纪中期大同方言止蟹两摄字的读音状况与20世纪初期的太原方言基本类似。但到20世纪后期,大同方言与太原方言一样止摄和蟹摄的读音基本被官话方言覆盖了。大同和太原都位于晋方言的北部,止蟹两摄洪音字完全合流且读低元音是其早期的特征,但是这一特征逐渐被官话方言取代了。

大同方言的阴声韵在20世纪中期还多保持晋方言的特色,但到20世纪后期,晋方言特色快速磨损,加速向普通话靠拢。这种靠拢主要表现在音类的重新分析和音质的直接靠拢。所谓音类的重新分析,是指本来与普通话或官话方言不同的音类,按照普通话的音类进行重新组合。在大同方言中的表现就是蟹摄开口与合口本是同韵,但普通话不同韵,于是大同方言采用普通话的模式进行重新组合。当然这种表现,就是文读战胜了白读。不过白读消失得如此迅速,是值得注意的。

大同方言阴声韵的演变特点主要是受普通话影响的结果。关于这一点前文已述,此处不赘。

2. 阳声韵的演变

2.1 山咸摄的演变

山摄字的读音状况

表1 山摄一等字的读音

读 例 时 音 字 间	滩	难	残	干	安	般	端	酸	官
	山开一 平寒透	山开一 平寒泥	山开一 平寒从	山开一 平寒见	山开一 平寒影	山合一 平桓帮	山合一 平桓端	山合一 平桓心	山合一 平桓见
初期	t'æ	næ	ts'æ	kæ	næ	pæ	tuæ	suæ	kuæ
中期	ˌt'æ	ˌnæ	ˌts'æ	ˌkæ	ˌnæ	ˌpæ	—	ˌsuæ	ˌkuæ
后期	ˌt'æ	ˌnæ	ˌts'æ	ˌkæ	ˌnæ	ˌpæ	—	ˌsuæ	ˌkuæ

表2-1 山摄二等字的读音(山韵系)

读 例 时 音 字 间	扮	绽	盏	艰	眼	限	鳏	顽	幻
	山开二 去裥帮	山开二 去裥澄	山开二 上产庄	山开二 平山见	山开二 上产疑	山开二 上产匣	山合二 平山见	山合二 平山疑	山合二 去裥匣
初期	pæ	tsæ	tsæ	tçie	ie	çie	kuæ	væ	
中期	pæˀ	tsæˀ	ˀtsæ	ˌtçie	ˀie	çieˀ	ˌkuæ	ˌvæ	—
后期	pæˀ	tsæˀ	ˀtsæ	ˌtçie	ˀie	çieˀ	ˌkuæ	ˌvæ	

表2-2 山摄二等字的读音(删韵系)

读 例 时 音 字 间	班	蛮	删	谏	颜	撰	关	还	湾
	山开二 平删帮	山开二 平删明	山开二 平删生	山开二 去谏见	山开二 平删疑	山合二 上潸崇	山合二 平删见	山合二 平删匣	山合二 平删影
初期	pæ	mæ	sæ	tçie	ie	tʂuæ	kuæ	xuæ	væ
中期	ˌpæ	ˌmæ	ˌsæ	tçieˀ	—	tʂuæˀ	ˌkuæ	ˌxuæ	ˌvæ
后期	ˌpæ	ˌmæ	ˌsæ	tçieˀ	—	tʂuæˀ	ˌkuæ	ˌxuæ	ˌvæ

表3-1　山摄三等字的读音（元韵系）

读音时间 ＼ 例字	建	言	宪	反	礬	万	劝	元	辕
	山开三去愿见	山开三平元疑	山开三去愿晓	山合三上阮非	山合三平元奉	山合三去愿微	山合三去愿溪	山合三平元疑	山合三平元云
初期	tɕie	ie	çie	fæ	fæ	væ	tɕʻye	ye	ye
中期	tɕieˀ	ˌiɛ	çieˀ	ˈfæ	ˈfæ	væˀ	tɕʻyeˀ	ˌɛ	ˌyɛ
后期	tɕieˀ	ˌiɛ	çieˀ	ˈfæ	ˈfæ	væˀ	tɕʻyeˀ	ˌɛ	ˌyɛ

表3-2　山摄三等字的读音（仙韵系）

读音时间 ＼ 例字	鞭	连	煎	缠	然	虔	全	川	权
	山开三平仙帮	山开三平仙来	山开三平仙精	山开三平仙澄	山开三平仙日	山合三平仙群	山合三平仙从	山合三平仙昌	山合三平仙群
初期	pie	lie	tɕie	tʂʻæ	zæ	tɕie	tɕʻye	tʂʻuæ	tɕʻye
中期	ˌpie	ˌlie	ˌtɕie	—	ˌzæ	ˌtɕie	ˌtɕʻye	ˌtʂʻuæ	ˌtɕʻye
后期	ˌpie	ˌlie	ˌtɕie	—	ˌzæ	ˌtɕie	ˌtɕʻye	ˌtʂʻuæ	ˌtɕʻye

表4　山摄四等字的读音

读音时间 ＼ 例字	蝙	颠	年	笺	先	肩	烟	玄	渊
	山开四平先帮	山开四平先端	山开四平先泥	山开四平先精	山开四平先心	山开四平先见	山开四平先影	山合四平先匣	山合四平先影
初期	pie	tie	nie	tɕie	çie	tɕie	ie	çye	ye
中期	—	ˌtie	ˌnie	—	ˌçie	ˌtɕie	ˌie	ˌçye	ˌye
后期	—	ˌtie	ˌnie	—	ˌçie	ˌtɕie	ˌie	ˌçye	ˌyɛ

咸摄字的读音状况

表5　咸摄一等字的读音

读音时间 ＼ 例字	贪	参	感	勘	担	蓝	惭	甘	酣
	咸开一平覃透	咸开一平覃清	咸开一上感见	咸开一去勘溪	咸开一平谈端	咸开一平谈来	咸开一平谈从	咸开一平谈见	咸开一平谈匣
初期	tʻæ	tsʻæ	kæ	kʻæ	tæ	læ	tsæ	kæ	xæ
中期	ˌtʻæ	ˌtsʻæ	ˈkæ	ˈkʻæ	ˌtæ	ˌlæ	ˌtsʻæ	ˈkæ	ˌxæ
后期	ˌtʻæ	ˌtsʻæ	ˈkæ	ˈkʻæ	ˌtæ	ˌlæ	ˌtsʻæ	ˈkæ	ˌxæ

表6　咸摄二等字的读音

读音\时间	站	斩	馋	减	咸	搀	衫	监	衔
例字\音	咸开二去陷知	咸开二上豏庄	咸开二平咸崇	咸开二上豏见	咸开二平咸匣	咸开二平衔初	咸开二平衔生	咸开二平衔见	咸开二平衔匣
初期	tsæ	tsæ	tsʻæ	tɕie	ɕie	tsʻæ	sæ	tɕie	ɕie
中期	ᶜtsæ	ᶜtsæ	₌tʂʻæ	ᶜtɕie	₌ɕie	₌tʂʻæ	₌sæ	₌tɕie	₌ɕie
后期	ᶜtsæ	ᶜtsæ	₌tʂʻæ	ᶜtɕie	₌ɕie	₌tʂʻæ	₌sæ	₌tɕie	₌ɕie

表7　咸摄三等字的读音

读音\时间	贬	尖	占	俭	险	炎	欠	严	凡
例字\音	咸开三上琰帮	咸开三平盐精	咸开三去艳章	咸开三上琰群	咸开三上琰晓	咸开三平盐云	咸开三去酽溪	咸开三平严疑	咸合三平凡奉
初期	pie	tɕie	tʂæ	—	ɕie	ie	tɕʻie	ie	fæ
中期	ᶜpie	₌tɕie	tʂæ	ᶜtɕie	ᶜɕie	₌ie	tɕʻieᵓ	₌ie	₌fæ
后期	ᶜpie	₌tɕie	tʂæ	ᶜtɕie	ᶜɕie	₌ie	tɕʻieᵓ	₌ie	₌fæ

表8　咸摄四等字的读音

读音\时间	点	添	甜	念	兼	谦
例字\音	咸开四上忝端	咸开四平添透	咸开四平添定	咸开四去掭泥	咸开四平添见	咸开四平添溪
初期	tie	tʻie	tʻiɛ̃	nie	tɕie	tɕʻie
中期	ᶜtie	₌tʻie	₌tʻiɛ	nieᵓ	₌tɕie	₌tɕʻie
后期	ᶜtie	₌tʻie	₌tʻiɛ	nieᵓ	₌tɕie	₌tɕʻie

根据高本汉的记录,20世纪初期,大同方言山咸摄已经完全合并。大同方言的山咸摄基本形成两套韵母:æ类和e类。其中æ类为洪音韵母,e类为细音韵母,细音韵母已经和假开三细音字合并。值得注意的是,二等开口喉牙音声母字为细音韵母,三等知系为洪音韵母。这说明,大同方言山咸摄字这两套韵母的形成一定发生在二等喉牙音声母字产生腭化介音 i 之后,三等知系字丢失腭化介音i之后。同时,大同方言山咸摄字的演变模式完全符合北方官话典型外转摄的演变模式。

20世纪中后期,大同方言山咸摄字在音类格局上依然保持20世纪初期的基本面貌。虽然山咸摄细音字的音值与20世纪初期高本汉的记录有别,但这可能是记音问题,并不是语音的实际演变。

2.2　深臻摄的演变

深摄字的读音

表9　深摄字的读音

读音\例字\时间	禀	品	临	心	沈	渗	任	今	音
	深开三上寝帮	深开三上寝滂	深开三平侵来	深开三平侵心	深开三上寝书	深开三去沁生	深开三平侵日	深开三平侵见	深开三平侵影
初期	piəŋ	pʻiəŋ	leəŋ	ɕiəŋ	ʂəŋ	siəŋ	zəŋ	tɕiəŋ	iəŋ
中期	ᶜpiəɣ	ᶜpʻiəɣ	₌liəɣ	ᶜɕiəɣ	ᶜʂəɣ	səɣ²	₌zəɣ	ᶜtɕiəɣ	₌iəɣ
后期	ᶜpiəɣ	ᶜpʻiəɣ	₌liəɣ	ᶜɕiəɣ	ᶜʂəɣ	səɣ²	₌zəɣ	ᶜtɕiəɣ	₌iəɣ

臻摄字的读音

表10　臻摄一等字的读音

读音\例字\时间	跟	恳	痕	恩	本	敦	尊	坤	温
	臻开一平痕见	臻开一上很溪	臻开一平痕匣	臻开一平痕影	臻合一上混帮	臻合一平魂端	臻合一平魂精	臻合一平魂溪	臻合一平魂影
初期	kəŋ	kʻəŋ	xəŋ	nəŋ	pəŋ	tuoŋ	tsuoŋ	kʻuoŋ	vəŋ
中期	₌kəɣ	ᶜkʻəɣ	₌xəɣ	ᶜnəɣ	ᶜpəɣ	₌tuəɣ	₌tsuəɣ	ᶜkʻuəɣ	₌vəɣ
后期	₌kəɣ	ᶜkʻəɣ	₌xəɣ	ᶜnəɣ	ᶜpəɣ	₌tuəɣ	₌tsuəɣ	ᶜkʻuəɣ	₌vəɣ

表11　臻摄三等字的读音

读音\例字\时间	宾	津	珍	巾	斤	俊	春	均	文	君
	臻开三平真帮	臻开三平真精	臻开三平真知	臻开三平真见	臻开三平殷见	臻合三去稕精	臻合三平谆昌	臻合三平谆见	臻合三平文微	臻合三平文见
初期	piəŋ	tɕiəŋ	tʂəŋ	tɕiəŋ	tɕiəŋ	tɕyʻəŋ	tʂʻuoŋ	tɕyəŋ	vəŋ	tɕyəŋ
中期	ᶜpiəɣ	ᶜtɕiəɣ	ᶜtʂəɣ	ᶜtɕiəɣ	₌tɕiəɣ	tɕyəɣ²	₌tʂʻəɣ	₌tɕyəɣ	₌vəɣ	₌tɕyəɣ
后期	ᶜpiəɣ	ᶜtɕiəɣ	ᶜtʂəɣ	ᶜtɕiəɣ	₌tɕiəɣ	tɕyəɣ²	₌tʂʻəɣ	₌tɕyəɣ	₌vəɣ	₌tɕyəɣ

　　根据高本汉的记录,20世纪初期大同方言深臻摄阳声韵已经完全合并,形成两套韵母:əŋ类与oŋ类,前者为开口字,后者为合口字。

　　20世纪中后期,大同方言深臻两摄阳声韵发生重要的变化。这主要体现在两个方面:一是韵类的合并,由原来高本汉记录的开合分韵变成现在开合同韵;

一是鼻音韵尾 ŋ 变成 ɣ。前者可能与高本汉的记音有关,因为高本汉采用的音值记音法,没有进行音位分析,后者则还不能确定。到底高本汉记录的20世纪初期大同方言深臻两摄的韵尾是 ŋ,后来演变成 ɣ。抑或大同方言深臻两摄的韵尾本来就是 ɣ,高本汉记录有误,现在难以考证。现在 ɣ 韵尾成了大包片晋方言的典型特征。

2.3　江宕摄的演变

江摄字的读音

表12　江摄字的读音

读音时间 \ 例字	邦	棒	椿	窗	双	江	腔	项	巷
	江开二平江帮	江开二上讲并	江开二平江知	江开二平江初	江开二平江生	江开二平江见	江开二平江溪	江开二上讲匣	江开二去绛匣
初期	pɔ	pɔ	tʂuɔ	—	ʂuɔ	tɕiɔ	tɕʰiɔ	ɕiɔ	—
中期	꜀pɒ	꜀pɒ	—	tʂʰuɒ	꜀ʂuɒ	꜀tɕiɒ	꜀tɕʰiɒ	ɕiɒ꜄	xɒ꜄
后期	꜀pɒ	꜀pɒ	—	tʂʰuɒ	꜀ʂuɒ	꜀tɕiɒ	꜀tɕʰiɒ	ɕiɒ꜄	xɒ꜄

宕摄字的读音

表13　宕摄一等字的读音

读音时间 \ 例字	榜	当	桑	刚	康	昂	光	荒	汪
	宕开一上荡帮	宕开一平宕端	宕开一平唐心	宕开一平唐见	宕开一平唐溪	宕开一平唐疑	宕合一平唐见	宕合一平唐晓	宕合一平唐影
初期	pɔ	tɔ	sɔ	kɔ	kʰɔ	nɔ	kuɔ	xuɔ	vɔ
中期	꜀pɒ	꜀tɒ	꜀sɒ	꜀kɒ	꜀kʰɒ	꜀nɒ	꜀kuɒ	꜀xuɒ	꜀vɒ
后期	꜀pɒ	꜀tɒ	꜀sɒ	꜀kɒ	꜀kʰɒ	꜀nɒ	꜀kuɒ	꜀xuɒ	꜀vɒ

表14　宕摄三等字的读音

读音时间 \ 例字	将	张	庄	昌	疆	方	房	匡	王
	宕开三平阳精	宕开三平阳知	宕开三平阳庄	宕开三平阳昌	宕开三平阳见	宕合三平阳非	宕合三平阳奉	宕合三平溪	宕合三平阳云
初期	tɕiɔ	tʂɔ	tʂuɔ	tʂʰuɔ	tɕiɔ	fɔ	fɔ	kʰuɔ	vɔ
中期	꜀tɕiɒ	꜀tʂɒ	꜀tʂuɒ	꜀tʂʰuɒ	꜀tɕiɒ	꜀fɒ	꜀fɒ	꜀kʰuɒ	꜀vɒ
后期	꜀tɕiɒ	꜀tʂɒ	꜀tʂuɒ	꜀tʂʰuɒ	꜀tɕiɒ	꜀fɒ	꜀fɒ	꜀kʰuɒ	꜀vɒ

根据高本汉的记录，20世纪初期大同方言江宕摄阳声韵已经完全合并，且江宕摄阳声韵的韵尾已经完全消失，形成一套 ɔ 类阳声韵。

20世纪中后期，大同方言江宕摄阳声韵发生的变化主要是 ɔ>ɒ。这可能与翻译有关，详情请参考太谷方言阴声韵的演变。

2.4　梗曾通摄的演变

梗摄字的读音

表15　梗摄二等字的读音

读音时间 \ 例字	烹	撑	生	更	萌	争	耿	横	宏
	梗开二平庚滂	梗开二平庚彻	梗开二平庚生	梗开二平庚见	梗开二平耕明	梗开二平耕庄	梗开二上耿见	梗合二平庚匣	梗合二平耕匣
初期	pʻəŋ	tʂʻəŋ	ʂəŋ	kəŋ	məŋ	tsəŋ	kəŋ	xuoŋ	xuoŋ
中期	₌pʻéɤ	₌tʂʻéɤ	₌ʂéɤ	₌kéɤ	₌méɤ	₌tséɤ	ˀkéɤ	₌xéɤ	₌xenɤ
后期	₌pʻéɤ	₌tʂʻéɤ	₌ʂéɤ	₌kéɤ	₌méɤ	₌tséɤ	ˀkéɤ	₌xéɤ	₌xenɤ

表16　梗摄三等字的读音

读音时间 \ 例字	兵	明	京	名	精	征	颈	兄	倾
	梗开三平庚帮	梗开三平庚明	梗开三平庚见	梗开三平清明	梗开三平清精	梗开三平清章	梗开三上静见	梗合三平庚晓	梗合三平清溪
初期	piəŋ	miəŋ	tɕiəŋ	miəŋ	tɕiəŋ	tʂəŋ	tɕiəŋ	ɕyəŋ	tɕʻiəŋ
中期	₌piéɤ	₌miéɤ	₌tɕiéɤ	₌miéɤ	₌tɕiéɤ	—	ˀtɕiéɤ	₌ɕyéɤ	₌tɕʻiéɤ
后期	₌piéɤ	₌miéɤ	₌tɕiéɤ	₌miéɤ	₌tɕiéɤ	—	ˀtɕiéɤ	₌ɕyéɤ	₌tɕʻiéɤ

表17　梗摄四等字的读音

读音时间 \ 例字	瓶	钉	灵	青	星	经	馨	形	萤
	梗开四平青并	梗开四平青端	梗开四平青来	梗开四平青清	梗开四平青心	梗开四平青见	梗开四平青晓	梗开四平青匣	梗合四平青匣
初期	pʻiəŋ	₌tiəŋ	liəŋ	tɕʻiəŋ	ɕiəŋ	tɕiəŋ	ɕiəŋ	ɕiəŋ	—
中期	₌pʻiéɤ	₌tiéɤ	₌liéɤ	₌tɕʻiéɤ	₌ɕiéɤ	₌tɕiéɤ	₌ɕiéɤ	₌ɕiéɤ	—
后期	₌pʻiéɤ	₌tiéɤ	₌liéɤ	₌tɕʻiéɤ	₌ɕiéɤ	₌tɕiéɤ	₌ɕiéɤ	₌ɕiéɤ	—

曾摄字的读音

表18　曾摄一等字的读音

读音时间 \ 例字	崩	朋	登	能	棱	增	僧	恒	弘
	曾开一平登帮	曾开一平登並	曾开一平登端	曾开一平登泥	曾开一平登来	曾开一平登精	曾开一平登心	曾开一平登匣	曾合一平登匣
初期	pəŋ	pʻəŋ	təŋ	nəŋ	ləŋ	tsəŋ	səŋ	xeɤ	xueŋ
中期	₍pəɤ	₍pʻəɤ	₍təɤ	₍nəɤ	₍ləɤ	₍tsəɤ	₍səɤ	xəɤ⁼	₍xuəɤ
后期	₍pəɤ	₍pʻəɤ	₍təɤ	₍nəɤ	₍ləɤ	₍tsəɤ	₍səɤ	xəɤ⁼	₍xuəɤ

表19　曾摄三等字的读音

读音时间 \ 例字	冰	陵	徵	蒸	承	仍	凝	应	蝇
	曾开三平蒸帮	曾开三平蒸来	曾开三平蒸知	曾开三平蒸章	曾开三平蒸禅	曾开三平蒸日	曾开三平蒸疑	曾开三平蒸影	曾开三平蒸以
初期	piəŋ	liəŋ	tʂəŋ	tʂəŋ	tʂʻəŋ	zəŋ	niəŋ	iəŋ	iəŋ
中期	₍piəɤ	₍liəɤ	—	₍tʂəɤ	₍tʂʻəɤ	₍zəɤ	₍niəɤ	iəɤ⁼	iəɤ⁼
后期	₍piəɤ	₍liəɤ	₍tʂəɤ	₍tʂʻəɤ	₍zəɤ	₍niəɤ	iəɤ⁼	iəɤ⁼	

通摄字的读音

表20　通摄一等字的读音

读音时间 \ 例字	篷	东	动	聪	送	公	冬	统	宋
	通合一平东並	通合一平东端	通合一上董定	通合一平东清	通合一去送心	通合一平东见	通合一平冬端	通合一去宋透	通合一去宋心
初期	pʻəŋ	tuəŋ	tuəŋ	tsʻuəŋ	suəŋ	kuəŋ	tuəŋ	tʻuəŋ	suəŋ
中期	₍pʻəɤ	₍tuəɤ	tuəɤ⁼	₍tsʻuəɤ	suəɤ⁼	₍kuəɤ	₍tuəɤ	₍tʻuəɤ	suəɤ⁼
后期	₍pʻəɤ	₍tuəɤ	tuəɤ⁼	₍tsʻuəɤ	suəɤ⁼	₍kuəɤ	₍tuəɤ	₍tʻuəɤ	suəɤ⁼

表21　通摄三等字的读音

读音时间 \ 例字	风	隆	中	崇	弓	封	从	冢	恐
	通合三平东非	通合三平东来	通合三平东知	通合三平东崇	通合三平东见	通合三平钟非	通合三平钟从	通合三上肿知	通合三上肿溪
初期	fəŋ	luəŋ	tʂuəŋ	tʂʻuəŋ	kuəŋ	fəŋ	tsʻuəŋ	tʂuəŋ	kʻuəŋ
中期	₍fəɤ	₍luəɤ	₍tʂuəɤ	₍tʂʻuəɤ	₍kuəɤ	₍fəɤ	₍tsʻuəɤ	₍tʂuəɤ	kʻuəɤ⁼
后期	₍fəɤ	₍luəɤ	₍tʂuəɤ	₍tʂʻuəɤ	₍kuəɤ	₍fəɤ	₍tsʻuəɤ	₍tʂuəɤ	kʻuəɤ⁼

根据高本汉的记录,大同方言梗曾通摄阳声韵已经完全合并,且也与深臻两摄阳声韵合并,形成两套韵母:əŋ 和 oŋ。前者为开口字,后者为合口字。

同深臻阳声韵一样,梗曾通摄阳声韵在20世纪中后期发生如下变化:一是由开合分韵变成开合合韵;一是鼻音韵尾 ŋ 变成 ɣ。这一点与深臻阳声韵平行。

2.5　百年来大同方言阳声韵演变的特点及其成因

20世纪初期,大同方言山咸摄和江宕摄阳声韵的鼻音韵尾就已经完全消失。到20世纪中后期,深臻梗曾通摄的鼻音韵尾 ŋ 也变成了 ɣ。由此大同方言已经完全没有鼻音韵尾,这是大同方言阳声韵的显著特征。这种特征不仅在晋方言是独树一帜的,而且在全国的汉语方言当中也很值得注意。

大同方言的山咸摄细音字与太原方言一样,山咸摄细音字与假开三合并,因此出现了山咸摄字洪细分韵的现象。这一点,大同方言的江宕摄字与山咸摄字不同,江宕摄字丢失鼻音韵尾之后未与任何阴声韵合并。

晋方言的典型特征就是阳声韵鼻音韵尾的弱化乃至消失。早在唐五代时期,晋方言江宕摄字的鼻音韵尾就已经基本消失,接下来山咸摄的鼻音韵尾也开始弱化并消失,再下来是深臻梗曾通阳声韵的鼻音韵尾。现在的宁武方言没有一个阳声韵,就是晋方言的极端表现。如果高本汉记录的20世纪初期的大同方言没有错误的话,那么大同方言 ŋ>ɣ 很可能是鼻音韵尾消失过程的一种表现。

山咸摄细音字与假开三合并是语音系统调整的结果。各个方言对音类的合并与否表现不同。这一点晋方言中的表现尤其突出,如并州片榆社方言山咸摄细音字没有与假开三合并,反而逼着假开三发生元音高化。而太原方言同大同方言一样,发生了山咸摄细音字与假开三的合并。

3. 入声韵的演变

3.1　咸山摄入声韵的演变

咸摄入声韵字的读音

表1　咸摄一等入声韵字的读音

读音时间 ＼ 例字	答 咸开一 入合端	踏 咸开一 入合泥	纳 咸开一 入合泥	拉 咸开一 入合来	杂 咸开一 入合从	蛤 咸开一 入合见	喝 咸开一 入合晓	塔 咸开一 入盍透	腊 咸开一 入盍来
初期	taʔ	tʰaʔ	ndaʔ	laʔ	tsaʔ	kaʔ	—	tʰaʔ	laʔ
中期	taʔ₂	tʰaʔ₂	naʔ₂	laʔ₂	tsaʔ₂	kaʔ₂	xaʔ₂	tʰaʔ₂	laʔ₂
后期	taʔ₂	tʰaʔ₂	naʔ₂	laʔ₂	tsaʔ₂	kaʔ₂	xaʔ₂	tʰaʔ	laʔ₂

表2 咸摄二等入声韵字的读音

读音时间 \ 例字	劄	眨	插	夹	掐	狭	甲	狎	鸭
	咸开二入洽知	咸开二入洽庄	咸开二入洽初	咸开二入洽见	咸开二入洽溪	咸开二入洽匣	咸开二入狎见	咸开二入狎匣	咸开二入狎影
初期	tsaʔ	—	tsʻaʔ	tɕiaʔ	tɕʻiaʔ	ɕiaʔ	tɕiaʔ	ɕiaʔ	ŋaʔ
中期	—	tsaʔ˴	tsʻaʔ˴	tɕiaʔ˴	tɕʻiaʔ˴	ɕiaʔ˴	tɕiaʔ˴	ɕiaʔ˴	ŋaʔ˴
后期	—	tsaʔ˴	tsʻaʔ˴	tɕiaʔ˴	tɕʻiaʔ˴	ɕiaʔ˴	tɕiaʔ˴	ɕiaʔ˴	iaʔ˴、ŋaʔ˴

表3 咸摄三等入声韵字的读音

读音时间 \ 例字	猎	接	妾	摺	涉	叶	劫	怯	乏
	咸开三入叶来	咸开三入叶精	咸开三入叶清	咸开三入叶章	咸开三入叶禅	咸开三入叶以	咸开三入业见	咸开三入业溪	咸合三入乏奉
初期	leæʔ	tɕiæʔ	tɕʻiæʔ	tʂaʔ	ʂaʔ	iæʔ	tɕiæʔ	tɕʻiæʔ	xuaʔ
中期	liaʔ˴	tɕiaʔ˴	tɕʻiaʔ˴	tʂaʔ˴	saʔ˴	iaʔ˴	tɕiaʔ˴	tɕʻiaʔ˴	xuaʔ˴
后期	liaʔ˴	tɕiaʔ˴	tɕʻiaʔ˴	tʂaʔ˴	saʔ˴	iaʔ˴	tɕiaʔ˴	tɕʻiaʔ˴	xuaʔ˴

表4 咸摄四等入声韵字的读音

读音时间 \ 例字	跌	帖	叠	挟	协
	咸开四入帖端	咸开四入帖透	咸开四入帖定	咸开四入帖见	咸开四入帖匣
初期	—	tʻiæʔ	tiæʔ	—	ɕiæʔ
中期	tiaʔ˴	tʻiaʔ˴	tiaʔ˴	tɕiaʔ˴	ɕiaʔ˴
后期	tiaʔ˴	tʻiaʔ˴	tiaʔ˴	tɕiaʔ˴	ɕiaʔ˴

山摄入声韵字的读音

表5 山摄一等入声韵字的读音

读音时间 \ 例字	达	捺	辣	葛	渴	钵	掇	撮	阔
	山开一入曷定	山开一入曷泥	山开一入曷来	山开一入曷见	山开一入曷溪	山合一入末帮	山合一入末端	山合一入末清	山合一入末溪
初期	taʔ	—	laʔ	kaʔ	kʻaʔ	paʔ	taʔ	tsuaʔ	kʻuaʔ
中期	taʔ˴	naʔ˴	laʔ˴	kaʔ˴	kʻaʔ˴	paʔ˴	taʔ˴	tsʻuaʔ˴	kʻuaʔ˴
后期	taʔ˴	naʔ˴	laʔ˴	kaʔ˴	kʻaʔ˴	paʔ˴	taʔ˴	tsuaʔ˴	kʻuaʔ˴

表6　山摄二等入声韵字的读音

读音\时间\例字	八	札	察	轧	瞎	辖	滑	刷	刮
	山开二入黠帮	山开二入黠庄	山开二入黠初	山开二入黠影	山开二入辖晓	山开二入辖匣	山合二入黠匣	山合二入辖生	山合二入辖见
初期	paʔ	tsaʔ	tsʻaʔ	—	xaʔ	xaʔ	xuaʔ	suaʔ	kuaʔ
中期	paʔ$_3$	—	tsʻaʔ$_3$	ȵiaʔ$_3$	xaʔ$_3$	xaʔ$_3$	xuaʔ$_3$	suaʔ$_3$	kuaʔ$_3$
后期	paʔ$_2$	tsaʔ$_2$	tsʻaʔ$_2$	ȵiaʔ$_2$	xaʔ$_2$	xaʔ$_2$	xuaʔ$_2$	suaʔ$_2$	kuaʔ$_2$

表7-1　山摄三等入声韵字读音（仙韵系）

读音\时间\例字	灭	列	彻	折	杰	劣	绝	拙	悦
	山开三入薛明	山开三入薛来	山开三入薛彻	山开三入薛章	山合三入薛群	山合三入薛来	山合三入薛精	山合三入薛从	山合二入薛以
初期	mbiæʔ	leæʔ	tʂʻaʔ	tʂaʔ	tɕiæʔ	leæʔ	tɕyæʔ	tsuaʔ	yæʔ
中期	miaʔ$_3$	liaʔ$_3$	tsʻaʔ$_3$	tsaʔ$_3$	tɕiaʔ$_3$	liaʔ$_3$	tɕyaʔ$_3$	tsuaʔ$_3$	yaʔ$_3$
后期	miaʔ$_2$	liaʔ$_2$	tsʻaʔ$_2$	tsaʔ$_2$	tɕiaʔ$_2$	lyaʔ$_2$	tɕyaʔ$_2$	tsuaʔ$_2$	yaʔ$_2$

表7-2　山摄三等入声韵字的读音（元韵系）

读音\时间\例字	揭	歇	谒	发	伐	袜	阙	月	越
	山开三入月见	山开三入月晓	山开三入月影	山合三入月非	山合三入月奉	山合三入月微	山合三入月溪	山合三入月疑	山合二入月云
初期	—	çiæʔ	iæʔ	xuaʔ	xuaʔ	uaʔ	tɕyəʔ	yæʔ	yæʔ
中期	tɕiaʔ$_3$	çiaʔ$_3$	—	xuaʔ$_3$	xuaʔ$_3$	uaʔ$_3$	—	yaʔ$_3$	yaʔ$_3$
后期	tɕiaʔ$_2$	çiaʔ$_2$	—	xuaʔ$_2$	xuaʔ$_2$	uaʔ$_2$	—	yaʔ$_2$	yaʔ$_2$

表8　山摄四等入声韵字的读音

读音\时间\例字	篾	铁	节	切	结	噎	决	缺	穴
	山开四入屑明	山开四入屑透	山开四入屑精	山开四入屑清	山开四入屑见	山开四入屑影	山合四入屑见	山合四入屑溪	山合四入屑匣
初期	mbiæʔ	tʻiæʔ	tɕiæʔ	tɕʻiæʔ	tɕiæʔ	iæʔ	tɕyæʔ	tɕʻyæʔ	çyæʔ
中期	miaʔ$_3$	tʻiaʔ$_3$	tɕiaʔ$_3$	tɕʻiaʔ$_3$	tɕiaʔ$_3$	iaʔ$_3$	tɕyaʔ$_3$	tɕʻyaʔ$_3$	çyaʔ$_3$
后期	miaʔ$_2$	tʻiaʔ$_2$	tɕiaʔ$_2$	tɕʻiaʔ$_2$	tɕiaʔ$_2$	iaʔ$_2$	tɕyaʔ$_2$	tɕʻyaʔ$_2$	çyaʔ$_2$

　　根据高本汉的记录,大同方言山咸摄入声韵在20世纪初期已经完全合并,形成两套入声韵,即 aʔ 和 æʔ,前者为洪音字,后者为细音字。但这一点与阳声韵并不平行,因为阳声韵细音字在20世纪初期已经和假开三合并,元音由低元音变成了中元音。而入声韵细音字却并没有发生类似的演变。

　　20世纪中后期,大同方言山咸摄入声韵没有发生与阳声韵平行的演变。现在大同方言山咸摄入声韵形成一套入声韵,即 aʔ 类入声韵。20世纪初期,山咸摄入声韵洪细有别,但现在却发生了合并。

　　百年来大同方言山咸摄入声韵发生了与阳声韵不平行的演变。20世纪初期,大同方言山咸摄入声韵已经出现洪细分韵的苗头,但这种苗头最终没有在后来的演变中确立自己的地位。或许,这与高本汉的音素记音法有关,也就是说,20世纪初期大同方言山咸摄入声韵细音字的 æ 元音只是a的音位变体而已。

3.2　深臻摄入声韵的演变

深摄入声韵字的读音

表9　深摄入声韵字的读音

读音 例字 时间	立 深开三入缉来	集 深开三入缉从	澑 深开三入缉生	执 深开三入缉章	十 深开三入缉禅	入 深开三入缉日	急 深开三入缉见	泣 深开三入缉溪	吸 深开二入缉晓
初期	leəʔ	tɕiəʔ	səʔ	tʂəʔ	ʂəʔ	zuəʔ	tɕiʔ	tɕʰiəʔ	ɕiəʔ
中期	liəʔ$_2$	tɕiəʔ$_2$	—	tsəʔ$_2$	səʔ$_2$	zuəʔ$_2$	tɕiəʔ$_2$	tɕʰiəʔ$_2$	ɕiəʔ$_2$
后期	liəʔ$_2$	tɕiəʔ$_2$	—	tsəʔ$_2$	səʔ$_2$	zuəʔ$_2$	tɕiəʔ$_2$	tɕʰiəʔ$_2$	ɕiəʔ$_2$

臻摄入声韵字的读音

表10　臻摄一等入声韵字的读音

读音 例字 时间	脖 臻合一入铎帮	没 臻合一入没明	突 臻合一入没定	卒 臻合一入没精	猝 臻合一入没清	骨 臻合一入没见	窟 臻合一入没溪	忽 臻合一入没晓	核 臻合一入没匣
初期	paʔ	mbəʔ	tʰuəʔ	—	tsʼuəʔ	kuəʔ	kʰuəʔ	xuəʔ	—
中期	paʔ$_2$	məʔ$_2$	tʰuəʔ$_2$	—	—	kuəʔ$_2$	kʰuəʔ$_2$	xuəʔ$_2$	<u>kʰuəʔ$_2$</u> <u>xəʔ$_2$</u>
后期	pəʔ$_2$	məʔ$_2$	tʰuəʔ$_2$	tsuəʔ$_2$	tsʼuəʔ$_2$	kuəʔ$_2$	kʰuəʔ$_2$	xuəʔ$_2$	xəʔ$_2$

表11　臻摄三等入声韵字的读音

读音\时间	例字	毕	栗	吉	乞	戌	出	橘	勿	屈
		臻开三入质帮	臻开三入质来	臻开三入质见	臻开三入迄溪	臻合三入术心	臻合三入术昌	臻合三入术见	臻合三入物微	臻合三入物溪
初期		piəʔ	leəʔ	tɕiəʔ	tɕˈiəʔ	ɕyəʔ	tsˈuəʔ	tɕyəʔ	uəʔ	tɕˈyəʔ
中期		piəʔ₂	liəʔ₂	tɕiəʔ₂	tɕˈiəʔ₂	—	tsˈuəʔ₂	tɕyəʔ₂	uəʔ	tɕˈyəʔ₂
后期		piəʔ₂	liəʔ₂	tɕiəʔ₂	tɕˈiəʔ₂	ɕyəʔ₂	tsˈuəʔ₂	tɕyəʔ₂	uəʔ	tɕˈyəʔ₂

根据高本汉的记录,20世纪初期大同方言深臻摄入声韵已经完全合并,形成一套 əʔ 类入声韵。20世纪以来,大同方言深臻入声韵几乎没有发生任何变化,这与阳声韵不同。

3.3　宕江摄入声韵的演变

宕摄入声韵字的读音

表12　宕摄一等入声韵字的读音

读音\时间	例字	博	铎	昨	各	鹤	恶	椁	扩	霍
		宕开一入铎帮	宕开一入铎定	宕开一入铎从	宕开一入铎见	宕开一入铎匣	宕开一入铎影	宕合一入铎见	宕合一入铎溪	宕合一入铎晓
初期		paʔ	taʔ	tsaʔ	kaʔ	xaʔ	ŋgaʔ	kuaʔ	kˈuaʔ	—
中期		paʔ₂	taʔ₂	—	kaʔ₂	xaʔ₂	ŋaʔ₂	—	kˈuəʔ₂	xuəʔ₂
后期		paʔ₂	taʔ₂	tsaʔ	kaʔ₂	xaʔ₂	ŋaʔ	—	kˈuaʔ₂	xuaʔ₂

表13　宕摄三等入声韵字的读音

读音\时间	例字	略	爵	酌	脚	却	疟	药	钁	籰
		宕开三入药来	宕开三入药精	宕开三入药章	宕开三入药见	宕开三入药溪	宕开三入药疑	宕开三入药以	宕合三入药见	宕合三入药云
初期		leæʔ	tɕiæʔ	tʂaʔ	tɕyəʔ	tɕˈiæʔ	iæʔ	yəʔ	—	—
中期		liaʔ₂	tɕiaʔ	tsaʔ	tɕiaʔ	tɕiaʔ	ȵiaʔ	yəʔ₂	—	—
后期		lyaʔ₂	tɕyəʔ₂	tsaʔ	tɕyəʔ₂	tɕˈyəʔ₂	ȵyəʔ₂	yəʔ₂	—	—

江摄入声韵字的读音

表14　江摄入声韵字的读音

读音时间\例字	剥	卓	濯	捉	朔	觉	确	岳	学
	江开二入觉帮	江开二入觉知	江开二入觉澄	江开二入觉庄	江开二入觉生	江开二入觉见	江开二入觉溪	江开二入觉疑	江开二入觉匣
初期	paʔ	tsuaʔ	tsuaʔ	tsuaʔ	suaʔ	tɕiæʔ	tɕʻiæʔ	çiæʔ	çiæʔ
中期	paʔ˨	tsuaʔ˨	—	tsuaʔ˨	suaʔ˨	tɕyaʔ˨	tɕʻiaʔ˨	miaʔ / yaʔ ˨	çiaʔ˨
后期	paʔ˨	tsuaʔ˨	—	tsuaʔ˨	suaʔ˨	tɕyaʔ˨	—	yaʔ˨	çyaʔ˨

百年前，大同方言江宕摄入声韵已经完全合并，且与山咸摄入声韵合并，形成两套入声韵，即 aʔ 与 æʔ。前者为洪音韵，后者为细音韵。应该说，æ 只是 a 的音位变体，而不是独立的音位。这与高本汉的记音有关。但值得注意的是，个别细音字如"药"的元音已经脱离了 a 音位，变成了独立的 ə 音位，与深臻摄入声韵合并。

到20世纪中后期，类似"药"的字扩大了范围，如"脚、却、疟"等。但其他入声字依然保持低元音的格局。

20世纪以来，江宕摄部分细音入声韵字流入深臻摄。这很可能是入声韵类合并的一种前兆。晋方言有不少方言已由早期的多套入声韵合并为现在 əʔ 一套入声韵。太原方言就是这一类的代表。

3.4　曾梗通摄入声韵的演变

曾摄入声韵字的读音

表15　曾摄一等入声韵字的读音

读音时间\例字	北	得	勒	则	塞	刻	黑	国	或
	曾开一入德帮	曾开一入德端	曾开一入德来	曾开一入德精	曾开一入德心	曾开一入德溪	曾开一入德晓	曾合一入德见	曾合一入德匣
初期	piəʔ	tiəʔ	ləʔ	tsəʔ	səʔ	kʻəʔ	xəʔ	kuəʔ	xuəʔ
中期	piəʔ˨	tiəʔ˨	ləʔ˨	tsəʔ˨	səʔ˨	kʻəʔ˨	xəʔ˨	kuəʔ˨	xuəʔ˨
后期	piəʔ˨	təʔ˨	ləʔ˨	tsəʔ˨	səʔ˨	kʻəʔ˨	xəʔ˨	kuəʔ˨	xuaʔ˨

表16　曾摄三等入声韵字的读音

读音时间\例字	逼	匿	力	即	直	测	织	极	域
	曾开三入职帮	曾开三入职泥	曾开三入职来	曾开三入职精	曾开三入职澄	曾开三入职初	曾开三入职章	曾开三入职群	曾合三入职云
初期	piəʔ	nȵiəʔ	leəʔ	tɕiəʔ	tʂəʔ	tsʻaʔ	tʂəʔ	tɕiəʔ	yəʔ

续表

读音 时间 \ 例字	逼	匿	力	即	直	测	织	极	域
	曾开三 入职帮	曾开三 入职泥	曾开三 入职来	曾开三 入职精	曾开三 入职澄	曾开三 入职初	曾开三 入职章	曾开三 入职群	曾合三 入职云
中期	piəʔ$_2$	—	liəʔ$_2$	tɕiaʔ$_2$	tsəʔ$_2$	tsʻaʔ$_2$	tsəʔ$_2$	tɕiəʔ$_2$	yəʔ$_2$
后期	piəʔ$_2$	nz̩^{2}	liəʔ$_2$	tɕiəʔ$_2$	tsəʔ$_2$	tsʻaʔ$_2$	tsəʔ$_2$	tɕiəʔ$_2$	yəʔ$_2$

梗摄入声韵字的读音

表17　梗摄二等入声韵字的读音

读音 时间 \ 例字	百	泽	窄	格	麦	责	革	虢	获
	梗开二 入陌帮	梗开二 入陌澄	梗开二 入陌庄	梗开二 入陌见	梗开二 入麦明	梗开二 入麦庄	梗开二 入麦见	梗合二 入陌见	梗合二 入麦匣
初期	piæʔ	tsaʔ	tsaʔ	kaʔ	mbiæʔ	tsaʔ	kaʔ	—	xuaʔ
中期	piaʔ$_2$	tsaʔ$_2$	tsəʔ$_2$	kaʔ$_2$	miaʔ$_2$	tsaʔ$_2$	kaʔ$_2$	kuaʔ$_2$	xuaʔ$_2$
后期	piəʔ	tsaʔ$_2$	tsaʔ$_2$	kaʔ$_2$	miaʔ$_2$	tsaʔ$_2$	kaʔ$_2$	—	xuaʔ$_2$

表18　梗摄三等入声韵字的读音

读音 时间 \ 例字	碧	逆	僻	积	掷	尺	石	益	役
	梗开三 入陌帮	梗开三 入陌疑	梗开三 入昔滂	梗开三 入昔精	梗开三 入昔澄	梗开三 入昔昌	梗开三 入昔禅	梗开三 入昔影	梗合三 入昔以
初期	piʔ	n̠ȡiəʔ	pʻiəʔ	tɕiəʔ	tʂəʔ	tʂʻəʔ	ʂəʔ	iəʔ	—
中期	piəʔ$_2$	n̠iəʔ	pʻiəʔ	tɕiaʔ	tʂ̩^{2}	tsʻəʔ$_2$	səʔ$_2$	iəʔ$_2$	iəʔ$_2$
后期	piəʔ$_2$	n̠iəʔ	pʻiəʔ	tɕiəʔ	tʂ̩^{2}	tsʻəʔ$_2$	səʔ$_2$	iəʔ$_2$	ɿ^2

表19　梗摄四等入声韵字的读音

读音 时间 \ 例字	壁	觅	滴	敌	溺	历	绩	锡	击
	梗开四 入锡帮	梗开四 入锡明	梗开四 入锡端	梗开四 入锡定	梗开四 入锡泥	梗开四 入锡来	梗开四 入锡精	梗开四 入锡心	梗开四 入锡见
初期	piəʔ	mbiəʔ	tiæʔ	tiæʔ	n̠ȡiəʔ	leəʔ	tɕiəʔ	ɕiəʔ	tɕiəʔ
中期	piəʔ$_2$	miəʔ$_2$	tiaʔ$_2$	tiaʔ$_2$	n̠iəʔ$_2$	liəʔ$_2$	tɕiəʔ$_2$	ɕiəʔ$_2$	tɕiəʔ$_2$
后期	piəʔ$_2$	m̩^{2}	tiəʔ$_2$	tiəʔ$_2$	n̠iəʔ$_2$	liəʔ$_2$	tɕiəʔ$_2$	ɕiəʔ$_2$	tɕiəʔ$_2$

通摄入声韵字的读音

表20　通摄一等入声韵字的读音

读音时间 \ 例字	卜	秃	族	谷	哭	屋	笃	毒	酷
	通合一入屋帮	通合一入屋透	通合一入屋从	通合一入屋见	通合一入屋溪	通合一入屋影	通合一入沃端	通合一入沃定	通合一入沃溪
初期	paʔ	tʰuaʔ	tɕyaʔ	kuaʔ	kʰuaʔ	uaʔ	tuaʔ	tuaʔ	kʰuaʔ
中期	paʔ˻	tʰuaʔ˻	tɕyaʔ˻	kuaʔ˻	kʰuaʔ˻	uaʔ˻	tuaʔ˻	tuaʔ˻	kʰuaʔ˻
后期	paʔ˻	tʰuaʔ˻	tɕyaʔ˻	kuaʔ˻	kʰuaʔ˻	uaʔ˻	tuaʔ˻	tuaʔ˻	kʰuaʔ˻

表21　通摄三等入声韵字的读音

读音时间 \ 例字	福	肃	竹	缩	祝	菊	足	烛	曲
	通合三入屋非	通合三入屋心	通合三入屋知	通合三入屋生	通合三入屋章	通合三入屋见	通合三入烛精	通合三入烛章	通合三入烛溪
初期	xuaʔ	ɕyaʔ	tsuaʔ	suaʔ	tsuaʔ	tɕʰyaʔ	tɕyaʔ	tsuaʔ	tɕʰyaʔ
中期	xuaʔ˻	ɕyaʔ˻	tsuaʔ˻	ɕyaʔ˻	tsuaʔ˻	tɕʰyaʔ˻	tɕyaʔ˻	tsuaʔ˻	tɕʰyaʔ˻
后期	xuaʔ˻	ɕyaʔ˻	tsuaʔ˻	suaʔ˻	tsuaʔ˻	tɕyaʔ˻	tɕyaʔ˻	tsuaʔ˻	tɕʰyaʔ˻

根据高本汉的记录,20世纪初期,大同方言梗曾通摄入声韵细音字已经完全合并,形成一套 aʔ 类入声韵。但洪音并未完全发生合并。曾开一已经与细音字发生合并,梗开二基本没有与细音字发生合并。曾开一唇音和端组字已经产生腭化介音 i,梗开二唇音字也产生了腭化介音 i,这些都符合侯精一[31]所提出的晋方言入声韵的典型特征。

百年来大同方言梗曾通摄入声韵虽然变化很小,但有些变化也很值得注意。这就是梗开二入声韵的"百"字由低元音变成了中元音,这也是入声韵合并的前兆。同类字"麦"没有发生这一变化。入声韵类的合并应该是晋方言入声韵的发展方向。

大同方言梗曾通摄入声韵大部分与深臻合并,只有梗开二不合并,但却与山咸摄入声韵合并。这是大同方言入声韵的特点。

3.5　百年来大同方言入声韵演变的特点及其成因

大同方言入声韵在20世纪初期虽然韵类比较多,但这可能与高本汉的音素记音有关。经过一个世纪的演变,大同方言入声韵基本合并为 aʔ 和 aʔ 两套入声韵,其中山咸摄与江宕摄、梗开二为低元音入声韵,其他为中元音入声韵。

　　由于大同方言的鼻音韵尾早已丢失或弱化,失去了对韵腹的保护,而入声韵则依然还有ʔ韵尾,因此大同方言入声韵的演变与阳声韵并不平行。晋方言有的点入声韵与阳声韵的演变基本平行,而有的则不平行。兴县方言是入声韵与阳声韵平行演变的典型代表,大同方言是入声韵与阳声韵不平行演变的典型代表。

　　大同方言入声韵之所以与阳声韵演变不平行,是因为大同方言鼻音韵尾已基本消失,鼻音韵尾对韵腹的保护作用消失。而大同方言的入声韵依然保持ʔ韵尾。这说明ʔ韵尾与ɣ韵尾对韵腹的作用是不同的,这一点值得我们进一步深入研究。

　　大同方言的音韵结构受普通话的影响很深。在普通话音韵结构中,有尾韵只有中低两度对比,因此大同方言形成两套入声韵,且以中低元音为区别特征,这是大同方言必然的演变。

3.6　总结

　　与阳声韵不同,大同方言入声韵在过去的一个世纪没有发生重大变化。不过显著的变化就是入声韵类的合并,这可能与高本汉的记音有关。但中后期低元音入声韵向中元音入声韵的转移,可以说是入声韵类合并的前兆。太原方言已经走过了这一历程,大同方言或许正在沿着这一方向前进。

第九章　呼和浩特方音百年来的演变

呼和浩特古称归化,位于内蒙古自治区的中部,自然地理位置独特。北枕阴山(大青山),与乌兰察布市的四子王旗交界;南临黄河,与鄂尔多斯市的准格尔旗隔河相望;东依蛮汉山,与乌兰察布市的卓资县、凉城县毗邻;西与包头市的土默特右旗接壤。地理坐标在东经110° 46′,北纬39° 45′。地貌特征可分:北部大青山地,东南部蛮汉山丘陵、台地,中西南部土默特平原(亦称土默川平原)。

根据沈明[34]的研究,呼和浩特方言属于晋方言张呼片。初期的材料以高本汉[16]所记录的为基础。中期的材料以邢向东[53]记录的呼和浩特音系为基础,后期的材料以我们新调查的呼和浩特音系为基础。

第一节　声母的演变

1. 古知庄章三组声母的演变

古知庄章三组声母在20世纪初期的读音状况如下表所示:

	果摄		假摄		遇摄	蟹摄		止摄		效摄	流摄	咸摄	
	开口	合口	开口	合口	合口	开口	合口	开口	合口	开口	开口	开口	合口
tʂ、tʂʻ、ʂ	×	×	章	—	知章	知庄章		知章		知三章	知三章	知三章	×
ts、tsʻ、s	×	×	庄	—	知庄章	庄	知庄章	庄章之	知庄章	知庄	庄	知三庄	×

	深摄	山摄		臻摄		宕摄		江摄	曾摄		梗摄		通摄
	开口	开口	合口	开口	合口	开口	合口	开口	开口	合口	开口	合口	合口
tʂ、tʂʻ、ʂ	知三章	知三章		知三章		知三章	×	知三章	知三章	×	知三章	×	
ts、tsʻ、s	庄	知庄	知庄章	庄	知庄章	庄	×	知二庄	庄	×	知二庄	×	知庄章

20世纪中后期,古知庄章三组声母在呼和浩特方言中的读音状况基本一致,如下表所示:

	果摄		假摄		遇摄	蟹摄		止摄		效摄	流摄	咸摄	
	开口	合口	开口	合口	合口	开口	合口	开口	合口	开口	开口	开口	合口
tʂ、tʂʻ、ʂ	×	×											×
ts、tsʻ、s	×	×	章庄	章庄	知庄章	知庄章	知庄章	知庄章	知庄章	知庄章	知庄章	知庄章	×

	深摄	山摄		臻摄		宕摄		江摄	曾摄		梗摄		通摄
	开口	开口	合口	开口	合口	开口	合口	开口	开口	合口	开口	合口	合口
tʂ、tʂʻ、ʂ							×			×		×	
ts、tsʻ、s	知庄章	知庄章	知庄章	知庄章	知庄章	知庄章	×	知二庄	知庄章	×	知庄章	×	知庄章

呼和浩特方言古知庄章三组声母在20世纪初基本形成开口知二庄 ts 与知三章 tʂ,合口知庄章 ts 与精洪合流的格局。开口知二庄与知三章分立是晋方言的典型特征之一。呼和浩特方言符合这一特征。不过,止摄的知庄章三组声母的读音格局与其他晋方言不同。其他晋方言止摄古知庄章三组声母的读音格局为开口知为 tʂ 类,庄章为 ts 类。而呼和浩特方言则开口支脂韵系均为 tʂ 类,之韵系为知 tʂ,庄章为 ts。这一点似乎说明,20世纪初期,呼和浩特方言还没有完全形成开口知为 tʂ 类,庄章为 ts 类典型格局。另外,呼和浩特方言日母字除止摄为零声母外,其他也基本依照开合口分别读 ʐ、z 声母。

百年来,古知庄章三组声母在呼和浩特方言中发生了重大变化,古知庄章三组声母不分合口完全合并为 ts 组声母。这一点与太原方言的演变基本一致。这一变化还可以由日母字的变化得到印证。另外,呼和浩特方言的日母字除止摄仍保持零声母外,其他则不分开合口均读卷舌 ʐ 声母。

总之,呼和浩特方言古知庄章三组声母在过去的一个世纪中发生了重大变化,其读音格局由早期的开口知二庄与知三章分立,合口知庄章与精洪合流变成现在的不分开合口均与精洪合流。

2. 百年来呼和浩特方言声母演变的特点及成因

呼和浩特方言声母在过去的一个世纪里除古知庄章三组声母发生值得注

意的变化之外,其他声母几乎没有发生什么变化。也就是说,除古知庄章三组声母外,呼和浩特方言其他声母的读音格局在20世纪初已经基本形成。呼和浩特方言古知庄章三组声母在20世纪初期还为开口知二庄与知三章分立,到20世纪中后期这种分立格局消失,古知庄章三组声母完全合并。

20世纪初期,呼和浩特方言日母字止摄为零声母,其他则基本上为开口读 z̧ 声母,合口读 z 声母。现在呼和浩特方言日母字的读音格局发生了变化,基本上为两分,即止摄为零声母,其他均读 z̧ 声母。这一点与其他方言相比显得有点特别。

文水方言古知庄章三组声母在20世纪初的读音状况与呼和浩特基本一致,也是开口知二庄与知三章分立。现在文水方言与呼和浩特方言也发生了知庄章声母的完全合并。晋方言早期为开口知二庄与知三章分立,合口知庄章与精洪合并的方言,如今已有许多方言发生了知庄章三组声母的完全合并,这已经隐约成为晋方言的一项区域特征。

呼和浩特方言日母字的演变不是自身演变的结果。从音系的角度看,如果知庄章三组声母由卷舌音变成舌尖音,那么与之相配的日母字也当由卷舌音 z̧ 变成舌尖音 z。这一点在其他晋方言中得到了普遍验证,太原、文水等方言就是典型代表。呼和浩特方言反其道而行之,这与普通话的影响有关。

第二节　韵母的演变

1. 阴声韵的演变

1.1　果摄字的演变

果摄字在三个时期的读音状况

表1　果摄一等字的读音

读音时间＼例字	多	搓	蛾	颇	朵	骡	锁	过	火
	果开一平歌端	果开一平歌清	果开一平歌疑	果合一平戈滂	果合一上果端	果合一平戈来	果合一上果心	果合一去过见	果合一上果晓
初期	tɔ	tsʻɔ	ŋɔ	pʻɔ	tɔ	lɔ	sɔ	kuɔ	cuɣ
中期	꜀tuɣ	꜀tsʻuɣ	꜀ŋɣ	꜀pʻɣ	꜀tuɣ	꜀luɣ	꜀suɣ	kuɣ꜒	꜁xuɣ
后期	꜀tuɣ	꜀tsʻuɣ	꜀ŋɣ	꜀pʻɣ	꜀tuɣ	꜀luɣ	꜀suɣ	kuɣ꜒	꜁xuɣ

表2　果摄三等字的读音

读音 时间＼例字	茄	瘸	靴
	果开三平戈群	果合三平戈群	果合三平戈晓
初期	—	—	—
中期	—	₌tɕʻye	₌ɕye
后期	—	₌tɕʻye	₌ɕye

20世纪初期呼和浩特方言果摄字唇音字及端系字由合口转为开口,见系字则仍然保持合口。这一点与山西省内的晋方言在20世纪初期的面貌稍有不同。晋方言并州片在20世纪初期还保持果摄字开合口的区别,这种特征至今保存。

到20世纪中后期,呼和浩特方言果摄字除开口见系字和合口帮系字仍保持20世纪初期的开口格局以外,其他则均转入合口。而且果摄字的元音也由早期的ɔ变成了现在的ɣ。

呼和浩特方言果摄字在过去的一个世纪里发生了类似普通话的读音格局。这与普通话的影响有关。

1.2　假摄字的演变

假摄字在三个时期的读音状况

表3　假摄二等字的读音

读音 时间＼例字	巴	拿	茶	叉	纱	嘉	霞	瓜	花
	假开二 平麻帮	假开二 平麻泥	假开二 平麻澄	假开二 平麻初	假开二 平麻生	假开二 平麻见	假开二 平麻匣	假合二 平麻见	假合二 平麻晓
初期	pa	na	tsʻa	tsʻa	sa	tɕia	ɕia	kua	xua
中期	₌pa	₌na	₌tsʻa	₌tsʻa	₌sa	₌tɕia	₌ɕia	₌kua	₌xua
后期	₌pa	₌na	₌tsʻa	₌tsʻa	₌sa	₌tɕia	₌ɕia	₌kua	₌xua

表4　假摄三等字的读音

读音 时间＼例字	借	写	蔗	车	射	赦	惹	爷	夜
	假开三 去祃精	假开三 上马心	假开三 去祃章	假开三 平麻昌	假开三 去祃船	假开三 去祃书	假开三 上马日	假开三 平麻以	假开三 去祃以
初期	tɕia	ɕia	tʂə	₌tʂʻə	ʂɣ	tʂə	zə	—	ia
中期	tɕieˀ	ˀɕie	—	₌tsʻɣ	sɣˀ	sɣˀ	ˀzɣ	₌ie	ieˀ
后期	tɕieˀ	ˀɕie	—	₌tsʻɣ	sɣˀ	sɣˀ	ˀzɣ	₌ie	ieˀ

　　根据高本汉的记录,20世纪初期呼和浩特方言假摄字二等与三等已出现分立的现象,主要是三等知系字韵母与二等不同,其他则完全同韵。高本汉记录的知系字很可能是文读音,其他为白读音。呼和浩特的白读音与汾河片方言类似。

　　到20世纪中后期,假摄开口三等的非知系字同知系字与二等分立。这很可能是被文读音覆盖的结果。

　　呼和浩特方言假摄字的白读音在20世纪初期很可能与汾河片方言一致,二等和三等不分韵,都读 a 类韵母。20世纪中后期,这一音类格局被文读音覆盖。这说明,汾河片方言的现象在一个世纪前要比现在的范围广。

1.3　遇摄字的演变

遇摄字在三个时期的读音状况

表5　遇摄一等字的读音

读音时间 \ 例字	补	土	徒	卢	租	粗	苦	虎	乌
	遇合一上姥帮	遇合一上姥透	遇合一平模定	遇合一平模来	遇合一平模精	遇合一平模清	遇合一上姥溪	遇合一上姥晓	遇合一平模影
初期	pu	t'u	t'u	lɛu	tu	ts'u	k'u	xu	u
中期	ꞈpu	ꞈt'u	t'u	ꞈ|ləu˥lu	ꞈtsu	ꞈts'u	ꞈk'u	ꞈxu	ꞈvu
后期	ꞈpu	ꞈt'u	t'u	ꞈ|ləu˥lu	ꞈtsu	ꞈts'u	ꞈk'u	ꞈxu	ꞈvu

表6　遇摄三等字的读音

读音时间 \ 例字	女	猪	阻	诸	巨	夫	驱	诛	拘
	遇合三上语泥	遇合三平鱼知	遇合三上语庄	遇合三平鱼章	遇合三上语群	遇合三平虞非	遇合三平虞溪	遇合三平虞知	遇合三平虞见
初期	ȵy	tsu	tsu	tsu	tɕy	fu	tɕ'y	tsu	tɕy
中期	ꞈȵy	ꞈtsu	ꞈtsu	ꞈtsu	tɕy˩	ꞈfu	ꞈtɕ'y	ꞈtsu	ꞈtɕy
后期	ꞈȵy	ꞈtsu	ꞈtsu	ꞈtsu	tɕy˩	ꞈfu	ꞈtɕ'y	ꞈtsu	ꞈtɕy

　　20世纪初期,呼和浩特方言遇摄模韵来母和清母字出现了高元音的裂化现象。这是晋方言的典型特征之一。

　　20世纪中后期,模韵来母字出现了文白异读,文读与普通话韵母一致,白读仍保持20世纪初期的面貌。而清母字则可能已被文读覆盖,失去了白读。

　　现代晋方言模韵舌齿音读复合元音在汾河片方言涉及音类最广,越往北音类逐渐减少。呼和浩特方言遇摄字在过去一个世纪的演变说明,北部晋方言模韵舌齿音读复合元音的现象要比现在范围更广,且不限制在来母字。

1.4　蟹摄字的演变

呼和浩特方言蟹摄字在20世纪初期已经基本形成类似北方官话典型外转摄的演变模式，即一等开口+二等≠一等合口+三、四等合口≠三、四等开口。同时，合口字中唇音、端系、知系和喻母字由合口转入了开口，但仍然与其他开口字不同韵。具体情况如下：

表7-1　蟹摄一等字的读音（咍海代）

读音\例字\时间	胎	来	灾	该	玫	堆	催	魁	回
	蟹开一平咍透	蟹开一平咍来	蟹开一平咍精	蟹开一平咍见	蟹合一平灰明	蟹合一平灰端	蟹合一平灰清	蟹合一平灰溪	蟹合一平灰匣
初期	tʻɛ	꜀lɛ	꜀tsɛ	꜀kɛ	—	꜀təi	꜀tsʻəi	꜀kʻui	꜀xui
中期	꜀tʂʻɛ	꜀lʅ	꜀tsʅ	꜀kɛ	꜀me	꜀tuei	꜀tsʻuei	꜀kʻuei	꜀xuei
后期	꜀tʂʻɛ	꜀lʅ	꜀tsʅ	꜀kɛ	꜀me	꜀tuei	꜀tsʻuei	꜀kʻuei	꜀xuei

表7-2　蟹摄一等字的读音（泰）

读音\例字\时间	贝	带	赖	盖	艾	兑	最	外	会
	蟹开一去泰帮	蟹开一去泰端	蟹开一去泰来	蟹开一去泰见	蟹开一去泰疑	蟹合一去泰定	蟹合一去泰精	蟹合一去泰疑	蟹合一去泰匣
初期	pəi	tɛ	lɛ	kɛ	ŋgɛ	təi	tsəi	uɛ	xui
中期	—	tɛʔ	lɛʔ	kɛʔ	ŋɛʔ	tueiʔ	tsueiʔ	vɛʔ	xueiʔ
后期	—	tɛʔ	lɛʔ	kɛʔ	ŋɛʔ	tueiʔ	tsueiʔ	vɛʔ	xueiʔ

表8-1　蟹摄二等字的读音（皆骇怪）

读音\例字\时间	拜	排	斋	豺	皆	谐	挨	怪	坏
	蟹开二去怪帮	蟹开二平皆并	蟹开二平皆庄	蟹开二平皆崇	蟹开二平皆见	蟹开二平皆匣	蟹开二平皆影	蟹合二去怪见	蟹合二去怪匣
初期	pɛ	꜀pʻɛ	tsɛ	꜀tsʻɛ	꜀tɕia	꜀ɕia	ŋgɛ	kuɛ	꜀xuɛ
中期	pɛ	꜀pʻɛ	tsʅ	꜀tsʻʅ	꜀tɕie	꜀ɕie	꜀ʅ	kuɛ	꜀xuɛ
后期	pɛ	꜀pʻɛ	tsɛ	꜀tsʻɛ	꜀tɕie	꜀ɕie	꜀ŋe	kuɛ	꜀xuɛ

表8-2　蟹摄二等字的读音（佳蟹卦夬）

读音\例字\时间	摆	奶	债	街	败	枴	挂	快	话
	蟹开二上蟹帮	蟹开二上蟹泥	蟹开二去卦庄	蟹开二平佳见	蟹合二去夬并	蟹合二上蟹见	蟹合二去卦见	蟹合二去夬溪	蟹合二去夬匣
初期	pɛ	nɛ	tsɛ	꜀tɕia	pɛ	—	kua	kʻuɛ	xua

读音\时间	例字	摆	奶	债	街	败	枴	挂	快	话
		蟹开二上蟹帮	蟹开二上蟹泥	蟹开二去卦庄	蟹开二平佳见	蟹开二去央並	蟹合二上蟹见	蟹合二去卦见	蟹合二去央溪	蟹合二去央匣
中期		ˈpɛ	ˈnɛ	tseꜛ	ˌtɕie	pɛꜛ	ˈkuɛ	kuaꜛ	kʻuɛꜛ	xuaꜛ
后期		ˈpɛ	ˈnɛ	tsɛꜛ	ˌtɕie	pɛꜛ	ˈkuɛ	kuaꜛ	kʻuɛꜛ	xuaꜛ

表9　蟹摄三等字的读音（祭废）

读音\时间	例字	敝	祭	滞	制	艺	岁	赘	税	肺
		蟹开三去祭並	蟹开三去祭精	蟹开三去祭澄	蟹开三去祭章	蟹开三去祭疑	蟹合三去祭心	蟹合三去祭章	蟹合三去祭书	蟹合三去废敷
初期		pi	ˌtɕi	tsʅ	tsʅ	i	səi	tsəi	səi	fəi
中期		piꜛ	tɕiꜛ	tsʅ	tsʅ	iꜛ	sueiꜛ	tsueiꜛ	sueiꜛ	feiꜛ
后期		piꜛ	tɕiꜛ	tsʅ	tsʅ	iꜛ	sueiꜛ	tsueiꜛ	sueiꜛ	feiꜛ

表10　蟹摄四等字的读音

读音\时间	例字	批	题	妻	西	继	奚	圭	奎	慧
		蟹开四平齐滂	蟹开四平齐定	蟹开四平齐清	蟹开四平齐心	蟹开四去霁见	蟹开四平齐匣	蟹合四平齐见	蟹合四平齐溪	蟹合四去霁匣
初期		pʻi	tʻi	tɕʻi	ɕi	tɕi	ɕi	kui	kʻui	xui
中期		ˌpʻi	tiəʔ、ˌtʻiəʔ	ˌtɕʻi	ˌɕi	tɕiꜛ	ˌɕi	ˌkuei	kʻueiꜛ	xueiꜛ
后期		ˌpʻi	tiəʔ、ˌtʻiəʔ	ˌtɕʻi	ˌɕi	tɕiꜛ	ˌɕi	ˌkuei	kʻueiꜛ	xueiꜛ

百年来，呼和浩特方言蟹摄字发生了重要的变化，即合口字中端系、知系字又由早期的开口变成了合口，与其他合口字合流。这一变化应该不是呼和浩特方言自身发展演变的结果，当是受普通话影响出现的。

呼和浩特方言蟹摄字在过去的一个世纪中在音类格局上虽然没有发生重要的变化，但端系及知系字由开口重新变回合口，则是一项重要的变化。

1.5　止摄字的演变

止摄字在三个时期的读音状况

表11-1　支韵系字的读音（开）

读音\时间	披	离	紫	知	池	支	儿	寄	戏
例字	止开三 平支滂	止开三 平支来	止开三 上纸精	止开三 平支知	止开三 平支澄	止开三 平支章	止开三 平支日	止开三 去寘见	止开三 去寘晓
初期	pʻi	li	tsʅ	tʂʅ	tʂʻʅ	tʂʅ	ər	tɕi	ɕi
中期	₌pʻi	₌li	ᶜtsʅ	₌tʂʅ	₌tʂʻʅ	₌tʂʅ	₌ar	tɕiˀ	ɕiˀ
后期	₌pʻi	₌li	ᶜtsʅ	₌tʂʅ	₌tʂʻʅ	₌tʂʅ	₌ar	tɕiˀ	ɕiˀ

表11-2　支韵系字的读音（合）

读音\时间	累	蕊	吹	垂	亏	跪	危	麾	委
例字	止合三 上纸来	止合三 上纸心	止合三 平止昌	止合三 平支禅	止合三 平支溪	止合三 上纸群	止合三 平支疑	止合三 平支晓	止合三 上纸影
初期	ləi	səi	tsʻəi	tsʻəi	kʻui	kʻui	vəi	xui	vəi
中期	ᶜluei	₌suei	₌tsʻuei	₌tsʻuei	₌kʻuei	kʻueiˀ	₌vei	—	ᶜvei
后期	ᶜluei	₌suei	₌tsʻuei	₌tsʻuei	₌kʻuei	kʻueiˀ	₌vei	—	ᶜvei

表12-1　脂韵系字的读音（开）

读音\时间	比	梨	资	致	师	旨	二	肌	伊
例字	止开三 上旨帮	止开三 平脂来	止开三 平脂精	止开三 去至知	止开三 平脂生	止开三 上旨章	止开三 去至日	止开三 平脂见	止开三 平脂影
初期	pi	li	tsʅ	tʂʅ	ʂʅ	tʂʅ	ər	tɕi	i
中期	ᶜpi	₌li	tsʅ	tʂʅˀ	₌ʂʅ	ᶜtʂʅ	arˀ	₌tɕi	₌i
后期	ᶜpi	₌li	tsʅ	tʂʅˀ	₌ʂʅ	ᶜtʂʅ	arˀ	₌tɕi	₌i

表12-2　脂韵系字的读音（合）

读音\时间	醉	虽	追	衰	锥	水	龟	葵	帷
例字	止合三 去至精	止合三 平脂心	止合三 平脂知	止合三 平脂生	止合三 平脂章	止合三 上旨书	止合三 平脂见	止合三 平脂群	止合三 平脂云
初期	tsəi	səi	tsəi	ʂɛ	tsəi	səi	kui	kʻui	vəi
中期	tsueiˀ	₌suei	₌tsuei	₌ʂuɛ	₌tsuei	ᶜsuei	₌kuei	₌kʻuei	₌vei
后期	tsueiˀ	₌suei	₌tsuei	₌ʂuɛ	₌tsuei	ᶜsuei	₌kuei	₌kʻuei	₌vei

表13　之韵系字的读音

读音时间 \ 例字	你	兹	置	使	止	己	欺	喜	医
	止开三上止泥	止开三平之精	止开三去志知	止开三上止生	止开三上止章	止开三上止见	止开三平之溪	止开三上止晓	止开三平之影
初期	ni	tsɿ	ʈʂɿ	ʂɿ	tʂɿ	tɕi	tɕʻi	ɕi	i
中期	ˈni	₌tsɿ	tsɿˀ	ˈʂɿ	₌tsɿ	tɕiˀ	₌tɕʻi	ˈtɕi	₌i
后期	ˈni	₌tsɿ	tsɿˀ	ˈʂɿ	₌tsɿ	tɕiˀ	₌tɕʻi	ˈtɕi	₌i

表14　微韵系字的读音

读音时间 \ 例字	幾	祈	衣	非	妃	肥	鬼	挥	威
	止开三平微见	止开三平微群	止开三平微影	止合三平微非	止合三平微敷	止合三平微奉	止合三上尾见	止合三平微晓	止合三平微影
初期	tɕi	tɕʻi	i	fəi	fəi	fəi	kui	xui	vəi
中期	₌tɕi	tɕʻiʔ₌	₌i	₌fei	₌fei	₌fei	ˈkuei	₌xuei	₌vei
后期	₌tɕi	tɕʻiʔ₌	₌i	₌fei	₌fei	₌fei	ˈkuei	₌xuei	₌vei

由高本汉的记录来看,20世纪初期呼和浩特方言止摄字与蟹摄三、四等已经完全合流。同时与蟹摄字一样,止摄合口唇音、端系、知系字及喻母字也发生了开口化。此外,止摄知系字的演变与其他晋方言不同,呼和浩特方言支脂韵系知系字仍保持卷舌音,但之韵系字则知组为卷舌音,庄章组为舌尖音。与此平行,支脂韵系知系字的韵母为ʅ,之韵系知组字韵母为ʅ,庄章组字韵母为ɿ。

20世纪中后期,呼和浩特方言止摄字发生如下变化:一是止摄合口字中的端系字及知系字回归合口;二是知系字的韵母全部变成ʅ,这是与声母平行的演变。

在过去的一个世纪里,呼和浩特方言止摄字与蟹摄字发生了平行性演变。

1.6　效摄字的演变

效摄字在三个时期的读音状况

表15　效摄一等字的读音

读音时间 \ 例字	保	刀	劳	遭	曹	扫	考	好	袄
	效开一上晧帮	效开一平豪端	效开一平豪来	效开一平豪精	效开一平豪从	效开一上晧心	效开一上晧溪	效开一上晧晓	效开一上晧影
初期	po	to	lo	tso	tsʻo	so	kʻo	xo	ngo
中期	ˈpo	₌to	₌lo	₌tso	₌tsʻo	ˈso	₌kʻo	ˈxo	ˈŋo
后期	ˈpo	₌to	₌lo	₌tso	₌tsʻo	ˈso	₌kʻo	ˈxo	ˈŋo

表16　效摄二等字的读音

读音 时间	例字	包	铙	罩	抄	巢	交	敲	咬	孝
		效开二 平肴帮	效开二 平肴泥	效开二 去效知	效开二 平肴初	效开二 平肴崇	效开二 平肴见	效开二 平肴溪	效开二 上巧疑	效开二 去效晓
初期		po	no	tso	tsʻo	tsʻo	tɕio	tɕʻio	io	ɕio
中期		꜀pɔ	꜀nɔ	tsɔꜗ	tsʻɔꜗ	꜀tsʻɔ	꜀tɕiɔ	꜀tɕʻio	ꜙniɔ	ɕiɔꜗ
后期		꜀pɔ	꜀nɔ	tsɔꜗ	tsʻɔꜗ	꜀tsʻɔ	꜀tɕiɔ	꜀tɕʻio	ꜙ niɔ	ɕiɔꜗ

表17　效摄三等字的读音

读音 时间	例字	表	飘	燎	焦	宵	朝	烧	乔	耀
		效开三 上小帮	效开三 平宵滂	效开三 平宵来	效开三 平宵精	效开三 平宵心	效开三 平宵知	效开三 平宵书	效开三 平宵群	效开三 去笑以
初期		pio	pʻio	leo	tɕio	ɕio	tsʻo	ʂo	tɕʻio	io
中期		ꜙpiɔ	꜀pʻiɔ	꜀liɔ	tɕiɔꜙ	꜀ɕiɔ	꜀tsʻɔ	꜀ʂɔ	꜀tɕʻiɔ	iɔꜗ
后期		ꜙpiɔ	꜀pʻiɔ	꜀liɔ	tɕiɔꜙ	꜀ɕiɔ	꜀tsʻɔ	꜀ʂɔ	꜀tɕʻiɔ	iɔꜗ

表18　效摄四等字的读音

读音 时间	例字	刁	挑	聊	尿	尧	叫	窍	尧	晓
		效开四 平萧端	效开四 平萧透	效开四 平萧来	效开四 去啸泥	效开四 平萧疑	效开四 去啸见	效开四 去啸溪	效开四 平萧疑	效开四 上小晓
初期		tio	tʻio	leo	ȵio	io	tɕio	tɕʻio	io	ɕio
中期		꜀tiɔ	꜀tʻiɔ	꜀liɔ	ȵiɔꜙ	꜀iɔ	tɕiɔꜙ	tɕʻiɔꜙ	꜀iɔ	ꜙɕiɔ
后期		꜀tiɔ	꜀tʻiɔ	꜀liɔ	ȵiɔꜙ	꜀iɔ	tɕiɔꜙ	tɕʻiɔꜙ	꜀iɔ	ꜙɕiɔ

　　呼和浩特方言的效摄字在20世纪初期就已经发生了韵基的单元音化。但这一变化之后,效摄字并未与其他任何韵类发生合并。

　　到20世纪中后期,呼和浩特方言效摄字基本保持20世纪初期的格局,只是韵腹元音由 o 变成了 ɔ。这也许与高本汉的记音有关,也许是实际的语音变化。

1.7　流摄字的演变

流摄字在三个时期的读音状况

表19 流摄一等字的读音

读音 时间 \ 例字	斗 流开一 上厚端	头 流开一 平侯定	楼 流开一 平侯来	走 流开一 上厚精	叟 流开一 上厚心	钩 流开一 平侯见	口 流开一 上厚溪	偶 流开一 上厚疑	侯 流开一 平侯匣
初期	təu	tʻəu	—	tsəu	səu	kəu	kʻəu	ŋəu	xəx
中期	ˈtəu	ˌtʻəu	ˌləu	ˈtsəu	ˌsəu	ˌkəu	ˈkʻəu	ˌŋəu	ˌxəx
后期	ˈtəu	ˌtʻəu	ˌləu	ˈtsəu	ˌsəu	ˌkəu	ˈkʻəu	ˌŋəu	ˌxəx

表20 流摄三等字的读音

读音 时间 \ 例字	否 流开三 上有非	流 流开三 平尤来	酒 流开三 上有精	肘 流开三 上有知	绉 流开三 去宥庄	周 流开三 平尤章	九 流开三 上有见	幼 流开三 去幼影	纠 流开三 上黝见
初期	fu	leu	tɕieu	tʂəu	tsəu	tʂəu	tɕieu	ieu	tɕieu
中期	ˈfu	ˌnieu	ˈtɕieu	ˈtsəu	ˌtsəu	ˌtsəu	ˈtɕieu	ˌieu	ˌtɕieu
后期	ˈfu	ˌnieu	ˈtɕieu	ˈtsəu	ˌtsəu	ˌtsəu	ˈtɕieu	ˌieu	ˌtɕieu

由高本汉的记录可知,呼和浩特方言流摄三等唇音字在20世纪初期已经转入遇摄,这是晋方言的区域性特征,尽管这一点与北方官话类似。同时,呼和浩特方言流摄基本形成 əu 和 eu 两类韵母,前者为洪音,后者为细音。由后来的演变可以知道,这两类韵母为一套韵母。这是高本汉音素记音的结果。

20世纪中后期,呼和浩特方言基本保持20世纪初期的面貌,只是由两套韵母演变为一套əu韵母,洪细同韵。

呼和浩特方言流摄字在过去的一个世纪里发生的值得关注的变化,是韵腹元音高化。

1.8 百年来呼和浩特方言阴声韵演变的特点及其成因

20世纪初期,呼和浩特方言止蟹两摄合口字中的舌齿音字已经发生了 u 介音的失落,这是20世纪初期呼和浩特方言的语音特点之一,这次合口介音的失落一定发生在古知庄章三组声母合口字与精组洪音字合并之后,因为在20世纪初期古知庄章三组声母只有在合口的情况下才发生舌尖化。到20世纪中后期,止蟹两摄舌齿音合口字又重新获得了 u 介音,这不能不说是值得关注的现象。

同晋方言上党片类似,呼和浩特方言蟹摄一等开口与二等及效摄低元音复合韵基均发生了单元音化。复合韵基的单元音化在晋方言比较普遍,也可以说是晋方言的特征之一。

　　呼和浩特方言止蟹两摄舌齿音合口字之所以能再次获得介音，当是受普通话影响的结果。晋方言张呼片与大包片一样受普通话的影响比较深，它们不是晋方言核心区。

　　呼和浩特方言低元音复合韵基的单元音化是晋方言区域性特征的表现。呼和浩特晋方言是移民造成的，早期移民多来自山西北部大同一带。现在大同方言蟹摄一等开口及二等的韵母为ɛɛ，也已接近于ɛ，可见低元音复合韵基的单元音化是晋方言的共同特征。

2. 阳声韵的演变

2.1 山咸摄字读音的演变

山摄字的读音状况

表1　山摄一等字的读音

读音时间 \ 例字	滩	檀	残	干	盘	端	暖	酸	官
	山开一平寒透	山开一平寒定	山开一平寒从	山开一平寒见	山合一平桓並	山合一平桓端	山合一上缓泥	山合一平桓心	山合一平桓见
初期	tʰã	tʰã	tsʰã	kã	pʰã、pʰuõ	tuõ	nuõ	suõ	kuõ
中期	₌tʰæ̃	₌tʰæ̃	₌tsʰæ̃	₌kæ̃	₌pʰæ̃	₌tuæ̃	ˈnuæ̃	₌suæ̃	₌kuæ̃
后期	₌tʰæ̃	₌tʰæ̃	₌tsʰæ̃	₌kæ̃	₌pʰæ̃	₌tuæ̃	ˈnuæ̃	₌suæ̃	₌kuæ̃

表2　山摄二等字的读音

读音时间 \ 例字	盼	山	艰	删	颜	顽	撰	关	还
	山开二去裥滂	山开二平山生	山开二平山见	山开二平删生	山开二平删疑	山合二平山疑	山合二上潸崇	山合二平删见	山合二平删匣
初期	pʰã	sã	tɕiæ	sã	iæ	vã	tsuã	kuã	xuã
中期	pʰæ̃	sæ̃	tɕie	sæ̃	ie	væ̃	ˈtsuæ̃	₌kuæ̃	₌xuæ̃
后期	pʰæ̃	sæ̃	tɕie	sæ̃	ie	væ̃	ˈtsuæ̃	₌kuæ̃	₌xuæ̃

表3-1　山摄三等字的读音（开）

读音时间 \ 例字	鞭	仙	缠	善	件	延	建	言	宪
	山开三平仙帮	山开三平仙心	山开三平仙澄	山开三上狝禅	山开三上狝群	山开三平仙以	山开三去愿见	山开三平元疑	山开三去愿晓
初期	piẽ	ɕiẽ	tsʰẽ	ʃẽ	tɕiẽ	iẽ	tɕiẽ	iẽ	ɕiẽ
中期	₌pie	₌ɕie	₌tsʰæ̃	sæ̃ˀ	₌tɕie	₌ie	tɕieˀ	₌ie	ɕieˀ
后期	₌pie	₌ɕie	₌tsʰæ̃	sæ̃ˀ	₌tɕie	₌ie	tɕieˀ	₌ie	ɕieˀ

表3-2　山摄三等字的读音（合）

读音时间 \ 例字	全	传	川	软	捲	员	反	劝	元
	山合三平仙从	山合三平仙澄	山合三平仙昌	山合三上狝日	山合三上狝见	山合三平仙云	山合三上阮非	山合三去愿溪	山合三平元疑
初期	tɕʻyœ̃	tsʻuõ	tsʻuõ	zuõ	tɕʻyœ̃	yœ̃	fã	tɕʻyœ̃	yœ̃
中期	ˌtɕʻye	ˌtsʻuæ̃	ˌtsʻuæ̃	ˌzuæ̃	ꞈtɕye	ˌye	ꞈfæ̃	ˌtɕʻye	ˌye
后期	ˌtɕʻye	ˌtsʻuæ̃	ˌtsʻuæ̃	ˌzuæ̃	ꞈtɕye	ˌye	ꞈfæ̃	ˌtɕʻye	ˌye

表4　山摄四等字的读音

读音时间 \ 例字	片	颠	年	千	肩	牵	贤	砚	玄
	山开四去霰滂	山开四平先端	山开四平先泥	山开四平先清	山开四平先见	山开四平先溪	山开四平先匣	山开四去霰疑	山合四平先匣
初期	pʻiẽ	tiẽ	niẽ	tɕʻiẽ	tɕiẽ	tɕʻiẽ	ɕiẽ	niẽ	ɕyœ̃
中期	ꞈpʻie	ˌtie	ˌnie	ˌtɕʻie	ˌtɕie	ˌtɕʻie	ˌɕie	ieˀ	ˌɕye
后期	ꞈpʻie	ˌtie	ˌnie	ˌtɕʻie	ˌtɕie	ˌtɕʻie	ˌɕie	ieˀ	ˌɕye

咸摄字的读音状况

表5　咸摄一等字的读音

读音时间 \ 例字	贪	男	参	感	含	担	三	甘	酣
	咸开一平覃透	咸开一平覃泥	咸开一平覃清	咸开一上感见	咸开一平覃匣	咸开一平谈端	咸开一平谈心	咸开一平谈见	咸开一平谈匣
初期	tʻã	nã	tsʻã	kã	xã	tã	sã	kã	xã
中期	ˌtʻæ̃	ˌnæ̃	ˌtsʻæ̃	ꞈkæ̃	ˌxæ̃	ˌtæ̃	ˌsæ̃	ꞈkæ̃	ˌxæ̃
后期	ˌtʻæ̃	ˌnæ̃	ˌtsʻæ̃	ꞈkæ̃	ˌxæ̃	ˌtæ̃	ˌsæ̃	ꞈkæ̃	ˌxæ̃

表6　咸摄二等字的读音

读音时间 \ 例字	站	斩	馋	鹻	咸	搛	监	嵌	衔
	咸开二去陷知	咸开二上豏庄	咸开二平覃崇	咸开二上豏见	咸开二平咸匣	咸开二平衔初	咸开二平衔见	咸开二平衔溪	咸开二平衔匣
初期	tsã	tsã	tsã	tɕiẽ	ɕiẽ	tsʻã	tɕiẽ	tɕʻiẽ	ɕiẽ
中期	tsæ̃ˀ	ꞈtsæ̃	ˌtsʻæ̃	ꞈtɕie	ˌɕie	ˌtsʻæ̃	ꞈtɕie	ꞈtɕʻie	ˌɕie
后期	tsæ̃ˀ	ꞈtsæ̃	ˌtsʻæ̃	ꞈtɕie	ˌɕie	ˌtsʻæ̃	ꞈtɕie	ꞈtɕʻie	ˌɕie

表7　咸摄三等字的读音

读音时间 例字	尖	占	沾	染	钳	欠	严	泛	凡
	咸开三平盐精	咸开三上盐章	咸开三平盐知	咸开三上琰日	咸开三平盐群	咸开三去酽溪	咸开三平严疑	咸合三去梵敷	咸合三平凡奉
初期	tɕʻiẽ	tʂẽ	tʂẽ	zẽˊ	tɕʻiẽ	tɕʻiẽ	iẽ	fã	fã
中期	₌tɕie	₌tsæ̃	₌tsæ̃	ˊzæ̃	₌tɕʻie	tɕʻieˀ	₌ie	fæ̃ˀ	₌fæ̃
后期	₌tɕie	₌tsæ̃	₌tsæ̃	ˊzæ̃	₌tɕʻie	tɕʻieˀ	₌ie	fæ̃ˀ	₌fæ̃

表8　咸摄四等字的读音

读音时间 例字	点	添	甜	念	兼	谦	嫌
	咸开四上忝端	咸开四平添透	咸开四平添定	咸开四去桥泥	咸开四平添见	咸开四平添溪	咸开四平添匣
初期	tiẽ	tʻiẽ	tiẽ	niẽ	tɕiẽ	tɕʻiẽ	ɕiẽ
中期	ˊtie	₌tʻie	₌tʻie	nieˀ	₌tɕie	₌tɕʻie	₌ɕie
后期	ˊtie	₌tʻie	₌tʻie	nieˀ	₌tɕie	₌tɕʻie	₌ɕie

20世纪初期呼和浩特方言山咸摄已完全合并,鼻音韵尾已完全弱化成鼻化特征,因此山咸摄字都是鼻化韵。同时,山摄是典型的外转摄,有开有合且四等俱全。20世纪初期,呼和浩特方言山摄字一等开口与二等同韵,但与一等合口不同韵,同时它们均与三、四等不同韵,保持着合口一、二等的区别,与《中原音韵》非常类似。这是北方官话典型的外转摄演变模式。这一现象在兴县方言中也出现过。

20世纪中后期,山咸摄字发生的主要变化有二:一是合口一、二等区别的消失;二是细音字鼻化特征消失,与假开三合流。

2.2　深臻摄读音的演变

深摄字的读音状况

表9　深摄字的读音

读音时间 例字	禀	临	心	沈	甚	今	琴	音	淫
	深开三上寝帮	深开三平侵来	深开三平侵心	深开三上寝书	深开三上寝禅	深开三平侵见	深开三平侵群	深开三平侵影	深开三平侵以
初期	pieŋ	leŋ	ɕieŋ	tʂʻəŋ	ʂəŋ	tɕieŋ	tɕʻieŋ	ieŋ	ieŋ
中期	ˊpĩ	₌lĩ	₌ɕĩ	ˊʂəŋ	ˊʂəŋ	₌tɕĩ	₌tɕʻĩ	₌ĩ	₌ĩ
后期	ˊpĩ	₌lĩ	₌ɕĩ	ˊʂəŋ	ˊʂəŋ	₌tɕĩ	₌tɕʻĩ	₌ĩ	₌ĩ

臻摄字的读音状况

表10　臻摄一等字的读音

读音时间＼例字	痕	跟	恳	恩	本	敦	尊	坤	温
	臻开一平痕匣	臻开一平痕见	臻开一上很溪	臻开一平痕影	臻合一上混帮	臻合一平魂端	臻合一平魂精	臻合一平魂溪	臻合一平魂影
初期	xəŋ	kəŋ	kʻəŋ	ŋgəŋ	pəŋ	təŋ	tsəŋ	kʻuoŋ	vəŋ
中期	ˌxə̃ŋ	ˌkə̃ŋ	ˈkʻə̃ŋ	ˌŋə̃ŋ	ˈpə̃ŋ	ˌtũŋ	ˌtsũŋ	ˈkʻũŋ	ˌvə̃ŋ
后期	ˌxə̃ŋ	ˌkə̃ŋ	ˈkʻə̃ŋ	ˌŋə̃ŋ	ˈpə̃ŋ	ˌtũŋ	ˌtsũŋ	ˈkʻũŋ	ˌvə̃ŋ

表11-1　臻摄三等字的读音（开）

读音时间＼例字	宾	津	珍	巾	银	斤	勤	欣	隐
	臻开三平真帮	臻开三平真精	臻开三平真知	臻开三平真见	臻开三平真疑	臻开三平殷见	臻开三平殷群	臻开三平殷晓	臻开三平隐影
初期	pieŋ	tɕieŋ	tʂəŋ	tɕieŋ	ieŋ	tɕieŋ	tɕʻiəŋ	ɕieŋ	ieŋ
中期	ˌpĩŋ	ˌtɕĩŋ	ˌtʂə̃ŋ	ˌtɕĩŋ	ˌĩŋ	ˌtɕĩŋ	ˌtɕʻĩŋ	ˌɕĩŋ	ˈĩŋ
后期	ˌpĩŋ	ˌtɕĩŋ	ˌtʂə̃ŋ	ˌtɕĩŋ	ˌĩŋ	ˌtɕĩŋ	ˌtɕʻĩŋ	ˌɕĩŋ	ˈĩŋ

表11-2　臻摄三等字的读音（合）

读音时间＼例字	伦	俊	椿	春	均	纷	文	君	训
	臻合三平谆来	臻合三去稕精	臻合三平谆彻	臻合三平谆昌	臻合三平谆见	臻合三平文敷	臻合三平文微	臻合三平文见	臻合三去问晓
初期	leeŋ	tɕyeŋ	tsʻəŋ	tsʻəŋ	tɕyeŋ	fəŋ	vəŋ	tɕyeŋ	ɕyeŋ
中期	ˌlũŋ	tɕỹŋˀ	ˌtsʻũŋ	ˌtsʻũŋ	ˌtɕỹŋ	ˈfə̃ŋ	ˌvə̃ŋ	ˌtɕỹŋ	ɕỹŋˀ
后期	ˌlũŋ	tɕỹŋˀ	ˌtsʻũŋ	ˌtsʻũŋ	ˌtɕỹŋ	ˈfə̃ŋ	ˌvə̃ŋ	ˌtɕỹŋ	ɕỹŋˀ

　　20世纪初期，呼和浩特方言深臻两摄已完全合并，不过，深摄与臻摄三等开口合并，且元音为低元音ε。这是一项值得注意的现象，在其他晋方言中还没有发现。这究竟是呼和浩特方言真实的现象，还是与高本汉的记音有关，值得进一步考察。

　　20世纪中后期，呼和浩特方言深摄和臻摄三等低元音高化，与其他臻摄字合并。这很可能是受普通话影响的结果。同时，呼和浩特方言深臻摄韵腹元音已经发生鼻化，这应该是鼻音韵尾弱化的前兆。

　　深摄和臻摄三等开口读低元音的现象在20世纪初期的其他方言中还没有

发现。

2.3　江宕摄读音的演变

江摄字的读音状况

表12　江摄字的读音

读音 时间＼例字	邦 江开二 平江帮	棒 江开二 上讲并	椿 江开二 平江知	撞 江开二 去绛澄	窗 江开二 平江初	双 江开二 平江生	江 江开二 平江见	腔 江开二 平江溪	项 江开二 上讲匣
初期	pã	pã˧	tsã	tsʻã	tsã	sã	tɕiã	tɕʻiã	ɕiã
中期	ˌpã	pã˧	ˌtsuã	tsʻuã˧	ˌtsuã	ˌsuã	ˌtɕiã	ˌtɕʻiã	ɕiã
后期	ˌpã	pã˧	ˌtsuã	tsʻuã˧	ˌtsuã	ˌtsuã	ˌtɕiã	ˌtɕʻiã	ɕiã

宕摄字的读音

表13　宕摄一等字的读音

读音 时间＼例字	旁 宕开一 平唐并	当 宕开一 平唐端	苍 宕开一 平唐清	刚 宕开一 平唐见	昂 宕开一 平唐疑	光 宕合一 平唐见	荒 宕合一 平唐晓	皇 宕合一 平唐匣	汪 宕合一 平唐影
初期	pʻã	tã	tsʻↄ	kã	ŋã	kuↄ、kuã	xuã	xuã	vã
中期	ˌpʻã	ˌtã	ˌtsʻã	ˌkã	ˌŋã	ˌkuã	ˌxuã	ˌxuã	—
后期	ˌpʻã	ˌtã	ˌtsʻã	ˌkã	ˌŋã	ˌkuã	ˌxuã	ˌxuã	—

表14　宕摄三等字的读音

读音 时间＼例字	娘 宕开三 平阳泥	将 宕开三 平阳精	张 宕开三 平阳知	庄 宕开三 平阳庄	昌 宕开三 平阳昌	疆 宕开三 平阳见	方 宕合三 平阳非	匡 宕合三 平阳溪	王 宕合三 平阳云
初期	niã	tɕiã	tsã	tsã	tsʻã	tɕiã	fã	kʻuã	vã、vuↄ
中期	ˌniã	ˌtɕiã	ˌtsã	ˌtsuã	ˌtsʻã	ˌtɕiã	ˌfã	ˌkʻuã	ˌvuã
后期	ˌniã	ˌtɕiã	ˌtsã	ˌtsuã	ˌtsʻã	ˌtɕiã	ˌfã	ˌkʻuã	ˌvuã

　　20世纪初期呼和浩特方言江宕摄已经完全合并,鼻音韵尾完全弱化为鼻音特征,且形成一套 ã 类韵。同时,江摄知₌庄组字和宕摄三等庄组字还没有发生合口化现象。

　　20世纪中后期,呼和浩特方言江摄知₌庄组字和宕摄开口三等庄组字均发生了合口化现象。这应该也是受普通话的影响而发生的。

2.4　梗曾通摄字的演变

梗摄字的读音状况

表15　梗摄二等字的读音

读音时间＼例字	烹	撑	更	行	棚	争	耿	幸	横	宏
	梗开二平庚滂	梗开二平庚彻	梗开二平庚见	梗开二去映匣	梗开二平耕並	梗开二平耕庄	梗开二上耿见	梗开二上耿匣	梗合二平庚匣	梗合二平耕匣
初期	pʻəŋ	tsʻəŋ	kəŋ	ɕieŋ	pʻəŋ	tsəŋ	kəŋ	ɕieŋ	xuoŋ	xuoŋ
中期	꜀pʻə̃ŋ	꜀tsʻə̃ŋ	꜂kə̃ŋ	ɕĩ꜄	꜀pʻə̃ŋ	꜀tsə̃ŋ	꜂kə̃ŋ	ɕĩ꜄	꜀xə̃ŋ	꜀xũŋ
后期	꜀pʻə̃ŋ	꜀tsʻə̃ŋ	꜂kə̃ŋ	꜂ɕĩŋ	꜀pʻə̃ŋ	꜀tsə̃ŋ	꜂kə̃ŋ	꜂ɕĩŋ	꜀xə̃ŋ	꜀xũŋ

表16　梗摄三等字的读音

读音时间＼例字	兵	京	明	精	贞	征	轻	兄	倾
	梗开三平庚帮	梗开三平庚见	梗开三平庚明	梗开三平清精	梗开三平清知	梗开三平清章	梗开三平清溪	梗合三平庚晓	梗合三平清溪
初期	pieŋ	tɕieŋ	mieŋ	tɕieŋ	tʂəŋ	tʂəŋ	tɕʻieŋ	ɕyaŋ	tɕʻieŋ
中期	꜀pĩŋ	꜀tɕĩŋ	꜀mĩŋ	꜀tɕĩŋ	꜀tʂə̃ŋ	꜀tʂə̃ŋ	꜀tɕʻĩŋ	꜀ɕỹŋ	꜀tɕʻĩŋ
后期	꜀pĩŋ	꜀tɕĩŋ	꜀mĩŋ	꜀tɕĩŋ	꜀tʂə̃ŋ	꜀tʂə̃ŋ	꜀tɕʻĩŋ	꜀ɕỹŋ	꜀tɕʻĩŋ

表17　梗摄四等字的读音

读音时间＼例字	瓶	顶	听	宁	灵	星	经	形	萤
	梗开四平青並	梗开四上迥端	梗开四平青透	梗开四平青泥	梗开四平青来	梗开四平青心	梗开四平青见	梗开四平青匣	梗合四平青匣
初期	pʻieŋ	tieŋ	tʻieŋ	nieŋ	leeŋ	ɕieŋ	tɕieŋ	ɕieŋ	—
中期	꜀pʻĩŋ	꜂tĩŋ	꜀tʻĩŋ	꜀nĩŋ	꜀lĩŋ	꜀ɕĩŋ	꜀tɕĩŋ	꜀ɕĩŋ	꜀ĩŋ
后期	꜀pʻiə̃	꜂tiə̃	꜀tʻiə̃	꜀niə̃	꜀lĩŋ	꜀ɕiə̃	꜀tɕiə̃	꜀ɕiə̃	꜀iə̃

曾摄字的读音状况

表18　曾摄一等字的读音

读音时间＼例字	崩	朋	登	能	增	曾	僧	肯	恒
	曾开一平登帮	曾开一平登並	曾开一平登端	曾开一平登泥	曾开一平登精	曾开一平登从	曾开一平登心	曾开一上等溪	曾开一平登匣
初期	pəŋ	pʻəŋ	təŋ	nəŋ	tsəŋ	tsʻəŋ	səŋ	kʻəŋ	xəŋ
中期	꜀pə̃ŋ	꜀pʻə̃ŋ	꜀tə̃ŋ	꜀nə̃ŋ	꜀tsə̃ŋ	꜀tsʻə̃ŋ	—	꜂kʻə̃ŋ	꜀xə̃ŋ
后期	꜀pə̃ŋ	꜀pʻə̃ŋ	꜀tə̃ŋ	꜀nə̃ŋ	꜀tsə̃ŋ	꜀tsʻə̃ŋ	—	꜂kʻə̃ŋ	꜀xə̃ŋ

表19　曾摄三等字的读音

读音时间＼例字	冰	凭	征	惩	蒸	仍	凝	兴	蝇
	曾开三平蒸帮	曾开三平蒸并	曾开三平蒸知	曾开三平蒸澄	曾开三平蒸章	曾开三平蒸日	曾开三平蒸疑	曾开三平蒸晓	曾开三平蒸以
初期	pieŋ	pʻieŋ	tsəŋ	tsʻəŋ	tsəŋ	zəŋ	ȵieŋ	ɕieŋ	ieŋ
中期	₋pĩŋ	₋pʻĩŋ	₋tsə̃ŋ	₋tsʻə̃ŋ	₋tsə̃ŋ	₋zə̃ŋ	₋ȵĩŋ	₋ɕĩŋ	₋ĩŋ
后期	₋pĩŋ	₋pʻĩŋ	₋tsə̃ŋ	₋tsʻə̃ŋ	₋tsə̃ŋ	₋zə̃ŋ	₋ȵĩŋ	₋ɕĩŋ	₋ĩŋ

通摄字的读音状况

表20　通摄一等字的读音

读音时间＼例字	蓬	东	鬃	公	翁	冬	脓	宗	宋
	通合一平东并	通合一平东端	通合一平东经	通合一平东见	通合一平东影	通合一平冬端	通合一平冬泥	通合一平冬精	通合一去宋心
初期	pʻəŋ	təŋ	tsəŋ	kuoŋ	vəŋ	təŋ	nəŋ	tsəŋ	səŋ
中期	₋pʻə̃ŋ	₋tũŋ	₋tsũŋ	₋kũŋ	₋və̃ŋ	₋tũŋ	₋nə̃ŋ	₋tsũŋ	sũŋ²
后期	₋pʻə̃ŋ	₋tũŋ	₋tsũŋ	₋kũŋ	₋və̃ŋ	₋tũŋ	₋nə̃ŋ	₋tsũŋ	sũŋ²

表21　通摄三等字的读音

读音时间＼例字	风	中	戎	弓	封	宠	钟	恭	雍
	通合三平东非	通合三平东知	通合三平东日	通合三平东见	通合三平钟非	通合三上肿彻	通合三平钟章	通合三平钟见	通合三平钟影
初期	fəŋ	tsəŋ	zəŋ	kuoŋ	fəŋ	tsʻəŋ	tsəŋ	kuoŋ	yəŋ
中期	₋fə̃ŋ	₋tsũŋ	₋zũŋ	₋kũŋ	₋fə̃ŋ	ᵗsʻũŋ	₋tsũŋ	₋kũŋ	₋ỹŋ
后期	₋fɛ̃	₋tsũ	₋zũ	₋kũ	₋fɛ̃	ᵗsʻũ	₋tsũ	₋kũ	₋yũ

　　呼和浩特方言梗曾通摄阳声韵与深臻摄也是合流的。同时，梗曾摄非知系字韵腹均为 ɛ，这是与深臻摄平行的。这说明，在20世纪初期呼和浩特方言深臻梗曾通摄齐齿呼字读低元音 ɛ。这一点，也是呼和浩特方言深臻梗曾通摄合流的证据之一。

　　到20世纪中期，梗曾通摄阳声韵的韵腹元音出现鼻化现象，这是鼻音韵尾弱化的前兆。到20世纪中期，梗摄四等字和通摄合口三等字的 ŋ 韵尾脱落，变成鼻化韵。

2.5 呼和浩特方言阳声韵的演变特点及其成因

20世纪初期,呼和浩特方言典型外转摄山摄的音类格局还保持着类似《中原音韵》的音类格局,到20世纪中后期,这一音类格局完全消失,变得与普通话类似。同时山咸摄细音字与假开三合并。

20世纪初期,呼和浩特方言江宕摄的鼻音韵尾已经完全消失,山咸摄鼻音韵尾弱化为鼻化特征,深臻梗曾通摄仍为 ŋ 韵尾。到20世纪中后期,山咸摄鼻音韵尾的鼻化特征在细音字中完全消失。梗开四和通合三的ŋ韵尾转化为鼻化特征。

鼻音韵尾的弱化、消失是晋方言的区域性特征之一。呼和浩特方言是移民型方言,早期的呼和浩特汉族居民多来自山西大同一带。大包片晋方言的典型特征就是鼻音韵尾消失殆尽。呼和浩特方言带有大包片方言的遗传因素。

呼和浩特方言的山摄字在20世纪初期还和兴县方言类似,但到20世纪中后期就变得与普通话类似,而与兴县方言不同。兴县方言山摄字至今还保持20世纪初期的基本面貌。兴县地理位置闭塞,受普通话影响较小,而呼和浩特则不同,它受普通话的影响比较大。

3. 入声韵的演变

3.1 咸山摄入声韵的演变

咸摄入声韵的读音

表1 咸摄一等入声韵的读音

读音时间＼例字	答	踏	纳	拉	杂	蛤	合	塔	腊
	咸开一入合端	咸开一入合透	咸开一入合泥	咸开一入合来	咸开一入合从	咸开一入合见	咸开一入合匣	咸开一入盍透	咸开一入盍来
初期	taʔ	tʻaʔ	naʔ	laʔ	tsaʔ	kəʔ	xəaʔ	tʻaʔ	laʔ
中期	taʔ˿	tʻaʔ˿	naʔ˿	laʔ˿	tsaʔ˿	xaʔ˿	xaʔ˿	tʻaʔ˿	laʔ˿
后期	taʔ˿	tʻaʔ˿	naʔ˿	laʔ˿	tsaʔ˿	xaʔ˿	xaʔ˿	tʻaʔ˿	laʔ˿

表2 咸摄二等入声韵的读音

读音时间＼例字	劄	插	夹	掐	狭	甲	鸭
	咸开二入洽知	咸开二入洽初	咸开二入洽见	咸开二入洽溪	咸开二入洽匣	咸开二入狎见	咸开二入狎影
初期	taʔ	tsʻaʔ	tɕiaʔ	tɕʻiaʔ	ɕiaʔ	tɕiaʔ	iaʔ
中期	—	tsʻaʔ˿	tɕiaʔ˿	tɕʻiaʔ˿	ˌɕia	tɕiaʔ˿	iaʔ˿
后期	—	tsʻaʔ˿	tɕiaʔ˿	tɕʻiaʔ˿	ˌɕia	tɕiaʔ˿	iaʔ˿

表3　咸摄三等入声韵的读音

读音 时间 例字	猎	接	妾	摺	叶	劫	怯	法	乏
	咸开三 入叶来	咸开三 入叶精	咸开三 入叶清	咸开三 入叶章	咸开三 入叶以	咸开三 入业见	咸开三 入业溪	咸合三 入乏非	咸合三 入乏奉
初期	lea ʔ	tɕiə ʔ	tɕʻiə ʔ	tʂə ʔ	iə ʔ	tɕiə ʔ	tɕʻiə ʔ	fa ʔ	fa ʔ
中期	lia ʔ˨	tɕia ʔ˨	tɕʻia ʔ˨	tsia ʔ˨	ia ʔ˨	tɕʻia ʔ˨	tɕʻia ʔ˨	fa ʔ˨	fa ʔ˨
后期	lia ʔ˨	tɕia ʔ˨	tɕʻia ʔ˨	tsia ʔ˨	ia ʔ˨	tɕʻia ʔ˨	tɕʻia ʔ˨	fa ʔ˨	fa ʔ˨

表4　咸摄四等入声韵的读音

读音 时间 例字	帖	叠	协
	咸开四入帖透	咸开四入帖定	咸开四入帖匣
初期	tʻiə ʔ	tiə ʔ	ɕiə ʔ
中期	tʻia ʔ˨	tia ʔ˨	ɕia ʔ˨
后期	tʻia ʔ˨	tia ʔ˨	ɕia ʔ˨

山摄入声韵的读音

表5　山摄一等入声韵的读音

读音 时间 例字	达	辣	葛	渴	泼	脱	夺	阔	豁
	山开一 入曷定	山开一 入曷来	山开一 入曷见	山开一 入曷溪	山合一 入末滂	山合一 入末透	山合一 入末定	山合一 入末溪	山合一 入末晓
初期	ta ʔ	la ʔ	kə ʔ	kʻə ʔ	pʻuə ʔ	tʻuə ʔ	tuə ʔ	kʻuə ʔ	xuə ʔ
中期	ta ʔ˨	la ʔ˨	ka ʔ˨	kʻa ʔ˨	pʻa ʔ˨	tʻua ʔ˨	tua ʔ˨	kʻua ʔ˨	xua ʔ˨
后期	ta ʔ˨	la ʔ˨	ka ʔ˨	kʻa ʔ˨	pʻa ʔ˨	tʻua ʔ˨	tua ʔ˨	kʻua ʔ˨	xua ʔ˨

表6　山摄二等入声韵的读音

读音 时间 例字	八	拔	札	察	瞎	辖	滑	刷	刮
	山开二 入黠帮	山开二 入黠並	山开二 入黠庄	山开二 入黠初	山开二 入辖晓	山开二 入辖匣	山合二 入黠匣	山合二 入辖生	山合二 入辖见
初期	pa ʔ	pa ʔ	tsa ʔ	tsʻa ʔ	xa ʔ	xa ʔ	xua ʔ	sa ʔ	kua ʔ
中期	pa ʔ˨	pa ʔ˨	tsa ʔ˨	tsʻa ʔ˨	ɕia ʔ˨	ɕia ʔ˨	xua ʔ˨	sua ʔ˨	kua ʔ˨
后期	pa ʔ˨	pa ʔ˨	tsa ʔ˨	tsʻa ʔ˨	ɕia ʔ˨	ɕia ʔ˨	xua ʔ˨	sua ʔ˨	kua ʔ˨

表7　山摄三等入声韵的读音

读音时间＼例字	别	彻	孽	歇	绝	拙	悦	发	月
	山开三入薛帮	山开三入薛彻	山开三入薛疑	山开三入月晓	山合三入薛从	山合三入薛章	山合三入薛以	山合三入月非	山合三入月疑
初期	piəʔ	tsʻəʔ	niəʔ	ɕiəʔ	tɕyəʔ	tsuaʔ	yəʔ	faʔ	yəʔ
中期	piaʔ	tsʻaʔ	niaʔ	ɕiaʔ	tɕyaʔ	tsuaʔ	yaʔ	faʔ	yaʔ
后期	piaʔ	tsʻaʔ	niaʔ	ɕiaʔ	tɕyaʔ	tsuaʔ	yaʔ	faʔ	yaʔ

表8　山摄四等入声韵的读音

读音时间＼例字	铁	节	切	截	结	噎	决	缺	穴
	山开四入屑透	山开四入屑精	山开四入屑清	山开四入屑从	山开四入屑见	山开四入屑影	山合四入屑见	山合四入屑溪	山合四入屑匣
初期	tʻiəʔ	tɕiəʔ	tɕʻiəʔ	tɕiəʔ	tɕiəʔ	iəʔ	tɕyəʔ	tɕʻyəʔ	ɕyəʔ
中期	tʻiaʔ	tɕiaʔ	tɕʻiaʔ	tɕʻiaʔ	tɕiaʔ	iaʔ	tɕyaʔ	tɕʻyaʔ	ɕyaʔ
后期	tʻiaʔ	tɕiaʔ	tɕʻiaʔ	tɕʻiaʔ	tɕiaʔ	iaʔ	tɕyaʔ	tɕʻyaʔ	ɕyaʔ

　　20世纪初期,呼和浩特方言山咸摄入声韵已经完全合并,基本形成两类韵母：aʔ 和 əʔ,前者是洪音韵,后者是细音韵。值得注意的是,山摄合口一等入声韵 əʔ,这是与阳声韵平行的演变。此外,山摄一等开口见系入声韵也是 əʔ,这一点与20世纪初期的兴县方言非常类似。

　　20世纪中后期,呼和浩特方言山咸摄入声韵的两套不同入声韵发生了合并,早期的 əʔ 类全部转入 aʔ。这一点显得非常特别。另外山摄合口一、二等区别的消失,也值得注意。

3.2　深臻摄入声韵的演变

深摄入声韵的读音

表9　深摄入声韵的读音

读音时间＼例字	立	集	习	涩	执	入	急	泣	吸
	深开三入缉来	深开三入缉从	深开三入缉邪	深开三入缉生	深开三入缉章	深开三入缉日	深开三入缉见	深开三入缉溪	深开三入缉晓
初期	leəʔ	tɕiəʔ	ɕiəʔ	suaʔ	tʂəʔ	zuaʔ	tɕiəʔ	tɕʻiəʔ	ɕiəʔ
中期	liəʔ	tɕiəʔ	ɕiəʔ	saʔ	tsəʔ	zuəʔ	tɕiəʔ	tɕʻiəʔ	ɕiəʔ
后期	liəʔ	tɕiəʔ	ɕiəʔ	saʔ	tsəʔ	zuəʔ	tɕiəʔ	tɕʻiəʔ	ɕiəʔ

臻摄入声韵的读音

表10　臻摄一等入声韵的读音

读音时间 \ 例字	没	突	猝	骨	窟	忽
	臻合一入没明	臻合一入没定	臻合一入没清	臻合一入没见	臻合一入没溪	臻合一入没晓
初期	muəʔ	t'uəʔ	ts'uəʔ	kuəʔ	k'uəʔ	xuəʔ
中期	məʔ˧	t'uəʔ˧	—	kuəʔ˧	k'uəʔ˧	xuə˧
后期	məʔ˧	t'uəʔ˧	—	kuəʔ˧	k'uəʔ˧	xuə˧

表11　臻摄三等入声韵的读音

读音时间 \ 例字	笔	七	质	吉	戌	出	橘	佛	掘
	臻开三入质帮	臻开三入质清	臻开三入质章	臻开三入质见	臻合三入术心	臻合三入术昌	臻合三入术见	臻合三入物奉	臻合三入物群
初期	piəʔ	tɕ'iəʔ	tʂəʔ	tɕiəʔ	ɕyəʔ	ts'uəʔ	tɕyəʔ	fəʔ	—
中期	piəʔ˧	tɕ'iəʔ˧	tʂəʔ˧	tɕiəʔ˧	ɕyəʔ˧	ts'uəʔ˧	tɕyəʔ˧	˩fʅ	tɕyaʔ˧
后期	piəʔ˧	tɕ'iəʔ˧	tʂəʔ˧	tɕiəʔ˧	ɕyəʔ˧	ts'uəʔ˧	tɕyəʔ˧	˩fʅ	tɕyaʔ˧

20世纪初期，呼和浩特方言深臻摄入声韵与阳声韵并不完全平行。深摄和臻开三阳声韵的元音为ɛ，而入声韵则基本上是ə。这一点值得注意。

20世纪中期以来，呼和浩特方言深臻摄入声韵基本没有发生值得注意的变化。但有个别字的元音由ə变成a，如"涩"和"掘"等。

3.3　江宕摄入声韵的演变

江摄入声韵的读音

表12　江摄入声韵的读音

读音时间 \ 例字	驳	朴	卓	捉	朔	觉	确	岳	学
	江开二入觉帮	江开二入觉滂	江开二入觉知	江开二入觉庄	江开二入觉生	江开二入觉见	江开二入觉溪	江开二入觉疑	江开二入觉匣
初期	puəʔ	p'uəʔ	tsəʔ	tsuəʔ	suəʔ	tɕiəʔ	tɕ'iəʔ	iəʔ	ɕiəʔ
中期	paʔ˧	p'aʔ˧	tsuaʔ˧	tsuaʔ˧	suaʔ˧	tɕyaʔ˧	tɕ'yaʔ˧	yaʔ˧	ɕyaʔ˧
后期	paʔ˧	p'aʔ˧	tsuaʔ˧	tsuaʔ˧	suaʔ˧	tɕyaʔ˧	tɕ'yaʔ˧	yaʔ˧	ɕyaʔ˧

宕摄入声韵的读音

表13　宕摄一等入声韵的读音

读音时间＼例字	博	薄	铎	作	索	各	鹤	郭	扩
	宕开一入铎帮	宕开一入铎並	宕开一入铎定	宕开一入铎精	宕开一入铎心	宕开一入铎见	宕开一入铎匣	宕合一入铎见	宕合一入铎溪
初期	puəʔ	puəʔ	təʔ	tsəʔ	suəʔ	kəʔ	xəʔ	—	kʻuəʔ
中期	paʔ	—	tuaʔ	tsuaʔ	suaʔ	kaʔ	xaʔ	kuaʔ	kʻuaʔ
后期	paʔ	—	tuaʔ	tsuaʔ	suaʔ	kaʔ	xaʔ	kuaʔ	kʻuaʔ

表14　宕摄三等入声韵的读音

读音时间＼例字	略	爵	削	酌	绰	若	脚	却	缚
	宕开三入药来	宕开三入药精	宕开三入药心	宕开三入药章	宕开三入药昌	宕开三入药日	宕开三入药见	宕开三入药溪	宕合三入药奉
初期	leəʔ	tɕiəʔ	ɕiəʔ	tʂəʔ	tʂʻəʔ	zəʔ	tɕiəʔ	tɕʻiaʔ	fuʔ
中期	liaʔ	ˈtɕiɔ	çyəʔ	—	—	zaʔ	tɕyaʔ	tɕʻyaʔ	fəʔ
后期	lyaʔ	tɕyaʔ	çyəʔ	—	—	zaʔ	tɕyəʔ	tɕʻyaʔ	fəʔ

　　20世纪初期,呼和浩特方言江宕摄入声韵已经完全合并,且形成一套 əʔ 类入声韵。这一表现与江宕摄阳声韵不平行,江宕摄阳声韵元音为 a,而入声韵却是 ə。

　　20世纪以来,呼和浩特方言江宕摄入声韵由 əʔ 类转入 aʔ 类,与山咸摄入声韵合流,仅个别字保持 əʔ,如"削"等。

3.4　梗曾通摄入声韵的演变

梗摄入声韵的读音

表15　梗摄二等入声韵的读音

读音时间＼例字	百	泽	窄	格	额	麦	责	革	获
	梗开二入陌帮	梗开二入陌澄	梗开二入陌庄	梗开二入陌见	梗开二入陌疑	梗开二入麦明	梗开二入麦庄	梗开二入麦见	梗合二入麦匣
初期	piəʔ	tsəʔ	tsuəʔ	kəʔ	ŋgəʔ	miəʔ	tsəʔ	kəʔ	—
中期	piaʔ	tsaʔ	tsaʔ	kaʔ	ŋaʔ	miaʔ	tsaʔ	kaʔ	xuaʔ
后期	piaʔ	tsaʔ	tsaʔ	kaʔ	ŋaʔ	miaʔ	tsaʔ	kaʔ	xuaʔ

表16　梗摄三等入声韵的读音

读音时间＼例字	碧	逆	壁	积	掷	只	石	益	疫
	梗开三入陌帮	梗开三入陌疑	梗开三入昔帮	梗开三入昔精	梗开三入昔澄	梗开三入昔章	梗开三入昔禅	梗开三入昔影	梗合三入昔以
初期	piəʔ	ȵiəʔ	—	tɕiəʔ	tsəʔ	tsəʔ	ʂəʔ	iəʔ	—
中期	piəʔ˺	niəʔ˺	piəʔ˺	tɕiəʔ˺	tsəʔ˺	tsəʔ˺	səʔ˺	iəʔ˺	iəʔ˺
后期	piəʔ˺	niəʔ˺	piəʔ˺	tɕiəʔ˺	tsəʔ˺	tsəʔ˺	səʔ˺	iəʔ˺	iəʔ˺

表17　梗摄四等入声韵的读音

读音时间＼例字	壁	觅	滴	溺	绩	戚	寂	锡	击
	梗开四入锡帮	梗开四入锡明	梗开四入锡端	梗开四入锡泥	梗开四入锡精	梗开四入锡清	梗开四入锡从	梗合四入锡心	梗合四入锡见
初期	piəʔ	miəʔ	tiəʔ	ȵiəʔ	tɕiəʔ	tɕʰiəʔ	tɕiəʔ	ɕiəʔ	tɕiəʔ
中期	—	miəʔ˺	tiaʔ˺	niəʔ˺	tɕiəʔ˺	tɕʰiəʔ˺	tɕiəʔ˺	ɕiəʔ˺	tɕiəʔ˺
后期	—	miəʔ˺	tiaʔ˺	niəʔ˺	tɕiəʔ˺	tɕʰiəʔ˺	tɕiəʔ˺	ɕiəʔ˺	tɕiəʔ˺

曾摄入声韵的读音

表18　曾摄一等入声韵的读音

读音时间＼例字	北	得	肋	则	塞	刻	黑	国	或
	曾开一入德帮	曾开一入德端	曾开一入德来	曾开一入德精	曾开一入德心	曾开一入德溪	曾开一入德晓	曾合一入德见	曾合一入德匣
初期	piəʔ	tiəʔ	leəʔ	tsəʔ	ɕiəʔ	kʰəʔ	xəʔ	kuaʔ	xuaʔ
中期	piəʔ˺	tiəʔ˺	liəʔ˺	tsəʔ˺	saʔ˺	kʰəʔ˺	xəʔ˺	kuaʔ˺	xuaʔ˺
后期	piəʔ˺	tiəʔ˺	liəʔ˺	tsəʔ˺	saʔ˺	kʰəʔ˺	xəʔ˺	kuaʔ˺	xuaʔ˺

表19　曾摄三等入声韵的读音

读音时间＼例字	逼	匿	即	直	测	织	极	抑	域
	曾开三入职帮	曾开三入职泥	曾开三入职精	曾开三入职澄	曾开三入职初	曾开三入职章	曾开三入职群	曾开三入职影	曾合一入职云
初期	piəʔ	ȵiəʔ	tɕiəʔ	tʂiəʔ	tsʰuəʔ	tʂəʔ	tɕiəʔ	iəʔ	yəʔ
中期	piəʔ˺	—	tɕiəʔ˺	tsəʔ˺	tsʰaʔ˺	tsəʔ˺	tɕiəʔ˺	iəʔ˺	yaʔ˺
后期	piəʔ˺	—	tɕiəʔ˺	tsəʔ˺	tsʰaʔ˺	tsəʔ˺	tɕiəʔ˺	iəʔ˺	yaʔ˺

通摄入声韵的读音

表20　通摄一等入声韵的读音

读音时间＼例字	卜	木	秃	速	谷	屋	笃	毒	酷
	通合一入屋帮	通合一入屋明	通合一入屋透	通合一入屋心	通合一入屋影	通合一入屋影	通合一入沃端	通合一入沃定	通合一入沃溪
初期	puəʔ	məʔ	tʼuəʔ	ɕyəʔ	kuəʔ	vəʔ	təʔ	təʔ	kʼuəʔ
中期	pəʔ˳	mu˧	tʼuəʔ˳	suəʔ˳	kuəʔ˳	vəʔ˳	tuəʔ˳	tuəʔ˳	kʼuəʔ˳
后期	pəʔ˳	mu˧	tʼuəʔ˳	suəʔ˳	kuəʔ˳	vəʔ˳	tuəʔ˳	tuəʔ˳	kʼuəʔ˳

表21　通摄三等入声韵的读音

读音时间＼例字	福	陆	肃	竹	菊	绿	足	烛	曲
	通合三入屋非	通合三入屋来	通合三入屋心	通合三入屋知	通合三入屋见	通合三入烛来	通合三入烛精	通合三入烛章	通合三入烛溪
初期	fəʔ	ləʔ	ɕyəʔ	tsuəʔ	tɕyəʔ	ləʔ	tɕyəʔ	tsuəʔ	tɕʼyəʔ
中期	fuəʔ˳	luəʔ˳	ɕyəʔ˳	tsuəʔ˳	tɕʼyəʔ˳	luəʔ˳	tɕyəʔ˳	tsuəʔ˳	tɕʼyəʔ˳
后期	fuəʔ˳	luəʔ˳	ɕyəʔ˳	tsuəʔ˳	tɕʼyəʔ˳	luəʔ˳	tɕyəʔ˳	tsuəʔ˳	tɕʼyəʔ˳

20世纪初期,呼和浩特方言梗曾通摄入声韵与深臻摄入声韵是合流的。同深臻摄入声韵与阳声韵不平行一样,梗曾通摄入声韵也与阳声韵不平行。梗曾通摄入声字形成一套əʔ类入声韵。

20世纪以来,呼和浩特方言梗曾通摄入声韵基本保持20世纪初期的基本面貌,没有发生值得关注的变化。

3.5　呼和浩特方言入声韵的演变特点及其成因

呼和浩特方言入声韵与阳声韵没有发生平行性演变。20世纪初期,呼和浩特方言山摄入声韵还与阳声韵有平行性,但到中后期这种平行性就被打破了。这或许和呼和浩特方言入声韵的简化合并有关。

入声韵类的合并主要表现为同摄入声韵类的合并和异摄入声韵类的合并。

在20世纪初期,山咸摄以洪细为条件分别形成aʔ类和əʔ两套入声韵。到20世纪中后期,山咸摄入声韵类已合并为一套əʔ类入声韵。同时,20世纪初期,江宕摄入声韵均为əʔ。20世纪中后期,江宕摄入声韵完全与山咸摄入声韵合并,均为aʔ类。

　　呼和浩特方言江宕摄入声韵之所以与山咸摄入声韵合并,是因为江宕摄阳声韵与山咸摄阳声韵基本合并,同为低元音韵。入声韵类的合并是呼和浩特方言入声韵的发展方向,呼和浩特采用了同摄各韵类合并的方法,这显示出音韵系统的制约。

　　20世纪初期呼和浩特方言山摄合口一、二等入声韵之间还有区别,到20世纪中后期,这种区别完全消失。晋方言核心区的吕梁片基本保持一、二等的区别,20世纪初期呼和浩特方言保留的这一点残迹在中后期磨损殆尽了。

第十章 结 论

太原、文水、太谷、兴县、晋城、大同、呼和浩特这7个点涵盖了晋方言核心区，又涵盖了晋方言边缘区，可以说是晋方言的代表。通过对这7个点语音在过去一个世纪演变的考察，我们可以发现晋方言这些点的语音在20世纪曾发生如下变化：

第一，曾经是晋方言核心的太原方言快速向普通话靠拢，太原方言早期的诸多音类分合特点已被普通话的音类分合特点覆盖，以致我们在现在太原城区方言中很难找出太原方言早期的诸多音类特征。

第二，现代晋方言边缘区晋城、大同与呼和浩特方言早期曾更多地保留晋方言的音类特征；20世纪中后期，晋城、大同与呼和浩特方言受普通话影响很深，加速了向普通话靠拢的速度。

第三，太谷方言和兴县方言在过去的一个世纪里虽然也受到来自普通话的影响，但基本上仍分别保持晋方言并州片和吕梁片的典型特征。

第四，文水方言地处晋方言并州片和吕梁片的交界地带，它既有并州片的特征，又有吕梁片的特征。在过去的一个世纪里，文水方言的音系演变最为剧烈，充分体现出交界地带方言音系异常演变的特征。

透过这些变化，我们可以发现晋方言语音在过去一个世纪里的演变有如下规律：

声母方面：

1. 古知庄章三组声母由早期的开口知二庄与精洪合并（ts）与知三章（tʂ）分立，合口知庄章与精洪合并（ts），向古知庄章精四组合并（ts）的方向发展。这一点可由水文、兴县方言的情况得到证明。

2. 梗通摄喻母字由早期的零声母变成卷舌声母，有的方言则随着卷舌声母的消失进而变成舌尖浊擦音声母。有的方言则出现文白异读，文读为卷舌声母（或舌尖浊擦音声母），白读为零声母。

3. 鼻音声母的去塞化。20世纪初期，文水、兴县等方言鼻音声母带有同部位的浊塞音成分；20世纪后期，这些特点完全退化消失，鼻音声母的浊塞音成分完全丢失。

4. 影疑母开口一等字读 ŋ(n、ɣ)声母,二、三、四等字读零声母,合口也读零声母。这是晋方言早期的基本特征。到20世纪中后期,这一特征正在逐渐衰退。

韵母方面:

5. 晋方言吕梁片多数方言仍保持一、二等之间的区别,并州片则基本丧失。

6. 早期太原方言蟹摄洪音字和止摄洪音字完全合流,读低元音。现在太原方言这一特征已被官话方言完全覆盖。太原方言早期的特征也曾是大同、呼和浩特方言的特征,现在大同和呼和浩特方言的这些特征也同样被官话方言覆盖。也就是说,太原、大同、呼和浩特早期都是 ei、ai 不分的方言,现在是基本区分 ei、ai 的方言。

7. 兴县和呼和浩特方言在20世纪初期还保持早期典型外转摄的演变模式,现在兴县方言基本保持这一特征,而呼和浩特方言则完全丧失这一特征。

8. 晋方言早期果摄字开合口有别,现在晋方言核心区多保持这一特征,边缘区则丧失这一特征。

9. 晋方言入声韵曾开一唇音和端组以及梗开二唇音有腭化介音i,这一特征在20世纪初期已经基本形成。至今,这一特征基本保留。

10. 地处交界地带的方言元音系统在过去的一个世纪里发生了元音高化,文水方言即是代表。

11. 由于晋方言的鼻音韵尾多已弱化或丢失,失去了对韵腹的保护,而入声韵则依然还有ʔ韵尾,因此晋方言有的点入声韵与阳声韵的演变基本平行,而有的点则不平行。兴县方言是入声韵与阳声韵平行演变的典型代表,大同方言是入声韵与阳声韵不平行演变的典型代表。

参考文献

［1］李如龙、陈章太《碗窑闽南方言岛二百多年间的变化》,《中国语文》1982
（5）：354～364

［2］马伯乐《唐代长安方言考》,中华书局2005

［3］王　力《三百年前河南宁陵方音考》,《王力文集》,山东教育出版社1991

［4］刘文锦《关中汉代方言之研究》,《中山大学学报》方言专号1929

［5］周祖谟《问学集》,中华书局1966

［6］藤堂明保《藤堂明保中国语学论集》,汲古书院1987

［7］黄淬伯《唐代关中方言音系》,江苏古籍出版社1998

［8］刘晓南《宋代闽音考》,岳麓书社1999

［9］储泰松《唐五代关中方音研究》,安徽大学出版社2005

［10］鲁国尧《鲁国尧语言学论文集》,江苏教育出版社2003

［11］丁邦新《丁邦新语言学论文集》,商务印书馆1998

［12］游汝杰《著名中年语言学家自选集·游汝杰卷》,安徽教育出版社2003

［13］乔全生《晋方言语音史研究》,中华书局2008

［14］胡　方《试论百年来宁波方言声母系统的演变》,《语言研究》2001（3）：
65～68

［15］徐睿渊《厦门方言一百多年来语音系统和词汇系统的演变》,厦门大学博
士论文2008

［16］高本汉《中国音韵学研究》,商务印书馆2003

［17］张文轩《高本汉所记兰州声韵系统检讨》,《西北师大学报》（社会科学版）
2006（1）：42～46

［18］李无未、秦曰龙《高本汉"二手材料"构拟〈广韵〉之检讨》,《吉林大学社
会科学学报》2008（1）：115～122

［19］王　力《汉语史稿》,科学出版社1958

［20］刘勋宁《再论汉语北方话的分区》,《中国语文》1995（6）：447～454

［21］张光宇《论汉语方言的层次分析》,《语言学论丛》第33辑：124～165

［22］潘悟云《汉语历史音韵学》,上海教育出版社2000

［23］侯精一《晋语研究十题》,《桥本万太郎纪念·中国语学论集》,内山书店1997

［24］王洪君《〈中原音韵〉知庄章声母的分合及其在山西方言中的演变》,《语文研究》2007（1）:1～10

［25］胡双宝《文水方言志》,《语文研究》1984增刊

［26］沈慧云《晋城方言志》,《语文研究》1983增刊

［27］何大安《规律与方向》,北京大学出版社2004

［28］李　荣《切韵音系》,科学出版社1957

［29］冯　蒸《汉语音韵学论文集》,首都师范大学出版社1997

［30］张　琨《汉语方音》,学生书局1993

［31］侯精一《晋语入声韵母的区别性特征与晋语区的分立》,《中国语文》1999（2）:103～107

［32］王洪君《入声韵在山西方言中的演变》,《语文研究》1990（1）:9～19

［33］侯精一、温端政、田希诚《山西方言的分区(稿)》,《方言》1986（2）:81～92

［34］沈　明《晋语的分区(稿)》,《方言》2006（4）:343～356

［35］罗常培《唐五代西北方音》,科学出版社1961

［36］沈　明《山西方言韵母一二等的区别》,《中国语文》1999（6）:428～435

［37］乔全生《晋方言元音高化的类型》,《政大中文学报》2009（12）:43～58

［38］侯精一《〈中国音韵学研究〉与现代山西方言音韵——纪念瑞典著名汉学家高本汉调查山西方言100年》,《方言》2011（3）:193～199

［39］杨述祖《太谷方言志》,《语文研究》1983增刊

［40］朱晓农《近音——附论普通话日母》,《方言》2007（1）:2～9

［41］Mattew Chen *An Areal Study of Nasalization in Chinese*, Nasalfest, 1975

［42］何耿镛《汉语方音研究小史》,山西人民出版社1984

［43］岩田礼《汉语方言入声音节的生理特征——兼论入声韵尾的历时变化》,《中国境内语言暨语言学》(第一辑)1992

［44］侯精一、温端政主编《山西方言调查研究报告》,山西高校联合出版社1993

［45］白静茹《吕梁方言语音研究》,北京大学博士论文2009

［46］王福堂《汉语方言语音的演变和层次》,语文出版社2005

［47］乔全生、王为民《古知庄章三组声母在汾西方言中的演变》,《澳门语言学刊》2009（2）:68~71

［48］张清常《唐五代西北方言一项参考材料——天城梵书金刚经对音残卷》,《内蒙古大学学报》(社会科学版)1963（2）:129~143

［49］刘勋宁《一个中原官话中曾经存在过的语音层次》,《语文研究》2005(1):49~52

［50］侯精一《现代晋语的研究》,商务印书馆1999

［51］陈　宁《也谈"腭近音的日化"》,《汉语史学报》第6辑:173~181

［52］白静茹《山西方言影疑母字的演变及分合》,希望出版社2008

［53］侯精一主编,邢向东编写《呼和浩特话音档》,上海教育出版社1998

附　录

说明：

1. 本表收录太原、文水、太谷、兴县、晋城、大同、呼和浩特7个点初、中、后三期的字音。

2. 初期是指高本汉《中国音韵学研究·方言字汇》所录20世纪初期7个点的字音。中期分别是《汉语方音字汇》(太原)、《文水方言志》(文水)、《太谷方言志》(太谷)、60岁老人(兴县)、《晋城方言志》(晋城)、《大同方言志》(大同)、《呼和浩特话音档》(呼和浩特)所反映的7个点的字音。后期是我们重新调查的20岁左右年轻人的字音。

3. 本表所录之字均为高本汉《中国音韵学研究·方言字汇》所录之字。

4. 本表所用符号均为国际音标。一字两音的，上一音为白读音，下一音为文读音。

字目	多	拖	驼	挪	罗	左	歌	可
古音	果开一端平歌	果开一透平歌	果开一定平歌	果开一泥平歌	果开一来平歌	果开一精上哿	果开一见平歌	果开一溪上哿

		多	拖	驼	挪	罗	左	歌	可
太原	初	to	—	t'o	no	lo	tso	kə	k'ə
	中	꜀tɣ / tuɣ꜄	꜀t'uɣ	t'ɣ꜄ / t'uɣ꜄	꜀nuɣ	꜀lɣ / luɣ꜄	꜀tsɣ / tsuɣ	kɣ꜄	k'aʔ꜄ / k'ɣ꜄
	后	꜀tuɣ	꜀t'uɣ	t'uɣ꜄	꜀nuɣ	꜀luɣ	꜀tsuɣ	kɣ꜄	꜂k'ɣ
文水	初	tɯ	t'ɯ	t'ɯ	ndɯ	lɯ	tso	ku	k'ɯ
	中	꜀iɛʔ	꜀t'iɛʔ	iɛʔ꜄ / t'iɛʔ꜄	꜀nɛu	꜀iɛʔ	tɕi꜄	—	꜂k'iɛʔ
	后	iɛʔ꜄	t'iɛʔ꜄	t'iɛʔ꜄	꜀nɛu	꜀iɛʔ	꜀tsuɛi	꜀kəi	꜂k'iɛ
太谷	初	to	t'o	t'o	no	lo	tso	kə	k'ə
	中	꜀tuo	꜀t'uo	꜀t'uo	꜀nou	꜀lie / luo	꜀tsuo	꜀kie	꜂k'ie
	后	꜀tuo	꜀t'uo	꜀t'uo	꜀nuo	꜀luo	꜀tsuo	꜀kie	꜂k'ie
兴县	初	tə	t'ə	t'ə	—	lə	tsə	kə	k'ə
	中	꜀tɣ	꜀t'ɣ	꜀t'ɑ	꜀nɣ	꜀lɣ	꜀tsɣ	꜀kɣ	꜂k'ɣ
	后	꜀tɣ	꜀t'ɣ	꜀t'ɑ	꜀nɣ	꜀lɣ	꜀tsɣ	꜀kɣ	꜂k'ɣ
晋城	初	to	—	t'o	na	lo	tso	k'ɯ	k'ɯa
	中	꜀tuə	꜀tuə	t'uɑ꜄	꜀nuə	꜀luə	꜀tʂuə	꜀kɣ	꜂k'ɣ
	后	꜀tuə	꜀t'uə	꜀tuə	꜀nuə	꜀luə	꜀tʂuə	꜀kɣ	꜂kʌ / ꜂kɣ
大同	初	to	t'o	t'o	—	lo	tso	ko	ko
	中	꜀tuo	—	꜀t'uo	꜀nuo	꜀luo	꜀tsuo	꜀kɣ	꜂k'ɣ
	后	꜀tuo	—	꜀t'uo	꜀nuo	꜀luo	꜀tsuo	꜀kɣ	꜂k'ɣ
呼和浩特	初	tɔ	t'ɔ	t'ɔ	na	lɔ	tsɔ	kɔ	k'ɔ
	中	꜀tuɣ	꜀t'uɣ	꜀t'uɣ	꜀nuɣ	꜀luɣ	꜀tsuɣ	꜀kɣ	꜂k'ɣ
	后	꜀tuɣ	꜀t'uɣ	꜀t'uɣ	꜀nuɣ	꜀luɣ	꜀tsuɣ	꜀kɣ	꜂k'ɣ

字目		蛾	何	颇	婆	魔	朵	妥	惰
古音		果开一疑平歌	果开一匣平歌	果合一滂平戈	果合一並平戈	果合一明平戈	果合一端上果	果合一透上果	果合一定上果
太原	初	ɣɤ	ₑxə	p'ɤ	ₑp'ə	mə	to	ᶜt'o	to
	中	ₑɣʏ	ₑxʏ	p'ʏ	ₑp'ʏ	ₑmʏ	ᶜtuʏ	ᶜt'uʏ	tuʏˀ
	后	ₑʏ	ₑxʏ	ₑp'ʏ	ₑp'ʏ	ₑmʏ	ᶜtuʏ	ᶜt'uʏ	tuʏˀ
文水	初	ŋgɯ	xɯ	p'ɯ	p'ɯ	mbɯ	tɯ	t'ɯ	tɯ
	中	ₑŋei	ₑxei	ₑp'əi	ₑpəi	ₑmeɯ	ᶜtuəi	ᶜt'uəi	təiˀ
	后	ₑŋei	ₑxei	ₑp'əi	ₑpəi	ₑmeɯ	ᶜtuəi	ᶜt'uəi	tuəiˀ
太谷	初	ŋgə	xə	p'ə	p'ə	mə	tyɛ	t'yɛ	tyɛ
	中	ₑɲie	ₑxie	ₑp'ʏ	ₑpʏ / ₑp'ʏ	ₑmʏ	ᶜtye	ᶜt'ye	tyeˀ
	后	ₑɲie	ₑxie	ₑp'ʏ	ₑpʏ / ₑp'ʏ	ₑmʏ	ᶜtye	ᶜt'ye	tyeˀ
兴县	初	ŋgə	xə	p'ə	p'ə	mbə	to	ᶜt'o	to
	中	ₑŋʏ	ₑŋʏ	ₑp'ʏ	ₑp'ʏ	ₑmʏ	ᶜtuʏ	ᶜt'uʏ	tuʏˀ
	后	ₑŋʏ	ₑŋʏ	ₑp'ʏ	ₑp'ʏ	ₑmʏ	ᶜtuʏ	ᶜt'uʏ	tuʏˀ
晋城	初	ɣɯa	xɯa	p'o	p'o	mo	to	ᶜt'o	to
	中	ₑɣʏ	ₑxʏ	ₑp'uə	ₑp'uə	ₑmuə	ᶜtuə	ᶜt'uə	tuəˀ
	后	ₑʏ	ₑxʏʌ / ₑxʏ	ₑp'uə	ₑp'uə	ₑmuə	ᶜtuə	ᶜt'uə	tuəˀ
大同	初	no	k'o	p'o	p'o	mo	to	ᶜt'o	to
	中	ₑnu	ₑxʏ	ₑp'o	ₑp'o	ₑmo	ᶜtuo	ᶜt'uo	tuoˀ
	后	ₑnu	ₑxʏ	ₑp'o	ₑp'o	ₑmo	ᶜtuo	ᶜt'uo	tuoˀ
呼和浩特	初	ŋgɔ	xɔ	p'ɔ	p'ɔ	mɔ	tɔ	ᶜt'ɔ	tɔ
	中	ₑŋʏ	ₑxʏ	ₑp'ʏ	ₑp'ʏ	ₑmʏ	ᶜtuʏ	ᶜt'uʏ	—
	后	ₑŋʏ	ₑxʏ	ₑp'ʏ	ₑp'ʏ	ₑmʏ	ᶜtuʏ	ᶜt'uʏ	—

字目	骡	座	锁	过	科	卧	火	踱
古音	果合一来平戈	果合一从去过	果合一心上果	果合一见平戈	果合一溪平戈	果合一疑去过	果合一晓上果	果合一影平戈
太原 初	lo	tso	so	kuə	kʻuə	və	xuə	—
太原 中	꜀luɣ	tsuɣ꜄	꜂suɣ	kuɣ꜄	kʻuɣ	vɣ꜄	꜂xuɣ	꜀vɣ
太原 后	꜀luɣ	tsuɣ꜄	꜂suɣ	kuɣ꜄	kʻɣ	vɣ꜄	꜂xuɣ	꜀vɣ
文水 初	lɯ	tɕyi	syi	kuɯ	kʻɯ	ɯ	xuɯ	uɯ
文水 中	꜀iəʔ	tsuəi꜄ / tɕyəi꜄	꜂suəi / ꜂çyəi	kuəi꜄	kʻuəi	uəi꜄	꜂xuəi	—
文水 后	꜀iəʔ	tsuəi꜄	꜂sʅ	kuəi꜄	꜀kʻəi	uəi꜄	꜂xuəi	꜀uəi
太谷 初	lo	tso	syɛ	kuə	kʻuə	uə	xuə	uə
太谷 中	꜀lie / ꜀ouʔ	tsuo꜄	꜂çye	꜀kye	꜀kye	vɣ꜄	꜂xye	꜀vɣ
太谷 后	꜀luo	tsuo꜄	꜂çye	꜀kye	꜀kʻie	vɣ꜄	꜂xye	꜀vɣ
兴县 初	lə	tso	so	kuo	kʻuo	uo	xuo	uo
兴县 中	꜀lɣ	tsuɣ꜄	꜂suɣ	kuɣ꜄	kʻuɣ / kʻɣ	uɣ꜄	꜂xuɣ	꜀uɣ
兴县 后	꜀lɣ	tsuɣ꜄	꜂suɣ	kuɣ꜄	kʻuɣ / kʻɣ	uɣ꜄	꜂xuɣ	꜀uɣ
晋城 初	lo	tso	so	kuo	kʻuo	uo	xuo	uo
晋城 中	꜀luə	tʂuə꜄	꜂ʂuə	꜀kuə	kʻɣ / kuə	uə꜄	꜂xuə	꜀uə
晋城 后	꜀luə	tʂuə꜄	꜂ʂuə	꜀kuə	꜀kʻɣ	uə꜄	꜂xuə	—
大同 初	lo	tso	so	kuo	kʻuo	vo	xuo	vo
大同 中	꜀luo	—	꜂suo	kuo꜄	꜀kʻɣ	vo꜄	꜂xuo	꜀vo
大同 后	꜀luo	—	꜂suo	kuo꜄	꜀kʻɣ	vo꜄	꜂xuo	꜀vo
呼和浩特 初	lɔ	tsɔ	sɔ	kuɔ	kʻuɔ	vɔ	huɔ	vɔ
呼和浩特 中	꜀luɣ	tsuɣ꜄	꜂suɣ	꜀kuɣ	kʻuɣ	vɣ꜄	꜂xuɣ	꜀vɣ
呼和浩特 后	꜀luɣ	tsuɣ꜄	꜂suɣ	꜀kuɣ	꜀kʻuɣ	vɣ꜄	꜂xuɣ	꜀vɣ

字目	巴	怕	爬	马	拿	茶	查	诈
古音	假开二帮平麻	假开二滂去祃	假开二並平麻	假开二明上马	假开二泥平麻	假开二澄平麻	假开二庄平麻	假开二庄去祃
太原 初	pa	pʻa	pʻa	ma	na	tsʻa	tsʻa	tsa
太原 中	꜀pa	pʻaᵓ	꜀pʻa ꜀pa	꜂ma	꜀na	꜀tsʻa	꜀tsʻa	tsaᵓ
太原 后	꜀pa	pʻaᵓ	꜀pʻa	꜂ma	꜀na	꜀tsʻa	꜀tsʻa	tsaᵓ
文水 初	pa	pʻa	pʻa	mba	nda	tsʻa	tsʻa	tsa
文水 中	꜀pa	pʻaᵓ	꜀pʻa	꜂ma	꜀na	꜀tsʻaᵓ	꜀tsa	tsaᵓ
文水 后	꜀pa	pʻaᵓ	꜀pʻa	꜂ma	꜀na	꜀tsʻaᵓ	꜀tsa	tsaᵓ
太谷 初	pɔ	pʻɔ	pʻɔ	mɔ	nɔ	tsʻɔ	tsʻɔ	tsɔ
太谷 中	꜀pɒ	pʻɒᵓ	꜀pɒ ꜀pʻɒ	꜂mɒ	꜀nɒ	꜀tsʻɒ	꜀tsʻɒ	tsɒᵓ
太谷 后	꜀pɒ	pʻɒᵓ	꜀pʻɒ	꜂mɒ	꜀nɒ	꜀tsʻɒ	꜀tsʻɒ	tsɒᵓ
兴县 初	pa	pʻa	pʻa	mba	nda	tsʻa	tsʻa	tsa
兴县 中	꜀pɑ	pʻɑᵓ	꜀pɑ	꜂mɑ	꜀nɑ	ꞔtsʻɑ	ꞔtsʻɑ	tsɑᵓ
兴县 后	꜀pɑ	pʻɑᵓ	꜀pɑ	꜂mɑ	꜀nɑ	ꞔtsʻɑ	ꞔtsʻɑ	tsɑᵓ
晋城 初	pa	pʻa	pʻa	ma	na	tsʻa	tsʻa	tsa
晋城 中	꜀pɑ	pʻɑᵓ	꜂pʻɑ	꜂mɑ	꜂nɑ	꜀tʂʻɑ	꜀tʂ̢ɑ	tʂ̢ɑᵓ
晋城 后	꜀pɑ	pɑᵓ	꜀pʻɑ	꜂mɑ	꜀nɑ	ꞔtʂʻɑ	꜀tʂ̢ɑ	tʂ̢ɑᵓ
大同 初	pa	pʻa	pʻa	ma	na	tsʻa	tsʻa	tsa
大同 中	꜀pa	pʻaᵓ	ꞔpʻa	꜂ma	ꞔna	ꞔtsʻa	—	tʂ̢aᵓ
大同 后	꜀pa	pʻaᵓ	ꞔpʻa	꜂ma	ꞔna	ꞔtsʻa	—	tʂ̢aᵓ
呼和浩特 初	pa	pʻa	pʻa	ma	na	tsʻa	tsʻa	tsa
呼和浩特 中	꜀pa	pʻaᵓ	꜀pʻa	꜂ma	꜀na	꜀tsʻa	꜀tsʻa	tsaᵓ
呼和浩特 后	꜀pa	pʻaᵓ	꜀pʻa	꜂ma	꜀na	꜀tsʻa	꜀tsʻa	tsaᵓ

字目		叉	乍	纱	家	加	痂	嘉	牙
古音		假开二初平麻	假开二崇去祃	假开二生平麻	假开二见平麻	假开二见平麻	假开二见平麻	假开二见平麻	假开二疑平麻
太原	初	tsʻa	tsa	sa	—	—	—	₌tɕia	—
	中	₌tsʻa ᶜtsʻa	tsaᵓ	₌sa	₌tɕia	₌tɕia	₌tɕia	₌tɕia	₌ia ₌nia
	后	₌tsʻa ᶜtsʻa	tsaᵓ	₌sa	₌tɕia	₌tɕia	₌tɕia	₌tɕia	₌ia ₌nia
文水	初	tsʻa	tsa	sa	tɕia	tɕia	tɕia	tɕia	nȡia
	中	₌tsʻa	tsaᵓ	₌sa	₌tɕia	₌tɕia	₌tɕia	₌tɕia	₌nia
	后	₌tsʻa	tsaᵓ	₌sa	₌tɕia	₌tɕia	₌tɕia	₌tɕia	₌nia
太谷	初	tsʻɔ	tsɔ	sɔ	tɕiɔ	tɕiɔ	tɕiɔ	tɕiɔ	iɔ
	中	₌tsʻɒ	tsɒᵓ	₌sɒ	₌tɕiɒ	₌tɕiɒ	₌tɕiɒ	₌tɕiɒ	₌niɒ
	后	₌tsʻɒ	tsɒᵓ	₌sɒ	₌tɕiɒ	₌tɕiɒ	₌tɕiɒ	₌tɕiɒ	₌niɒ
兴县	初	tsʻa	tsa	sa	tɕia	tɕia	tɕia	tɕia	ia
	中	₌tsʻɑ	tsaᵓ	₌sɑ	₌tɕiɑ	₌tɕiɑ	₌tɕiɑ	₌tɕiɑ	₌niɑ
	后	₌tsʻɑ	tsaᵓ	₌sɑ	₌tɕiɑ	₌tɕiɑ	₌tɕiɑ	₌tɕiɑ	₌niɑ
晋城	初	tsʻa	tsa	sa	tɕia	tɕia	tɕia	tɕia	—
	中	₌tʂʻɑ	tʂaᵓ	₌ʂɑ	₌tɕiɑ	₌tɕiɑ	₌tɕiɑ	₌tɕiɑ	ᶜiɑ
	后	tʂʻɑᵓ	—	₌ʂɑ	₌tɕiɑ	₌tɕiɑ	₌tɕiɑ	₌tɕiɑ	iɑᵓ
大同	初	tsʻa	tsa	sa	tɕia	tɕia	tɕia	tɕia	ɪa
	中	₌tsʻa	tsaᵓ	₌sa	₌tɕia	₌tɕia	₌tɕia	₌tɕia	₌ia
	后	₌tsʻa	tsaᵓ	₌sa	₌tɕia	₌tɕia	₌tɕia	₌tɕia	₌ia
呼和浩特	初	tsʻa	tsa	sa	tɕia	tɕia	tɕia	tɕia	ia
	中	₌tsʻa	—	₌sa	₌tɕia	₌tɕia	₌tɕia	₌tɕia	₌i
	后	₌tsʻa	—	₌sa	₌tɕia	₌tɕia	₌tɕia	₌tɕia	₌i

字目		芽	衔	霞	丫	借	且	藉	写
古音		假开二疑平麻	假开二疑平麻	假开二匣平麻	假开二影平麻	假开三精去祃	假开三清上马	假开三从去祃	假开三心上马
太原	初	—	ia	ɕia	ia	tɕie	tɕʰie	—	ɕie
	中	₌ia	₌ia	₌ɕia	₌ia	tɕieˀ	ˀtɕʰie	—	ˀɕie
	后	₌ia	₌ia	₌ɕia	₌ia	tɕieˀ	ˀtɕʰie	—	ˀɕie
文水	初	ȵɖ.ia	ia	ɕia	ia	tɕie	tɕʰie	tɕie	ɕie
	中	₌ȵia	₌ȵia	₌ɕia	₌ia	tɕiˀ	ˀtɕʰi	—	ˀɕi
	后	₌ȵia	₌ȵia	₌ɕia	₌ia	tɕiˀ	ˀtɕʰi	₌tɕi	ˀɕi
太谷	初	₌iɒ	₌iɒ	ɕiɒ	₌iɒ	tɕiɛ	tɕʰiɛ	tɕiɛ	ɕiɛ
	中	₌iɒ	₌iɒ	₌ɕiɒ	₌iɒ	tɕiɛˀ	ˀtɕʰiɛ	tɕiɛˀ	ɕiɛ
	后	₌iɒ	₌iɒ	₌ɕiɒ	₌iɒ	tɕiɛˀ	ˀtɕʰiɛ	tɕiɛˀ	ɕiɛ
兴县	初	ia	ia	ɕia	ia	tɕiə	tɕʰiə	tɕiə	ɕiə
	中	₌ȵia	₌iɒ	₌ɕia	₌iɒ	tɕiɛˀ	ˀtɕʰiɛ	tɕiɛˀ	ˀɕiɛ
	后	₌ȵia	₌iɒ	₌ɕia	₌iɒ	tɕiɛˀ	ˀtɕʰiɛ	tɕiɛˀ	ˀɕiɛ
晋城	初	—	ia	ɕia	ia	tɕia	tɕʰia	tɕia	ɕia
	中	ˀia	ˀiɒ	₌ɕia	₌iɒ	tɕieˀ	ˀtɕʰie	tɕieʔ₌	ˀɕie
	后	₌iɒ	₌iɒ	₌ɕia	₌iɒ	tɕieˀ	ˀtɕʰie	tɕieʔ₌	ˀɕie
大同	初	ia	ia	ɕia	ia	tɕie	tɕʰie	tɕie	ɕie
	中	₌ia	₌ia	₌ɕia	₌ia	tɕieˀ	ˀtɕʰiɛ	—	ˀɕiɛ
	后	₌ia	₌ia	₌ɕia	₌ia	tɕieˀ	ˀtɕʰiɛ	—	ˀɕiɛ
呼和浩特	初	ia	ia	ɕia	ia	tɕia	tɕʰia	tɕia	ɕia
	中	₌i	₌i	₌ɕia	₌i	tɕieˀ	ˀtɕʰie	tɕieˀ	ˀɕie
	后	₌i	₌i	₌ɕia	₌i	tɕieˀ	ˀtɕʰie	tɕieˀ	ˀɕie

字目		邪	蔗	车	射	赦	社	惹	夜
古音		假开三邪平麻	假开三章去祃	假开三昌平麻	假开三船去祃	假开三书去祃	假开三禅上马	假开三日上马	假开三以去祃
太原	初	ɕie	tsə	tsʰə	sə	sə	sə	zə	ie
	中	˪ɕie	tsɤˀ	˪tsʰɤˀ	sɤˀ	sɤˀ	sɤˀ	˪zɤ	ieˀ
	后	˪ɕie	tsɤˀ	˪tsʰɤˀ	sɤˀ	sɤˀ	sɤˀ	˪zɤ	ieˀ
文水	初	ɕie	tʂə	tʂʰɯ	ʂɯ	ʂɯ	ʂɯ	zɯ	i
	中	˪ɕi	˪tsəɪ	˪tsʰəɪ	səɪˀ	səɪˀ	səɪˀ	˪zəɪ	iˀ
	后	˪ɕi	˪tsəɪ	˪tsʰəɪ	səɪˀ	səɪˀ	səɪˀ	˪zəɪ	iˀ
太谷	初	ɕiɛ	tsə	tsʰə	sə	sə	sə	zə	iɛ
	中	˪ɕie	tsɤˀ	˪tsʰɤˀ	sɤˀ	sɤˀ	sɤˀ	˪zɤ	ieˀ
	后	˪ɕie	tsɤˀ	˪tsʰɤˀ	sɤˀ	sɤˀ	sɤˀ	˪zɤ	ieˀ
兴县	初	ɕiə	tʂə	tʂʰə	ʂə	ʂə	ʂə	zə	iə
	中	˪ɕiɛ	˪tʂɤ	˪tʂʰɤ	˪ʂɤ	ʂɤˀ	ʂɤˀ	—	iɛˀ
	后	˪ɕiɛ	˪tʂɤ	˪tʂʰɤ	˪ʂɤ	ʂɤˀ	ʂɤˀ	—	iɛˀ
晋城	初	ɕia	tsʐa	tsʰʐa	sʐa	sʐa	sʐa	zʐa	ia
	中	˪ɕie	˪tʂʐə	˪tʂʰʐə	ʂʐəˀ	sə꜕ʔˀ	ʂʐəˀ	˪zʐə	ieˀ
	后	˪ɕie	tʂʐˀ	˪tʂʰʐɤ	ʂʐɤˀ	ʂʐɤˀ	ʂʐɤˀ	˪zʐɤ	ieˀ
大同	初	ɕie	tʂə	tʂʰə	ʂə	ʂə	ʂə	zə	ie
	中	˪ɕiɛ	—	˪tʂʰɤ	ʂɤˀ	—	ʂɤˀ	˪zɤ	iɛˀ
	后	˪ɕiɛ	—	˪tʂʰɤ	ʂɤˀ	—	ʂɤˀ	˪zɤ	iɛˀ
呼和浩特	初	ɕia	tʂə	tʂʰə	ʂə	tʂə	tʂə	zə	ia
	中	˪ɕie	—	˪tʂʰɤ	sɤˀ	sɤˀ	sɤˀ	˪zɤ	ieˀ
	后	˪ɕie	—	˪tʂʰɤ	sɤˀ	sɤˀ	sɤˀ	˪zɤ	ieˀ

字目		瓜	夸	瓦	花	华	补	铺	蒲
古音		假合二见平麻	假合二溪平麻	假合二疑上马	假合二晓平麻	假合二匣平麻	遇合一帮上姥	遇合一滂平模	遇合一并平模
太原	初	kua	k'ua	va	xua	xua	pu	—	p'u
	中	꜀kua	꜀k'ua	ᶜva	꜀xua	꜀xua	ᶜpu	꜀p'u	꜀p'u
	后	꜀kua	꜀k'ua	ᶜva	꜀xua	꜀xua	ᶜpu	꜀p'u	꜀p'u
文水	初	kua	k'ua	va	xua	xua	pu	p'u	p'u
	中	꜀kua	꜀k'ua	ᶜua	꜀xua	꜀xua	ᶜpu	꜀p'u	꜀p'u
	后	꜀kua	꜀k'ua	ᶜua	꜀xua	꜀xua	ᶜpu	꜀p'u	꜀p'u
太谷	初	kuɔ	k'uɔ	uɔ	꜀xuɔ	꜀xuɔ	pu	p'u	p'u
	中	꜀kuɒ	꜀k'uɒ	ᶜvɒ	꜀xuɒ	꜀xuɒ	ᶜpu	꜀p'u	꜀p'u
	后	꜀kuɒ	꜀k'uɒ	ᶜvɒ	꜀xuɒ	꜀xuɒ	ᶜpu	꜀p'u	꜀p'u
兴县	初	kua	k'ua	ua	xua	xua	pu	p'u	p'u
	中	꜀kuɑ	꜀k'uɑ	ᶜuɑ	꜀xuɑ	꜀xuɑ	ᶜpu	p'uʔ	꜀p'u
	后	꜀kuɑ	꜀k'uɑ	ᶜuɑ	꜀xuɑ	꜀xuɑ	ᶜpu	p'uʔ	꜀p'u
晋城	初	kua	k'ua	ua	xua	xua	pu	p'u	p'u
	中	꜀kua	꜀k'ua	ᶜua	꜀xua	꜀xua	ᶜpu	꜀p'u	꜀p'u
	后	꜀kuɑ	—	ᶜuɑ	꜀xuɑ	꜀xuɑ	ᶜp'u	꜀p'u	꜀p'u
大同	初	kua	k'ua	va	xua	xua	pu	p'u	p'u
	中	꜀kua	꜀k'ua	ᶜva	꜀xua	꜀xua	ᶜpu	꜀p'u	꜀p'u
	后	꜀kua	꜀k'ua	ᶜva	꜀xua	꜀xua	ᶜpu	꜀p'u	꜀p'u
呼和浩特	初	kua	k'ua	va	hua	hua	pu	p'u	p'u
	中	꜀kua	꜀k'ua	ᶜva	꜀xua	꜀xua	ᶜpu	꜀p'u	꜀p'u
	后	꜀kua	꜀k'ua	ᶜva	꜀xua	꜀xua	ᶜpu	꜀p'u	꜀p'u

字目		捕	募	都	土	徒	度	奴	卢
古音		遇合一並去暮	遇合一明去暮	遇合一端平模	遇合一透上姥	遇合一定平模	遇合一定去暮	遇合一泥平模	遇合一来平模
太原	初	pu	mu	tu	t'u	t'u	tu	nəu	lɛu
	中	ᶜp'u / ᶜpu	mu⁵	ₑtu	ᶜt'u	ₑt'u	tu⁵	ₑnəu	ₑləu
	后	ᶜpu	mu⁵	ₑtu	ᶜt'u	ₑt'u	tu⁵	ₑnu	ₑlu
文水	初	pu	mbu	tu	t'u	t'u	tu	ndu	ləɵ
	中	ᶜpu	mu⁵	ₑtu	ᶜt'u	ₑt'u	tu⁵	nou⁵	ₑlou
	后	ᶜpu	mu⁵	ₑtɯu	ᶜt'ɯu	ₑt'ɯu	tɯu⁵	ₑnɯu	ₑlɯu
太谷	初	pu	mu	to	t'o	t'o	to	no	lo
	中	ᶜpu	mu⁵	ₑtuo	ᶜt'uo	ₑt'uo	tuo⁵	ₑoun	ₑouⁿ
	后	ᶜpu	mu⁵	ₑtu / ₑtuo	ᶜt'uo	ₑt'u	tu⁵	ₑnu	ₑlu
兴县	初	pu	mbu	tu	t'u	t'u	tu	ndo	lo
	中	ᶜpu	—	ₑtu	ᶜt'u	ₑt'u	tu⁵	ₑnou	ₑlou
	后	ᶜpu	—	ₑtu	ᶜt'u	ₑt'u	tu⁵	ₑnou	ₑlou
晋城	初	pu	m	tu	t'u	t'u	tu	nuŋ	lu
	中	ᶜpu	mu⁵	ₑtu	ᶜt'u	ᶜt'u	tu⁵	ᶜnũ	ᶜlu
	后	pu⁵	mu⁵	ₑtu	ᶜt'u	ₑt'u	tu⁵	ₑnu	ₑlu
大同	初	pu	mu	tu	t'u	t'u	tu	nũ	lɛu
	中	ᶜpu	mu⁵	ₑtu	ᶜt'u	ₑt'u	tu⁵	ₑnu	ₑlu
	后	ᶜpu	mu⁵	ₑtu	ᶜt'u	ₑt'u	tu⁵	ₑnu	ₑlu
呼和浩特	初	pu	mu	tu	t'u	t'u	tu	nɛu	lɛu
	中	ᶜpu	mu⁵	ₑtu	ᶜt'u	ₑt'u	tu⁵	ₑnəu	lu⁵
	后	ᶜpu	mu⁵	ₑtu	ᶜt'u	ₑt'u	tu⁵	ₑnəu	lu⁵

字目	租	粗	苏	苦	吾	虎	胡	乌
古音	遇合一精平模	遇合一清平模	遇合一心平模	遇合一溪上姥	遇合一疑平模	遇合一晓上姥	遇合一匣平模	遇合一影平模
太原 初	tsu	ts'u	su	k'u	u	xu	xu	u
太原 中	꜀tsu	꜀ts'u	꜀su	꜀k'u	—	꜀xu	꜀xu	꜀u
太原 后	꜀tsu	꜀ts'u	꜀su	꜀k'u	꜀u	꜀xu	꜀xu	꜀u
文水 初	tsəɵ	ts'əɵ	səɵ	k'u	u	xu	xu	u
文水 中	꜀tsou	꜀ts'ou	꜀sou	꜀k'u		꜀xu	꜀xu	꜀u
文水 后	꜀tsɯɯ	꜀ts'ɯɯ	꜀sɯɯ	꜀k'ɯɯ	꜀ɯɯ	꜀xɯɯ	꜀xɯɯ	꜀ɯɯ
太谷 初	tso	ts'o	so	k'u	u	xu	xu	u
太谷 中	꜀tsuo	꜀ts'uo	꜀suo	꜀k'uo	꜀vu	꜀xu	꜀xu	꜀vu
太谷 后	꜀tsu	꜀ts'u	꜀su	꜀k'uo	꜀vu	꜀xu	꜀xu	꜀vu
兴县 初	tso	ts'o	so	k'u	u	xu	xu	u
兴县 中	꜀tsou	꜀ts'ou	꜀sou	꜀k'u	꜀u	꜀xu	꜀xu	꜀u
兴县 后	꜀tsou	꜀ts'ou	꜀sou	꜀k'u	꜀u	꜀xu	꜀xu	꜀u
晋城 初	tsu	ts'u	su	k'u	u	xu	xu	u
晋城 中	꜀tʂu	꜀tʂ'u	꜀ʂu	꜀k'u	꜀u	꜀xu	꜀xu	꜀u
晋城 后	꜀tʂu	꜀tʂ'u	꜀ʂu	꜀k'u	꜀u	꜀xu	꜀xu	꜀u
大同 初	tsu	ts'u	su	k'u	u	xu	xu	u
大同 中	꜀tsu	꜀ts'u	꜀su	꜀k'u	꜀u	꜀xu	꜀xu	꜀u
大同 后	꜀tsu	꜀ts'u	꜀su	꜀k'u	꜀u	꜀xu	꜀xu	꜀vu
呼和浩特 初	tsu	—	su	k'u	u	xu	xu	u
呼和浩特 中	꜀tsu	꜀ts'u	꜀su	꜀k'u	꜀vu	꜀xu	꜀xu / xuə	꜀vu
呼和浩特 后	꜀tsu	꜀ts'u	꜀su	꜀k'u	꜀vu	꜀xu	꜀xu / xuə	꜀vu

字目	女	吕	序	猪	除	箸	阻	初
古音	遇合三泥上语	遇合三来上语	遇合三邪上语	遇合三知平鱼	遇合三澄平鱼	遇合三澄去御	遇合三庄上语	遇合三初平鱼
太原 初	ȵy	ly	çy	tsu	tsʻu	tsu	tsu	tsʻu
中	ꜛny	ꜛly	çyˀ	ꜜtsu	ꜜtsʻu	—	ꜛtsu	ꜜtsʻu
后	ꜛny	ꜛly	çyˀ	ꜜtsu	ꜜtsʻu	—	ꜛtsu	ꜜtsʻu
文水 初	nȡy	ly	çy	tsu	tsʻu	tsu	tsu	tsʻu
中	ꜛnzʮ / nzu	ꜛlʮ	sʮˀ	ꜜtsu	ꜜtsʻu	tsuˀ	ꜛtsu	ꜜtsʻu
后	ꜛnzʮ	ꜛlʮ	sʮˀ	ꜜtsɯɯ	ꜜtsʻɯɯ	—	ꜛtsɯɯ	ꜜtsʻɯɯ
太谷 初	ȵy	ly	çy	tsu	tsʻu	tsu	tso	tsʻo
中	ꜛȵy	ꜛly	çyˀ	ꜜtsu	ꜜtsu / ꜜtsʻu	tsuˀ	ꜛtsu	ꜜtsʻuo
后	ꜛȵy	ꜛly	çyˀ	ꜜtsu	ꜜtsʻu	tsuˀ	ꜛtsu	ꜜtsʻuo
兴县 初	nȡyi	lyi	çyi	tsu	tsʻu	tsu	tsu	tsʻu
中	ꜛny	ꜛly	çyˀ	ꜜtʂu	ꜜtʂʻu	tsuˀ	ꜛtsu	ꜜtʂʻu
后	ꜛny	ꜛly	çyˀ	ꜜtʂu	ꜜtʂʻu	tsuˀ	ꜛtsu	ꜜtʂʻu
晋城 初	ny	ly	çy	tsu	tsʻu	tsu	tsu	tsʻu
中	ꜛnyə	ꜛlyə	çyˀ	ꜜtʂu	ꜛtʂʻu	—	ꜛtʂu	ꜜtʂʻu
后	ꜛnuə	ꜛluə	xyˀ	ꜜtʂu	ꜜtʂʻu	—	ꜛtʂu	ꜜtʂʻu
大同 初	ȵy	ly	çy	tʂu	tʂʻu	tʂu	tʂu	tʂʻu
中	ꜛny	ꜛly	çyˀ	ꜜtʂu	ꜜtʂʻu	—	ꜛtʂu	ꜜtʂʻu
后	ꜛny	ꜛly	çyˀ	ꜜtʂu	ꜜtʂʻu	—	ꜛtʂu	ꜜtʂʻu
呼和浩特 初	ȵy	ly	çy	tsu	tsʻu	tsu	tsu	tsʻu
中	ꜛny	ꜛly	çyˀ	ꜜtsu	ꜜtsʻu	—	ꜛtsu	ꜜtsʻu
后	ꜛny	ꜛly	çyˀ	ꜜtsu	ꜜtsʻu	—	ꜛtsu	ꜜtsʻu

字目		锄	助	梳	诸	处	处	书	署
古音		遇合三崇平鱼	遇合三崇去御	遇合三生平鱼	遇合三章平鱼	遇合三昌上语	遇合三昌去御	遇合三书平鱼	遇合三禅去御
太原	初	tsʻu	tsu	su	su	tsʻu	tsʻu	su	su
	中	꜀tsʻu	tsu꜒	꜀su	꜀tsu	ꜛtsʻu	tsʻu꜒	꜀su	ꜛsu
	后	꜀tsʻu	tsu꜒	꜀su	꜀tsu	ꜛtsʻu	tsʻu꜒	꜀su	ꜛsu
文水	初	su	tsu	su	tsu	tsʻu	—	su	su
	中	꜀su	tsu꜒	꜀su	꜀tsu	ꜛtsʻu	tsʻu꜒	꜀su	su꜒
	后	꜀suɯ	tsuɯ꜒	꜀suɯ	꜀tsuɯ	ꜛtsʻuɯ	tsʻuɯ꜒	꜀suɯ	ꜛsuɯ
太谷	初	tsʻo	tso	fo	tsu	tsʻu	tsʻu	fu	fu
	中	꜀fuo ꜀tsʻuo	tsuo꜒	꜀fuo ꜀su	꜀tsu	ꜛtsʻu	tsʻu꜒	꜀fu ꜀su	ꜛfu ꜀su
	后	꜀fuo ꜀tsʻuo	tsuo꜒	꜀fuo ꜀su	꜀tsu	ꜛtsʻu	tsʻu꜒	꜀fu ꜀su	ꜛsu
兴县	初	tsʻu	tsu	su	tsu	tsʻu	—	su	su
	中	꜀tsʻu	tsu꜒	꜀su	꜀tsu	ꜛtsʻu	tsʻu꜒	꜀su	ꜛsu
	后	꜀tsʻu	tsu꜒	꜀su	꜀tsu	ꜛtsʻu	tsʻu꜒	꜀su	ꜛsu
晋城	初	tsʻu	tsu	su	tsu	tsʻu	tsʻu	su	su
	中	꜀tʂʻu	tʂu꜒	꜀ʂu	꜀tʂu	ꜛtʂʻu	tʂʻu꜒	꜀ʂu	ꜛʂu
	后	꜀tʂʻu	tʂu꜒	꜀ʂu	꜀tʂu	ꜛtʂʻu	tʂʻu꜒	꜀ʂu	ꜛʂu
大同	初	ʈʂʻu	ʈʂu	ʂu	ʈʂu	ʈʂʻu	ʈʂʻu	ʂu	ʂu
	中	꜀ʈʂʻu	ʈʂu꜒	꜀ʂu	꜀ʈʂu	ꜛʈʂʻu	—	꜀ʂu	—
	后	꜀ʈʂʻu	ʈʂu꜒	꜀ʂu	꜀ʈʂu	ꜛʈʂʻu	—	꜀ʂu	—
呼和浩特	初	tsʻu	tsu	su	tsu	tsʻu	—	su	su
	中	꜀tsʻu	tsu꜒	꜀su	꜀tsu	ꜛtsʻu	tsʻu꜒	꜀su	꜀su
	后	꜀tsʻu	tsu꜒	꜀su	꜀tsu	ꜛtsʻu	tsʻu꜒	꜀su	꜀su

字目	如	居	据	去	渠	巨	语	虚
古音	遇合三日平鱼	遇合三见平鱼	遇合三见去御	遇合三溪去御	遇合三群平鱼	遇合三群上语	遇合三疑上语	遇合三晓平鱼
太原 初	zu	ｴtɕy	—	tɕʻy	ｴtɕʻy	ｴtɕy	y	ɕy
太原 中	ｵzu	ｵtɕy	tɕy³	tɕʻi³ / tɕʻy³	ｵtɕʻy	tɕy³	ᶜy	ｵɕy
太原 后	ｵzu	ｵtɕy	tɕy³	tɕʻy³	ｵtɕʻy	tɕy³	ᶜy	ｵɕy
文水 初	zu	ｴtɕy	ｴtɕy	tɕʻy	ｴtɕʻy	ｴtɕy	y	ɕy
文水 中	ｵzu	ｵtsʅ	tsʅ³	tsʻʅ³	—	tsʅ³	ᶜʅ	ｵsʅ
文水 后	ｵzuɯ	ｵsʅ	tsʅ³	tsʻʅ³	ｵtsʻʅ	tsʅ³	ᶜʅ	ｵsʅ
太谷 初	u	ｴtɕy	ｴtɕy	tɕʻy	ｴtɕʻy	ｴtɕy	y	ɕy
太谷 中	ｵvu / ｵzu	ｵtɕy	tɕy³	tɕʻy³	ｵtɕy / ｵtɕʻy	tɕy³	ᶜy	ｵɕy
太谷 后	ｵzu	ｵtɕy	tɕy³	tɕʻy³	ｵtɕy / ｵtɕʻy	tɕy³	ᶜy	ｵɕy
兴县 初	zu	ｴtɕyi	—	tɕʻyi	ｴtɕʻyi	ｴtɕyi	yi	ɕyi
兴县 中	ｵzu	ｵtɕy	tɕy³	tɕʻy³	ｵtɕʻy	tɕy³	ᶜy	ｵɕy
兴县 后	ｵzu	ｵtɕy	tɕy³	tɕʻy³	ｵtɕʻy	tɕy³	ᶜy	ｵɕy
晋城 初	zu	ｴtɕy	—	tɕʻy	ｴtɕʻy	ｴtɕy	y	ɕy
晋城 中	ᶜzu̠	ｵtɕy	tɕy³	tɕʻy³	ｵtɕʻy	tɕy³	ᶜy	ｵɕy
晋城 后	ｵzu̠	ｵtɕy	tɕy³	tɕʻy³	ｵtɕʻy	tɕy³	ᶜy	ｵɕy
大同 初	zu	ｴtɕy	—	tɕʻy	ｴtɕʻy	ｴtɕy	y	ɕy
大同 中	ｵzu̠	ｵtɕy	—	tɕʻy³	—	tɕy³	ᶜy	ｵɕy
大同 后	ｵzu̠	ｵtɕy	—	tɕʻy³	—	tɕy³	ᶜy	ｵɕy
呼和浩特 初	zu	ｴtɕy	—	tɕʻy	ｴtɕʻy	ｴtɕy	y	ɕy
呼和浩特 中	ｵzu̠	ｵtɕy	tɕy³	tɕʻy³ / kə₂	ｵtɕʻy	tɕy³	ᶜy	ｵɕy
呼和浩特 后	ｵzu̠	ｵtɕy	tɕy³	tɕʻy³ / kə₂	ｵtɕʻy	tɕy³	ᶜy	ｵɕy

字目	於	余	夫	敷	扶	武	缕	取
古音	遇合三影平鱼	遇合三以平鱼	遇合三非平虞	遇合三敷平虞	遇合三奉平虞	遇合三微上虞	遇合三来上虞	遇合三清上虞
太原 初	y	y	fu	fu	fu	vu	ly	tɕʻy
太原 中	ˌy	ˌy	ˌfu	ˌfu	ˌfu	ꜛu	ꜛly	tɕʻy
太原 后	ˌy	ˌy	ˌfu	ˌfu	ˌfu	ꜛu	ꜛly	tɕʻy
文水 初	y	y	xu	xu	xu	u	ly	tɕʻy
文水 中	—	ˌɥ	ˌxu	ˌxu̇	ˌxu	ꜛu	ꜛlɥ	tsʻɥ
文水 后	ˌɥ	ˌɥ	ˌxɯ	ˌxɯ	ˌxɯ	ꜛɯ	ꜛlɥ	tsʻɥ
太谷 初	y	y	fu	fu	fu	u	ly	tɕʻy
太谷 中	ˌy	ˌy	ˌfu	ˌfu	ˌfu	ꜛvu	ꜛly	tɕʻy
太谷 后	ˌy	ˌy	ˌfu	ˌfu	ˌfu	ꜛvu	ꜛly	tɕʻy
兴县 初	yi	yi	fu	fu	fu	vu	lyi	tɕʻyi
兴县 中	ˌy	ˌy	ˌxu	ˌxu	ˌxu	ꜛu	ꜛly	tɕʻy
兴县 后	ˌy	ˌy	ˌxu	ˌxu	ˌxu	ꜛu	ꜛly	tɕʻy
晋城 初	y	y	fu	fu	fu	u	ly	tɕʻy
晋城 中	ˌy	ꜛy	ˌfu	ꜛfu	ꜛfu	ꜛuə	ꜛly	tɕʻy
晋城 后	ˌy	ˌy	ˌfu	ˌfu	ˌfu	ꜛuə / ꜛu	ꜛlyə	tɕʻy
大同 初	y	y	fu	fu	fu	vu	ly	tɕʻy
大同 中	ˌy	ˌy	ˌfu	ˌfu	ˌfu	ꜛvu	ꜛly	tɕʻy
大同 后	ˌy	ˌy	ˌfu	ˌfu	ˌfu	ꜛvu	ꜛly	tɕʻy
呼和浩特 初	y	y	fu	fu	fu	vu	ly	tɕy
呼和浩特 中	ˌy	ˌy	ˌfu	ˌfu	ˌfu	ꜛvu	ꜛly	ꜛtɕʻy / tɕʻyəˌ
呼和浩特 后	ˌy	ˌy	ˌfu	ˌfu	ˌfu	ꜛvu	ꜛly	ꜛtɕʻy / tɕʻyəˌ

字目		聚	须	诛	厨	住	雏	数	主
古音		遇合三从上虞	遇合三心平虞	遇合三知平虞	遇合三澄平虞	遇合三澄去遇	遇合三崇平虞	遇合三生上虞	遇合三章上虞
太原	初	tɕy	ɕy	tsu	tsʻu	tsu	tsʻu	su	tsu
	中	tɕy˃	ɕy	ˌtsu	ˌtsʻu	tsu˃	ˌtsʻu	ꞈsu	ꞈtsu
	后	tɕy˃	ɕy	ˌtsu	ˌtsʻu	tsu˃	ˌtsʻu	ꞈsu	ꞈtsu
文水	初	tɕy	ɕy	tsu	tsʻu	tsu	tsʻu	su	tsu
	中	tsʮ˃	ʂʮ	ˌtsu	ˌtsʻu	tsu˃	ˌtsʻu	su˃	ꞈtsu
	后	tsʮ˃	ʂʮ	ˌtsɯɯ	ˌtsʻɯɯ	tsɯɯ˃	—	ꞈsɯɯ	ꞈtsɯɯ
太谷	初	tɕy	ɕy	tsu	tsʻu	tsu	tsʻo	fo	tsu
	中	tɕy˃	ˌɕy	ˌtsu	ˌtsʻu	tsu˃	ˌtsʻuo	ꞈfu ꞈsu	ꞈtsu
	后	tɕy˃	ˌɕy	ˌtsu	ˌtsʻu	tsu˃	ˌtsʻu	ꞈfu ꞈsu	ꞈtsu
兴县	初	tɕyi	ɕyi	tsu	tsʻu	tsu	tsʻu	su	tsu
	中	tɕy˃	ˌɕy	ˌtsu	ˌtsʻu	tsu˃	ˌtsʻu	ꞈsu	ꞈtsu
	后	tɕy˃	ˌɕy	ˌtsu	ˌtsʻu	tsu˃	ˌtsʻu	ꞈsu	ꞈtsu
晋城	初	tɕy	ɕy	tsu	tsʻu	tsu	tsʻu	su	tsu
	中	tɕy˃	ˌɕy	ˌtʂu	ˌtʂʻu	tʂu˃	ꞈtsʻu	ꞈʂu	ꞈtʂu
	后	tɕyə˃ tɕy˃	ˌɕyə	ˌtʂu	ˌtʂʻu	tʂu˃	ˌtʂʻu	ꞈʂu	ꞈtʂu
大同	初	tɕy	tɕy	tʂu	tʂʻu	tʂu	tʂʻu	ʂu	tʂu
	中	tɕy˃	ˌɕy	ˌtʂu	ˌtʂʻu	tʂu˃	—	ꞈʂu	ꞈtʂu
	后	tɕy˃	ˌɕy	ˌtʂu	ˌtʂʻu	tʂu˃	—	ꞈʂu	ꞈtʂu
呼和浩特	初	tɕy	ɕy	tsu	tsʻu	tsu	tsʻu	su	tsu
	中	tɕy˃	ˌɕy	ˌtsu	ˌtsu	tsu˃	—	ꞈsu	ꞈtsu
	后	tɕy˃	ˌɕy	ˌtsu	ˌtsu	tsu˃	—	ꞈsu	ꞈtsu

字目		输	殊	竖	儒	拘	驱	惧	愚
古音		遇合三书平虞	遇合三禅平虞	遇合三禅上虞	遇合三日平虞	遇合三见平虞	遇合三溪平虞	遇合三群去遇	遇合三疑平虞
太原	初	su	tsʻu	su	zu	—	tɕʻy	tɕy	y
	中	꜀su	꜀su	su꜄	꜀zu	꜀tɕy	꜀tɕʻy	tɕy꜄	꜀y
	后	꜀su	꜀su	su꜄	꜀zu	꜀tɕy	꜀tɕʻy	tɕy꜄	꜀y
文水	初	su	su	su	zu	tɕy	tɕʻy	tɕy	y
	中	꜀su	꜀su	su꜄	꜀zu	tsʅ꜄	tsʻʅ	tsʅ꜄	ʅ
	后	꜀sɯ	꜀sɯɯ	sɯɯ꜄	꜀zɯɯ	꜀tsʅ	꜀tsʻʅ	tsʅ꜄	꜀ʅ
太谷	初	fu	fu	fu	u	tɕy	tɕʻy	tɕy	y
	中	꜀fu / ꜀su	꜀fu / ꜀su	fu꜄ / su꜄	꜀vu	꜀tɕy	꜀tɕʻy	tɕy꜄	꜀y
	后	꜀fu / ꜀su	꜀fu / ꜀su	su꜄	꜀zu	tɕy꜄	꜀tɕʻy	tɕy꜄	꜀y
兴县	初	su	su	su	zu	tɕyi	tɕʻyi	tɕyi	yi
	中	꜀su	꜀su	su꜄	꜀zu	꜀tɕy	꜀tɕʻy	tɕy꜄	꜀y
	后	꜀su	꜀su	su꜄	꜀zu	꜀tɕy	꜀tɕʻy	tɕy꜄	꜀y
晋城	初	su	su	su	zu	tɕy	tɕʻy	tɕy	y
	中	꜀ʂu	꜀ʂu	ʂu꜄	꜀zu	꜀tɕy	—	tɕy꜄	꜀y
	后	꜀ʂu	꜀ʂu	ʂu꜄	꜀zu	꜀tɕyə	—	tɕy꜄	꜀y
大同	初	ʂu	ʂu	ʂu	zʮu	tɕy	tɕʻy	tɕy	y
	中	꜀ʂu	꜀ʂu	ʂu꜄	꜀zʮu	—	꜀tɕʻy	tɕy꜄	꜀y
	后	꜀ʂu	꜀ʂu	ʂu꜄	꜀zʮu	—	꜀tɕʻy	tɕy꜄	꜀y
呼和浩特	初	su	tsʰu	su	zʮu	tɕy	tɕʻy	tɕy	y
	中	꜀su	꜀su	su꜄	—	꜀tɕy	꜀tɕʻy	tɕy꜄	꜀y
	后	꜀su	꜀su	su꜄	—	꜀tɕy	꜀tɕʻy	tɕy꜄	꜀y

字目	于	逾	贝	沛	戴	带	胎	太
古音	遇合三云平虞	遇合三以平虞	蟹开一帮去泰	蟹开一滂去泰	蟹开一端去代	蟹开一端去泰	蟹开一透平咍	蟹开一透去泰
太原 初	y	y	pɛi	p'ɛi	tɛi	tɛi	t'ɛi	t'ɛi
太原 中	ꞏy	—	pei˞	p'ei˞	tai˞	tai˞	꜀t'ai	t'ai˞
太原 后	ꞏy	—	pei˞	p'ei˞	tai˞	tai˞	꜀t'ai	t'ai˞
文水 初	y	y	pɛi	p'ɛi	tai	tɛi	t'ai	t'ai
文水 中	—	ꞏɥ	pe˞	p'e˞	te˞	te˞	꜀t'e	t'e˞ / t'ai˞
文水 后	ꞏɥ	ꞏɥ	pei˞	p'ei˞	tei˞	tei˞	꜀t'ei	t'ai˞
太谷 初	y	y	pei	p'ɛi	tai	tɛi	t'ɛi	t'ai
太谷 中	ꞏy	ꞏy	pei˞	p'ei˞	tai˞	tai˞	꜀t'ei	t'ai˞
太谷 后	ꞏy	ꞏy	pei˞	p'ei˞	tai˞	tai˞	꜀t'ei	t'ai˞
兴县 初	yi	—	pɛ	p'ɛ	tai	tɛ	t'ai	t'ai
兴县 中	ꞏy	ꞏy	pei˞	ꞏp'ei	tei˞	tei˞	꜀t'ei	t'ai˞
兴县 后	ꞏy	ꞏy	pei˞	ꞏp'ei	tei˞	tei˞	꜀t'ei	t'ai˞
晋城 初	ꞏy	ꞏy	pai	p'ai	tɛi	tɛi	t'ɛi	t'ɛi
晋城 中	ꞏy	ꞏy	pɣɯ˞	p'ɣɯ˞	tE˞	tE˞	꜀t'E	t'E˞
晋城 后	ꞏy	ꞏy	pɣɯ˞	p'ɣɯ˞	꜀tE	tE˞	꜀t'E	t'E˞
大同 初	y	y	pɛi	p'ɛi	tɛi	tɛi	t'ɛi	—
大同 中	ꞏy	ꞏy	pɛe˞	p'ɛe˞	tɛe˞	tɛe˞	꜀t'ɛe	t'ɛe˞
大同 后	ꞏy	ꞏy	pɛe˞	p'ɛe˞	tɛe˞	tɛe˞	꜀t'ɛe	t'ɛe˞
呼和浩特 初	y	y	pəi	p'əi	tɛ	tɛ	t'ɛ	t'ɛ
呼和浩特 中	ꞏy	ꞏy	—	—	tɛ˞	tɛ˞	꜀t'ɛ	t'ɛ˞
呼和浩特 后	ꞏy	ꞏy	—	—	tɛ˞	tɛ˞	꜀t'ɛ	t'ɛ˞

字目		泰	抬	待	大	耐	奈	来	赖
古音		蟹开一 透去泰	蟹开一 定平咍	蟹开一 定上海	蟹开一 定去泰	蟹开一 泥去代	蟹开一 泥去泰	蟹开一 来平咍	蟹开一 来去泰
太原	初	t'ɛi	t'ɛi	tɛi	—	nɛi	nɛi	lɛi	lɛi
	中	t'ai꜔	꜀t'ai	tai꜔	tai꜔	꜀nai	nai꜔	꜀lai	lai꜔
	后	t'ai꜔	꜀t'ai	tai꜔	tai꜔	꜀nai	nai꜔	꜀lai	lai꜔
文水	初	t'ai	t'ɛi	tɛi	ta	ndai	ndɛi	lɛi	lai
	中	t'ai꜔	꜀t'e	te꜔	—	ne꜔	ne꜔	꜀lai	lai꜔
	后	t'ai꜔	꜀t'ei	꜀tei	tei꜔	nai꜔	nei꜔	꜀lai	lai꜔
太谷	初	t'ai	t'ɛi	tai	tɔ	nai	nai	lɛi	lai
	中	t'ai꜔	꜀t'ei	tai꜔	tai꜔	nai꜔	nai꜔	꜀lei	lai꜔
	后	t'ai꜔	꜀t'ei	tai꜔	tai꜔	nai꜔	nai꜔	꜀lei	lai꜔
兴县	初	t'ai	t'ɛ	tɛ	ta	ndɛ	ndɛ	lɛ	lɛ
	中	t'ai꜔	꜀t'ei	tei꜔	tai꜔	nei꜔	nei꜔	꜀lei	lai꜔
	后	t'ai꜔	꜀t'ei	tei꜔	tai꜔	nei꜔	nei꜔	꜀lei	lai꜔
晋城	初	t'ɛi	t'ɛi	tɛi	ta	nɛi	nɛi	lɛi	lɛi
	中	t'ᴇ꜔	꜀t'ᴇ	꜀tᴇ	tᴇ꜔	nᴇ꜔	nᴇ꜔	꜀lᴇ	lᴇ꜔
	后	t'ᴇ꜔	꜀t'ᴇ	tᴇ꜔	tᴇ꜔	nᴇ꜔	nᴇ꜔	꜀lᴇ	lᴇ꜔
大同	初	—	t'ɛi	tɛi	ta	nɛi	nɛi	lɛi	lɛi
	中	t'ɛɛ꜔	꜀t'ɛɛ	—	ta꜔	nɛɛ꜔	nɛɛ꜔	꜀nɛɛ	lɛɛ꜔
	后	t'ɛɛ꜔	꜀t'ɛɛ	—	ta꜔	nɛɛ꜔	nɛɛ꜔	꜀nɛɛ	lɛɛ꜔
呼和浩特	初	t'ɛ	t'ɛ	tɛ	ta	nɛ	nɛ	lɛ	lɛ
	中	t'ɛ꜔	꜀t'ɛ	tɛ꜔	tɛ꜔	nɛ꜔	nɛ꜔	꜀lɛ	lɛ꜔
	后	t'ɛ꜔	꜀t'ɛ	tɛ꜔	tɛ꜔	nɛ꜔	nɛ꜔	꜀lɛ	lɛ꜔

字目		灾	菜	材	在	赛	该	盖	开
古音		蟹开一精平咍	蟹开一清去代	蟹开一从平咍	蟹开一从上咍	蟹开一心去代	蟹开一见平咍	蟹开一见去泰	蟹开一溪平咍
太原	初	tsɛi	tsʻɛi	tsʻɛi	tsɛi	sɛi	kɛi	kɛi	kʻɛi
	中	꜀tsai	tsʻaiꜝ	꜀tsʻai	tsaiꜝ	saiꜝ	꜀kai	kaiꜝ	꜀kʻai
	后	꜀tsai	tsʻaiꜝ	꜀tsʻai	tsaiꜝ	saiꜝ	꜀kai	kaiꜝ	꜀kʻai
文水	初	tsɛi	tsʻɛi	tsʻɛi	tsai	sai	kɛi	kɛi	kʻɛi
	中	꜀tse	tsʻeꜝ	꜀tsʻe / ꜀tsʻai	tseꜝ / tsaiꜝ	saiꜝ	꜀ke / ꜀kai	keꜝ / kaiꜝ	꜀ke / ꜀kai
	后	꜀tsai	tsʻeiꜝ	꜀tsʻei	tseiꜝ	saiꜝ	꜀kei / ꜀kai	kaiꜝ	꜀kʻei / ꜀kʻai
太谷	初	tsɛi	tsʻɛi	tsʻɛi	tsɛi	sai	kɛi	kɛi	kʻɛi
	中	꜀tsei	꜀tsʻai	꜀sei / ꜀tsʻei	tseiꜝ	saiꜝ	꜀kei	kaiꜝ	꜀kʻei
	后	꜀tsei	tsʻaiꜝ	꜀tsʻei	tseiꜝ	saiꜝ	꜀kei	kaiꜝ	꜀kʻei
兴县	初	tsɛ	tsʻɛ	tsʻɛ	tsɛ	sɛ	kɛ	kɛ	kʻɛ
	中	꜀tsei	tsʻeiꜝ	꜁tsʻei	tseiꜝ	sɑiꜝ	꜂kei	keiꜝ	꜁kʻei
	后	꜀tsei	tsʻeiꜝ	꜁tsʻei	tseiꜝ	sɑiꜝ	꜂kei	keiꜝ	꜁kʻei
晋城	初	tsɛi	tsʻɛi	tsʻɛi	tsɛi	sɛi	kɛi	kɛi	kʻɛi
	中	꜀tʂE	tʂʻEꜝ	꜁tʂʻE	tʂEꜝ	ʂEꜝ	꜀kE	kEꜝ	꜁kʻE
	后	꜀tʂE	tʂʻEꜝ	꜁tʂʻE	tʂEꜝ	ʂEꜝ	꜀kE	kEꜝ	꜁kʻE
大同	初	tsɛi	tsʻɛi	tsʻɛi	tsɛi	sɛi	kɛi	—	kʻɛi
	中	꜀tsɛe	tsʻɛeꜝ	꜁tsʻɛe	tsɛeꜝ	sɛeꜝ	꜀kɛe	kɛeꜝ	꜀kʻɛe
	后	꜀tsɛe	tsʻɛeꜝ	꜁tsʻɛe	tsɛeꜝ	sɛeꜝ	꜀kɛe	kɛeꜝ	꜀kʻɛe
呼和浩特	初	tsɛ	tsʻɛ	tsʻɛ	tsɛ	sɛ	kɛ	kɛ	kʻɛ
	中	꜀tsɛ	tsʻɛꜝ	꜀tsʻɛ	tsɛꜝ	sɛꜝ	꜀kɛ	kɛꜝ	꜀kʻɛ
	后	꜀tsɛ	tsʻɛꜝ	꜀tsʻɛ	tsɛꜝ	sɛꜝ	꜀kɛ	kɛꜝ	꜀kʻɛ

字目		碍	艾	海	孩	害	哀	拜	排
古音		蟹开一疑去代	蟹开一疑去泰	蟹开一晓上海	蟹开一匣平咍	蟹开一匣去泰	蟹开一影平咍	蟹开二帮去怪	蟹开二並平皆
太原	初	ɣɛi	ɣɛi	xɛi	xɛi	xɛi	ɣɛi	pɛi	pʻɛi
	中	ɣai⁵	ɣai⁵	꜀xai	꜀xai	xai⁵	꜀ɣai	꜀pai	꜀pʻai
	后	ai⁵	ai⁵	꜀xai	꜀xai	xai⁵	꜀ai	꜀pai	꜀pʻai
文水	初	ŋgai	ŋgɛi	xɛi	xai	xɛi	ŋgai	pai	pʻai
	中	—	ŋe⁵ ŋai⁵	꜀xai	꜀xe ꜀xai	xe⁵ xai⁵	꜀ŋai	pai	꜀pʻai
	后	ŋai⁵	ŋai⁵	꜀xai	꜀xai	xei⁵ xai⁵	꜀ai	꜀pai	꜀pʻai
太谷	初	ŋgɛi	ŋgɛi	xɛi	xai	zɛi	ŋgai	pai	pʻai
	中	ŋai⁵	ŋei⁵	꜀xei	꜀xei	xei⁵	꜀ŋai	pai⁵	꜀pai ꜀pʻai
	后	ŋai⁵	ŋei⁵	꜀xei	꜀xai	xei⁵	꜀ŋai	pai⁵	꜀pʻai
兴县	初	—	ŋgɛ	xɛ	xɛ	xɛ	ŋgɛ	pai	pʻai
	中	ŋei⁵	ŋei⁵	꜀xei	꜀xei	xei⁵	꜀ŋai	paɪ⁵	꜀pʻaɪ
	后	ŋei⁵	ŋei⁵	꜀xei	꜀xei	xei⁵	꜀ŋai	paɪ⁵	꜀pʻaɪ
晋城	初	—	ɣɛi	xɛi	xɛi	xɛi	ɣɛi	pɛi	pʻɛi
	中	ɣE⁵	ɣE⁵	꜀xE	꜀xE	xE⁵	꜀ɣE	pE⁵	꜀pʻE
	后	E⁵	E⁵	꜀xE	꜀xE	xE⁵	꜀E	pE⁵	꜀pʻE
大同	初	nɛi	nɛi	xɛi	xɛi	xɛi	nɛi	pɛi	pʻɛi
	中	nɛe⁵	nɛe⁵	꜀xɛe	꜀xɛe	xɛe⁵	꜀nɛe	pɛe⁵	꜀pʻɛe
	后	nɛe⁵	nɛe⁵	꜀xɛe	꜀xɛe	xɛe⁵	꜀nɛe	pɛe⁵	꜀pʻɛe
呼和浩特	初	ŋgɛ	ŋgɛ	xɛ	xɛ	xɛ	ŋgɛ	pɛ	pʻɛ
	中	꜀ŋɛ	ŋɛ⁵	꜀xɛ	꜀xɛ	xɛ⁵	꜀ŋɛ	pɛ⁵	꜀pɛ
	后	꜀ŋɛ	ŋɛ⁵	꜀xɛ	꜀xɛ	xɛ⁵	꜀ŋɛ	pɛ⁵	꜀pɛ

字目		埋	斋	豺	皆	谐	挨	摆	派
古音		蟹开二明平皆	蟹开二庄平皆	蟹开二崇平皆	蟹开二见平皆	蟹开二匣平皆	蟹开二影平皆	蟹开二帮上蟹	蟹开二滂去卦
太原	初	mɛi	tsɛi	tsʻɛi	tɕie	ɕie	ɣɛi	pɛi	pʻɛi
	中	꜀mei ꜀mai	꜀tsai	꜀tsʻai	꜀tɕie	꜀ɕie	꜀ɣai	ꜞpai	pʻaiꜗ
	后	꜀mai	꜀tsai	꜀tsʻai	꜀tɕie	꜀ɕie	꜀ai	ꜞpai	pʻaiꜗ
文水	初	mbai	tsai	tsʻai	tɕiɛi	ɕiɛi	ŋgai	pai	pʻai
	中	꜀me ꜀mai	꜀tsai	—	꜀tɕiai	꜀ɕi	꜀n̠iai	ꜞpai	pʻeꜗ
	后	꜀mai	꜀tsai	꜀tsʻai	꜀tɕiai	꜀ɕiai	꜀ŋai	ꜞpei	pʻeiꜗ
太谷	初	mɛi	tsai	tsʻɛi	tɕiɛi	ɕiɛi	ŋgai	pai	pʻai
	中	꜀mai	꜀tsai	꜀tsʻai	꜀tɕiai	꜀ɕiai	꜀ŋai	ꜞpai	pʻaiꜗ
	后	꜀mei	꜀tsei	꜀tsʻai	꜀tɕie	꜀ɕie	꜀ŋai	ꜞpai	pʻaiꜗ
兴县	初	mbai	tsai	tsʻai	tɕiæ	ɕiæ	ŋgai	pa	pʻɛ
	中	꜀mɑi	꜀tsɑi	꜀tsʻai	꜀tɕie	꜀ɕie	꜀ŋai	ꜞpai	pʻeiꜗ
	后	꜀mɑi	꜀tsɑi	꜀tsʻai	꜀tɕie	꜀ɕie	꜀ŋai	ꜞpai	pʻeiꜗ
晋城	初	mɛi	tsɛi	tsʻɛi	tɕia	ɕia	ɣɛi	—	pʻɛi
	中	ꜞmE	꜀tʂE	ꜞtʂʻE	꜀tɕiɑ	꜀ɕie	꜀ɣE	ꜞpE	pʻEꜗ
	后	꜀mE	꜀tʂE	꜀tʂʻE	꜀tɕie	꜀ɕie	꜀E	ꜞpE	pʻEꜗ
大同	初	mɛi	tʂɛi	tʂʻɛi	tɕie	ɕie	nɛi	pɛi	pʻɛi
	中	꜀mɛe	꜀tʂɛe	꜀tʂʻɛe	꜀tɕie	꜀ɕie	꜀nɛe	ꜞpɛe	pʻɛeꜗ
	后	꜀mɛe	꜀tʂɛe	꜀tʂʻɛe	꜀tɕie	꜀ɕie	꜀nɛe	ꜞpɛe	pʻɛeꜗ
呼和浩特	初	mɛ	tsɛ	tsʻɛ	tɕia	ɕia	ŋgɛ	pɛ	pʻɛ
	中	꜀mɛ	꜀tsɛ	꜀tsʻɛ	꜀tɕie	꜀ɕie	꜀ŋɛ	ꜞpɛ	pʻɛꜗ
	后	꜀mɛ	꜀tsɛ	꜀tsʻɛ	꜀tɕie	꜀ɕie	꜀ŋɛ	ꜞpɛ	pʻɛꜗ

字目		牌	罢	稗	败	买	迈	奶	债
古音		蟹开二並平佳	蟹开二並上蟹	蟹开二並去卦	蟹开二並去夬	蟹开二明上蟹	蟹开二明去夬	蟹开二泥上蟹	蟹开二庄去卦
太原	初	pʻɛi	—	pɛi	pɛi	mɛi	mɛi	nɛi	tsɛi
	中	₌pʻai	paꝫ	paiꝫ	paiꝫ	꜀mai	maiꝫ	꜀nai	tsaiꝫ
	后	₌pʻai	paꝫ	paiꝫ	paiꝫ	꜀mai	maiꝫ	꜀nai	tsaiꝫ
文水	初	pʻai	pa	pai	pai	mbai	mbai	ndai	tsai
	中	pʻaiꝫ	—	paiꝫ	paiꝫ	꜀mai	maiꝫ	꜀nai	tsaiꝫ
	后	₌pei	paꝫ	paiꝫ	peiꝫ	꜀mei	meiꝫ	꜀nai	tsaiꝫ
太谷	初	pʻai	pɔ	pai	pai	mai	mai	nai	tsai
	中	₌pʻai	pɒꝫ	paiꝫ	paiꝫ	꜀mai	maiꝫ	꜀nai	tsaiꝫ
	后	₌pʻai	pɒꝫ	paiꝫ	paiꝫ	꜀mai	maiꝫ	꜀nai	tsaiꝫ
兴县	初	pʻai	pa	pai	pai	mbai	mbai	ndai	tsai
	中	₌pʻai	paꝫ	pɑiꝫ	pʻaiꝫ	꜀mai	mɑiꝫ	꜀nai	tsɑiꝫ
	后	₌pʻai	paꝫ	pɑiꝫ	pʻaiꝫ	꜀mai	mɑiꝫ	꜀nai	tsɑiꝫ
晋城	初	pʻɛi	pa	pai	pɛi	mɛi	mɛi	nɛi	tsɛi
	中	꜀pʻE	pɑꝫ	—	pEꝫ	꜀mE	mEꝫ	꜀nE	tʂEꝫ
	后	₌pʻE	—	—	pEꝫ	꜀mE	mEꝫ	꜀nE	tʂEꝫ
大同	初	pʻɛi	pa	pɛi	pɛi	mɛi	mɛi	nɛi	tsɛi
	中	₌pʻɛe	—	pɛeꝫ	pɛeꝫ	꜀mɛe	mɛeꝫ	꜀nɛe	tsɛeꝫ
	后	₌pʻɛe	—	pɛeꝫ	pɛeꝫ	꜀mɛe	mɛeꝫ	꜀nɛe	tsɛeꝫ
呼和浩特	初	pʻɛ	pa	pɛ	pɛ	mɛ	mɛ	nɛ	tsɛ
	中	₌pʻɛ	—	pɛꝫ	pɛꝫ	꜀pɛ	mɛꝫ	꜀nɛ	tsɛꝫ
	后	₌pʻɛ	—	pɛꝫ	pɛꝫ	꜀pɛ	mɛꝫ	꜀nɛ	tsɛꝫ

字目	钗	柴	晒	佳	街	涯	蟹	矮
古音	蟹开二初平佳	蟹开二崇平佳	蟹开二生去卦	蟹开二见平佳	蟹开二见平佳	蟹开二疑平佳	蟹开二匣上蟹	蟹开二影上蟹
太原 初	tsʻa	tsʻɛi	sɛi	tɕia	tɕia	ia	ɕie	ɣɛi
太原 中	꜀tsʻai	꜀tsʻai	sai꜄	꜀tɕia	꜀tɕie	꜀ia	ɕie꜄	꜀ɣai
太原 后	꜀tsʻai	꜀tsʻai	sai꜄	꜀tɕia	꜀tɕie	꜀ia	ɕie꜄	꜀ai
文水 初	tsʻai	sai	sai	tɕia	tɕiɛi	ia	ɕiɛi	ŋgai
文水 中	—	꜁sai / ꜂sʻai	—	꜀tɕia	꜀tɕiai	꜁ȵiai꜄	—	꜂ŋai
文水 后	꜀tsʻai	꜀sai	sai꜄	꜀tɕiai	꜀tɕiai	꜀iai	ɕiai꜄	꜂ŋai
太谷 初	tsʻai	tsʻai	sai	tɕiɔ	tɕiɛi	iɔ	ɕiɛi	ŋgai
太谷 中	꜀tsʻai	꜁sai / ꜀tsʻai	sai꜄	꜀tɕiɒ	꜀tɕiai	꜁iɒ	ɕiai꜄	꜂ŋai
太谷 后	꜀tsʻai	꜁sai / ꜀tsʻai	sai꜄	꜀tɕiɒ	꜀tɕiai	꜁iɒ	ɕie꜄	꜂ŋai
兴县 初	tsʻa	tsʻai	sai	tɕia	tɕiæ	iæ	ɕiæ	—
兴县 中	꜀tsʻɑi	꜀tsʻɑi	sɑi꜄	꜀tɕiɑ	꜀tɕiẽ	꜁ɑi	ɕiẽ꜄	꜂ɑi
兴县 后	꜀tsʻɑi	꜀tsʻɑi	sɑi꜄	꜀tɕiɑ	꜀tɕiẽ	꜁ɑi	ɕiẽ꜄	꜂ɑi
晋城 初	tsʻɛi	tsʻɛi	sɛi	tɕia	tɕia	ia	ɕia	uai
晋城 中	꜀tʂɛ	꜁tʂʻɛ	ʂɛ꜄	꜀tɕiɑ	꜀tɕie	꜁ɑi	ɕie꜄	꜂ɣɛ
晋城 后	꜀tʂʻɛ	꜁tʂʻɛ	ʂɛ꜄	꜀tɕia	꜀tɕie	꜁ia	ɕie꜄	꜂ɛ
大同 初	tsʻɛi	tsʻɛi	sɛi	tɕia	tɕie	ia	ɕie	—
大同 中	꜀tsʻɜe	꜂tsʻɜe	sɜe꜄	꜀tɕia	꜀tɕie	꜁ia	ɕiɛ꜄	꜂nɛe
大同 后	꜀tsʻɜe	꜂tsʻɜe	sɜe꜄	꜀tɕie	꜀tɕie	꜁ia	ɕie꜄	꜂nɛe
呼和浩特 初	tsʻɛ	tsʻɛ	sɛ	tɕia	tɕia	ia	ɕia	vɛ
呼和浩特 中	꜀tsʻɛ	꜁tsʻɛ	sɛ꜄	꜀tɕie	꜀tɕie	꜁ia	ɕie꜄	꜂ŋɛ
呼和浩特 后	꜀tsʻɛ	꜁tsʻɛ	sɛ꜄	꜀tɕie	꜀tɕie	꜁ia	ɕie꜄	꜂ŋɛ

字目		闭	批	敝	陛	米	帝	体	题
古音		蟹开四帮去霁	蟹开四滂平齐	蟹开三並去祭	蟹开四並上荠	蟹开四明上荠	蟹开四端去霁	蟹开四透上荠	蟹开四定平齐
太原	初	pi	p'i	pi	pi	mi	ti	t'i	t'i
	中	piˀ	ˌp'i	piˀ	ˌpi	ˌmi	tiˀ	ˌt'i	ˌt'i
	后	piˀ	ˌp'i	piˀ	ˌpi	ˌmi	tiˀ	ˌt'i	ˌt'i
文水	初	pi	p'i	pi	pi	mi	ti	t'i	t'i
	中	pʅˀ	ˌp'ʅ	pʅˀ	pʅˀ	ˌmʅ	tʅˀ	t'ʅˀ	t'ʅˀ
	后	pʅˀ	ˌp'ʅ	pʅˀ	pʅˀ	ˌmʅ	tʅˀ	t'ʅˀ	ˌt'ʅ
太谷	初	pi	p'i	pi	pi	mi	ti	t'i	t'i
	中	piˀ	ˌp'i	piˀ	piˀ	ˌmi	tiˀ	ˌt'i	ˌt'i
	后	piˀ	ˌp'i	piˀ	piˀ	ˌmi	tiˀ	ˌt'i	ˌt'i
兴县	初	pi	p'i	pi	pi	mbi	ti	t'i	t'i
	中	piˀ	ˌp'i	piˀ	piˀ	ˌmi	tiˀ	ˌt'i	ˌt'i
	后	piˀ	ˌp'i	piˀ	piˀ	ˌmi	tiˀ	ˌt'i	ˌt'i
晋城	初	pi	p'i	pi	pi	mi	ti	t'i	t'i
	中	piˀ	ˌp'i	piˀ	piˀ	ˌmi	tiˀ	ˌt'i	ˌt'i
	后	piˀ	ˌp'i	piˀ	—	ˌmi	tiˀ	ˌt'i	—
大同	初	—	p'i	pi	pi	mi	ti	—	t'i
	中	piˀ	ˌp'i	piˀ	piˀ	ˌmi	tiˀ	ˌt'i	—
	后	piˀ	ˌp'i	piˀ	piˀ	ˌmi	tiˀ	ˌt'i	—
呼和浩特	初	pi	p'i	pi	pi	mi	ti	t'i	t'i
	中	piˀ	ˌp'i	piˀ	—	ˌmi	tiˀ	ˌt'i	tiəˌ / t'iəˌ
	后	piˀ	ˌp'i	piˀ	—	ˌmi	tiˀ	ˌt'i	tiəˌ / t'iəˌ

字目	第	泥	例	礼	祭	济	妻	齐
古音	蟹开四定去霁	蟹开四泥平齐	蟹开三来去祭	蟹开四来上荠	蟹开三精去祭	蟹开四精去霁	蟹开四清平齐	蟹开四从平齐
太原　初	ti	ȵi	li	li	tɕi	tɕi	tɕʰi	tɕʰi
太原　中	ti²	ˌni	li²	ꞈli	tɕi²	tɕi²	ˌtɕʰi	ˌtɕʰi
太原　后	ti²	ˌni	li²	ꞈli	tɕi²	tɕi²	ˌtɕʰi	ˌtɕʰi
文水　初	ti	nʐi	li	li	tɕi	tɕi	tɕʰi	tɕʰi
文水　中	tʅ²	ˌm̩	lʅ²	ꞈlʅ	tsʅ²	tsʅ²	ˌtsʰʅ	ˌtsʰʅ
文水　后	tʅ²	ˌnzʅ	lʅ²	ꞈlʅ	tsʅ²	tsʅ²	ˌtsʰʅ	ˌtsʰʅ
太谷　初	ti	ȵi	li	li	tɕi	tɕi	tɕʰi	tɕʰi
太谷　中	ti²	ˌni	li²	ꞈli	tɕi²	tɕi²	ˌtɕʰi	ˌtɕʰi
太谷　后	ti²	ˌni	li²	ꞈli	tɕi²	tɕi²	ˌtɕʰi	ˌtɕʰi
兴县　初	ti	nʐi	li	li	tɕʰi	tɕi	tɕʰi	tɕʰi
兴县　中	ti²	ˌni	li²	ꞈli	tɕi²	tɕi²	ˌtɕʰi	ˌtɕi
兴县　后	ti²	ˌni	li²	ꞈli	tɕi²	tɕi²	ˌtɕʰi	ˌtɕi
晋城　初	ti	ni	li	li	tɕi	tɕi	tɕʰi	tɕʰi
晋城　中	ti²	ˌni	li²	ꞈli	tɕi²	tɕi²	ˌtɕʰi	ꞈtɕʰi
晋城　后	ti²	ˌni	li²	ꞈli	tɕi²	tɕi²	ˌtɕʰi	ˌtɕʰi
大同　初	ti	ni	li	li	tɕi	tɕi	tɕʰiʔi	tɕʰi
大同　中	ti²	ˌni	li²	ꞈli	tɕi²	tɕi²	ˌtɕʰi	ˌtɕʰi
大同　后	ti²	ˌni	li²	ꞈli	tɕi²	tɕi²	ˌtɕʰi	ˌtɕʰi
呼和浩特　初	ti	ȵi	li	li	tɕi	tɕi	tɕʰi	tɕʰi
呼和浩特　中	ti²	ˌni	li²	ꞈli	tɕi²	tɕi²	ˌtɕʰi	ˌtɕʰi
呼和浩特　后	ti²	ˌni	li²	ꞈli	tɕi²	tɕi²	ˌtɕʰi	ˌtɕʰi

字目		西	滞	制	世	誓	继	启	艺
古音		蟹开四心平齐	蟹开三澄去祭	蟹开三章去祭	蟹开三书去祭	蟹开三禅去祭	蟹开四见去霁	蟹开四溪上荠	蟹开三疑去祭
太原	初	ɕi	tsɿ	tsɿ	sɿ	sɿ	tɕi	tɕʻi	i
	中	ˌɕi	tsɿˀ	tsɿˀ	sɿˀ	sɿˀ	tɕiˀ	ˈtɕʻi	iˀ
	后	ˌɕi	tsɿˀ	tsɿˀ	sɿˀ	sɿˀ	tɕiˀ	ˈtɕʻi	iˀ
文水	初	ɕi	tʂʅ	tʂʅ	ʂʅ	ʂʅ	tɕi	tɕʻi	i
	中	ˌʂɿ	tʂɿˀ	tʂɿˀ	ʂɿˀ	ʂɿˀ	tsɿˀ	ˈtsʅ	ʅˀ
	后	ˌʂɿ	tʂɿˀ	tʂɿˀ	ʂɿˀ	ʂɿˀ	tsɿˀ	ˈtsʅ	ʅˀ
太谷	初	ɕi	tsɿ	tsɿ	sɿ	sɿ	tɕi	tɕʻi	i
	中	ˌɕi	tsɿˀ	tsɿˀ	sɿˀ	sɿˀ	tɕiˀ	ˈtɕʻi	iˀ
	后	ˌɕi	tsɿˀ	tsɿˀ	sɿˀ	sɿˀ	tɕiˀ	ˈtɕʻi	iˀ
兴县	初	ɕi	tʂʅ	tʂʅ	ʂʅ	ʂʅ	tɕi	tɕʻi	i
	中	ˌɕi	tsɿˀ	tsɿˀ	sɿˀ	sɿˀ	tɕiˀ	ˈtɕʻi	iˀ
	后	ˌɕi	tsɿˀ	tsɿˀ	sɿˀ	sɿˀ	tɕiˀ	ˈtɕʻi	iˀ
晋城	初	ɕi	tsɿ	tsɿ	sɿ	sɿ	tɕi	tɕʻi	i
	中	ˌɕi	tʂʅˀ	tʂʅˀ	ʂʅˀ	ʂʅˀ	tɕyˀ	ˈtɕʻi	iˀ
	后	ˌɕi	tʂɿˀ	tʂɿˀ	ʂɿˀ	ʂɿˀ	tɕiˀ	—	iˀ
大同	初	ɕi	tʂʅ	tʂʅ	ʂʅ	ʂʅ	tɕi	tɕʻi	ɪ
	中	ˌɕi	—	tʂʅˀ	ʂʅˀ	ʂʅˀ	tɕiˀ	ˈtɕʻi	iˀ
	后	ˌɕi	—	tʂʅˀ	ʂʅˀ	ʂʅˀ	tɕiˀ	ˈtɕʻi	iˀ
呼和浩特	初	ɕi	tʂʅ	tʂʅ	ʂʅ	ʂʅ	tɕi	tɕʻi	i
	中	ˌɕi	tsɿˀ	tsɿˀ	sɿˀ	sɿˀ	tɕiˀ	ˈtɕʻi	iˀ
	后	ˌɕi	tsɿˀ	tsɿˀ	sɿˀ	sɿˀ	tɕiˀ	ˈtɕʻi	iˀ

字目	奚	缢	辈	配	陪	堆	推	队
古音	蟹开四匣平齐	蟹开四影去霁	蟹合一帮去队	蟹合一滂去队	蟹合一並平灰	蟹合一端平灰	蟹合一透平灰	蟹合一定去队
太原 初	çi	i	pei	p'ɛi	p'ɛi	tuɛi	t'uɛi	tuɛi
太原 中	₌çi	—	pei˒	p'ei˒	₌p'ai / ₌p'ei	₌tuei	₌t'uei	tuei˒
太原 后	₌çi	i˒	pei˒	p'ei˒	₌p'ei	₌tuei	₌t'uei	tuei˒
文水 初	çi	i	pei	p'ɛi	p'ɛi	tuei	t'uei	tuei
文水 中	₌ʂ̩	—	pe˒	p'e˒	₌pe	₌tue	₌t'ue	tue˒
文水 后	₌ʂ̩	̩˒	pei˒	p'ei˒	₌p'ei	₌tuei	₌t'uei	tuei˒
太谷 初	çi	i	pei	p'ɛi	p'ɛi	tuei	t'uei	tuei
太谷 中	₌çi	i˒	pei˒	p'ei˒	₌p'ei	₌tuei	₌t'uei	tuei˒
太谷 后	₌çi	i˒	pei˒	p'ei˒	₌p'ei	₌tuei	₌t'uei	tuei˒
兴县 初	çi	i	pɛ	p'ɛ	p'ɛ	tuɛ	t'uɛ	tuɛ
兴县 中	₌çi	i˒	pei˒	p'ei˒	₌p'ei	₌tuei	₌t'uei	tuei˒
兴县 后	₌çi	i˒	pei˒	p'ei˒	₌p'ei	₌tuei	₌t'uei	tuei˒
晋城 初	çi	i	pai	p'ai	p'ai	tuai	t'uai	tuai
晋城 中	₌çi	i˒	pɣɯ˒	p'ɣɯ˒	₌p'ɣɯ	₌tuɣɯ	₌t'uɣɯ	tuɣɯ˒
晋城 后	₌çi	—	pɣɯ˒	pɣɯ˒	₌p'ɣɯ	₌tuɣɯ	₌t'uɣɯ	tuɣɯ˒
大同 初	çi	i	pɛi	p'ɛi	p'ɛi	tui	t'ui	tui
大同 中	₌çi	i˒	pɛe˒	p'ɛe˒	₌p'ɛe	₌tuɛe	₌t'uɛe	tuɛe˒
大同 后	₌çi	i˒	pei˒	p'ei˒	₌p'ei	₌tui	₌t'ui	tui˒
呼和浩特 初	çi	i	pəi	p'əi	p'əi	təi	t'əi	təi
呼和浩特 中	₌çi	—	pei˒	p'ei˒	₌p'ei	₌tuei	₌t'uei	tuei˒
呼和浩特 后	₌çi	—	pei˒	p'ei˒	₌p'ei	₌tuei	₌t'uei	tuei˒

字目		兑	内	雷	累	最	催	罪	碎
古音		蟹合一定去泰	蟹合一泥去队	蟹合一来平灰	蟹合一来去队	蟹合一精去泰	蟹合一清平灰	蟹合一从上贿	蟹合一心去队
太原	初	tuɛi	nuɛi	luɛi	luɛi	tsuɛi	tsʰuɛi	tsuɛi	suɛi
	中	tueiꜝ	naiꜝ / nueiꜝ	₋luei	lueiꜝ	tsueiꜝ	₋tsʰuei	tsueiꜝ	sueiꜝ
	后	tueiꜝ	₋nei	₋lei	leiꜝ	tsueiꜝ	₋tsʰuei	tsueiꜝ	sueiꜝ
文水	初	tuei	ndɛi	luei	—	tsuei	tsʰuei	tsuei	suei
	中	tueꜝ	naiꜝ	₋lue	lueꜝ	tsueꜝ	₋tsʰue	tsueꜝ	sueꜝ
	后	tueiꜝ	naiꜝ	₋luei	lueiꜝ	tsueiꜝ	₋tsʰuei	tsueiꜝ	sueiꜝ
太谷	初	tuei	nei	luei	ly	tsuei	tsʰuei	tsuei	suei
	中	tueiꜝ	neiꜝ	₋luei	lyꜝ / leiꜝ	tsueiꜝ	₋tsʰuei	tɕyꜝ / tsueiꜝ	sueiꜝ
	后	tueiꜝ	neiꜝ	₋luei	leiꜝ	tsueiꜝ	₋tsʰuei	tsueiꜝ	sueiꜝ
兴县	初	tuɛ	nduɛ	luɛ	—	tsuɛ	tsʰuɛ	tsuɛ	suɛ
	中	tueiꜝ	nueiꜝ	₋luei	lueiꜝ	tsueiꜝ	₋tsʰuei	tsueiꜝ	sueiꜝ
	后	tueiꜝ	nueiꜝ	₋luei	lueiꜝ	tsueiꜝ	₋tsʰuei	tsueiꜝ	sueiꜝ
晋城	初	tuai	nai	luai	—	tsuai	tsʰuai	tsuai	tsʰuai
	中	tuɣɯꜝ	nɣɯꜝ	₋luɣɯ	luɣɯꜝ	tʂuɣɯꜝ	₋tʂʰuɣɯ	tʂuɣɯꜝ	ʂuɣɯꜝ
	后	tuɣɯꜝ	nɣɯꜝ	₋luɣɯ	luɣɯꜝ	tʂuɣɯꜝ	₋tʂʰuɣɯ	tʂuɣɯꜝ	ʂuɣɯꜝ
大同	初	tui	nɛi	lɛi	—	tsui	tsʰui	tsui	ʃui
	中	tuɛeꜝ	nɛeꜝ	₋lɛe	ɜɜꜝ	tsuɛeꜝ	₋tsʰuɛe	tsuɛeꜝ	suɛeꜝ
	后	tuiꜝ	nɛeꜝ	₋lɛe	ɜɜꜝ	tsuiꜝ	₋tsʰui	tsuiꜝ	suiꜝ
呼和浩特	初	təi	nəi	ləi	—	tsəi	tsʰəi	tsəi	səi
	中	tueiꜝ	nɛꜝ	₋luei	lueiꜝ	tsueiꜝ	₋tsʰuei	tsueiꜝ	sueiꜝ
	后	tueiꜝ	nɛꜝ	₋luei	lueiꜝ	tsueiꜝ	₋tsʰuei	tsueiꜝ	sueiꜝ

字目		魁	外	回	会	怪	挂	快	坏
古音		蟹合一溪平灰	蟹合一疑去泰	蟹合一匣平灰	蟹合一匣去泰	蟹合二溪去夬	蟹合二溪去卦	蟹合二溪去夬	蟹合二匣去怪
太原	初	kʻuɛi	vɛi	xuɛi	xuɛi	kuɛi	kua	kʻuɛi	xuɛi
	中	₌kʻuei	vaiꜛ	₌xuei	xueiꜛ	kuaiꜛ	kuaꜛ	kʻuaiꜛ	xuaiꜛ
	后	₌kʻuei	vaiꜛ	₌xuei	xueiꜛ	kuaiꜛ	kuaꜛ	kʻuaiꜛ	xuaiꜛ
文水	初	kʻuei	uɛi	xuei	xuei	kuɛi	kua	kʻuɛi	xuɛi
	中	₌kʻue	ueꜛ	₌xue	xueꜛ	kuaiꜛ	kuaꜛ	kʻuaiꜛ	₌xuai
	后	₌kʻuei	uɛiꜛ	₌xuei	xueiꜛ	kuaiꜛ	kuaꜛ	kʻuaiꜛ	xuaiꜛ
太谷	初	kʻuei	uɛi	xuei	xuei	kuɛi	kuɔ	kʻuɛi	xuɛi
	中	₌kʻuei	veiꜛ	₌xuei	xueiꜛ	kuaiꜛ	kuɒꜛ	kʻuaiꜛ	xuaiꜛ
	后	₌kʻuei	veiꜛ	₌xuei	xueiꜛ	kuaiꜛ	kuɒꜛ	kʻuaiꜛ	xuaiꜛ
兴县	初	kʻuɛ	uɛ	xuɛ	xuɛ	kuai	kua	kʻuai	xuai
	中	₌kʻuei	ueiꜛ	₌xuei	xueiꜛ	kuɑiꜛ	kuɑꜛ	kʻuɑiꜛ	xuɑiꜛ
	后	₌kʻuei	ueiꜛ	₌xuei	xueiꜛ	kuɑiꜛ	kuɑꜛ	kʻuɑiꜛ	xuɑiꜛ
晋城	初	kʻuai	uɛi	xuai	xuai	kuɛi	kua	kʻuɛi	xuɛi
	中	ꜗkʻuɣɯ	uEꜛ	ꜗxuɣɯ	xuɣɯꜛ	kuEꜛ	kuaꜛ	kʻuEꜛ	ꜛxuE
	后	₌kuɣɯ	uEꜛ	₌xuɣɯ	xuɣɯꜛ	kuEꜛ	kuɑꜛ	kʻuEꜛ	xuEꜛ
大同	初	kʻui	vɛi	xui	xui	kuɛi	kua	kʻuai	xuɛi
	中	₌kʻuɛe	vɛeꜛ	₌xuɛe	xuɛeꜛ	kuɛeꜛ	kuaꜛ	kʻuɛeꜛ	xuɛeꜛ
	后	₌kʻui	vɛeꜛ	₌xui	xuiꜛ	kuɛeꜛ	kuaꜛ	kʻuɛeꜛ	xuɛeꜛ
呼和浩特	初	kʻui	vɛ	xui	xui	kuɛ	kua	kʻuɛ	xuɛ
	中	₌kʻuei	vɛꜛ	₌xuei	xueiꜛ	kuɛꜛ	kuaꜛ	kʻuɛꜛ	xuɛꜛ
	后	₌kʻuei	vɛꜛ	₌xuei	xueiꜛ	kuɛꜛ	kuaꜛ	kʻuɛꜛ	xuɛꜛ

字目	画	话	废	呎	岁	赘	税	圭
古音	蟹合二匣去卦	蟹合二匣去夬	蟹合三非去废	蟹合三奉去废	蟹合三心去祭	蟹合三章去祭	蟹合三书去祭	蟹合四见平齐
太原 初	xua	xua	fɛi	fɛi	suɛi	tsuɛi	suɛi	kuɛi
太原 中	xuaˀ	xuaˀ	feiˀ	—	sueiˀ	tsueiˀ	sueiˀ	ˍkuei
太原 后	xuaˀ	xuaˀ	feiˀ	feiˀ	sueiˀ	tsueiˀ	sueiˀ	ˍkuei
文水 初	xua	xua	xuei	xuei	suei	tsuei	suei	kuei
文水 中	xuaˀ	xuaˀ	—	xueˀ	sʅˀ / sueˀ	ˍtsue	sueˀ	ˍkue
文水 后	xuaˀ	xuaˀ	xueiˀ	xueiˀ	sueiˀ	ˍtsuei	sueiˀ	ˍkuei
太谷 初	xuɔ	xuɔ	fɛi	fəi	çy	tsuei	fu	kuei
太谷 中	xuɒˀ	xuɒˀ	feiˀ	feiˀ	çyˀ / sueiˀ	tsueiˀ	fuˀ / sueiˀ	ˍkuei
太谷 后	xuɒˀ	xuɒˀ	feiˀ	feiˀ	çyˀ / sueiˀ	tsueiˀ	sueiˀ	ˍkuei
兴县 初	xua	xua	fuɛ	fuɛ	çyi	—	çyi	kuɛ
兴县 中	xuɑˀ	xuɑˀ	xueiˀ	xueiˀ	çyˀ	tsueiˀ	çyˀ	ˍkuei
兴县 后	xuɑˀ	xuɑˀ	xueiˀ	xueiˀ	çyˀ	tsueiˀ	çyˀ	ˍkuei
晋城 初	xua	xua	fai	fai	suai	tsuai	suai	kuai
晋城 中	xuaˀ	xuaˀ	fɣɯˀ	fɣɯˀ	ʂuɣɯˀ	tʂuɣɯˀ	ʂuɣɯˀ	ˍkuɣɯ
晋城 后	xuɑˀ	xuɑˀ	fɣɯˀ	fɣɯˀ	ʂuɣɯˀ	tʂuɣɯˀ	ʂuɣɯˀ	ˍkʼuɣɯ
大同 初	xua	xua	fɛi	fɛi	sui	tʂui	ʂui	kui
大同 中	xuaˀ	xuaˀ	fɛeˀ	fɛeˀ	suɛeˀ	tʂuɛeˀ	ʂuɛeˀ	—
大同 后	xuaˀ	xuaˀ	feiˀ	feiˀ	suiˀ	tʂuiˀ	ʂuiˀ	—
呼和浩特 初	xua	xua	fəi	fəi	səi	tsəi	səi	kui
呼和浩特 中	xuaˀ	xuaˀ / xua˳	feiˀ	—	sueiˀ	tsueiˀ	sueiˀ	ˍkuei
呼和浩特 后	xuaˀ	xuaˀ / xua˳	feiˀ	—	sueiˀ	tsueiˀ	sueiˀ	ˍkuei

字目		奎	慧	卫	锐	碑	披	譬	皮
古音		蟹合四 溪平齐	蟹合四 匣去霁	蟹合三 云去祭	蟹合三 以去祭	止开三 帮平支	止开三 滂平支	止开三 滂去寘	止开三 並平支
太原	初	kʻuɛi	xuɛi	vɛi	zuɛi	pɛi	pʻi	pʻi	pʻi
	中	꜀kʻuei	xuei꜒	vei꜒	zuei꜒	pai꜒	꜀pʻi	꜀pʻi	꜀pʻi
	后	꜀kʻuei	xuei꜒	vei꜒	zuei꜒	꜀pei	꜀pʻi	꜀pʻi	꜀pʻi
文水	初	kʻuei	xuei	uei	zuei	pɛi	pʻi	—	pʻi
	中	꜀kʻue	xue꜒	ue꜒	zue꜒	꜀pe	꜀pʻɿ	pʻɿ꜒ / piəʔ꜒	꜀pʻɿ
	后	꜀kʻuei	xuei꜒	uei꜒	zuei꜒	꜀pei	꜀pʻɿ	pʻɿ꜒	꜀pʻɿ
太谷	初	kʻuei	xuei	uei	zuei	pɛi	pʻi	pʻi	pʻi
	中	꜀kʻuei	xuei꜒	vei꜒	zuei꜒	꜀pei	꜀pʻi	pʻi꜒	꜀pʻi
	后	꜀kʻuei	xuei꜒	vei꜒	zuei꜒	꜀pei	꜀pʻi	pʻi꜒	꜀pʻi
兴县	初	kʻuɛ	xuɛ	uɛ	yi	pɛ	pʻi	pʻi	pʻi
	中	꜀kʻuei	xuei꜒	uei꜒	zuei꜒	꜀pei	꜀pʻi	pʻi꜒	꜀pʻi
	后	꜀kʻuei	xuei꜒	uei꜒	zuei꜒	꜀pei	꜀pʻi	pʻi꜒	꜀pʻi
晋城	初	kʻuai	xuai	uai	zuai	pai	pʻi	—	pʻi
	中	꜀kʻuɣɯ	xuɣɯ꜒	uɣɯ꜒	zuɣɯ꜒	꜀pɣɯ	꜀pʻi	pʻi꜒	꜀pʻi
	后	꜀kʻuɣɯ	xuɣɯ꜒	uɣɯ꜒	zuɣɯ꜒	꜀pɣɯ	꜀pʻi	—	꜀pʻi
大同	初	kʻui	xui	vɛi	ʐɛi	pɛi	pʻi	pʻi	pʻi
	中	꜀kʻuɜe	xuɜe꜒	vɜe꜒	zuɜe꜒	꜀pɜe	꜀pʻɜe	—	꜀pʻɜe
	后	꜀kʻui	xui꜒	vei꜒	zui꜒	꜀pei	꜀pʻi	—	꜀pʻi
呼和浩特	初	kʻui	xui	vəi	zəi	pəi	pʻi	pʻi	pʻi
	中	kʻuei꜒	xuei꜒	vei꜒	zuei꜒	꜀pei	꜀pʻi	—	꜀pʻi
	后	kʻuei꜒	xuei꜒	vei꜒	zuei꜒	꜀pei	꜀pʻi	—	꜀pʻi

字目		被	弥	离	紫	雌	斯	知	池
古音		止开三 並上纸	止开三 明平支	止开三 来平支	止开三 精上纸	止开三 清平支	止开三 心平支	止开三 知平支	止开三 澄平支
太原	初	pi	mi	li	tsʅ	tsʻʅ	sʅ	tsʅ	tsʻʅ
	中	piˀ peiˀ	꜀mi	꜀li	꜀tsʅ	꜀tsʻʅ	꜀sʅ	꜀tsʅ	꜀tsʻʅ
	后	peiˀ	꜀mi	꜀li	꜀tsʅ	꜀tsʻʅ	꜀sʅ	꜀tsʅ	꜀tsʻʅ
文水	初	pi	mbi	li	tsʅ	tsʻʅ	sʅ	tʂʅ	tʂʻʅ
	中	pʅˀ	꜀m̩	꜀ʅ	꜀tsʅ	—	꜀sʅ	꜀tsʅ	tsʻʅ tsʅ
	后	pʅˀ	꜀m̩	꜀ʅ	꜀tsʅ	꜀tsʻʅ	꜀sʅ	꜀tsʅ	꜀tsʻʅ
太谷	初	pi	mi	li	tsʅ	tsʻʅ	sʅ	tsʅ	tsʻʅ
	中	piˀ	꜀mi	꜀li	꜀tsʅ	꜀tsʻʅ	꜀sʅ	꜀tsʅ	꜀tsʻʅ
	后	peiˀ	꜀mi	꜀li	꜀tsʅ	꜀tsʻʅ	꜀sʅ	꜀tsʅ	꜀tsʻʅ
兴县	初	—	mbi	li	tsʅ	tsʻʅ	sʅ	tʂʅ	tʂʻʅ
	中	piˀ	꜀mi	꜀li	꜀tsʅ	꜀tsʻʅ	꜀sʅ	꜀tsʅ	꜀tsʻʅ
	后	piˀ	꜀mi	꜀li	꜀tsʅ	꜀tsʻʅ	꜀sʅ	꜀tsʅ	꜀tsʻʅ
晋城	初	pi	mi	li	tsʅ	tsʻʅ	sʅ	tsʅ	tsʻʅ
	中	pyɯˀ	꜀mi	꜀li	꜀tʂʅ	꜀tʂʻʅ	꜀ʂʅ	꜀tʂʅ	꜀tʂʻʅ
	后	pyɯˀ	꜀mi	꜀li	꜀tʂʅ	꜀tʂʻʅ	꜀ʂʅ	꜀tʂʅ	꜀tʂʻʅ
大同	初	pi	mi	—	tsʅ	tsʻʅ	sʅ	tʂʅ	tʂʻʅ
	中	piˀ	꜀mi	꜀li	tsʅˀ	꜀tsʻʅ	꜀sʅ	꜀tʂʅ	꜀tʂʻʅ
	后	peiˀ	꜀mi	꜀li	tsʅˀ	꜀tsʻʅ	꜀sʅ	꜀tʂʅ	꜀tʂʻʅ
呼和浩特	初	pi	mi	li	tsʅ	tsʻʅ	sʅ	tʂʅ	tʂʻʅ
	中	꜀pi	꜀mi	꜀li	꜀tsʅ	꜀tsʻʅ	꜀sʅ	꜀tsʅ	꜀tsʻʅ
	后	꜀pi	꜀mi	꜀li	꜀tsʅ	꜀tsʻʅ	꜀sʅ	꜀tsʅ	꜀tsʻʅ

字目		支	侈	施	匙	儿	寄	企	奇
古音		止开三章平支	止开三昌上纸	止开三书平支	止开三禅平支	止开三日平支	止开三见去寘	止开三溪上纸	止开三群平支
太原	初	tsʅ	tsʻʅ	sʅ	sʅ	ar	tɕi	tɕʻi	tɕʻi
	中	ꜛtsʅ	ꜛtsʻʅ	ꜛsʅ	ꜛsʅ	ꜛɚˑ	tɕiꜜ	ꜛtɕʻi	ꜛtɕʻi
	后	ꜛtsʅ	ꜛtsʻʅ	ꜛsʅ	ꜛsʅ	ꜛɚˑ	tɕiꜜ	ꜛtɕʻi	ꜛtɕʻi
文水	初	tsʅ	tsʻʅ	sʅ	sʅ	ər	tɕi	tɕʻi	tɕʻi
	中	ꜛtsʅ	ꜛtsʻʅ	ꜛsʅ	ꜛsʅ	ꜛe	tsʅꜜ	ꜛtsʻʅ	ꜛtsʅ
	后	ꜛtsʅ	ꜛtsʻʅ	ꜛsʅ	ꜛsʅ	ꜛɚ	tsʅꜜ	ꜛtsʻʅ	ꜛtsʅ
太谷	初	tsɚ	tsʻɚ	sɚ	sɚ	ər	tɕi	tɕʻi	tɕʻi
	中	ꜛtsɤr / ꜛtsʅ	ꜛtsʻʅ	ꜛsʅ	ꜛsɤrꜜ / ꜛsʅ	ꜛər	tɕiꜜ	ꜛtɕʻi	ꜛtɕʻi
	后	ꜛtsʅ	ꜛtsʻʅ	ꜛsʅ	ꜛsɤrꜜ / ꜛsʅ	ꜛər	tɕiꜜ	ꜛtɕʻi	ꜛtɕʻi
兴县	初	tsʅ	tsʻʅ	sʅ	sʅ	ər	tɕi	tɕʻi	tɕʻi
	中	ꜛtsʅ	ꜛtsʻʅ	ꜛsʅ	ꜛsʅ	ꜛzi	tɕiꜜ	ꜛtɕʻi	ꜛtɕʻi
	后	ꜛtsʅ	ꜛtsʻʅ	ꜛsʅ	ꜛsʅ	ꜛzi	tɕiꜜ	ꜛtɕʻi	ꜛtɕʻi
晋城	初	tsʅ	tsʻʅ	sʅ	sʅ	zʅ	tɕi	tɕʻi	—
	中	ꜛtʂʅ	ꜛtʂʻʅ	ꜛʂʅ	ꜛʂʅ	ꜛʅ	tɕiꜜ	ꜛtɕʻi	ꜛtɕʻi
	后	ꜛtʂʅ	ꜛtʂʻʅ	ꜛʂʅ	—	ꜛʅ	ꜛtɕʻi	ꜛtɕʻi	ꜛtɕʻi
大同	初	tsʅ	tsʻʅ	sʅ	sʅ	ər	tɕi	tɕʻi	tɕʻi
	中	ꜛtsʅ	ꜛtsʻʅ	ꜛsʅ	—	ꜛər	tɕiꜜ	ꜛtɕʻi	ꜛtɕʻi
	后	ꜛtsʅ	ꜛtsʻʅ	ꜛsʅ	—	ꜛər	tɕiꜜ	ꜛtɕʻi	ꜛtɕʻi
呼和浩特	初	tsʅ	tsʻʅ	sʅ	sʅ	ər	tɕi	tɕʻi	tɕʻi
	中	ꜛtsʅ	ꜛtsʻʅ	ꜛsʅ	ꜛsʅ	ꜛar	tɕiꜜ	ꜛtɕʻi	ꜛtɕʻi
	后	ꜛtsʅ	ꜛtsʻʅ	ꜛsʅ	ꜛsʅ	ꜛar	tɕiꜜ	ꜛtɕʻi	ꜛtɕʻi

字目		骑	徛	技	宜	仪	戏	倚	椅
古音		止开三 群平支	止开三 群上纸	止开三 群上纸	止开三 疑平支	止开三 疑平支	止开三 晓去寘	止开三 影上纸	止开三 影上纸
太原	初	tɕʰi	tɕi	tɕi	i	i	çi	i	i
	中	₌tɕʰi	—	tɕiʔ	₌i	₌i	çiʔ	ᶜi	ᶜi
	后	₌tɕʰi	—	tɕiʔ	₌i	₌i	çiʔ	ᶜi	ᶜi
文水	初	tɕʰi	i	tɕi	ⁿʑi	ⁿʑi	çi	i	i
	中	₌tsʰʅ ₌tsʅ	tsʅʔ	tsʅ	ⁿʑʅ	ᶜʅ	sʅʔ	ᶜʅ	ᶜʅ
	后	₌tsʅ	tsʅʔ	tsʅ	₌ʅ	₌ʅ	sʅʔ	ᶜʅ	ᶜʅ
太谷	初	tɕʰi	tɕi	tɕi	i	i	çi	i	i
	中	₌tɕi ₌tɕʰi	—	tɕiʔ	₌i	₌i	çiʔ	ᶜi	ᶜi
	后	₌tɕi ₌tɕʰi	—	tɕiʔ	₌i	₌i	çiʔ	ᶜi	ᶜi
兴县	初	tɕʰi	tɕi	tɕi	i	i	çi	i	i
	中	₌tɕʰi	ᶜtɕʰi	tɕiʔ	₌ʅ	₌ʅ	çiʔ	ᶜi	ᶜi
	后	₌tɕʰi	ᶜtɕʰi	tɕiʔ	₌ʅ	₌ʅ	çiʔ	ᶜi	ᶜi
晋城	初	tɕʰi	—	tɕi		i	çi	—	i
	中	₌tɕʰi	—	tɕiʔ	iʔ	iʔ	çiʔ	ᶜi	ᶜiə
	后	₌tɕʰi	tɕiʔ	tɕiʔ	iʔ	iʔ	çiʔ	ᶜi	ᶜi
大同	初	tɕʰi	tɕi	tɕi	i	i	çi	i	i
	中	₌tɕʰi	—	—	₌i	₌i	çiʔ	ᶜi	ᶜi
	后	₌tɕʰi	—	—	₌i	₌i	çiʔ	ᶜi	ᶜi
呼和浩特	初	tɕʰi	tɕi	tɕi	i	i	çi	i	i
	中	₌tɕʰi	tɕʰiʔ	tɕʰiʔ	₌i	₌i	çiʔ	ᶜi	ᶜi
	后	₌tɕʰi	tɕʰiʔ	tɕʰiʔ	₌i	₌i	çiʔ	ᶜi	ᶜi

字目	移	悲	鄙	比	丕	琵	美	梨
古音	止开三以平支	止开三帮平脂	止开三帮上旨	止开三帮上旨	止开三滂平脂	止开三並平脂	止开三明上旨	止开三来平脂
太原 初	i	pɛi	—	pi	p'ɛi	p'i	mɛi	li
太原 中	ᴄi	ᴄpei	—	ᴄpi	ᴄpei	ᴄp'i	ᴄmei	ᴄli
太原 后	ᴄi	ᴄpei	ᴄpi	ᴄpi	ᴄpei	ᴄp'i	ᴄmei	ᴄli
文水 初	i	pɛi	pi	pi	p'ɛi	p'i	mbɛi	li
文水 中	ᴄɿ	ᴄpe	ᴄpʅ	ᴄpʅ / ᴄp'ʅ	—	ᴄp'ʅ	ᴄme	ᴄɿ
文水 后	ᴄɿ	ᴄpei	ᴄpʅ	ᴄpʅ	ᴄpʅ	ᴄpʅ	ᴄmʅ	ᴄɿ
太谷 初	i	pɛi	pi	pi	p'ɛi	p'i	mɛi	li
太谷 中	ᴄi	ᴄpei	—	ᴄpi	ᴄp'ei	ᴄp'i	ᴄmei	ᴄli
太谷 后	ᴄi	ᴄpei	ᴄpi	ᴄpi	ᴄp'ei	ᴄp'i	ᴄmei	ᴄli
兴县 初	i	pɛ	pi	pi	p'ɛ	p'i	mbɛ	li
兴县 中	ᴄi	ᴄpei	ᴄpi	ᴄpi	ᴄp'ei	ᴄp'i	ᴄmei	ᴄli
兴县 后	ᴄi	ᴄpei	ᴄpi	ᴄpi	ᴄp'ei	ᴄp'i	ᴄmei	ᴄli
晋城 初	i	pai	—	pi	p'ai	p'i	mai	li
晋城 中	ᴄi	ᴄpɣɯ	ᴄpi	ᴄpi	ᴄp'ɣɯ	ᴄp'i	ᴄmɣɯ	ᴄli
晋城 后	ᴄi	ᴄpɣɯ	ᴄpi	ᴄpi	ᴄp'ɣɯ	ᴄp'i	ᴄmɣɯ	ᴄli
大同 初	i	pɛi	pi	pi	p'ɛi	p'i	mɛi	li
大同 中	ᴄi	ᴄpɛe	ᴄpi	ᴄpi	—	ᴄp'i	ᴄmɛe	ᴄli
大同 后	ᴄi	ᴄpei	ᴄpi	ᴄpi	—	ᴄp'i	ᴄmei	ᴄli
呼和浩特 初	i	pəi	pi	pi	p'əi	p'i	məi	li
呼和浩特 中	—	ᴄbei	ᴄpi	ᴄpi	—	—	ᴄmei	ᴄli
呼和浩特 后	—	ᴄbei	ᴄpi	ᴄpi	—	—	ᴄmei	ᴄli

字目		资	次	自	私	致	迟	雌	师
古音		止开三 精平脂	止开三 清去至	止开三 从去至	止开三 心平脂	止开三 知去至	止开三 澄平脂	止开三 澄上旨	止开三 生平脂
太原	初	tsɿ	tsʻɿ	tsɿ	sɿ	tsɿ	tsʻɿ	tsɿ	sɿ
	中	tsɿ	tsʻɿ²	tsɿ²	sɿ	tsɿ²	tsʻɿ	tsɿ²	sɿ
	后	tsɿ	tsʻɿ²	tsɿ²	sɿ	tsɿ²	tsʻɿ	tsɿ²	sɿ
文水	初	tsɿ	tsʻɿ	tsɿ	sɿ	tʂʅ	tʂʻʅ	tʂʅ	sɿ
	中	tsɿ	tsʻɿ²	tsɿ²	sɿ	tsɿ²	tsʻɿ	—	sɿ
	后	tsɿ	tsʻɿ²	tsɿ²	sɿ	tsɿ²	tsʻɿ	tsɿ²	sɿ
太谷	初	tsɿ	tsʻɿ	tsɿ	sɿ	tsɿ	tsʻɿ	tsɿ	səɹ
	中	tsɿ	tsʻɿ²	tsɿ²	sɿ	tsɿ²	tsʻɿ	tsɿ²	seɹ / sɿ
	后	tsɿ	tsʻɿ²	tsɿ²	sɿ	tsɿ²	tsʻɿ	tsɿ²	seɹ / sɿ
兴县	初	tsɿ	tsʻɿ	tsɿ	sɿ	tʂʅ	tʂʻʅ	tʂʅ	sɿ
	中	tsɿ	tsʻɿ²	tsɿ²	sɿ	tsɿ²	tsʻɿ	tsɿ²	sɿ
	后	tsɿ	tsʻɿ²	tsɿ²	sɿ	tsɿ²	tsʻɿ	tsɿ²	sɿ
晋城	初	tsɿ	tsʻɿ	tsɿ	sɿ	tsɿ	tsʻɿ	tsɿ	sɿ
	中	tʂʅ	tʂʻʅ	tʂʅ	ʂʅ	tʂʅ²	tʂʻʅ	tʂʅ	ʂʅ
	后	tʂʅ	tʂʻʅ²	tʂʅ²	ʂʅ	tʂʅ²	tʂʻʅ	—	ʂʅ
大同	初	tsɿ	tsʻɿ	tsɿ	sɿ	tʂʅ	tʂʻʅ	—	ʂʅ
	中	tsɿ	tsʻɿ²	tsɿ²	sɿ	tʂʅ²	tʂʻʅ	—	ʂʅ
	后	tsɿ	tsʻɿ²	tsɿ²	sɿ	tʂʅ²	tʂʻʅ	—	ʂʅ
呼和浩特	初	tsɿ	tsʻɿ	tsɿ	sɿ	tʂʅ	tʂʻʅ	tʂʅ	ʂʅ
	中	tsɿ	tsʻɿ²	tsɿ²	sɿ	tsɿ²	tsʻɿ	—	sɿ
	后	tsɿ	tsʻɿ²	tsɿ²	sɿ	tsɿ²	tsʻɿ	—	sɿ

字目		旨	示	矢	视	二	肌	器	伊
古音		止开三 章上旨	止开三 船去至	止开三 书上旨	止开三 禅去至	止开三 日去至	止开三 见平脂	止开三 溪去至	止开三 影平脂
太原	初	tsʅ	sʅ	sʅ	sʅ	—	ꞈtɕi	tɕʅ	i
	中	ꞈtsʅ	sʅꜛ	ꞈsʅ	sʅꜛ	ɚꜛ	ꞈtɕi	tɕʰiꜛ	ꞈi
	后	ꞈtsʅ	sʅꜛ	ꞈsʅ	sʅꜛ	ɚꜛ	ꞈtɕi	tɕʰiꜛ	ꞈi
文水	初	tsʅ	sʅ	sʅ	sʅ	ər	ꞈtɕi	tɕʅ	i
	中	ꞈtsʅ	sʅꜛ	ꞈsʅ	sʅꜛ	eꜛ	ꞈtsʅ	ꞈtsʅ	ꞈi
	后	ꞈtsʅ	sʅꜛ	ꞈsʅ	sʅꜛ	—	ꞈtsʅ	tsʰʅꜛ	ʅ
太谷	初	tsɚ	sɚ	sɚ	sɚ	ər	ꞈtɕi	tɕʰi	i
	中	ꞈtsɚ ꞈtsʅ	sʅꜛ	ꞈsʅ	sʅꜛ	ərꜛ	ꞈtɕi	tɕʰiꜛ	ꞈi
	后	ꞈtsɚ ꞈtsʅ	sʅꜛ	ꞈsʅ	sʅꜛ	ərꜛ	ꞈtɕi	tɕʰiꜛ	ꞈi
兴县	初	tsʅ	sʅ	sʅ	sʅ	ər	tɕʰi	tɕʰi	i
	中	ꞈtsʅ	sʅꜛ	ꞈsʅ	sʅꜛ	ziꜛ	ꞈtɕi	tɕʰiꜛ	ꞈi
	后	ꞈtsʅ	sʅꜛ	ꞈsʅ	sʅꜛ	ziꜛ	ꞈtɕi	tɕʰiꜛ	ꞈi
晋城	初	tsʅ	sʅ	sʅ	sʅ	zʅ	tɕi	tɕʰi	i
	中	ꞈtʂʅ	ʂʅꜛ	ꞈʂʅ	ʂʅꜛ	ɚʅꜛ	ꞈtɕi	tɕʰiꜛ	ꞈi
	后	ꞈtʂʅ	ʂʅꜛ	ꞈʂʅ	ʂʅꜛ	ɚʅꜛ	ꞈtɕi	tɕʰiꜛ	ꞈi
大同	初	—	sʅ	sʅ	sʅ	ɚr	tɕi	tɕʰi	ɪ
	中	ꞈtʂʅ	sʅꜛ	sʅꜛ	sʅꜛ	—	ꞈtɕi	tɕʰiꜛ	ꞈi
	后	ꞈtʂʅ	sʅꜛ	sʅꜛ	sʅꜛ	—	ꞈtɕi	tɕʰiꜛ	ꞈi
呼和浩特	初	tʂʅ	ʂʅ	ʂʅ	ʂʅ	ər	tɕi	tɕʰi	i
	中	ꞈtsʅ	sʅꜛ	ꞈsʅ	sʅꜛ	arꜛ	ꞈtɕi	tɕʰiꜛ	ꞈi
	后	ꞈtsʅ	sʅꜛ	ꞈsʅ	sʅꜛ	arꜛ	ꞈtɕi	tɕʰiꜛ	ꞈi

字目		夷	你	螯	狸	兹	慈	字	司
古音		止开三 以平脂	止开三 泥上止	止开三 来平之	止开三 来平之	止开三 精平之	止开三 从平之	止开三 从去志	止开三 心平之
太原	初	i	ȵi	—	li	tsɿ	tsʻɿ	tsɿ	sɿ
	中	ˌi	ˈni	ˌli	ˌli	ˌtsɿ	ˌtsʻɿ	tsɿˀ	ˌsɿ
	后	ˌi	ˈni	ˌli	ˌli	ˌtsɿ	ˌtsʻɿ	tsɿˀ	ˌsɿ
文水	初	i	ȵdi	li	li	tsɿ	tsʻɿ	tsɿ	sɿ
	中	—	ˈm̩	ˌʅ	ˌʅ	ˌtsɿ	ˌtsʻɿ	tsɿˀ	ˌsɿ
	后	ˌʅ	ˈnz̩	ˌʅ	ˌʅ	ˌtsɿ	ˌtsʻɿ	tsɿˀ	ˌsɿ
太谷	初	i	ȵi	li	li	tsɿ	tsʻɿ	tsɿ	sɿ
	中	ˌi	ˈȵi	ˌli	ˌli	ˌtsɿ	ˌtsʻɿ	tsɿˀ	ˌsɿ
	后	ˌi	ˈȵi	ˌli	ˌli	ˌtsɿ	ˌtsʻɿ	tsɿˀ	ˌsɿ
兴县	初	i	ȵdi	li	li	tsɿ	tsʻɿ	tsɿ	sɿ
	中	ˌi	ˈni	ˌli	ˌli	ˌtsɿ	ˌtsʻɿ	tsɿˀ	ˌsɿ
	后	ˌi	ˈni	ˌli	ˌli	ˌtsɿ	ˌtsʻɿ	tsɿˀ	ˌsɿ
晋城	初	i	ni	—	li	tsɿ	tsʻɿ	tsɿ	sɿ
	中	ˌi	ˈniə	ˌli	ˌli	ˌtʂʅ	ˈtʂʻʅ	tʂʅˀ	ˌʂʅ
	后	ˌi	ˈniə	ˌli	ˌli	ˌtʂʅ	ˌtʂʻʅ	tʂʅˀ	ˌʂʅ
大同	初	i	ȵi	li	li	tsɿ	tsʻɿ	tsɿ	sɿ
	中	ˌi	ˈni	ˌli	ˌli	ˌtsɿ	ˌtsʻɿ	tsɿˀ	ˌsɿ
	后	ˌi	ˈni	ˌli	ˌli	ˌtsɿ	ˌtsʻɿ	tsɿˀ	ˌsɿ
呼和浩特	初	i	ȵi	li	li	tsɿ	tsʻɿ	tsɿ	sɿ
	中	ˌi	ˈni	—	—	ˌtsɿ	ˌtsʻɿ	tsɿˀ	ˌsɿ
	后	ˌi	ˈni	—	—	ˌtsɿ	ˌtsʻɿ	tsɿˀ	ˌsɿ

字目	辞	似	祀	置	痴	持	治	士
古音	止开三邪平支	止开三邪上止	止开三邪上止	止开三知去志	止开三彻平之	止开三澄平之	止开三澄去志	止开三崇上止
太原 初	sɿ	—	sɿ	tsɿ	tsʻɿ	tsʻɿ	tsɿ	sɿ
太原 中	ᶜsɿ ᶜtsɿ	sɿ˧	sɿ˧	tsɿ˧ tsəʔ˧	ᶜtsʻɿ	ᶜtsʻɿ	tsɿ˧	sɿ˧
太原 后	ᶜtsɿ	sɿ˧	sɿ˧	tsɿ˧	ᶜtsʻɿ	ᶜtsʻɿ	tsɿ˧	sɿ˧
文水 初	sɿ	sɿ	sɿ	tʂʅ	tʂʻʅ	tʂʻʅ	tʂʅ	sɿ
文水 中	ᶜsɿ	sɿ˧	sɿ˧	—	ᶜtsʻɿ	ᶜtsʻɿ	tsɿ˧	sɿ˧
文水 后	ᶜtsɿ	sɿ˧	sɿ˧	tsɿ˧	ᶜtsʻɿ	ᶜtsʻɿ	tsɿ˧	sɿ˧
太谷 初	tsʻɿ	sɿ	sɿ	tsɿ	tsʻɿ	tsʻɿ	tsɿ	sər
太谷 中	ᶜtsʻɿ	sɿ˧	sɿ˧	tsɿ˧	ᶜtsʻɿ	ᶜtsʻɿ	tsɿ˧	ᶜsər ᶜsɿ
太谷 后	ᶜtsʻɿ	sɿ˧	sɿ˧	tsɿ˧	ᶜtsʻɿ	ᶜtsʻɿ	tsɿ˧	sɿ˧
兴县 初	sɿ	sɿ	sɿ	tʂʅ	tʂʻʅ	tʂʻʅ	tʂʅ	sɿ
兴县 中	ᶜtsʻɿ	sɿ˧	sɿ˧	tsɿ˧	ᶜtsʻɿ	ᶜtsʻɿ	tsɿ˧	sɿ˧
兴县 后	ᶜtsʻɿ	sɿ˧	sɿ˧	tsɿ˧	ᶜtsʻɿ	ᶜtsʻɿ	tsɿ˧	sɿ˧
晋城 初	sɿ	—	sɿ	tsʅ	tsʻɿ	tsʻɿ	tsɿ	sɿ
晋城 中	ᶜʂʅ	ʂʅ˧	ʂʅ˧	tʂʅ˧	ᶜtʂʻʅ	ᶜtʂʻʅ	tʂʅ˧	ʂʅ˧
晋城 后	ᶜtʂʻʅ	ʂʅ˧	ʂʅ˧	tʂʅ˧	ᶜtʂʻʅ	ᶜtʂʻʅ	tʂʅ˧	ʂʅ˧
大同 初	sɿ	sɿ	sɿ	tʂʅ	tʂʻʅ	tʂʻʅ	tʂʅ	sɿ
大同 中	ᶜtsɿ	sɿ˧	sɿ˧	—	ᶜtʂʻʅ	ᶜtʂʻʅ	tʂʻɿ˧	sɿ˧
大同 后	ᶜtsʻɿ	sɿ˧	sɿ˧	—	ᶜtʂʻʅ	ᶜtʂʻʅ	tʂʻɿ˧	sɿ˧
呼和浩特 初	sɿ	sɿ	sɿ	tʂʅ	tʂʻʅ	tʂʻʅ	tʂʅ	sɿ
呼和浩特 中	ᶜtsɿ	sɿ˧	sɿ˧	tsɿ˧	ᶜtsʻɿ	ᶜtsʻɿ	tsɿ˧	sɿ˧
呼和浩特 后	ᶜtsʻɿ	sɿ˧	sɿ˧	tsɿ˧	ᶜtsʻɿ	ᶜtsʻɿ	tsɿ˧	sɿ˧

字目	使	止	齿	诗	时	耳	己	欺
古音	止开三生上止	止开三章上止	制裁三昌上止	止开三书平之	止开三禅平之	止开三日上止	止开三见上止	止开三溪平之
太原 初	ʂ̩	tʂ̩	tʂʻ̩	ʂ̩	ʂ̩	ar	tɕi	tɕʻi
太原 中	ᶜʂ̩	ᶜtʂ̩	ʻtʂʻ̩	ᶜʂ̩	ᶜʂ̩	ᶜɚ	ᶜtɕi	ᶜtɕʻi
太原 后	ᶜʂ̩	ᶜtʂ̩	ʻtʂʻ̩	ᶜʂ̩	ᶜʂ̩	ᶜɚ	ᶜtɕi	ᶜtɕʻi
文水 初	ʂ̩	tʂ̩	tʂʻ̩	ʂ̩	ʂ̩	ɽe	tɕi	tɕʻi
文水 中	ᶜʂ̩	ᶜtʂ̩	ʻtʂʻ̩	ᶜʂ̩	ᶜʂ̩	ᶜe	—	ᶜtsʻ̩
文水 后	ᶜʂ̩	ʂ̩ᵊ	ᶜtʂʻ̩	ᶜʂ̩	ᶜʂ̩	ᶜɚ	ᶜtʂ̩	ᶜtʂʻ̩
太谷 初	sər	tsər	tsər	sər	sər	ɚ	tɕi	tɕʻi
太谷 中	ꞈsɐr / ᶜʂ̩	ꞈtsɐr / ᶜtʂ̩	ʻtʂʻ̩	ᶜʂ̩	ᶜʂ̩	ᶜɽe	ᶜtɕi	ᶜtɕʻi
太谷 后	ꞈsɐr / ᶜʂ̩	ꞈtsɐr / ᶜtʂ̩	ʻtʂʻ̩	ᶜʂ̩	ꞈtsɐr / ᶜʂ̩	ᶜɽe	ᶜtɕi	ᶜtɕʻi
兴县 初	ʂ̩	tʂ̩	tʂʻ̩	ʂ̩	ʂ̩	ɚ	tɕi	tɕʻi
兴县 中	ᶜʂ̩	ᶜtʂ̩	ʻtʂʻ̩	ᶜʂ̩	ᶜʂ̩	ᶜzi	ᶜtɕi	ᶜtɕʻi
兴县 后	ᶜʂ̩	ᶜtʂ̩	ᶜtʂʻ̩	ᶜʂ̩	ᶜʂ̩	ᶜzi	ᶜtɕi	ᶜtɕʻi
晋城 初	ʂ̩	tʂ̩	tʂʻ̩	ʂ̩	ʂ̩	ʐl̩	tɕi	tɕʻi
晋城 中	ᶜʂl̩	ᶜtʂl̩	ʻtʂʻl̩	ᶜʂl̩	ᶜʂl̩	ᶜʐl̩	ᶜtɕi	ᶜtɕʻi
晋城 后	ᶜʂl̩	ᶜtʂl̩	ᶜtʂʻl̩	ᶜʂl̩	ᶜʂl̩	ᶜʐl̩ / ᶜl̩	ᶜtɕi	ᶜtɕʻi
大同 初	ʂ̩	tʂ̩	tʂʻ̩	ʂ̩	ʂ̩	ɽe	tɕi	tɕʻi
大同 中	ᶜʂ̩	ᶜtʂ̩	ᶜtʂʻ̩	ᶜʂ̩	ᶜʂ̩	ᶜɽe	ᶜtɕi	ᶜtɕʻi
大同 后	ᶜʂ̩	ᶜtʂ̩	ᶜtʂʻ̩	ᶜʂ̩	ᶜʂ̩	ᶜɽe	ᶜtɕi	ᶜtɕʻi
呼和浩特 初	ʂ̩	tʂ̩	tʂʻ̩	ʂ̩	ʂ̩	ɚ	tɕiʔ	tɕʻi
呼和浩特 中	ᶜʂ̩	ᶜtʂ̩	ᶜtʂʻ̩	ᶜʂ̩	ᶜʂ̩	ᶜar	tɕiʔ	ᶜtɕʻi
呼和浩特 后	ᶜʂ̩	ᶜtʂ̩	ᶜtʂʻ̩	ᶜʂ̩	ᶜʂ̩	ᶜar	tɕiʔ	ᶜtɕʻi

字目	其	忌	疑	喜	医	几	岂	祈
古音	止开三 群平之	止开三 群去志	止开三 疑平之	止开三 晓上止	止开三 影平之	止开三 见平微	止开三 溪上尾	止开三 群平微
太原 初	tɕʰi	tɕi	i	ɕi	i	tɕi	tɕʰi	tɕʰi
太原 中	₌tɕʰi	tɕiꜛ	₌i	ꜛɕi	₌i	₌tɕi	tɕʰiꜛ	tɕʰiəʔꜜ
太原 后	₌tɕʰi	tɕiꜛ	₌i	ꜛɕi	₌i	₌tɕi	tɕʰiꜛ	ꜛtɕʰi
文水 初	tɕʰi	tɕi	i	ɕi	i	tɕi	tɕʰi	tɕʰi
文水 中	₌tsʰɿ	—	₌ɿ	ꜛsɿ	₌ɿ	₌tsɿ	—	₌tsʰɿ
文水 后	₌tsʰɿ	tsɿꜛ	₌ɿ	ꜛsɿ	₌ɿ	₌tsɿ ꜛtsɿ	ꜛtsʰɿ	₌tsʰɿ
太谷 初	tɕʰi	tɕi	i	ɕi	i	tɕʰi	tɕʰi	tɕʰi
太谷 中	₌tɕʰi	tɕiꜛ	₌i	ꜛɕi	₌i	₌tɕi	ꜛtɕʰi	ꜛtɕʰi
太谷 后	₌tɕʰi	tɕiꜛ	₌i	ꜛɕi	₌i	₌tɕi	ꜛtɕʰi	ꜛtɕʰi
兴县 初	tɕʰi	tɕi	i	ɕi	i	tɕi	tɕʰi	tɕʰi
兴县 中	₌tɕʰi	tɕiꜛ	₌i	ꜛɕi	₌i	ꜛtɕi	ꜛtɕʰi	₌tɕʰi
兴县 后	₌tɕʰi	tɕiꜛ	₌i	ꜛɕi	₌i	ꜛtɕi	ꜛtɕʰi	₌tɕʰi
晋城 初	tɕʰi	tɕi	i	ɕi	i	tɕi	tɕʰi	tɕʰi
晋城 中	ꜛtɕʰi	tɕiꜛ	ꜛi	ꜛɕi	₌i	₌tɕi	ꜛtɕʰi	ꜛtɕʰi
晋城 后	₌tɕʰi	tɕiꜛ	₌i	ꜛɕi	₌i	₌tɕi	ꜛtɕʰi	ꜛtɕʰi
大同 初	tɕʰi	tɕi	i	ɕi	i	tɕi	tɕʰi	tɕʰi
大同 中	₌tɕʰi	tɕiꜛ	₌i	ꜛɕi	₌i	₌tɕi	ꜛtɕʰi	—
大同 后	₌tɕʰi	tɕiꜛ	₌i	ꜛɕi	₌i	₌tɕi	ꜛtɕʰi	—
呼和浩特 初	tɕʰi	tɕi	i	ɕi	i	tɕi	tɕʰi	tɕʰi
呼和浩特 中	₌tɕʰi	tɕiꜛ	₌i	ꜛtɕi	₌i	₌tɕi ꜛtɕi	ꜛtɕʰi	tɕʰiə₌
呼和浩特 后	₌tɕʰi	tɕiꜛ	₌i	ꜛtɕi	₌i	₌tɕi ꜛtɕi	ꜛtɕʰi	tɕʰiə₌

字目		希	衣	累	髓	随	吹	垂	睡
古音		止开三晓平微	止开三影平微	止合三来上纸	止合三心上纸	止合三邪平支	止合三昌平支	止合三禅平支	止合三禅去寘
太原	初	çi	i	luɛi	suɛi	suɛi	tsʻuɛi	tsʻuɛi	ʂuɛi
	中	ꜛçi	ꜛi	ꜛluei	ꜛsuei	ꜛsuei	ꜛtsʻuei	ꜛtsʻuei	suei꜖
	后	ꜛçi	ꜛi	ꜛlei	ꜛsuei	ꜛsuei	ꜛtsʻuei	ꜛtsʻuei	suei꜖
文水	初	çi	i	luei	çy	çy	tsʻuei	tsʻuei	suei
	中	ꜛʂʅ	ꜛʅ	ꜛlue	ꜛsue	ꜛsue	ꜛtsʻue	ꜛtsʻue	sue꜖
	后	ꜛʂʅ	ꜛʅ	luei꜖	ꜛsuei	ꜛsʯ ꜛsuei	ꜛtsʻuei	ꜛtsʻuei	sʯ꜖ suei꜖
太谷	初	çi	i	ly	çy	çy	tsʻuei	tsʻuei	fu
	中	ꜛçi	ꜛi	ꜛluei	ꜛçy ꜛsuei	ꜛçy ꜛsuei	ꜛfu ꜛtsʻuei	ꜛtsuei	fu꜖ suei꜖
	后	ꜛçi	ꜛi	ꜛluei	ꜛsuei	ꜛsuei	ꜛfu ꜛtsʻuei	ꜛtsuei	fu꜖ suei꜖
兴县	初	çi	i	lyi	çyi	çyi	tɕʻyi	tɕʻyi	çyi
	中	ꜛçi	ꜛi	ꜛluei	ꜛçy	ꜛçy	ꜛtɕʻy	ꜛtɕʻy	çy꜖
	后	ꜛçi	ꜛi	ꜛluei	ꜛçy	ꜛçy	ꜛtɕʻy	ꜛtɕʻy	çy꜖
晋城	初	çi	i	luai	suai	suai	tsʻuai	tsʻuai	suai
	中	ꜛçi	ꜛi	ꜛluɣɯ	ꜛʂuɣɯ	ꜛʂuɣɯ	ꜛtʂʻuɣɯ	ꜛtʂʻuɣɯ	ʂuɣɯ꜖
	后	ꜛçi	ꜛi	ꜛluɣɯ	ꜛʂuɣɯ	ꜛʂuɣɯ	ꜛtʂʻuɣɯ	ꜛtʂʻuɣɯ	ʂuɣɯ꜖
大同	初	çi	i	lɛi	sui	sui	tʂʻui	tʂʻui	ʂui
	中	ꜛçi	ꜛi	ꜛlee	ꜛsuɛe	ꜛsuɛe	ꜛtʂʻuɛe	ꜛtʂʻuɛe	ʂuɛe꜖
	后	ꜛçi	ꜛi	ꜛlei	ꜛsui	ꜛsui	ꜛtʂʻui	ꜛtʂʻui	ʂui꜖
呼和浩特	初	çi	i	ləi	səi	səi	tsʻəi	tsʻəi	səi
	中	ꜛtçi	ꜛi	ꜛluei	ꜛsuei	ꜛsuei	ꜛtsʻuei	ꜛtsʻuei	suei꜖
	后	ꜛtçi	ꜛi	ꜛluei	ꜛsuei	ꜛsuei	ꜛtsʻuei	ꜛtsʻuei	suei꜖

字目		蕊	诡	亏	危	麾	委	为	醉
古音		止合三日上纸	止合三见上纸	止合三溪平支	止合三疑平支	止合三晓平支	止合三影上纸	止合三云平支	止合三精去至
太原	初	zuɛi	kuɛi	k'uɛi	vɛi	xuɛi	vɛi	vɛi	tsuɛi
	中	꜀zuei	꜀kuei	꜀kuei	꜀vei	—	꜀vei	꜀vei	tsuei꜔
	后	꜀zuei	꜀kuei	꜀kuei	꜀vei	—	꜀vei	꜀vei	tsuei꜔
文水	初	zuei	kuei	k'uei	uei	xuei	uei	uei	tɕy
	中	—	—	꜀kue	꜀ue	꜀xue	꜀ue	꜀ue	tsʅ꜔ tsue꜔
	后	꜀zuei	꜀kuei	꜀k'uei	꜀uei	—	꜀uei	꜀uei uei꜔	tsʅ꜔ tsuei꜔
太谷	初	zuei	kuei	k'uei	uei	xuei	uei	uei	tɕy
	中	꜀zuei	꜀kuei	꜀k'uei	꜀vei	꜀xuei	꜀vei	꜀vei	tɕy꜔ tsuei꜔
	后	꜀zuei	꜀kuei	꜀k'uei	꜀vei	꜀xuei	꜀vei	꜀vei	tɕy꜔ tsuei꜔
兴县	初	—	kuɛ	k'uɛ	uɛ	xuɛ	uɛ	uɛ	tɕyi
	中		꜀kuei	꜀k'uei	꜀uei	꜀xuei	꜀uei	꜀uei	tɕy꜔
	后		꜀kuei	꜀k'uei	꜀uei	꜀xuei	꜀uei	꜀uei	tɕy꜔
晋城	初	zuai	kuai	k'uai	uai	xuai	uai	uai	tsuai
	中	ʐ̩uɣɯ꜔	꜀kuɣɯ	꜀k'uɣɯ	꜀uɣɯ	—	꜀uɣɯ	꜀uɣɯ	tʂuɣɯ꜔
	后	꜀ʐ̩uɣɯ	꜀kuɣɯ	꜀k'uɣɯ	꜀uɣɯ	꜀xuɣɯ	꜀uɣɯ	꜀uɣɯ	tʂuɣɯ꜔
大同	初	vɛi	kui	k'ui	vɛi	xɛi	vɛi	vɛi	tsui
	中	ʐ̩uɛɛ꜔	꜀kuɛɛ	꜀k'uɛɛ	꜀vɛɛ	꜀xuɛɛ	꜀vɛɛ	vɛɛ꜔	tsuɛɛ꜔
	后	ʐ̩ui꜔	꜀kui	꜀k'ui	꜀vei	꜀xui	꜀vei	vei꜔	tsui꜔
呼和浩特	初	zui	kui	k'ui	vəi	xui	vəi	vəi	tsəi
	中	—	꜀kuei	꜀k'uei	꜀vei	—	꜀vei	꜀vei vei꜔	tsuei꜔
	后	—	꜀kuei	꜀k'uei	꜀vei	—	꜀vei	꜀vei vei꜔	tsuei꜔

字目	翠	虽	遂	追	槌	锤	坠	水
古音	止合三清去至	止合三心平脂	止合三邪去至	止合三知平脂	止合三澄平脂	止合三澄平脂	止合三澄去至	止合三书上旨
太原 初	tsʻuɛi	suɛi	suei	tsuɛi	tsʻuɛi	—	tsuɛi	suɛi
太原 中	tsʻuei²	꜀suei	꜀suei	꜀tsuei	—	꜀tsʻuei	tsuei²	꜀suei
太原 后	tsʻuei²	꜀suei	꜀suei	꜀tsuei	—	꜀tsʻuei	tsuei²	꜀suei
文水 初	tsʻuei	suei	ɕy	tsuei	tsʻuei	tsʻuei	tsuei	suei
文水 中	tsʻue²	꜀sue	sue²	꜀tsue	—	—	tsue²	꜀sue
文水 后	tsʻuei²	꜀suei	suei²	꜀tsuei	꜀tsʻuei	꜀tsʻuei	tsuei²	꜀sʅ / ꜀suei
太谷 初	tsʻuei	ɕy	ɕy	tsuei	tsʻuei	tsu	tsu	fu
太谷 中	tsʻuei²	꜀suei	suei²	꜀tsuei	꜀tsʻuei	꜀tsu / ꜀tsuei	tsuei²	꜀fu / ꜀suei
太谷 后	tsʻuei²	꜀suei	suei²	꜀tsuei	꜀tsʻuei	꜀tsuei	tsuei²	꜀fu / ꜀suei
兴县 初	tɕʻyi	ɕyi	ɕyi	tɕyi	tɕʻyi	tɕʻyi	tɕyi	ɕyi
兴县 中	tɕʻy²	꜀ɕy	suei²	꜀tsuei	꜀tɕʻy	꜀tɕʻy	tsuei²	꜀ɕy
兴县 后	tɕʻy²	꜀ɕy	suei²	꜀tsuei	꜀tɕʻy	꜀tɕʻy	tsuei²	꜀ɕy
晋城 初	tsʻuai	suai	suai	tsuai	tsʻuai	—	tsuai	suai
晋城 中	tʂʻuɣɯ²	꜀ʂuɣɯ	ʂuɣɯ²	꜀tʂuɣɯ	꜀tʂʻuɣɯ	꜀tʂʻuɣɯ	tʂuɣɯ²	꜀ʂuɣɯ
晋城 后	tʂʻuɣɯ²	꜀ʂuɣɯ	ʂuɣɯ²	꜀tʂuɣɯ	꜀tʂʻuɣɯ	꜀tʂʻuɣɯ	tʂuɣɯ²	꜀ʂuɣɯ
大同 初	tsʻui	sui	sui	tʂui	tʂʻui	—	tʂui	ʂui
大同 中	tʂʻuɛɛ²	꜀ʂuɛɛ	—	꜀tʂuɛɛ	꜀tʂʻuɛɛ	—	tʂuɛɛ²	꜀ʂuɛɛ
大同 后	tʂʻui²	꜀sui	—	꜀tʂui	꜀tʂʻui	—	tʂui²	꜀ʂui
呼和浩特 初	tsʻəi	səi	səi	tsəi	tsʻəi	tsʻəi	tsəi	səi
呼和浩特 中	tsʻuei²	꜀suei	suei²	꜀tsuei	꜀tsʻuei	꜀tsʻuei	tsuei²	꜀suei
呼和浩特 后	tsʻuei²	꜀suei	suei²	꜀tsuei	꜀tsʻuei	꜀tsʻuei	tsuei²	꜀suei

字目		龟	逵	葵	柜	惟	非	妃	肥
古音		止合三见平脂	止合三群平脂	止合三群平脂	止合三群去至	止合三以平脂	止合三非平微	止合三敷平微	止合三奉平微
太原	初	kuɛi	kʻuɛi	kʻuɛi	kuɛi	vɛi	fɛi	fɛi	fɛi
	中	꜁kuei	꜁kʻuei	꜁kʻuei	kuei꜄	꜁vei	꜁fei	꜁fei	꜁fei
	后	꜁kuei	꜁kʻuei	꜁kʻuei	kuei꜄	꜁vei	꜁fei	꜁fei	꜁fei
文水	初	kuei	kʻuei	kʻuei	kuei	uei	xuei	xuei	xuei
	中	꜁kue	꜁kʻue	꜁kʻue	kue꜄	꜁ue	꜁xue	꜁xu	꜁xue
	后	꜁kuei	꜁kʻuei	꜁kʻuei	kuei꜄	꜁uei	꜁xuei	꜁xuei	꜁xuei
太谷	初	kuei	kʻuei	kʻuei	kuei	uei	fəi	fəi	fəi
	中	꜁kuei	꜁kʻuei	꜁kʻuei	kuei꜄	꜁vei	꜁fei	꜁fei	꜁fei
	后	꜁kuei	꜁kʻuei	꜁kʻuei	kuei꜄	꜁vei	꜁fei	꜁fei	꜁fei
兴县	初	kuɛ	—	—	kuɛ	vɛ	fuɛ	fuɛ	fuɛ
	中	꜁kuei	꜁kʻuei	꜁kʻuei	kuei꜄	꜁uei	꜁xuɣ	꜁xuɣ	꜁xuei
	后	꜁kuei	꜁kʻuei	꜁kʻuei	kuei꜄	꜁uei	꜁xuei	꜁xuei	꜁xuei
晋城	初	kuai	—	kʻuai	kuai	uai	fai	fai	fai
	中	꜀ʂuɣɯ	꜁kʻuɣɯ	꜁kʻuɣɯ	kuɣɯ꜄	꜁uɣɯ	꜁fɣɯ	꜁fɣɯ	꜀fɣɯ
	后	꜁kuɣɯ	꜁kʻuɣɯ	꜁kʻuɣɯ	kuɣɯ꜄	꜁uɣɯ	꜁fɣɯ	꜁fɣɯ	꜁fɣɯ
大同	初	kui	kʻui	kʻui	kui	vɛi	fɛi	fɛi	fɛi
	中	꜁kuɛe	꜁kʻuɛe	꜁kʻuɛe	kuɛe꜄	—	꜁fɛe	꜁fɛe	꜁fɛe
	后	꜁kui	꜁kʻui	꜁kʻui	kui꜄	—	꜁fei	꜁fei	꜁fei
呼和浩特	初	kui	kʻui	kʻui	kui	vəi	fəi	fəi	fəi
	中	꜁kuei	꜁kʻuei	꜁kʻuei	kuei꜄	꜁vei	꜁fei	꜁fei	꜁fei
	后	꜁kuei	꜁kʻuei	꜁kʻuei	kuei꜄	꜁vei	꜁fei	꜁fei	꜁fei

字目	尾	鬼	挥	威	违	保	袍	暴
古音	止合三微上尾	止合三见上尾	止合三晓平微	止合三影平微	止合三云平微	效开一帮上皓	效开一并平豪	效开一并去号
太原 初	vɛi	kuɛi	xuɛi	vɛi	vɛi	ᶜpau	pʻau	pau
太原 中	ᶜʅ ᶜvei	ᶜkuei	ᶜxuei	ᶜvei	ᶜvei	ᶜpau	ᶜpʻau	pauꜛ
太原 后	ᶜʅ ᶜvei	ᶜkuei	ᶜxuei	ᶜvei	ᶜvei	ᶜpau	ᶜpʻau	pauꜛ
文水 初	uei	kuei	xuei	uei	uei	pau	pʻau	pau
文水 中	ᶜʅ ᶜue	ᶜkue	ᶜxue	ᶜue	ᶜue	ᶜpau	ᶜpʻau	pauꜛ
文水 后	ᶜʅ ᶜuei	ᶜkuei	ᶜxuei	ᶜiə	ᶜuei	ᶜpau	ᶜpʻau	pauꜛ
太谷 初	uei	kuei	xuei	uei	uei	pɔ	pʻɔ	pɔ
太谷 中	ᶜi ᶜvei	ᶜkuei	ᶜxuei	ᶜvei	ᶜvei	ᶜpɑɯ	ᶜpʻɑɯ	pɑɯꜛ
太谷 后	ᶜi ᶜvei	ᶜkuei	ᶜxuei	ᶜvei	ᶜvei	ᶜpɑɯ	ᶜpʻɑɯ	pɑɯꜛ
兴县 初	vɛ	kuɛ	xuɛ	uɛ	uɛ	pau	pʻau	pau
兴县 中	ᶜuei	ᶜkuei	ᶜxuei	ᶜuei	ᶜuei	ᶜpɑu	ᶜpʻɑu	pɑuꜛ
兴县 后	ᶜuei	ᶜkuei	ᶜxuei	ᶜuei	ᶜuei	ᶜpɑu	ᶜpʻɑu	pɑuꜛ
晋城 初	uai	kuai	xuai	uai	uai	po	pʻo	po
晋城 中	ᶜi ᶜuɣɯ	ᶜkuɣɯ	ᶜxuɣɯ	ᶜuɣɯ	ᶜuɣɯ	ᶜpo	ᶜpʻo	poꜛ
晋城 后	ᶜuɣɯ	ᶜkuɣɯ	ᶜxuɣɯ	ᶜuɣɯ	ᶜuɣɯ	ᶜpo	ᶜpʻo	poꜛ
大同 初	vɛi	kui	xui	vɛi	vei	po	pʻo	po
大同 中	ᶜvɐɐ	ᶜkuɐɐ	ᶜxuɐɐ	ᶜvɐɐ	₅vɐɐ	ᶜpɐɐ	ᶜpʻɐɐ	pɐɐꜛ
大同 后	ᶜvei	ᶜkui	ᶜxui	ᶜvei	₅vei	ᶜpɐɐ	ᶜpʻɐɐ	pɐɐꜛ
呼和浩特 初	vəi	kui	xui	vəi	viə	po	pʻo	po
呼和浩特 中	ᶜvei	ᶜkuei	ᶜxuei	ᶜvei	ᶜvei	ᶜpɔ	ᶜpʻɔ	pɔꜛ
呼和浩特 后	ᶜvei	ᶜkuei	ᶜxuei	ᶜvei	ᶜvei	ᶜpɔ	ᶜpʻɔ	pɔꜛ

	字目	毛	刀	讨	桃	逃	淘	陶	道
	古音	效开一明平豪	效开一端平豪	效开一透上皓	效开一定平豪	效开一定平豪	效开一定平豪	效开一定平豪	效开一定上皓
太原	初	mau	tau	tʻau	—	—	—	tʻau	tau
	中	ˌmau	ˌtau	ˈtʻau	ˌtʻau	ˌtʻau	ˌtʻau	ˌtʻau	tauˀ
	后	ˌmau	ˌtau	ˈtʻau	ˌtʻau	ˌtʻau	ˌtʻau	ˌtʻau	tauˀ
文水	初	mbau	tau	tʻau	tʻau	tʻau	tʻau	tʻau	tau
	中	ˌmau	ˌtau	ˈtʻau	ˌtau	ˌtʻau	ˌtʻau	ˌtʻau	tauˀ
	后	ˌmau	ˌtau	ˈtʻau	ˌtʻau	ˌtʻau	ˌtʻau	ˌtʻau	tauˀ
太谷	初	mɔ	tɔ	tʻɔ	tʻɔ	tʻɔ	tʻɔ	tʻɔ	tɔ
	中	ˌmaɯ	ˌtaɯ	ˈtʻaɯ	ˌtʻaɯ	ˌtʻaɯ	ˌtʻaɯ	ˌtʻaɯ	taɯˀ
	后	ˌmaɯ	ˌtaɯ	ˈtʻaɯ	ˌtʻaɯ	ˌtʻaɯ	ˌtʻaɯ	ˌtʻaɯ	taɯˀ
兴县	初	mbau	tau	tʻau	tʻau	tʻau	tʻau	tʻau	tau
	中	ˌmɑu	ˌtɑu	ˈtʻɑu	ˌtʻɑu	ˌtʻɑu	ˌtʻɑu	ˌtʻɑu	tɑuˀ
	后	ˌmɑu	ˌtɑu	ˈtʻɑu	ˌtʻɑu	ˌtʻɑu	ˌtʻɑu	ˌtʻɑu	tɑuˀ
晋城	初	mo	to	tʻo	—	—	—	tʻo	to
	中	ˈmo	ˌto	ˈtʻo	ˈtʻo	ˈtʻo	ˈtʻo	ˈtʻo	toˀ
	后	ˌmo	ˌto	ˈtʻo	ˌtʻo	ˌtʻo	ˌtʻo	ˌtʻo	toˀ
大同	初	mo	to	tʻo	tʻo	tʻo	tʻo	tʻo	to
	中	ˌmɐo	ˌtɐo	ˈtʻɐo	ˌtʻɐo	ˌtʻɐo	ˌtʻɐo	ˌtʻɐo	tɐoˀ
	后	ˌmɐo	ˌtɐo	ˈtʻɐo	ˌtʻɐo	ˌtʻɐo	ˌtʻɐo	ˌtʻɐo	tɐoˀ
呼和浩特	初	mo	to	tʻo	tʻo	tʻo	tʻo	tʻo	to
	中	ˌmɔ	ˌtɔ	ˈtʻɔ	ˌtʻɔ	ˌtʻɔ	ˌtʻɔ	ˌtʻɔ	tɔˀ
	后	ˌmɔ	ˌtɔ	ˈtʻɔ	ˌtʻɔ	ˌtʻɔ	ˌtʻɔ	ˌtʻɔ	tɔˀ

字目		脑	恼	劳	遭	早	草	曹	扫
古音		效开一泥上皓	效开一泥上皓	效开一来平豪	效开一精平豪	效开一精上皓	效开一清上皓	效开一从平豪	效开一心上皓
太原	初	nau	—	lau	tsau	—	tsʻau	tsʻau	sau
	中	ᶜnau	ᶜnau	₌lau	₌tsau	ᶜtsau	₌tsʻau	₌tsʻau	ᶜsau
	后	ᶜnau	ᶜnau	₌lau	₌tsau	ᶜtsau	₌tsʻau	₌tsʻau	ᶜsau
文水	初	ndau	ndau	lau	tsau	tsau	tsʻau	tsʻau	sau
	中	ᶜnau	ᶜnau	₌lau	₌tsau	ᶜtsau	₌tsʻau	₌tsau / ₌tsʻau	sauꜛ
	后	ᶜnau	ᶜnau	₌uai	₌tsai	ᶜtsai	₌tsʻai	₌uaʻsi	ᶜsai
太谷	初	ᶜɔ	nɔ	lɔ	tsɔ	tsɔ	tsʻɔ	tsʻɔ	sɔ
	中	ᶜnaɯ	ᶜnaɯ	₌laɯ	₌tsaɯ	ᶜtsaɯ	₌tsʻaɯ	₌tsaɯ / ₌tsʻaɯ	ᶜsaɯ
	后	ᶜnaɯ	ᶜnaɯ	₌laɯ	₌tsaɯ	ᶜtsaɯ	₌tsʻaɯ	₌tsʻaɯ	saɯꜛ
兴县	初	—	—	lau	tsau	tsau	tsʻau	tsʻau	sau
	中	ᶜnɑu	ᶜnɑu	₌lau	₌tsau	ᶜtsau	₌tsʻɑu	₌tsʻɑu	ᶜsɑu
	后	ᶜnɑu	ᶜnɑu	₌lau	₌tsau	ᶜtsau	₌tsʻɑu	₌tsʻɑu	ᶜsɑu
晋城	初	—	no	lo	tʂo	tʂo	tʂʻo	tʂʻo	so
	中	ᶜno	ᶜno	₌lo	₌tʂo	ᶜtʂo	₌tʂʻo	₌tʂʻo	ᶜʂo
	后	ᶜno	ᶜno	₌lo	₌tʂo	ᶜtʂo	₌tʂʻo	₌tʂʻo	ᶜʂo
大同	初	no	no	lo	tso	tso	tsʻo	tsʻo	ʃo
	中	ᶜnɒu	ᶜnɒu	₌lɒu	₌tsɒu	—	₌tsʻɒu	₌tsʻɒu	ᶜsɒu
	后	ᶜnɒu	ᶜnɒu	₌lɒu	₌tsɒu	—	₌tsʻɒu	₌tsʻɒu	ᶜsɒu
呼和浩特	初	no	no	—	tso	—	tsʻo	tsʻo	so
	中	ᶜnɔ	ᶜnɔ	₌lɔ	₌tsɔ	ᶜtsɔ	₌tsʻɔ	₌tsʻɔ	ᶜsɔ
	后	ᶜnɔ	ᶜnɔ	₌lɔ	₌tsɔ	ᶜtsɔ	₌tsʻɔ	₌tsʻɔ	ᶜsɔ

字目	高	考	好	豪	袄	包	炮	跑
古音	效开一见平豪	效开一溪上皓	效开一晓上皓	效开一匣平豪	效开一影上皓	效开二帮平肴	效开二滂去效	效开二並平肴
太原 初	kau	k'au	xau	xau	ɣau	pau	p'au	p'au
太原 中	ˌkau	ˈk'au	ˌxau	ˌxau	ˌvu / ˌɣau	ˌpau	p'au⁼	ˌp'au
太原 后	ˌkau	ˈk'au	ˌxau	ˌxau	⁼au	ˌpau	p'au⁼	ˌp'au
文水 初	kɯ	k'au	xau	xɯ	ngau	pau	p'au	p'au
文水 中	ˌkəɪ / ˌkau	ˈk'au	ˌxau	ˌxau	ˌŋuau	ˌpau	p'au⁼	ˌp'au
文水 后	ˌkau	ˈk'au	ˌxau	ˌxau	ˌŋau	ˌpau	p'au⁼	ˌp'au
太谷 初	ko	k'o	cx	xo	ŋgɔ	pɔ	p'ɔ	p'ɔ
太谷 中	ˌkuo	ˈk'uo	ˌxɯ	ˌxɯ	ˌŋɯ	ˌpɯ	p'ɯ⁼	ˌp'ɯ
太谷 后	ˌkuo	ˈk'uo	ˌxɯ	ˌxɯ	ˌŋɯ	ˌpɯ	p'ɯ⁼	ˌpɯ / ˌp'ɯ
兴县 初	ku	k'au	xau	xau	ŋgu	pau	p'au	p'au
兴县 中	ˌku	ˈk'au	ˌxɑu	ˌxɑu	ˌŋu	ˌpɑu	p'ɑu⁼	ˌp'au
兴县 后	ˌku	ˈk'au	ˌxɑu	ˌxɑu	ˌŋu	ˌpɑu	p'au⁼	ˌp'au
晋城 初	ko	k'o	xo	xo	ɣo	po	p'o	p'o
晋城 中	ˌko	ˈk'o	ˌxo	ˌxo	ˌɣo	ˌpo	p'o⁼	ˌp'o
晋城 后	ˌko	ˈk'o	ˌxo	ˌxo	o⁼	ˌpo	p'o⁼	ˌp'o
大同 初	ko	k'o	xo	xo	xo	po	p'o	p'o
大同 中	ˌkɤo	ˈk'ɤo	ˌxɤo	ˌxɤo	ˌŋɤo	ˌpɤo	p'ɤo⁼	ˌp'ɤo
大同 后	ˌkɤo	ˈk'ɤo	ˌxɤo	ˌxɤo	ˌŋɤo	ˌpɤo	p'ɤo⁼	ˌp'ɤo
呼和浩特 初	ko	k'o	xo	xo	ŋgo	po	p'o	p'o
呼和浩特 中	ˌkɔ	ˈk'ɔ	ˌxɔ	ˌxɔ	ˌŋɔ	ˌpɔ	p'ɔ⁼	ˌp'ɔ
呼和浩特 后	ˌkɔ	ˈk'ɔ	ˌxɔ	ˌxɔ	ˌŋɔ	ˌpɔ	p'ɔ⁼	ˌp'ɔ

字目		茅	铙	罩	櫂	爪	抄	巢	稍
古音		效开二明平肴	效开二泥平肴	效开二知去效	效开二澄去效	效开二庄上巧	效开二初平肴	效开二崇平肴	效开二生去效
太原	初	mau	nau	tsau	—	tsau	tsʻau	tsʻau	sau
	中	꜀mau	—	tsauꜛ		ꜛtsua	꜀tsʻau	꜀tsʻau	꜀sau
	后	꜀mau		tsauꜛ		ꜛtsua	꜀tsʻau	꜀tsʻau	꜀sau
文水	初	mbau	ndau	tsau	tsau	tsau	tsʻau	tsʻau	sau
	中	꜀mau	꜀nau	tsauꜛ	—	ꜛtsau ꜛtsua	꜀tsʻau	꜀tsʻau	꜀sau
	后	꜀mau	꜀nau	tsauꜛ	—	ꜛtsau	꜀tsʻau	꜀tsʻau	꜀sau
太谷	初	mɔ	nɔ	tsɔ	tsɔ	tsɔ	tsʻɔ	tsʻɔ	sɔ
	中	꜀maɯ	꜀naɯ	tsaɯꜛ	tsaɯꜛ	ꜛtsaɯ	tsʻaɯ	꜀tsʻaɯ	saɯꜛ
	后	꜀maɯ	꜀naɯ	tsaɯꜛ	tsaɯꜛ	ꜛtsaɯ	tsʻaɯ	꜀tsʻaɯ	saɯꜛ
兴县	初	mbau	ɳɖau	tsau	—	tsau	tsʻau	tsʻau	sau
	中	꜀mɑu	꜀nɑu	tsɑuꜛ	—	ꜛtsuɑ	꜀tsʻɑu	꜀tsʻɑu	꜀sɑu
	后	꜀mɑu	꜀nɑu	tsɑuꜛ	—	ꜛtsuɑ	꜀tsʻɑu	꜀tsʻɑu	꜀sɑu
晋城	初	mo	no	tso	—	tso	tsʻo	tsʻo	so
	中	ꜛmo	—	tʂoꜛ	—	ꜛtʂo	꜀tʂʻo	꜀tʂʻo	ʂoꜛ
	后	꜀mo	꜀no	tʂoꜛ	—	ꜛtʂo	꜀tʂʻo	꜀tʂʻo	꜀ʂo
大同	初	mo	no	tso	tso	tso	tsʻo	tsʻo	so
	中	꜀mɐo	—	tsɐoꜛ	—	ꜛtʂua	tsʻɐo	—	꜀sɐo
	后	꜀mɐo	—	tsɐoꜛ	—	ꜛtʂua	tsʻɐo	—	꜀sɐo
呼和浩特	初	mo	no	tso	—	tso	tsʻo	tsʻo	so
	中	꜀mɔ	꜀nɔ	tsɔꜛ	—	ꜛtsua	꜀tsʻɔ	꜀tsʻɔ	꜀sɔ
	后	꜀mɔ	꜀nɔ	tsɔꜛ	—	ꜛtsua	꜀tsʻɔ	꜀tsʻɔ	꜀sɔ

字目		交	敲	咬	孝	效	表	飘	漂
古音		效开二见平肴	效开二溪平肴	效开二疑上巧	效开二晓去效	效开二匣去效	效开三帮上小	效开三滂平宵	效开三滂上小
太原	初	tɕiau	tɕʻiau	iau	ɕiau	ɕiau	piau	pʻiau	pʻiau
	中	₌tɕiau	₌tɕʻiau	ꞌniau / iau	ɕiau	ɕiauꞋ	ꞌpiau	₌pʻiau	₌pʻiau
	后	₌tɕiau	₌tɕʻiau	ꞌniau / iau	ɕiauꞋ	ɕiauꞋ	ꞌpiau	₌pʻiau	₌pʻiau
文水	初	tɕiau	tɕʻiau	nʑiau	ɕiau	ɕiau	piau	pʻɯ	pʻɯ
	中	₌tɕiau	₌tɕʻiau	ꞌniau	—	ɕiauꞋ	ꞌpi / piau	₌pʻi / ₌pʻiau	ꞌpʻi / ₌pʻiau
	后	₌tɕi / ₌tɕiau	₌tɕʻi / ₌tɕʻiau	ꞌniau	ɕiauꞋ	ɕiauꞋ	ꞌpiau	₌pʻiau	piauꞋ / ₌piau
太谷	初	tɕiꞋ	tɕiꞋ	niɔ	ɕiɔ	ɕiɔ	pyθ	pʻyθ	pʻyθ
	中	₌tɕiaɯ	₌tɕʻiaɯ	ꞌniaɯ	ɕiaɯꞋ	ɕiaɯꞋ	ꞌpiɔ	₌pʻiɔ	₌pʻiɔ
	后	₌tɕiaɯ	₌tɕʻiaɯ	ꞌniaɯ	ɕiaɯꞋ	ɕiaɯꞋ	ꞌpiɔ	₌pʻiɔ	₌pʻiɔ
兴县	初	tɕiɑu	tɕʻiɑu	nʑiɑu	—	—	piu	pʻiu	pʻiu
	中	₌tɕiɑu	₌tɕʻiɑu	ꞌniɑu	ɕiɑuꞋ	ɕiɑuꞋ	ꞌpiɤu	₌pʻiɤu	₌pʻiɤu
	后	₌tɕiɑu	₌tɕʻiɑu	ꞌniɑu	ɕiɑuꞋ	ɕiɑuꞋ	ꞌpiɤu	₌pʻiɤu	₌pʻiɤu
晋城	初	tɕio	tɕʻio	io	ɕio	ɕio	pio	pʻio	pʻio
	中	₌tɕio	₌tɕʻio	ꞌio	ɕioꞋ	ɕioꞋ	ꞌpio	₌pʻio	pʻioꞋ
	后	₌tɕio	₌tɕʻio	ꞌio	ɕioꞋ	ɕioꞋ	ꞌpio	₌pʻio	pʻioꞋ
大同	初	tɕio	tɕʻio	io	ɕio	ɕio	pio	pʻio	—
	中	₌tɕiɐo	₌tɕʻiɐo	ꞌiɐo	ɕiɐoꞋ	ɕiɐoꞋ	ꞌpiɐo	₌pʻiɐo	₌pʻiɐo
	后	₌tɕiɐo	₌tɕʻiɐo	ꞌiɐo	ɕiɐoꞋ	ɕiɐoꞋ	ꞌpiɐo	₌pʻiɐo	₌pʻiɐo
呼和浩特	初	tɕio	tɕʻio	io	ɕio	ɕio	pio	pʻio	pʻio
	中	₌tɕiɔ	₌tɕʻiɔ	ꞌniɔ	ɕiɔꞋ	ɕiɔꞋ	ꞌpiɔ	₌pʻiɔ	₌pʻiɔ
	后	₌tɕiɔ	₌tɕʻiɔ	ꞌniɔ	ɕiɔꞋ	ɕiɔꞋ	ꞌpiɔ	₌pʻiɔ	₌pʻiɔ

字目		瓢	苗	燎	焦	悄	消	宵	朝
古音		效开三並平宵	效开三明平宵	效开三来平宵	效开三精平宵	效开三清上小	效开三心平宵	效开三心平宵	效开三知平宵
太原	初	pʻiau	miau	leau	tɕiau	tɕʻiau	ɕiau	ɕiau	tsau
	中	꜀pʻiau	꜀miau	꜀liau	꜀tɕiau	꜀tɕʻiau	꜀ɕiau	꜀ɕiau	꜀tsau
	后	꜀pʻiau	꜀miau	꜀liau	꜀tɕiau	꜀tɕʻiau	꜀ɕiau	꜀ɕiau	꜀tsau
文水	初	pʻeɯ	mbeɯ	—	tɕieɯ	tɕʻieɯ	ɕieɯ	ɕieɯ	tʂau
	中	꜀pʻi / ꜀pʻiau	꜀mi	꜀li / ꜀liau	꜀tɕi / ꜀tɕiau	—	꜀ɕi / ꜀ɕiau	꜀ɕiau	—
	后	꜀pʻiau	꜀miau	꜀li / ꜀liau	꜀tɕi / ꜀tɕiau	꜀tɕiou	꜀ɕiau / ꜀ɕi	꜀ɕiau / ꜀ɕi	꜀tsau
太谷	初	pʻyɵ	myɵ	lyɵ	tɕyɵ	tɕʻyɵ	ɕyɵ	ɕyɵ	tso
	中	꜀pʻio	꜀mio	꜀lio	꜀tɕio	꜀tɕʻio	꜀ɕio	꜀ɕio	꜀tsuo
	后	꜀pʻio	꜀mio	꜀lio	꜀tɕiaɯ	꜀tɕʻio	꜀ɕio	꜀ɕio	꜀tsuo
兴县	初	—	mbiu	lyu	tɕiu	tɕʻiu	ɕiu	ɕiu	tʂu
	中	꜀pʻiɣu	꜀miɣu	꜀liɣu	꜀tɕiɣu	꜀tɕʻiɣu	꜀ɕiɣu	꜀ɕiɣu	꜀tʂu
	后	꜀pʻiɣu	꜀miɣu	꜀liɣu	꜀tɕiɣu	꜀tɕʻiɣu	꜀ɕiɣu	꜀ɕiɣu	꜀tʂu
晋城	初	pʻio	mio	leo	tɕio	tɕʻio	ɕio	ɕio	tʂo
	中	꜀pʻio	꜀mio	꜀lio	꜀tɕio	꜀tɕʻio	꜀ɕio	꜀ɕio	꜀tʂo
	后	꜀pʻio	꜀mio	꜀lio	꜀tɕio	꜀tɕʻio	꜀ɕio	꜀ɕio	꜀tʂo
大同	初	—	mio	leo	tɕio	tɕʻio	ɕio	ɕio	—
	中	꜀pʻiɐo	꜀miɐo	꜀liɐo	꜀tɕiɐo	꜀tɕʻiɐo	꜀ɕiɐo	꜀ɕiɐo	꜀tʂɐo
	后	꜀pʻiɐo	꜀miɐo	꜀liɐo	꜀tɕiɐo	꜀tɕʻiɐo	꜀ɕiɐo	꜀ɕiɐo	꜀tʂɐo
呼和浩特	初	pʻio	mio	leo	tɕio	tɕʻio	ɕio	ɕio	tʂo
	中	꜀pʻiɔ	꜀miɔ	꜀liɔ	꜀tɕiɔ	꜀tɕʻiɔ	꜀ɕiɔ	꜀ɕiɔ	꜀tsɔ
	后	꜀pʻiɔ	꜀miɔ	꜀liɔ	꜀tɕiɔ	꜀tɕʻiɔ	꜀ɕiɔ	꜀ɕiɔ	꜀tsɔ

字目		朝	潮	赵	兆	昭	烧	绍	饶
古音		效开三澄平宵	效开三澄平宵	效开三澄上小	效开三澄上小	效开三章平宵	效开三书平宵	效开三禅上小	效开三日平宵
太原	初	tsau	tsʻau	tsau	tsau	tsau	sau	sau	zau
	中	꜀tsau	꜀tsʻau	tsauˀ	tsauˀ	꜀tsau	꜀sau	sauˀ	꜀zau
	后	꜀tsau	꜀tsʻau	tsauˀ	tsauˀ	꜀tsau	꜀sau	sauˀ	꜀zau
文水	初	tʂɯ	tʂʻɯ	tʂau	tʂau	tʂau	ʂɯ	ʂau	zɯ
	中	꜀tsʻau / ꜀tsʻəɪ	꜀tsʻau / ꜀tsʻəɪ	tsauˀ	tsauˀ	꜀tsau	꜀səɪ	sauˀ	꜀zau
	后	꜀tsau / ꜀tsʻau	꜀tsʻau	tsauˀ	tsauˀ	꜀tsau	꜀sau	sauˀ	꜀zao
太谷	初	tsʻo	tsʻo	tso	tso	tso	so	so	zo
	中	꜀tsʻuo	꜀tsʻuo	tsuoˀ	tsuoˀ	꜀tsuo	꜀suo	suoˀ	꜀zuo
	后	꜀tsʻɯ	꜀tsʻɯ	tsuoˀ	tsauˀ	꜀tsɯ	꜀suo	suoˀ	꜀zuo
兴县	初	tʂʻu	tʂʻu	tʂu	tʂu	tʂu	ʂu	ʂu	zu
	中	꜀tʂʻu	꜀tʂʻu	tʂuˀ	tʂuˀ	꜀tʂu	꜀ʂu	ʂuˀ	꜀zu
	后	꜀tʂʻu	꜀tʂʻu	tʂuˀ	tʂuˀ	꜀tʂu	꜀ʂu	ʂuˀ	꜀zu
晋城	初	—	tsʻo	—	tso	tso	so	so	zo
	中	꜀tʂʻo	꜀tʂʻo	tʂoˀ	tʂoˀ	꜀tʂo	꜀ʂo	꜀ʂo	꜀zo
	后	꜀tʂʻo	꜀tʂʻo	tʂoˀ	tʂoˀ	꜀tʂo	꜀ʂo	ʂoˀ	꜀zo
大同	初	tʂʻo	—	tʂo	tʂo	tʂo	ʂo	ʂo	zo
	中	꜀tʂɒˀ	꜀tʂɒˀ	tʂɒˀ	tʂɒˀ	꜀tʂɒ	꜀ʂɒ	ʂɒˀ	꜀zɒ
	后	꜀tʂɒˀ	꜀tʂɒˀ	tʂɒˀ	tʂɒˀ	꜀tʂɒ	꜀ʂɒ	ʂɒˀ	꜀zɒ
呼和浩特	初	tʂʻo	tʂʻo	tʂo	tʂo	tʂo	ʂo	ʂo	zo
	中	꜀tʂʻɔ	꜀tʂʻɔ	tʂɔˀ	tʂɔˀ	꜀tʂɔ	꜀ʂɔ	꜀ʂɔ	꜀zɔ
	后	꜀tʂʻɔ	꜀tʂʻɔ	tʂɔˀ	tʂɔˀ	꜀tʂɔ	꜀ʂɔ	ʂɔˀ	꜀zɔ

字目	骄	乔	轿	妖	耀	刁	挑	条
古音	效开三见平宵	效开三群平宵	效开三群去笑	效开三影平宵	效开三以去笑	效开四端平萧	效开四透平萧	效开四定平萧
太原 初	tɕiau	tɕʻiau	tɕiau	iau	iau	tiau	tʻiau	tʻiau
太原 中	₌tɕiau	₌tɕʻiau	tɕiau⊃	₌iau	iau⊃	₌tiau	₌tʻiau	₌tʻiau
太原 后	₌tɕiau	₌tɕʻiau	tɕiau⊃	₌iau	iau⊃	₌tiau	₌tʻiau	₌tʻiau
文水 初	tɕiau	tɕʻiɯ	tɕiəɯ	iau	iau	tiau	tʻɯ	tʻɯ
文水 中	₌tɕiau	₌tɕʻiau	tɕi⊃ / tɕiau⊃	₌iau	iau⊃	₌ti / ₌tiau	tʻi / ₌tʻiau	₌tʻi / ₌tʻiau
文水 后	₌tɕi / ₌tɕiau	₌tɕʻiau	tɕi⊃ / tɕiau⊃	₌iau	iau⊃	₌tiau	₌tʻiau	₌tʻiau
太谷 初	tɕyə	tɕʻyə	tɕyə	yə	yə	tyə	tʻyə	tʻyə
太谷 中	₌tɕio	₌tɕʻio	tɕio⊃	₌io	io⊃	₌tio	₌tʻio	₌tʻio
太谷 后	₌tɕiaɯ	ʻtɕʻiaɯ	tɕiaɯ⊃	₌io	io⊃	₌tio	₌tʻio	₌tʻio
兴县 初	tɕiu	tɕʻiu	tɕiu	iu	iu	tiu	tʻiu	tʻiu
兴县 中	₌tɕiɤu	₌tɕʻiɤu	tɕiɤu⊃	₌iɤu	iɤu⊃	₌tiɤu	₌tʻiɤu	₌tʻiɤu
兴县 后	₌tɕiɤu	₌tɕʻiɤu	tɕiɤu⊃	₌iɤu	iɤu⊃	₌tiɤu	₌tʻiɤu	₌tʻiɤu
晋城 初	tɕio	tɕʻio	tɕio	io	io	tio	tʻio	tʻio
晋城 中	₌tɕio	ˈtɕʻio	tɕio⊃	₌io	io⊃	₌tio	₌tʻio	ˈtʻio
晋城 后	₌tɕio	₌tɕʻio	tɕio⊃	₌io	zo⊃ / io⊃	₌tio	₌tʻio	₌tʻio
大同 初	tɕio	tɕʻio	tɕio	io	io	tio	tʻio	tʻio
大同 中	₌tɕiɐo	₌tɕʻiɐo	tɕiɐo⊃	₌iɐo	iɐo⊃	₌tiɐo	ˈtʻiɐo	₌tʻiɐo
大同 后	₌tɕiɐo	₌tɕʻiɐo	tɕiɐo⊃	₌iɐo	iɐo⊃	₌tiɐo	ˈtʻiɐo	₌tʻiɐo
呼和浩特 初	tɕio	tɕʻi	tɕio	io	io	tio	tʻio	tʻio
呼和浩特 中	₌tɕiɔ	₌tɕʻiɔ	tɕiɔ⊃	₌iɔ	iɔ⊃	₌tiɔ	₌tʻiɔ	₌tʻiɔ
呼和浩特 后	₌tɕiɔ	₌tɕʻiɔ	tɕiɔ⊃	₌iɔ	iɔ⊃	₌tiɔ	₌tʻiɔ	₌tʻiɔ

字目		调	掉	尿	聊	萧	叫	窍	尧
古音		效开四定平萧	效开四定去啸	效开四泥去啸	效开四来平萧	效开四心平萧	效开四见去啸	效开四溪去啸	效开四疑平萧
太原	初	tʰiau	tiau	ȵiau	leau	—	tɕiau	tɕʰiau	iau
	中	꜀tʰiau	tiau꜄	niau꜄	꜄liau	꜀ɕiau	tɕiau꜄	tɕʰiau꜄	꜀iau
	后	꜀tʰiau	tiau꜄	niau꜄	꜄liau	꜀ɕiau	tɕiau꜄	tɕʰiau꜄	꜀iau
文水	初	tʰeu	teu	nȡiau	leau	—	tɕiau	tɕʰiau	iau
	中	꜀tʰi / ꜀tʰiau	ti꜄ / tiau꜄	ȵi꜄ / ȵiau꜄	꜄li / ꜄liau	꜀ɕiau	tɕi꜄ / tɕiau꜄	tɕʰi꜄ / tɕʰiau꜄	꜀iau
	后	tʰiau꜄	tiau꜄ / ti꜄	ȵiau꜄	꜄liau	꜀ɕiau	tɕi꜄ / tɕiau꜄	꜄tɕiau	꜀iau
太谷	初	tʰyө	tyө	ȵyө	lyө	ɕyө	tɕyө	tɕʰyө	yө
	中	꜀tʰio	tio꜄	ȵio꜄	꜄lio	꜀ɕio	tɕio꜄	tɕʰio꜄	꜀io
	后	꜀tʰio	tio꜄	ȵio꜄	꜄lio	꜀ɕio	tɕio꜄	tɕʰio꜄	꜀io
兴县	初	tiu	tiu	nȡiu	iyu	—	tɕiu	tɕʰiu	iu
	中	tiyu꜄	tiyu꜄	niyu꜄	꜄liyu	꜀ɕiyu	tɕiyu꜄	꜄tɕʰiyu	꜀iyu
	后	tiyu꜄	tiyu꜄	niyu꜄	꜄liyu	꜀ɕiyu	tɕiyu꜄	꜄tɕʰiyu	꜀iyu
晋城	初	tio	tio	ȵio	leo	—	tɕio	—	io
	中	tio꜄	tio꜄	nio꜄	꜄lio	꜀ɕio	tɕio꜄	tɕʰio꜄	꜄io
	后	tio꜄	tio꜄	nio꜄	꜄lio	꜀ɕio	tɕio꜄	tɕʰio꜄	꜀io
大同	初	tʰio	dio	ȵio	leo	—	tɕio	—	—
	中	꜀tʰiɐo	tiɐo꜄	niɐo꜄	꜄liɐo	—	tɕiɐo꜄	tɕʰiɐo꜄	zɐʐ꜄
	后	꜀tʰiɐo	tiɐo꜄	niɐo꜄	꜄liɐo	—	tɕiɐo꜄	tɕʰiɐo꜄	zɐʐ꜄
呼和浩特	初	tʰio	tio	ȵio	leo	—	tɕio	tɕʰio	io
	中	꜀tʰiɔ	tiɔ꜄	niɔ꜄	꜄liɔ	꜀ɕiɔ	tɕiɔ꜄	tɕʰiɔ꜄	꜀iɔ
	后	꜀tʰiɔ	tiɔ꜄	niɔ꜄	꜄liɔ	꜀ɕiɔ	tɕiɔ꜄	tɕʰiɔ꜄	꜀iɔ

字目	晓	亩	母	斗	偷	头	豆	走
古音	效开四晓上筱	流开一明上厚	流开一明上厚	流开一端上厚	流开一透平侯	流开一定平侯	流开一定去候	流开一精上厚
太原 初	꜀ɕiau	꜀mu	꜀mu	꜀tɛu	꜀tʰɛu	꜀tʰɛu	tɛu꜄	꜀tsɛu
太原 中	꜀ɕiau	꜀mu	꜀mu	꜀təu	꜀tʰəu	꜀tʰəu	təu꜄	꜀tsəu
太原 后	꜀ɕiau	꜀mu	꜀mu	꜀təu	꜀tʰəu	꜀tʰəu	təu꜄	꜀tsəu
文水 初	꜀ɕiɛu	꜀mbu	꜀mbu	꜀təə	꜀tʰəə	꜀tʰəə	təə꜄	꜀tsəə
文水 中	꜀ɕi / ꜀ɕiau	꜀mu	꜀mu	꜀tou	꜀tʰou	꜀tʰou / ꜀tou	tou꜄	꜀tsou
文水 后	꜀ɕiau	꜀mu	꜀mu	꜀tɯɯ	꜀tʰɯɯ	꜀tʰɯɯ	tɯɯ꜄	꜀tsɯɯ
太谷 初	꜀ɕye	꜀mu	꜀mu	꜀təə	꜀tʰəə	꜀tʰəə	təə꜄	꜀tsəə
太谷 中	꜀ɕio	꜀mu	꜀mu	꜀təɯ	꜀tʰəɯ	꜀təɯ / ꜀təɯ	təɯ꜄	꜀tsəɯ
太谷 后	꜀ɕio	꜀mu	꜀mu	꜀təɯ	꜀tʰəɯ	꜀təɯ / ꜀təɯ	təɯ꜄	꜀tsəɯ
兴县 初	꜀ɕiu	꜀mbu	꜀mbu	꜀to	꜀tʰo	꜀tʰo	to꜄	꜀tso
兴县 中	꜀ɕiɤu	꜀mu	꜀mu	꜀tou	꜀tʰou	꜀tʰou	tou꜄	꜀tsou
兴县 后	꜀ɕiɤu	꜀mu	꜀mu	꜀tou	꜀tʰou	꜀tʰou	tou꜄	꜀tsou
晋城 初	꜀ɕio	꜀m	꜀m	꜀taɯ	꜀tʰaɯ	꜀tʰaɯ	taɯ꜄	꜀tsaɯ
晋城 中	꜀ɕio	꜀mũ / ꜀mə	꜀mũ / ꜀mə	꜀taɯ	꜀tʰaɯ	꜀tʰaɯ	taɯ꜄	꜀tʂaɯ
晋城 后	꜀ɕio	꜀məu / ꜀mu	꜀məu / ꜀mu	꜀taɯ	꜀tʰaɯ	꜀tʰaɯ	taɯ꜄	꜀tʂaɯ
大同 初	꜀ɕio	꜀mũ	꜀mũ	꜀tɛu	꜀tʰɛu	꜀tʰɛu	tɛu	꜀tsɛu
大同 中	꜀ɕiɐo	꜀mu	꜀mu	təu꜄	꜀tʰəu	꜀tʰəu	—	꜀tsəu
大同 后	꜀ɕiɐo	꜀mu	꜀mu	təu꜄	꜀tʰəu	꜀tʰəu	—	꜀tsəu
呼和浩特 初	꜀ɕio	꜀mu	꜀mu	꜀tɤu	꜀tʰɤu	꜀tʰɤu	tɤu	꜀tsɤu
呼和浩特 中	꜀ɕio	꜀mu	꜀mu / ꜀mə	꜀təu	꜀tʰəu	꜀tʰəu	təu꜄	꜀tsəu
呼和浩特 后	꜀ɕio	꜀mu	꜀mu / ꜀mə	꜀təu	꜀tʰəu	꜀tʰəu	təu꜄	꜀tsəu

字目		凑	叜	钩	口	偶	侯	否	富
古音		流开一清去候	流开一心上厚	流开一见平侯	流开一溪上厚	流开一疑上厚	流开一匣平侯	流开三非上有	流开三非去宥
太原	初	tsʻuɤ	sɤu	kɤu	kʻɤu	ɣɤu	xɤu	fu	—
	中	tsʻəuꜗ	ꜗsəu	꜀kəu	kʻəuꜗ	꜀ɣəu	xəuꜗ	ꜗfu	fuꜗ
	后	tsʻəuꜗ	ꜗsəu	꜀kəu	kʻəuꜗ	꜀ɣəu	xəuꜗ	ꜗfu	fuꜗ
文水	初	tsʻəɵ	səɵ	kəɵ	kʻəɵ	—	xəɵ	xu	xu
	中	tsʻouꜗ	—	꜀kou	kʻou	꜀ŋou	xouꜗ	ꜗxu	xuꜗ
	后	tsʻɯɯꜗ	ꜗsɯɯ	꜀kɯɯ	kʻɯɯ	꜀ŋɯɯ	꜀xɯɯ	ꜗxɯɯ	xɯɯꜗ
太谷	初	tsʻəɵ	səɵ	kəɵ	kʻəɵ	ŋgəɵ	xəɵ	fu	fu
	中	tsʻəɯꜗ	ꜗsəɯ	꜀kəɯ	kʻəɯ	꜀ŋəɯ	꜀xəɯ	ꜗfu	fuꜗ
	后	tsʻəɯꜗ	ꜗsəɯ	꜀kəɯ	kʻəɯ	꜀ŋəɯ	꜀xəɯ	ꜗfu	fuꜗ
兴县	初	tsʻo	so	ko	kʻo	ŋgo	xo	fu	fu
	中	tsʻouꜗ	ꜗsou	꜀kou	kʻou	꜀ŋou	꜀xou	ꜗxu	xuꜗ
	后	tsʻouꜗ	ꜗsou	꜀kou	kʻou	꜀ŋou	꜀xou	ꜗxu	xuꜗ
晋城	初	tsʻaɯ	saɯ	kaɯ	kʻaɯ	ɣaɯ	xaɯ	fu	fu
	中	tʂʻaɯꜗ	ꜗʂaɯ	꜀kaɯ	kʻaɯ	꜀ɣaɯ	xaɯ	꜀fu	fuꜗ
	后	tʂʻaɯꜗ	ꜗʂaɯ	꜀kaɯ	kʻaɯ	꜀aɯ	꜀xaɯ	ꜗfu ꜗfɣ	fuꜗ
大同	初	tsʻɤu	sɤu	kɤu	kʻɤu	nɤu	xɤu	fu	fu
	中	tsʻəuꜗ	꜀səu	꜀kəu	kʻəu	꜀nəu	꜀xəu	ꜗfu	—
	后	tsʻəuꜗ	꜀səu	꜀kəu	kʻəu	꜀nəu	꜀xəu	ꜗfu	—
呼和浩特	初	tsʻɤu	sɤu	kɤu	kʻɤu	ŋgɤu	xɤu	fu	fu
	中	tsʻəuꜗ	꜀səu	꜀kəu	kʻəu	꜀ŋəu	꜀xəu	ꜗfu	fuꜗ
	后	tsʻəuꜗ	꜀səu	꜀kəu	kʻəu	꜀ŋəu	꜀xəu	ꜗfu	fuꜗ

字目		浮	妇	谋	流	酒	秋	就	修
古音		流开三奉平尤	流开三奉上有	流开三明平尤	流开三来平尤	流开三精上有	流开三清平尤	流开三从去宥	流开三心平尤
太原	初	fu	fu	mu	leu	tɕieu	tɕʰieu	tɕieu	ɕieu
	中	꜀fu	fu꜒	꜀mu	꜁liəu	꜀tɕiəu	꜀tɕʰiəu	tɕiəu꜒	꜁ɕiəu
	后	꜀fu	fu꜒	꜁məu	꜁liəu	꜀tɕiəu	꜀tɕʰiəu	tɕiəu꜒	꜁ɕiəu
文水	初	xu	xu	mbu	leθ	tɕieθ	tɕʰieθ	tɕieθ	ɕieθ
	中	꜀xu	xu꜒	꜀mu	꜁liou	꜀tɕiou	꜀tɕʰiou	tɕiou꜒	꜁ɕiou
	后	꜀xɯu	xɯu꜒	꜀mu	꜁liɯu	꜀tɕiɯu	꜀tɕʰiɯu	tɕiɯu꜒	꜁ɕiɯu
太谷	初	fu	fu	mu	leθ	tɕieθ	tɕʰieθ	tɕieθ	ɕieθ
	中	꜀fu	fu꜒	꜀mu	꜁liəɯ	꜀tɕiəɯ	꜀tɕʰiəɯ	tɕiəɯ꜒	꜁ɕiəɯ
	后	꜀fu	fu꜒	꜀mu	꜁liəɯ	꜀tɕiəɯ	꜀tɕʰiəɯ	tɕiəɯ꜒	꜁ɕiəɯ
兴县	初	fu	fu	mbu	leo	tɕio	tɕʰio	tɕio	ɕio
	中	꜀xu	xu꜒	꜀mu	꜁liou	꜀tɕiou	꜀tɕʰiou	tsou꜒	꜁ɕiou
	后	꜀xu	xu꜒	꜀mu	꜁liou	꜀tɕiou	꜀tɕʰiou	tsou꜒	꜁ɕiou
晋城	初	fu	fu	m	leaɯ	tɕiaɯ	tɕʰiaɯ	tɕiaɯ	ɕiaɯ
	中	꜀fu	fu꜒	꜀mũ	꜁liaɯ	꜀tɕiaɯ	꜀tɕʰiaɯ	tɕiaɯ꜒	꜁ɕiaɯ
	后	꜀fu	fu꜒	꜁məu	꜁liaɯ	꜀tɕiaɯ	꜀tɕʰiaɯ	tɕiaɯ꜒	꜁ɕiaɯ
大同	初	fu	fu	mu	leu	tɕieu	tɕʰieu	tɕieu	ɕieu
	中	꜀fu	—	꜁mu	꜁liəu	꜀tɕiəu	꜀tɕʰiəu	tɕiəu꜒	꜁ɕiəu
	后	꜀fu	—	꜁mu	꜁liəu	꜀tɕiəu	꜀tɕʰiəu	tɕiəu꜒	꜁ɕiəu
呼和浩特	初	fu	fu	mu	leu	tɕieu	tɕʰieu	tɕieu	ɕieu
	中	꜀fu	fu꜒	꜀mu	꜁liəu	꜀tɕiəu	꜀tɕʰiəu	tɕiəu꜒	꜁ɕiəu
	后	꜀fu	fu꜒	꜀mu	꜁liəu	꜀tɕiəu	꜀tɕʰiəu	tɕiəu꜒	꜁ɕiəu

字目		羞	囚	袖	肘	抽	绸	绉	愁
古音		流开三心平尤	流开三邪平尤	流开三邪去宥	流开三知上有	流开三彻平尤	流开三澄平尤	流开三庄去宥	流开三崇平尤
太原	初	ɕieu	ɕieu	ɕieu	tʂəu	tʂʰəu	tʂʰəu	tʂəu	tʂʰəu
	中	ɕiəu	ɕiəu / tɕʰiəu	ɕiəuʔ	tʂəu	tʂʰəu	tʂʰəu	—	tʂʰəu
	后	ɕiəu	tɕʰiəu	ɕiəuʔ	tʂəu	tʂʰəu	tʂʰəu	—	tʂʰəu
文水	初	ɕieə	ɕieə	ɕieə	tʂəə	tʂʰəə	tʂʰəə	tʂəə	tʂʰəə
	中	ɕiou	—	—	tsou	tsʰou	tsʰou	tsou	sou / tsʰou
	后	ɕiɯɯ	tɕʰiɯɯ	ɕiɯɯʔ	tsɯɯ	tsʰɯɯ	tsʰɯɯ	tsɯɯʔ	sɯɯ
太谷	初	ɕieə	ɕieə	ɕieə	tsəə	tsʰəə	tsʰəə	tsəə	tsʰəə
	中	ɕiəɯ	tɕʰiəɯ	ɕiəɯʔ	tsəɯ	tsʰəɯ	tsʰəɯ	tsəɯ	səɯ / tsʰəɯ
	后	ɕiəɯ	tɕʰiəɯ	ɕiəɯʔ	tsəɯ	tsʰəɯ	tsʰəɯ	tsəɯ	səɯ / tsʰəɯ
兴县	初	ɕio	ɕio	ɕio	tʂo	tʂʰo	tʂʰo	tso	tsʰo
	中	ɕiou	tɕʰiou	ɕiouʔ	tsou	tsʰou	tsʰou	tsouʔ	tsʰou
	后	ɕiou	tɕʰiou	ɕiouʔ	tsou	tsʰou	tsʰou	tsouʔ	tsʰou
晋城	初	ɕiaɯ	ɕiaɯ	ɕiaɯ	tsaɯ	tsʰɯ	tsʰɯ	tsaɯ	tsʰɯ
	中	ɕiaɯ	tɕʰiɯ	ɕiaɯʔ	tʂaɯ	tʂʰɯ	tʂʰɯ	tʂaɯʔ	tʂʰɯ
	后	ɕiaɯ	tɕʰiɯ	ɕiaɯʔ	tʂaɯ	tʂʰɯ	tʂʰɯ	tʂaɯʔ	tʂʰɯ
大同	初	ɕieu	—	ɕieəu	tʂəu	tʂʰəu	tʂʰəu	—	tʂʰəu
	中	ɕiəu	ɕiəu	ɕiəuʔ	tʂəu	tʂʰəu	—	tsəu	tʂʰəu
	后	ɕiəu	tɕʰiəu	ɕiəuʔ	tʂəu	tʂʰəu	—	tsəu	tʂʰəu
呼和浩特	初	ɕieu	ɕieu	ɕieu	tʂɛu	tʂʰɛu	tʂʰɛu	tsɛu	tʂʰɛu
	中	ɕiəu	—	—	tsəu	tsʰəu	tsʰəu	tsəu	tsʰəu
	后	ɕiəu	—	—	tsəu	tsʰəu	tsʰəu	tsəu	tsʰəu

字目		瘦	周	丑	手	首	守	酬	寿
古音		流开三生去宥	流开三章平尤	流开三彻上有	流开三书上有	流开三书上有	流开三书上有	流开三禅平尤	流开三禅去宥
太原	初	sɛu	tsɜu	tsʰuɜ	sɛu	sɛu	sɛu	tsʰuɜ	sɜu
	中	ˀsəu	₌tsəu	ˀtsʰəu	ˀsəu	ˀsəu	ˀsəu	₌tsʰəu	ˀsəu
	后	ˀsəu	₌tsəu	ˀtsʰəu	ˀsəu	ˀsəu	ˀsəu	₌tsʰəu	ˀsəu
文水	初	ʂəɵ	tʂəɵ	tʂʰəɵ	ʂəɵ	ʂəɵ	ʂəɵ	tʂʰəɵ	ʂəɵ
	中	ˀsou	₌tsou	ˀtsʰou	ˀsou	ˀsou	ˀsou	ˀtsʰou	sou
	后	ˀsɯɯ	₌tsɯɯ	ˀtsʰɯɯ	ˀsɯɯ	ˀsɯɯ	ˀsɯɯ	₌tsʰɯɯ	sɯɯ
太谷	初	ʂəɵ	tʂəɵ	tʂʰəɵ	ʂəɵ	ʂəɵ	ʂəɵ	tʂʰəɵ	ʂəɵ
	中	ˀsəɯ	₌tsəɯ	ˀtsʰəɯ	ˀsəɯ	ˀsəɯ	ˀsəɯ	ˀtsʰəɯ	ˀsəɯ
	后	ˀsəɯ	₌tsəɯ	ˀtsʰəɯ	ˀsəɯ	ˀsəɯ	ˀsəɯ	ˀtsʰəɯ	ˀsəɯ
兴县	初	so	tso	tʂʰo	ʂo	ʂo	ʂo	tʂʰo	ʂo
	中	sou	₌tsou	ˀtsʰou	ˀsou	ˀsou	ˀsou	₌tsʰou	sou
	后	sou	₌tsou	ˀtsʰou	ˀsou	ˀsou	ˀsou	₌tsʰou	sou
晋城	初	sɑɯ	tsɑɯ	tsʰɑɯ	—	—	sɑɯ	tsʰɑɯ	sɑɯ
	中	ˀʂɑɯ	₌tʂɑɯ	ˀtʂʰɑɯ	ˀʂɑɯ	ˀʂɑɯ	ˀʂɑɯ	ˀtʂʰɑɯ	ʂɑɯ
	后	ˀʂɑɯ	₌tʂɑɯ	ˀtʂʰɑɯ	ˀʂɑɯ	ˀʂɑɯ	ˀʂɑɯ	₌tʂʰɑɯ	ʂɑɯ
大同	初	sɛu	tʂɛu	tʂʰuɜ	ʂuɜ	ʂuɜ	ʂuɜ	tʂʰuɜ	tʂʰɛu
	中	ˀsəu	₌tʂəu	ˀtʂʰəu	ˀʂəu	ˀʂəu	ˀʂəu	₌tʂʰəu	ʂəu
	后	ˀsəu	₌tʂəu	ˀtʂʰəu	ˀʂəu	ˀʂəu	ˀʂəu	₌tʂʰəu	ʂəu
呼和浩特	初	sɛu	tʂɛu	tʂʰuɜ	ʂuɜ	ʂuɜ	ʂuɜ	tʂʰuɜ	ʂɛu
	中	ˀsəu	₌tsəu	ˀtsʰəu	ˀsəu	ˀsəu	ˀsəu	₌tsʰəu	səu
	后	ˀsəu	₌tsəu	ˀtsʰəu	ˀsəu	ˀsəu	ˀsəu	₌tsʰəu	səu

字目	柔	纠	九	丘	求	旧	牛	休
古音	流开三日平尤	流开三见平尤	流开三见上有	流开三溪平尤	流开三群平尤	流开三群去宥	流开三疑平尤	流开三晓平尤
太原 初	₌zəu	₌tɕieu	ꜛtɕieu	₌tɕʻieu	₌tɕʻieu	tɕieu	₌ɲieu	₌ɕieu
太原 中	₌zou	₌tɕiəu	ꜛtɕiəu	₌tɕʻiəu	₌tɕʻiəu	tɕiəu꜒	₌ɲiəu	₌ɕiəu
太原 后	₌zou	₌tɕiəu	ꜛtɕiəu	₌tɕʻiəu	₌tɕʻiəu	tɕiəu꜒	₌ɲiəu	₌ɕiəu
文水 初	₌zəθ	—	₌tɕieθ	₌tɕʻieθ	₌tɕʻieθ	₌tɕieθ	₌ɲieθ	₌ɕieθ
文水 中	₌zou	₌tɕiou	ꜛtɕiou	₌tɕʻiou	₌tɕʻiou	—	₌ɲiou	₌ɕiou
文水 后	₌zuɯ	₌tɕiuɯ	ꜛtɕiuɯ	₌tɕʻiuɯ	₌tɕʻiuɯ	tɕiuɯ꜒	₌ɲiuɯ	₌ɕiuɯ
太谷 初	₌zəθ	₌tɕieθ	₌tɕieθ	₌tɕʻieθ	₌tɕʻieθ	₌tɕieθ	₌ɲieθ	₌ɕieθ
太谷 中	₌zəu	₌tɕiəu	ꜛtɕiəu	₌tɕʻiəu	₌tɕʻiəu	tɕiəu꜒	₌ɲiəu	₌ɕiəu
太谷 后	₌zəu	₌tɕiəu	ꜛtɕiəu	₌tɕʻiəu	₌tɕʻiəu	tɕiəu꜒	₌ɲiəu	₌ɕiəu
兴县 初	₌zɔ	₌tɕiɔ	₌tɕiɔ	₌tɕʻiɔ	₌tɕʻiɔ	₌tɕiɔ	₌ɲiɔ	₌ɕiɔ
兴县 中	₌zou	₌tɕiou	ꜛtɕiou	₌tɕʻiou	₌tɕʻiou	tɕiou꜒	₌ɲiou	₌ɕiou
兴县 后	₌zou	₌tɕiou	ꜛtɕiou	₌tɕʻiou	₌tɕʻiou	tɕiou꜒	₌ɲiou	₌ɕiou
晋城 初	₌zɯ	—	₌tɕiɯ	₌tɕʻiɯ	₌tɕʻiɯ	₌tɕiɯ	₌ɲiɯ / ɣɯ	₌ɕiɯ
晋城 中	₌zɯ	₌tɕiɯ	ꜛtɕiɯ	₌tɕʻiɯ	₌tɕʻiɯ	tɕiɯ꜒	₌ɲiɯ	₌ɕiɯ
晋城 后	₌zɯ	₌tɕiɯ	ꜛtɕiɯ	₌tɕʻiɯ	₌tɕʻiɯ	tɕiɯ꜒	₌ɯ / ₌ɲiɯ	₌ɕiɯ
大同 初	₌zɤu	—	₌tɕieu	₌tɕʻieu	₌tɕʻieu	₌tɕieu	₌ɲieu	₌ɕieu
大同 中	₌zəu	—	ꜛtɕiəu	₌tɕʻiəu	₌tɕʻiəu	tɕiəu꜒	₌ɲiəu	₌ɕiəu
大同 后	₌zəu	—	ꜛtɕiəu	₌tɕʻiəu	₌tɕʻiəu	tɕiəu꜒	₌ɲiəu	₌ɕiəu
呼和浩特 初	₌zɤu	—	₌tɕieu	₌tɕʻieu	₌tɕʻieu	₌tɕieu	₌ɲieu	₌ɕieu
呼和浩特 中	₌zəu	ꜛtɕiəu	ꜛtɕiəu	₌tɕʻiəu	₌tɕʻiəu	tɕiəu꜒	₌ɲiəu	₌ɕiəu
呼和浩特 后	₌zəu	ꜛtɕiəu	ꜛtɕiəu	₌tɕʻiəu	₌tɕʻiəu	tɕiəu꜒	₌ɲiəu	₌ɕiəu

字目		优	友	油	谬	纠	幼	贪	潭
古音		流开三影平尤	流开三云上有	流开三以平尤	流开三明去幼	流开三见上黝	流开三影去幼	咸开一透平覃	咸开一定平覃
太原	初	ieu	ieu	ieu	miau	tɕieu	ieu	tʰæ	tʰæ
	中	₌iəu	ˈiəu	₌iəuˀ	niəuˀ	tɕiəuˀ	iəuˀ	₌tʰæ̃	₌tʰæ̃
	后	₌iəu	ˈiəu	₌iəu	miəuˀ	tɕiəuˀ	iəuˀ	₌tʰæ̃	₌tʰæ̃
文水	初	ieθ	ieθ	ieθ	mbiau	tɕieθ	ieθ	tʰã	tʰã
	中	₌iou	ˈiou	₌iou	—	tɕiou	iouˀ	₌tʰaŋ	₌tʰaŋ
	后	₌iɯɯ	ˈiɯɯ	₌iɯɯ	miɯɯˀ	tɕiɯɯ	iɯɯˀ	₌tʰaŋ	₌taŋ
太谷	初	ieθ	ieθ	ieθ	myθ	tɕieθ	ieθ	tʰã	tʰã
	中	₌iəmei	ˈmei	₌meiˀ	miəmˀ	tɕiəmeiˀ	iəmei	₌tʰã	₌tʰã
	后	₌iəmei	ˈmei	₌meiˀ	miəmˀ	tɕiəmeiˀ	iəmei	₌tʰã	₌tʰã
兴县	初	io	io	io	mbiu	—	ieə	tʰã	tʰã
	中	₌iou	ˈiou	₌iou	miouˀ	tɕiou	iouˀ	₌tʰã	₌tʰã
	后	₌iou	ˈiou	₌iou	miouˀ	tɕiou	iouˀ	₌tʰã	₌tʰã
晋城	初	iɯɯ	iɯɯ	iɯɯ	miau	tɕiau	iau	tʰɛ	tʰɛ
	中	₌iau	—	ˈiau	niauˀ	tɕiau	iauˀ	₌tʰæ	ˈtʰæ
	后	₌iɯɯ	ˈiɯɯ	₌iɯɯ	mioˀ	tɕiau	iauˀ	₌tʰæ̃	₌tʰæ̃
大同	初	ieu	ieu	ieu	ȵieu	tɕieu	ieu	tʰæ	tʰæ
	中	₌iəu	ˈiəu	₌iəu	niəuˀ	tɕiəu	iəuˀ	₌tʰæ	₌tʰæ
	后	₌iəu	ˈiəu	₌iəu	niəuˀ	tɕiəu	iəuˀ	₌tʰæ	₌tʰæ
呼和浩特	初	ieu	ieu	ieu	—	tɕieu	ieu	tʰã	tʰã
	中	₌iəu	ˈiəu	₌iəu	niəuˀ	tɕiəu	iəuˀ	₌tʰæ̃	₌tʰæ̃
	后	₌iəu	ˈiəu	₌iəu	niəuˀ	tɕiəu	iəuˀ	₌tʰæ̃	₌tʰæ̃

字目	南	男	参	蚕	感	勘	含	担
古音	咸开一 泥平覃	咸开一 泥平覃	咸开一 清平覃	咸开一 从平覃	咸开一 见上感	咸开一 溪去勘	咸开一 匣平覃	咸开一 端平谈
太原 初	—	næ	tsʻæ	tsʻæ	kæ	kʻæ	xæ	tæ
太原 中	₋næ̃	₋næ̃	₋tsʻæ̃	₋tsʻæ̃	ꜛkæ̃	₋kʻæ̃	₋xæ̃	tæ̃ꜛ
太原 后	₋næ̃	₋næ̃	₋tsʻæ̃	₋tsʻæ̃	ꜛkæ̃	₋kʻæ̃	₋xæ̃	tæ̃ꜛ
文水 初	ndã	ndã	tsʻã	tsã	kɛ̃	kʻã	xã	tã
文水 中	₋naŋ	₋naŋ	—	—	ꜛkən	kʻən	—	₋taŋ
文水 后	₋naŋ	₋naŋ	₋tsʻaŋ	₋tsʻaŋ	ꜛkãĩ	kãĩꜛ	₋xaŋ	₋taŋ
太谷 初	nã	nã	tsʻã	tsʻã	kɛ̃	kʻɛ̃	xã	tã
太谷 中	₋nã	₋nã	₋tsʻã	₋tsʻã	ꜛkẽ	₋kʻẽ	₋xẽ	₋tã
太谷 后	₋nã	₋nã	₋tsʻã	₋tsʻã	ꜛkẽ	₋kʻẽ	₋xẽ	₋tã
兴县 初	ndã	ndã	tsʻã	tsʻã	kã	kʻəŋ	xã	tã
兴县 中	₋nã	₋nã	₋tsʻã	₋tsʻã	ꜛkã	₋kʻɔ	₋xã	₋tã
兴县 后	₋nã	₋nã	₋tsʻã	₋tsʻã	ꜛkã	₋kʻɔ	₋xã	₋tã
晋城 初	—	nɛ	tsʻɛ	tsʻɛ	kɛ	kʻɛ	xɛ	tɛ
晋城 中	ꜛnæ	ꜛnæ	₋tʂʻæ	₋tʂʻæ	ꜛkæ	kʻæ	ꜛxæ	₋tæ
晋城 后	₋næ̃	₋næ̃	₋tʂʻæ̃	₋tʂʻæ̃	ꜛkæ̃	kʻæ̃	₋xæ̃	₋tæ
大同 初	næ	næ	tsʻæ	tsʻæ	kæ	kʻæ	xæ	tæ
大同 中	₋næ	₋næ	₋tsʻæ	₋tsʻæ	ꜛkæ	₋kʻæ	₋xæ	₋tæ
大同 后	₋næ	₋næ	₋tsʻæ	₋tsʻæ	ꜛkæ	₋kʻæ	₋xæ	₋tæ
呼和浩特 初	nã	nã	tsʻã	tsʻa	kã	kʻã	xã	tã
呼和浩特 中	₋næ̃	₋næ̃	₋tsʻæ̃	₋tsʻæ̃	ꜛkæ̃	—	₋xæ̃	₋tæ̃
呼和浩特 后	₋næ̃	₋næ̃	₋tsʻæ̃	₋tsʻæ̃	ꜛkæ̃	—	₋xæ̃	₋tæ̃

字目		毯	淡	蓝	惭	暂	錾	三	甘
古音		咸开一透上敢	咸开一定上敢	咸开一来平谈	咸开一从平谈	咸开一从去阚	咸开一从去阚	咸开一心平谈	咸开一见平谈
太原	初	t'æ	tæ	læ	ts'æ	tsæ	tsæ	sæ	kæ
	中	₌t'æ̃	tæ̃ʔ	₌læ̃	₌ts'æ̃	tsæ̃ʔ	₌tsæ̃	₌sæ̃	₌kæ̃
	后	₌t'æ̃	tæ̃ʔ	₌læ̃	₌ts'æ̃	tsæ̃ʔ	₌tsæ̃	₌sæ̃	₌kæ̃
文水	初	t'ã	tã	lã	ts'ã	tsã	tsã	sã	kɛ̃
	中	₌t'aŋ	taŋʔ	₌laŋ	—	—	—	₌saŋ	₌koŋ
	后	₌t'aŋ	taŋʔ	₌laŋ	₌ts'ãĩ	tsaŋʔ	tsaŋʔ	₌saŋ	₌kãĩ
太谷	初	t'ã	tã	lã	ts'ã	—	ts'ã	sã	kɔ
	中	₌t'ã	tãʔ	₌lã	₌ts'ã	ts'ã	ts'ã	₌sã	₌kɛ̃
	后	₌t'ã	tãʔ	₌lã	₌ts'ã	ts'ãʔ	ts'ãʔ	₌sã	₌kɛ̃
兴县	初	t'ã	tã	lã	ts'ã	tsã	tsã	sã	kəŋ
	中	₌t'ã	tãʔ	₌lã	₌ts'ã	tsãʔ	tsãʔ	₌sã	₌kɔ
	后	₌t'ã	tãʔ	₌lã	₌ts'ã	tsãʔ	tsãʔ	₌sã	₌kɔ
晋城	初	t'ɛ	tɛ	lɛ	ts'ɛ	tsɛ	tsɛ	sɛ	kɛ
	中	₌t'æ	tæʔ	₌læ	₌tʂ'æ	tʂæʔ	—	₌ʂæ	₌kæ
	后	₌t'æ̃	tæ̃ʔ	₌læ̃	₌tʂæ̃	₌tʂæ̃	—	₌sæ̃	₌kæ̃
大同	初	t'æ	tæ	læ	tsæ	tsæ	tsæ	sæ	kæ
	中	₌t'æ	tæʔ	₌læ	₌ts'æ	tsæʔ	tsæ	₌sæ	₌kæ
	后	₌t'æ	tæʔ	₌læ	₌ts'æ	tsæʔ	tsæʔ	₌sæ	₌kæ
呼和浩特	初	t'ã	tã	lã	ts'ã	—	—	sã	kã
	中	₌t'æ̃	tæ̃ʔ	₌læ̃	₌ts'æ̃	tsæ̃ʔ	tsæ̃ʔ	₌sæ̃	₌kæ̃
	后	₌t'æ̃	tæ̃ʔ	₌læ̃	₌ts'æ̃	tsæ̃ʔ	tsæ̃ʔ	₌sæ̃	₌kæ̃

字目	酤	站	斩	谗	减	鯎	咸	搀
古音	咸开一匣平谈	咸开二知去陷	咸开二庄上豏	咸开二崇平咸	咸开二见上豏	咸开二见上豏	咸开二匣平咸	咸开二初平衔
太原 初	xæ	tsæ	tsæ	tsʻæ	—	ȶɕie	ɕie	tsʻæ
太原 中	₌xæ	tsæ꜒	꜀tsæ̃	₌tsʻæ̃	꜀ȶɕie	꜀ȶɕie	₌ɕie	₌tsʻæ̃
太原 后	₌xæ̃	tsæ̃꜒	꜀tsæ̃	₌tsʻæ̃	꜀ȶɕie	꜀ȶɕie	₌ɕie	₌tsʻæ̃
文水 初	xɛ̃	tsã	tsã	tsʻã	ȶɕiã	ȶɕiã	ɕiã	tsʻã
文水 中	₌nəx	tsaŋ꜒	—	₌tsʻaŋ	꜀ȶɕiən ꜀ȶɕiaŋ	—	₌ɕiaŋ	₌tsʻaŋ
文水 后	₌xãĩ	tsaŋ꜒	꜀tsaŋ	₌tsʻaŋ	꜀ȶɕiaŋ	꜀ȶɕiaŋ	₌xaŋ ꜀ɕiaŋ	₌tsʻaŋ
太谷 初	xɛ̃	tsã	tsã	tsʻã	—	ȶɕie	ɕiẽ	tsʻã
太谷 中	₌xɛ̃	tsã꜒	꜀tsã	₌tsʻã	꜀ȶɕiẽ	꜀ȶɕiẽ	₌ɕiẽ	₌tsʻã
太谷 后	₌xɛ̃	tsã꜒	꜀tsã	₌tsʻã	꜀ȶɕiẽ	꜀ȶɕiẽ	₌ɕiẽ	₌tsʻã
兴县 初	xəŋ	tsã	tsã	tsʻã	—	—	ɕiã	tsʻã
兴县 中	₌xɔ̃	tsã꜒	꜀tsã	₌tsʻã	꜀ȶɕiã	꜀ȶɕiã	₌xã	₌tsʻã
兴县 后	₌xɔ̃	tsã꜒	꜀tsã	₌tsʻã	꜀ȶɕiã	꜀ȶɕiã	₌xã	₌tsʻã
晋城 初	xɛ	tsɛ	tsɛ	tsʻɛ	—	ȶɕia	ɕia	tsʻɛ
晋城 中	₌xæ	tʂæ꜒	꜀tʂæ	₌tʂʻæ	꜀ȶɕie	—	꜀ɕie	₌tʂʻæ
晋城 后	₌xæ̃	tʂæ̃꜒	꜀tʂæ̃	₌tʂʻæ̃	꜀ȶɕæ̃	—	₌ɕiæ̃	₌tʂæ̃
大同 初	xæ	tsæ	tsæ	tsʻæ	ȶɕie	ȶɕie	ɕie	tsʻæ
大同 中	₌xæ	tsæ꜒	—	₌tsʻæ	꜀ȶɕiɛ	꜀ȶɕiɛ	₌ɕiɛ	₌tʂʻæ
大同 后	₌xæ	tsæ꜒	—	₌tsʻæ	꜀ȶɕie	꜀ȶɕie	₌ɕie	₌tʂʻæ
呼和浩特 初	xã	tsã	tsã	tsʻã	ȶɕiæ̃	ȶɕiæ̃	ɕiæ̃	tsʻã
呼和浩特 中	—	tsæ꜒	꜀tsæ̃	₌tsʻæ̃	ȶɕie꜒	ȶɕie꜒	₌ɕie	₌tsʻæ̃
呼和浩特 后	—	tsæ̃꜒	꜀tsæ̃	₌tsʻæ̃	ȶɕie꜒	ȶɕie꜒	₌ɕie	₌tsʻæ̃

字目		衫	监	衔	贬	尖	潜	渐	沾
古音		咸开二生平衔	咸开二见平衔	咸开二匣平衔	咸开三帮上琰	咸开三精平盐	咸开三从平盐	咸开三从上琰	咸开三知平盐
太原	初	sæ	ʨie	ɕie	pie	ʨie	ʨie	ʨie	tsæ
	中	꜀sæ̃	꜀ʨie	꜀ɕie	꜂pie	꜀ʨie	꜀ʨ'ie	ʨie꜔	꜀tsæ̃
	后	꜀sæ̃	꜀ʨie	꜀ɕie	꜂pie	꜀ʨie	꜀ʨ'ie	ʨie꜔	꜀tsæ̃
文水	初	sã	ʨiã	ɕiã	piẽ	ʨiẽ	ʨ'iẽ	ʨiẽ	tʂẽ
	中	꜀san	꜀ʨian	xan / ꜀ɕian	꜂pian	꜀ʨian	꜀ʨ'ən	tɔiən꜔	꜀tsan
	后	꜀san	꜀ʨian	꜀ɕian	꜂piãĩ	꜀ʨiãĩ	—	ʨiãĩ꜔	꜀tsan
太谷	初	sã	ʨiẽ	ɕiẽ	piẽ	ʨiẽ	ʨ'iẽ	ʨiẽ	tsẽ
	中	꜀sã	꜀ʨiẽ	꜀ɕiẽ	꜂piẽ	꜀ʨiẽ	꜀ʨ'iẽ	ʨiẽ꜔	꜀tsẽ
	后	꜀sã	꜀ʨiẽ	꜀ɕiẽ	꜂piẽ	꜀ʨiẽ	꜀ʨ'iẽ	ʨiẽ꜔	꜀tsẽ
兴县	初	sã	ʨiã	ɕiã	piŋ	ʨiŋ	ʨ'iŋ	ʨiŋ	tʂɔŋ
	中	꜂sã	꜀ʨiã	꜂xã	꜂piɔ̃	꜀ʨiɔ̃	꜂ʨ'iɔ̃	ʨiɔ̃꜔	꜀tsɔ̃
	后	꜂sã	꜀ʨiã	꜂xã	꜂piɔ̃	꜀ʨiɔ̃	꜂ʨ'iɔ̃	ʨiɔ̃꜔	꜀tsɔ̃
晋城	初	sɛ	ʨia	ɕia	pia	ʨia	ʨ'ia	ʨia	tsɛ
	中	꜀ʂæ	꜀ʨie	꜀ɕie	꜂pie	꜀ʨie	꜂ʨ'ie	ʨie꜔	꜀tʂæ
	后	꜀ʂæ̃	꜀ʨiæ	꜀ɕiæ	꜂piæ	꜀ʨiæ	꜂ʨ'iæ	ʨiæ꜔	꜀tʂæ̃
大同	初	sæ	ʨie	ɕie	pie	ʨie	ʨ'ie	ʨie	tʂæ
	中	꜀ʂæ	—	꜀ɕie	꜂pie	꜀ʨie	꜂ʨ'iɛ	ʨie꜔	꜀tʂæ
	后	꜀ʂæ	—	꜀ɕie	꜂pie	꜀ʨie	꜂ʨ'iɛ	ʨie꜔	꜀tʂæ
呼和浩特	初	sã	ʨiæ	ɕiæ	piẽ	ʨiẽ	ʨ'iẽ	ʨiẽ	tʂẽ
	中	꜀sæ̃	꜀ʨie	—	꜂pie	꜀ʨie	꜀ʨ'ie	ʨie꜔	꜀tsæ̃
	后	꜀sæ̃	꜀ʨie	—	꜂pie	꜀ʨie	꜂ʨ'ie	ʨie꜔	꜀tsæ̃

字目		粘	瞻	占	陕	闪	染	冉	钳
古音		咸开三知平盐	咸开三章平盐	咸开三章平盐	咸开三书上琰	咸开三书上琰	咸开三日上琰	咸开三日上琰	咸开三群平盐
太原	初	ȵie	—	tsæ	—	sæ	zæ	—	tɕʰie
	中	⸜tsæ̃	⸜tsæ̃	⸜tsæ̃	⸗sæ̃	⸗sæ̃	⸗zæ̃	⸗zæ̃	⸜tɕʰie
	后	⸜tsæ̃	⸜tsæ̃	⸜tsæ̃	⸗sæ̃	⸗sæ̃	⸗zæ̃	⸗zæ̃	⸜tɕʰie
文水	初	tʂə̃	tʂə̃	tʂə̃	ʂə̃	ʂə̃	ʐə̃	ʐə̃	tɕʰiə̃
	中	⸜tsoŋ	⸜tsoŋ	tsoŋ꜔	⸗soŋ	⸗soŋ	⸗zoŋ	⸗soŋ	⸜tɕioŋ
	后	⸜tsaŋ	⸜tsãĩ	tsãĩ꜔	⸗sãĩ	⸗sãĩ	⸗zãĩ	⸗zãĩ	⸜tɕiãĩ
太谷	初	ȵiẽ	—	tsẽ	—	sẽ	zẽ	—	tɕʰiẽ
	中	⸜ȵiẽ ⸜tsẽ	⸜tsẽ	⸜tsẽ	⸗sẽ	⸗sẽ	⸗zẽ	⸗zẽ	⸜tɕʰiẽ
	后	⸜ȵiẽ ⸜tsẽ	⸜tsẽ	tsẽ꜔	⸗sẽ	⸗sẽ	⸗zẽ	⸗zẽ	⸜tɕʰiẽ
兴县	初	ȵdiŋ	—	tʂəŋ	ʂəŋ	ʂəŋ	ʐəŋ	ʐəŋ	tɕʰiŋ
	中	⸜tsɔ̃	tsɔ̃꜔	tsɔ̃꜔	⸗sɔ̃	⸗sɔ̃	⸗zɔ̃	⸗zɔ̃	⸜tɕʰiɔ̃
	后	⸜tsɔ̃	tsɔ̃꜔	tsɔ̃꜔	⸗sɔ̃	⸗sɔ̃	⸗zɔ̃	⸗zɔ̃	⸜tɕʰiɔ̃
晋城	初	nia	—	tsɛ	—	sɛ	zɛ	—	tɕʰia
	中	⸜nie	⸜tʂæ	⸜tʂæ	⸗ʂæ	⸗ʂæ	⸗zæ	⸗zæ	⸜tɕʰie
	后	⸜tʂæ̃	⸜tʂæ̃	tʂæ̃꜔	⸗ʂæ̃	⸗ʂæ̃	⸗zæ̃	⸗zæ̃	⸜tɕʰiæ̃
大同	初	ȵie	tʂæ	tʂæ	ʂæ	ʂæ	zæ	zæ	tɕʰie
	中	—	—	—	⸗ʂæ	⸗ʂæ	⸗zæ	—	⸜tɕʰiɛ
	后	—	—	—	⸗ʂæ	⸗ʂæ	⸗zæ	—	⸜tɕʰiɛ
呼和浩特	初	tʂẽ	tʂẽ	tʂẽ	tʂẽ	tʂẽ	zẽ	zẽ	tɕʰiẽ
	中	⸜tsæ̃	⸜tsæ̃	⸜tsæ̃	⸗sæ̃	⸗sæ̃	⸗zæ̃	⸗zæ̃	⸜tɕʰie
	后	⸜tsæ̃	⸜tsæ̃	⸜tsæ̃	⸗sæ̃	⸗sæ̃	⸗zæ̃	⸗zæ̃	⸜tɕʰie

字目	验	险	淹	阉	炎	盐	欠	严
古音	咸开三疑去艳	咸开三晓上琰	咸开三影平盐	咸开三影平盐	咸开三云平盐	咸开三以平盐	咸开三溪去酽	咸开三疑平严
太原　初	ie	ɕie	ie	ie	ie	ie	tɕʻie	ie
太原　中	ie⁼	ʻɕie	ˌie	ˌie	ie⁼	ˌie	tɕʻie⁼	ˌie
太原　后	ie⁼	ʻɕie	ˌie	ˌie	ie⁼	ˌie	tɕʻie⁼	ˌie
文水　初	iẽ	ɕiẽ	iẽ	iẽ	iẽ	iɔ̃	tɕʻiẽ	iẽ
文水　中	iən⁼	ʻɕiən	ˌiən	—	ˌiən	ˌiən	tɕʻiən⁼	—
文水　后	iãĩ⁼	ʻɕiãĩ	ˌiãĩ	ˌiãĩ	ˌiãĩ	ˌiãĩ	tɕʻiãĩ⁼	ˌiãĩ
太谷　初	iẽ	ɕiẽ	—	iẽ	iẽ	iẽ	tɕʻiẽ	iẽ
太谷　中	iẽ⁼	ʻɕiẽ	ˌiẽ	ˌiẽ	ˌiẽ	ˌiẽ	tɕʻiẽ⁼	ˌiẽ
太谷　后	iẽ⁼	ʻɕiẽ	ˌiẽ	ˌiẽ	ˌiẽ	ˌiẽ	tɕʻiẽ⁼	ˌiẽ
兴县　初	iŋ	ɕiŋ	iŋ	iŋ	iŋ	iŋ	tɕʻiŋ	iŋ
兴县　中	iɔ̃⁼	ʻɕiɔ̃	ˌniã	ˌiɔ̃	iɔ̃⁼	ˌiɔ̃	tɕʻiɔ̃⁼	ˌiɔ̃
兴县　后	iɔ̃⁼	ʻɕiɔ̃	ˌniã	ˌiɔ̃	iɔ̃⁼	ˌiɔ̃	tɕʻiɔ̃⁼	ˌiɔ̃
晋城　初	ia	ɕia	ia	ia	ia	ia	tɕʻia	ia
晋城　中	ie⁼	ʻɕie	ˌie	ˌie	ʻie	ʻie	tɕʻie⁼	ʻie
晋城　后	iæ⁼	ʻɕiæ	ˌiæ	ˌiæ	ˌiæ	ˌiæ	tɕʻiæ⁼	ˌiæ
大同　初	ie	ɕie	ie	ie	ie	ie	tɕʻie	ie
大同　中	iɛ⁼	ʻɕiɛ	ˌiɛ	ˌiɛ	ˌiɛ	ˌiɛ	tɕʻiɛ⁼	ˌiɛ
大同　后	iɛ⁼	ʻɕiɛ	ˌiɛ	ˌiɛ	ˌiɛ	ˌiɛ	tɕʻiɛ⁼	ˌiɛ
呼和浩特　初	iẽ	ɕiẽ	iẽ	iẽ	iẽ	iẽ	tɕʻiẽ	iẽ
呼和浩特　中	ie⁼	ʻɕie	ˌie	ˌie	ˌie	ˌie	tɕʻie⁼	ˌie
呼和浩特　后	ie⁼	ʻɕie	ˌie	ˌie	ˌie	ˌie	tɕʻie⁼	ˌie

字目	醃	点	添	甜	念	兼	谦	嫌
古音	咸开三影平严	咸开四端上忝	咸开四透平添	咸开四定平添	咸开四泥去㮇	咸开四见平添	咸开四溪平添	咸开四匣平添
太原 初	—	tie	t'ie	t'ie	ȵie	ʨie	ʨ'ie	ɕie
太原 中	₌ie	˪tie	₌t'ie	₌t'ie	nie˒	₌ʨie	₌ʨ'ie	₌ɕie
太原 后	₌ie	˪tie	₌t'ie	₌t'ie	nie˒	₌ʨie	₌ʨ'ie	₌ɕie
文水 初	iẽ	tiẽ	t'iẽ	t'iẽ	nʑiẽ	ʨiẽ	ʨ'iẽ	—
文水 中	—	˪tiən	₌t'iən	₌t'iən	niən˒	₌ʨiən	₌ʨ'iən	₌ɕiən
文水 后	—	˪tiãĩ	₌t'iãĩ	₌t'iãĩ	niãĩ˒	₌ʨiãĩ	₌ʨ'iãĩ	₌ɕiãĩ
太谷 初	iẽ	tiẽ	t'iẽ	tiẽ	ȵiẽ	ʨiẽ	ʨ'iẽ	ɕiẽ
太谷 中	₌iẽ	˪tiẽ	₌t'iẽ	₌tiẽ / ₌t'iẽ	ȵiẽ˒	₌ʨiẽ	₌ʨ'iẽ	₌ɕiẽ
太谷 后	₌iě	˪tiẽ	₌t'iẽ	₌tiẽ / ₌t'iẽ	ȵiẽ˒	₌ʨiẽ	₌ʨ'iẽ	₌ɕiẽ
兴县 初	—	tiŋ	—	t'iŋ	nʑiŋ	ʨiŋ	ʨ'iŋ	—
兴县 中	₌iã	˪tiə̃	₌t'iə̃	₌t'iə̃	niə̃˒	₌ʨiə̃	₌ʨ'iə̃	₌ɕiə̃
兴县 后	₌iã	˪tiə̃	₌t'iə̃	₌t'iə̃	niə̃˒	₌ʨiə̃	₌ʨ'iə̃	₌ɕiə̃
晋城 初	ia	tia	t'ia	t'ia	nia	ʨia	ʨ'ia	ɕia
晋城 中	₌ie	˪tie	₌t'ie	˪t'ie	nie˒	₌ʨie	˪ʨ'ie	₌ɕie
晋城 后	—	˪tiæ̃	₌t'iæ̃	₌t'iæ̃	niæ̃˒	₌ʨiæ̃	₌ʨ'iæ̃	₌ɕiæ̃
大同 初	ie	tie	t'ie	t'iɛ	ȵie	ʨie	ʨ'ie	ɕie
大同 中	—	˪tie	₌t'iɛ	₌t'iɛ	nie˒	₌ʨiɛ	₌ʨ'iɛ	₌ɕiɛ
大同 后	—	˪tie	₌t'iɛ	₌t'iɛ	nie˒	₌ʨie	₌ʨ'ie	₌ɕiɛ
呼和浩特 初	iẽ	tiẽ	t'iẽ	t'iẽ	ȵ'iẽ	ʨiẽ	ʨ'iẽ	ɕiæ̃
呼和浩特 中	₌ie	˪tie	₌t'ie	₌t'ie	nie˒	₌ʨie	₌ʨ'ie	₌ɕie
呼和浩特 后	₌ie	˪tie	₌t'ie	₌t'ie	nie˒	₌ʨie	₌ʨ'ie	₌ɕie

字目		泛	凡	禀	品	林	淋	临	寝
古音		咸合三敷去梵	咸合三奉平凡	深开三帮上寝	深开三滂上寝	深开三来平侵	深开三来平侵	深开三来平侵	深开三清上寝
太原	初	fæ	fæ	piəŋ	pʻiəŋ	—	—	leəŋ	tɕʻiəŋ
	中	fæ̃ꜗ	˻fæ̃	ˊpiŋ	pʻiŋꜘ	˻liŋ	˻liŋ	˻liŋ	ˊtɕʻiŋ
	后	fæ̃ꜗ	˻fæ̃	ˊpiŋ	pʻiŋꜘ	˻liŋ	˻liŋ	˻liŋ	ˊtɕʻiŋ
文水	初	xuã	xuã	piɤ̃	pʻiɤ̃	leɤ̃	leɤ̃	leɤ̃	tɕʻiɤ̃
	中	xuaŋꜗ	˻xuaŋ	—	ˊpʻiəŋ	˻liəŋ	˻liəŋ	˻liəŋ	tɕʻiŋ
	后	xuaŋꜗ	˻xuaŋ	ˊliɤ̃	pʻiɤ̃	˻liɤ̃	˻liɤ̃	˻liɤ̃	tɕʻiɤ̃
太谷	初	fã	fa	piɤ̃	pʻiɤ̃	leɤ̃	leɤ̃	leɤ̃	tɕʻiɤ̃
	中	fãꜗ	˻fã	ˊpiɤ̃	pʻiɤ̃ꜘ	˻liɤ̃	˻liɤ̃	˻liɤ̃	tɕʻiɤ̃
	后	fãꜗ	˻fã	ˊpiɤ̃	pʻiɤ̃ꜘ	˻liɤ̃	˻liɤ̃	˻liɤ̃	tɕʻiɤ̃
兴县	初	fuã	fuã	piɤ̃	pʻiɤ̃	leɤ̃	leɤ̃	leɤ̃	tɕʻiɤ̃
	中	xuaŋꜗ	˻xuaŋ	ˊpiŋ	pʻiŋꜘ	˻liŋ	˻liŋ	˻liŋ	tɕʻiŋ
	后	xuaŋꜗ	˻xuaŋ	ˊpiŋ	pʻiŋꜘ	˻liŋ	˻liŋ	˻liŋ	tɕʻiŋ
晋城	初	fɛ	fɛ	pẽ	pʻiẽ	—	—	lẽ	tɕʻiẽ
	中	fæꜗ	˻fæ	ˊpiẽĩ	pʻiẽĩꜘ	˻liẽĩ	˻liẽĩ	˻liẽĩ	tɕʻiẽĩ
	后	fæ̃ꜗ	˻fæ̃	ˊpiə̃n	pʻiə̃nꜘ	˻liə̃n	˻liə̃n	˻liə̃n	tɕʻiə̃n
大同	初	fæ	fæ	piəŋ	pʻiəŋ	leəŋ	leəŋ	leəŋ	tɕʻiəŋ
	中	fæꜗ	˻fæ	ˊpiəɣ	pʻiəɣꜘ	˻liəɣ	˻liəɣ	˻liəɣ	—
	后	fæꜗ	˻fæ	ˊpiəɣ	pʻiəɣꜘ	˻liəɣ	˻liəɣ	˻liəɣ	—
呼和浩特	初	fã	fã	piɛŋ	pʻiɛŋ	leəŋ	leəŋ	leəŋ	—
	中	fæ̃ꜗ	˻fæ̃	ˊpĩŋ	pʻĩŋꜘ	˻lĩŋ	˻lĩŋ	˻lĩŋ	—
	后	fæ̃ꜗ	˻fæ̃	ˊpĩŋ	pʻĩŋꜘ	˻lĩŋ	˻lĩŋ	˻lĩŋ	—

字目	心	寻	沉	审	沈	甚	任	壬
古音	深开三心平侵	深开三邪平侵	深开三沉平侵	深开三书上寝	深开三书上寝	深开三禅上寝	深开三日平侵	深开三日平侵
太原 初	ɕiəŋ	ɕiəŋ	—	səŋ	səŋ	səŋ	zəŋ	zəŋ
太原 中	ˬɕiŋ	ˬɕiŋ	ˬtsʻəŋ	ˬsəŋ	ˬsəŋ	səŋˬ	ˬzəŋ	ˬzəŋ
太原 后	ˬɕiŋ	ˬɕyŋ	ˬtsʻəŋ	ˬsəŋ	ˬsəŋ	səŋˬ	ˬzəŋ	ˬzəŋ
文水 初	ɕiə̃	ɕiə̃	tʂʻə̃	ʂə̃	ʂə̃	ʂə̃	ʐə̃	ʐə̃
文水 中	ˬɕiə̃	ˬɕiə̃	ˬtsʻə̃	ˬsə̃	ˬsə̃	sə̃ˬ	ˬzə̃	—
文水 后	ˬɕiə̃	ˬɕiə̃	ˬtsʻə̃	ˬsə̃	ˬsə̃	sə̃ˬ	ˬzə̃	ˬzə̃
太谷 初	ɕiə̃	ɕiə̃	—	sõ	tsõ	sõ	zõ	zõ
太谷 中	ˬɕiə̃	ˬɕiə̃	ˬtsʻə̃	ˬsə̃	ˬsə̃	sə̃ˬ	ˬzə̃	ˬzə̃
太谷 后	ˬɕiə̃	ˬɕiə̃	ˬtsʻə̃	ˬsə̃	ˬsə̃	sə̃ˬ	ˬzə̃	ˬzə̃
兴县 初	ɕiə̃	—	—	ʂə̃	tʂʻə̃	ʂə̃	—	—
兴县 中	ˬɕiŋ	ˬsəŋ	ˬtsʻəŋ	ˬsəŋ	ˬsəŋ	səŋˬ	ˬzəŋ	ˬzəŋ
兴县 后	ˬɕiŋ	ˬsəŋ	ˬtsʻəŋ	ˬsəŋ	ˬsəŋ	səŋˬ	ˬzəŋ	ˬzəŋ
晋城 初	ɕiẽ	ɕiẽ	—	sã	tsʻã	sã	zã	—
晋城 中	ˬɕiẽĩ	ˬɕiẽĩ	ˬtʂʂẽ	ˬʂẽ	ˬʂẽ	ʂẽˬ	ˬʐẽ	ˬʐẽ
晋城 后	ˬɕiẽn	ˬɕiẽn／ˬɕyən	ˬtʂʂẽn	ˬʂẽn	ˬʂẽn	ʂẽnˬ	ˬʐẽn	ˬʐẽn
大同 初	ɕiəŋ	ɕiəŋ	tʂʂʻəŋ	ʂəŋ	ʂəŋ	ʂəŋ	zəŋ	zəŋ
大同 中	ˬɕiəɣ	ˬɕiəɣ	—	ˬʂəɣ	ˬʂəɣ	ʂəɣˬ	ˬʐəɣ	ˬʐəɣ
大同 后	ˬɕiəɣ	ˬɕiəɣ	—	ˬʂəɣ	ˬʂəɣ	ʂəɣˬ	ˬʐəɣ	ˬʐəɣ
呼和浩特 初	ɕiəŋ	ɕiəŋ	—	ʂəŋ	tʂʂʻəŋ	ʂəŋ	zəŋ	zəŋ
呼和浩特 中	ˬɕiŋ	ˬɕyŋ	ˬtsʻəŋ	ˬʂəŋ	ˬsəŋ	səŋˬ	ˬʐəŋ	ˬʐəŋ
呼和浩特 后	ˬɕiŋ	ˬɕyŋ	ˬtsʻəŋ	ˬʂəŋ	ˬsəŋ	səŋˬ	ˬʐəŋ	ˬʐəŋ

字目	今	琴	音	淫	浸	渗	滩	檀
古音	深开三 见平侵	深开三 群平侵	深开三 影平侵	深开三 以平侵	深开三 精去沁	深开三 生去沁	山开一 透平寒	山开一 定平寒
太原 初	₌tɕiəŋ	₌tɕʻiəŋ	₌iəŋ	₌iəŋ	tɕiəŋˀ	səŋˀ	₌tʻæ	₌tʻæ
太原 中	₌tɕiŋ	₌tɕʻiŋ	₌iŋ	₌iŋ	tɕiŋˀ	səŋˀ	tʻæˀ	₌tʻæ
太原 后	₌tɕiŋ	₌tɕʻiŋ	₌iŋ	₌iŋ	tɕiŋˀ	səŋˀ	tʻæˀ	₌tʻæ
文水 初	₌tɕiɔ̃	₌tɕʻiɔ̃	₌iɔ̃	₌iɔ̃	₌tɕiɔ̃	₌sɔ̃	₌tʻã	₌tʻã
文水 中	₌tɕiəŋ	₌tɕʻiəŋ	₌iəŋ	₌iəŋ	tɕiəŋˀ	—	₌tʻaŋ	₌tʻaŋ
文水 后	₌tɕiɔ̃	₌tɕʻiɔ̃	₌iɔ̃	₌iɔ̃	tɕʻiɔ̃ˀ	sɔ̃ˀ	₌tʻaŋ	₌tʻaŋ
太谷 初	₌tɕʻiɔ̃	₌tɕʻiɔ̃	₌iɔ̃	₌iɔ̃	₌tɕiɔ̃	₌sõ	₌tʻã	₌tʻã
太谷 中	₌tɕʻiɔ̃	₌tɕʻiɔ̃	₌iɔ̃	₌iɔ̃	tɕiɔ̃ˀ	sɔ̃ˀ	₌tʻã	₌tʻã
太谷 后	₌tɕʻiɔ̃	₌tɕʻiɔ̃	₌iɔ̃	₌iɔ̃	tɕiɔ̃ˀ	sɔ̃ˀ	₌tʻã	₌tʻã
兴县 初	₌tɕʻiɔ̃	₌tɕʻiɔ̃	₌iɔ̃	₌iɔ̃	₌tɕiɔ̃	₌ʂõ	₌tʻã	₌tʻã
兴县 中	₌tɕiŋ	₌tɕʻiŋ	₌iŋ	₌iŋ	tɕiŋˀ	səŋˀ	₌tʻã	₌tʻã
兴县 后	₌tɕiŋ	₌tɕʻiŋ	₌iŋ	₌iŋ	tɕiŋˀ	səŋˀ	₌tʻã	₌tʻã
晋城 初	₌tɕiē	₌tɕʻiē	₌iē	₌iē	₌tɕiē	₌sã	₌tʻ ʒ	₌tʻ ʒ
晋城 中	₌tɕiēĩ	₌tɕʻiēĩ	₌iēĩ	₌iēĩ	tɕiēˀ	ʂ æ̃ˀ	₌tʻ	₌tʻæ
晋城 后	₌tɕiɔ̃n	₌tɕʻiɔ̃n	₌iɔ̃n	₌iɔ̃n	tɕiɔ̃nˀ	ʂɔ̃nˀ	₌tʻæ	₌tʻæ
大同 初	₌tɕiəŋ	₌tɕʻiəŋ	₌iəŋ	₌iəŋ	₌tɕiəŋ	₌siəŋ	₌tʻæ	₌tʻæ
大同 中	tɕiɤˀ	ɣiɤˀ	iɤˀ	iɤˀ	tɕiɤˀ	səɤˀ	₌tʻæ	₌tʻæ
大同 后	tɕiɤˀ	ɣiɤˀ	iɤˀ	iɤˀ	tɕiɤˀ	səɤˀ	₌tʻæ	₌tʻæ
呼和浩特 初	₌tɕiəŋ	₌tɕʻiəŋ	₌iəŋ	₌iəŋ	₌tɕiəŋ	₌ʂəŋ	₌tʻã	₌tʻã
呼和浩特 中	₌tɕĩŋ	₌tɕʻĩŋ	₌ĩŋ	—	tɕĩŋˀ	səŋˀ	₌tʻæ	₌tʻæ
呼和浩特 后	₌tɕĩŋ	₌tɕʻĩŋ	₌ĩŋ	—	tɕĩŋˀ	səŋˀ	₌tʻæ	₌tʻæ

字目	难	兰	残	干	看	安	旦	但
古音	山开一泥平寒	山开一来平寒	山开一从平寒	山开一见平寒	山开一溪平寒	山开一影平寒	山开一端去翰	山开一定去翰
太原 初	næ	læ	tsʻæ	kæ	kʻæ	ɣæ	tæ	tæ
太原 中	ˌnæ̃	ˌlæ̃	ˌtsʻæ̃	ˌkæ̃	kʻæ̃꜄	ˌɣæ̃꜄	tæ̃꜄	tæ̃꜄
太原 后	ˌnæ̃	ˌlæ̃	ˌtsʻæ̃	ˌkæ̃	kʻæ̃꜄	æ̃	tæ̃꜄	tæ̃꜄
文水 初	ndã	lã	tsʻã	kẽ	kʻẽ	ŋgẽ	tã	tã
文水 中	ˌnaŋ	ˌlaŋ	ˌtsʻaŋ	ˌkən	kʻan	ˌŋon	taŋ꜄	taŋ꜄
文水 后	ˌnaŋ	ˌlaŋ	ˌtsʻaŋ	ˌkãĩ	kʻãĩ	ˌŋãĩ	taŋ꜄	taŋ꜄
太谷 初	nã	lã	tsã	kẽ	kʻẽ	ŋgẽ	tã	tã
太谷 中	ˌnã	ˌlã	ˌtsã	ˌkẽ	ˌkʻẽ	ˌŋẽ	tã꜄	tã꜄
太谷 后	ˌnã	ˌlã	ˌtsã	ˌkẽ	kʻẽ꜄	ˌŋẽ	tã꜄	tã꜄
兴县 初	ndã	lã	tsʻã	kəŋ	kʻəŋ	ŋgəŋ	tã	tã
兴县 中	ˌnã	ˌlã	ˌtsʻã	ˌkã	kʻã꜄	ˌŋə̃	tã꜄	tã꜄
兴县 后	ˌnã	ˌlã	ˌtsʻã	ˌkã	kʻã꜄	ˌŋə̃	tã꜄	tã꜄
晋城 初	nɛ	lɛ	tsʻɛ	kɛ	kʻɛ	ɣɛ	tɛ	tɛ
晋城 中	ˈnæ	ˌlæ	ˈtʂʻæ	ˌkæ	kʻæ	ɣæ꜄	tæ꜄	tæ꜄
晋城 后	ˌnæ̃	ˌlæ̃	ˌtʂʻæ̃	ˌkæ̃	kʻæ̃	æ̃	tæ̃꜄	tæ̃꜄
大同 初	næ	læ	tsʻæ	kæ	kʻæ	næ	tæ	tæ
大同 中	ˌnæ	ˌlæ	ˌtsʻæ	ˌkæ	kʻæ	ˌnæ	tæ꜄	tæ꜄
大同 后	ˌnæ	ˌlæ	ˌtsʻæ	ˌkæ	kʻæ	ˌnæ	tæ꜄	tæ꜄
呼和浩特 初	—	lã	tʻã	kã	kʻã	ŋgã	tã	tã
呼和浩特 中	ˌnæ	ˌlæ	ˌtsʻæ	ˌkæ	kʻæ	ˌŋæ	tæ꜄	tæ꜄
呼和浩特 后	ˌnæ̃	læ̃	ˌtsʻæ̃	ˌkæ̃	kʻæ̃	ˌŋæ̃	tæ̃꜄	tæ̃꜄

字目		赞	灿	散	岸	汉	扮	盼	瓣
古音		山开一精去翰	山开一清去翰	山开一心去翰	山开一疑去翰	山开一晓去翰	山开二帮去裥	山开二滂去裥	山开二並去裥
太原	初	tsæ	ts'æ	sæ	ɣæ	xæ	pæ	p'æ	pæ
	中	tsæ̃ˀ	ts'æ̃ˀ	ˢsæ̃	ɣæ̃ˀ	xæ̃ˀ	pæ̃ˀ	p'æ̃ˀ	pæ̃ˀ
	后	tsæ̃ˀ	ts'æ̃ˀ	ˢsæ̃	æ̃ˀ	xæ̃ˀ	pæ̃ˀ	p'æ̃ˀ	pæ̃ˀ
文水	初	tsã	ts'ã	sã	ŋgɛ̃	xɛ̃	pã	p'ã	pã
	中	tsaŋˀ	ts'aŋˀ	sanˀ	ŋenˀ	xənˀ	—	p'aŋˀ	—
	后	tsaŋˀ	ts'aŋˀ	saŋˀ	ŋãĩˀ	xãĩˀ	paŋˀ	p'aŋˀ	paŋˀ
太谷	初	tsã	ts'ã	—	ŋgɛ̃	xɛ̃	pã	p'ã	pã
	中	tsãˀ	ts'ãˀ	sãˀ	ŋɛ̃ˀ	xɛ̃ˀ	pãˀ	p'ãˀ	pãˀ
	后	tsãˀ	ts'ãˀ	sãˀ	ŋɛ̃ˀ	xɛ̃ˀ	pãˀ	p'ãˀ	pãˀ
兴县	初	tsã	ts'ã	—	ŋgən	xən	pã	p'ã	pã
	中	tsãˀ	ts'ãˀ	sãˀ	ŋɔ̃ˀ	xɔ̃ˀ	pãˀ	p'ãˀ	pãˀ
	后	tsãˀ	ts'ãˀ	sãˀ	ŋɔ̃ˀ	xɔ̃ˀ	pãˀ	p'ãˀ	pãˀ
晋城	初	tsɛ	ts'ɛ	sɛ	ɣɛ	xɛ	pɛ	p'ɛ	pɛ
	中	tʂæˀ	tʂ'æˀ	ʂæˀ	ɣæˀ	xæˀ	pæˀ	p'æˀ	pæˀ
	后	tʂæ̃ˀ	tʂ'æ̃ˀ	ʂæ̃ˀ	æ̃ˀ	xæ̃ˀ	pæ̃ˀ	p'æ̃ˀ	pæ̃ˀ
大同	初	tsæ	ts'æ	sæ	næ	xæ	pæ	p'æ	pæ
	中	tsæˀ	ts'æˀ	—	næˀ	—	pæˀ	p'æˀ	pæˀ
	后	tsæˀ	ts'æˀ	—	næˀ	—	pæˀ	p'æˀ	pæˀ
呼和浩特	初	tsã	t'ã	—	ŋgã	xã	—	p'ã	pã
	中	tsæ̃ˀ	ts'æ̃ˀ	sæ̃ˀ	ŋæ̃ˀ	xæ̃ˀ	pæ̃ˀ	p'æ̃ˀ	pæ̃ˀ
	后	tsæ̃ˀ	ts'æ̃ˀ	sæ̃ˀ	ŋæ̃ˀ	xæ̃ˀ	pæ̃ˀ	p'æ̃ˀ	pæ̃ˀ

字目		绽	盏	山	艰	眼	限	班	攀
古音		山开二 澄去裥	山开二 庄上产	山开二 生平山	山开二 见平山	山开二 疑上产	山开二 匣上产	山开二 帮平删	山开二 滂平删
太原	初	tsæ	tsæ	sæ	ʨie	ie	ɕie	pæ	p'æ
	中	tsæˀ	ꞈtsæ	ꞈsæ	ꞈʨie	ⁿnie / ie	ɕieˀ	ꞈpæ	ꞈp'æ
	后	tsæˀ	ꞈtsæ	ꞈsæ	ꞈʨie	ꞈie	ɕieˀ	ꞈpæ	ꞈp'æ
文水	初	tsã	tsã	sã	ʨiã	n̠dʑiã	ɕiã	pã	p'ã
	中	—	—	ꞈsaŋ	ꞈʨiaŋ	ⁿniaŋ	ɕiaŋˀ	ꞈpaŋ	ꞈp'aŋ
	后	tsaŋˀ	ꞈtsaŋ	ꞈsaŋ	ꞈʨiaŋ	ⁿniaŋ	ɕiaŋˀ	ꞈpãĩ	ꞈp'ãĩ
太谷	初	tsã	tsã	sã	ʨiẽ	n̠iẽ	ɕiẽ	pa	p'ã
	中	tsãˀ	ꞈtsã	ꞈsã	ꞈʨiẽ	ⁿn̠iẽ	ɕiẽˀ	ꞈpã	ꞈp'ã
	后	tsãˀ	ꞈtsã	ꞈsã	ꞈʨiẽ	ⁿn̠iẽ	ɕiẽˀ	ꞈpã	ꞈp'ã
兴县	初	—	tsã	sã	ʨiã	n̠dʑiã	ɕiã	pã	p'ã
	中	tsãˀ	ꞈtsã	ꞈsã	ꞈʨiã	ⁿniã	ɕiãˀ	ꞈpã	ꞈp'ã
	后	tsãˀ	ꞈtsã	ꞈsã	ꞈʨiã	ⁿniã	ɕiãˀ	ꞈpã	ꞈp'ã
晋城	初	tẽ	tsɛ	sɛ	ʨia	ia	ɕia	pɛ	p'ɛ
	中	tʂæˀ	ꞈtʂæ	ꞈʂæ	ꞈʨie	ⁿie	ɕieˀ	ꞈpæ	ꞈp'æ
	后	tʂæˀ	ꞈtʂæ	ꞈʂæ	ꞈʨiæ	ⁿiæ	ɕiæˀ	ꞈpæ	ꞈp'æ
大同	初	tsæ	tsæ	sæ	ʨie	ie	ɕie	pæ	p'æ
	中	tsæˀ	ꞈtsæ	ꞈsæ	ꞈʨiɛ	ⁿiɛ	ɕieˀ	ꞈpæ	ꞈp'æ
	后	tsæˀ	ꞈtsæ	ꞈsæ	ꞈʨiɛ	ⁿiɛ	ɕieˀ	ꞈpæ	ꞈp'æ
呼和浩特	初	tsã	tsã	sã	ʨiæ	n̠iæ	ɕiæ	pã	p'ã
	中	tsæˀ	ꞈtsæ	ꞈsæ	ꞈʨie	ⁿie	ɕieˀ	ꞈpæ	ꞈp'æ
	后	tsæˀ	ꞈtsæ	ꞈsæ	ꞈʨie	ⁿie	ɕieˀ	ꞈpæ	ꞈp'æ

字目		蛮	栈	删	谏	颜	鞭	篇	辨
古音		山开二明平删	山开二崇去谏	山开二生平删	山开二见去谏	山开二疑平删	山开三帮平仙	山开三滂平仙	山开三並上狝
太原	初	mæ	tsæ	sæ	tɕie	ie	pie	p'ie	pie
	中	₌mæ̃	tsæ̃ʔ	₌sæ̃	—	₌ie	₌pie	₌p'ie	pieʔ
	后	₌mæ̃	tsæ̃ʔ	₌sæ̃	—	₌ie	₌pie	₌p'ie	pieʔ
文水	初	mbã	—	sã	tɕiã	ȵdiã	piẽ	p'iẽ	piẽ
	中	₌maŋ	tsaŋʔ	₌sən	—	nɛiʔ / ₌ȵiəŋ	₌piən	₌p'iən	piənʔ
	后	₌mãĩ	tsãĩʔ	₌sãĩ	tɕiãĩʔ	₌iãĩʔ	₌piãĩ	₌p'iãĩ	piãĩʔ
太谷	初	mã	tsã	sã	tɕiẽ	iẽ	piẽ	p'iẽ	piẽ
	中	₌mã	tsãʔ	₌sã	tɕiẽʔ	₌iẽ	₌piẽ	₌p'iẽ	piẽʔ
	后	₌mã	tsãʔ	₌sã	tɕiẽʔ	₌iẽ	₌piẽ	₌p'iẽ	piẽʔ
兴县	初	mbã	tsã	sã	tɕiã	iã	piŋ	p'iŋ	piŋ
	中	₌mã	tsãʔ	₌sã	tɕiãʔ	₌niã	₌piɔ	₌p'iɔ	piɔʔ
	后	₌mã	tsãʔ	₌sã	tɕiãʔ	₌niã	₌piɔ	₌p'iɔ	piɔʔ
晋城	初	mɛ	tsɛ	sɛ	tɕia	ia	pia	p'ia	pia
	中	ꞌmæ	tʂæ̃ʔ	₌ʂæ	tɕieʔ	ꞌie	₌pie	₌p'ie	pieʔ
	后	₌mæ̃	tʂæ̃ʔ	₌ʂæ	tɕiæ̃ʔ	₌iæ̃	₌piæ̃	₌p'iæ̃	piæ̃ʔ
大同	初	mæ	tsæ	sæ	tɕiæ	ie	pie	p'ie	pie
	中	₌mæ	—	₌sæ	tɕieʔ	—	₌piɛ	₌p'iɛ	pieʔ
	后	₌mæ	—	₌sæ	tɕieʔ	—	₌piɛ	₌p'iɛ	pieʔ
呼和浩特	初	mã	tsã	sã	tɕiæ̃	iæ̃	piẽ	p'iẽ	piẽ
	中	₌mæ̃	tɕæ̃ʔ	₌sæ̃	—	₌ie	₌pie	₌p'ie	pieʔ
	后	₌mæ̃	tɕæ̃ʔ	₌sæ̃	—	₌ie	₌pie	₌p'ie	pieʔ

字目		绵	连	煎	仙	展	缠	善	然
古音		山开三明平仙	山开三来平仙	山开三精平仙	山开三心平仙	山开三知上狝	山开三澄平仙	山开三禅上狝	山开三日平仙
太原	初	mie	lie	ʨie	ɕie	tsæ	tsʻæ	sæ	zæ
	中	ˏmie	ˏlie	ˏʨie	ˏɕie	ˊtsæ̃	ˊtsʻæ̃	sæ̃ˀ	ˏzæ̃
	后	ˏmie	ˏlie	ˏʨie	ˏɕie	ˊtsæ̃	ˊtsʻæ̃	sæ̃ˀ	ˏzæ̃
文水	初	mbiẽ	liẽ	ʨiẽ	ɕiẽ	tʂɛ̃	tʂʻɛ̃	ʂɛ	zɛ̃
	中	ˏmiən	ˏliən	ˏʨiən	ˏɕiən	ˊtsən	ˊtsʻən	sənˀ	ˏzən
	后	ˏmiãĩ	ˏliãĩ	ˏʨiãĩ	ˏɕiãĩ	ˊtsãĩ	ˊtsʻãĩ	sãĩˀ	ˏzãĩ
太谷	初	miẽ	liẽ	ʨiẽ	ɕiẽ	tsẽ	tsʻɛ	sẽ	zẽ
	中	ˏmiẽ	ˏliẽ	ˏʨiẽ	ˏɕiẽ	ˊtsẽ	ˊtsʻẽ	sẽˀ	ˏze
	后	ˏmiẽ	ˏliẽ	ˏʨiẽ	ˏɕiẽ	ˊtsẽ	ˊtsʻẽ	sẽˀ	ˏe
兴县	初	mbiŋ	liŋ	ʨiŋ	ɕiŋ	tʂəŋˀ	tʂʻəŋ	ʂəŋˀ	zəŋ
	中	ˏmiɔ̃	ˏliɔ̃	ˏʨiɔ̃	ˏɕiɔ̃	ˊtsɔ̃	ˊtsʻɔ̃	sɔ̃ˀ	ˏzɔ̃
	后	ˏmiɔ̃	ˏliɔ̃	ˏʨiɔ̃	ˏɕiɔ̃	ˊtsɔ̃	ˊtsʻɔ̃	sɔ̃ˀ	ˏzɔ̃
晋城	初	mia	lea	ʨia	ɕia	tsɛ	tsʻɛ	sɛ	zɛ
	中	ˏmie	ˊlie	ˏʨie	ˏɕie	ˏtʂæ	ˊtʂʻæ	ʂæˀ	ˏzæ̃
	后	ˏmiæ̃	ˏliæ̃	ˏʨiæ̃	ˏɕiæ̃	ˊtʂæ̃	ˊtʂʻæ̃	ʂæ̃ˀ	ˏzæ̃
大同	初	mie	lie	ʨie	ɕie	tʂæ	tʂʻæ	ʂæ	zæ
	中	ˏmiɛ	ˏliɛ	ˏʨiɛ	ˏɕiɛ	ˊtʂæ	ˊtʂʻæ	ʂæˀ	ˏzæ
	后	ˏmiɛ	ˏliɛ	ˏʨiɛ	ˏɕiɛ	ˊtʂæ	ˊtʂʻæ	ʂæˀ	ˏzæ
呼和浩特	初	miẽ	lẽ	ʨiẽ	ɕiẽ	tʂẽ	tʂʻẽ	ʂẽ	zẽ
	中	ˏmie	ˏlie	ˏʨie	ˏɕie	ˊtsæ̃	ˊtsʻæ̃	sæ̃ˀ	ˏzæ̃
	后	ˏmie	ˏlie	ˏʨie	ˏɕie	ˊtsæ̃	ˊtsʻæ̃	sæ̃ˀ	ˏzæ̃

字目		虔	件	焉	延	贱	羡	膳	单
古音		山开三群平仙	山开三群上狝	山开三云平仙	山开三以平仙	山开三从去线	山开三邪去线	山开三禅去线	山开三禅去线
太原	初	tɕʰie	tɕie	ie	ie	tɕie	ɕie	—	—
	中	₌tɕʰie	tɕie⁼	ˌie	ˌie	tɕie⁼	ɕie⁼	sæ̃⁼	sæ̃⁼
	后	₌tɕʰie	tɕie⁼	ˌie	ˌie	tɕie⁼	ɕie⁼	sæ̃⁼	sæ̃⁼
文水	初	tɕʰiẽ	tɕiẽ	—	iẽ	tɕiẽ	ɕiẽ	—	—
	中	₌tɕʰiən	tɕiən⁼	ⁿiən	iən	tɕiən⁼	ɕiən⁼	sən⁼	sən⁼
	后	₌tɕʰiãĩ	tɕiãĩ⁼	ⁿiãĩ	iãĩ	tɕiãĩ⁼	ɕiãĩ⁼	sãĩ⁼	sãĩ⁼
太谷	初	tɕʰiẽ	tɕiẽ	iẽ	iẽ	tɕiẽ	ɕiẽ	—	—
	中	₌tɕʰie	tɕiẽ⁼	ˌiẽ	ˌiẽ	tɕiẽ⁼	ɕiẽ⁼	sẽ⁼	sẽ⁼
	后	₌tɕʰie	tɕiẽ⁼	ˌiẽ	ˌiẽ	tɕiẽ⁼	ɕiẽ⁼	sẽ⁼	sẽ⁼
兴县	初	tɕʰiŋ	tɕiŋ	iŋ	iŋ	tɕiŋ	ɕiŋ	—	—
	中	₌tɕʰiɔ̃	tɕiɔ̃⁼	ˌiɔ̃	ˌiɔ̃	tɕiɔ̃⁼	ɕiɔ̃⁼	₌sɔ̃	sɔ̃⁼
	后	₌tɕʰiɔ̃	tɕiɔ̃⁼	ˌiɔ̃	ˌiɔ̃	tɕiɔ̃⁼	ɕiɔ̃⁼	₌sɔ̃	sɔ̃⁼
晋城	初	tɕʰia	tɕia	ia	ia	tɕia	ɕia	—	—
	中	ˈtɕʰie	tɕie⁼	ˌie	ˈie	tɕie⁼	ɕie⁼	ʂæ⁼	ʂæ⁼
	后	₌tɕʰiæ	—	ˌiæ	ˌiæ	tɕiæ⁼	ɕiæ⁼	ʂæ̃⁼	ʂæ̃⁼
大同	初	tɕʰiæ	tɕie	ie	ie	tɕie	ɕie	—	—
	中	₌tɕʰiɛ	tɕie⁼	—	₌iɛ		ɕiɛ⁼		
	后	₌tɕʰiɛ	tɕie⁼	—	₌iɛ		ɕiɛ⁼		
呼和浩特	初	tɕʰiẽ	tɕiẽ	iẽ	iẽ	tɕiẽ	ɕiẽ	—	—
	中	₌tɕʰie	tɕie⁼	₌nie	ˌie	tɕie⁼	ɕie⁼	sæ̃⁼	sæ̃⁼
	后	₌tɕʰie	tɕie⁼	₌nie	ˌie	tɕie⁼	ɕie⁼	sæ̃⁼	sæ̃⁼

字目		禅	谚	建	言	宪	边	蝙	扁
古音		山开三禅去线	山开三疑去线	山开三见去愿	山开三疑平元	山开三晓去愿	山开四帮平先	山开四帮平先	山开四帮上铣
太原	初	—	ie	tɕie	ie	ɕie	pie	—	pie
	中	—	ieˀ	tɕieˀ	₌ie	ɕieˀ	₌pie	ꞌpie	ꞌpie
	后	—	ieˀ	tɕieˀ	₌ie	ɕieˀ	₌pie	ꞌpie	ꞌpie
文水	初	—	nʑiẽ	tɕiẽ	iẽ	ɕiẽ	piẽ	piẽ	piẽ
	中	sənˀ	iənˀ	tɕiənˀ	₌nei	ɕiənˀ	₌piən	ꞌpiən	ꞌpaŋ ꞌpiən
	后	sãĩˀ	iãĩˀ	tɕiãĩˀ	₌iãĩ	ɕiãĩˀ	₌piãĩ	₌piãĩ	ꞌpiãĩ
太谷	初	—	iẽ	tɕiẽ	iẽ	ɕiẽ	piẽ	piẽ	piẽ
	中	sẽˀ	iẽˀ	tɕiẽˀ	₌iẽ	ɕiẽˀ	₌piẽ	₌piẽ	ꞌpiẽ
	后	sẽˀ	iẽˀ	tɕiẽˀ	₌iẽ	ɕiẽˀ	₌piẽ	₌piẽ	ꞌpiẽ
兴县	初	—	iŋ	tɕiŋ	iŋ	ɕiŋ	piŋ	piŋ	piŋ
	中	sə̃ˀ	iə̃ˀ	tɕiə̃ˀ	₌iə̃	ɕiə̃ˀ	₌piə̃	ꞌpiə̃	ꞌpiə̃
	后	sə̃ˀ	iə̃ˀ	tɕiə̃ˀ	₌iə̃	ɕiə̃ˀ	₌piə̃	ꞌpiə̃	ꞌpiə̃
晋城	初	tsʻɛ	ia	tɕia	ia	ɕia	—	pia	pia
	中	ʂæˀ	ieˀ	tɕieˀ	ꞌie	ɕieˀ	₌pie	₌pie	ꞌpie
	后	ʂæ̃ˀ	iæ̃ˀ	tɕiæ̃ˀ	ꞌiæ̃	ɕiæ̃ˀ	—	₌piæ̃	ꞌpiæ̃
大同	初	tʂʻæ	ie	tɕie	ie	ɕie	pie	pie	pie
	中	—	iɛˀ	tɕiɛˀ	ꞌiɛ	ɕiɛˀ	—	—	ꞌpiɛ
	后	—	iɛˀ	tɕiɛˀ	ꞌiɛ	ɕiɛˀ	—	—	ꞌpiɛ
呼和浩特	初	—	iẽ	tɕiẽ	iẽ	ɕiẽ	piẽ	piẽ	piẽ
	中	sæ̃ˀ	ieˀ	tɕieˀ	₌ie	ɕieˀ	₌pie	₌pie	ꞌpie
	后	sæ̃ˀ	ieˀ	tɕieˀ	₌ie	ɕieˀ	₌pie	₌pie	ꞌpie

字目		片	辬	颠	天	电	年	练	笺
古音		山开四滂去霰	山开四并上铣	山开四端平先	山开四透平先	山开四定去霰	山开四泥平先	山开四来去霰	山开四精平先
太原	初	pʻie	pie	tie	tʻie	tie	ȵie	lie	ˌtɕie
	中	pʻieˀ	pieˀ	ˌtie	ˌtʻie	tieˀ	ˌȵie	lieˀ	ˌtɕie
	后	pʻieˀ	pieˀ	ˌtie	ˌtʻie	tieˀ	ˌȵie	lieˀ	ˌtɕie
文水	初	pʻiẽ	piẽ	tiẽ	tʻiẽ	tiẽ	nʥiẽ	lẽ	ˌtɕiẽ
	中	pʻiən	piənˀ	ˌtiən	ˌtʻiən	tiənˀ	ȵiən	liənˀ	ˌtɕiən
	后	pʻiãĩˀ	piãĩˀ	ˌtiãĩ	ˌtʻiãĩ	tiãĩˀ	ˌȵiãĩ	liãĩˀ	ˌtɕiãĩ
太谷	初	pʻiẽ	piẽ	tiẽ	tʻiẽ	tiẽ	nʑiẽ	liẽ	ˌtɕiẽ
	中	pʻiẽˀ	piẽˀ	ˌtiẽ	ˌtʻiẽ	tiẽˀ	ˌnʑiẽ	liẽˀ	ˌtɕiẽ
	后	pʻiẽˀ	piẽˀ	ˌtiẽ	ˌtʻiẽ	tiẽˀ	ˌnʑiẽ	liẽˀ	ˌtɕiẽ
兴县	初	pʻiŋ	piŋ	tiŋ	tʻiŋ	tiŋ	nʥiŋ	liŋ	ˌtɕiŋ
	中	pʻiə̃ˀ	piə̃ˀ	ˌtiə̃	ˌtʻiə̃	tiə̃ˀ	ˌȵiə̃	liə̃ˀ	ˌtɕʻiə̃
	后	pʻiə̃ˀ	piə̃ˀ	ˌtiə̃	ˌtʻiə̃	tiə̃ˀ	ˌȵiə̃	liə̃ˀ	ˌtɕʻiə̃
晋城	初	pʻia	pia	tia	tʻia	tia	nia	lea	ˌtɕia
	中	pʻieˀ	pieˀ	ˌtie	ˌtʻie	tieˀ	ˈȵie	lieˀ	tɕieˀ
	后	—	piæ̃ˀ	ˌtiæ̃	ˌtʻiæ̃	tiæ̃ˀ	ˌȵiæ̃	liæ̃ˀ	—
大同	初	pʻie	pie	tie	tʻie	tʻie	ȵie	lie	ˌtɕie
	中	pʻieˀ	pieˀ	ˌtiɛ	ˌtʻie	tieˀ	ˌȵie	lieˀ	—
	后	pʻieˀ	pieˀ	ˌtiɛ	ˌtʻie	tieˀ	ˌȵie	lieˀ	—
呼和浩特	初	pʻiẽ	—	tiẽ	tʻiẽ	tiẽ	ȵiẽ	lẽ	ˌtɕiẽ
	中	ˈpʻie	pieˀ	ˌtie	ˌtʻie	tieˀ	ˌȵie	lieˀ	—
	后	ˈpʻie	pieˀ	ˌtie	ˌtʻie	tieˀ	ˌȵie	lieˀ	—

字目		千	前	先	肩	牵	研	显	贤
古音		山开四清平先	山开四从平先	山开四心平先	山开四见平先	山开四溪平先	山开四疑平先	山开四晓上铣	山开四匣平先
太原	初	₌tɕʻie	₌tɕʻie	₌ɕie	₌tɕie	₌tɕʻie	ie	ᶜɕie	₌ɕie
	中	₌tɕʻie	₌tɕʻie	₌ɕie	₌tɕie	₌tɕʻie	₌ie	ᶜɕie	₌ɕie
	后	₌tɕʻie	₌tɕʻie	₌ɕie	₌tɕie	₌tɕʻie	ie	ᶜɕie	₌ɕie
文水	初	₌tɕʻiẽ	₌tɕʻiẽ	₌ɕiẽ	₌tɕiẽ	₌tɕʻiẽ	iẽ	ᶜɕiẽ	₌ɕiẽ
	中	₌tɕʻiən	₌tɕʻiən / ₌tɕiən	₌ɕiən	—	₌tɕʻiən	—	ᶜɕiən	₌ɕiən
	后	₌tɕʻiãĩ	₌tɕiãĩ	₌tɕiãĩ	₌tɕiãĩ	₌tɕʻiãĩ	iãĩ	ᶜɕiãĩ	₌ɕiãĩ
太谷	初	₌tɕʻiẽ	₌tɕʻiẽ	₌ɕiẽ	₌tɕiẽ	₌tɕʻiẽ	ȵiẽ	ᶜɕiẽ	₌ɕiẽ
	中	₌tɕʻiẽ	₌tɕʻiẽ / ₌tɕiẽ	₌ɕiẽ	₌tɕiẽ	₌tɕʻiẽ	ȵiẽ	ᶜɕiẽ	₌ɕiẽ
	后	₌tɕʻiẽ	₌tɕʻiẽ / ₌tɕiẽ	₌ɕiẽ	₌tɕiẽ	₌tɕʻiẽ	ȵiẽ	ᶜɕiẽ	₌ɕiẽ
兴县	初	₌tɕʻiŋ	₌tɕʻiŋ	₌ɕiŋ	₌tɕiŋ	₌tɕʻiŋ	ȵdiŋ	ᶜɕiŋ	₌ɕiŋ
	中	₌tɕʻiə̃	₌tɕʻiə̃	₌ɕiə̃	₌tɕiə̃	₌tɕʻiə̃	iə̃	ᶜɕiə̃	₌ɕiə̃
	后	₌tɕʻiə̃	₌tɕʻiə̃	₌ɕiə̃	₌tɕiə̃	₌tɕʻiə̃	iə̃	ᶜɕiə̃	₌ɕiə̃
晋城	初	₌tɕʻia	₌tɕʻia	₌ɕia	₌tɕia	₌tɕʻia	ia	ᶜɕia	₌ɕia
	中	₌tɕʻie	₌tɕʻie	₌ɕie	₌tɕie	₌tɕʻie	₌ie	ᶜɕie	₌ɕie
	后	₌tɕʻiæ	₌tɕʻiæ	₌ɕiæ	₌tɕiæ	₌tɕʻiæ	₌iæ	ᶜɕiæ	₌ɕiæ
大同	初	₌tɕʻie	₌tɕʻie	₌ɕie	₌tɕie	₌tɕʻie	—	ᶜɕie	₌ɕie
	中	₌tɕʻiɛ	₌tɕʻiɛ	₌ɕiɛ	₌tɕiɛ	₌tɕʻiɛ	—	ᶜɕiɛ	₌ɕiɛ
	后	₌tɕʻiɛ	₌tɕʻiɛ	₌ɕiɛ	₌tɕiɛ	₌tɕʻiɛ	—	ᶜɕiɛ	₌ɕiɛ
呼和浩特	初	₌tɕʻiẽ	₌tɕʻiẽ	₌ɕiẽ	₌tɕiẽ	₌tɕʻiẽ	iẽ	ᶜɕiẽ	₌ɕiẽ
	中	₌tɕʻie	₌tɕʻie	₌ɕie	₌tɕie	₌tɕʻie	₌ie	ᶜɕie	₌ɕie
	后	₌tɕʻie	₌tɕʻie	₌ɕie	₌tɕie	₌tɕʻie	₌ie	ᶜɕie	₌ɕie

字目		烟	般	盘	伴	满	端	团	暖
古音		山开四影平先	山合一帮平桓	山合一並平桓	山合一並上缓	山合一明上缓	山合一端平桓	山合一定平桓	山合一泥上缓
太原	初	ie	pæ	p'æ	pæ	mæ	tuæ	t'uæ	nuæ
	中	꜁ie	꜁pæ	꜁p'æ	pæ꜄	꜀mæ	꜁tæ / tuæ	꜁t'uæ	꜀næ / ꜀nuæ
	后	꜁ie	꜁pæ	꜁p'æ	pæ꜄	꜀mæ	꜁tuæ	꜁t'uæ	꜀nuæ
文水	初	iẽ	pɛ̃	pɛ̃	pɛ̃	mbɛ̃	tuẽ	t'uẽ	nduẽ
	中	꜁ieŋ	꜁pən	꜁p'ən	pən꜄	꜀mən	꜁tuən	꜁t'uən	꜀nuzuən
	后	꜁iãĩ	꜁pãĩ	꜁p'ãĩ	pãĩ꜄	꜀mãĩ	꜁tuãĩ	꜁t'uãĩ	꜀nzuãĩ
太谷	初	iẽ	pɛ̃	p'ɛ	pẽ	mẽ	tyẽ	t'yẽ	nuẽ
	中	꜁iẽ	꜁pẽ	꜁p'ẽ	pẽ꜄	꜀mẽ	꜁tyẽ	꜁t'yẽ	꜀lyẽ
	后	꜁iẽ	꜁pẽ	꜁p'ẽ	pẽ꜄	꜀mẽ	꜁tyẽ	꜁t'yẽ	꜀lyẽ
兴县	初	iŋ	pəŋ	p'əŋ	pəŋ	mbəŋ	tuəŋ	t'uəŋ	nduəŋ
	中	꜁eɔ̃	꜁pɔ̃	꜁p'ɔ̃	pɔ̃꜄	꜀mɔ̃	꜁tuɔ̃	꜁t'uɔ̃	꜀nuɔ̃
	后	꜁eɔ̃	꜁pɔ̃	꜁p'ɔ̃	pɔ̃꜄	꜀mɔ̃	꜁tuɔ̃	꜁t'uɔ̃	꜀nuɔ̃
晋城	初	ia	pɛ	p'ɛ	pɛ	mɛ	tuɛ	t'uɛ	nuɛ
	中	꜁ie	꜁pæ	꜁p'æ	pæ꜄	꜀mæ	꜁tuæ	꜁t'uæ	꜀nuæ
	后	꜁iæ	꜁pæ	꜁p'æ	pæ꜄	꜀mæ	꜁tuæ	꜁t'uæ	꜀nuæ
大同	初	ie	pæ	p'æ	p'æ	mæ	tuæ	t'uæ	næ
	中	꜁iɛ	꜁pæ	꜁p'æ	p'æ꜄	꜀mæ	—	꜁t'uæ	꜀nuæ
	后	꜁iɛ	꜁pæ	꜁p'æ	p'æ꜄	꜀mæ	—	꜁t'uæ	꜀nuæ
呼和浩特	初	iẽ	puõ	p'uõ / p'ã	puõ	muõ	tuõ	t'uõ	nuõ
	中	—	꜁pæ̃	꜁p'æ̃	pæ̃꜄	꜀mæ̃	꜁tuæ̃	꜁t'uæ̃	꜀nuæ̃
	后	—	꜁pæ̃	꜁p'æ̃	pæ̃꜄	꜀mæ̃	꜁tuæ̃	꜁t'uæ̃	꜀nuæ̃

字目		余	酸	官	款	欢	碗	判	段
古音		山合一清平桓	山合一心平桓	山合一见平桓	山合一溪上缓	山合一晓平桓	山合一影上缓	山合一滂去换	山合一定去换
太原	初	tsʻuæ	suæ	kuæ	kʻuæ	xuæ	væ	pʻæ	tuæ
	中	₍tsʻuæ̃	₍suæ̃	₍kuæ̃	ʼkʻuæ̃	₍xuæ̃	˅væ̃	pʻæ̃ʼ	tuæ̃ʼ
	后	₍tsʻuæ̃	₍suæ̃	₍kuæ̃	ʼkʻuæ̃	₍xuæ̃	˅væ̃	pʻæ̃ʼ	tuæ̃ʼ
文水	初	tsʻuẽ	çyẽ	kuẽ	kʻuẽ	xuẽ	uẽ	pʻẽ	tuẽ
	中	₍tçʻyən	çyən	₍kuən	kʻuən	xuən	˅uən	pʻənʼ	tuənʼ
	后	₍tsʻuãĩ	çyãĩ	₍kuãĩ	ʼkʻuãĩ	xuãĩ	˅uãĩ	pʻãĩʼ	tuãĩʼ
太谷	初	tsʻuẽ	syẽ	kuẽ	kʻuẽ	xuẽ	uẽ	pʻɛ	tyẽ
	中	₍tsʻuẽ	çyẽ	₍kuẽ	ʼkʻuẽ	₍xuẽ	˅vẽ	pʻẽʼ	tyẽʼ
	后	₍tsʻuẽ	çyẽ	₍kuẽ	ʼkʻuẽ	₍xuẽ	˅vẽ	pʻẽʼ	tyẽʼ
兴县	初	tsʻuəŋ	suəŋ	kuəŋ	kʻuəŋ	xuəŋ	uəŋ	pʻuəŋ	tuəŋ
	中	tsʻuə̃ʼ	₍suə̃	₍kuə̃	ʼkʻuə̃	₍xuə̃	˅uə̃	pʻə̃ʼ	tuə̃ʼ
	后	tsʻuə̃ʼ	₍suə̃	₍kuə̃	ʼkʻuə̃	₍xuə̃	˅uə̃	pʻə̃ʼ	tuə̃ʼ
晋城	初	tsʻuɛ	suɛ	kuɛ	kʻuɛ	xuɛ	uɛ	pʻɛ	tuɛ
	中	—	₍ʂuæ	₍kuæ	ʼkʻuæ	₍xuæ	˅uæ	pʻæʼ	tuæʼ
	后	—	₍ʂuæ̃	₍kuæ̃	ʼkʻuæ̃	₍xuæ̃	˅uæ̃	pʻæ̃ʼ	tuæ̃ʼ
大同	初	tsuæ	suæ	kuæ	kʻuæ	xuæ	væ	pʻæ	tuæ
	中	—	₍suæ	₍kuæ	ʼkʻuæ	₍xuæ	˅væ	pʻæʼ	tuæʼ
	后	—	₍suæ	₍kuæ	ʼkʻuæ	₍xuæ	˅væ	pʻæʼ	tuæʼ
呼和浩特	初	tsʻuõ	suõ	kuõ	kʻuõ	xuõ	vuõ	pʻuõ	tuõ
	中	—	₍suæ	₍kuæ	ʼkʻuæ	₍xuæ	˅væ	pʻæʼ	tuæʼ
	后	—	₍suæ	₍kuæ	ʼkʻuæ	₍xuæ	˅væ	pʻæʼ	tuæʼ

字目		乱	钻	玩	换	鳏	顽	撰	关
古音		山合一来去换	山合一精去换	山合一疑去换	山合一匣去换	山合二见平山	山合二疑平山	山合二崇上潸	山合二见平删
太原	初	luæ	—	væ	xuæ	kuæ	væ	tsuæ	kuæ
	中	luæ̃ˀ	tsuæ̃ˀ	ˌvæ̃	xuæ̃ˀ	ˌkuæ̃	ˌvæ̃	tsuæ̃ˀ	ˌkuæ̃
	后	luæ̃ˀ	tsuæˀ	ˌvæ̃	xuæ̃ˀ	ˌkuæ̃	ˌvæ̃	tsuæ̃ˀ	ˌkuæ̃
文水	初	luẽ	tsuã	uẽ	xuẽ	kuã	uã	tsuã	kuã
	中	luənˀ	—	ˌuᵊnx	xuənˀ	—	ˌuən	tsuənˀ	ˌkuaŋ
	后	luãĩˀ	tsuãĩˀ	ˌiãĩˀ	xuãĩˀ	ˌkuaŋ	ˌuãĩ	tsuaŋˀ	ˌkuaŋ
太谷	初	luẽ	—	uẽ	xuẽ	kuã	uã	tsuã	kuã
	中	luẽˀ	tsuẽˀ	vẽˀ	xuẽˀ	ˌkuã	ˌvã	tsuãˀ	ˌkuã
	后	luẽˀ	tsuẽˀ	vẽˀ	xuẽˀ	ˌkuã	ˌvã	tsuãˀ	ˌkuã
兴县	初	luəŋ	tsuəŋ	uəŋ	xuəŋ	kuã	uã	tsuã	kuã
	中	luɔ̃ˀ	ˌtsuɔ̃	ˌuã	xuɔ̃ˀ	ˌkuã	ˌuã	tsuãˀ	ˌkuã
	后	luɔ̃ˀ	ˌtsuɔ̃	ˌuã	xuɔ̃ˀ	ˌkuã	ˌuã	tsuãˀ	ˌkuã
晋城	初	luɛ	tsuɛ	uɛ	xuɛ	kuɛ	uɛ	tsuɛ	kuɛ
	中	luæˀ	tʂuæˀ	ˌuæ	xuæˀ	—	ˌuæ	tʂuæˀ	ˌkuæ
	后	luæ̃ˀ	—	ˌuæ̃	xuæ̃ˀ	—	ˌuæ̃	tʂuæ̃ˀ	ˌkuæ̃
大同	初	læ	tsuæ	væ	xuæ	kuæ	væ	tʂuæ	kuæ
	中	luæˀ	—	ˌvæ	xuæˀ	ˌkuæ	ˌvæ	tʂuæˀ	ˌkuæ
	后	luæˀ	—	ˌvæ	xuæˀ	ˌkuæ	ˌvæ	tʂuæˀ	ˌkuæ
呼和浩特	初	luõ	tsuõ	vuõ	xuõ	kuã	vã	tsuã	kuã
	中	luæˀ	tsuæˀ	ˌvæ̃	xuæˀ	—	ˌvæ̃	—	ˌkuæ̃
	后	luæˀ	tsuæˀ	ˌvæ̃	xuæˀ	—	ˌvæ̃	—	ˌkuæ̃

字目	还	弯	湾	恋	全	宣	旋	转
古音	山合二匣平删	山合二影平删	山合二影平删	山合三来去线	山合三从平仙	山合三心平仙	山合三邪平仙	山合三知去线
太原 初	xuæ	væ	væ	—	tɕʻye	ɕye	ɕye	tsuæ
太原 中	₅xæ̃ / ₅xuæ̃	₅væ̃	₅væ̃	₅lye / ₅luæ̃	₅tɕʻye	₅ɕye	₅ɕye	ˈtsuæ̃
太原 后	₅xuæ̃	₅væ̃	₅væ̃	₅luæ̃	₅tɕʻye	₅ɕye	₅ɕye	ˈtsuæ̃
文水 初	xuã	uã	uã	—	tɕʻyẽ	ɕyẽ	ɕyẽ	tsuẽ
文水 中	₅xuaŋ	₅uaŋ	₅uaŋ	₅luaŋ	₅tɕʻyən	₅ɕyən	₅ɕyən	ˈtsuən
文水 后	₅xuaŋ	₅uaŋ	₅uaŋ	liãĩʔ	₅tɕʻyãĩ	₅ɕyãĩ	₅ɕyãĩ	ˈtsuãĩ
太谷 初	xuã	uã	uã	—	tɕʻyẽ	ɕyẽ	ɕyẽ	tsuẽ
太谷 中	₅xuã	₅vã	₅vã	lyẽʔ	₅tɕʻyẽ	₅ɕyẽ	₅ɕyẽ	ˈtsuẽ
太谷 后	₅xuã	₅vã	₅vã	lyẽʔ	₅tɕʻyẽ	₅ɕyẽ	₅ɕyẽ	ˈtsuẽ
兴县 初	xuã	uã	uã	lɣ̃	tɕʻɣ̃	ɕɣ̃	ɕɣ̃	tsuəŋ
兴县 中	₅xuã	₅uã	₅uã	liɤʔ	₅tɕʻyɤ	₅ɕyɤ	₅ɕyɤ	ˈtsuɤ
兴县 后	₅xuã	₅uã	₅uã	liɤʔ	₅tɕʻyɤ	₅ɕyɤ	₅ɕyɤ	ˈtsuɤ
晋城 初	xuɛ	uɛ	uɛ	lya	tɕʻya	ɕya	ɕya	tsuɛ
晋城 中	₅xuæ	₅uæ	₅uæ	luæʔ	ˈtɕʻye	₅ɕye	ɕyeʔ	tʂuæʔ
晋城 后	₅xæ̃	₅uæ̃	₅uæ̃	liæʔ	₅tɕʻyæ̃	₅ɕyæ̃	ɕyæ̃ʔ	ˈtʂuæ
大同 初	xuæ	væ	væ	lye	tɕʻye	ɕye	ɕye	tʂuæ
大同 中	₅xuæ	₅væ	₅væ	lyɛʔ	₅tɕʻyɛ	₅ɕyɛ	₅ɕyɛ	tʂuæʔ
大同 后	₅xuæ	₅væ	₅væ	lyɛʔ	₅tɕʻyɛ	₅ɕyɛ	₅ɕyɛ	tʂuæ
呼和浩特 初	xuã	vã	vã	lyẽ	tɕʻyẽ	ɕyẽ	—	tsuõ
呼和浩特 中	₅xuæ̃	₅væ̃	₅væ̃	lyeʔ	₅tɕʻye	₅ɕye	₅ɕye	tsuæ̃ʔ
呼和浩特 后	₅xuæ̃	₅væ̃	₅væ̃	lyeʔ	₅tɕʻye	₅ɕye	₅ɕye	tsuæ̃

字目		传	篆	专	川	船	软	捲	拳
古音		山合三澄平仙	山合三澄上狝	山合三章平仙	山合三昌平仙	山合三船平仙	山合三日上狝	山合三见上狝	山合三群平仙
太原	初	tsʻuæ	tsuæ	tsuæ	tsʻuæ	tsʻuæ	zuæ	ʨye	—
	中	₌tsʻuæ̃	tsuæ̃ᵒ	₌tsuæ̃	₌tsʻuæ̃	₌tsʻuæ̃	ˀzuæ	ˀʨye	₌ʨʻye
	后	₌tsʻuæ̃	tsuæ̃ᵒ	₌tsuæ̃	₌tsʻuæ̃	₌tsʻuæ̃	ˀzuæ	ˀʨye	₌ʨʻye
文水	初	tsʻuɛ̃	tsuɛ̃	tsuɛ̃	tsʻuɛ̃	tsʻuɛ̃	zuɛ̃	ʨyɛ̃	ʨʻyɛ̃
	中	₌tsʻuen	tsuenᵒ	₌tsuen	₌tsʻuen	₌tsʻuen	ˀzuen	ʨyen	₌ʨʻyen
	后	₌tsʻuãĩ	tsuãĩᵒ	₌tsuãĩ	₌tsʻuãĩ	₌tsʻuãĩ	ˀzuãĩ	ʨyãĩᵒ	₌ʨʻyãĩ
太谷	初	tsʻuɛ̃	tsuɛ̃	tsuɛ̃	tsʻuɛ̃	tsʻuɛ̃	uɛ̃	ʨyɛ̃	—
	中	₌tsʻuɛ̃	ˀtsʻuɛ̃	₌tsuɛ̃	₌tsʻuɛ̃	₌tsʻuɛ̃	ˀvɛ̃ ˀzyɛ̃	ʨyɛ̃	₌ʨʻyɛ̃
	后	₌tsʻuɛ̃	ˀtsʻuɛ̃	₌tsuɛ̃	₌tsʻuɛ̃	₌tsʻuɛ̃	ˀvɛ̃ zyɛ̃	ʨyɛ̃	₌ʨʻyɛ̃
兴县	初	tsʻuəŋ	tsuəŋ	tsuəŋ	tsʻuəŋ	tsʻuəŋ	zuəŋ	—	ʨʻy̆
	中	₌tsʻuɔ̃	tsuɔ̃ᵒ	₌tsuɔ̃	₌tsʻuɔ̃	₌tsʻuɔ̃	zuɔ̃	ʨyɔ̃	₌ʨʻyɔ̃
	后	₌tsʻuɔ̃	tsuɔ̃ᵒ	₌tsuɔ̃	₌tsʻuɔ̃	₌tsʻuɔ̃	zuɔ̃	ʨyɔ̃	₌ʨʻyɔ̃
晋城	初	tsʻuɛ	tsʻuɛ	tsuɛ	tsʻuɛ	tsʻuɛ	zuɛ	ʨya	—
	中	ˀʈʂʻuæ	ʈʂuæᵒ	₌ʈʂuæ	₌ʈʂʻuæ	ˀʈʂʻuæ	₌ʐuæ	ˀʨye	—
	后	₌ʈʂʻuæ	ʈʂuæᵒ	₌ʈʂuæ	₌ʈʂʻuæ	₌ʈʂʻuæ	₌ʐuæ	ˀʨyæ	₌ʨʻyæ
大同	初	ʈʂʻuæ	ʈʂuæ	ʈʂuæ	ʈʂʻuæ	ʈʂʻuæ	zuæ	ʨye	ʨʻye
	中	₌ʈʂʻuæ	ʈʂuæᵒ	₌ʈʂuæ	₌ʈʂʻuæ	₌ʈʂʻuæ	₌ʐuæ	—	₌ʨʻyɛ
	后	₌ʈʂʻuæ	ʈʂuæᵒ	₌ʈʂuæ	₌ʈʂʻuæ	₌ʈʂʻuæ	₌ʐuæ	—	₌ʨʻyɛ
呼和浩特	初	tsʻuõ	tsuõ	—	tsʻuõ	tsʻuõ	zuõ	ʨyœ̃	ʨʻyœ̃
	中	₌tsʻuæ̃	tsuæ̃ᵒ	₌tsuæ̃	₌tsʻuæ̃	₌tsʻuæ̃	₌ʐuæ̃	ˀʨye	₌ʨʻye
	后	₌tsʻuæ̃	tsuæ̃ᵒ	₌tsuæ̃	₌tsʻuæ̃	₌tsʻuæ̃	₌ʐuæ̃	ʨye	₌ʨʻye

字目		权	倦	圆	员	反	烦	藩	矾
古音		山合三群平仙	山合三群去线	山合三云平仙	山合三云平仙	山合三非上阮	山合三奉平元	山合三奉平元	山合三奉平元
太原	初	tɕʻye	tɕye	—	ye	fæ	—	—	—
	中	₌tɕʻye	tɕyeˀ	₌ye	₌ye	ꜛfæ̃	₌fæ̃	₌fæ̃	₌fæ̃
	后	₌tɕʻye	tɕyeˀ	₌ye	₌ye	ꜛfæ̃	₌fæ̃	₌fæ̃	₌fæ̃
文水	初	tɕʻyẽ	tɕyẽ	yẽ	yẽ	xuã	xuã	—	—
	中	₌tɕʻyən	tɕyənˀ	₌yən	₌yən	ꜛxuaŋ	₌xuaŋ	₌xuaŋ	—
	后	₌tɕʻyãĩ	tɕyãĩˀ	₌yãĩ	₌yãĩ	ꜛxuaŋ	₌xuaŋ	₌xuaŋ	—
太谷	初	tɕʻyẽ	tɕyẽ	—	yẽ	fã	—	—	—
	中	₌tɕʻyẽ	tɕyẽˀ	₌yẽ	₌yẽ	ꜛfã	₌fã	₌fã	—
	后	₌tɕʻyẽ	tɕyẽˀ	₌yẽ	₌yẽ	ꜛfã	₌fã	₌fã	—
兴县	初	tɕʻỹ	tɕỹ	ỹ	ỹ	fuã	fuã	—	—
	中	₌tɕʻyɔ̃	tɕyɔ̃ˀ	₌yɔ̃	₌yɔ̃	ꜛxuã	₌xuã	₌xuã	—
	后	₌tɕʻyɔ̃	tɕyɔ̃ˀ	₌yɔ̃	₌yɔ̃	ꜛxuã	₌xuã	₌xuã	—
晋城	初	tɕʻya	tɕya	ya	ya	fɛ	—	—	fɛ
	中	ꜛtɕʻye	tɕyeˀ	ꜛye	ꜛye	ꜛfæ	ꜛfæ	ꜛfæ	ꜛfæ
	后	₌tɕʻyæ̃	tɕyæ̃ˀ	₌yæ̃	₌yæ̃	ꜛfæ̃	₌fæ̃	₌fæ̃	₌fæ̃
大同	初	tɕʻye	tɕye	ye	ye	fæ	fæ	fæ	—
	中	₌tɕʻyɛ	—	—	—	ꜛfæ	₌fæ	₌fæ	—
	后	₌tɕʻyɛ	—	—	—	ꜛfæ	₌fæ	₌fæ	—
呼和浩特	初	tɕʻyœ̃	tɕyœ̃	yœ̃	yœ̃	fã	fã	fã	—
	中	₌tɕʻye	tɕyeˀ	₌ye	₌ye	ꜛfæ̃	₌fæ̃	₌fæ̃	—
	后	₌tɕʻye	tɕyeˀ	₌ye	₌ye	ꜛfæ̃	₌fæ̃	₌fæ̃	—

字目	万	劝	元	袁	辕	玄	渊	吞
古音	山合三微去愿	山合三溪去愿	山合三疑平元	山合三云平元	山合三云平元	山合四匣平先	山合四影平先	臻开一透平痕
太原 初	—	tɕʻye	ye	—	ye	çye	ye	tʻəŋ
太原 中	væˀ	tɕʻyeˀ	ˌye	ˌye	ˌye	ˌçye	ˌye	tʻəŋ
太原 后	væˀ	tɕʻyeˀ	ˌye	ˌye	ˌye	ˌçye	ˌye	tʻuŋ
文水 初	uã	tɕʻyẽ	yẽ	yẽ	—	çyẽ	yẽ	tʻɔ̃
文水 中	uaŋ	tɕʻyənˀ	ˌyən	ˌyən	ˌyən	ˌçyən	—	tʻən
文水 后	uaŋ	tɕʻyãĩˀ	ˌyãĩ	ˌyãĩ	ˌyãĩ	ˌçyãĩ	ˌyãĩ	tʻɔ̃
太谷 初	uã	tɕʻyẽ	yẽ	—	çyẽ	çyẽ	yẽ	tõ
太谷 中	vãˀ	tɕʻyẽˀ	ˌyẽ	ˌyẽ	ˌyẽ	ˌçyẽ	ˌyẽ	tõ
太谷 后	vãˀ	tɕʻyẽˀ	ˌyẽ	ˌyẽ	ˌyẽ	ˌçyẽ	ˌyẽ	tõ
兴县 初	uã	tɕʻỹ	ỹ	ỹ	ỹ	çỹ	ỹ	tʻɔ̃
兴县 中	uãˀ	tɕʻyɔ̃ˀ	ˌyɔ̃	ˌyɔ̃	ˌyɔ̃	ˌçyɔ̃	ˌyɔ̃	tʻəŋ
兴县 后	uãˀ	tɕʻyɔ̃ˀ	ˌyɔ̃	ˌyɔ̃	ˌyɔ̃	ˌçyɔ̃	ˌyɔ̃	tʻəŋ
晋城 初	uɛ	tɕʻya	ya	—	ya	çya	ia	—
晋城 中	uæˀ	tɕʻyeˀ	ˈye	ˈye	ˈye	ˈçye	ˈye	tʻuĕˀ
晋城 后	uæ̃ˀ	tɕʻyæˀ	ˌyæ	ˌyæ	ˌyæ	ˌçyæ	ˌyæ	tʻuĕ̃ˀ
大同 初	væ	tɕʻye	ye	ye	ye	çye	ye	tʻəŋ
大同 中	væˀ	tɕʻyɛˀ	ˌyɛ	ˌyɛ	ˌyɛ	ˌçyɛ	—	ɣɛˀ
大同 后	væˀ	tɕʻyɛˀ	ˌyɛ	ˌyɛ	ˌyɛ	ˌçyɛ	—	ɣɛˀ
呼和浩特 初	vã	tɕʻyœ̃	yœ̃	yœ̃	yœ̃	çyœ̃	—	tʻəŋ
呼和浩特 中	væ̃ˀ	tɕʻyeˀ	ˌye	ˌye	ˌye	ˌçye	—	—
呼和浩特 后	væ̃ˀ	tɕʻyeˀ	ˌye	ˌye	ˌye	ˌçye	—	—

字目	跟	恳	痕	恩	彬	宾	贫	闽
古音	臻开一见平痕	臻开一溪上很	臻开一匣平痕	臻开一影平痕	臻开三帮平真	臻开三帮平真	臻开三並平真	臻开三明平真
太原 初	kəŋ	kʻəŋ	xəŋ	ɣəŋ	—	piəŋ	pʻiəŋ	—
太原 中	˳kəŋ	ʻkəŋ	˳xəŋ	˳ɣəŋ	˳piŋ	˳piŋ	˳pʻiŋ	˳miŋ
太原 后	˳kəŋ	ʻkəŋ	˳xəŋ	əŋ	˳piŋ	˳piŋ	˳pʻiŋ	˳miŋ
文水 初	kə̃	kʻə̃	xə̃	ŋgə̃	piə̃	piə̃	pʻiə̃	mbiə̃
文水 中	˳kəŋ	ʻkəŋ	˳xəŋ	˳ŋəŋ	˳piəŋ	˳piəŋ	˳pʻiəŋ	˳miəŋ
文水 后	˳kə̃	ʻkə̃	˳xə̃	˳ŋə̃	˳piə̃	˳piə̃	˳pʻiə̃	˳miə̃
太谷 初	kõ	kʻõ	xõ	ŋgõ	piə̃	piə̃	pʻiə̃	miə̃
太谷 中	˳kə̃	ʻkə̃	˳xə̃	˳ŋə̃	˳piə̃	˳piə̃	˳pʻiə̃	˳miə̃
太谷 后	˳kə̃	ʻkə̃	˳xə̃	˳ŋə̃	˳piə̃	˳piə̃	˳pʻiə̃	˳miə̃
兴县 初	kə̃	kʻə̃	xə̃	ŋgə̃	piə̃	piə̃	pʻiə̃	mbiə̃
兴县 中	˳kəŋ	ʻkəŋ	˳xəŋ	˳ŋəŋ	˳piŋ	˳piŋ	˳pʻiŋ	˳miŋ
兴县 后	˳kəŋ	ʻkəŋ	˳xəŋ	˳ŋəŋ	˳piŋ	˳piŋ	˳pʻiŋ	˳miŋ
晋城 初	kã	kʻã	xã	ɣã	—	pẽ	pʻẽ	—
晋城 中	˳kẽ	ʻkẽ	˳xẽ	˳ɣẽ	˳piẽĩ	˳piẽĩ	˳pʻiẽĩ	˳mi
晋城 后	˳kə̃n	ʻkə̃n	˳xə̃n	ə̃n	˳piə̃n	˳piə̃n	˳pʻiə̃n	˳miə̃n
大同 初	kəŋ	kʻəŋ	xəŋ	nəŋ	piəŋ	piəŋ	pʻiəŋ	miəŋ
大同 中	˳kəɣ	—	˳xəɣ	˳nəɣ	˳piəɣ	˳piəɣ	˳pʻiəɣ	˳miəɣ
大同 后	˳kəɣ	—	˳xəɣ	˳nəɣ	˳piəɣ	˳piəɣ	˳pʻiəɣ	˳miəɣ
呼和浩特 初	kəŋ	kʻəŋ	xəŋ	ŋgəŋ	piəŋ	piəŋ	pʻiəŋ	miəŋ
呼和浩特 中	˳kə̃ŋ	˳kʻə̃ŋ	˳xə̃ŋ	˳ŋə̃ŋ	˳pĩŋ	˳pĩŋ	˳pʻĩŋ	˳mĩŋ
呼和浩特 后	˳kə̃ŋ	˳kʻə̃ŋ	˳xə̃ŋ	˳ŋə̃ŋ	˳pĩŋ	˳pĩŋ	˳pʻĩŋ	˳mĩŋ

字目		民	悯	邻	津	亲	秦	尽	辛
古音		臻开三明平真	臻开三明上轸	臻开三来平真	臻开三精平真	臻开三清平真	臻开三从平真	臻开三从上轸	臻开三心平真
太原	初	miəŋ	miəŋ	leəŋ	tɕiəŋ	tɕʰiəŋ	tɕʰiəŋ	tɕiəŋ	ɕiəŋ
	中	₌miŋ	ˁmiŋ	₌liŋ	₌tɕiŋ	₌tɕʰiŋ	₌tɕʰiŋ	tɕiŋˀ	₌ɕiŋ
	后	₌miŋ	ˁmiŋ	₌liŋ	₌tɕiŋ	₌tɕʰiŋ	₌tɕʰiŋ	tɕiŋˀ	₌ɕiŋ
文水	初	mbiə̃	mbiẽ	leə̃	tɕiə̃	tɕʰiə̃	tɕʰiə̃	tɕiə̃	ɕiə̃
	中	₌miəŋ	—	₌liəŋ	₌tɕiəŋ	₌tɕʰiəŋ	₌tɕʰiəŋ	tɕiəŋˀ	₌ɕiəŋ
	后	₌miə̃	ˁmiə̃	₌liə̃	₌tɕiə̃	₌tɕʰiə̃	₌tɕʰiə̃	tɕiə̃ˀ	₌ɕiə̃
太谷	初	miə̃	—	leə	tɕiə̃	tɕʰiə̃	tɕʰiə̃	—	ɕiə̃
	中	₌miə	ˁmiə̃	₌liə̃	₌tɕiə̃	₌tɕʰiə̃	₌tɕʰiə̃	ˁtɕiə̃	₌ɕiə̃
	后	₌miə	ˁmiə̃	₌liə̃	₌tɕiə̃	₌tɕʰiə̃	₌tɕʰiə̃	ˁtɕiə̃	₌ɕiə̃
兴县	初	mbiə̃	mbiə̃	leə̃	tɕiə̃	tɕʰiə̃	tɕʰiə̃	tɕiə̃	ɕiə̃
	中	₌miŋ	ˁmiŋ	₌liŋ	₌tɕiŋ	₌tɕʰiŋ	₌tɕʰiŋ	tɕiŋˀ	₌ɕiŋ
	后	₌miŋ	ˁmiŋ	₌liŋ	₌tɕiŋ	₌tɕʰiŋ	₌tɕʰiŋ	tɕiŋˀ	₌ɕiŋ
晋城	初	mi	mi	lẽ	tɕiẽ	tɕʰiẽ	tɕʰiẽ	tɕiẽ	ɕiẽ
	中	₌mi	ˁmi	₌liẽĩ	₌tɕiẽĩ	₌tɕʰiẽĩ	ˁtɕʰiẽĩ	ˁtɕiẽĩ	₌ɕiẽĩ
	后	₌miə̃n / ₌mi	ˁmi	₌liə̃n	₌tɕiə̃n	₌tɕʰiə̃n	₌tɕʰiə̃n	tɕiə̃nˀ	₌ɕiə̃n
大同	初	miəŋ	miəŋ	leəŋ	tɕiəŋ	tɕʰiəŋ	tɕʰiəŋ	tɕiəŋ	ɕiəŋ
	中	₌miəɣ	ˁmiəɣ	₌liəɣ	₌tɕiəɣ	₌tɕʰiəɣ	₌tɕʰiəɣ	tɕiəɣˀ	₌ɕiəɣ
	后	₌miəɣ	ˁmiəɣ	₌liəɣ	₌tɕiəɣ	₌tɕʰiəɣ	₌tɕʰiəɣ	tɕiəɣˀ	₌ɕiəɣ
呼和浩特	初	miəŋ	miẽ	leəŋ	tɕiəŋ	tɕʰiəŋ	tɕʰiəŋ	tɕiəŋ	ɕiəŋ
	中	₌mĩŋ	ˁmĩŋ	₌lĩŋ	₌tɕĩŋ	₌tɕʰĩŋ	₌tɕʰĩŋ	tɕĩŋˀ	₌ɕĩŋ
	后	₌mĩŋ	ˁmĩŋ	₌lĩŋ	₌tɕĩŋ	₌tɕʰĩŋ	₌tɕʰĩŋ	tɕĩŋˀ	₌ɕĩŋ

字目		新	珍	趁	陈	阵	真	神	身
古音		臻开三心平真	臻开三知平真	臻开三彻去震	臻开三澄平真	臻开三澄去震	臻开三章平真	臻开三船平真	臻开三书平真
太原	初	ɕiəŋ	tsəŋ	tsʰəŋ	tsʰəŋ	tsəŋ	tsəŋ	səŋ	səŋ
	中	₌ɕiŋ	₌tsəŋ	tsəŋ˒	tsʰəŋ˒	tsəŋ˒	₌tsəŋ	₌səŋ	səŋ˒
	后	₌ɕiŋ	₌tsəŋ	tsəŋ˒	tsʰəŋ˒	tsəŋ˒	₌tsəŋ	₌səŋ	səŋ˒
文水	初	ɕiɑ̃	tʂɑ̃	—	tʂʰɑ̃	tʂɑ̃	tʂɑ̃	ʂɑ̃	ʂɑ̃
	中	₌ɕiəŋ	₌tsəŋ	tsʰəŋ˒	tsʰəŋ˒	tsəŋ˒	₌tsəŋ	₌səŋ	səŋ˒
	后	₌ɕiɑ̃	₌tsɑ̃	tsʰɑ̃˒	tsʰɑ̃˒	tsɑ̃˒	₌tsɑ̃	₌sɑ̃	sɑ̃˒
太谷	初	ɕiɔ̃	tsɔ̃	—	tsʰɔ̃	tsɔ̃	tsɔ̃	sɔ̃	sɔ̃
	中	₌ɕiɔ̃	₌tsɔ̃	tsʰɔ̃˒	tsʰɔ̃˒	tsɔ̃˒	₌tsɔ̃	₌sɔ̃	sɔ̃˒
	后	₌ɕiɔ̃	₌tsɔ̃	tsʰɔ̃˒	tsʰɔ̃˒	tsɔ̃˒	₌tsɔ̃	₌sɔ̃	sɔ̃˒
兴县	初	ɕiɔ̃	tʂɔ̃	tʂʰɔ̃	tʂʰɔ̃	tʂɔ̃	tʂɔ̃	ʂɔ̃	ʂɔ̃
	中	₌ɕiŋ	₌tsəŋ	tsʰəŋ˒	tsʰəŋ˒	tsəŋ˒	₌tsəŋ	₌səŋ	səŋ˒
	后	₌ɕiŋ	₌tsəŋ	tsʰəŋ˒	tsʰəŋ˒	tsəŋ˒	₌tsəŋ	₌səŋ	səŋ˒
晋城	初	ɕiẽ	tsã	tsʰã	tsʰã	tsã	tsã	sã	sã
	中	₌ɕiẽĩ	₌tʂẽ	tʂʰẽ˒	tʂʰẽ˒	tʂẽ˒	₌tʂẽ	₌ʂẽ	ʂẽ˒
	后	₌ɕiə̃n	₌tʂə̃n	tʂʰə̃n˒	tʂʰə̃n˒	tʂə̃n˒	₌tʂə̃n	₌ʂə̃n	ʂə̃n˒
大同	初	ɕiəŋ	tʂəŋ	tʂʰəŋ	tʂʰəŋ	tʂəŋ	tʂəŋ	ʂəŋ	ʂəŋ
	中	₌ɕiəɣ	₌tʂəɣ	tʂʰəɣ˒	tʂʰəɣ˒	tʂəɣ˒	₌tʂəɣ	₌ʂəɣ	ʂəɣ˒
	后	₌ɕiəɣ	₌tʂəɣ	tʂʰəɣ˒	tʂʰəɣ˒	tʂəɣ˒	₌tʂəɣ	₌ʂəɣ	ʂəɣ˒
呼和浩特	初	ɕieŋ	tʂəŋ	tʂʰəŋ	tʂʰəŋ	tʂəŋ	tʂəŋ	ʂəŋ	ʂəŋ
	中	₌ɕĩŋ	₌tʂə̃ŋ	tʂʰə̃ŋ˒	tʂʰə̃ŋ˒	tʂə̃ŋ˒	₌tʂə̃ŋ	₌ʂə̃ŋ	ʂə̃ŋ˒
	后	₌ɕĩŋ	₌tʂə̃ŋ	tʂʰə̃ŋ˒	tʂʰə̃ŋ˒	tʂə̃ŋ˒	₌tʂə̃ŋ	₌ʂə̃ŋ	ʂə̃ŋ˒

字目		辰	肾	人	巾	仪	银	因	寅
古音		臻开三禅平真	臻开三禅上轸	臻开三日平真	臻开三见平真	臻开三群去震	臻开三疑平真	臻开三影平真	臻开三以平真
太原	初	tsʻə̃ŋ	sə̃ŋ	zə̃ŋ	tɕiə̃ŋ	tɕiə̃ŋ	iə̃ŋ	iə̃ŋ	iə̃ŋ
	中	꜁tsʻə̃ŋ	sə̃ŋꜘ	zə̃ŋꜘ	꜁tɕiŋ	꜁tɕiŋ	꜁iŋ	꜁iŋ	꜁iŋ
	后	꜁tsʻə̃ŋ	sə̃ŋꜘ	zə̃ŋꜘ	꜁tɕiŋ	꜁tɕiŋ	꜁iŋ	꜁iŋ	꜁iŋ
文水	初	tʂʻə̃	ʂə̃	zə̃	tɕiə̃	tɕiə̃	n̠ʥiə̃	iə̃	iə̃
	中	꜁tsʻə̃ŋ	sə̃ŋꜘ	zə̃ŋꜘ	꜁tɕiə̃ŋ	꜁tɕiə̃ŋ	꜁n̠ʥiə̃ŋ	꜁iə̃ŋ	꜁iə̃ŋ
	后	꜁tsʻə̃	sə̃ꜘ	zə̃ꜘ	꜁tɕiə̃	tɕiə̃ꜘ	꜁n̠ʥiə̃	iə̃ꜘ	iə̃ꜘ
太谷	初	tsʻə̃	sə̃	zə̃	tɕiə̃	tɕiə̃	n̠ʥiə̃	iə̃	iə̃
	中	꜁tsʻə̃	sə̃ꜘ	zə̃ꜘ	꜁tɕiə̃	tɕiə̃ꜘ	꜁n̠ʥiə̃	iə̃ꜘ	꜁iə̃
	后	꜁tsʻə̃	sə̃ꜘ	zə̃ꜘ	꜁tɕiə̃	tɕiə̃ꜘ	꜁n̠ʥiə̃	iə̃ꜘ	iə̃ꜘ
兴县	初	tʂʻə̃	ʂə̃	ʐə̃	tɕiə̃	tɕiə̃	iə̃	iə̃	iə̃
	中	꜁tsʻə̃ŋ	sə̃ŋꜘ	꜁zə̃ŋ	꜁tɕiŋ	tɕiŋꜘ	꜁niŋ	꜁iŋ	꜁iŋ
	后	꜁tsʻə̃ŋ	sə̃ŋꜘ	꜁zə̃ŋ	꜁tɕiŋ	꜁tɕiŋ	꜁niŋ	꜁iŋ	꜁iŋ
晋城	初	tsʻæ̃	sæ̃	zæ̃	tɕiẽ	tɕiẽ	iẽ	iẽ	iẽ
	中	ꜙtʂʻæ̃	ʂæ̃ꜘ	ꜙʐæ̃	tɕiẽ̃ꜙ	ꜙtɕiẽ̃	ꜙiẽ̃	ꜙiẽ̃	ꜙiẽ̃
	后	uæ̃ꜙn	ʂõ̃ꜘ	ꜙzõ̃n	tɕiõ̃n	ꜙtɕiõ̃	ꜙiõ̃n	iõ̃n	iõ̃n
大同	初	tʂʻə̃	ʂə̃	zə̃	tɕiə̃ꜘ	tɕiə̃ꜘ	iə̃	iə̃	iə̃
	中	꜁tʂʻə̃ɣ	ʂə̃ɣꜘ	꜁zə̃ɣ	tɕiə̃ɣꜘ	tɕiə̃ɣꜘ	꜁iə̃ɣ	꜁iə̃ɣ	꜁iə̃ɣ
	后	꜁tʂʻə̃ɣ	ʂə̃ɣꜘ	꜁zə̃ɣ	tɕiə̃ɣꜘ	tɕiə̃ɣꜘ	꜁iə̃ɣ	꜁iə̃ɣ	꜁iə̃ɣ
呼和浩特	初	tʂʻə̃ŋ	ʂə̃ŋ	zə̃ŋ	tɕiə̃ŋ	tɕiə̃ŋ	iə̃ŋ	iə̃ŋ	iə̃ŋ
	中	꜁tʂʻə̃ŋ	sə̃ŋꜘ	꜁zə̃ŋ	꜁tɕĩŋ	꜁tɕĩŋ	꜁ĩŋ	꜁ĩŋ	꜁ĩŋ
	后	꜁tʂʻə̃ŋ	sə̃ŋꜘ	꜁zə̃ŋ	꜁tɕĩŋ	꜁tɕĩŋ	꜁ĩŋ	꜁ĩŋ	꜁ĩŋ

字目	斤	勤	近	欣	隐	本	喷	盆
古音	臻开三见平殷	臻开三群平殷	臻开三群上隐	臻开三晓平殷	臻开三影上隐	臻合一帮上混	臻合一滂平魂	臻合一并平魂
太原　初	tɕieŋ	tɕʻieŋ	tɕieŋ	ɕieŋ	ieŋ	peŋ	pʻeŋ	pʻeŋ
太原　中	tɕiŋ	tɕʻiŋ	tɕiŋ	ɕiŋ	iŋ	peŋ	pʻeŋ	pʻeŋ
太原　后	tɕiŋ	tɕʻiŋ	tɕiŋ	ɕiŋ	iŋ	peŋ	pʻeŋ	pʻeŋ
文水　初	tɕiə̃	tɕʻiə̃	tɕiə̃	ɕiə̃	iə̃	pə̃	pʻə̃	pʻə̃
文水　中	tɕieŋ	tɕʻieŋ	tɕieŋ	—	iəŋ	—	pʻeŋ	peŋ / pʻeŋ
文水　后	tɕiə̃	tɕʻiə̃	tɕiə̃	ɕiə̃	iə̃	puə̃	pʻuə̃	pʻuə̃
太谷　初	tɕiə̃	tɕʻiə̃	tɕiə̃	ɕiə̃	iə̃	põ	pʻõ	pʻõ
太谷　中	tɕiə̃	tɕʻiə̃ / tɕʻiə̃	tɕiə̃	ɕiə̃	iə̃	pə̃	pʻə̃	pʻə̃
太谷　后	tɕiə̃ / tɕʻiə̃	tɕʻiə̃	tɕiə̃	ɕiə̃	iə̃	pə̃	pʻə̃	pʻə̃
兴县　初	tɕiə̃	tɕʻiə̃	tɕiə̃	ɕiə̃	iə̃	pə̃	—	pʻə̃
兴县　中	tɕiŋ	tɕʻiŋ	tɕiŋ	ɕiŋ	iŋ	peŋ	pʻeŋ	pʻeŋ
兴县　后	tɕiŋ	tɕʻiŋ	tɕiŋ	ɕiŋ	iŋ	peŋ	pʻeŋ	pʻeŋ
晋城　初	tɕiẽ	tɕʻiẽ	tɕiẽ	ɕiẽ	iẽ	pã	pʻã	pʻã
晋城　中	tɕiẽĩ	tɕʻiẽĩ	tɕiẽĩ	ɕiẽĩ	iẽĩ	pẽ	pʻẽ	pʻẽ
晋城　后	tɕiə̃n	tɕʻiə̃n	tɕiə̃n	ɕiə̃n	iə̃n	pə̃n	pʻə̃n	pʻə̃n
大同　初	tɕieŋ	tɕʻieŋ	tɕieŋ	ɕieŋ	ieŋ	peŋ	pʻeŋ	pʻeŋ
大同　中	tɕiəɣ	tɕʻiəɣ	tɕiəɣ	ɕiəɣ	iəɣ	pəɣ	pʻəɣ	pʻəɣ
大同　后	tɕiəɣ	tɕʻiəɣ	tɕiəɣ	ɕiəɣ	iəɣ	pəɣ	pʻəɣ	pʻəɣ
呼和浩特　初	tɕiẽ	tɕʻiẽ	tɕiẽ	ɕiẽ	iẽ	peŋ	pʻeŋ	pʻeŋ
呼和浩特　中	tɕĩŋ	tɕʻĩŋ	tɕĩŋ	ɕĩŋ	—	pə̃ŋ	pʻə̃ŋ	pʻə̃ŋ
呼和浩特　后	tɕĩŋ	tɕʻĩŋ	tɕĩŋ	ɕĩŋ	—	pə̃ŋ	pʻə̃ŋ	pʻə̃ŋ

字目		笨	门	敦	屯	钝	嫩	论	尊
古音		臻合一並上混	臻合一明平魂	臻合一端平魂	臻合一定平魂	臻合一定去慁	臻合一泥去慁	臻合一来去慁	臻合一精平魂
太原	初	pəŋ	məŋ	tuŋ	tʻuŋ	tuŋ	nəŋ	lyuŋ	tsuŋ
	中	pəŋ꜄	꜀məŋ	꜀tuŋ	꜀tʻuŋ	tuŋ꜄	nəŋ꜄	lyuŋ꜄ luŋ꜄	꜀tsuŋ
	后	pəŋ꜄	꜀məŋ	꜀tuŋ	꜀tʻuŋ	tuŋ꜄	nəŋ꜄	luŋ꜄	꜀tsuŋ
文水	初	pɔ̃	mbɔ̃	tũ	tʻũ	—	ndɔ̃	—	tsũ
	中	pəŋ꜄	꜀məu	꜀tuəŋ	꜀tʻuəŋ	tuəŋ꜄	nəŋ꜄	lyəŋ꜄	꜀tsuəŋ
	后	puɔ̃꜄	꜀muɔ̃	꜀tuɔ̃	꜀tʻuɔ̃	tuɔ̃꜄	nɔ̃꜄	luɔ̃꜄	꜀tsuɔ̃
太谷	初	pɔ̃	mɔ̃	tũ	tʻũ	tũ	nɔ̃	lyũ	tsũ
	中	pɔ̃꜄	꜀mɔ̃	꜀tũ	꜀tʻũ	tũ꜄	nɔ̃꜄	꜀lyũ	꜀tsũ
	后	pɔ̃꜄	꜀mɔ̃	꜀tũ	꜀tʻũ	tũ꜄	nɔ̃꜄	꜀lyũ	꜀tsũ
兴县	初	pɔ̃	mbɔ̃	tuɔ̃	tʻuɔ̃	tuɔ̃	nduɔ̃	luɔ̃	tsuɔ̃
	中	pəŋ꜄	꜀məŋ	꜀tuəŋ	tuəŋ꜄	tuəŋ꜄	nuəŋ꜄	luəŋ꜄	꜀tsuəŋ
	后	pəŋ꜄	꜀məŋ	꜀tuəŋ	tuəŋ꜄	tuəŋ꜄	nuəŋ꜄	luəŋ꜄	꜀tsuəŋ
晋城	初	pã	mã	tuæ	tʻuæ	tuæ	nã	luæ	tsuæ
	中	pẽ꜄	꜀mẽ	꜀uẽ	tʻuẽ	tuẽ꜄	nẽ꜄	luẽ꜄	꜀tʂuẽ
	后	pɔ̃n꜄	꜀mɔ̃n	꜀tuɔ̃n	tʻuɔ̃n	tuɔ̃n꜄	nɔ̃n꜄	luɔ̃n꜄	꜀tʂuɔ̃n
大同	初	pəŋ	məŋ	tuoŋ	tʻuoŋ	tuoŋ	nəŋ	luoŋ	tsuoŋ
	中	pəɣ꜄	꜀məɣ	꜀tuəɣ	tʻuəɣ꜄	tuəɣ꜄	nəɣ	luəɣ꜄	꜀tsuəɣ
	后	pəɣ꜄	꜀məɣ	꜀tuəɣ	tʻuəɣ꜄	tuəɣ꜄	nəɣ	luəɣ꜄	꜀tsuəɣ
呼和浩特	初	pəŋ	məŋ	təŋ	tʻəŋ	təŋ	nəŋ	—	tsəŋ
	中	pɔ̃ŋ꜄	꜀mɔ̃ŋ	꜀tũŋ	tʻũŋ	tũŋ꜄	nɔ̃ŋ꜄	—	꜀tsũŋ
	后	pɔ̃ŋ꜄	꜀mɔ̃ŋ	꜀tũŋ	tʻũŋ	tũŋ꜄	nɔ̃ŋ꜄	—	꜀tsũŋ

字目		忖	存	孙	棍	坤	昏	魂	温
古音		臻合一清上混	臻合一从平魂	臻合一心平魂	臻合一见去慁	臻合一溪平魂	臻合一晓平魂	臻合一匣平魂	臻合一影平魂
太原	初	tsʻuŋ	tsuŋ	suŋ	kuŋ	kʻuŋ	xuŋ	xuŋ	vəŋ
	中	—	꜀tsuŋ	꜀suŋ	kuŋꜛ	kʻuŋ	꜀xuŋ	꜀xuŋ	꜀vəŋ
	后	—	꜀tsuŋ	꜀suŋ	kuŋꜛ	kʻuŋ	꜀xuŋ	꜀xuŋ	꜀vəŋ
文水	初	tsʻõ	tsʻũ	sũ	kuõ	kũ	xũ	xũ	ũ
	中	꜀tsʻuən	꜀tsʻuən	꜀suən	kuənꜛ	kʻuən	xuən	xuən	uən
	后	꜀tsʻuɔ̃	꜀tsʻuɔ̃	꜀suɔ̃	kuɔ̃ꜛ	kʻuɔ̃	xuɔ̃	xuɔ̃	꜀uɔ̃
太谷	初	tsʻũ	tsʻũ	sũ	kũ	kʻũ	xũ	xũ	uõ
	中	ꜛtsʻũ	꜀tsʻũ	꜀sũ	kũꜛ	kʻũ	꜀xũ	꜀xũ	꜀ʋõ
	后	ꜛtsʻũ	꜀tsʻũ	꜀sũ	kũꜛ	kʻũ	꜀xũ	꜀xũ	꜀ʋõ
兴县	初	tsʻuɔ̃	tsʻuɔ̃	suɔ̃	kuɔ̃	kʻuɔ̃	xuɔ̃	xuɔ̃	uɔ̃
	中	ꜛtsʻuən	꜀tsʻuən	꜀suən	kuənꜛ	꜀kʻuən	꜀xuən	꜀xuən	꜀uən
	后	ꜛtsʻuən	꜀tsʻuən	꜀suən	kuənꜛ	꜀kʻuən	꜀xuən	꜀xuən	꜀uən
晋城	初	tsʻuæ̃	tsʻuæ̃	suæ̃	kuæ̃	kʻuæ̃	xuæ̃	xuæ̃	uæ̃
	中	—	ꜛtʂuẽ	꜀ʂuẽ	kuẽꜛ	kʻuẽ	xuẽ	ꜛxuẽ	꜀uẽ
	后	—	ꜛtʂuɔ̃n	꜀ʂuɔ̃n	kuɔ̃nꜛ	kʻuɔ̃n	xuɔ̃n	꜀xuɔ̃n	꜀uɔ̃n
大同	初	tsʻuoŋ	tsʻuoŋ	suoŋ	kuoŋ	kʻuoŋ	xuoŋ	xuoŋ	vuɣ
	中	—	ꜛtsʻuəɣ	꜀suəɣ	kuəɣꜛ	kʻuəɣ	xuəɣ	xuəɣ	꜀vəɣ
	后	—	ꜛtsʻuəɣ	꜀suəɣ	kuəɣꜛ	kʻuəɣ	xuəɣ	xuəɣ	꜀vəɣ
呼和浩特	初	tsʻəŋ	tsʻəŋ	səŋ	kuoŋ	kʻuoŋ	xuoŋ	xuoŋ	vəŋ
	中	—	ꜛtsʻũŋ	꜀sũŋ	kũŋꜛ	꜀kʻũŋ	꜀xũŋ	꜀xũŋ	꜀vəŋ
	后	—	ꜛtsʻũŋ	꜀sũŋ	kũŋꜛ	꜀kʻũŋ	꜀xũŋ	꜀xũŋ	꜀vəŋ

字目	伦	俊	旬	椿	準	春	唇	顺
古音	臻合三来平谆	臻合三精去谆	臻合三邪平谆	臻合三彻平谆	臻合三章上准	臻合三昌平谆	臻合三船平谆	臻合三船去谆

		伦	俊	旬	椿	準	春	唇	顺
太原	初	lyuŋ	tɕyuŋ	ɕyuŋ	tsʻuŋ	tsuŋ	tsʻuŋ	tsʻuŋ	suŋ
	中	₌lyuŋ / ₌luŋ	tɕyuŋˀ	₌ɕyuŋ	₌tsʻuŋ	₌tsuŋ	₌tsʻuŋ	₌suŋ / ₌tsʻuŋ	suŋˀ
	后	₌lyuŋ / ₌luŋ	tɕyuŋˀ	₌ɕyuŋ	₌tsʻuŋ	₌tsuŋ	₌tsʻuŋ	₌tsʻuŋ	suŋˀ
文水	初	lyũ	tɕyũ	ɕyũ	tsʻũ	tsuõ	tsʻũ	tsʻũ	suõ
	中	—	tɕyəŋˀ	₌ɕyəŋ	₌tsʻəŋ	₌tsuəŋ	₌tsʻəŋ	₌tsʻəŋ	suəŋˀ
	后	₌luɑ̃	tɕyɔ̃ˀ	₌ɕyɔ̃	₌tsʻə̃	₌tsə̃	₌tsʻə̃	₌tsʻə̃	suə̃ˀ
太谷	初	lyũ	tɕyũ	ɕyũ	tsʻũ	tsũ	tsʻũ	tsʻũ	fũ
	中	₌lyũ	tɕyũˀ	₌ɕyũ	₌tsʻũ	₌tsũ	₌tsʻũ	₌tsʻũ	sũˀ
	后	₌lyũ	tɕyũˀ	₌ɕyũ	₌tsʻũ	₌tsũ	₌tsʻũ	₌tsʻũ	sũˀ
兴县	初	luɔ̃	tɕyɔ̃	ɕyɔ̃	tsʻə̃	tsuɔ̃	tsʻə̃	tsʻə̃	suə̃
	中	₌luəŋ	tɕyŋˀ	₌ɕyŋ	₌tsʻuəŋ	₌tsuəŋ	₌tsʻuəŋ	₌tsʻuəŋ	suəŋˀ
	后	₌luəŋ	tɕyŋˀ	₌ɕyŋ	₌tsʻuəŋ	₌tsuəŋ	₌tsʻuəŋ	₌tsʻuəŋ	suəŋˀ
晋城	初	luæ̃	tɕyẽ	ɕyẽ	tsʻuæ̃	tsuæ̃	tsʻuæ̃	tsʻã	suæ̃
	中	₌luẽ	tɕyẽˀ	₌ɕyẽ	₌tʂʻuẽ	₌tʂuẽ	₌tʂʻuẽ	₌tʂʻuẽ	ʂuẽˀ
	后	₌luə̃n	tɕyə̃nˀ	₌ɕyə̃n	₌tʂʻuə̃n	₌tʂuə̃n	₌tʂʻuə̃n	₌tʂʻuə̃n	ʂuə̃nˀ
大同	初	luoŋ	tɕyəŋ	ɕyəŋ	tʂʻuoŋ	tʂuoŋ	tʂʻuoŋ	tʂʻuoŋ	ʂuoŋ
	中	₌luəɣ	tɕyəɣˀ	₌ɕyəɣ	₌tʂʻuəɣ	₌tʂuəɣ	₌tʂʻuəɣ	₌tʂʻuəɣ	ʂuəɣˀ
	后	₌luəɣ	tɕyəɣˀ	₌ɕyəɣ	₌tʂʻuəɣ	₌tʂuəɣ	₌tʂʻuəɣ	₌tʂʻuəɣ	ʂuəɣˀ
呼和浩特	初	leeŋ	tɕyəŋˀ	ɕyəŋ	tsʻəŋ	tsəŋ	tsʻəŋ	tsʻəŋ	səŋ
	中	₌lũŋ	tɕỹŋˀ	—	₌tsʻũŋ	₌tsũŋ	₌tsʻũŋ	₌tsʻũŋ	sũŋˀ
	后	₌lũŋ	tɕỹŋˀ	—	₌tsʻũŋ	₌tsũŋ	₌tsʻũŋ	₌tsʻũŋ	sũŋˀ

字目		润	闰	均	窘	匀	芬	纷	焚
古音		臻合三日去稕	臻合三日去稕	臻合三见平谆	臻合三群上準	臻合三以平谆	臻合三敷平文	臻合三敷平文	臻合三奉平文
太原	初	zuŋ	zuŋ	tɕyuŋ	tɕyuŋ	yuŋ	—	fəŋ	—
	中	zuŋꜜ	zuŋꜜ	tɕyuŋꜜ	—	꜀yuŋ	꜀fəŋ	꜀fəŋ	꜀fəŋ
	后	zuŋꜜ	zuŋꜜ	tɕyuŋꜜ	—	꜀yuŋ	꜀fəŋ	꜀fəŋ	꜀fəŋ
文水	初	zuõ	zuõ	tɕyũ	tɕyũ	—	xũ	xũ	xũ
	中	zuəŋꜜ	zuəŋꜜ	tɕyəŋꜜ	꜀tɕyəŋ	꜀yəŋ	xuəŋ	xuəŋ	xuəŋ
	后	zuə̃ꜜ	zuə̃ꜜ	tɕyə̃ꜜ	꜀tɕyə̃	꜀tɕyə̃	xuə̃	xuə̃	xuə̃
太谷	初	—	uõ	tɕyũ	tɕyũ	—	fõ		
	中	və̃ꜜ / zuə̃ꜜ	və̃ꜜ / zuə̃ꜜ	tɕyũ	꜀tɕyũ	꜀yũ	fə̃	fə̃	fə̃
	后	və̃ꜜ / zuə̃ꜜ	və̃ꜜ / zuə̃ꜜ	tɕyũ	꜀tɕyũ	꜀yũ	fə̃	fə̃	fə̃
兴县	初	zuə̃	zuə̃	tɕyə̃	tɕyə̃	—	fuə̃	fuə̃	fuə̃
	中	zuəŋꜜ	zuəŋꜜ	tɕyŋꜜ	꜀tɕyŋ	꜀yŋ	xuəŋ	xuəŋ	xuəŋ
	后	zuəŋꜜ	zuəŋꜜ	tɕyŋꜜ	꜀tɕyŋ	꜀yŋ	xuəŋ	xuəŋ	xuəŋ
晋城	初	zuæ̃	zuæ̃	tɕyẽ	tɕyuŋ	—	—	fã	—
	中	zuæ̃ꜜ	zuæ̃ꜜ	꜀tɕyẽ	꜀tɕyoŋ	꜀yẽ	꜀fẽ	꜀fẽ	꜀fẽ
	后	zuə̃ꜜ	zuə̃ꜜ	꜀tɕyə̃n	꜀tɕyə̃n	꜀yə̃n	꜀fə̃n	꜀fə̃n	꜀fə̃n
大同	初	zuoŋ	zuoŋ	tɕyəŋ	tɕyəŋ	yəŋ	fəŋ	fəŋ	fəŋ
	中	zuəɣꜜ	zuəɣꜜ	꜀tɕyəɣ	꜀tɕyəɣ	—	꜀fəɣ	꜀fəɣ	꜀fəɣ
	后	zuəɣꜜ	zuəɣꜜ	꜀tɕyəɣ	꜀tɕyəɣ	—	꜀fəɣ	꜀fəɣ	꜀fəɣ
呼和浩特	初	zəŋ	zəŋ	tɕyəŋ	tɕyəŋ	yəŋ	fəŋ	fəŋ	fəŋ
	中	zũŋꜜ	zũŋꜜ	꜀tɕỹŋ	꜀tɕỹŋ	꜀ỹŋ	꜀fəŋ	꜀fəŋ	꜀fəŋ
	后	zũŋꜜ	zũŋꜜ	꜀tɕỹŋ	꜀tɕỹŋ	꜀ỹŋ	꜀fəŋ	꜀fəŋ	꜀fəŋ

字目		坟	文	君	群	训	云	榜	谤
古音		臻合三奉平文	臻合三微平文	臻合三见平文	臻合三群平文	臻合三晓去问	臻合三云平文	宕开一帮上荡	宕开一帮去宕
太原	初	fəŋ	vəŋ	tɕyuŋ	tɕʰyuŋ	ɕyuŋ	yuŋ	pa	pa
	中	ꜗfəŋ	ꜗvəŋ	ꜗtɕyuŋ	ꜗtɕʰyuŋ	ꜗɕyuŋˀ	ꜗyuŋˀ	ꜗpɒ̃	pɒ̃ˀ
	后	ꜗfəŋ	ꜗvəŋ	ꜗtɕyuŋ	ꜗtɕʰyuŋ	ꜗɕyuŋˀ	ꜗyuŋˀ	ꜗpaŋ	paŋˀ
文水	初	xũ	ũ	tɕyũ	tɕʰyũ	ɕyũ	yũ	pã	pu
	中	ꜗxuəŋ	ꜗuəŋ	tɕyəŋˀ	tɕyəŋˀ / tɕʰyəŋˀ	ꜗɕyəŋˀ	ꜗyəŋˀ	ꜗpʊ / pã	—
	后	ꜗxuə̃	ꜗuə̃	ꜗtɕyɔ̃	ꜗtɕʰyɔ̃	ꜗɕyɔ̃ˀ	ꜗyɔ̃	ꜗpaŋ	paŋˀ
太谷	初	fõ	uõ	tɕyũ	tɕʰyũ	ɕyũ	yũ	pʊ	—
	中	ꜗfɔ̃	ꜗvɔ̃	tɕyũ	tɕʰyũ	ꜗɕyũˀ	ꜗyũ	ꜗpuo	puoˀ
	后	ꜗfɔ̃	ꜗvɔ̃	tɕyũ	tɕʰyũ	ꜗɕyũˀ	ꜗyũ	ꜗpuo	puoˀ
兴县	初	fuɔ̃	vɔ̃	ɕyɔ̃	tɕʰyɔ̃	ɕyɔ̃	yɔ̃	pə	pə
	中	ꜗxuəŋ	ꜗuəŋ	tɕyŋ	tɕʰyŋ	ɕyŋˀ	ꜗyŋ	ꜗpɣ	pɣˀ
	后	ꜗxuəŋ	ꜗuəŋ	tɕyŋ	tɕʰyŋ	ɕyŋˀ	ꜗyŋ	ꜗpɣ	pɣˀ
晋城	初	fã	uã	tɕyẽ	tɕʰyẽ	ɕyẽ	yẽ	pã	pã
	中	ꜛfẽ	ꜛuẽ	tɕyẽˀ	ꜛtɕʰyẽˀ	ɕyẽˀ	ꜛye	ꜛpɔ̃	pɔ̃ˀ
	后	ꜛfẽ̃	ꜛuẽ̃	tɕyẽ̃	tɕʰyẽ̃	ɕyẽ̃ˀ	ꜛyẽ̃	ꜛpɔ̃ŋ	pɔ̃ŋˀ
大同	初	fəŋ	vəŋ	tɕyəŋ	tɕʰyəŋ	ɕyəŋ	yəŋ	pɔ	pɔ
	中	ꜛfəɣ	ꜛvəɣ	tɕyəɣˀ	ꜛtɕʰyəɣˀ	ꜛɕyəɣ	ꜛyəɣ	ꜛpɒ	pɒˀ
	后	ꜛfəɣ	ꜛvəɣ	tɕyəɣˀ	ꜛtɕʰyəɣˀ	ꜛɕyəɣ	ꜛyəɣ	ꜛpɒ	pɒˀ
呼和浩特	初	fəŋ	vəŋ	tɕyəŋ	tɕʰyəŋ	ɕyəŋ	yəŋ	pã	pã
	中	ꜛfẽŋ	ꜛvẽŋ	tɕyẽŋˀ	ꜛtɕʰyẽŋˀ	ꜛɕyẽŋˀ	—	ꜛpã	pãˀ
	后	ꜛfẽŋ	ꜛvẽŋ	tɕyẽŋˀ	ꜛtɕʰyẽŋˀ	ꜛɕyẽŋˀ	—	ꜛpã	pãˀ

字目		旁	忙	当	汤	荡	囊	郎	仓
古音		宕开一並平唐	宕开一明平唐	宕开一端平唐	宕开一透平唐	宕开一定上荡	宕开一泥平唐	宕开一来平唐	宕开一清平唐
太原	初	pʻa	ma	ta	tʻa	ta	na	la	tsʻa
	中	ˌpʻɒ̃	ˌmɒ̃	tɒ̃ˀ	ˌtʻɒ̃	tɒ̃ˀ	ˌnɒ̃	lɒ̃ˀ	ˌtsʻɒ̃
	后	ˌpʻaŋ	ˌmaŋ	ˌtaŋ	ˌtʻaŋ	taŋˀ	ˌnaŋ	ˌlaŋ	ˌtsʻaŋ
文水	初	pʻã	mbu	tã	tʻã	tã	ndã	lã	tsʻu
	中	ˌpʻʊ / ˌpʻaŋ	ˌmʊ / ˌmaŋ	ˌtu / ˌtaŋ	ˌtʻʊ / ˌtʻaŋ	tʊˀ / taŋˀ	ˀnʊ / ˀnaŋ	ˌlaŋ	ˌtsʻaŋ
	后	ˌpʻaŋ	ˌmaŋ	ˌtu	ˌtaŋ	taŋˀ	ˌnaŋ	ˌlaŋ	ˌtsʻaŋ
太谷	初	pʻo	mɔ	tɔ	tʻɔ	tɔ	nɔ	lɔ	—
	中	ˌpʻuo	ˌoum	tɒ	ˌtʻɒ	tɒˀ	nɒ	lɒ	tsʻɒ
	后	ˌpʻuo	ˌoum	tɒ	ˌtʻɒ	tɒˀ	nɒ	lɒ	tsʻɒ
兴县	初	pʻə	mbə	tə	tʻə	tə	ndə	lə	tsʻə
	中	ˌpʻɤ	ˌmɤ	ˌtɤ	ˌtʻɤ	tɤˀ	ˌnɤ	ˌlɤ	ˌtsʻɤ
	后	ˌpʻɤ	ˌmɤ	ˌtɤ	ˌtʻɤ	tɤˀ	ˌnɤ	ˌlɤ	ˌtsʻɤ
晋城	初	pʻã	mã	tã	tʻã	tã	nã	lã	—
	中	ˀpʻɒ̃	ˀmɒ	ˌtɒ̃	ˌtʻɒ̃	tɒ̃ˀ	ˀnɒ̃	ˀlɒ̃	—
	后	ˌpʻɒ̃ŋ	ˌmɒ̃ŋ	ˌtɒ̃ŋ	ˌtʻɒ̃ŋ	tɒ̃ŋˀ	ˌnɒ̃ŋ	ˌlɒ̃ŋ	ˌtʂʻɒ̃ŋ
大同	初	pʻɔ	mɔ	tɔ	—	tɔ	—	lɔ	tsʻɔ
	中	ˌpʻɒ	ˌmɒ	ˌtɒ	—	tɒˀ	—	ˌlɒ	—
	后	ˌpʻɒ	ˌmɒ	ˌtɒ	—	tɒˀ	—	ˌlɒ	—
呼和浩特	初	pʻã	muɔ	tã	tʻã	tã	nã	lã	tsʻɔ
	中	ˌpʻã	ˌmã	ˌtã	ˌtʻã	tãˀ	ˌnã	ˌlã	ˌtsʻã
	后	ˌpʻã	ˌmã	ˌtã	ˌtʻã	tãˀ	ˌnã	ˌlã	ˌtsʻã

字目		苍	藏	桑	刚	康	昂	娘	良
古音		宕开一清平唐	宕开一从平唐	宕开一心平唐	宕开一见平唐	宕开一溪平唐	宕开一疑平唐	宕开三泥平阳	宕开三来平阳
太原	初	tsʻa	tsʻa	sa	ka	kʻa	ɣa	ȵia	lea
	中	₌tsʻɒ̃	₌tsʻɒ̃	₌sɒ̃	₌kɒ̃	₌kʻɒ̃	₌ɣɒ̃	₌niɒ̃	₌liɒ̃
	后	₌tsʻaŋ	₌tsʻaŋ	₌saŋ	₌kaŋ	₌kʻaŋ	₌aŋ	₌niaŋ	₌liaŋ
文水	初	tsʻã	tsʻã	sã	kã	kʻã	ŋgã	nȡiyu	leã
	中	—	₌tsʻʊ ／₌tsã	₌sʊ ／₌sã	₌kʊ ／₌kã	₌kʻʊ ／₌kʻã	₌ŋaŋ	₌ȵiu ／₌ȵiaŋ	₌liu ／₌liaŋ
	后	₌tsʻaŋ	₌tsʻʊ ／₌tsʻaŋ	₌sʊ ／₌saŋ	₌kʊ ／₌kaŋ	₌kʻʊ ／₌kʻaŋ	₌aŋ	₌ȵiu ／₌ȵiaŋ	₌liu ／₌liaŋ
太谷	初	tsʻɔ	tsʻɔ	sɔ	kɔ	kʻɔ	ŋgɔ	ȵiɔ	leɔ
	中	₌tsʻɒ	₌tsʻɒ	₌sɒ	₌kɒ	₌kʻɒ	₌ŋɒ	₌ȵiɒ	₌liɒ
	后	₌tsʻɒ	₌tsʻɒ	₌sɒ	₌kɒ	₌kʻɒ	₌ŋɒ	₌ȵiɒ	₌liɒ
兴县	初	tsʻə	tsʻə	sə	kə	kʻə	ŋgə	nȡiə	leə
	中	₌tsʻɤ	₌tsʻɤ	₌sɤ	₌kɤ	₌kʻɤ	₌ɣɤ	₌niɤ	₌liɤ
	后	₌tsʻɤ	₌tsʻɤ	₌sɤ	₌kɤ	₌kʻɤ	₌ɣɤ	₌niɤ	₌liɤ
晋城	初	tsʻã	tsʻã	sã	kã	kʻã	ɣã	niã	leã
	中	₌tʂʻɒ̃	₌tʂʻɒ̃	₌sɒ̃	₌kɒ̃	₌kʻɒ̃	₌ɣɒ̃	₌niɒ̃	₌liɒ̃
	后	₌tʂʻɒ̃ŋ	₌tʂʻɒ̃ŋ	₌sɒ̃ŋ	₌kɒ̃ŋ	₌kʻɒ̃ŋ	₌ɒ̃ŋ	₌niɒ̃ŋ	₌liɒ̃ŋ
大同	初	tsʻɔ	tsʻɔ	sɔ	kɔ	kʻɔ	nɔ	ȵiɔ	leɔ
	中	—	₌tsʻɒ	₌sɒ	₌kɒ	₌kʻɒ	₌ŋɒ	₌ȵiɒ	₌liɒ
	后	—	₌tsʻɒ	₌sɒ	₌kɒ	₌kʻɒ	₌ɒ	₌ȵiɒ	₌liɒ
呼和浩特	初	tsʻɔ	tsʻɔ	sã	kã	kʻã	ŋgã	ȵiã	leã
	中	₌tsʻã	₌tsʻã	₌sã	₌kã	₌kʻã	₌ŋã	₌miã	₌liã
	后	₌tsʻã	₌tsʻã	₌sã	₌kã	₌kʻã	₌ŋã	₌miã	₌liã

字目		将	枪	墙	相	箱	厢	详	张
古音		宕开三 精平阳	宕开三 清平阳	宕开三 从平阳	宕开三 心平阳	宕开三 心平阳	宕开三 心平阳	宕开三 邪平阳	宕开三 知平阳
太原	初	tɕia	tɕʰia	tɕʰia	—	—	ɕia	ɕia	tsa
	中	₌tɕiɒ̃	₌tɕʰiɒ̃	₌tɕiɒ̃ ₌tɕʰiɒ̃	₌ɕiaŋ	₌ɕiaŋ	₌ɕiɒ̃	₌ɕiɒ̃	₌tsɒ̃
	后	₌tɕiaŋ	₌tɕʰiaŋ	₌tɕʰiaŋ	₌ɕiaŋ	₌ɕiaŋ	₌ɕiaŋ	₌ɕiaŋ	₌tsaŋ
文水	初	tɕiã	tɕʰyu	tɕʰyu	ɕiã	ɕyu	ɕiã	ɕiã	tʂu
	中	₌tɕiʊ ₌tɕiaŋ	₌tɕʰiʊ ₌tɕʰiaŋ	₌tɕʰiʊ ₌tɕʰiaŋ	₌ɕiʊ ₌ɕiaŋ	₌ɕiʊ ₌ɕiaŋ	—	₌ɕiaŋ	₌tsʊ ₌tsaŋ
	后	₌tɕiʊ ₌tɕiaŋ	₌tɕʰiʊ ₌tɕʰiaŋ	₌tɕiʊ ₌tɕiaŋ	₌ɕiʊ ₌ɕiaŋ	₌ɕiʊ ₌ɕiaŋ	₌ɕiʊ ₌ɕiaŋ	₌ɕiʊ ₌ɕiaŋ	₌tsaŋ
太谷	初	tɕʰiɔ	tɕʰiɔ	tɕʰiɔ	—	ɕʰiɔ	ɕʰiɔ	ɕʰiɔ	tsɔ
	中	₌tɕiɒ	₌tɕʰiɒ	₌tɕiɒ ₌tɕʰiɒ	₌ɕiɒ	₌ɕiɒ	₌ɕiɒ	₌ɕiɒ	₌tsɒ
	后	₌tɕiɒ	₌tɕʰiɒ	₌tɕiɒ ₌tɕʰiɒ	₌ɕiɒ	₌ɕiɒ	₌ɕiɒ	₌ɕiɒ	₌tsɒ
兴县	初	tɕiə	tɕʰiə	tɕʰiə	ɕiə	ɕiə	ɕiə	ɕiə	tʂə
	中	₌tɕiʏ	₌tɕʰiʏ	₌tɕʰiʏ	₌ɕiʏ	₌ɕiʏ	₌ɕiʏ	₌ɕiʏ	₌tsʏ
	后	₌tɕiʏ	₌tɕʰiʏ	₌tɕʰiʏ	₌ɕiʏ	₌ɕiʏ	₌ɕiʏ	₌ɕiʏ	₌tsʏ
晋城	初	tɕiã	tɕʰiã	tɕʰiã	—	—	ɕiã	ɕiã	tsã
	中	₌tɕiɒ̃	₌tɕʰiɒ̃	₌tɕʰiɒ̃	₌ɕiɒ̃	₌ɕiɒ̃	₌ɕiɒ̃	₌ɕiɒ	₌tʂɒ̃
	后	₌tɕiɒ̃ŋ	₌tɕʰiɒ̃ŋ	₌tɕʰiɒ̃ŋ	₌ɕiɒ̃ŋ	₌ɕiɒ̃ŋ	₌ɕiɒ̃ŋ	₌ɕiɒ̃ŋ	₌tʂɒ̃ŋ
大同	初	tɕiɔ	tɕʰiɔ	tɕʰiɔ	ɕiɔ	ɕiɔ	ɕiɔ	tɕiɔ	tʂɔ
	中	₌tɕiɒ	₌tɕʰiɒ	₌tɕʰiɒ	₌ɕiɒ	₌ɕiɒ	₌ɕiɒ	₌tɕiɒ	₌tʂɒ
	后	₌tɕiɒ	₌tɕʰiɒ	₌tɕʰiɒ	₌ɕiɒ	₌ɕiɒ	₌ɕiɒ	₌tɕiɒ	₌tʂɒ
呼和浩特	初	tɕiã	tɕʰiã	tɕʰiã	—	—	—	ɕiã	tsã
	中	₌tɕiã	₌tɕʰiã	₌tɕʰiã	₌ɕiã	₌ɕiã	₌ɕiã	₌ɕiã	₌tsã
	后	₌tɕiã	₌tɕʰiã	₌tɕʰiã	₌ɕiã	₌ɕiã	₌ɕiã	₌ɕiã	₌tsã

字目	长	丈	庄	床	爽	昌	赏	常
古音	宕开三澄平阳	宕开三澄上养	宕开三庄平阳	宕开三崇平阳	宕开三生上养	宕开三昌平阳	宕开三书上养	宕开三禅平阳
太原 初	tsʻa	tsa	tsua	tsʻua	sua	tsʻa	sa	tsʻa
太原 中	₋tsʻɒ̃	tsɒ̃ʔ	₋tsuɒ̃	₋tsʻuɒ̃	ᶜsɒ̃ / suɒ̃	₋tsʻɒ̃	ᶜsɒ̃	₋tsʻɒ̃
太原 后	₋tsʻaŋ	tsaŋʔ	₋tsuaŋ	₋tsʻuaŋ	ᶜsuaŋ	₋tsʻaŋ	ᶜsaŋ	₋tsʻaŋ
文水 初	tʂʻu	tʂu	tsu	tsʻu	tsʻuã	tʂʻã	ʂã	tʂʻu
文水 中	₋tsʊ / ₋tsaŋ	tsʊʔ / tsaŋʔ	₋tsʊ / ₋tsaŋ	₋tsʻʊ / ₋tsʻaŋ	tsʻuaŋ	tsʻaŋ	saŋ	₋tsʻʊ / ₋tsʻaŋ
文水 后	ᶜtsʊ / ᶜtsaŋ	tsʊʔ / tsaŋʔ	₋tsʊ / ₋tsuaŋ	₋tsʊ	ᶜsʊ / suaŋ	₋tsʻʊ / ₋tsʻaŋ	ᶜsʊ / ᶜsaŋ	₋tsʻʊ / ₋tsʻaŋ
太谷 初	—	tsɔʔ	tsuɔ	tsʻuɔ	fuɔ	tsʻɔ	sɔ	tsʻɔ
太谷 中	₋tsʻɒ	tsɒʔ	₋tsuo	₋tsʻuo	ᶜsuɒ	₋tsʻɒ	ᶜsɒ	ᶜsɒ / ₋tsʻɒ
太谷 后	₋tsʻɒ	tsɒʔ	₋tsuo	₋tsʻuo	ᶜsuɒ	₋tsʻɒ	ᶜsɒ	ᶜsɒ / ₋tsʻɒ
兴县 初	tʂʻə	tʂə	tsuə	tsʻuə	suə	tʂʻə	—	tʂʻɔ
兴县 中	₋tsʻɤ	tsɤʔ	₋tsuɤ	₋tsʻuɤ	ᶜsuɤ	₋tsʻɤ	ᶜsɤ	₋tsʻɤ
兴县 后	₋tsʻɤ	tsɤʔ	₋tsuɤ	₋tsʻuɤ	ᶜsuɤ	₋tsʻɤ	ᶜsɤ	₋tsʻɤ
晋城 初	tsʻã	tsã	tsuã	tsʻuã	suã	tsʻã	sã	tsʻã
晋城 中	ᶜtʂʻɒ	tʂɒ̃ʔ	₋tʂuɒ̃	ᶜtʂʻuɒ̃	ᶜʂuɒ̃	₋tʂʻɒ̃	ᶜʂɒ	ᶜtʂʻɒ
晋城 后	₋tʂʻɒ̃ŋ	tʂɒ̃ŋʔ	₋tʂuɒ̃ŋ	₋tʂʻuɒ̃ŋ	ᶜʂuɒ̃ŋ	₋tʂʻɒ̃ŋ	ᶜʂɒ̃ŋ	₋tʂʻɒ̃ŋ
大同 初	tʂʻɔ	tʂɔ	tʂuɔ	tʂʻuɔ	ʂuɔ	tʂʻuɔ	ʂɔ	tʂʻɔ
大同 中	₋tʂʻɒ	tʂɒʔ	₋tʂuɒ	₋tʂʻuɒ	ᶜʂuɒ	₋tʂʻuɒ	ᶜʂɒ	₋tʂʻɒ
大同 后	₋tʂʻɒ	tʂɒʔ	₋tʂuɒ	₋tʂʻuɒ	ᶜʂuɒ	₋tʂʻuɒ	ᶜʂɒ	₋tʂʻɒ
呼和浩特 初	tʂʻã	tʂã	tsã	tsʻã	sã	tʂʻã	ʂã	tʂʻã
呼和浩特 中	₋tsʻã	tsãʔ	₋tsuã	₋tsʻuã	ᶜsuã	₋tsʻã	ᶜsã	₋tsʻã
呼和浩特 后	₋tsʻã	tsãʔ	₋tsuã	₋tsʻuã	ᶜsuã	₋tsʻã	ᶜsã	₋tsʻã

字目		壤	攘	疆	强	仰	香	乡	央
古音		宕开三日上养	宕开三日上养	宕开三见平阳	宕开三群平阳	宕开三疑上养	宕开三晓平阳	宕开三晓平阳	宕开三影平阳
太原	初	—	za	tɕia	tɕʻia	ia	—	ɕia	—
	中	ˈzɒ̃	ˈzɒ̃	ˍtɕiɒ̃	tɕiɒ̃ˀ / ˍtɕʻiɒ̃	ˈiɒ̃	ˍɕiɒ̃	ˍɕiɒ̃	ˍiɒ̃
	后	ˈzaŋ	ˈzaŋ	ˍtɕiaŋ	ˍtɕʻiaŋ	ˈiaŋ	ˍɕiaŋ	ˍɕiaŋ	ˍiaŋ
文水	初	zã̩	zã̩	tɕiã	tɕʻiã	yu	ɕiã	ɕiã	iã
	中	ˈzʊ / ˈzaŋ	ˈzʊ / ˈzaŋ	ˍtɕiaŋ	ˍtɕʻiʊ / ˍtɕʻiaŋ	ˈiaŋ	ˍɕiʊ / ˍɕiaŋ	ˍɕiaŋ	iʊ / iaŋ
	后	ˈzʊ / ˈzaŋ	ˈzʊ / ˈzaŋ	ˍtɕiʊ / ˍtɕiaŋ	ˍtɕiʊ / ˍtɕiaŋ	ˈiaŋ	ˍɕiʊ / ˍɕiaŋ	ˍɕiaŋ	iʊ / iaŋ
太谷	初	—	zɔ	tɕiɔ	tɕiɔ	iɔ	ɕiɔ	ɕiɔ	—
	中	ˈzɒ	ˈzɒ	ˍtɕiɒ	ˍtɕʻiɒ	ˈiɒ	ˍɕiɒ	ˍɕiɒ	ˍiɒ
	后	ˈzɒ	ˈzɒ	ˍtɕiɒ	ˍtɕʻiɒ	ˈiɒ	ˍɕiɒ	ˍɕiɒ	ˍiɒ
兴县	初	zə̩	zə̩	tɕiə	tɕʻiə	iə	ɕiə	ɕiə	iə
	中	ˈzʏ	ˈzʏ	ˍtɕiʏ	ˍtɕʻiʏ	ˈiʏ	ˍɕiʏ	ˍɕiʏ	ˍiʏ
	后	ˈzʏ	ˈzʏ	ˍtɕiʏ	ˍtɕʻiʏ	ˈiʏ	ˍɕiʏ	ˍɕiʏ	ˍiʏ
晋城	初	—	zã̩	ˍtɕiã	tɕʻiã	iã	—	ɕiã	—
	中	ˈzɒ̃	ˈzɒ̃	ˍtɕiɒ	ˈtɕʻiɒ̃	ˈiɒ̃	ˍɕiɒ̃	ˍɕiɒ̃	ˍiɒ̃
	后	ˈzɒ̃ŋ	ˈzɒ̃ŋ	ˍtɕiɒ̃ŋ	ˍtɕʻiɒ̃ŋ	ˈiɒ̃ŋ	ˍɕiɒ̃ŋ	ˍɕiɒ̃ŋ	iɒ̃ŋ
大同	初	zɔ	zɔ	tɕiɔ	tɕʻiɔ	iɔ	ɕiɔ	ɕiɔ	iɔ
	中	—	—	ˍtɕiɒ	ˍtɕʻiɒ	ˈiɒ	—	—	ˍiɒ
	后	—	—	ˍtɕiɒ	ˍtɕʻiɒ	ˈiɒ	—	—	ˍiɒ
呼和浩特	初	zɔ	zɔ	tɕiã	tɕʻiã	iã	ɕiã	ɕiã	iã
	中	ˈzã̩	ˈzã̩	ˍtɕiã	ˍtɕʻiã	ˈiã	ˍɕiã	ˍɕiã	ˍiã
	后	ˈzã̩	ˈzã̩	ˍtɕiã	ˍtɕʻiã	ˈiã	ˍɕiã	ˍɕiã	ˍiã

字目		秧	羊	洋	匠	畅	创	尚	光
古音		宕开三 影平阳	宕开三 以平阳	宕开三 以平阳	宕开三 从去漾	宕开三 彻去漾	宕开三 初去漾	宕开三 禅去漾	宕合一 见平唐
太原	初	ia	—	ia	tɕia	tsʻa	tsʻua	sa	kua
	中	ˎiɒ̃	ˎiɒ̃	ˎiɒ̃	tɕiɒ̃ᵓ	tsʻɒ̃ᵓ	tsʻuɒ̃ᵓ	sɒ̃ᵓ	ˎkuɒ̃
	后	ˎiaŋ	ˎiaŋ	ˎiaŋ	tɕiaŋᵓ	tsʻaŋᵓ	tsʻuaŋᵓ	saŋᵓ	ˎkuaŋ
文水	初	iã	yu	iã	tsu	tʂʻu	tsʻuã	ʂu	kuã
	中	ˎiʊ / ˎiaŋ	ˎiʊ / ˎiaŋ	ˎiʊ / ˎiaŋ	tɕiʊᵓ / tɕiaŋᵓ	tsʻaŋᵓ	tsʻuaŋᵓ	—	ˎkʊ / ˎkuaŋ
	后	ˎiʊ / ˎiaŋ	ˎiaŋ / ˎiʊ	ˎiʊ / ˎiaŋ	tɕiʊᵓ / tɕiaŋᵓ	tsʻʊᵓ / tsʻaŋᵓ	tsʻʊᵓ / tsʻuaŋᵓ	sʊᵓ / saŋᵓ	ˎkʊ / ˎkuaŋ
太谷	初	iɔ	—	iɔ	—	tsʻɔ	—	sɔ	kuɔ
	中	ˎiɒ	ˎiɒ	ˎiɒ	tɕiɒᵓ	tsʻɒᵓ	tsʻuoᵓ	sɒ	ˎkuo
	后	ˎiɒ	ˎiɒ	ˎiɒ	tɕiɒᵓ	tsʻɒᵓ	tsʻuoᵓ	sɒ	ˎkuo
兴县	初	iə	iə	iə	—	tʂʻɔ	tʂʻuɔ	ʂə	kuə
	中	ˎiʏ	ˎiʏ	ˎiʏ	tɕiʏᵓ	tsʻʏᵓ	tsʻuʏᵓ	sʏᵓ	ˎkuʏ
	后	ˎiʏ	ˎiʏ	ˎiʏ	tɕiʏᵓ	tsʻʏᵓ	tsʻuʏᵓ	sʏᵓ	ˎkuʏ
晋城	初	iã	—	iã	tɕiã	tsʻã	tsʻuã	sã	kuã
	中	ˎiɒ̃	ˎiɒ	ˎiɒ	tɕiɒ̃ᵓ	tʂʻɒ̃ᵓ	ˎtʂʻuɒ̃	ʂɒ̃ᵓ	ˎkuɒ̃
	后	ˎiɒ̃ŋ	ˎiɒ̃ŋ	ˎiɒ̃ŋ	tɕiɒ̃ŋᵓ	tʂʻɒ̃ŋᵓ	tsʻuɒ̃ŋᵓ	ʂɒ̃ŋᵓ	ˎkuɒ̃ŋ
大同	初	iɔ	iɔ	iɔ	tɕiɔ	tʂʻɔ	tʂʻuɔ	ʂɔ	kuɔ
	中	ˎiɒ	ˎiɒ	ˎiɒ	—	tʂʻɒᵓ	tʂʻuɒᵓ	ʂɒᵓ	ˎkuɒ
	后	ˎiɒ	ˎiɒ	ˎiɒ	—	tʂʻɒᵓ	tʂʻuɒᵓ	ʂɒᵓ	ˎkuɒ
呼和浩特	初	iã	iɔ	iã	tɕiã	tʂʻã	tsʻã	ʂã	kuã
	中	ˎiã	ˎiã	ˎiã	tɕiãᵓ	tsʻãᵓ	tsʻuãᵓ	sãᵓ	ˎkuã
	后	ˎiã	ˎiã	ˎiã	tɕiãᵓ	tsʻãᵓ	tsʻuãᵓ	sãᵓ	ˎkuã

字目		旷	荒	黄	簧	皇	汪	方	芳
古音		宕合一溪去宕	宕合一晓平唐	宕合一匣平唐	宕合一匣平唐	宕合一匣平唐	宕合一影平唐	宕合三非平阳	宕合三敷平阳
太原	初	kʻua	xua	—	—	xua	va	fa	fa
	中	kʻuɒ̃ʔ	ˌxuɒ̃	ˌxuɒ̃	ˌxuɒ̃	ˌxuɒ̃	ˌvɒ̃	ˌfɒ̃	ˌfɒ̃
	后	kʻuɒ̃ʔ	ˌxuaŋ	ˌxuaŋ	ˌxuaŋ	ˌxuaŋ	ˌvaŋ	ˌfaŋ	ˌfaŋ
文水	初	kʻuã	xu	xuã	xuã	xuã	uã	xuã	xuã
	中	kʻuaŋʔ	ˌxu ˌxuaŋ	ˌxu ˌxuaŋ	ˌxu ˌxuaŋ	ˌxuaŋ	ˌu ˌuaŋ	ˌxu ˌxuaŋ	ˌxuaŋ
	后	kʻʊʔ kʻuaŋʔ	ˌxu ˌxuaŋ	ˌxuaŋ	ˌxuaŋ	ˌxuaŋ	ˌʊ ˌuaŋ	ˌxu ˌxuaŋ	ˌxʊ ˌxuaŋ
太谷	初	kʻuɔ	xuɔ	—	—	xuɔ	uɔ	fo	fo
	中	kʻuoʔ	ˌxuo	ˌxuo	ˌxuo	ˌxuo	ˌvuo	ˌfuo	ˌfuo
	后	kʻuoʔ	ˌxuo	ˌxuo	ˌxuo	ˌxuo	ˌvɒ	ˌfuo	ˌfuo
兴县	初	kʻuə	xuə	xuə	xuə	xuə	uə	fuə	fuə
	中	kʻuɤʔ	ˌxuɤ	ˌxuɤ	ˌxuɤ	ˌxuɤ	uɤʔ	ˌxuɤ	ˌxuɤ
	后	kʻuɤʔ	ˌxuɤ	ˌxuɤ	ˌxuɤ	ˌxuɤ	uɤʔ	ˌxuɤ	ˌxuɤ
晋城	初	kʻuã	xuã	—	—	—	uã	fã	fã
	中	kʻuɒ̃ʔ	ˌxuɒ̃	ˌxuɒ	ˌxuɒ	ˌxuɒ	ˌuɒ̃	ˌfɒ̃	ˌfɒ̃
	后	kʻuɒ̃ŋʔ	ˌxuɒ̃ŋ	ˌxuɒ̃ŋ	ˌxuɒ̃ŋ	ˌxuɒ̃ŋ	ˌuɒ̃ŋ	ˌfɒ̃ŋ	ˌfɒ̃ŋ
大同	初	kʻuɔ	xuɔ	xuɔ	xuɔ	xuɔ	vɔ	fɔ	fɔ
	中	kʻuɒʔ	ˌxuɒ	ˌxuɒ	ˌxuɒ	ˌxuɒ	ˌvɒ	ˌfɒ	ˌfɒ
	后	kʻuɒʔ	ˌxuɒ	ˌxuɒ	ˌxuɒ	ˌxuɒ	ˌvɒ	ˌfɒ	ˌfɒ
呼和浩特	初	kʻuã	xuã	xuã	xuã	xuã	vã	fã	fã
	中	kʻuãʔ	ˌxuã	ˌxuã	ˌxuã	ˌxuã	—	ˌfã	ˌfã
	后	kʻuãʔ	ˌxuã	ˌxuã	ˌxuã	ˌxuã	—	ˌfã	ˌfã

字目		房	亡	匡	狂	枉	王	邦	棒
古音		宕合三奉平阳	宕合三微平阳	宕合三溪平阳	宕合三群平阳	宕合三影上养	宕合三云平阳	江开二帮平江	江开二並上讲
太原	初	fa	va	kʻua	kʻua	va	va	pa	pa
	中	ꞔfɒ̃	ꞔvɒ̃	kʻuɒ̃	kʻuɒ̃	ˀvɒ̃	ꞔvɒ̃	ꞔpɒ̃	pɒ̃ˀ
	后	ꞔfaŋ	ꞔvaŋ	kʻuaŋ	kʻuaŋ	ˀvaŋ	ꞔvaŋ	ꞔpaŋ	paŋˀ
文水	初	xu	u	kʻuã	kʻuã	u	u	pã	pu
	中	ꞔxʊ xua	ꞔʊ uaŋ	kʻuaŋ	kʻuaŋ	uaŋ	ꞔʊ uaŋ	ꞔpaŋ	puˀ paŋ
	后	ꞔxʊ xuaŋ	ꞔʊ uaŋ	kʻʊ kʻuaŋˀ	ˀkʻʊ kʻuaŋʔ	ˀʊ uaŋ	ˀʊ uaŋˀ	ꞔpʊ puaŋ	puˀ puaŋˀ
太谷	初	fo	uo	kʻuɔ	kʻuɔ	uo	uo	po	po
	中	ꞔfuo	ꞔvuo	kʻuɒ	kʻuɒ	ˀvuo	ꞔvuo	ꞔpuo	puoˀ
	后	ꞔfuo	ꞔvuo	kʻuɒ	kʻuɒ	ˀvuo	ꞔvuo	ꞔpɒ	puoˀ
兴县	初	fuə	və	kʻuə	kʻuə	uə	uə	pə	pə
	中	ꞔxuɤ	ꞔuɤ	kʻuɤ	ꞔkʻuɤ	ˀuɤ	ꞔuɤ	ꞔpɤ	pɤˀ
	后	ꞔxuɤ	ꞔuɤ	kʻuɤ	ꞔkʻuɤ	ˀuɤ	ꞔuɤ	ꞔpɤ	pɤˀ
晋城	初	fã	uã	kʻuã	kʻuã	uã	uã	pã	pã
	中	ˀfɒ̃	ꞔuɒ̃	kʻuɒ	ꞔkʻuɒ̃	ˀuɒ̃	ꞔuɒ̃	ꞔpɒ̃	pɒ̃ˀ
	后	ꞔfɒ̃ŋ	ꞔuɒ̃ŋ	kʻuɒ̃ŋ	ꞔkʻuɒ̃ŋ	uɒ̃ŋ	ꞔuɒ̃ŋ	ꞔpɒ̃ŋ	pɒ̃ŋˀ
大同	初	fɔ	vɔ	kʻuɔ	kʻuɔ	vɔ	vɔ	pɔ	pɔ
	中	ꞔfɒ	ꞔvɒ	kʻuɒ	ꞔkʻuɒ	ˀvɒ	ꞔvɒ	ꞔpɒ	pɒˀ
	后	ꞔfɒ	ꞔvɒ	kʻuɒ	ꞔkʻuɒ	ˀvɒ	ꞔvɒ	ꞔpɒ	pɒˀ
呼和浩特	初	fuɔ	vã	kʻuã	kʻuã	vã	vã vuɔ	pã	pã
	中	ꞔfã	ˀmã	kʻuã	ꞔkʻuã	ˀvuã	ꞔvuã	ꞔpã	pãˀ
	后	ꞔfã	ˀmã	kʻuã	ꞔkʻuã	ˀvuã	ꞔvuã	ꞔpã	pãˀ

字目		桩	撞	双	江	腔	项	崩	朋
古音		江开二知平江	江开二澄去降	江开二生平江	江开二见平江	江开二溪平江	江开二匣上讲	曾开一帮平登	曾开一並平登
太原	初	tsua	tsua	sua	ʨia	ʨʰia	ɕia	pəŋ꜒	pʰəŋ꜒
	中	ˌtsuɒ̃	tsʰuɒ̃꜒ / tsuɒ̃꜒	tsʰuɒ̃꜒ / suɒ̃꜒	ˌʨiɒ̃	ˌʨʰiɒ̃	ɕiɒ̃꜒	ˌpəŋ	ˌpʰəŋ
	后	ˌtsuaŋ	tsʰuaŋ꜒	suaŋ꜒	ˌʨiaŋ	ˌʨʰiaŋ	ɕiaŋ꜒	ˌpəŋ	ˌpʰəŋ
文水	初	—	tsʰu	tsʰu	ʨiã	ʨʰiã	ɕiã	pɔ̃꜒	pʰɔ̃꜒
	中	—	tsuɔ꜒ / tsuaŋ	ˌsu / ˌsuaŋ	ˌʨiaŋ	tɕʰiʊ꜒ / tʨʰuaŋ	ɕiʊ꜒ / ɕiaŋ꜒	ˌpəŋ	pʰəŋ꜒
	后	—	tsuaŋ꜒	ˌsu / ˌsuaŋ	ˌʨʊ / ˌʨiaŋ	tʨʰiʊ꜒ / tʨʰiaŋ	ɕiʊ꜒ / ɕiaŋ꜒	ˌpɔ̃	ˌpʰɔ̃
太谷	初	—	tsʰuɔ	fuɔ	ʨiɔ	ʨʰiɔ	ɕiɔ	põ꜒	pʰõ꜒
	中	—	tsʰuo꜒	ˌfuo / ˌsuo	ˌʨiɒ	ˌʨʰiɒ	ɕiɒ꜒	ˌpɔ̃	ˌpʰɔ̃
	后	—	tsʰuo꜒	ˌfuo / ˌsuo	ˌʨiɒ	ˌʨʰiɒ	ɕiɒ꜒	ˌpɔ̃	ˌpʰɔ̃
兴县	初	—	tsʰuə	suə	ʨiə	ʨʰiə	ɕiã	pɔ̃꜒	pʰɔ̃꜒
	中	—	tsuã꜒	ˌsuɤ	ˌʨiɤ	ˌʨʰiɤ	ɕiã꜒	ˌpəŋ	ˌpʰəŋ
	后	—	tsuã꜒	ˌsuɤ	ˌʨiɤ	ˌʨʰiɤ	ɕiã꜒	ˌpəŋ	ˌpʰəŋ
晋城	初	tsʰuã	tsuã	suã	ʨiã	ʨʰiã	ɕiã	pã꜒	pʰəŋ꜒
	中	—	tʂʰuɒ̃꜒	ˌʂuɒ̃	ˌʨiɒ̃	ˌʨʰiɒ̃	ɕiɒ̃꜒	ˌpoŋ	pʰoŋ꜒
	后	ˌtʂuɒ̃ŋ	tʂʰuɒ̃ŋ꜒	ˌʂuɒ̃ŋ	ˌʨiɒ̃ŋ	ˌʨʰiɒ̃ŋ	ɕiɒ̃ŋ꜒	ˌpoŋ	ˌpʰoŋ
大同	初	tʂuɔ	tʂuɔ	ʂuɔ	ʨiɔ	ʨʰiɔ	ɕiɔ	pəŋ꜒	pʰən꜒
	中	—	tʂʰuɒ꜒	ˌʂuɒ	ˌʨiɒ	ˌʨʰiɒ	ɕiɒ꜒	ˌpəɣ	pʰəɣ꜒
	后	—	tʂʰuɒ꜒	ˌʂuɒ	ˌʨiɒ	ˌʨʰiɒ	ɕiɒ꜒	ˌpəɣ	pʰəɣ꜒
呼和浩特	初	—	tsʰã	sã / suɔ	ʨiã	ʨʰiã	ɕiã	pəŋ꜒	pʰəŋ꜒
	中	—	tsʰuã꜒	ˌsuã	ˌʨiã	ˌʨʰiã	ɕiã꜒	ˌpɔ̃ŋ	pʰɔ̃ŋ꜒
	后	—	tsʰuã꜒	ˌsuã	ˌʨiã	ˌʨʰiã	ɕiã꜒	ˌpɔ̃ŋ	pʰɔ̃ŋ꜒

字目	登	腾	䎖	能	曾	增	曾	赠
古音	曾开一端平登	曾开一定平登	曾开一定平登	曾开一泥平登	曾开一精平登	曾开一精平登	曾开一从平登	曾开一从去嶝
太原　初	təŋ	—	t'əŋ	nəŋ	—	tsəŋ	ts'əŋ	tsəŋ
太原　中	təŋ	t'əŋ	t'əŋ	nəŋ	tsəŋ	tsəŋ	ts'əŋ	tsəŋ
太原　后	təŋ	t'əŋ	t'əŋ	nəŋ	tsəŋ	tsəŋ	ts'əŋ	tsəŋ
文水　初	tõ	t'õ	t'õ	ndõ	tsõ	tsõ	ts'õ	tsõ
文水　中	təŋ	t'əŋ	—	nəŋ	tsəŋ	tsəŋ	ts'əŋ	tsəŋ
文水　后	tõ	t'õ	t'õ	nõ	tsõ	tsõ	ts'õ	tsõ
太谷　初	tõ	t'õ	t'õ	nõ	tsõ	tsõ	ts'õ	tsõ
太谷　中	tã	t'ã	t'ã	nã	tsã	tsã	ts'ã	tsã
太谷　后	tã	t'ã	t'ã	nã	tsã	tsã	ts'ã	tsã
兴县　初	tõ	t'õ	t'õ	ndõ	tsõ	tsõ	tsõ	tsõ
兴县　中	təŋ	t'əŋ	t'əŋ	nəŋ	ts'əŋ	tsəŋ	ts'əŋ	tsəŋ
兴县　后	təŋ	t'əŋ	t'əŋ	nəŋ	ts'əŋ	tsəŋ	ts'əŋ	tsəŋ
晋城　初	tã	—	t'ã	nã	—	tsã	ts'ã	tsã
晋城　中	tẽ	t'ẽ	t'ẽ	nẽ	ʂẽ	tʂẽ	tʂ'ẽ	tʂẽ
晋城　后	tõn	t'õn	t'õn	nõn	tʂõn	tʂõn	tʂ'õn	tʂõn
大同　初	təŋ	t'əŋ		nəŋ	tsəŋ	tsəŋ	ts'əŋ	tsəŋ
大同　中	təɣ	—		nəɣ	tsəɣ	tsəɣ	ts'əɣ	tsəɣ
大同　后	təɣ			nəɣ	tsəɣ	tsəɣ	ts'əɣ	tsəɣ
呼和浩特　初	təŋ	k'əŋ	—	nəŋ	tsəŋ	tsəŋ	ts'əŋ	tsəŋ
呼和浩特　中	təŋ	t'əŋ	—	nəŋ	tsəŋ	tsəŋ	ts'əŋ	tsəŋ
呼和浩特　后	təŋ	t'əŋ	—	nəŋ	tsəŋ	tsəŋ	ts'əŋ	tsəŋ

字目		僧	肯	恒	冰	凭	陵	征	澄
古音		曾开一心平登	曾开一溪上等	曾开一匣平登	曾开三帮平蒸	曾开三並平蒸	曾开三来平蒸	曾开三知平蒸	曾开三澄平蒸
太原	初	səŋ	kʻəŋ	xəŋ	piəŋ	pʻiəŋ	leəŋ	tseŋ	—
	中	₌səŋ	₌kʻəŋ	₌xəŋ	₌piŋ	₌pʻiŋ	₌liŋ	₌tsəŋ	₌tsʻəŋ
	后	₌səŋ	₌kʻəŋ	₌xəŋ	₌piŋ	₌pʻiŋ	₌liŋ	₌tsəŋ	₌tsʻəŋ
文水	初	sə̃	kʻə̃	xə̃	piə̃	pʻiə̃	teə̃	tʂə̃	tʂʻə̃
	中	₌səŋ	₌kʻəŋ	₌xəŋ	₌piəŋ	₌pʻiəŋ	—	₌tsəŋ	—
	后	₌sə̃	₌kʻə̃	₌xə̃	₌piə̃	₌pʻiə̃	₌liə̃	₌tsə̃	₌tsʻə̃
太谷	初	sɔ̃	kʻɔ̃	xɔ̃	piə̃	pʻiə̃	leə̃	tsɔ̃	tsʻɔ̃
	中	₌sə̃	₌kʻə̃	₌xə̃	₌piə̃	₌pʻiə̃	₌liə̃	₌tsə̃	₌tsʻə̃
	后	₌sə̃	₌kʻə̃	₌xə̃	₌piə̃	₌pʻiə̃	₌liə̃	₌tsə̃	₌tsʻə̃
兴县	初	sə̃	kʻə̃	xə̃	piə̃	pʻiə̃	leə̃	tʂə̃	tʂʻə̃
	中	₌səŋ	₌kʻəŋ	₌xəŋ	₌piŋ	₌pʻiŋ	₌liŋ	₌tsəŋ	₌tsʻəŋ
	后	₌səŋ	₌kʻəŋ	₌xəŋ	₌piŋ	₌pʻiŋ	₌liŋ	₌tsəŋ	₌tsʻəŋ
晋城	初	sã	kʻã	xã	pẽ	pʻiẽ	lẽ	tsã	—
	中	₌ʂə̃	₌kʻə̃	₌xə̃	₌piẽĩ	₌piẽĩ	₌liẽĩ	₌tʂə̃	₌tʂʻə̃
	后	₌ʂə̃n	₌kʻə̃n	₌xə̃n	₌piə̃n	₌pʻiə̃n	₌liə̃n	₌tʂə̃n	₌tʂʻə̃n
大同	初	səŋ	kʻəŋ	xəŋ	piəŋ	pʻiəŋ	leəŋ	tʂəŋ	tʂʻəŋ
	中	₌səɣ	₌kʻəɣ	₌xəɣ	₌piəɣ	₌pʻiəɣ	₌liəɣ	—	₌tʂʻəɣ
	后	₌səɣ	₌kʻəɣ	₌xəɣ	₌piəɣ	₌pʻiəɣ	₌liəɣ		₌tʂʻəɣ
呼和浩特	初	səŋ	kʻəŋ	xəŋ	piəŋ	pʻiəŋ	leəŋ	tʂəŋ	tʂʻəŋ
	中	—	₌kʻə̃ŋ	₌xə̃ŋ	₌pĩŋ	₌pʻĩŋ	₌lĩŋ	₌tʂə̃ŋ	₌tʂʻə̃ŋ
	后	—	₌kʻə̃ŋ	₌xə̃ŋ	₌pĩŋ	₌pʻĩŋ	₌lĩŋ	₌tʂə̃ŋ	₌tʂʻə̃ŋ

字目	惩	蒸	称	承	剩	升	乘	仍
古音	曾开三澄平蒸	曾开三章平蒸	曾开三昌平蒸	曾开三禅平蒸	曾开三船去证	曾开三书平蒸	曾开三船平蒸	曾开三日平蒸
太原 初	—	tseŋ	tsʰəŋ	tsʰəŋ	səŋ	səŋ	tsʰəŋ	zəŋ
太原 中	ꞈtsʰəŋ	ꞈtsəŋ	tsʰəŋꞌ / tsʰəŋꞌ	ꞈtsʰəŋ	səŋꞌ	ꞈsəŋ	ꞈtsʰəŋ	zəŋꞌ
太原 后	ꞈtsʰəŋ	ꞈtsəŋ	tsʰəŋꞌ / tsʰəŋꞌ	ꞈtsʰəŋ	səŋꞌ	ꞈsəŋ	ꞈtsʰəŋ	zəŋꞌ
文水 初	tʂʰə̃	tʂə̃	tʂʰə̃	tʂə̃	tʂʰə̃	ʂə̃	tʂʰə̃	zə̃
文水 中	—	ꞈtsəŋ / tsəŋꞌ	tsʰəŋꞌ	tsʰəŋꞌ	səŋꞌ	ꞈsŋ̍ / sŋ̍ꞌ	ꞈtsʰəŋ	zəŋꞌ
文水 后	tʂʰə̃ꞌ	tʂə̃ꞌ / tʂə̃ꞌ	tʂʰə̃ꞌ	tʂʰə̃ꞌ	sə̃ꞌ / sŋ̍ꞌ	ʂə̃ꞌ	tʂʰə̃ꞌ	zə̃ꞌ
太谷 初	tsʰõ	tsõ	tsʰo	tsʰo	sõ	sõ	tsʰõ	zõ
太谷 中	ꞈtsʰõ	ꞈtsŋ̍ / tsõꞌ	ꞈtsʰõ	ꞈtsʰõ	sõꞌ	ꞈsõ	ꞈtsʰõ	zõꞌ
太谷 后	ꞈtsʰõ	ꞈtsŋ̍ / tsõꞌ	ꞈtsʰõ	ꞈtsʰõ	sõꞌ	ꞈsõ	ꞈtsʰõ	zõꞌ
兴县 初	tʂʰə̃	tʂə̃	tʂʰə̃	tʂʰə̃	ʂə̃	ʂə̃	tʂʰə̃	—
兴县 中	ꞈtsʰəŋ	ꞈtsŋ̍	ꞈtʂʰŋ̍	ꞈtsʰəŋ	sŋ̍ꞌ	ꞈsəŋ	ꞈtsʰəŋ	—
兴县 后	ꞈtsʰəŋ	ꞈtsŋ̍	ꞈtʂʰŋ̍	ꞈtsʰəŋ	sŋ̍ꞌ	ꞈsəŋ	ꞈtsʰəŋ	—
晋城 初	tsã	tsã	tsʰã	tsʰã	sã	sã	tsʰã	zã
晋城 中	ꞈʐʂʰẽ	ꞈʂẽ	ꞈtʂʰẽ	ꞈtʂʰẽ	ʂẽꞌ	ꞈʂẽ	ꞈtʂʰẽ	ꞈʐẽ
晋城 后	ꞈtʂʰõn	ꞈtʂõn	ꞈtʂʰõn	ꞈtʂʰõn	ʂõnꞌ	ꞈʂõn	ꞈtʂʰõn	ꞈʐõn
大同 初	ꞈtʂʰəŋ	ꞈtɕiəŋ	ꞈtʂʰəŋ	ꞈtʂʰəŋ	ʂəŋ	ꞈʂəŋ	ꞈtʂʰəŋ	ꞈzəŋ
大同 中	ꞈtʂʰɤɣ	ꞈʂɤɣ	ꞈtʂʰɤɣ	ꞈtʂʰɤɣ	ꞈʂɤɣ	ꞈʂɤɣ	ꞈtʂʰɤɣ	ꞈzɤɣ
大同 后	ꞈtʂʰɤɣ	ꞈʂɤɣ	ꞈtʂʰɤɣ	ꞈtʂʰɤɣ	ꞈʂɤɣ	ꞈʂɤɣ	ꞈtʂʰɤɣ	ꞈzɤɣ
呼和浩特 初	ꞈtʂʰəŋ	ꞈtʂəŋ	ꞈtʂʰəŋ	ꞈtʂʰəŋ	ꞈʂəŋ	ꞈʂəŋ	ꞈtʂʰəŋ	ꞈzəŋ
呼和浩特 中	ꞈtsʰə̃ŋ	ꞈtsə̃ŋ	ꞈtsʰə̃ŋ	ꞈtsʰə̃ŋ	sə̃ŋꞌ	ꞈsə̃ŋ	ꞈtsʰə̃ŋ	ꞈzə̃ŋ
呼和浩特 后	ꞈtsʰə̃ŋ	ꞈtsə̃ŋ	ꞈtsʰə̃ŋ	ꞈtsʰə̃ŋ	sə̃ŋꞌ	ꞈsə̃ŋ	ꞈtsʰə̃ŋ	ꞈzə̃ŋ

字目		凝	兴	应	蝇	烹	猛	撑	生
古音		曾开三疑平蒸	曾开三晓去证	曾开三影平蒸	曾开三以平蒸	梗开二滂平庚	梗开二明上梗	梗开二彻平庚	梗开二生平庚
太原	初	ȵiəŋ	ɕiəŋ˧	iəŋ	iəŋ	pʻəŋ˧	məŋ	tsʻəŋ˧	səŋ
	中	ȵiŋ	ɕiŋ˧	iŋ˧／iŋ˧	iŋ˧	pʻəŋ˧	məŋ	tsʻəŋ˧	səŋ
	后	ȵiŋ	ɕiŋ˧	iŋ˧／iŋ˧	iŋ˧	pʻəŋ˧	məŋ	tsʻəŋ˧	səŋ
文水	初	ȵʥiə̃	ɕiə̃	iə̃	iə̃	pʻə̃	mbə̃	tsʻə̃	sə̃
	中	ȵiei˧	ɕiəi˧	iəi˧	ɿ／iəi˧	pʻəŋ˧	məŋ	tsʻəŋ˧	ɿ˧／səŋ˧
	后	ȵiə̃	ɕiə̃˧	iə̃˧	ei˧／ɿ	pʻuə̃˧	mə̃	—	sə̃˧
太谷	初	ȵiə̃	ɕiə̃	iə̃	iə̃	pʻõ	mõ	tsʻõ	sõ
	中	ȵiə̃	ɕiə̃˧	iə̃˧	ʅ˧／iə̃˧	pʻə̃	mə̃	tsʻə̃	ʅ˧／sə̃˧
	后	ȵiə̃	ɕiə̃˧	iə̃˧	ʅ˧／iə̃˧	pʻə̃	mə̃	tsʻə̃	ʅ˧／sə̃˧
兴县	初	ȵʥiə̃	ɕiə̃	iə̃	iə̃	pʻə̃	mbə̃	tsʻə̃	sə̃
	中	ȵiŋ	ɕiŋ˧	iŋ˧	iŋ˧	pʻəŋ˧	məŋ	tsʻəŋ˧	səŋ
	后	ȵiŋ	ɕiŋ˧	iŋ˧	iŋ˧	pʻəŋ˧	məŋ	tsʻəŋ˧	səŋ
晋城	初	ȵi	ɕiẽ	iẽ	iẽ	pʻəŋ	məŋ	tsʻã	sã
	中	ȵi	ɕiei˧	iei˧	iei˧	pʻoŋ	moŋ	tʂʻə̃	ʂə̃
	后	ȵiẽ	ɕiə̃˧	iə̃˧	iə̃˧	pʻoŋ	moŋ	tʂʻəŋ	ʂəŋ
大同	初	ȵiəŋ	ɕiəŋ	iəŋ	iəŋ	pʻəŋ	məŋ	tsʻəŋ	səŋ
	中	ȵiɣ	ɕiəɣ˧	iəi˧	iəɣ˧	pʻəɣ˧	məɣ	tʂʻəɣ˧	ʂəɣ˧
	后	ȵiɣ	ɕiəɣ˧	iəɣ˧	iəɣ˧	pʻəɣ˧	məɣ	tʂʻəɣ˧	ʂəɣ˧
呼和浩特	初	ȵiɛŋ	—	iɛŋ	iɛŋ	pʻəŋ	məŋ	tsʻəŋ	səŋ
	中	ȵiŋ	ɕiŋ˧	iŋ˧	iŋ˧	pʻəŋ˧	məŋ	tsʻəŋ˧	səŋ
	后	ȵiŋ	ɕiŋ˧	iŋ˧	iŋ˧	pʻəŋ˧	məŋ	tsʻəŋ˧	səŋ

字目		更	硬	行	迸	棚	萌	争	耿
古音		梗开二见平庚	梗开二疑去映	梗开二匣平庚	梗开二帮去诤	梗开二並平耕	梗开二明平耕	梗开二庄平耕	梗开二匣上耿
太原	初	kəŋ	n̠iəŋ	ɕiəŋ	pəŋ	p'əŋ	məŋ	tsəŋ	kəŋ
	中	꜀kəŋ	niŋ꜅ / iŋ꜅	꜀ɕiŋ	꜀pəŋ / pəŋ꜅	꜀p'ie / ꜀p'əŋ	꜀məŋ	꜀tsəŋ	꜂kəŋ
	后	꜀kəŋ	iŋ꜅	꜀ɕiŋ	pəŋ꜅	꜀p'əŋ	꜀məŋ	꜀tsəŋ	꜂kəŋ
文水	初	—	n̠d̠iɔ̃	ɕiɔ̃	pɔ̃	—	mbɔ̃	tsɔ̃	kɔ̃
	中	—	—	꜀ɕiəŋ	—	꜀p'əŋ	꜀məŋ	꜀tsəŋ	꜂kəŋ
	后	꜀kɔ̃	n̠iɔ̃꜅	꜀ɕiɔ̃	pɔ̃꜅	꜀p'ɔ̃	꜀mɔ̃	꜀tsɔ̃ / tsɿ	꜂kɔ̃
太谷	初	kõ	n̠iõ	—	põ	p'õ	mõ	tsõ	kõ
	中	꜀kɔ̃	n̠iɔ̃꜅	꜀ɕiɔ̃	pɔ̃꜅	꜀p'ɔ̃	꜀mɔ̃	꜀tsɔ̃	꜂kɔ̃
	后	꜀kɔ̃	n̠iɔ̃꜅	꜀ɕiɔ̃	pɔ̃꜅	꜀p'ɔ̃	꜀mɔ̃	꜀tsɔ̃	꜂kɔ̃
兴县	初	kɔ̃	n̠d̠iɔ̃	ɕiɔ̃	piɔ̃	p'ɔ̃	mbɔ̃	tsɔ̃	kɔ̃
	中	꜀kəŋ	niŋ꜅	꜀ɕiŋ	pəŋ꜅	꜀p'əŋ	꜀məŋ	꜀tsəŋ	꜂kəŋ
	后	꜀kəŋ	niŋ꜅	꜀ɕiŋ	pəŋ꜅	꜀p'əŋ	꜀məŋ	꜀tsəŋ	꜂kəŋ
晋城	初	kã	ɣã	ɕiẽ	pẽ	p'əŋ	məŋ	tsã	kã
	中	꜀kɛ̃	ɣɛ̃꜅	꜀ɕiẽĩ	poŋ	꜀p'oŋ	꜀moŋ	꜀tʂɛ̃	꜂kɛ̃
	后	꜀kɛ̃n	ən꜅ / iɛ̃n꜅	꜀ɕiɛ̃n	poŋ	꜀p'oŋ	꜀moŋ	꜀tʂɛ̃n	꜂kɛ̃n
大同	初	kəŋ	n̠iəŋ	ɕiəŋ	pəŋ	p'əŋ	məŋ	tʂəŋ	kəŋ
	中	꜀kəɣ	niəɣ꜅	꜀ɕiəɣ	pəɣ꜅	꜀p'əɣ	꜀məɣ	꜀tsəɣ	꜂kəɣ
	后	꜀kəɣ	niəɣ꜅	꜀ɕiəɣ	pəɣ꜅	꜀p'əɣ	꜀məɣ	꜀tsəɣ	꜂kəɣ
呼和浩特	初	kəŋ	n̠iəŋ	ɕiəŋ	pəŋ	p'əŋ	məŋ	tsəŋ	kəŋ
	中	꜀kə̃ŋ꜅	nĩŋ꜅	꜀ɕĩŋ	pə̃ŋ꜅	꜀p'əŋ	꜀məŋ	꜀tsəŋ	꜂kə̃ŋ
	后	꜀kə̃ŋ꜅	nĩŋ꜅	꜀ɕĩŋ	pə̃ŋ꜅	꜀p'əŋ	꜀məŋ	꜀tsəŋ	꜂kə̃ŋ

字目	幸	莺	兵	平	病	鸣	明	京
古音	梗开二 匣上耿	梗开二 影平耕	梗开三 帮平庚	梗开三 並平庚	梗开三 帮去映	梗开三 明平庚	梗开三 明平庚	梗开三 见平庚

太原	初	ɕiəŋ	iəŋ	₌piəŋ	₌pʻiəŋ	piəŋ	₌miəŋ	₌miəŋ	₌tɕiəŋ
	中	ɕiŋ⁽	iŋ⁽	₌piŋ	₌pʻiŋ	pi⁽/piŋ⁽	₌mi/₌miŋ	₌mi/₌miŋ	₌tɕiŋ
	后	ɕiŋ⁽	iŋ⁽	₌piŋ	₌pʻiŋ	piŋ⁽	₌miŋ	₌mi/₌miŋ	₌tɕiŋ

文水	初	ɕiə̃	ei̯	piə̃	pʻiə̃	piə̃	mbi	mbi	tɕiə̃
	中	₌ɕiəŋ⁽	₌iəŋ⁽	₌piəŋ	₌pʻiə̃⁽	pʻḍ⁽/piəŋ⁽	₌miəŋ	₌miəŋ/₌m̩	₌tɕiəŋ
	后	ɕiə̃⁽	ei̯⁽	₌piə̃	₌pʻiə̃	piə̃⁽	₌ei̯m	₌ei̯m	₌tɕiə̃

太谷	初	ɕiə̃	iə̃	piə̃	pʻiə̃	piə̃	miə̃	miə̃	tɕiə̃
	中	₌ɕiə̃⁽	₌ei̯⁽	₌piə̃	₌pʻiə̃	piə̃⁽	₌ei̯m	₌ei̯m	₌tɕiə̃
	后	₌ɕiə̃⁽	₌ei̯⁽	₌piə̃	₌pʻiə̃	piə̃⁽	₌ei̯m	₌ei̯m	₌tɕiə̃

兴县	初	ɕiə̃	ei̯	piə̃	pʻiə̃	piə̃	mbiə̃	mbiə̃	tɕiə̃
	中	₌ɕiŋ	₌iŋ⁽	₌piŋ	₌pʻʔi	pi⁽	₌miŋ	₌mi	₌tɕiŋ
	后	₌ɕiŋ	₌iŋ⁽	₌piŋ	₌pʻʔi	pi⁽	₌miŋ	₌mi	₌tɕiŋ

晋城	初	ɕiẽ	iẽ	pẽ	pʻiẽ	pẽ	—	mi	₌tɕiẽ
	中	₌ɕiẽĩ⁽	₌iẽĩ⁽	₌piẽĩ	₌pʻiẽĩ	piẽĩ⁽	₌mi	₌mi	₌tɕiẽĩ
	后	₌ɕiə̃n⁽	₌ei̯n⁽	₌piə̃n	₌pʻei̯n	piə̃n⁽	₌ei̯m	₌mi	₌tɕiə̃n

大同	初	ɕiəŋ	iəŋ	piəŋ	pʻiəŋ	piəŋ	—	miəŋ	₌tɕiəŋ
	中	₌ɕiəɣ⁽	₌iəɣ⁽	₌piəɣ	₌pʻiəɣ	piəɣ⁽	₌ei̯m	₌ei̯m	₌tɕiəɣ
	后	₌ɕiəɣ⁽	₌iəɣ⁽	₌piəɣ	₌pʻiəɣ	piəɣ⁽	₌ei̯m	₌ei̯m	₌tɕiəɣ

呼和浩特	初	ɕiɛŋ	iɛŋ	piɛŋ	pʻiɛŋ	piɛŋ	miɛŋ	miɛŋ	₌tɕiɛŋ
	中	₌ɕĩŋ⁽	₌ĩŋ⁽	₌pĩŋ	₌pʻĩŋ	pĩŋ⁽	₌ei̯m	₌ei̯m	₌tɕĩŋ
	后	₌ɕĩŋ⁽	₌ĩŋ⁽	₌pĩŋ	₌pʻĩŋ	pĩŋ⁽	₌ei̯m	₌ei̯m	₌tɕĩŋ

字目		卿	擎	兢	英	并	聘	名	领
古音		梗开三 溪平庚	梗开三 群平庚	曾开三 见平蒸	梗开三 影平庚	梗开三 帮去劲	梗开三 滂去劲	梗开三 明平清	梗开三 来上静
太原	初	tɕʰiəŋ	—	tɕiəŋ	iəŋ	piəŋ	pʰiəŋ	miəŋ	leəŋ
	中	꜀tɕʰiŋ	—	꜀tɕiŋ	꜀iŋ	pĩ˞	pʰĩ˞	꜁miŋ	꜀liŋ
	后	꜀tɕʰiŋ	꜁tɕʰiŋ	꜀tɕiŋ	꜀iŋ	piŋ˞	pʰiŋ˞	꜁miŋ	꜀liŋ
文水	初	tɕʰiɔ̃	—	tɕiɔ̃	iɔ̃	piɔ̃	pʰiɔ̃	mbiɔ̃	leɔ̃
	中	꜀tɕʰiəŋ	—	tɕiəŋ˞	꜀iəŋ	pl̩˞	pʰiəŋ˞	꜁m̩ / ꜁miŋ	꜀liəŋ
	后	꜀tɕʰiɔ̃	꜁tɕʰiɔ̃	꜀tɕiɔ̃	꜀iɔ̃	piɔ̃˞	pʰiɔ̃˞	꜁miɔ̃	꜀liɔ̃
太谷	初	tɕʰiɔ̃	—	tɕiɔ̃	iɔ̃	piɔ̃	pʰiɔ̃	miɔ̃	leɔ̃
	中	꜀tɕʰiɔ̃	꜁tɕʰiɔ̃	꜀tɕiɔ̃	꜀iɔ̃	piɔ̃˞	pʰiɔ̃˞	꜁miɔ̃	꜀liɔ̃
	后	꜀tɕʰiɔ̃	꜁tɕʰiɔ̃	꜀tɕiɔ̃	꜀iɔ̃	piɔ̃˞	pʰiɔ̃˞	꜁miɔ̃	꜀liɔ̃
兴县	初	tɕʰiɔ̃	—	tɕiɔ̃	iɔ̃	piɔ̃	pʰiɔ̃	mbiɔ̃	leɔ̃
	中	꜀tɕʰiŋ	꜁tɕʰiŋ	tɕiŋ˞	꜀iŋ	piŋ˞	pʰiŋ˞	꜁mi	꜀liŋ
	后	꜀tɕʰiŋ	꜁tɕʰiŋ	tɕiŋ˞	꜀iŋ	piŋ˞	pʰiŋ˞	꜁mi	꜀liŋ
晋城	初	tɕʰiẽ	tɕʰiẽ	tɕiẽ	iẽ	—	pʰiẽ	mi	lẽ
	中	꜀tɕʰiẽĩ	꜁tɕiẽĩ	tɕiẽĩ˞	꜀iẽĩ	꜀tɕiẽĩ	pʰiẽĩ˞	꜁mi	꜀liẽĩ
	后	꜀tɕʰiə̃n	꜁tɕʰiə̃n	tɕiə̃n˞	꜀iə̃n	piə̃n˞	pʰiə̃n˞	꜁miə̃n	꜀liə̃n
大同	初	tɕʰiəŋ	tɕʰiəŋ	tɕiəŋ	iəŋ	piəŋ	pʰiəŋ	miəŋ	leəŋ
	中	꜀tɕʰiəʁ	꜁tɕʰiəʁ	tɕiəʁ˞	꜀iəʁ	piəʁ˞	pʰiəʁ˞	꜁miəʁ	꜀liəʁ
	后	꜀tɕʰiəʁ	꜁tɕʰiəʁ	tɕiəʁ˞	꜀iəʁ	piəʁ˞	pʰiəʁ˞	꜁miəʁ	꜀liəʁ
呼和浩特	初	tɕʰiɛ̃ŋ	tɕʰiɛ̃ŋ	tɕiɛ̃ŋ	iɛŋ	piɛŋ	pʰiɛŋ	miɛŋ	leɛŋ
	中	—	—	—	ĩŋ	pĩŋ˞	pʰĩŋ˞	꜁mĩŋ	꜀lĩŋ
	后	—	—	—	ĩŋ	pĩŋ˞	pʰĩŋ˞	꜁mĩŋ	꜀lĩŋ

字目	精	清	情	静	性	贞	逞	呈
古音	梗开三精平清	梗开三清平清	梗开三从平清	梗开三从上静	梗开三心去劲	梗开三知平清	梗开三彻上静	梗开三澄平清
太原 初	₋tɕiəŋ	tɕʰiəŋ꜕	₋tɕʰiəŋ	tɕiəŋ꜔	ɕiəŋ꜔	₋tsəŋ	ꜛtsʰəŋ	₋tsʰəŋ
太原 中	₋tɕiŋ	tɕʰiŋ꜕	₋tɕʰiŋ	tɕiŋ꜔	ɕiŋ꜔	₋tsəŋ	ꜛtsʰəŋ	₋tsʰəŋ
太原 后	₋tɕiŋ	tɕʰiŋ꜕	₋tɕʰiŋ	tɕiŋ꜔	ɕiŋ꜔	₋tsəŋ	ꜛtsʰəŋ	₋tsʰəŋ
文水 初	₋tɕiə̃	tɕʰiə̃꜕	₋tɕʰiə̃	tɕiə̃꜔	ɕiə̃	₋tʂə̃	ꜛtʂʰə̃	₋tʂʰə̃
文水 中	₋tsʅ / tɕiəŋ꜔	tsʅ꜕ / tɕʰiəŋ꜕	₋tɕʰiəŋ	tsʅ꜔ / tɕiəŋ꜔	ɕiəŋ꜔	₋tsəŋ	ꜛtsʰəŋ	₋tsʰəŋ
文水 后	₋tɕiə̃	tɕʰiə̃꜕	₋tɕʰiə̃	tɕiə̃꜔	ɕiə̃꜔	₋tʂə̃	ꜛtʂʰə̃	₋tʂʰə̃
太谷 初	₋tɕiə̃	tɕʰiə̃꜕	₋tɕiə̃	tɕiə̃꜔	ɕiə̃	₋tsõ	tsʰõ꜕	₋tsʰõ
太谷 中	₋tɕiə̃	tɕʰi꜕ / tɕʰiə̃꜔	₋tɕʰiə̃	tɕiə̃꜔	ɕiə̃꜔	₋tsə̃	ꜛtsʰə̃	₋tsʰə̃
太谷 后	₋tɕiə̃	tɕʰi꜕ / tɕʰiə̃꜔	₋tɕʰiə̃	tɕiə̃꜔	ɕiə̃꜔	₋tsə̃	ꜛtsʰə̃	₋tsʰə̃
兴县 初	₋tɕiə̃	tɕʰiə̃꜕	₋tɕʰiə̃	tɕiə̃꜔	ɕiə̃	₋tʂə̃	tʂʰə̃꜕	₋tʂʰə̃
兴县 中	₋tɕiŋ	tɕʰiŋ꜕	₋tɕʰiŋ	tɕiŋ꜔	ɕiŋ꜔	₋tsəŋ	ꜛtsʰəŋ	₋tsʰəŋ
兴县 后	₋tɕiŋ	tɕʰiŋ꜕	₋tɕʰiŋ	tɕiŋ꜔	ɕiŋ꜔	₋tsəŋ	ꜛtsʰəŋ	₋tsʰəŋ
晋城 初	₋tɕiẽ	tɕʰiẽ꜕	₋tɕʰiẽ	tɕiẽ꜔	ɕiẽ	₋tʂã	tʂʰã꜕	₋tʂʰã
晋城 中	₋tɕiẽĩ	₋tɕʰiẽĩ	ꜛtɕʰiẽĩ	tɕiẽĩ꜔	ɕiẽĩ꜔	₋tʂẽ	ꜛtʂʰẽ	ꜛtʂʰẽ
晋城 后	₋tɕiə̃n	₋tɕʰiə̃n	₋tɕʰiə̃n	tɕiə̃n꜔	ɕiə̃n꜔	₋tʂə̃n	ꜛtʂʰə̃n	₋tʂʰə̃n
大同 初	₋tɕiəŋ	tɕʰiəŋ꜕	₋tɕʰiəŋ	tɕiəŋ꜔	ɕiəŋ꜔	₋tʂəŋ	tʂʰəŋ꜕	₋tʂʰəŋ
大同 中	₋tɕiəɣ	tɕʰiəɣ꜕	₋tɕʰiəɣ	tɕiəɣ꜔	ɕiəɣ꜔	₋tʂəɣ	ꜛtʂʰəɣ	₋tʂʰəɣ
大同 后	₋tɕiəɣ	tɕʰiəɣ꜕	₋tɕʰiəɣ	tɕiəɣ꜔	ɕiəɣ꜔	₋tʂəɣ	ꜛtʂʰəɣ	₋tʂʰəɣ
呼和浩特 初	₋tɕiəŋ	tɕʰiəŋ꜕	₋tɕʰiəŋ	tɕiəŋ꜔	ɕiəŋ	₋tʂəŋ	tʂʰəŋ꜕	₋tʂʰəŋ
呼和浩特 中	₋tɕĩŋ	tɕʰĩŋ꜕	₋tɕʰĩŋ	tɕĩŋ꜔	ɕĩŋ꜔	₋tʂə̃ŋ	ꜛtʂʰə̃ŋ	₋tʂʰə̃ŋ
呼和浩特 后	₋tɕĩŋ	tɕʰĩŋ꜕	₋tɕʰĩŋ	tɕĩŋ꜔	ɕĩŋ꜔	₋tʂə̃ŋ	ꜛtʂʰə̃ŋ	₋tʂʰə̃ŋ

字目		正	征	声	成	盛	颈	劲	轻
古音		梗开三章平清	梗开三章平清	梗开三书平清	梗开三禅平清	梗开三禅去劲	梗开三见上静	梗开三见去劲	梗开三溪平清
太原	初	—	tsəŋ	səŋ	tsʰəŋ	səŋ	tɕiəŋ	tɕiəŋ	tɕʰiəŋ
	中	₌tsəŋ	₌tsəŋ	₌sʅ / ₌səŋ	₌tsʰəŋ	səŋ⁼	ᶜtɕiŋ	tɕiŋ⁼	₌tɕʰiŋ
	后	₌tsəŋ	₌tsəŋ	₌səŋ	₌tsʰəŋ	səŋ⁼	ᶜtɕiŋ	tɕiŋ⁼	₌tɕʰiŋ
文水	初	tʂə̃	tʂə̃	ʂə̃	tʂʰə̃	ʂə̃	tɕiə̃	—	—
	中	₌tsʅ / ₌tsəŋ	₌tsəŋ	₌sʅ / ₌səŋ	₌tsʰəŋ	səŋ⁼	—	tɕiəŋ⁼	₌tsʰʅ / ₌tɕʰiəŋ
	后	tsə̃ʔ⁼ / ₌tsʅ	₌tʂə̃	₌ʂə̃	₌tʂʰə̃	ʂə̃⁼	ᶜtɕiə̃	tɕiə̃⁼	₌tɕʰiə̃
太谷	初	—	tsõ	sõ	tsʰõ	—	tɕiə̃	tɕiə̃	tɕʰiə̃
	中	₌tsʅ / ₌sə̃	₌tsə̃	₌sə̃	₌tsʰə̃	₌sʅ / ₌tsə̃	ᶜtɕiə̃	tɕiə̃⁼	₌tɕʰiə̃
	后	₌tsʅ / ₌sə̃	₌tsə̃	₌sə̃	₌tsʰə̃	₌sʅ / ₌tsʰə̃	ᶜtɕiə̃	tɕiə̃⁼	₌tɕʰiə̃
兴县	初	tʂə̃	tʂə̃	ʂə̃	tʂʰə̃	ʂə̃	tɕiə̃	tɕiə̃	tɕʰiə̃
	中	tsəŋ⁼	₌tsəŋ	₌sʅ	₌tsʰəŋ	səŋ⁼	ᶜtɕiŋ	tɕiŋ⁼	₌tɕʰiŋ
	后	tsəŋ⁼	₌tsəŋ	₌sʅ	₌tsʰəŋ	səŋ⁼	ᶜtɕiŋ	tɕiŋ⁼	₌tɕʰiŋ
晋城	初	—	tsã	sã	tsʰã	sã	tɕiẽ	tɕiẽ	tɕʰiẽ
	中	tʂə̃⁼	₌tʂə̃	₌ʂə̃	ᶜtʂʰə̃	ʂə̃⁼	tɕiẽĩ	tɕiẽĩ⁼	₌tɕʰiẽĩ
	后	₌tʂə̃n	₌tʂə̃n	₌ʂə̃n	₌tʂʰə̃n	ʂə̃n⁼	tɕiə̃n⁼	tɕiə̃n⁼	₌tɕʰiə̃n
大同	初	tʂəŋ	tʂəŋ	ʂuəŋ	tʂʰəŋ	ʂəŋ	tɕiəŋ	tɕiəŋ	tɕʰiəŋ
	中	—	—	₌ʂəɣ	tʂʰəɣ⁼	ʂəɣ⁼	ᶜtɕiəɣ	tɕiəɣ⁼	₌tɕʰiəɣ
	后	—	—	₌ʂəɣ	₌tʂʰəɣ	ʂəɣ⁼	ᶜtɕiəɣ	tɕiəɣ⁼	₌tɕʰiəɣ
呼和浩特	初	tʂə̃ŋ	tʂə̃ŋ	ʂuə̃	tʂʰə̃	ʂə̃ŋ	tɕiə̃	tɕiə̃	tɕʰiə̃ŋ
	中	₌tsõŋ	₌tsõŋ	₌sõŋ	₌tsʰõŋ	₌tsʰõŋ	tɕĩŋ⁼	—	₌tɕʰĩŋ
	后	₌tsõŋ	₌tsõŋ	₌sõŋ	₌tsʰõŋ	₌tsʰõŋ	₌tɕĩŋ	—	₌tɕʰĩŋ

字目		婴	缨	盈	瓶	铭	顶	宁	灵
古音		梗开三影平清	梗开三影平清	梗开三以平清	梗开四並平青	梗开四明平青	梗开四端上迥	梗开四泥平青	梗开四来平青
太原	初	—	iəŋ	iəŋ	p'iəd	miəŋ	tiəi	n̠iəŋ	leəŋ
	中	₋iŋ	₋iŋ	₋iŋ	ᶜp'iŋ	₋miŋ	꜀tiŋ	₋niŋ	₋liŋ
	后	₋iŋ	₋iŋ	₋iŋ	ᶜp'iŋ	₋miŋ	꜀tiŋ	₋niŋ	₋liŋ
文水	初	iə̃	iə̃	iə̃	p'iə̃d	mbiə̃	tiə̃	—	leə̃
	中	₋iəŋᵎ	₋iəŋᵎ	₋iəŋᵎ	ᵎp'iəŋd	—	꜀tiəŋ	₋ŋəuᵎ	₋liəŋ
	后	꜀iə̃	꜀iə̃	꜀iə̃	ᵎp'iə̃d	₋miə̃	꜀tiə̃	₋n̠iə̃	₋liə̃
太谷	初	—	iə̃	n̠iə̃	p'iə̃d	miə̃	tiə̃	n̠iə̃	leə̃
	中	꜀iə̃	꜀iə̃	꜀iə̃	ᵎp'iə̃d	₋miə̃	꜀ti / ꜀tiə̃	₋n̠iə̃	₋liə̃
	后	꜀iə̃	꜀iə̃	꜀iə̃	ᵎp'iə̃d	₋miə̃	꜀ti / ꜀tiə̃	₋n̠iə̃	₋liə̃
兴县	初	iə̃	iə̃	iə̃	p'iə̃d	mbiə̃	tiə̃	n̠diə̃	leə̃
	中	₋iŋᵎ	₋iŋᵎ	₋iŋᵎ	ᵎp'iŋd	₋miŋ	꜀tiŋ	꜀niŋ	₋liŋ
	后	₋iŋᵎ	₋iŋᵎ	₋iŋᵎ	ᵎp'iŋd	₋miŋ	꜀tiŋ	꜀niŋ	₋liŋ
晋城	初	iẽ	iẽ	iẽ	p'iẽd	mi	tẽ	ni	lẽ
	中	꜀iẽ̃ᵎ	꜀iẽ̃ᵎ	꜀iẽ̃ᵎ	ᵎp'iẽ̃d	₋mi	꜀tiẽ̃	꜀ni	₋liẽ̃
	后	꜀iẽ̃nᵎ	꜀iẽ̃nᵎ	꜀iẽ̃nᵎ	ᵎp'iẽ̃nd	₋miẽ̃n	꜀tiẽ̃n	꜀niẽ̃n	₋liẽ̃n
大同	初	iəŋ	iəŋ	iəŋ	p'iəŋd	miəŋ	tiəi	n̠iəŋ	leəŋ
	中	꜀iəɣᵎ	꜀iəɣᵎ	꜀iəɣᵎ	ᵎp'iəɣd	₋miəɣ	꜀tiəɣ	꜀niəɣ	₋liəɣ
	后	꜀iəɣᵎ	꜀iəɣᵎ	꜀iəɣᵎ	ᵎp'iəɣd	₋miəɣ	꜀tiəɣ	꜀niəɣ	₋liəɣ
呼和浩特	初	iɛŋ	iɛŋ	iɛŋ	p'iɛŋd	miɛŋ	tiɛŋ	n̠iɛŋ	leɛŋ
	中	₋ĩŋᵎ	₋ĩŋᵎ	₋ĩŋᵎ	ᵎp'ĩŋd	₋mĩŋ	꜀tĩŋ	₋nĩŋ	₋lĩŋ
	后	₋ĩŋᵎ	₋ĩŋᵎ	₋ĩŋᵎ	ᵎp'ĩŋd	₋mĩŋ	꜀tĩŋ	₋nĩŋ	₋lĩŋ

字目		青	星	经	磬	馨	形	横	轰
古音		梗开四 清平青	梗开四 心平青	梗开四 见平青	梗开四 溪去径	梗开四 晓平青	梗开四 匣平青	梗合二 匣平庚	梗合二 晓平耕
太原	初	₌tɕʻiəŋ	₌ɕiəŋ	₌tɕiəŋ	—	—	₌ɕiəŋ	xuŋ	xuŋ
	中	₌tɕʻi / ₌tɕʻiŋ	₌ɕi / ₌ɕiŋ	₌tɕiŋ	—	₌ɕiŋ	₌ɕiŋ	xuŋˀ / xəŋˀ	xuŋ
	后	₌tɕʻi / ₌tɕʻiŋ	₌ɕi / ₌ɕiŋ	₌tɕiŋ	tɕʻiŋˀ	₌ɕiŋ	₌ɕiŋ	xəŋˀ	xuŋ
文水	初	₌tɕʻi	ɕiə̃ˀ	₌tɕiə̃	₌tɕʻiə̃	₌ɕiə̃	₌ɕiə̃	xũ	xũ
	中	₌tsʻ̩	ʐ̩ˀ / ₌ɕiə̃	₌tɕiəŋ	₌tɕʻiəŋ	—	₌ɕiəŋ	xʊˀ / xəxˀ	—
	后	₌tɕʻiə̃ˀ	₌ɕiə̃	₌tɕiə̃	₌tɕʻiə̃ˀ	₌ɕiə̃	₌ɕiə̃	xə̃ˀ	xuə̃ˀ
太谷	初	—	₌ɕiə̃	₌tɕiə̃	₌tɕiə̃	₌ɕiə̃	₌ɕiə̃	xũ	xũ
	中	₌tɕʻi / ₌tɕʻiə̃	₌ɕi / ₌ɕiə̃	₌tɕiə̃	tɕʻiə̃ˀ	₌ɕiə̃	₌ɕiə̃	xũ / xə̃ˀ	xũˀ
	后	₌tɕʻi / ₌tɕʻiə̃	₌ɕi / ₌ɕiə̃	₌tɕiə̃	tɕʻiə̃ˀ	₌ɕiə̃	₌ɕiə̃	xə̃ˀ	xũˀ
兴县	初	₌tɕʻiə̃	₌ɕiə̃	₌tɕiə̃	₌tɕʻiə̃	₌ɕiə̃	₌ɕiə̃	xuə̃	xuə̃
	中	₌tɕʻiŋ	₌ɕiŋ	₌tɕiŋ	₌tɕʻiŋ	₌ɕiŋ	₌ɕiŋ	xəŋˀ	—
	后	₌tɕʻiŋ	₌ɕiŋ	₌tɕiŋ	₌tɕʻiŋ	₌ɕiŋ	₌ɕiŋ	xəŋˀ	—
晋城	初	₌tɕʻiẽ	₌ɕiẽ	₌tɕiẽ	₌tɕʻiẽ	₌ɕiẽ	₌ɕiẽ	xuŋ	
	中	₌tɕʻiẽĩ	₌ɕiẽĩ	₌tɕiẽĩ	—	—	₌ɕiẽĩ	xuoŋ / xuẽ	xuoŋ
	后	₌tɕʻiə̃n	₌ɕiə̃n	₌tɕiə̃n	—	₌ɕiə̃n	₌ɕiə̃n	xə̃nˀ	xuoŋ
大同	初	₌tɕʻiəŋ	₌ɕiəŋ	₌tɕiəŋ	tɕiəŋˀ	₌ɕiəŋ	₌ɕiəŋ	xuoŋ	xuoŋ
	中	₌tɕʻiəɣ	₌ɕiəɣ	₌tɕiəɣ	tɕiəɣˀ	—	₌ɕiəɣ	xəɣˀ	—
	后	₌tɕʻiəɣ	₌ɕiəɣ	₌tɕiəɣ	tɕiəɣˀ	—	₌ɕiəɣ	xəɣˀ	—
呼和浩特	初	₌tɕʻiəŋ	₌ɕiəŋ	₌tɕiəŋ	₌tɕʻiəŋ	₌ɕiəŋ	₌ɕiəŋ	xuoŋ	xuoŋ
	中	₌tɕʻĩŋ	₌ɕĩŋ	₌tɕĩŋ	tɕʻĩŋˀ	₌ɕĩŋ	₌ɕĩŋ	xə̃ŋˀ	—
	后	₌tɕʻĩŋ	₌ɕĩŋ	₌tɕĩŋ	tɕʻĩŋˀ	₌ɕĩŋ	₌ɕĩŋ	xə̃ŋˀ	—

字目	宏	倾	兄	永	营	篷	蒙	东
古音	梗合二匣平耕	梗合三溪平清	梗合三晓平庚	梗合三云上梗	梗合三以平清	通合一並平东	通合一明平东	通合一端平东
太原 初	xuŋ	ᵗɕʻiəŋ⁷	ɕyuŋ	yuŋ	iəŋ	pʻəŋ	məŋ	tuŋ
太原 中	ꜛxuŋ	ꜛtɕʻiŋ	ꜛɕyuŋ	ꜛyuŋ	ꜛiŋ	ꜛpʻəŋ	ꜛmǝŋ / ꜛmǝuŋ	ꜛtuŋ
太原 后	ꜛxuŋ	ꜛtɕʻiŋ	ꜛɕyuŋ	ꜛyuŋ	ꜛiŋ	ꜛpʻəŋ	ꜛmǝŋ	ꜛtuŋ
文水 初	—	ᵗɕʻiə̃⁷	ɕyũ	yũ	iə̃	pʻɔ̃	mbɔ̃	tũ
文水 中	ꜛxuəŋ	ꜜtsʻʅ⁷ / ᵗɕʻiəŋ⁷	sʅ⁷ / ɕyẽ⁷	ꜛyeŋ	ʅ⁷ / iəŋ⁷	ꜛpʻǝŋ	ꜛmeuŋ	ꜛteuŋ
文水 后	ꜛxuɔ̃	ꜛtɕʻiɔ̃	ꜛɕyɔ̃	ꜛyɔ̃	ꜛiɔ̃	ꜛpʻuɔ̃	ꜛmuɔ̃	ꜛtuɔ̃
太谷 初	xũ	tɕʻiɔ̃	ɕyũ	yũ	iɔ̃	pʻɔ̃	mɔ̃	tũ
太谷 中	ꜛxũ	ꜛtɕʻiɔ̃	ꜛɕy / ꜛɕyũ	ꜛyũ	ꜛiɔ̃	ꜛpʻɔ̃	ꜛmɔ̃	ꜛtũ
太谷 后	ꜛxũ	ꜛtɕʻiɔ̃	ꜛɕy / ꜛɕyũ	ꜛyũ	ꜛiɔ̃	ꜛpʻɔ̃	ꜛmɔ̃	ꜛtũ
兴县 初	xuɔ̃	ᵗɕʻiɔ̃⁷	ɕyɔ̃	yɔ̃	iɔ̃	pʻɔ̃	mbɔ̃	tuɔ̃
兴县 中	ꜛxuǝŋ	ꜜtɕʻiŋ⁷	ꜛɕyŋ	ꜛyŋ	ꜛiŋ	ꜛpʻǝŋ	ꜛmǝŋ	ꜛtuǝŋ
兴县 后	ꜜxuǝŋ⁷	ꜜtɕʻiŋ⁷	ꜛɕyŋ	ꜛyŋ	ꜛiŋ	ꜜpʻǝŋ⁷	ꜛmǝŋ	ꜛtuǝŋ
晋城 初	xuŋ	ᵗɕʻiẽ⁷	ɕyuŋ	yuŋ	iẽ	pʻǝŋ	mǝŋ	tuŋ
晋城 中	ꜛxuoŋ	ꜜtɕʻiẽ̃⁷	ꜛɕyoŋ	ꜛyoŋ	ꜛiẽ̃	ꜛpʻoŋ	ꜛmoŋ	ꜛtuoŋ
晋城 后	ꜛxuoŋ	ꜜtɕʻiẽ̃n⁷	ꜛɕyoŋ	ꜛyoŋ	ꜛiẽn⁷	ꜛpoŋ	ꜛmoŋ	ꜛtuoŋ
大同 初	xuoŋ	ᵗɕʻiǝŋ⁷	ɕyǝŋ	yǝŋ	iǝi	pʻǝŋ	mǝuŋ	tuoŋ
大同 中	ꜜxuǝɣ⁷	ꜜtɕʻiǝɣ⁷	ꜜɕyǝɣ⁷	ꜜyǝɣ⁷	ꜜiǝɣ⁷	ꜜpʻǝɣ⁷	ꜛmǝuŋ	ꜛtuǝɣ⁷
大同 后	ꜜxuǝɣ⁷	ꜜtɕʻiǝɣ⁷	ꜜɕyǝɣ⁷	ꜜyǝɣ⁷	ꜜiǝɣ⁷	ꜜpʻǝɣ⁷	ꜛmǝuŋ	ꜛtuǝɣ⁷
呼和浩特 初	xuoŋ	ᵗɕʻiɑi⁷	ɕyǝŋ	yǝŋ	iɛi	pʻǝŋ	mǝuŋ	tǝi
呼和浩特 中	ꜛxũŋ	ꜛtɕʻĩŋ	ꜛɕỹŋ	ꜛỹŋ	ꜛĩŋ	ꜛpʻǝŋ	ꜛmɔ̃uŋ	ꜛtũŋ
呼和浩特 后	ꜛxũŋ	ꜛtɕʻĩŋ	ꜛɕỹŋ	ꜛỹŋ	ꜛĩŋ	ꜛpʻǝŋ	ꜛmɔ̃uŋ	ꜛtũŋ

字目	通	同	铜	桐	筒	童	动	笼
古音	通合一透平东	通合一定平东	通合一定平东	通合一定平东	通合一定平东	通合一定平东	通合一定上董	通合一来平东
太原 初	ˉtʰuŋ	—	—	—	—	ˉtʰuŋ	tuŋ	luŋ
太原 中	ˌtʰuŋ	ˌtʰuŋ	ˌtʰuŋ	ˌtʰuŋ	tʰuŋꜗ	ˌtʰuŋ	tuŋꜗ	ˌluŋ
太原 后	ˌtʰuŋ	ˌtʰuŋ	ˌtʰuŋ	ˌtʰuŋ	ˉtʰuŋ	ˌtʰuŋ	tuŋꜗ	ˌluŋ
文水 初	tʰũ	tʰũ	tʰũ	tʰũ	tʰũ	tʰũ	tuõ	lũ
文水 中	ˌtʰuəŋ / ˌtʰuəŋ	tuəŋꜗ / tuəŋꜗ	tuəŋꜗ	ˌtʰuəŋ	ˉtʰuəŋ	ˌtʰuəŋ	tuəŋꜗ	ˌluəŋ
文水 后	ˌtʰuə̃	ˌtʰuə̃	ˌtʰuə̃	ˌtʰuə̃	ˉtʰuə̃	ˌtʰuə̃	tuə̃ꜗ	ˌluə̃
太谷 初	tʰũ	—	—	—	—	tʰũ	tũ	lũ
太谷 中	ˌtʰũ	ˌtʰũ	ˌtʰũ	ˌtʰũ	ˉtʰũ	ˌtʰũ	tũꜗ	ˌlũ
太谷 后	ˌtʰũ	ˌtʰũ	ˌtʰũ	ˌtʰũ	ˉtʰũ	ˌtʰũ	tũꜗ	ˌlũ
兴县 初	tʰuə̃	tʰuə̃	tʰuə̃	tʰuə̃	tʰuə̃	tʰuə̃	tuə̃	luə̃
兴县 中	ˌtʰuəŋ	ˌtʰuəŋ	ˌtʰuəŋ	ˌtʰuəŋ	ˉtʰuəŋ	ˌtʰuəŋ	tuəŋꜗ	ˌluəŋ
兴县 后	ˌtʰuəŋ	ˌtʰuəŋ	ˌtʰuəŋ	ˌtʰuəŋ	ˉtʰuəŋ	ˌtʰuəŋ	tuəŋꜗ	ˌluəŋ
晋城 初	tʰuŋ	—	—	—	—	tʰuŋ	tuŋ	luŋ
晋城 中	ˌtʰuoŋ	ˉtʰuoŋ	ˉtʰuoŋ	ˌtʰuoŋ	ˉtʰuoŋ	ˌtʰuoŋ	tuoŋꜗ	ˌluoŋ
晋城 后	ˌtʰuoŋ	ˌtʰuoŋ	ˌtʰuoŋ	ˌtʰuoŋ	ˉtʰuoŋ	ˌtʰuoŋ	tuoŋꜗ	ˌluoŋ / ˌlyoŋ
大同 初	tʰuoŋ	tʰuoŋ	tuoŋ	tʰuoŋ	tʰuoŋ	tʰuoŋ	tuoŋ	luoŋ
大同 中	ˌtʰuəɣ	ˌtʰuəɣ	ˌtʰuəɣ	ˌtʰuəɣ	ˉtʰuəɣ	ˌtʰuəɣ	tuəɣꜗ	ˌluəɣ
大同 后	ˌtʰuəɣ	ˌtʰuəɣ	ˌtʰuəɣ	ˌtʰuəɣ	ˉtʰuəɣ	ˌtʰuəɣ	tuəɣꜗ	ˌluəɣ
呼和浩特 初	tʰəŋ	tʰəŋ	tʰəŋ	tʰəŋ	tʰəŋ	tʰəŋ	təŋ	ləŋ
呼和浩特 中	ˌtʰũŋ	ˌtʰũŋ	ˌtʰũŋ	ˌtʰũŋ	ˉtʰũŋ	ˌtʰũŋ	tũŋꜗ	ˌlũŋ
呼和浩特 后	ˌtʰũŋ	ˌtʰũŋ	ˌtʰũŋ	ˌtʰũŋ	ˉtʰũŋ	ˌtʰũŋ	tũŋꜗ	ˌlũŋ

字目	棕	鬃	聪	丛	送	公	控	空
古音	通合一精平东	通合一精平东	通合一清平东	通合一从平东	通合一心去送	通合一见平东	通合一溪去送	通合一溪去送
太原　初	—	tsuŋ	tsʻuŋ	tsʻuŋ	suŋ	kuŋ	—	kʻuŋ
太原　中	꜀tsuŋ	꜀tsuŋ	꜀tsʻuŋ	꜀tsʻuŋ	suŋ˒	꜀kuŋ	kʻuŋ˒	kʻuŋ˒
太原　后	꜀tsuŋ	꜀tsũŋ	꜀tsʻuŋ	꜀tsʻuŋ	suŋ˒	꜀kuŋ	kʻuŋ˒	kʻuŋ˒
文水　初	tsũ	tsũ	tsʻũ	tsʻũ	suõ	kũ	—	—
文水　中	—	꜀tsuəŋ	꜀tsʻəŋ	—	suəŋ˒	꜀kuəŋ	kʻuəŋ˒	kʻuəŋ˒
文水　后	꜀əŋ˒	꜀tsuə̃	꜀tsʻə̃	꜀tsʻuə̃	suə̃˒	꜀kuə̃	kʻuə̃˒	kʻuə̃˒
太谷　初	—	tsũ	tsʻũ	tsʻũ	sũ	kũ	—	—
太谷　中	—	꜀tsũ	꜀tsʻũ	꜀tsʻũ	sũ˒	꜀kũ	kʻũ˒	kʻũ˒
太谷　后	—	꜀tsũ	꜀tsʻũ	꜀tsʻũ	sũ˒	꜀kũ	kʻũ˒	kʻũ˒
兴县　初	tsuə̃	tsuə̃	tsʻə̃	tsʻuə̃	suə̃	kuə̃	—	kʻuə̃
兴县　中	tsuəŋ˒	꜀tsuəŋ	꜀tsʻuəŋ	꜀tsʻuəŋ	suəŋ˒	꜀kuəŋ	kʻuəŋ˒	꜀kʻuəŋ
兴县　后	tsuəŋ˒	꜀tsuəŋ	꜀tsʻuəŋ	꜀tsʻuəŋ	suəŋ˒	꜀kuəŋ	kʻuəŋ˒	꜀kʻuəŋ
晋城　初	—	tsuŋ	tsʻuŋ	tsʻuŋ	suŋ	kuŋ	—	kʻuŋ
晋城　中	꜀tʂuoŋ	꜀tʂuoŋ	꜀tʂʻuoŋ	꜀tɕʻyoŋ / ꜀tʂʻuoŋ	ʂuoŋ˒	꜀kuoŋ	kʻuoŋ˒	kʻuoŋ˒
晋城　后	꜀tʂuoŋ	꜀tʂuoŋ	꜀tʂʻuoŋ	꜀tʂʻuoŋ	ʂuoŋ˒	꜀kuoŋ	kʻuoŋ˒	kʻuoŋ˒
大同　初	tsuoŋ	tsuoŋ	tsʻuoŋ	—	suoŋ	kuoŋ	kʻuoŋ	kʻuoŋ
大同　中	—	—	꜀tsʻuəɣ	꜀tsʻuəɣ˒	suəɣ˒	—	—	꜀kʻuəɣ
大同　后	—	—	꜀tsʻuəɣ	꜀tsʻuəɣ˒	suəɣ˒	—	—	꜀kʻuəɣ
呼和浩特　初	tsəŋ	tsəŋ	tsʻəŋ	tsʻəŋ	səŋ	kuoŋ	—	kʻuoŋ
呼和浩特　中	꜀tsũŋ	꜀tsũŋ	꜀tsʻũŋ	꜀tsʻũŋ	sũŋ˒	꜀kũŋ	kũŋ˒	kũŋ˒
呼和浩特　后	꜀tsũŋ	꜀tsũŋ	꜀tsʻũŋ	꜀tsʻũŋ	sũŋ˒	꜀kũŋ	kũŋ˒	kũŋ˒

字目		烘	红	翁	冬	统	农	脓	宗
古音		通合一晓平东	通合一匣平东	通合一影平东	通合一端平冬	通合一透去宋	通合一泥平冬	通合一泥平冬	通合一精平冬
太原	初	xuŋ	xuŋ	—	tuŋ	t'uŋ	—	nəŋ	tsuŋ
	中	ˌxuŋ	ˌxuŋ	kuŋˀ / vəŋˀ	ˌtuŋ	ˌt'uŋ	ˌnəŋ	ˌnəŋ	ˌtsuŋ
	后	ˌxuŋ	ˌxuŋ	vəŋˀ	ˌtuŋ	ˌt'uŋ	ˌnuŋ	ˌnuŋ	ˌtsuŋ
文水	初	xũ	xũ	ũ	tũ	t'oõ	ndə̃	ndə̃	tsũ
	中	ˌxuəŋ	ˌxuəŋ	uəŋˀ	ˌtuəŋ	—	ˌnəŋ	ˌnəŋ	ˌtsuəŋ
	后	ˌxuə̃	ˌxuə̃	uə̃	ˌtuə̃	ˌt'uə̃	ˌnə̃	ˌnə̃	ˌtsuə̃
太谷	初	xũ	xũ	uõ	tũ	t'ũ	nõ	nõ	tsũ
	中	ˌxũ	ˌxũ	kũ / vũ	ˌtũ	ˌt'ũ	ˌnũ	ˌnũ	ˌtsũ
	后	ˌxũ	ˌxũ	kũ / vũ	ˌtũ	ˌt'ũ	ˌnũ	ˌnũ	ˌtsũ
兴县	初	xuə̃	xuə̃	uə̃	tuə̃	t'uə̃	nduə̃	nduə̃	tsuə̃
	中	ˌxuəŋ	ˌxuəŋ	uəŋˀ	ˌtuəŋ	ˌt'uəŋ	ˌnuəŋ	ˌnuəŋ	ˌtsuəŋ
	后	ˌxuəŋ	ˌxuəŋ	uəŋˀ	ˌtuəŋ	ˌt'uəŋ	ˌnuəŋ	ˌnuəŋ	ˌtsuəŋ
晋城	初	xuŋ	xuŋ	uəŋ	tuŋ	t'uŋ	—	nuŋ	tsuŋ
	中	ˌxuoŋ	ˌxuoŋ	uoŋˀ	ˌtuoŋ	ˌt'uoŋ	ˌnuoŋ	ˌnuoŋ	ˌtʂuoŋ
	后	ˌxuoŋ	ˌxuoŋ	uoŋˀ	ˌtuoŋ	ˌt'uoŋ	ˌnuoŋ	ˌnuoŋ	ˌtʂuoŋ
大同	初	xuoŋ	xuoŋ	vəŋ	tuoŋ	t'uoŋ	nəŋ	nəŋ	tsuoŋ
	中	ˌxuəɣ	ˌxuəɣ	vəɣˀ	ˌtuəɣ	ˌt'uəɣ	ˌnəɣ	ˌnəɣ	ˌtsuəɣ
	后	ˌxuəɣ	ˌxuəɣ	vəɣˀ	ˌtuəɣ	ˌt'uəɣ	ˌnəɣ	ˌnəɣ	ˌtsuəɣ
呼和浩特	初	xuoŋ	xuoŋ	vəŋ	təŋ	t'əŋ	nəŋ	nəŋ	tsəŋ
	中	—	ˌxũŋ	və̃ŋ	ˌtũŋ	ˌt'ũŋ	ˌnũŋ	ˌnũŋ	ˌtsũŋ
	后	—	ˌxũŋ	və̃ŋ	ˌtũŋ	ˌt'ũŋ	ˌnũŋ	ˌnũŋ	ˌtsũŋ

字目		宋	风	丰	隆	中	虫	仲	崇
古音		通合一心去宋	通合三非平东	通合三敷平东	通合三来平东	通合三知平东	通合三澄平东	通合三澄去送	通合三崇平东
太原	初	suŋ	fəŋ	fəŋ	luŋ	tsuŋ	tsʻuŋ	tsuŋ	tsʻuŋ
	中	suŋˀ	fəŋˀ	fəŋˀ	ˌluŋ	ˌtsuŋ	ˌtsʻuŋ	tsuŋˀ	ˌtsʻuŋ
	后	suŋˀ	fəŋˀ	fəŋˀ	ˌluŋ	ˌtsuŋ	ˌtsʻuŋ	tsuŋˀ	ˌtsʻuŋ
文水	初	suõ	xũ	xũ	lũ	tsũ	tsʻũ	tsuõ	tsʻũ
	中	suənˀ	ˌxuən	ˌxuən	ˌluən	ˌtsuən	ˌtsuən	tsuənˀ	ˌtsʻuən
	后	suẽˀ	ˌxuẽ	ˌxuẽ	ˌlũ	ˌtsũ	ˌtsũ	tsuẽˀ	ˌtsʻũ
太谷	初	sũ	fõ	fõ	lũ	tsũ	tsʻũ	tsũ	tsʻũ
	中	sũˀ	ˌfõ	ˌfõ	ˌlũ	ˌtsũ	ˌtsũ / ˌtsʻũ	tsũˀ	ˌtsʻũ
	后	sũˀ	ˌfõ	ˌfõ	ˌlũ	ˌtsũ	ˌtsũ / ˌtsʻũ	tsũˀ	ˌtsʻũ
兴县	初	suə̃	fuə̃	fuə̃	luə̃	tsuə̃	tsʻuə̃	tsuə̃	tsʻuə̃
	中	suənˀ	ˌxuən	ˌxuən	ˌluən	ˌtsuən	ˌtsʻuən	tsuənˀ	ˌtsʻuən
	后	suənˀ	ˌxuən	ˌxuən	ˌluən	ˌtsuən	ˌtsʻuən	tsuənˀ	ˌtsʻuən
晋城	初	suŋ	fəŋ	fəŋ	lyuŋ	tsuŋ	tsʻuŋ	tsuŋ	tsʻuŋ
	中	ʂuoŋˀ	ˌfoŋ	ˌfoŋ	ˌluoŋ	ˌtʂoŋ	ˌtʂʻuoŋ	tʂuoŋˀ	ˌtʂʻuoŋ
	后	ʂuoŋˀ	ˌfoŋ	ˌfoŋ	ˌluoŋ	ˌtʂuoŋ	ˌtʂʻuoŋ	tʂuoŋˀ	ˌtʂʻuoŋ
大同	初	suoŋ	fəŋ	fəŋ	luoŋ	tʂuoŋ	tʂʻuoŋ	tʂuoŋ	tʂʻuoŋ
	中	suəɣˀ	ˌfəɣ	ˌfəɣ	ˌluəɣ	ˌtʂuəɣ	ˌtʂʻuəɣ	ˀtʂuəɣ	—
	后	suəɣˀ	ˌfəɣ	ˌfəɣ	ˌluəɣ	ˌtʂuəɣ	ˌtʂʻuəɣ	ˀtʂuəɣ	—
呼和浩特	初	səŋ	fəŋ	fəŋ	ləŋ	tsəŋ	tsʻəŋ	tsəŋ	tsʻəŋ
	中	sũŋˀ	ˌfəŋ	ˌfəŋ	ˌlũŋ	ˌtsũŋ	ˌtsũŋ	tsũŋˀ	ˌtsʻũŋ
	后	sũŋˀ	ˌfəŋ	ˌfəŋ	ˌlũŋ	ˌtsũŋ	ˌtsũŋ	tsũŋˀ	ˌtsʻũŋ

字目		终	充	戎	弓	熊	封	峰	逢
古音		通合三章平东	通合三昌平东	通合三日平东	通合三见平东	通合三云平东	通合三非平钟	通合三敷平钟	通合三奉平钟
太原	初	tsuŋ	tsʻuŋ	zuŋ	kuŋ	ɕyuŋ	—	fəŋ	fəŋ
	中	ˌtsuŋ	ˌtsʻuŋ	ˌzuŋ	ˌkuŋ	ˌɕyuŋ	ˌfəŋ	ˌfəŋ	ˌfəŋ
	后	ˌtsuŋ	ˌtsʻuŋ	ˌzuŋ	ˌkuŋ	ˌɕyuŋ	ˌfəŋ	ˌfəŋ	ˌfəŋ
文水	初	tsũ	tsʻũ	zũ	kũ	ɕyũ	xũ	xũ	xũ
	中	ˌtsuəŋ	ˌtsʻuəŋ	ˌyəŋ	ˌkuəŋ	ˌɕyəŋ	ˌxuəŋ	ˌxuəŋ	ˌxuəŋ
	后	ˌtsuə̃	ˌtsʻuə̃	ˌyə̃	ˌkuə̃	ˌɕyə̃	ˌxuə̃	ˌxuə̃	ˌxuə̃
太谷	初	tsũ	tsʻũ	uõ	kũ	ɕyũ	fõ	fõ	fõ
	中	ˌtsũ	ˌtsʻũ	ˌvõ̃ / ˌzũ	ˌkũ	ˌɕyũ	ˌfõ	ˌfõ	ˌfõ
	后	ˌtsũ	ˌtsʻũ	ˌvõ̃ / ˌzũ	ˌkũ	ˌɕyũ	ˌfõ	ˌfõ	ˌfõ
兴县	初	tsuə̃	tsʻuə̃	zuə̃	kuə̃	ɕyə̃	fuə̃	fuə̃	fuə̃
	中	ˌtsuəŋ	ˌtsʻuəŋ	ˌzuəŋ	ˌkuəŋ	ˌtɕʻyŋ	ˌxuəŋ	ˌxuəŋ	ˌxuəŋ
	后	ˌtsuəŋ	ˌtsʻuəŋ	ˌzuəŋ	ˌkuəŋ	ˌtɕʻyŋ	ˌxuəŋ	ˌxuəŋ	ˌxuəŋ
晋城	初	tsuŋ	tsʻuŋ	zuŋ	kuŋ	ɕyuŋ	fəŋ	fəŋ	fəŋ
	中	ˌtʂoŋ	ˌtʂʻoŋ	ˌʐoŋ	ˌkuoŋ	ˌɕyoŋ	ˌfoŋ	ˌfoŋ	ˌfoŋ
	后	ˌtʂoŋ	ˌtʂuoŋ	ˌʐuoŋ	ˌkuoŋ	ˌɕyoŋ	ˌfoŋ	ˌfoŋ	ˌfoŋ
大同	初	tʂuoŋ	tʂʻuoŋ	ʐuoŋ	kuoŋ	ɕyəŋ	fəŋ	fəŋ	fəŋ
	中	ˌtʂuəɣ	ˌtʂʻuəɣ	ˌʐuəɣ	ˌkuəɣ	ˌɕyəɣ	ˌfəɣ	ˌfəɣ	ˌfəɣ
	后	ˌtʂuəɣ	ˌtʂʻuəɣ	ˌʐuəɣ	ˌkuəɣ	ˌɕyəɣ	ˌfəɣ	ˌfəɣ	ˌfəɣ
呼和浩特	初	tsəŋ	tsʻəŋ	zəŋ	kuoŋ	ɕyəŋ	fəŋ	fəŋ	fəŋ
	中	ˌtsũŋ	ˌtsʻũŋ	ˌzũŋ	ˌkũŋ	ˌɕỹŋ	ˌfəŋ	ˌfəŋ	ˌfəŋ
	后	ˌtsũŋ	ˌtsʻũŋ	ˌzũŋ	ˌkũŋ	ˌɕỹŋ	ˌfəŋ	ˌfəŋ	ˌfəŋ

字目		浓	龙	踪	纵	从	诵	颂	冢
古音		通合三泥平钟	通合三来平钟	通合三精平钟	通合三精平钟	通合三清平钟	通合三邪去用	通合三邪去用	通合三知上肿
太原	初	nəŋ	luŋ	—	tsuŋ	tsʻuŋ	tʻuŋ	suŋ	tsuŋ
	中	ꜗnəŋ	ꜗluŋ	tsuŋꜙ	tsuŋꜙ	tsʻuŋꜙ	tʻuŋꜙ	suŋꜙ	—
	后	ꜗnəŋ	ꜗluŋ	tsuŋꜙ	tsuŋꜙ	tsʻuŋꜙ	tʻuŋꜙ	suŋꜙ	—
文水	初	ndə̃	lũ	tsuõ	tsuõ	tsʻũ	sũ	ɕyũ	tsuõ
	中	ꜗnəu	ꜗȵyəŋ / ꜗluəŋ	ꜗȵuȵ,ʂʅ	ꜗȵuəŋ,ʂʅ	ꜗȵuəŋ,ʂʅ	—	—	ꜗtsuəŋ
	后	ꜗəũ	ꜗȵyə̃	ꜗtsuõꜙ	ꜗtsuõꜙ	ꜗtsʻuõꜙ	suõꜙ	suõꜙ	
太谷	初	nũ	lũ	tsũ	tsũ	tsʻu	ɕyũ	ɕyũ	tsũ
	中	ꜗə̃	ꜗũ	tsũꜙ	tsũꜙ	ꜗtsʻũ	sũꜙ	sũꜙ	ꜗtsũ
	后	ꜗə̃	ꜗũ	tsũꜙ	tsũꜙ	ꜗtsʻũ	sũꜙ	sũꜙ	ꜗtsũ
兴县	初	nduõ	luõ	tsuõ	tsuõ	tsʻuõ	suõ	suõ	tsuõ
	中	ꜗnuəŋ	ꜗluəŋ	tsuəŋꜙ	tsuəŋꜙ	ꜗtsʻuəŋ	suəŋꜙ	suəŋꜙ	ꜗtsuəŋ
	后	ꜗnuəŋ	ꜗluəŋ	tsuəŋꜙ	tsuəŋꜙ	ꜗtsʻuəŋ	suəŋꜙ	suəŋꜙ	ꜗtsuəŋ
晋城	初	nuŋ	lyuŋ	—	tɕyuŋꜙ	tɕʻyuŋꜙ	—	ɕyuŋ	tsuŋ
	中	ꜗnuoŋ	ꜗluoŋ / ꜗlyoŋ	—	—	ꜗtɕʻyoŋ	ɕyoŋꜙ	ɕyoŋꜙ	—
	后	ꜗnuoŋ	ꜗlyoŋ / ꜗluoŋ	tʂuoŋꜙ	tʂuoŋꜙ	ꜗtʂʻuoŋ	—	—	ꜗtʂuoŋ
大同	初	nəŋ	luoŋ	tsuoŋ	tsuoŋ	tsʻuoŋ	suoŋ	suoŋ	tʂuoŋ
	中	—	ꜗluəɣ	tsuəɣꜙ	tsuəɣꜙ	tsʻuəɣꜙ	suəɣꜙ	suəɣꜙ	—
	后	—	ꜗluəɣ	tsuəɣꜙ	tsuəɣꜙ	tsʻuəɣꜙ	suəɣꜙ	suəɣꜙ	—
呼和浩特	初	nəŋ	leɛŋ	tsəŋ	tsəŋ	tsʻəŋ	səŋ	ɕyəŋ	tsəŋ
	中	ꜗnə̃ŋ	ꜗlũŋ	—	—	ꜗtsũŋ	sũŋꜙ	sũŋꜙ	—
	后	ꜗnə̃ŋ	ꜗlũŋ	—	—	ꜗtsũŋ	sũŋꜙ	sũŋꜙ	—

字目		宠	重	冲	茸	恭	恐	共	胸
古音		通合三彻上肿	通合三澄上肿	通合三昌平钟	通合三日平钟	通合三见平钟	通合三溪上肿	通合三群去用	通合三晓平钟
太原	初	tsʻuŋ	tsuŋ	tsʻuŋ	zuŋ	kuŋ	kʻuŋ	kuŋ	ɕyuŋ
	中	ꞈtsʻuŋ	ꞈtsuŋ	ꞈtsʻuŋ	ꞈzuŋ	ꞈkuŋ	ꞈkʻuŋ	kuŋꜙ	ꞈɕyuŋ
	后	ꞈtsʻuŋ	ꞈtsuŋ	ꞈtsʻuŋ	ꞈzuŋ	ꞈkuŋ	ꞈkʻuŋ	kuŋꜙ	ꞈɕyuŋ
文水	初	tsʻuõ	tsuõ	tsʻũ	zũ	kũ	kʻuõ	kuõ	ɕyũ
	中	ꞈtsʻuəŋ	tsuəŋꜙ	—	ꞈyəŋ	ꞈkuəŋ	ꞈkʻuəŋ	kuəŋꜙ	ꞈɕyeɣ
	后	ꞈtsuə̃	tsuə̃ꜙ	ꞈtsʻuə̃	zuə̃ꜙ	ꞈkuə̃	ꞈkʻuə̃	kuə̃ꜙ	ꞈɕyə̃
太谷	初	tsʻũ	tsũ	tsʻũ	uõ	kũ	kʻũ	kũ	ɕyũ
	中	ꞈtsʻũ	tsũꜙ	ꞈtsʻũ	ꞈvə̃ / zũꜙ	ꞈkũ	kʻũ	kũꜙ	ꞈɕyũ
	后	ꞈtsʻũ	tsũꜙ	ꞈtsʻũ	ꞈzũ	ꞈkũ	kʻũ	kũꜙ	ꞈɕyũ
兴县	初	tsʻuə̃	tsuə̃	tsʻuə̃	zuə̃	kuə̃	kʻuə̃	kuə̃	ɕyə̃
	中	ꞈtsʻuəŋ	tsuəŋꜙ	ꞈtsʻuəŋ	ꞈyuəŋꜙ	ꞈkuəŋ	ꞈkʻuəŋ	kuəŋꜙ	ꞈɕyŋ
	后	ꞈtsʻuəŋ	tsuəŋꜙ	ꞈtsʻuəŋ	ꞈyuəŋꜙ	ꞈkuəŋ	ꞈkʻuəŋ	kuəŋꜙ	ꞈɕyŋ
晋城	初	tsʻuŋ	tsuŋ	tsʻuŋ	zuŋ	kuŋ	kʻuŋ	kuŋ	ɕyuŋ
	中	ꞈtʂʻuoŋ	tʂuoŋꜙ	—	ꞈʐuoŋ	ꞈkuoŋ	ꞈkʻuoŋ	kuoŋꜙ	ꞈɕyoŋ
	后	ꞈtʂʻuoŋ	tʂuoŋꜙ		ꞈʐuoŋ	ꞈkuoŋ	ꞈkʻuoŋ	kuoŋꜙ	ꞈɕyoŋ
大同	初	tʂʻuoŋ	tʂuoŋꜙ	tʂʻuoŋ	zuoŋ	kuoŋ	kʻuoŋ	kuoŋ	ɕyəŋ
	中	ꞈtʂʻuəɣ	tʂuəɣꜙ	ꞈtʂʻuəɣ	ꞈʐuəɣꜙ	ꞈkuəɣ	kʻuəɣ	kuəɣꜙ	ꞈɕyəɣ
	后	ꞈtʂʻuəɣ	tʂuəɣꜙ	ꞈtʂʻuəɣ	ꞈʐuəɣꜙ	ꞈkuəɣ	kʻuəɣ	kuəɣꜙ	ꞈɕyəɣ
呼和浩特	初	tsʻəŋ	tsəŋꜙ	tsəŋ	zəŋ	kuoŋ	kʻuoŋ	kuoŋ	ɕuəŋ
	中	ꞈtsʻũŋ	tsũŋꜙ	ꞈtsʻũŋ	—	ꞈkũŋ	kʻũŋ	—	ꞈɕỹŋ
	后	ꞈtsʻũŋ	tsũŋꜙ	ꞈtsʻũŋ	—	ꞈkũŋ	kʻũŋ	—	ꞈɕỹŋ

字目		雍	用	答	踏	纳	拉	杂	蛤
古音		通合三影平钟	通合三以去用	咸开一端入合	咸开一透入合	咸开一泥入合	咸开一来入合	咸开一从入合	咸开一见入合
太原	初	yuŋ	yuŋ	taʔ	t'aʔ	naʔ	laʔ	tsaʔ	taʔ
	中	ˍyuŋ	yuŋ˒	taʔ˒	t'aʔ˒	naʔ˒	ˍla	tsaʔ˒	taʔ˒
	后	ˍyuŋ	yuŋ˒	təʔ˒	t'əʔ˒	naʔ˒	ˍla	tsəʔ˒	təʔ˒
文水	初	—	yũ	taʔ	t'aʔ	ndaʔ	laʔ	tsaʔ	kaʔ
	中	ˍyəŋ	yəŋ˒	taʔ˒	t'aʔ˒	naʔ˒	laʔ˒	tsaʔ˒	kaʔ˒
	后	ˍyɔ̃	yɔ̃˒	taʔ˒	t'aʔ˒	naʔ˒	laʔ˒	tsaʔ˒	kaʔ˒
太谷	初	yũ	yũ	taʔ	t'aʔ	naʔ	laʔ	tsaʔ	kəaʔ
	中	ˍyũ	yũ˒	taʔ˒	t'aʔ˒	naʔ˒	laʔ˒	tsaʔ˒	xəʔ˒
	后	ˍyũ	yũ˒	taʔ˒	t'aʔ˒	naʔ˒	laʔ˒	tsaʔ˒	xəʔ˒
兴县	初	yɔ̃	yɔ̃	taʔ	t'aʔ	ndaʔ	laʔ	tsaʔ	xəʔ
	中	ˍyŋ	yŋ˒	tɑʔ˒	t'ɑʔ˒	nɑʔ˒	lɑʔ˒	ts'ɑʔ˒	xɑʔ˒
	后	ˍyŋ	yŋ˒	tɑʔ˒	t'ɑʔ˒	nɑʔ˒	lɑʔ˒	ts'ɑʔ˒	xɑʔ˒
晋城	初	yuŋ	yuŋ	taʔ	t'aʔ	naʔ	laʔ	tsaʔ	—
	中	ˍyoŋ	yoŋ˒	tʌʔ˒	t'ʌʔ˒	nʌʔ˒	lʌʔ˒	tʂʌʔ˒	kʌʔ˒
	后	ˍyoŋ	yoŋ˒	tʌʔ˒ ˍtɑ	t'ʌʔ˒ t'ɑ˒	nɑ˒	ˍla	tʂʌʔ˒	kʌʔ˒
大同	初	yəŋ	yəŋ	taʔ	t'aʔ	naʔ	laʔ	tsaʔ	kaʔ
	中	ˍyəɣ	yəɣ˒	taʔ˒	t'aʔ˒	naʔ˒	ˍla	ˍtsa	—
	后	ˍyəɣ	yəɣ˒	taʔ˒	t'aʔ˒	naʔ˒	ˍla	ˍtsa	—
呼和浩特	初	təŋ	yəŋ	taʔ	t'aʔ	naʔ	laʔ	tsaʔ	kəʔ
	中	ˍỹŋ	ỹŋ˒	taʔ˒	t'aʔ˒	naʔ˒	laʔ˒	tsaʔ˒	kaʔ˒
	后	ˍỹŋ	ỹŋ˒	taʔ˒	t'aʔ˒	naʔ˒	laʔ˒	tsaʔ˒	kaʔ˒

字目		合	塔	腊	剳	插	夹	恰	掐
古音		咸开一匣入合	咸开一透入合	咸开一来入合	咸开二知入洽	咸开二初入洽	咸开二见入洽	咸开二溪入洽	咸开二溪入洽
太原	初	xaʔ	tʻaʔ	laʔ	taʔ	tsʻaʔ	ʨiæʔ	—	ʨʻiæʔ
	中	xaʔ$_2$ / xəʔ$_2$	tʻaʔ$_2$	laʔ$_2$	—	tsʻaʔ$_2$	ʨiaʔ$_2$	ʨʻiaʔ$_2$	ʨʻiaʔ$_2$
	后	xəʔ$_2$	ˀta	ləʔ$_2$	—	tsʻəʔ$_2$	ʨiəʔ$_2$	ʨʻiəʔ$_2$	ʨʻiəʔ$_2$
文水	初	xaʔ	tʻaʔ	laʔ	tsaʔ	tsʻaʔ	ʨiaʔ	ʨʻiaʔ	ʨʻiaʔ
	中	xaʔ$_2$	tʻaʔ$_2$	laʔ$_2$	—	tsʻaʔ$_2$	ʨiaʔ$_2$	ʨʻiaʔ$_2$	ʨʻiaʔ$_2$
	后	xaʔ$_2$	tʻaʔ$_2$	laʔ$_2$	—	tsʻaʔ$_2$	ʨiaʔ$_2$	ʨʻiaʔ$_2$	ʨʻiaʔ$_2$
太谷	初	xəaʔ	tʻaʔ	laʔ	tsaʔ	tsʻaʔ	ʨiaʔ	—	ʨʻiaʔ
	中	xiaʔ$_2$	tʻaʔ$_2$	laʔ$_2$	tsaʔ$_2$	tsʻaʔ$_2$	ʨiaʔ$_2$	ʨʻiaʔ$_2$	ʨʻiaʔ$_2$
	后	xiaʔ$_2$	tʻaʔ$_2$	laʔ$_2$	tsaʔ$_2$	tsʻaʔ$_2$	ʨiaʔ$_2$	ʨʻiaʔ$_2$	ʨʻiaʔ$_2$
兴县	初	xəʔ	tʻaʔ	laʔ	taʔ	tsʻaʔ	ʨiaʔ	ʨʻiaʔ	ʨʻiaʔ$_2$
	中	xəʔ$_2$	tʻɑʔ$_2$	lɑʔ$_2$	tɑʔ$_2$	tsʻɑʔ$_2$	ʨiɑʔ$_2$	ʨʻiɑʔ$_2$	ʨʻiɑʔ$_2$
	后	xəʔ$_2$	tʻɑʔ$_2$	lɑʔ$_2$	tɑʔ$_2$	tsʻɑʔ$_2$	ʨiɑʔ$_2$	ʨʻiɑʔ$_2$	ʨʻiɑʔ$_2$
晋城	初	xaʔ	tʻaʔ	laʔ	taʔ	tsʻaʔ	ʨiaʔ	—	ʨʻiaʔ
	中	xʌʔ$_2$	tʻʌʔ$_2$	lʌʔ$_2$	—	tʂʻʌʔ$_2$	ʨiʌʔ$_2$	ʨʻiʌʔ$_2$	ʨiʌʔ$_2$
	后	—	ˀtʻɑ	lʌʔ$_2$	—	tʂʻʌʔ$_2$	ʨiʌʔ$_2$	ʨiʌʔ$_2$	ʨʻiʌʔ$_2$
大同	初	kaʔ	tʻaʔ	laʔ	taʔ	tsʻaʔ	ʨiaʔ	ʨʻiaʔ	ʨʻiaʔ
	中	xaʔ$_2$	tʻaʔ$_2$	laʔ$_2$	—	—	ʨiaʔ$_2$	—	—
	后	xaʔ$_2$	tʻaʔ$_2$	laʔ$_2$	—	—	ʨiaʔ$_2$	—	—
呼和浩特	初	xəʔ	tʻaʔ	laʔ	taʔ	tsʻaʔ	ʨaʔ	ʨʻaʔ	ʨʻaʔ
	中	xaʔ$_2$	tʻaʔ$_2$	laʔ$_2$	—	tsʻaʔ$_2$	ʨiaʔ$_2$	ʨʻiaʔ$_2$	ʨʻiaʔ$_2$
	后	xaʔ$_2$	tʻaʔ$_2$	laʔ$_2$	—	tsʻaʔ$_2$	ʨiaʔ$_2$	ʨʻiaʔ$_2$	ʨʻiaʔ$_2$

字目		狭	甲	鸭	猎	接	妾	摺	涉
古音		咸开二匣入洽	咸开二见入狎	咸开二影入狎	咸开三来入叶	咸开三精入叶	咸开三清入叶	咸开三章入叶	咸开三禅入叶
太原	初	ɕiæʔ	tɕiaʔ	iaʔ	leəʔ	tɕiəʔ	tɕʻiəʔ	tsaʔ	saʔ
	中	ɕiaʔ₂	tɕiaʔ₂	iaʔ₂	liaʔ₂	tɕiəʔ₂	tɕʻiəʔ₂	tsaʔ₂ / tsəʔ₂	saʔ₂ / səʔ₂
	后	ɕia³	tɕia³	iəʔ₂	ˈlie	tɕiəʔ₂	tɕʻiəʔ₂	tsəʔ₂	səʔ₂
文水	初	ɕiaʔ	tɕʻiaʔ	iaʔ	leæʔ	tɕiæʔ	tɕʻiæʔ	tʂaʔ	ʂaʔ
	中	ɕiaʔ₂	tɕiaʔ₂	ŋaʔ₂	liaʔ₂	tɕiaʔ₂	tɕʻiaʔ₂	—	saʔ₂
	后	ɕiaʔ₂	tɕiaʔ₂	ŋaʔ₂ / iaʔ₂	liaʔ₂	tɕiaʔ₂	tɕʻiaʔ₂	tsaʔ₂	saʔ₂
太谷	初	ɕiaʔ	tɕiæʔ	iæʔ	leæʔ	tɕiæʔ	tɕʻiæʔ	tsaʔ	saʔ
	中	ɕiaʔ₂	tɕiaʔ₂	iaʔ₂	liaʔ₂	tɕiaʔ₂	tɕʻiaʔ₂	tsaʔ₂	saʔ₂
	后	ɕiaʔ₂	tɕiaʔ₂	iaʔ₂	liaʔ₂	tɕiaʔ₂	tɕʻiaʔ₂	tsaʔ₂	saʔ₂
兴县	初	ɕiaʔ	tɕiaʔ	iaʔ	—	tɕiəʔ	tɕʻiəʔ	tʂəʔ	səʔ
	中	ɕiaʔ₂	tɕiɑʔ₂	iɑʔ₂	ˈliã	tɕiəʔ₂	tɕʻiəʔ₂	ˈtsə	səʔ₂
	后	ɕiaʔ₂	tɕiɑʔ₂	iɑʔ₂	ˈliã	tɕiəʔ₂	tɕʻiəʔ₂	ˈtsə	səʔ₂
晋城	初	ɕiaʔ	tɕiaʔ	iaʔ	leaʔ	tɕiaʔ	tɕʻiaʔ	tsaʔ	saʔ
	中	ɕiʌʔ₂	tɕiʌʔ₂	ˌɕia	liʌʔ₂	tɕiʌʔ₂	tɕʻiʌʔ₂	tʂʌʔ₂	ʂʌʔ₂
	后	ˌɕia	tɕiʌʔ₂ / ˈtɕia	iʌʔ₂	liʌʔ₂	tɕiʌʔ₂	tɕie³	tʂʌʔ₂	ʂɤ³
大同	初	ɕiaʔ	tɕiaʔ	iaʔ	leaʔ	tɕiaʔ	tɕʻiaʔ	tʂaʔ	ʂaʔ
	中	—	tɕiaʔ₂	iaʔ₂	liaʔ₂	tɕiaʔ₂	—	—	ʂaʔ₂
	后	—	tɕiaʔ₂	iaʔ₂	liɛ³	tɕiaʔ₂	—	—	ʂaʔ₂
呼和浩特	初	ɕaʔ	tɕʻaʔ	iaʔ	leaʔ	tɕiəʔ	tɕʻiəʔ	tʂəʔ	ʂəʔ
	中	ˌɕia	tɕiaʔ₂	iaʔ₂	liaʔ₂	tɕiaʔ₂	tɕʻiaʔ₂	tsiaʔ₂	saʔ₂
	后	ˌɕia	tɕiaʔ₂	iaʔ₂	liaʔ₂	tɕiaʔ₂	tɕʻiaʔ₂	tsiaʔ₂	saʔ₂

字目		叶	劫	怯	业	帖	叠	协	法
古音		咸开三以入叶	咸开三见入业	咸开三溪入业	咸开三疑入业	咸开四透入帖	咸开四定入帖	咸开四匣入帖	咸合三非入乏
太原	初	iəʔ	tɕiəʔ	tɕʰiəʔ	iəʔ	tʰiəʔ	tiəʔ	ɕiəʔ	faʔ
	中	iəʔ˳	tɕiəʔ˳	tɕʰiəʔ˳	iəʔ˳	tʰiəʔ˳	tiəʔ˳	ɕiəʔ˳	faʔ˳
	后	iəʔ˳	tɕʰiəʔ˳	tɕʰiəʔ˳	iəʔ˳	tʰiəʔ	tiəʔ˳	ɕiəʔ˳	fəʔ
文水	初	iæʔ	tɕiæʔ	tɕʰiæʔ	n̠ʑiæʔ	tʰiæʔ	tiæʔ	ɕiæʔ	xuaʔ
	中	iaʔ˳	tɕiaʔ˳	tɕʰiaʔ˳	—	tʰiaʔ˳	tiaʔ˳	ɕiaʔ˳	xuaʔ˳
	后	iaʔ˳	tɕiaʔ˳	tɕʰiaʔ˳	n̠iaʔ˳	tiaʔ	tiaʔ	tɕiaʔ˳	xuaʔ˳
太谷	初	iæʔ	tɕiæʔ	tɕʰiæʔ	iẽʔ	tʰiæʔ	tiæʔ	ɕiæʔ	faʔ
	中	iaʔ˳	tɕiaʔ˳	tɕiaʔ˳	˳iẽ	tʰiaʔ˳	tiaʔ˳	ɕiaʔ˳	faʔ˳
	后	iaʔ˳	tɕiaʔ˳	tɕiaʔ˳	iaʔ˳	tʰiaʔ˳	tiaʔ˳	ɕiaʔ˳ / ˳ɕie	faʔ˳
兴县	初	iəʔ	tɕiəʔ	tɕʰiəʔ	iəʔ	tʰiəʔ	tiəʔ	ɕiəʔ	fuaʔ
	中	iəʔ˳	tɕiəʔ˳	tɕʰiɛˀ	iɛˀ	tʰiəʔ˳	tiəʔ˳	ɕiəʔ˳	xuɑʔ˳
	后	iəʔ˳	tɕiəʔ˳	tɕʰiɛˀ	iɛˀ	tʰiəʔ˳	tiəʔ˳	ɕiəʔ˳	xuɑʔ˳
晋城	初	iaʔ	tɕiaʔ	tɕʰiaʔ	iaʔ	tʰiaʔ	tiaʔ	ɕiaʔ	faʔ
	中	iʌʔ˳	tɕʰiʌʔ˳	tɕʰiʌʔ˳	iʌʔ˳	tʰiʌʔ˳	tiʌʔ˳	˳ɕie	fʌʔ˳
	后	ieˀ	˳tɕie / tɕiʌʔ˳	—	iʌʔ˳	tʰiʌʔ˳	tiʌʔ˳	˳ɕie	fʌʔ˳
大同	初	iaʔ	tɕiaʔ	tɕʰiaʔ	iaʔ	tʰiaʔ	tiaʔ	ɕiaʔ	faʔ
	中	iaʔ˳	—	—	iaʔ˳	tʰiaʔ˳	—	ɕiaʔ˳	faʔ˳
	后	iaʔ˳	—	—	iaʔ˳	tʰiaʔ˳	—	ɕiaʔ˳	faʔ˳
呼和浩特	初	iəʔ	tɕiəʔ	tɕʰiəʔ	iəʔ	tʰiəʔ	tiəʔ	ɕiəʔ	faʔ
	中	iaʔ˳	tɕʰiaʔ˳	tɕʰiaʔ˳	iaʔ˳	tʰiaʔ˳	˳tie / tiaʔ˳	ɕiaʔ˳	faʔ˳
	后	iaʔ˳	tɕʰiaʔ˳	tɕʰiaʔ˳	iaʔ˳	tʰiaʔ˳	˳tie / tiaʔ˳	ɕiaʔ˳	faʔ˳

字目		乏	立	集	习	执	湿	十	入
古音		咸合三 奉入乏	深开三 来入缉	深开三 从入缉	深开三 邪入缉	深开三 章入缉	深开三 书入缉	深开三 禅入缉	深开三 日入缉
太原	初	faʔ	leaʔ	tɕiəʔ	ɕiəʔ	tsəʔ	səʔ	səʔ	zuəʔ
	中	faʔ₂	liəʔ₃	tɕiəʔ₂	ɕiəʔ₂	tsəʔ₂	səʔ₃	səʔ₂	zuəʔ₂
	后	fəʔ₂	liˀ	tɕiəʔ₂	ɕiəʔ₂	tsəʔ₂	səʔ₃	səʔ₂	zuəʔ₂
文水	初	xuaʔ	leəʔ	tɕiəʔ	ɕiəʔ	tʂəʔ	ʂəʔ	ʂəʔ	zuəʔ
	中	xuaʔ₂	liəʔ₃	tɕiəʔ₂	ɕiəʔ₂	tsəʔ₂	səʔ₃	səʔ₂	zuəʔ₂
	后	xuaʔ₂	liəʔ₃	tɕiəʔ₂	ɕiəʔ₂	tsəʔ₂	səʔ₃	səʔ₂	zuəʔ₂
太谷	初	faʔ	leəʔ	tɕiəʔ	ɕiəʔ	tsəʔ	səʔ	səʔ	uəʔ
	中	faʔ₂	liəʔ₃	tɕiəʔ₂	ɕiəʔ₂	tsəʔ₂	səʔ₃	səʔ₂	vəʔ₂ zuəʔ₂
	后	faʔ₂	liəʔ₃	tɕiəʔ₂	ɕiəʔ₂	tsəʔ₂	səʔ₃	səʔ₂	vəʔ₂ zuəʔ₂
兴县	初	fuaʔ	leəʔ	tɕiəʔ	ɕiəʔ	tʂəʔ	ʂəʔ	ʂəʔ	zuəʔ
	中	xuãˀ	liəʔ₃	tɕiəʔ₃	ɕiəʔ₃	tsəʔ₃	səʔ₃	səʔ₃	zuəʔ₃
	后	xuãˀ	liəʔ₃	tɕiəʔ₃	ɕiəʔ₃	tsəʔ₃	səʔ₃	səʔ₃	zuəʔ₃
晋城	初	faʔ	leəʔ	tɕiəʔ	ɕiəʔ	tsəʔ	səʔ	səʔ	zuəʔ
	中	fʌʔ₃	liəʔ₃	tɕiəʔ₃	ɕiəʔ₃	tʂʌʔ₃	ʂəʔ₃	ʂəʔ₃	zuəʔ₃
	后	fʌʔ₃	liəʔ₃	tɕiəʔ₃	ɕiəʔ₃	tʂʌʔ₃	ʂəʔ₃	ʂəʔ₃	—
大同	初	faʔ	leəʔ	tɕiəʔ	ɕiəʔ	tʂəʔ	ʂəʔ	ʂəʔ	zuoʔ
	中	꜀fa	liəʔ₃	tɕiəʔ₃	ɕiəʔ₃	tʂəʔ₃	ʂəʔ₃	ʂəʔ₃	zuəʔ₃
	后	꜀fa	liəʔ₃	tɕiəʔ₃	ɕiəʔ₃	tʂəʔ₃	ʂəʔ₃	ʂəʔ₃	zuəʔ₃
呼和浩特	初	faʔ	leəʔ	tɕiəʔ	ɕiəʔ	tʂəʔ	ʂəʔ	ʂəʔ	zuəʔ
	中	faʔ₃	liəʔ₃	tɕiəʔ₃	ɕiəʔ₃	tsəʔ₃	səʔ₃	səʔ₃	zuəʔ₃
	后	faʔ₃	liəʔ₃	tɕiəʔ₃	ɕiəʔ₃	tsəʔ₃	səʔ₃	səʔ₃	zuəʔ₃

字目		急	泣	噏	及	吸	达	辣	割
古音		深开三见入缉	深开三溪入缉	深开三溪入缉	深开三群入缉	深开三晓入缉	山开一定入曷	山开一来入曷	山开一见入曷
太原	初	tɕiəʔ	tɕʰiəʔ	—	tɕiəʔ	ɕiəʔ	taʔ	laʔ	kaʔ
	中	tɕiəʔ$_2$	tɕʰiəʔ$_2$	—	tɕiəʔ$_2$	ɕiəʔ	taʔ	laʔ$_2$	kaʔ$_2$ / kəʔ$_2$
	后	tɕiəʔ$_2$	tɕʰiˀ	—	tɕiəʔ$_2$	ɕiəʔ	təʔ$_2$	laˀ	kəʔ$_2$
文水	初	tɕiəʔ	tɕʰiəʔ	tɕʰiəʔ	tɕiəʔ	ɕiəʔ	taʔ	laʔ	kaʔ
	中	tɕiəʔ$_2$	tɕʰiəʔ$_2$	—	tɕiəʔ$_2$	ɕiəʔ	taʔ$_2$	laʔ	kaʔ
	后	tɕiəʔ$_2$	tɕʰiəʔ$_2$	tɕʰiəʔ$_2$	tɕiəʔ$_2$	ɕiəʔ	taʔ$_2$	laʔ	kaʔ
太谷	初	tɕiəʔ	tɕʰiəʔ	—	tɕiəʔ	ɕiəʔ	taʔ	laʔ	—
	中	tɕiəʔ$_2$	tɕʰiəʔ$_2$	—	tɕiəʔ$_2$	ɕiəʔ	taʔ$_2$	laʔ$_2$	kiaʔ$_2$
	后	tɕiəʔ$_2$	tɕʰiəʔ$_2$	—	tɕiəʔ$_2$	ɕiəʔ	taʔ$_2$	laʔ$_2$	kiaʔ$_2$
兴县	初	tɕiəʔ	tɕʰiəʔ	—	tɕʰiəʔ	ɕiəʔ	taʔ	laʔ	kəʔ
	中	tɕiəʔ$_2$	tɕʰiˀ	—	tɕiəʔ$_2$	ɕiəʔ	tɑʔ	lɑʔ	kəʔ$_2$
	后	tɕiəʔ$_2$	tɕʰiˀ	—	tɕiəʔ$_2$	ɕiəʔ	tɑʔ	lɑʔ	kəʔ$_2$
晋城	初	tɕiəʔ	tɕʰiəʔ	—	tɕiəʔ	ɕiəʔ	taʔ	laʔ	—
	中	tɕiəʔ$_2$	tɕʰiˀ	—	tɕiəʔ$_2$	ɕiəʔ	tʌʔ$_2$	lʌʔ$_2$	kʌʔ$_2$
	后	tɕiəʔ$_2$	—	—	tɕiəʔ$_2$	ɕiəʔ	tʌʔ$_2$	lʌʔ$_2$	kʌʔ$_2$
大同	初	tɕiəʔ	tɕʰiəʔ	tɕʰiəʔ	tɕiəʔ	ɕiəʔ	taʔ	laʔ	kaʔ
	中	tɕiəʔ$_2$	tɕʰiəʔ$_2$	—	tɕiəʔ$_2$	ɕiəʔ	taʔ$_2$	laˀ	kaʔ$_2$
	后	tɕiəʔ$_2$	tɕʰiəʔ$_2$	—	tɕiəʔ$_2$	ɕiəʔ	taʔ$_2$	laˀ	kaʔ$_2$
呼和浩特	初	tɕiəʔ	tɕʰiəʔ	tɕʰiəʔ	tɕiəʔ	ɕiəʔ	taʔ	laʔ	kəʔ
	中	tɕiəʔ$_2$	tɕʰiəʔ$_2$	tɕʰiəʔ$_2$	tɕiəʔ$_2$	ɕiəʔ	taʔ$_2$	laʔ$_2$	kaʔ
	后	tɕiəʔ$_2$	tɕʰiəʔ$_2$	tɕʰiəʔ$_2$	tɕiəʔ$_2$	ɕiəʔ	taʔ$_2$	laʔ$_2$	kaʔ$_2$

字目		葛	渴	八	拔	札	察	杀	瞎
古音		山开一见入曷	山开一溪入曷	山开二帮入黠	山开二並入黠	山开二庄入黠	山开二初入黠	山开二生入黠	山开二晓入鎋
太原	初	kaʔ	kʻaʔ	paʔ	paʔ	tsaʔ	tsʻaʔ	saʔ	xaʔ
	中	kaʔ$_3$ kəʔ$_3$	kʻaʔ$_3$ kʻəʔ$_3$	paʔ$_2$	paʔ$_2$	tsaʔ$_2$	tsʻaʔ$_2$	saʔ$_2$	xaʔ$_3$ ɕiaʔ$_3$
	后	kəʔ$_3$	kʻəʔ$_3$	pəʔ$_2$	pəʔ$_2$	tsəʔ$_2$	$_5$tsʻa	səʔ$_2$	ɕiəʔ$_3$
文水	初	kaʔ	kʻaʔ	paʔ	paʔ	tsaʔ	tsʻaʔ	saʔ	xaʔ
	中	—	kʻaʔ$_3$	paʔ$_2$	paʔ$_2$	—	tsʻaʔ$_2$	saʔ$_2$	xaʔ$_2$
	后	kaʔ$_3$	kʻaʔ$_3$	paʔ$_2$	paʔ$_2$	tsaʔ$_2$	tsʻaʔ$_2$	saʔ$_2$	xaʔ$_2$
太谷	初	kəaʔ	kʻəaʔ	paʔ	paʔ	tsaʔ	tsʻaʔ	saʔ	xaʔ
	中	kiaʔ$_3$	kʻiaʔ$_3$	paʔ$_2$	paʔ$_2$	tsaʔ$_2$	tsʻaʔ$_2$	saʔ$_2$	xaʔ$_2$
	后	kiaʔ$_3$	kʻiaʔ$_3$	paʔ$_2$	pa$_2$	tsaʔ$_2$	tsʻaʔ$_2$	saʔ$_2$	xaʔ$_2$
兴县	初	kəʔ	kʻəʔ	paʔ	paʔ	tsaʔ	tsʻaʔ	saʔ	xaʔ
	中	kəʔ$_3$	kʻə˒	pɑʔ$_2$	pʻɑʔ$_2$	tsɑʔ$_2$	tsʻɑʔ$_2$	sɑʔ$_2$	xɑʔ$_3$
	后	kəʔ$_3$	kʻə˒	pɑʔ$_2$	pʻɑʔ$_2$	tsɑʔ$_2$	tsʻɑʔ$_2$	sɑʔ$_2$	xɑʔ$_3$
晋城	初	kaʔ	kʻaʔ	paʔ	paʔ	—	tsʻaʔ	saʔ	ɕiaʔ
	中	kʌʔ$_3$	kʻʌʔ$_3$	pʌʔ$_2$	pʌʔ$_2$	tʂʌʔ$_2$	tʂʻʌʔ$_2$	ʂʌʔ$_2$	ɕiʌʔ$_3$
	后	˪kɣ	kʻʌʔ$_3$	pʌʔ$_2$	pʌʔ$_2$	tʂʌʔ$_2$	$_5$tʂʻɑ	ʂʌʔ$_2$	ɕiʌʔ$_3$
大同	初	kaʔ	kʻaʔ	paʔ	paʔ	tsaʔ	tsʻaʔ	saʔ	ɕiaʔ
	中	kaʔ$_3$	kʻaʔ$_3$	paʔ$_2$	$_5$pa	—	—	saʔ$_2$	ɕiaʔ$_3$
	后	kaʔ$_3$	kʻaʔ$_3$	paʔ$_2$	$_5$pa	—	—	saʔ$_2$	ɕiaʔ$_3$
呼和浩特	初	kəʔ	kʻəʔ	paʔ	paʔ	tsaʔ	tsʻaʔ	saʔ	xaʔ
	中	kaʔ$_3$	kʻaʔ$_3$	paʔ$_2$	paʔ$_2$	tsaʔ$_2$	tsʻaʔ$_2$	saʔ$_2$	ɕiaʔ$_3$
	后	kaʔ$_3$	kʻaʔ$_3$	paʔ$_2$	paʔ$_2$	tsaʔ$_2$	tsʻaʔ$_2$	saʔ$_2$	ɕiaʔ$_3$

字目		辖	别	灭	列	彻	折	舌	设
古音		山开二匣入鎋	山开三帮入薛	山开三明入薛	山开三来入薛	山开三彻入薛	山开三章入薛	山开三船入薛	山开三书入薛
太原	初	xaʔ	piəʔ	miəʔ	leəʔ	tsʻaʔ	tsaʔ	saʔ	saʔ
	中	ɕiaʔ˒	piəʔ˒	miəʔ˒	liəʔ˒	tsʻaʔ˒ tsʻəʔ˒	tsaʔ˒ tsəʔ˒	saʔ˒ səʔ˒	saʔ˒ səʔ˒
	后	ɕiəʔ˒	piəʔ˒	miəʔ˒	liəʔ˒	tsʻəʔ˒	tsəʔ˒	səʔ˒	səʔ˒
文水	初	xaʔ	piæʔ	mbiæʔ	leæʔ	tʂʻaʔ	tʂaʔ	ʂaʔ	ʂaʔ
	中	ɕiaʔ˒	piaʔ˒ piəʔ˒	miaʔ˒	liaʔ˒	tʂʻaʔ˒	tʂaʔ˒	ʂaʔ˒	ʂaʔ˒
	后	xaʔ˒	piaʔ˒	miaʔ˒	liaʔ˒	tʂʻaʔ˒	tʂaʔ˒	ʂaʔ˒	ʂaʔ˒
太谷	初	xaʔ	piæʔ	miæʔ	leæʔ	tʂʻaʔ	tʂaʔ	ʂaʔ	ʂaʔ
	中	ɕiaʔ˒	piaʔ˒	miaʔ˒	liaʔ˒	tʂʻaʔ˒	tʂaʔ˒	ʂaʔ˒	ʂaʔ˒
	后	ˍɕia	piaʔ˒	miaʔ˒	liaʔ˒	tʂʻaʔ˒	tʂaʔ˒	ʂaʔ˒	ʂaʔ˒
兴县	初	xaʔ	piəʔ	mbiəʔ	leəʔ	tʂʻəʔ	tʂəʔ	ʂəʔ	ʂəʔ
	中	ɕiɑʔ˒	piəʔ˒	miəʔ˒	liəʔ˒	tʂʻəʔ˒	tʂəʔ˒	səʔ˒	səʔ˒
	后	ɕiɑʔ˒	piəʔ˒	miəʔ˒	liəʔ˒	tʂʻəʔ˒	tʂəʔ˒	səʔ˒	səʔ˒
晋城	初	ɕiaʔ	piaʔ	miaʔ	leaʔ	tʂʻaʔ	tʂaʔ	ʂaʔ	ʂaʔ
	中	ɕiʌʔ˒	piʌʔ˒	miʌʔ˒	liʌʔ˒	tʂʻʌʔ˒	tʂʌʔ˒	ʂʌʔ˒	ʂʌʔ˒
	后	ˍɕia	piʌʔ˒	miʌʔ˒	liʌʔ˒	tʂʻʌʔ˒	tʂʌʔ˒	ʂʌʔ˒	ʂʌʔ˒
大同	初	ɕia	pia	mia	lea	tʂʻaʔ	tʂaʔ	ʂaʔ	ʂaʔ
	中	—	piaʔ˒	miaʔ˒	liaʔ˒	—	ˍtʂɣ˵	ˍʂɣ˵	ʂaʔ˒
	后	—	piaʔ˒	miaʔ˒	liaʔ˒	—	ˍtʂɣ˵	ˍʂɣ˵	ʂaʔ˒
呼和浩特	初	xaʔ	piəʔ	miəʔ	leəʔ	tʂʻəʔ	tʂəʔ	ʂəʔ	tʂʻəʔ
	中	ɕiaʔ˒	piaʔ˒	miaʔ˒	liaʔ˒	tsʻaʔ˒	tsaʔ˒	ˍʂɣ	saʔ˒
	后	ɕiaʔ˒	piaʔ˒	miaʔ˒	liaʔ˒	tsʻaʔ˒	tsaʔ˒	ˍʂɣ	saʔ˒

字目		热	杰	孽	歇	篾	铁	节	切
古音		山开三日入薛	山开三群入薛	山开三疑入薛	山开三晓入月	山开四明入屑	山开四透入屑	山开四精入屑	山开四清入屑
太原	初	zaʔ	tɕiəʔ	ȵiəʔ	ɕiəʔ	—	tʰiəʔ	tɕiəʔ	tɕʰiəʔ
	中	zaʔ˨ / zəʔ˨	tɕiəʔ˨	niəʔ˨	ɕiəʔ˨	—	tʰiəʔ˨	tɕiəʔ˨	tɕʰiəʔ˨
	后	zəʔ˨	tɕiəʔ˨	niəʔ˨	ɕiəʔ˨	—	tʰiəʔ˨	tɕiəʔ˨	tɕʰiəʔ˨
文水	初	zaʔ	tɕiæʔ	ȵdiæʔ	ɕiæʔ	mbiæʔ	tʰiæʔ	tɕiæʔ	tɕʰiæʔ
	中	zaʔ˨	tɕiaʔ˨	—	—	miaʔ˨	tʰiaʔ˨	tɕiaʔ˨	tɕʰiaʔ˨
	后	zaʔ˨	tɕiaʔ˨	ȵiaʔ˨	ɕiaʔ˨	miaʔ˨	tʰiaʔ˨	tɕiaʔ˨	tɕʰiaʔ˨
太谷	初	zaʔ	tɕiaʔ	ȵiæʔ	ɕiæʔ	miæʔ	tʰiæʔ	tɕiæʔ	tɕʰiæʔ
	中	zaʔ˨	tɕiaʔ˨	ȵiaʔ˨	ɕiaʔ˨	miaʔ˨	tʰiaʔ˨	tɕiaʔ˨	tɕʰiaʔ˨
	后	zaʔ˨	tɕiaʔ˨	ȵiaʔ˨	ɕiaʔ˨	miaʔ˨	tʰiaʔ˨	tɕiaʔ˨	tɕʰiaʔ˨
兴县	初	zɿʔ	tɕiəʔ	ȵdiəʔ	ɕiəʔ	mbiəʔ	tʰiəʔ	tɕiəʔ	tɕʰiəʔ
	中	zəʔ˨	tɕiəʔ˨	niəʔ˨	ɕiəʔ˨	miəʔ˨	tʰiəʔ˨	tɕiəʔ˨	tɕʰiəʔ˨
	后	zəʔ˨	tɕiəʔ˨	niəʔ˨	ɕiəʔ˨	miəʔ˨	tʰiəʔ˨	tɕiəʔ˨	tɕʰiəʔ˨
晋城	初	zaʔ	tɕiaʔ	iaʔ	ɕiaʔ	miaʔ	tʰiaʔ	tɕiaʔ	tɕʰiaʔ
	中	zʌʔ˨	tɕiʌʔ˨	iʌʔ˨	ɕiʌʔ˨	miʌʔ˨	tʰiʌʔ˨	tɕiʌʔ˨	tɕʰiʌʔ˨
	后	zʌʔ˨	tɕiʌʔ˨	iʌʔ˨	ɕiʌʔ˨	—	tʰiʌʔ˨	tɕiʌʔ˨	tɕʰiʌʔ˨
大同	初	zaʔ	tɕiaʔ	ȵiaʔ	ɕiaʔ	miaʔ	tɕʰiaʔ	tɕiaʔ	tɕʰiaʔ
	中	zaʔ˨	tɕiaʔ˨	—	ɕiaʔ˨	—	tʰiaʔ˨	—	—
	后	zaʔ˨	˳tɕiɛ	—	ɕiaʔ˨	—	tʰiaʔ˨	—	—
呼和浩特	初	zəʔ	tɕiəʔ	ȵiəʔ	ɕiəʔ	miəʔ	tʰiəʔ	tɕiəʔ	tɕʰiəʔ
	中	zaʔ˨	—	niaʔ˨	ɕiaʔ˨	—	tʰiaʔ˨	tɕiaʔ˨	tɕʰiaʔ˨
	后	zaʔ˨	—	niaʔ˨	ɕiaʔ˨	—	tʰiaʔ˨	tɕiaʔ˨	tɕʰiaʔ˨

字目		结	噎	钵	钹	末	掇	脱	夺
古音		山开四见入屑	山开四影入屑	山合一帮入末	山合一并入末	山合一明入末	山合一端入末	山合一透入末	山合一定入末
太原	初	tɕiəʔ	iəʔ	paʔ	paʔ	maʔ	——	tʰuaʔ	tuaʔ
	中	tɕiəʔ$_3$	iəʔ$_3$	pəʔ$_3$	—	maʔ$_2$ / məʔ$_2$	tuaʔ$_2$ / tuəʔ$_2$	tʰuaʔ$_2$ / tʰuəʔ$_2$	tuaʔ$_2$ / tuəʔ$_2$
	后	tɕiəʔ$_3$	iəʔ$_3$	pəʔ$_3$	—	məʔ$_3$	tuəʔ$_3$	tʰuəʔ$_3$	tuəʔ$_3$
文水	初	tɕiæʔ	iæʔ	paʔ	paʔ	mbaʔ	taʔ	tʰuaʔ	tuaʔ
	中	tɕiaʔ$_3$	iaʔ$_3$	paʔ$_3$	paʔ$_3$	maʔ$_3$	—	tʰuaʔ$_3$ / tʰaʔ$_3$	tuaʔ$_2$
	后	tɕiaʔ$_3$	iaʔ$_3$	paʔ$_3$	paʔ$_3$	maʔ$_3$	tuaʔ$_3$	tʰuaʔ$_3$	tuaʔ$_3$
太谷	初	tɕiæʔ	iæʔ	pəaʔ	pəaʔ	məaʔ	taʔ	tʰyæʔ	tyæʔ
	中	tɕiaʔ$_3$	iaʔ$_3$	paʔ$_3$	pʰaʔ$_2$	maʔ$_3$	tyaʔ$_3$	tʰyaʔ$_3$	tyaʔ$_3$
	后	tɕiaʔ$_3$	iaʔ$_3$	paʔ$_3$	—	miaʔ$_3$	tyaʔ$_3$	tʰyaʔ$_3$	tyaʔ$_3$
兴县	初	tɕiəʔ	iəʔ	pəʔ	pəʔ	mbəʔ	——	tʰuəʔ	tuəʔ
	中	tɕiəʔ$_3$	iəʔ$_3$	pəʔ$_3$	pɑʔ$_3$	məʔ$_3$	tuəʔ$_3$	tʰuəʔ$_3$	tuɔʔ$_3$
	后	tɕiəʔ$_3$	iəʔ$_3$	pəʔ$_3$	pɑʔ$_3$	məʔ$_3$	tuəʔ$_3$	tʰuəʔ$_3$	tuəʔ$_3$
晋城	初	tɕiaʔ	—	paʔ	paʔ	maʔ	taʔ	tʰuaʔ	tuaʔ
	中	tɕiʌʔ$_3$	—	pʌʔ$_3$	—	mʌʔ$_3$	tuʌʔ$_3$	tʰuʌʔ$_3$	tuʌʔ$_3$
	后	tɕiʌʔ$_3$	—	pʌʔ$_3$	pʌʔ$_3$	mʌʔ$_3$	tuʌʔ$_3$	tʰuʌʔ$_3$	tuʌʔ$_3$
大同	初	tɕiaʔ	iaʔ	paʔ	paʔ	maʔ	tuaʔ	tʰuoʔ	tuaʔ
	中	tɕiaʔ$_3$	iaʔ$_3$	paʔ$_3$	—	maʔ$_3$	—	tʰuaʔ$_3$	tuaʔ$_3$
	后	tɕiaʔ$_3$	iaʔ$_3$	paʔ$_3$	—	maʔ$_3$	—	tʰuaʔ$_3$	tuaʔ$_3$
呼和浩特	初	tɕiəʔ	iəʔ	puəʔ	puəʔ	muəʔ	tuəʔ	tʰuəʔ	tuəʔ
	中	tɕiaʔ$_3$	iaʔ$_3$	paʔ$_3$	paʔ$_3$	maʔ$_3$	tuaʔ$_3$	tʰuaʔ$_3$	tuaʔ$_3$
	后	tɕiaʔ$_3$	iaʔ$_3$	paʔ$_3$	paʔ$_3$	maʔ$_3$	tuaʔ$_3$	tʰuaʔ$_3$	tuaʔ$_3$

字目		捋	撮	阔	豁	活	滑	刷	刮
古音		山合一来入末	山合一清入末	山合一溪入末	山合一晓入末	山合一匣入末	山合二匣入黠	山合二生入鎋	山合二见入鎋
太原	初	—	—	kʻuaʔ	xuaʔ	xuaʔ	xuaʔ	suaʔ	kuaʔ
	中	—	tsuaʔ₃ / tsʻuaʔ₃	kʻuaʔ₃ / kʻuəʔ₃	xuaʔ₃ / xuəʔ₃	xuaʔ₃ / xuəʔ₃	xuaʔ₃	suaʔ₃	kuaʔ₃
	后	—	tsʻuəʔ₃	kʻuəʔ₃	xuəʔ₃	xuəʔ₃	xuəʔ₃	suəʔ₃	kuəʔ₃
文水	初	—	tsuaʔ	kʻuaʔ	xuaʔ	xuaʔ	xuaʔ	suaʔ	kuaʔ
	中	lyəʔ₃	tsʻuaʔ₃	kʻuaʔ₃	xuaʔ₃	xuaʔ₃	xuaʔ₃	suaʔ₃	kuaʔ₃
	后	luaʔ₃	tsuaʔ₃	kʻuaʔ₃	xuaʔ₃	xuaʔ₃	xuaʔ₃	suaʔ₃	kuaʔ₃
太谷	初	—	—	kʻuaʔ	xuaʔ	xuaʔ	xuaʔ	faʔ	kuaʔ
	中	lyaʔ₃	tsʻuaʔ₃	kʻuaʔ₃	xyaʔ₃	xyaʔ₃	xyaʔ₃	faʔ₃ / suaʔ₃	kuaʔ₃
	后	lyaʔ₃	tsʻuaʔ₃	kʻuaʔ₃	xyaʔ₃	xyaʔ₃	xyaʔ₃	faʔ₃ / suaʔ₃	kuaʔ₃
兴县	初	—	—	kʻuəʔ	xaʔ	xuəʔ	xuaʔ	suaʔ	kuaʔ
	中	—	tsʻuəʔ₃	kʻuəʔ₃	xuəʔ₃	xuəʔ₃	xuɑʔ₃	suaʔ₃	kuɑʔ₃
	后	—	tsʻuəʔ₃	kʻuəʔ₃	xuəʔ₃	xuəʔ₃	xuɑʔ₃	suaʔ₃	kuɑʔ₃
晋城	初	—	tsʻuaʔ	kʻuaʔ	xuaʔ	xuaʔ	xuaʔ	suəʔ	kuaʔ
	中	lyʌʔ₃	—	kʻuʌʔ₃	xuʌʔ₃	xuʌʔ₃	xuʌʔ₃	ʂuʌʔ₃	kuʌʔ₃
	后	luəʔ₃	tʂuəʔ₃	kʻuʌʔ₃	xuʌʔ₃	xuʌʔ₃	ˌxuɑ	ʂuʌʔ₃	kuʌʔ₃
大同	初	luaʔ	tsʻaʔ	kʻaʔ	xuaʔ	xaʔ	xuaʔ	ʂuaʔ	kuaʔ
	中	—	—	kʻaʔ₃	xuaʔ₃	xuaʔ₃	ˌxua	—	—
	后	—	—	kʻaʔ₃	xuaʔ₃	xuaʔ₃	ˌxua	—	—
呼和浩特	初	—	—	kʻuəʔ	xuəʔ	xuəʔ	xuaʔ	saʔ	kuaʔ
	中	—	tsuaʔ₃ / tsʻuaʔ₃	kʻuaʔ₃	xuaʔ₃	xuaʔ₃	xuaʔ₃	suaʔ₃	kuaʔ₃
	后	—	tsuaʔ₃ / tsʻuaʔ₃	kʻuaʔ₃	xuaʔ₃	xuaʔ₃	xuaʔ₃	suaʔ₃	kuaʔ₃

字目		劣	绝	雪	说	悦	发	伐	袜
古音		山合三来入薛	山合三从入薛	山合三心入薛	山合三书入薛	山合三以入薛	山合三非入月	山合三奉入月	山合三微入月
太原	初	leəʔ	tɕyəʔ	ɕyəʔ	suəʔ	yəʔ	faʔ	faʔ	vaʔ
	中	liəʔ$_3$	tɕyəʔ$_2$	ɕyəʔ$_3$	suəʔ$_3$	yəʔ$_3$	fəʔ$_3$	faʔ$_2$	vaʔ$_3$
	后	liəʔ$_3$	tɕyəʔ$_3$	ɕyəʔ$_3$	suəʔ$_3$	yəʔ$_3$	fəʔ$_3$	fəʔ$_3$	vəʔ$_3$
文水	初	leæʔ	tɕyæʔ	ɕyæʔ	suaʔ	yæʔ	xuaʔ	xuaʔ	uaʔ
	中	liaʔ$_3$	tɕyaʔ$_2$	ɕyaʔ$_3$	suaʔ$_3$	yaʔ$_3$	xuaʔ$_3$	xuaʔ$_3$	uaʔ$_3$
	后	lyaʔ$_3$	tɕyaʔ$_2$	ɕyaʔ$_3$	suaʔ$_3$	yaʔ$_3$	xuaʔ$_3$	xuaʔ$_2$	uaʔ$_3$
太谷	初	leæʔ	tɕyæʔ	ɕyæʔ	faʔ	yæʔ	faʔ	faʔ	uaʔ
	中	liaʔ$_3$	tɕyaʔ$_2$	ɕyaʔ$_3$	faʔ$_3$ / suaʔ$_3$	yaʔ$_3$	faʔ$_3$	faʔ$_2$	vaʔ$_3$
	后	liaʔ$_3$	tɕyaʔ$_2$	ɕyaʔ$_3$	faʔ$_3$ / suaʔ$_3$	yaʔ$_3$	faʔ$_3$	faʔ$_2$	vaʔ$_3$
兴县	初	—	tɕyəʔ	ɕyəʔ	suəʔ	yəʔ	fuaʔ	fuaʔ	vaʔ
	中	—	tɕyəʔ$_3$	ɕyəʔ$_3$	suəʔ$_3$	yəʔ$_3$	xuɑʔ$_3$	xuɑʔ$_3$	uɑʔ$_2$
	后	—	tɕyəʔ$_3$	ɕyəʔ$_3$	suəʔ$_3$	yəʔ$_3$	xuɑʔ$_3$	xuɑʔ$_3$	uɑʔ$_2$
晋城	初	leaʔ	tɕyaʔ	ɕyaʔ	suaʔ	yaʔ	faʔ	faʔ	uaʔ
	中	liʌʔ$_3$	tɕyʌʔ$_3$	ɕyʌʔ$_3$	ʂuʌʔ$_3$	ye²	fʌʔ$_3$	fʌʔ$_3$	uʌʔ$_3$
	后	lyʌʔ$_3$	tɕyʌʔ$_3$	ɕyʌʔ$_3$	ʂuʌʔ$_3$	yʌʔ$_3$	fʌʔ$_3$	ˬfɑ	uʌʔ$_3$
大同	初	lyæʔ	tɕyæʔ	ɕyæʔ	ʂuaʔ	yæʔ	faʔ	faʔ	vaʔ
	中	—	tɕyaʔ$_3$	ɕyaʔ$_3$	ʂuaʔ$_3$	yaʔ$_3$	faʔ$_3$	faʔ$_3$	va²
	后	—	tɕyaʔ$_3$	ɕyaʔ$_3$	ʂuaʔ$_3$	yaʔ$_3$	faʔ$_3$	faʔ$_3$	va²
呼和浩特	初	lyəʔ	tɕyəʔ	yəʔ	suəʔ	yəʔ	faʔ	faʔ	vaʔ
	中	—	tɕyaʔ$_3$	ɕyaʔ$_3$	suaʔ$_3$	yaʔ$_3$	faʔ$_3$	ˬfɑ	vaʔ$_3$
	后	—	tɕyaʔ$_3$	ɕyaʔ$_3$	suaʔ$_3$	yaʔ$_3$	faʔ$_3$	ˬfɑ	vaʔ$_3$

字目		月	越	决	缺	穴	笔	毕	匹
古音		山合三疑入月	山合三云入月	山合四见入屑	山合四溪入屑	山合四匣入屑	臻开三帮入质	臻开三帮入质	臻开三滂入质
太原	初	yəʔ	yəʔ	tɕyəʔ	tɕʰyəʔ	ɕyəʔ	piəʔ	piəʔ	pʰiəʔ
	中	yəʔ₃	yəʔ₃	tɕyəʔ₃	tɕʰyəʔ₃	ɕyəʔ₃	piəʔ₃	piəʔ₃	pʰiəʔ₃
	后	yəʔ₃	yəʔ₃	tɕyəʔ₃	tɕʰyəʔ₃	ɕyəʔ₃	˟pi	piəʔ₃	pʰiəʔ₃
文水	初	yæʔ	yæʔ	tɕyæʔ	tɕʰyæʔ	ɕyæʔ	piəʔ	piəʔ	pʰiəʔ
	中	yaʔ₃	yaʔ₃	tɕyaʔ₂	tɕʰyaʔ₃	ɕyaʔ₂	piəʔ₃	piəʔ₃	pʰiʔ₃
	后	yaʔ₃	yaʔ₃	tɕyaʔ₃	tɕʰyaʔ₃	ɕyaʔ₂	piəʔ₃	pʰl̩˟	pʰiəʔ₃
太谷	初	yæʔ	yæʔ	tɕyæʔ	tɕʰyæʔ	ɕyæʔ	piəʔ	piəʔ	pʰiəʔ
	中	yaʔ₃	yaʔ₃	tɕyaʔ₃	tɕʰyaʔ₃	ɕyaʔ₂	piəʔ₃	piəʔ₃	pʰiəʔ₃
	后	yaʔ₃	yaʔ₃	tɕyaʔ₃	tɕʰyaʔ₃	˟ɕy	piəʔ₃	piəʔ₃	pʰiəʔ₃
兴县	初	yəʔ	yəʔ	tɕyəʔ	tɕʰyəʔ	ɕyəʔ	piəʔ	piəʔ	pʰiəʔ
	中	yəʔ₂	yəʔ₃	tɕyəʔ₃	tɕʰyəʔ₃	ɕyəʔ₃	piəʔ₃	piəʔ₃	pʰiəʔ₃
	后	yəʔ₂	yəʔ₃	tɕyəʔ₃	tɕʰyəʔ₃	ɕyəʔ₃	piəʔ₃	piəʔ₃	pʰiəʔ₃
晋城	初	yaʔ	yaʔ	tɕyaʔ	tɕʰyaʔ	ɕyaʔ	—	piəʔ	pʰiəʔ
	中	yʌʔ₃	yʌʔ₃	tɕyʌʔ₃	tɕʰyʌʔ₃	ɕyʌʔ₃	piəʔ₃	piəʔ₃	˟pʰi
	后	yʌʔ₃	yʌʔ₃	tɕyʌʔ₃	tɕʰyʌʔ₃	ɕyʌʔ₃	piəʔ₃	piəʔ₃	piəʔ₃
大同	初	yæʔ	yæʔ	tɕyæʔ	tɕʰyæʔ	ɕyæʔ	piəʔ	piəʔ	pʰiəʔ
	中	yaʔ₃	yaʔ₃	tɕyaʔ₃	tɕʰyaʔ₃	˟ɕyɛ	piəʔ₃	piəʔ₃	˟pʰi
	后	yaʔ₃	yaʔ₃	tɕyaʔ₃	tɕʰyaʔ₃	˟ɕyɛ	piəʔ₃	piəʔ₃	˟pʰi
呼和浩特	初	yəʔ	yəʔ	tɕyəʔ	tɕyəʔ	tɕə	piəʔ	piəʔ	pʰiəʔ
	中	yaʔ₃	yaʔ₃	tɕyaʔ₃	tɕʰyaʔ₃	ɕyaʔ₃	piəʔ₃	piəʔ₃	pʰiəʔ₃
	后	yaʔ₃	yaʔ₃	tɕyaʔ₃	tɕʰyaʔ₃	ɕyaʔ₃	piəʔ₃	piəʔ₃	pʰiəʔ₃

字目		弼	密	蜜	七	疾	悉	瑟	质
古音		臻开三並入质	臻开三明入质	臻开三明入质	臻开三清入质	臻开三从入质	臻开三心入质	臻开三生入质	臻开三章入质
太原	初	piəʔ	miəʔ	miəʔ	tɕʰiəʔ	tɕiəʔ	ɕiəʔ	—	tsaʔ
	中	—	miəʔ₃	miəʔ₃	tɕʰiəʔ₃	tɕiəʔ₃	ɕiəʔ₃	saʔ₃ səʔ₃	tsaʔ₃ tsəʔ₃
	后	—	miəʔ₃	miəʔ₃	tɕʰiəʔ₃	tɕiəʔ₃	ɕiəʔ₃	səʔ₃	tsəʔ₃
文水	初	piəʔ	miəʔ	miəʔ	tɕʰiəʔ	tɕiəʔ	ɕiəʔ	saʔ	tʂəʔ
	中	piəʔ₃	miəʔ₃	miəʔ₃	tɕʰiəʔ₃	tɕiəʔ₃	ɕiəʔ₃	—	tsəʔ₃
	后	piəʔ₂	m̩₃	m̩₃	tɕʰiəʔ₃	tɕiəʔ₃	ɕiəʔ₃	səʔ₃	tsəʔ₃
太谷	初	piəʔ	—	miəʔ	tɕʰiəʔ	tɕiəʔ	ɕiəʔ	səʔ	tsəʔ
	中	piəʔ₃	miəʔ₃	miəʔ₃	tɕʰiəʔ₃	tɕiəʔ₃	ɕiəʔ₃	səʔ₃	tsəʔ₃
	后	piəʔ₃	miəʔ₃	miəʔ₃	tɕʰiəʔ₃	tɕiəʔ₃	ɕiəʔ₃	səʔ₃	tsəʔ₃
兴县	初	piəʔ	mbiə	mbiəʔ	tɕʰiəʔ	tɕiəʔ	ɕiəʔ	səʔ	tʂəʔ
	中	piˀ	miəʔ₃	miəʔ₂	tɕʰiəʔ₃	tɕiəʔ₃	ɕiəʔ₃	sʏˀ	tʂəʔ₃
	后	piˀ	miəʔ₃	miəʔ₂	tɕʰiəʔ₃	tɕiəʔ₃	ɕiəʔ₃	sʏˀ	tʂəʔ₃
晋城	初	piəʔ	miəʔ	miəʔ	tɕʰiəʔ	tɕiəʔ	ɕiəʔ	saʔ	tʂəʔ
	中	piˀ	miəʔ₃	miəʔ₃	tɕʰiəʔ₃	tɕiəʔ₃	ɕiəʔ₃	ʂəʔ₃	tʂəʔ₃
	后	piˀ	miəʔ₃	miəʔ₃	tɕʰiəʔ₃	tɕiəʔ₃	ɕiəʔ₃	ʂəʔ₃	tʂəʔ₃
大同	初	piəʔ	miəʔ	miəʔ	tɕʰiəʔ	tɕiəʔ₂	ɕiəʔ	—	tʂəʔ₂
	中	piəʔ₂	miəʔ₂	miəʔ₂	tɕʰiəʔ₂	tɕiəʔ₂	ɕiəʔ₂	—	tʂəʔ₂
	后	piəʔ₂	miəʔ₂	miəʔ₂	tɕʰiəʔ₂	tɕiəʔ₂	ɕiəʔ₂	—	tʂəʔ₂
呼和浩特	初	piəʔ	miəʔ	miəʔ	tɕʰiəʔ	tɕiəʔ₂	ɕiəʔ	suaʔ	tʂəʔ
	中	piəʔ₂	miəʔ₂	miəʔ₂	tɕʰiəʔ₂	tɕiəʔ₂	ɕiəʔ₂	saʔ₂	tsəʔ₂
	后	piəʔ₂	miəʔ₂	miəʔ₂	tɕʰiəʔ₂	tɕiəʔ₂	ɕiəʔ₂	saʔ₂	tsəʔ₂

字目		实	失	日	吉	乙	一	逸	乞
古音		臻开三船入质	臻开三书入质	臻开三日入质	臻开三见入质	臻开三影入质	臻开三影入质	臻开三以入质	臻开三溪入迄
太原	初	səʔ	səʔ	zaʔ	tɕiəʔ	iəʔ	iəʔ	iəʔ	tɕʰiəʔ
	中	səʔ$_2$	səʔ$_2$	zaʔ$_2$ zəʔ$_2$	tɕiəʔ$_3$	iəʔ$_3$	iəʔ$_3$	iəʔ$_3$	tɕʰiəʔ$_3$
	后	səʔ$_3$	səʔ$_3$	zəʔ$_3$	tɕiəʔ$_3$	iəʔ$_3$	iəʔ$_3$	iəʔ$_3$	tɕʰiəʔ$_3$
文水	初	ʂəʔ	ʂəʔ	zəʔ	tɕiəʔ	iəʔ	iəʔ	iəʔ	tɕʰiəʔ
	中	səʔ$_2$	səʔ$_2$	zəʔ$_2$	tɕiəʔ$_3$	iəʔ$_3$	iəʔ$_3$	iəʔ$_3$	tɕʰiəʔ$_3$
	后	səʔ$_3$	səʔ$_3$	zəʔ$_3$	tɕiəʔ$_3$	̍ɻ	iəʔ$_3$	̍ɻ	̍tsɻ
太谷	初	səʔ	səʔ	zəʔ	tɕiəʔ	—	iəʔ	iəʔ	tɕʰiəʔ
	中	səʔ$_2$	səʔ$_3$	zəʔ$_2$	tɕiəʔ$_3$	iəʔ$_3$	iəʔ$_3$	iəʔ$_3$	tɕʰiəʔ$_3$
	后	səʔ$_2$	səʔ$_3$	zəʔ$_3$	tɕiəʔ$_3$	iəʔ$_3$	iəʔ$_3$	iəʔ$_3$	̍tɕʰi
兴县	初	ʂəʔ	ʂəʔ	zəʔ	tɕiəʔ	iəʔ	iəʔ	iəʔ	tɕʰiəʔ
	中	səʔ$_3$	səʔ$_3$	zəʔ$_2$	tɕiəʔ$_3$	iaʔ$_3$	iəʔ$_3$	iəʔ$_3$	̍tɕʰi
	后	səʔ$_3$	səʔ$_3$	zəʔ$_2$	tɕiəʔ$_3$	iaʔ$_3$	iəʔ$_3$	iəʔ$_3$	̍tɕʰi
晋城	初	səʔ	səʔ	zəʔ	tɕiəʔ	iəʔ	iəʔ	—	tɕʰiəʔ
	中	ʂəʔ$_3$	ʂəʔ$_3$	zəʔ$_3$	tɕiəʔ$_3$	̍i	iəʔ$_3$	̍i	̍tɕʰi
	后	ʂəʔ$_3$	ʂəʔ$_3$	zəʔ$_3$	tɕiəʔ$_3$	iəʔ$_3$	̍i	̍i	̍tɕʰi
大同	初	ʂəʔ$_3$	ʂəʔ$_3$	zəʔ	tɕiəʔ	iəʔ	iəʔ	iəʔ	tɕʰiəʔ
	中	ʂəʔ$_3$	ʂəʔ$_3$	zəʔ$_3$	tɕiəʔ$_3$	iəʔ$_3$	iəʔ$_3$	—	tɕʰiəʔ$_3$
	后	ʂəʔ$_3$	ʂəʔ$_3$	zəʔ$_3$	tɕiəʔ$_3$	iəʔ$_3$	iəʔ$_3$	—	tɕʰiəʔ$_3$
呼和浩特	初	ʂəʔ	ʂəʔ	zəʔ	tɕiəʔ	iəʔ	iəʔ	iəʔ	tɕʰiəʔ
	中	səʔ$_3$	səʔ$_3$	zəʔ$_3$	tɕiəʔ$_3$	iəʔ$_3$	iəʔ$_3$	iəʔ$_3$	tɕʰiəʔ$_3$
	后	səʔ$_3$	səʔ$_3$	zəʔ$_3$	tɕiəʔ$_3$	iəʔ$_3$	iəʔ$_3$	iəʔ$_3$	tɕʰiəʔ$_3$

字目		没	突	卒	猝	骨	窟	忽	戌
古音		臻合一明入没	臻合一定入没	臻合一精入没	臻合一清入没	臻合一见入没	臻合一溪入没	臻合一晓入没	臻合三心入术
太原	初	maʔ	t'uaʔ	tsuaʔ	tsuaʔ	kuaʔ	k'uaʔ	xuaʔ	ɕyaʔ
	中	məʔ$_2$	t'uaʔ$_2$ / t'uaʔ$_2$	tsuaʔ$_2$	tsuaʔ$_2$	kuaʔ$_2$	k'uaʔ$_2$	xuaʔ$_2$	ɕyaʔ$_2$
	后	məʔ$_2$	t'uaʔ$_2$	tsuaʔ$_2$	tsuaʔ$_2$	kuaʔ$_2$	k'uaʔ$_2$	xuaʔ$_2$	ɕy^2
文水	初	mbəʔ	t'uaʔ	—	ts'uaʔ	kuaʔ	k'uaʔ	xuaʔ	ɕyaʔ
	中	məʔ$_2$	t'uaʔ$_2$			kuaʔ$_2$	k'uaʔ$_2$	xuaʔ$_2$	—
	后	məʔ$_2$	t'uaʔ$_2$	tsuaʔ$_2$	ts'uaʔ$_2$	kuaʔ$_2$	k'uaʔ$_2$	xuaʔ$_2$	ɕyaʔ$_2$
太谷	初	məaʔ	t'uəʔ	—	ts'uəʔ	kuəʔ	k'uəʔ	xuəʔ	ɕyəʔ
	中	məʔ$_2$	t'uəʔ$_2$	tsuəʔ$_2$	ts'uəʔ$_2$	kuəʔ$_2$	k'uəʔ$_2$	xuəʔ	ɕyəʔ$_2$
	后	məʔ$_2$	t'uəʔ$_2$	tsuəʔ$_2$	ts'u^2	kuəʔ$_2$	k'uəʔ$_2$	xuəʔ	ɕyəʔ$_2$
兴县	初	mbəʔ	t'uʔ	tsuəʔ	—	kuəʔ	k'uəʔ	xuəʔ	ɕyəʔ
	中	məʔ$_2$	t'uəʔ$_2$	tsuəʔ$_2$	tsuəʔ$_2$	kuəʔ$_2$	k'uəʔ$_2$	xuəʔ$_2$	ɕy^2
	后	məʔ$_2$	t'uəʔ$_2$	tsuəʔ$_2$	tsuəʔ$_2$	kuəʔ$_2$	k'uəʔ$_2$	xuəʔ$_2$	ɕy^2
晋城	初	muaʔ	t'uəʔ	tsuəʔ	ts'uəʔ	kuəʔ	k'uəʔ	xuəʔ	ɕyəʔ
	中	məʔ$_2$	t'uəʔ$_2$	tʂuəʔ$_2$	—	kuəʔ$_2$	k'uəʔ$_2$	xuəʔ$_2$	ɕyəʔ$_2$
	后	məʔ$_2$	t'uəʔ$_2$	tʂuəʔ$_2$	—	kuəʔ$_2$	k'uəʔ$_2$	xuəʔ	ɕy^2
大同	初	maʔ	t'uoʔ	tsuoʔ	ts'uoʔ	kuoʔ	k'uoʔ	xuoʔ	ɕyəʔ
	中	məʔ$_2$	t'uəʔ$_2$	ˌtsu	—	kuəʔ$_2$	k'uəʔ$_2$	xuəʔ$_2$	ɕyəʔ$_2$
	后	məʔ$_2$	t'uəʔ$_2$	ˌtsu	—	kuəʔ$_2$	k'uəʔ$_2$	xuəʔ$_2$	ɕyəʔ$_2$
呼和浩特	初	muaʔ	t'uəʔ	tsəʔ	ts'uəʔ	kuəʔ	k'uəʔ	xuəʔ	ɕyəʔ
	中	məʔ$_2$	t'uəʔ$_2$	tsuəʔ$_2$	—	kuəʔ$_2$	k'uəʔ$_2$	xuəʔ	ɕyəʔ$_2$
	后	məʔ$_2$	t'uəʔ$_2$	tsuəʔ$_2$	—	kuəʔ$_2$	k'uəʔ$_2$	xuəx	ɕyəʔ$_2$

字目	出	橘	佛	佛	物	勿	博	薄
古音	臻合三昌入术	臻合三见入术	臻合三敷入物	臻合三奉入物	臻合三微入物	臻合三微入物	宕开一帮入铎	宕开一並入铎
太原 初	tsʰuəʔ	tɕyəʔ	fəʔ	fəʔ	vəʔ	vəʔ	paʔ	paʔ
太原 中	tsʰuəʔ₂	tɕyəʔ₂	fəʔ₂	fəʔ₂	vəʔ₂	vəʔ₂	paʔ₂ pəʔ₂	paʔ₂ pəʔ₂
太原 后	tsʰuəʔ₂	tɕyəʔ₂	fəʔ₂	₌fy	vəʔ₂	vəʔ₂	₌pɤ	₌pɤ
文水 初	tsʰuəʔ	tɕyəʔ	xuʔ	xuʔ	uʔ	uʔ	paʔ	paʔ
文水 中	tsʰuəʔ₂	tɕyəʔ₂	—	xuʔ₂	uʔ	uʔ₂	paʔ₂	paʔ₂
文水 后	tsʰuəʔ₂	tɕyəʔ₂	xuʔ₂	xuʔ₂	uʔ₂	uʔ	paʔ	paʔ₂
太谷 初	tsʰuəʔ	tɕyəʔ	fəʔ	fəʔ	—	uʔ	pəaʔ	pəaʔ
太谷 中	fəʔ₂ tsʰuəʔ₂	tɕyəʔ₂	fəʔ₂	fəʔ₂	vəʔ₂	vəʔ₂	paʔ₂	pəʔ₂
太谷 后	fəʔ₂ tsʰuəʔ₂	tɕyəʔ₂	₌fu	fəʔ₂	və₂	və₂	paʔ₂	pəʔ₂
兴县 初	tsʰuəʔ	tɕyəʔ	fuəʔ	fuəʔ	vəʔ	vəʔ	pəʔ	pəʔ
兴县 中	tsʰuəʔ₂	tɕyəʔ₂	xuəʔ₂	xuəʔ₂	uəʔ₂	uəʔ₂	pəʔ₂	pʰəʔ₂
兴县 后	tsʰuəʔ₂	tɕyəʔ₂	xuəʔ₂	xuəʔ₂	uəʔ₂	uəʔ₂	pəʔ₂	pʰəʔ₂
晋城 初	tsʰuəʔ	tɕyəʔ	fəʔ	fəʔ	—	uəʔ	paʔ	paʔ
晋城 中	tʂʰuəʔ₂	tɕyəʔ₂	fəʔ₂	fəʔ₂	uəʔ₂	uˀ	pʌʔ₂	pʌʔ₂
晋城 后	tʂʰuəʔ₂	tɕyəʔ₂	—	fəʔ₂	uəʔ₂	uəʔ₂	pʌʔ₂	pʌʔ₂
大同 初	tʂʰuoʔ	tɕyəʔ	foʔ	foʔ	voʔ	voʔ	paʔ	paʔ
大同 中	tʂʰuəʔ₂	tɕyəʔ₂	—	₌fo	vəʔ₂	vəʔ₂	paʔ₂	paʔ₂
大同 后	tʂʰuəʔ₂	tɕyəʔ₂	—	₌fo	vəʔ₂	vəʔ₂	paʔ₂	₌po
呼和浩特 初	tsʰuəʔ	tɕyəʔ	fəʔ	fəʔ	vəʔ	vəʔ	puəʔ	puəʔ
呼和浩特 中	tsʰuəʔ₂	tɕyəʔ₂	—	₌fy	vəʔ₂	vəʔ₂	paʔ₂	—
呼和浩特 后	tsʰuəʔ₂	tɕyəʔ₂	—	₌fy	vəʔ₂	vəʔ₂	paʔ₂	—

字目	托	诺	落	烙	骆	酪	洛	络
古音	宕开一透入铎	宕开一泥入铎	宕开一来入铎	宕开一来入铎	宕开一来入铎	宕开一来入铎	宕开一来入铎	宕开一来入铎
太原 初	t'uaʔ	naʔ	—	—	—	—	—	lua
太原 中	t'uaʔ˲ t'uəʔ˲	naʔ˲ nuəʔ˲	luaʔ˲ luəʔ˲	luaʔ˲ luəʔ˲	luaʔ˲ luəʔ˲	luaʔ˲ luəʔ˲	luaʔ˲ luəʔ˲	luaʔ˲ luəʔ˲
太原 后	t'uəʔ˲	nuə˲	luəʔ˲	luəʔ˲	luəʔ˲	luəʔ˲	luəʔ˲	luəʔ˲
文水 初	t'aʔ	ndaʔ	laʔ	laʔ	laʔ	laʔ	laʔ	luəʔ
文水 中	t'aʔ˲	naʔ˲	laʔ˲	lua˲ laʔ˲	lua˲ laʔ˲	—	laʔ˲	lua˲ laʔ˲
文水 后	t'uaʔ˲	naʔ˲	luaʔ˲	luaʔ˲	luaʔ˲	luaʔ˲	luaʔ˲	luaʔ˲
太谷 初	—	—	—	—	—	—	—	laʔ
太谷 中	t'uəʔ˲	nuaʔ˲	laʔ˲	laʔ˲	laʔ˲	laʔ˲	laʔ˲	laʔ˲
太谷 后	t'uəʔ˲	nuo˲	luaʔ˲	luaʔ˲	luaʔ˲	luaʔ˲	luaʔ˲	luaʔ˲
兴县 初	—	ndəʔ	luə	luəʔ	luə	luə	luə	luə
兴县 中	t'uəʔ˲	nuə	luəʔ˲	lau˲	lau˲	lau˲	luəʔ˲	luəʔ˲
兴县 后	t'uəʔ˲	nuə	luəʔ˲	lau˲	lau˲	lau˲	luəʔ˲	luəʔ˲
晋城 初	t'uaʔ	—	—	—	—	—	—	luaʔ
晋城 中	t'uʌʔ˲	—	luʌʔ˲	luʌʔ˲	luʌʔ˲	luʌʔ˲	luʌʔ˲	luʌʔ˲
晋城 后	tuʌʔ˲	nuə˲	luəʔ˲	luəʔ˲	luəʔ˲	luəʔ˲	luəʔ˲	luəʔ˲
大同 初	t'uaʔ	naʔ	luaʔ	luaʔ	luaʔ	luaʔ	luaʔ	luaʔ
大同 中	t'uaʔ˲	—	luaʔ˲	luaʔ˲	luaʔ˲	luaʔ˲	luaʔ˲	luaʔ˲
大同 后	t'uaʔ˲	—	luaʔ˲	luaʔ˲	luaʔ˲	luaʔ˲	luaʔ˲	luaʔ˲
呼和浩特 初	t'uəʔ	nəʔ	laʔ	laʔ	laʔ	laʔ	laʔ	luəʔ
呼和浩特 中	t'uaʔ˲	—	luɣʔ˲ luaʔ˲	luɣ˲	luɣ˲	luaʔ˲	luaʔ˲	luaʔ˲
呼和浩特 后	t'uaʔ˲	—	luɣʔ˲ luaʔ˲	luɣ˲	luɣ˲	luaʔ˲	luaʔ˲	luaʔ˲

字目		作	错	凿	昨	索	各	鹤	恶
古音		宕开一精入铎	宕开一清入铎	宕开一从入铎	宕开一从入铎	宕开一心入铎	宕开一见入铎	宕开一匣入铎	宕开一影入铎
太原	初	—	tsʻua	tsuaʔ	tsuaʔ	suaʔ	kaʔ	xaʔ	ɣaʔ
	中	tsuaʔ˨ / tsuəʔ˨	tsʻuɤˑ	tsuəʔ˨	tsuaʔ˨ / tsuəʔ˨	saʔ˨ / suaʔ˨	kaʔ˨ / kəʔ˨	xaʔ˨ / xəʔ˨	ɣaʔ˨ / ɣəʔ˨
	后	tsuəʔ˨	tsʻuɤˑ	tsuəʔ˨	tsuəʔ˨	suaʔ˨	kəʔ˨	xəʔ˨	ɣəʔ˨
文水	初	—	—	—	—	saʔ	kaʔ	xaʔ	ŋgaʔ
	中	tsaʔ˨	tsʻaˑ	tsəʔ˨	—	—	kaʔ˨	xaʔ˨	ŋaʔ˨
	后	tsuaʔ˨	tsʻuaʔ˨	tsuaʔ˨	tsuaʔ˨	˻suei	kaʔ˨	xaʔ˨	ŋaʔ˨
太谷	初	tsaʔ	—		tsaʔ	saʔ	kəaʔ	xəaʔ	ŋgəaʔ
	中	tsaʔ˨	tsʻuoˑ	tsaʔ˨	tsaʔ˨	suəʔ˨	kiaʔ	xiaʔ	ŋiaʔ
	后	tsuaʔ˨	suaʔ˨	tsuaʔ˨	tsuaʔ˨	suəʔ˨	kiaʔ	˻xie	ŋiəʔ˨
兴县	初	tsəʔ	tsʻəʔ	—	—	səʔ	kəʔ	xəʔ	ŋgəʔ
	中	tsəʔ˨	tsʻuəˑ			suəʔ˨	kəʔ˨	xəˑ	ŋəʔ˨
	后	tsəʔ˨	tsʻuəˑ	—	—	suəʔ˨	kəʔ˨	xəˑ	ŋəʔ˨
晋城	初	tsuaʔ	tsʻuaʔ	—	tsuaʔ	suaʔ	kaʔ	xaʔ	ɣaʔ
	中	tʂuəʔ˨	tʂʻuəˑ	tʂuʌʔ˨	tʂuʌʔ˨	˻ʂuə	kʌʔ˨	xɤˑ	ʌʔ˨
	后	tʂuʌʔ˨	—	—	—	˻ʂuə	kʌʔ˨	xɤˑ	—
大同	初	tsuaʔ	tsʻuaʔ	tsuaʔ	tsuaʔ	suaʔ	kaʔ	xaʔ	naʔ
	中	—	tʂʻuoˑ	tsuaʔ˨	tsuaʔ˨	suaʔ˨	kaʔ˨	—	—
	后	—	tʂʻuoˑ	tsuaʔ˨	tsuaʔ˨	suaʔ˨	kaʔ˨	—	—
呼和浩特	初	tsəʔ	tsʻuəʔ	tsʻuəʔ	tsəʔ	suəʔ	kəʔ	xəʔ	ŋgəʔ
	中	tsuaʔ˨	tsʻuɤʔ˨	˻tsɔ	tsuaʔ˨	tsuaʔ˨	kaʔ˨	xaʔ˨	ŋaʔ˨
	后	tsuaʔ˨	tsʻuɤʔ˨	˻tsɔ	tsuaʔ˨	tsuaʔ˨	kaʔ˨	xaʔ˨	ŋaʔ˨

字目		略	爵	鹊	嚼	酌	绰	若	脚
古音		宕开三 来入药	宕开三 精入药	宕开三 清入药	宕开三 从入药	宕开三 章入药	宕开三 昌入药	宕开三 日入药	宕开三 见入药
太原	初	leə?	tɕiə?	tɕʰiə?	—	tsa?	tsʰa?	za?	tɕye?
	中	liaʔ₃	tɕyəʔ₃	tɕʰiaʔ₃ tɕʰyəʔ₃	tɕiəʔ₂ tɕyəʔ₂	—	tsʰaʔ₃ tsʰəʔ₃	zaʔ₃ zəʔ₃	tɕiəʔ₃ tɕyəʔ₃
	后	lye˧	tɕyəʔ₃	tɕʰyəʔ₃	tɕyəʔ₃	tsuəʔ₃	tsʰuɤ˧	zuɤ˧	tɕyəʔ₃
文水	初	leæ?	tɕiæ?	tɕʰyə?	tɕyæ?	tʂa?	tʂʰa?	zʐa?	tɕyə?
	中	liaʔ₃	—	tɕʰiaʔ₃	tɕiaʔ₃	tsuaʔ₃	—	zaʔ₃	tɕiaʔ₃
	后	lyəʔ₃	tɕyəʔ₃	tɕʰyəʔ₃	tɕyəʔ₃	tsuaʔ₃	—	zuaʔ₃	tɕyəʔ₃
太谷	初	lea?	tɕia?	tɕʰia?	tɕia?	tsa?	tsua?	za	tɕia?
	中	liʌʔ₃	tɕyʌʔ₃	tɕʰyʌʔ₃	ˀtɕio	tʂuʌʔ₃	tʂʰuə˧	zuʌʔ₃	tɕiʌʔ₃
	后	lyʌʔ₃	tɕʰyʌʔ₃	tɕʰyʌʔ₃	tɕyʌʔ₃	tʂuʌʔ₃	tʂʰuə˧	zuʌʔ₃	tɕiʌʔ₃
兴县	初	leə?	tɕiə?	—	tɕiə?	tʂə?	tʂʰə?	zʐə?	tɕiə?
	中	liəʔ₃	tɕyəʔ₃	tɕʰiɑʔ₃	tɕyəʔ₃	tsuəʔ₃	tsʰuəʔ₃	zuəʔ₃	tɕiəʔ₃
	后	liəʔ₃	tɕyəʔ₃	tɕʰiɑʔ₃	tɕyəʔ₃	tsuəʔ₃	tsʰuəʔ₃	zuəʔ₃	tɕiəʔ₃
晋城	初	lea?	tɕia?	tɕʰia?	tɕia?	tsa?	tsua?	za?	tɕia?
	中	liʌʔ₃	tɕyʌʔ₃	tɕʰyʌʔ₃	ˀtɕio	tʂuʌʔ₃	tʂʰuə˧	zuʌʔ₃	tɕiʌʔ₃
	后	lyʌʔ₃	tɕyʌʔ₃	tɕʰyʌʔ₃	ˀtɕyʌʔ₃	tʂuʌʔ₃	tʂʰuə˧	zuʌʔ₃	tɕiʌʔ₃
大同	初	lea?	tɕia?	tɕʰia?	tɕia?	tʂa?	tʂʰa?	zʐa?	tɕia?
	中	liaʔ₃	tɕia?	tɕʰia?	—	tʂuaʔ₃	tʂʰuaʔ₃	zʐaʔ₃	tɕiaʔ₃
	后	lyɛ˧	tɕiaʔ₃	tɕʰiaʔ₃	—	tʂuaʔ₃	tʂʰuaʔ₃	zʐaʔ₃	tɕiaʔ₃
呼和浩特	初	leə?	tɕiə?	tɕʰiə?	tɕiə?	tʂə?	tʂʰə?	zʐə?	tɕiə?
	中	liaʔ₃	ˀtɕiɔ	—	ˀtɕio ˌtɕiɔ	tsaʔ₃	—	—	tɕyaʔ₃
	后	liaʔ₃	ˀtɕiɔ	—	ˀtɕio ˌtɕiɔ	tsaʔ₃	—	—	tɕyaʔ₃

字目	却	虐	疟	约	药	廓	扩	缚
古音	宕开三溪入药	宕开三疑入药	宕开三疑入药	宕开三影入药	宕开三以入药	宕合一溪入铎	宕合一溪入铎	宕合三奉入药
太原 初	tɕʰiaʔ	ȵiəʔ	ȵiəʔ	iəʔ	iəʔ	—	—	
太原 中	tɕiəʔ˨ / tɕyəʔ˨	niəʔ˨ / iəʔ˨	niəʔ˨ / iəʔ˨	iəʔ˨ / yəʔ˨	iəʔ˨ / yəʔ˨	kʰuaʔ˨ / kʰuəʔ˨	kʰuaʔ˨ / kʰuəʔ˨	fəʔ˨
太原 后	tɕyeˀ	iəʔ˨	iəʔ˨	yəʔ˨	yəʔ˨	kʰuəʔ˨	kʰuəʔ˨	fuˀ
文水 初	tɕʰiæʔ	iæ	iæʔ	iæʔ	yəʔ	kʰuaʔ	kʰuaʔ	—
文水 中	tɕʰiaʔ˨	ȵiaʔ˨	ȵiaʔ˨	iaʔ˨	yəʔ˨	kʰuaʔ˨	kʰuaʔ˨	xuəʔ˨
文水 后	tɕʰyəʔ˨	ȵyəʔ˨	ȵyəʔ˨	yəʔ˨	yəʔ˨	kʰuaʔ˨	kʰuaʔ˨	xuəʔ˨
太谷 初	tɕʰyæʔ	iæ	—	iæ	yə	—	kʰuaʔ	fəʔ
太谷 中	tɕʰiaʔ˨	nia˨	—	ia˨	yə˨	kʰua˨	kʰua˨	fəʔ˨
太谷 后	tɕʰya˨	nya˨	—	ya˨	yə˨	kʰua˨	kʰua˨	fəʔ˨
兴县 初	—	iəʔ	iəʔ	iəʔ	iəʔ	kʰuəʔ	kʰuəʔ	—
兴县 中		nyəʔ˨	nyəʔ˨	iəʔ˨	iəʔ˨	kʰuəʔ˨	kʰuɑʔ˨	ˌxu
兴县 后		nyəʔ˨	nyəʔ˨	iəʔ˨	iəʔ˨	kʰuəʔ˨	kʰuɑʔ˨	ˌxu
晋城 初	tɕʰiaʔ	—	iaʔ	iaʔ	iaʔ	kʰuaʔ	—	fuʔ
晋城 中	tɕʰiʌʔ˨	niʌʔ˨	niʌʔ˨	yʌʔ˨	iʌʔ˨	kʰuʌʔ˨	kʰuʌʔ˨	fuˀ
晋城 后	tɕʰiʌʔ˨	nyʌʔ˨	nyʌʔ˨	yʌʔ˨	iʌʔ˨ / yʌʔ˨	kʰuʌʔ˨	kʰuʌʔ˨	—
大同 初	tɕʰiaʔ	ȵiaʔ	ȵiaʔ	iaʔ	iaʔ	kʰaʔ	kʰaʔ	foʔ
大同 中	tɕʰiaʔ˨	—	—	iaʔ˨	iaʔ˨	kʰuaʔ˨	kʰuaʔ˨	fuˀ
大同 后	tɕʰiaʔ˨	—	—	iaʔ˨	iaʔ˨	kʰuaʔ˨	kʰuaʔ˨	fuˀ
呼和浩特 初	tɕiaʔ	iəʔ	iəʔ	iəʔ	iəʔ	kʰuəʔ	kʰuəʔ	fuʔ
呼和浩特 中	tɕʰyaʔ˨	nia˨	nia˨	yaʔ˨	iaʔ˨	kʰuəʔ˨	kʰuəʔ˨	fəʔ˨
呼和浩特 后	tɕʰyaʔ˨	nia˨	nia˨	yaʔ˨	iaʔ˨	kʰuəʔ˨	kʰuəʔ˨	fəʔ˨

字目		剥	驳	朴	桌	卓	捉	朔	觉
古音		江开二帮入觉	江开二帮入觉	江开二滂入觉	江开二知入觉	江开二知入觉	江开二庄入觉	江开二生入觉	江开二见入觉
太原	初	paʔ	paʔ	pʻaʔ	tsuaʔ	tsuaʔ	tsuaʔ	suaʔ	ʨiəʔ
	中	paʔˏ pəʔˏ	paʔˏ pəʔˏ	pʻaʔˏ pʻəʔˏ	tsuaʔˏ tsuəʔˏ	tsuaʔˏ tsuəʔˏ	tsuaʔˏ	suaʔˏ suəʔˏ	ʨyəʔˏ
	后	pəʔˏ	pəʔˏ	ʻpʻu	tsuəʔˏ	tsuəʔˏ	tsuəʔˏ	suəʔˏ	ʨyəʔˏ
文水	初	paʔ	paʔ	pʻaʔ	tsuaʔ	tsuaʔ	tsuaʔ	suaʔ	ʨiæʔ
	中	paʔˏ	paʔˏ	pʻaʔˏ	tsuaʔˏ	—	tsuaʔˏ	suaʔˏ	ʨyaʔˏ
	后	paʔˏ	paʔˏ	pʻaʔˏ	tsuaʔˏ	tsuaʔˏ	tsuaʔˏ	suaʔˏ	ʨyaʔˏ
太谷	初	—	pəaʔ	pʻəaʔ	——	tsuaʔ	tsuaʔ	faʔ	ʨiæʔ
	中	paʔˏ	paʔˏ	pʻəʔˏ	tsuaʔˏ	tsuaʔˏ	tsuaʔˏ	suaʔˏ	ʨiaʔˏ
	后	paʔˏ	paʔˏ	pʻəʔˏ	tsuaʔˏ	tsuaʔˏ	tsuaʔˏ	suoˀ	ʨia
兴县	初	pəʔ	pəʔ	pʻəʔ	tsuəʔ	tsuəʔ	tsuəʔ	suəʔ	ʨiəʔ
	中	pɑʔˏ	pəʔˏ	pʻəʔˏ	tsuɑʔˏ	tsuəʔˏ	tsuɑʔˏ	suəʔˏ	ʨyəʔˏ
	后	pɑʔˏ	pəʔˏ	pʻəʔˏ	tsuɑʔˏ	tsuəʔˏ	tsuɑʔˏ	suəʔˏ	ʨyəʔˏ
晋城	初	—	paʔ	pʻaʔ	tsuaʔ	tsuaʔ	tsuaʔ	suaʔ	ʨiaʔ
	中	pʌʔˏ	pʌʔˏ	pʻəʔˏ	tʂuʌʔˏ	tʂuʌʔˏ	tʂuʌʔˏ	ʂuʌʔˏ	ʨiʌʔˏ
	后	pʌʔˏ	ʻpuə	pəʔˏ	tʂuʌʔˏ	tʂuʌʔˏ	tʂuʌʔˏ	ʂuəˀ	ʨyʌʔˏ
大同	初	paʔ	paʔ		tʂuaʔ	tʂuaʔ	tʂuaʔ	ʂuaʔ	ʨiaʔ
	中	—	—	—			tʂuaʔˏ	ʂuaʔˏ	ʨiaʔˏ
	后						tʂuaʔˏ	ʂuaʔˏ	ʨiaʔˏ
呼和浩特	初	puəʔ	puəʔ	pʻuəʔ	tsəʔ	tsəʔ	tsuəʔ	suəʔ	ʨiəʔ
	中	paʔˏ	paʔˏ	pʻaʔˏ	tsuaʔˏ	tsuaʔˏ	tsuaʔˏ	suaʔˏ	ʨyaʔˏ
	后	paʔˏ	paʔˏ	pʻaʔˏ	tsuaʔˏ	tsuaʔˏ	tsuaʔˏ	suaʔˏ	ʨyaʔˏ

字目		确	岳	学	北	墨	默	得	忒
古音		江开二溪入觉	江开二疑入觉	江开二匣入觉	曾开一帮入德	曾开一明入德	曾开一明入德	曾开一端入德	曾开一透入德
太原	初	tɕʻiəʔ	yəʔ	ɕiəʔ	piəʔ	—	miəʔ	tiəʔ	—
	中	tɕʻiəʔ$_2$ tɕʻyəʔ$_2$	yəʔ$_2$	ɕiəʔ$_2$ ɕyəʔ$_2$	piəʔ$_2$	miəʔ$_2$	miəʔ$_2$	tiəʔ$_2$	—
	后	tɕʻyəʔ$_2$	yəʔ$_2$	ɕyəʔ	ˈpei	mɣ˧	mɣ˧	˧tɣ	—
文水	初	tɕʻiæʔ	iæʔ	ɕiæʔ	piəʔ	mbiəʔ	mbiəʔ	tiəʔ	tʻiəʔ
	中	tɕʻiaʔ$_2$	miaʔ$_2$ yaʔ$_2$	ɕiaʔ$_2$	piəʔ$_2$	miəʔ$_2$	miəʔ$_2$	tiəʔ$_2$	—
	后	—	yaʔ$_2$	ɕyaʔ	piəʔ$_2$	miəʔ$_2$	miəʔ$_2$	təʔ$_2$	—
太谷	初	tɕʻiæʔ	iæʔ	ɕiæʔ	piəʔ	miəʔ	miəʔ	tiəʔ	tʻiəʔ
	中	tɕʻiaʔ$_2$	iaʔ$_2$	ɕiaʔ$_2$	piəʔ$_2$	miəʔ$_2$	miəʔ$_2$	təʔ$_2$	tʻəʔ$_2$
	后	tɕʻyaʔ$_2$	iaʔ$_2$	ɕyaʔ$_2$	piəʔ$_2$	miəʔ$_2$	miəʔ$_2$	təʔ$_2$	tʻəʔ$_2$
兴县	初	tɕʻiəʔ	iəʔ	ɕiəʔ	piəʔ	mbiəʔ	—	təʔ	tʻaʔ
	中	tɕʻyəʔ$_2$	yəʔ$_2$	ɕiəʔ$_2$	piəʔ$_2$	miəʔ$_2$	—	təʔ$_2$	tʻəʔ$_2$
	后	tɕʻyəʔ$_2$	yəʔ$_2$	ɕiəʔ$_2$	piəʔ$_2$	miəʔ$_2$	—	təʔ$_2$	tʻəʔ$_2$
晋城	初	tɕʻiaʔ	iaʔ	ɕiaʔ	pai	maʔ	maʔ	taʔ	tʻaʔ
	中	tɕʻyʌʔ$_2$	yʌʔ$_2$	ɕiʌʔ$_2$ ɕyʌʔ$_2$	ˈpɣɯ	maɯ˧	mʌʔ$_2$	tʌʔ$_2$	—
	后	—	yʌʔ$_2$	ɕyʌʔ$_2$	ˈpɣɯ	muəʔ$_2$	muəʔ$_2$	tʌʔ$_2$	—
大同	初	tɕʻiaʔ	iaʔ	ɕyəʔ	piəʔ	miəʔ	miəʔ	tiəʔ	tʻiaʔ
	中	tɕʻiaʔ$_2$	iaʔ$_2$	ɕyaʔ$_2$	piəʔ$_2$	—	—	tiəʔ$_2$	—
	后	tɕʻiaʔ$_2$	iaʔ$_2$	₅ɕiɑo	piəʔ$_2$	—	—	tiəʔ$_2$	—
呼和浩特	初	tɕʻiəʔ	iəʔ	ɕiəʔ	piəʔ	miəʔ	miəʔ	tiəʔ	tʻiəʔ
	中	tɕʻyaʔ$_2$	yaʔ$_2$	ɕyaʔ$_2$	piəʔ$_2$	miəʔ$_2$	miəʔ$_2$	tiəʔ$_2$	—
	后	tɕʻyaʔ$_2$	yaʔ$_2$	ɕyaʔ$_2$	piəʔ$_2$	miəʔ$_2$	miəʔ$_2$	tiəʔ$_2$	—

字目	特	肋	勒	则	刻	黑	逼	匿
古音	曾开一定入德	曾开一来入德	曾开一来入德	曾开一精入德	曾开一溪入德	曾开一晓入德	曾开三帮入职	曾开三泥入职
太原 初	tʻaʔ	leaʔ	leəʔ	tsaʔ	kʻaʔ	xəʔ	piəʔ	n̢iəʔ
太原 中	tʻaʔ$_2$ / tʻəʔ$_2$	liəʔ$_2$	liəʔ$_2$	tsaʔ$_2$ / tsəʔ$_2$	kʻaʔ$_2$ / kʻəʔ$_2$	xəʔ$_2$	piəʔ$_2$	niəʔ$_2$
太原 后	tʻəʔ$_2$	lei^5	liəʔ$_2$	tsəʔ$_2$	kʻɤ^5	xəʔ$_2$	piəʔ$_2$	ni^5
文水 初	tʻəʔ	ləʔ	ləʔ	tsəʔ	kʻəʔ	xəʔ	piəʔ	n̢ɖiəʔ
文水 中	tʻəʔ$_2$	ləʔ$_2$	ləʔ$_2$	tsəʔ$_2$	kʻəʔ$_2$	xəʔ$_2$	piəʔ$_2$	—
文水 后	tʻəʔ$_2$	ləʔ$_2$	ləʔ$_2$	tsəʔ$_2$	kʻəʔ$_2$	xəʔ$_2$	piəʔ$_2$	nz̩^{5}
太谷 初	tʻəʔ	leəʔ	leəʔ	tsəʔ	kʻəʔ	xəʔ	piəʔ	n̢iəʔ
太谷 中	tʻəʔ$_2$	liəʔ$_2$	liəʔ$_2$	tsəʔ$_2$	kʻəʔ$_2$	xəʔ$_2$	piəʔ$_2$	n̢iəʔ
太谷 后	tʻəʔ$_2$	liəʔ$_2$	liəʔ$_2$	tsəʔ$_2$	kʻəʔ$_2$	xəʔ$_2$	piəʔ$_2$	n̢iəʔ
兴县 初	tʻəʔ	—	—	tsəʔ	kʻəʔ	xəʔ	piəʔ	n̢ɖiəʔ
兴县 中	tʻəʔ$_2$	ləʔ$_2$	ləʔ$_2$	tsəʔ$_2$	kʻəʔ$_2$	xəʔ$_2$	piəʔ$_2$	ni^5
兴县 后	tʻəʔ$_2$	ləʔ$_2$	ləʔ$_2$	tsəʔ$_2$	kʻəʔ$_2$	xəʔ$_2$	piəʔ$_2$	ni^5
晋城 初	tʻaʔ	—	—	tsəʔ	kʻaʔ	xaʔ	piəʔ	niəʔ
晋城 中	tʻəʔ$_2$	ləʔ$_2$	ləʔ$_2$	tʂəʔ$_2$	kʻəʔ$_2$	xəʔ$_2$	piəʔ$_2$	ni^5
晋城 后	tʻəʔ$_2$ / tʻʌʔ$_2$	ləʔ$_2$	ləʔ$_2$	tʂəʔ$_2$	kʻəʔ$_2$	xəʔ$_2$	—	ni^5
大同 初	tʻəʔ	ləʔ	ləʔ	tsaʔ	kʻəʔ	xəʔ	piəʔ	n̢iəʔ
大同 中	tʻəʔ$_2$	ləʔ$_2$	ləʔ$_2$	tsaʔ$_2$	kʻəʔ$_2$	xəʔ$_2$	piəʔ$_2$	—
大同 后	tʻəʔ$_2$	ləʔ$_2$	ləʔ$_2$	tsaʔ$_2$	kʻəʔ$_2$	xəʔ$_2$	piəʔ$_2$	—
呼和浩特 初	tiəʔ	leəʔ	leəʔ	tsəʔ	kʻəʔ	xəʔ	piəʔ	n̢iəʔ
呼和浩特 中	tʻaʔ$_2$	liəʔ$_2$	liəʔ$_2$	tsəʔ$_2$	kʻəʔ$_2$	xəʔ$_2$	piəʔ$_2$	—
呼和浩特 后	tʻaʔ$_2$	liəʔ$_2$	liəʔ$_2$	tsəʔ$_2$	kʻəʔ$_2$	xəʔ$_2$	piəʔ$_2$	—

字目		力	即	息	熄	直	测	色	织
古音		曾开三来入职	曾开三精入职	曾开三心入职	曾开三心入职	曾开三澄入职	曾开三初入职	曾开三生入职	曾开三章入职
太原	初	leəʔ	tɕiəʔ	ɕiəʔ	ɕiəʔ	tsəʔ	tsʻaʔ	saʔ	tsəʔ
	中	liəʔ˳	tɕiəʔ˳	ɕiəʔ˳	ɕiəʔ˳	tsəʔ˳	tsʻaʔ˳/tsʻəʔ˳	saʔ˳/səʔ˳	tsəʔ˳
	后	liəʔ˳	tɕiəʔ˳	ɕiəʔ˳	ɕiəʔ˳	tsəʔ˳	tsʻəʔ˳	səʔ˳	tsəʔ˳
文水	初	leəʔ	ʈɕiəʔ	ɕiəʔ	ɕiəʔ	tʂəʔ	tsʻaʔ	saʔ	tʂəʔ
	中	liəʔ˳	tɕiəʔ˳	ɕiəʔ˳	ɕiəʔ˳	tsəʔ˳	tsʻaʔ˳	saʔ˳	tsəʔ˳
	后	liəʔ˳	tɕiəʔ˳	ɕiəʔ˳	ɕiəʔ˳	tsəʔ˳	tsʻaʔ˳	saʔ˳	tsəʔ˳
太谷	初	leəʔ	ʈɕiəʔ	ɕiəʔ	ɕiəʔ	tsəʔ	tsʻəʔ	səʔ	tsəʔ
	中	liəʔ˳	tɕiəʔ˳	ɕiəʔ˳	ɕiəʔ˳	tsəʔ˳	tsʻəʔ˳	səʔ˳	tsəʔ˳
	后	liəʔ˳	tɕiəʔ˳	ɕiəʔ˳	ɕiəʔ˳	tsəʔ˳	tsʻəʔ˳	səʔ˳	tsəʔ˳
兴县	初	leəʔ	ʈɕiəʔ	ɕiəʔ	ɕiəʔ	tʂəʔ	tsʻəʔ	səʔ	tsəʔ
	中	liəʔ˳	tɕiəʔ˳	ɕiəʔ˳	ɕiəʔ˳	tsəʔ˳	tsʻəʔ˳	səʔ˳	tsəʔ˳
	后	liəʔ˳	tɕiəʔ˳	ɕiəʔ˳	ɕiəʔ˳	tsəʔ˳	tsʻəʔ˳	səʔ˳	tsəʔ˳
晋城	初	leəʔ	ʈɕiəʔ	—	ɕiəʔ	tʂəʔ	tsʻəʔ	səʔ	tsəʔ
	中	liəʔ˳	tɕiəʔ˳	ɕiəʔ˳	ɕiəʔ˳	tʂəʔ˳	tʂʻəʔ˳	ʂəʔ˳	tʂəʔ˳
	后	liəʔ˳	tɕiəʔ˳	ɕiəʔ˳	ɕiəʔ˳	tʂəʔ˳	tʂʻəʔ˳	ʂəʔ˳	tʂəʔ˳
大同	初	leəʔ	ʈɕiəʔ	ɕiəʔ	ɕiəʔ	tʂəʔ	tsʻaʔ	saʔ	tʂəʔ
	中	liəʔ˳	tɕiəʔ˳	ɕiəʔ˳	ɕiəʔ˳	˳tʂʅ	—	—	tʂəʔ˳
	后	liəʔ˳	tɕiəʔ˳	ɕiəʔ˳	ɕiəʔ˳	˳tʂʅ	—	—	tʂəʔ˳
呼和浩特	初	leəʔ	ʈɕiəʔ	ɕiəʔ	ɕiəʔ	tʂiəʔ	tsʻuəʔ	suəʔ	tʂəʔ
	中	liəʔ˳	tɕiəʔ˳	ɕiəʔ˳	ɕiəʔ˳	tsəʔ˳	tsʻaʔ˳	saʔ˳	tsəʔ˳
	后	liəʔ˳	tɕiəʔ˳	ɕiəʔ˳	ɕiəʔ˳	tsəʔ˳	tsʻaʔ˳	saʔ˳	tsəʔ˳

字目		食	识	极	忆	亿	抑	国	或
古音		曾开三船入职	曾开三书入职	曾开三群入职	曾开三影入职	曾开三影入职	曾开三影入职	曾合一见入德	曾合一匣入德
太原	初	səʔ	səʔ	tɕiəʔ	iəʔ	iəʔ	iəʔ	kuəʔ	xuaʔ
	中	səʔ₂	səʔ₂	tɕiəʔ₂	iəʔ₂	iəʔ₂	iəʔ₂	kuəʔ₂	xuaʔ₂ xuəʔ₂
	后	səʔ₂	səʔ₂	tɕiəʔ₂	iˀ	iˀ	iˀ	kuəʔ₂	xuə˘
文水	初	ʂəʔ	ʂəʔ	tɕiəʔ	iəʔ	iəʔ	iəʔ	—	—
	中	səʔ₂	səʔ₂	tɕiəʔ₂	ʅˀ	ʅˀ	iəʔ₂	kuaʔ₂	xuaʔ₂
	后	səʔ₂	səʔ₂	tɕiəʔ₂	ʅˀ	ʅˀ	ʅˀ	kuəʔ₂	xuaʔ₂
太谷	初	səʔ	səʔ	tɕiəʔ	—	—	iəʔ	kuəʔ	xuəʔ
	中	səʔ₂	səʔ₂	tɕiəʔ₂	iəʔ₂	iə₂	iəʔ₂	kuəʔ₂	xuəʔ₂
	后	səʔ₂	səʔ₂	tɕiəʔ₂	iˀ	iˀ	iˀ	kuəʔ₂	xuəʔ₂
兴县	初	ʂəʔ	ʂəʔ	tɕiəʔ	iəʔ	iəʔ	iəʔ	kuəʔ	xuəʔ
	中	səʔ₂	səʔ₂	tɕiəʔ₂	iˀ	iˀ	iˀ	kuəʔ₂	xuəʔ₂
	后	səʔ₂	səʔ₂	tɕiəʔ₂	iˀ	iˀ	iˀ	kuəʔ₂	xuəʔ₂
晋城	初	səʔ	səʔ	tɕiəʔ	i	i	i	kuəʔ	xuəʔ
	中	ʂəʔ₂	ʂəʔ₂	tɕiəʔ₂	iˀ	iˀ	iˀ	kuəʔ₂	xuaʔ₂
	后	—	—	tɕiəʔ₂	iˀ	iˀ	iˀ	kuəʔ₂	xuʌʔ₂
大同	初	ʂəʔ	ʂəʔ	tɕiəʔ	iəʔ	iəʔ	iəʔ	kaʔ	xaʔ
	中	ʂəʔ₂	ʂəʔ₂	tɕiəʔ₂	iəʔ₂	iəʔ₂	iəʔ₂	kuaʔ₂	xuaʔ₂
	后	ʂəʔ₂	ʂəʔ₂	tɕiəʔ₂	iəʔ₂	iəʔ₂	iəʔ₂	kuaʔ₂	xuaʔ₂
呼和浩特	初	ʂəʔ	ʂəʔ	tɕiəʔ	iəʔ	iəʔ	iəʔ	kuaʔ	xuaʔ
	中	səʔ₂	tsəʔ₂	tɕiəʔ₂	iˀ	iˀ	iəʔ₂	kuaʔ₂	xuaʔ₂
	后	səʔ₂	tsəʔ₂	tɕiəʔ₂	iˀ	iˀ	iəʔ₂	kuaʔ₂	xuaʔ₂

字目		域	百	拍	白	泽	窄	格	客
古音		曾合一云入职	梗开二帮入陌	梗开二滂入陌	梗开二並入陌	梗开二澄入陌	梗开二庄入陌	梗开二见入陌	梗开二溪入陌
太原	初	yəʔ	piəʔ	pʻiəʔ	piəʔ	tsaʔ	tsaʔ	kaʔ	kʻaʔ
	中	yəʔ˳	piəʔ˳	pʻiəʔ˳	piəʔ˳	tsaʔ˳ tsəʔ˳	tsaʔ˳ tsəʔ˳	kaʔ˳ kəʔ˳	kʻaʔ˳ kʻəʔ˳
	后	yˀ	꜀pai	pʻiəʔ˳	꜀pai	tsəʔ˳	꜀tsai	kəʔ˳	kʻɤˀ
文水	初	yəʔ	piæʔ	pʻiæʔ	piæʔ	tsaʔ	tsaʔ	kaʔ	kʻaʔ
	中	yəʔ˳	piaʔ˳	pʻiaʔ˳	piaʔ˳	tsaʔ˳	tsəʔ˳	kaʔ˳	kʻaʔ˳ tɕʻiaʔ˳
	后	yəʔ˳	piəʔ˳	pʻiəʔ˳	piəʔ˳	tsaʔ˳	tsaʔ˳	kaʔ˳	kʻaʔ˳
太谷	初	yəʔ	piæʔ	pʻiæʔ	piæʔ	tsəʔ	tsəʔ	kəaʔ	kʻəaʔ
	中	yəʔ˳	piaʔ˳	pʻiaʔ˳	piaʔ˳	tsəʔ˳	tsəʔ˳	kiaʔ˳	kʻiaʔ˳
	后	yˀ	piaʔ˳	pʻiaʔ˳	piaʔ˳	tsəʔ˳	tsəʔ˳	kiaʔ˳	kʻiaʔ˳
兴县	初	yəʔ	piəʔ	pʻiəʔ	piəʔ	—	tsaʔ	kəʔ	kʻəʔ
	中	yəʔ˳	piəʔ˳	pʻiəʔ˳	pʻiəʔ˳	tsəʔ˳	tsəʔ˳	kəʔ˳	kʻəʔ˳
	后	yəʔ˳	piəʔ˳	pʻiəʔ˳	pʻiəʔ˳	tsəʔ˳	tsəʔ˳	kəʔ˳	kʻəʔ˳
晋城	初	yəʔ	paʔ	pʻaʔ	paʔ	tsəʔ	tsəʔ	kaʔ	kʻaʔ
	中	yˀ	pʌʔ˳	pʻʌʔ˳	pʌʔ˳	tʂəʔ˳	tʂəʔ˳	kəʔ˳	kʻəʔ˳
	后	yˀ	pʌʔ˳	pʻʌʔ˳	pʌʔ˳	tʂəʔ˳	tʂəʔ˳	kəʔ˳	kʻəʔ˳
大同	初	yəʔ	piaʔ	pʻiaʔ	piaʔ	tsəʔ	tsəʔ	kaʔ	kʻaʔ
	中	yəʔ˳	—	pʻiaʔ˳	꜀pɛɛ	tsaʔ˳	tsaʔ˳	—	kʻaʔ˳
	后	yəʔ˳	—	pʻiaʔ˳	꜀pɛɛ	tsaʔ˳	tsaʔ˳	—	kʻaʔ˳
呼和浩特	初	yəʔ	piəʔ	pʻiəʔ	piəʔ pʻiə	tsəʔ	tsuəʔ	kəʔ	kʻəʔ
	中	yaʔ˳	piaʔ˳	pʻiaʔ˳	꜀pɛ	tsaʔ˳	tsaʔ˳	kaʔ˳	kʻaʔ˳
	后	yaʔ˳	piaʔ˳	pʻiaʔ˳	꜀pɛ	tsaʔ˳	tsaʔ˳	kaʔ˳	kʻaʔ˳

字目		额	赫	麦	摘	责	策	革	核
古音		梗开二疑入陌	梗开二晓入陌	梗开二明入麦	梗开二知入麦	梗开二庄入麦	梗开二初入麦	梗开二见入麦	梗开二匣入麦
太原	初	ɣaʔ	xaʔ	miəʔ	tsaʔ	tsaʔ	tsʻaʔ	kaʔ	—
	中	ɣaʔ˲ ɣəʔ˲	—	miəʔ˲	tsaʔ˲ tsəʔ˲	tsaʔ˲ tsəʔ˲	tsʻaʔ˲ tsʻəʔ˲	kaʔ˲ kəʔ˲	xaʔ˲ xəʔ˲
	后	꜀ɣɣ	xɣ˒	mai˒	tsəʔ˲	tsəʔ˲	tsʻəʔ˲	kəʔ˲	xəʔ˲
文水	初	ŋgaʔ	xəʔ	mbiæʔ	—	tsaʔ	tsʻaʔ	kaʔ	xaʔ
	中	ŋaʔ˲	əʔ˲	miaʔ˲	tsəʔ˲	tsaʔ˲	—	kaʔ˲	kʻuəʔ˲ xəʔ˲
	后	naʔ˲	xaʔ˲	miaʔ˲	tsəʔ˲	tsaʔ˲	tsʻaʔ˲	kaʔ˲	kʻəʔ˲
太谷	初	—	miæʔ	tsəʔ	tsəʔ	tsʻəʔ	kəaʔ	—	—
	中	xəʔ˲	miaʔ˲	tsəʔ˲	tsəʔ˲	tsʻəʔ˲	kiaʔ˲	kuəʔ˲	ŋiaʔ˲
	后	xie˒	miaʔ˲	tsəʔ˲	tsəʔ˲	tsʻəʔ˲	kiaʔ˲	kuəʔ˲	ŋiaʔ˲
兴县	初	ngəʔ	xəʔ	mbiəʔ	tsəʔ	tsəʔ	tsʻəʔ	kəʔ	xəʔ
	中	꜀ŋə	xəʔ˲	miəʔ˲	tsəʔ˲	tsəʔ˲	tsʻəʔ˲	kəʔ˲	xəʔ˲
	后	꜀ŋə	xəʔ˲	miəʔ˲	tsəʔ˲	tsəʔ˲	tsʻəʔ˲	kəʔ˲	xəʔ˲
晋城	初	ɣaʔ	xaʔ	maʔ	tsəʔ	tsəʔ	tsʻəʔ	kaʔ	xaʔ
	中	ɣəʔ˲	xɣ˒	mʌʔ˲	tʂəʔ˲	tʂəʔ˲	tʂʻəʔ˲	kəʔ˲	xəʔ˲
	后	—	xəʔ˒	mʌʔ˲	tʂəʔ˲	tʂəʔ˲	tʂʻəʔ˲	kəʔ˲	xʌʔ˲
大同	初	naʔ	xaʔ	miəʔ	tsaʔ	tsaʔ	tsʻaʔ	kaʔ	xaʔ
	中	naʔ˲	—	miaʔ˲	tsaʔ˲	tsaʔ˲	—	kaʔ˲	—
	后	naʔ˲	—	miaʔ˲	tsaʔ˲	tsaʔ˲	—	kaʔ˲	—
呼和浩特	初	ŋgəʔ	xəʔ	miəʔ	tsuəʔ	tsəʔ	tsʻuəʔ	kəʔ	xəʔ
	中	ŋaʔ˲	xaʔ˲	miaʔ˲	tsaʔ˲	tsaʔ˲	tsʻaʔ˲	kaʔ˲	xaʔ˲
	后	ŋaʔ˲	xaʔ˲	miaʔ˲	tsaʔ˲	tsaʔ˲	tsʻaʔ˲	kaʔ˲	xaʔ˲

字目		扼	轭	碧	逆	僻	积	籍	惜
古音		梗开二影入麦	梗开二影入麦	梗开三帮入陌	梗开三疑入陌	梗开三滂入昔	梗开三精入昔	梗开三从入昔	梗开三心入昔
太原	初	—	—	piəʔ	n̠iəʔ	p'iəʔ	tɕiəʔ	tɕiəʔ	çiəʔ
	中	—	—	piəʔ˨	niəʔ˨	p'iəʔ˨	tɕiəʔ˨	tɕiəʔ˨	çiəʔ˨
	后	—	—	pi˨	ni˨	p'i˨	tɕiəʔ˨	tɕiəʔ˨	çiəʔ˨
文水	初	ŋgaʔ	ŋgaʔ	piəʔ	n̠d̠iəʔ	p'iəʔ	tɕiəʔ	tɕiəʔ	çiəʔ
	中	ŋaʔ˨	—	piəʔ˨	niəʔ˨	p'iəʔ˨	tɕiəʔ˨	tɕiəʔ˨	çiəʔ˨
	后	ŋəʔ˨	ŋəʔ˨	piəʔ˨	niəʔ˨	p'iəʔ˨	tɕiəʔ˨	tɕiəʔ˨	çiəʔ˨
太谷	初	ŋɣəaʔ	—	n̠iəʔ	p'iəʔ	tɕiəʔ	tɕiəʔ	çiʔ	çiəʔ
	中	ŋiaʔ˨	piəʔ˨	n̠iəʔ˨	p'iəʔ˨	tɕiəʔ˨	tɕiəʔ˨	çiəʔ˨	çiəʔ˨
	后	—	piəʔ˨	n̠iəʔ˨	p'iəʔ˨	tɕiəʔ˨	tɕiəʔ˨	çiəʔ˨	çiəʔ˨
兴县	初	ŋgəʔ	ŋgəʔ	piəʔ	n̠d̠iəʔ	p'iəʔ	tɕiəʔ	tɕiəʔ	çiəʔ
	中	ɣ˨	ɣ˨	piəʔ˨	niəʔ˨	p'iəʔ˨	tɕiəʔ˨	tɕiəʔ˨	çiəʔ˨
	后	ɣ˨	ɣ˨	piəʔ˨	niəʔ˨	p'iəʔ˨	tɕiəʔ˨	tɕiəʔ˨	çiəʔ˨
晋城	初	ɣaʔ	ɣaʔ	piəʔ	i	p'iəʔ	tɕiəʔ	tɕiəʔ	çiəʔ
	中	ɣəʔ˨	kɣ˨	piəʔ˨	'i	piəʔ˨	tɕiəʔ˨	tɕiəʔ˨	çiəʔ˨
	后	ɣ˨	—	pi˨	ni˨	p'i˨	tɕiəʔ˨	tɕiəʔ˨	çiəʔ˨
大同	初	naʔ	naʔ	piəʔ	n̠iəʔ	p'iəʔ	tɕiəʔ	tɕiəʔ	çiəʔ
	中	—	—	piəʔ˨	niəʔ˨	p'iəʔ˨	tɕiəʔ˨	tɕiəʔ˨	çiəʔ˨
	后	—	—	piəʔ˨	niəʔ˨	p'iəʔ˨	tɕiəʔ˨	tɕiəʔ˨	çiəʔ˨
呼和浩特	初	ŋgəʔ	ŋgəʔ	piəʔ	n̠iəʔ	p'iəʔ	tɕiəʔ	tɕiəʔ	çiəʔ
	中	—	—	piəʔ˨	niəʔ˨	p'iəʔ˨	tɕiəʔ˨	tɕiəʔ˨	çiəʔ˨
	后	—	—	piəʔ˨	niəʔ˨	p'iəʔ˨	tɕiəʔ˨	tɕiəʔ˨	çiəʔ˨

字目		席	掷	只	赤	斥	尺	适	石
古音		梗开三邪入昔	梗开三澄入昔	梗开三章入昔	梗开三昌入昔	梗开三昌入昔	梗开三昌入昔	梗开三书入昔	梗开三禅入昔
太原	初	çiəʔ	—	tsəʔ	—	—	tsʻəʔ	səʔ	səʔ
	中	çiəʔ₂	tsəʔ₂	tsəʔ₂	tsʻəʔ₂	—	tsʻəʔ₂	səʔ₂	səʔ₂
	后	çiəʔ₂	tsʅ⁻	₋tsʅ	tsʻəʔ₂	—	tsʻəʔ₂	səʔ₂	səʔ₂
文水	初	çiəʔ	tʂəʔ	tʂəʔ	tʂʻəʔ	tʂʻəʔ	tʂʻəʔ	ʂəʔ	ʂəʔ
	中	çiəʔ₂	tsʅ⁻	₋tsʅ	tsʻəʔ₂	tsʻəʔ₂	tsʻəʔ₂	səʔ₂	səʔ₂
	后	çiəʔ₂	tsʅ⁻	tsəʔ₂	tsʔ₂	tsʔ₂	tsʔ₂	səʔ₂	səʔ₂
太谷	初	çiəʔ	tsəʔ	tsəʔ	—	—	tsʻəʔ	səʔ	səʔ
	中	çiəʔ₂	tsəʔ₂	tsəʔ₂	tsʻəʔ₂	tsʻəʔ₂	tsʻəʔ₂	səʔ₂	səʔ₂
	后	çiəʔ₂	tsʅ⁻	tsəʔ₂	tsʻəʔ₂	tsʻəʔ₂	tsʻəʔ₂	səʔ₂	səʔ₂
兴县	初	çiəʔ	tʂəʔ	tʂəʔ	tʂʻəʔ	tʂʻəʔ	tʂʻəʔ	ʂəʔ	ʂəʔ
	中	çiəʔ₂	tsəŋ⁻	tsəʔ₂	tsʻəʔ₂	tsʻəʔ₂	tsʻəʔ₂	səʔ₂	səʔ₂
	后	çiəʔ₂	tsəŋ⁻	tsəʔ₂	tsʻəʔ₂	tsʻəʔ₂	tsʻəʔ₂	səʔ₂	səʔ₂
晋城	初	çiəʔ	tsəʔ	tsʻəʔ	—	—	tsʻəʔ	səʔ	səʔ
	中	çiəʔ₂	tʂʅ⁻	tsʻəʔ₂	tʂʻəʔ₂	tʂʻəʔ₂	tsʻəʔ₂	ʂəʔ₂	ʂəʔ₂
	后	çiəʔ₂	tʂʅ⁻	tʂəʔ₂	—	—	tʂʻəʔ₂	ʂəʔ₂	ʂəʔ₂
大同	初	çiəʔ	tʂəʔ	tʂəʔ	tʂʻəʔ	tʂʻəʔ	tʂʻəʔ	ʂəʔ	ʂəʔ
	中	çiəʔ₂	—	tʂəʔ₂	tʂʻəʔ₂	tʂʻəʔ₂	tʂʻəʔ₂	ʂəʔ₂	ʂəʔ₂
	后		tʂəʔ₂	tʂʻəʔ₂	tʂʻəʔ₂	tʂʻəʔ₂	ʂəʔ₂	ʂəʔ₂	
呼和浩特	初	çiəʔ	tʂəʔ	tsəʔ	tʂʻəʔ	tʂʻəʔ	tʂʻəʔ	ʂəʔ	ʂəʔ
	中	çiəʔ₂	tsəʔ₂	tsəʔ₂	tsʻəʔ₂	tsʻəʔ₂	tsʻəʔ₂	səʔ₂	səʔ₂
	后	çiəʔ₂	tsəʔ₂	tsəʔ₂	tsʻəʔ₂	tsʻəʔ₂	tsʻəʔ₂	səʔ₂	səʔ₂

字目		益	壁	觅	的	滴	踢	剔	笛
古音		梗开三影入昔	梗开四帮入锡	梗开四明入锡	梗开四端入锡	梗开四端入锡	梗开四透入锡	梗开四透入锡	梗开四定入锡
太原	初	iəʔ	piəʔ	miəʔ	—	tiəʔ	—	tʰiəʔ	—
	中	iəʔ₃	piəʔ₃	miəʔ₃	tiəʔ₃	tiəʔ₃	tʰiəʔ₃	tʰiəʔ₃	tiəʔ₃
	后	iˀ	piˀ	mi₃	tiəʔ₃	tiəʔ₃	tʰiəʔ₃	tʰiəʔ₃	tiəʔ₃
文水	初	iəʔ	piəʔ	mbiəʔ	tiəʔ	tiəʔ	tʰiəʔ	tʰiəʔ	tiæʔ
	中	iəʔ₃	piəʔ₃	miəʔ₃	tiəʔ₃	tiaʔ₂	tʰiəʔ₃	tʰiəʔ₃	tiaʔ₂
	后	iəʔ₃	pɿˀ	mɿˀ	tiəʔ₃	tiəʔ₃	tʰiəʔ₃	tʰiəʔ₃	tiəʔ₃
太谷	初	iəʔ	piəʔ	miəʔ	—	tiəʔ	—	tʰiəʔ	—
	中	iəʔ₃	piəʔ₃	miəʔ₃	tiəʔ₃	tiəʔ₃	tʰiəʔ₃	tʰiəʔ₃	tiəʔ₂
	后	iˀ	piəʔ₃	miəʔ₃	tiəʔ₃	tiəʔ₃	tʰiəʔ₃	tʰiəʔ₃	tiəʔ₂
兴县	初	iəʔ	piəʔ	mbiəʔ	tiəʔ	tiəʔ	tʰiəʔ	tʰiəʔ	tiəʔ
	中	iəʔ₃	piəʔ₃	miˀ	tiəʔ₃	tiəʔ₃	tʰiəʔ₃	tʰiəʔ₃	tiəʔ₃
	后	iəʔ₃	piəʔ₃	miˀ	tiəʔ₃	tiəʔ₃	tʰiəʔ₃	tʰiəʔ₃	tiəʔ₃
晋城	初	i	piəʔ	miəʔ	—	tiəʔ	—	tʰiəʔ	—
	中	iˀ	piəʔ₃	miˀ	tiəʔ₃	tiəʔ₃	tʰiəʔ₃	tʰiəʔ₃	tiəʔ₃
	后	iˀ	pɿˀ	miəʔ₃	tiəʔ₃	tiəʔ₃	tʰiəʔ₃	tʰiəʔ₃	tiəʔ₃
大同	初	iʔ	piəʔ	miəʔ	tiəʔ	tiəʔ	tʰiəʔ	tʰiəʔ	tiəʔ
	中	iˀ	piəʔ₃	miəʔ₃	tiaʔ₂	tiaʔ₂	tʰiəʔ₃	tʰiəʔ₃	˨ti
	后	iˀ	piəʔ₃	miəʔ₃	tiaʔ₂	tiaʔ₂	tʰiəʔ₃	tʰiəʔ₃	˨ti
呼和浩特	初	iəʔ	piəʔ	miəʔ	tiəʔ	tiəʔ	tʰiəʔ	tʰiəʔ	tiəʔ
	中	iəʔ₃	—	miəʔ₃	tiəʔ₃ / təʔ₃	tiaʔ₂	tʰiəʔ₃	tʰiəʔ₃	tiəʔ₃
	后	iəʔ₃	—	miəʔ₃	tiəʔ₃ / təʔ₃	tiaʔ₂	tʰiəʔ₃	tʰiəʔ₃	tiəʔ₃

字目		敌	溺	历	绩	戚	寂	锡	击
古音		梗开四定入锡	梗开四泥入锡	梗开四来入锡	梗开四精入锡	梗开四清入锡	梗开四从入锡	梗开四心入锡	梗开四见入锡
太原	初	tiaʔ	n̠iaʔ	leaʔ	tɕiaʔ	tɕʰiaʔ	tɕiaʔ	ɕiaʔ	tɕiaʔ
	中	tiaʔ˧	niaʔ˧	liaʔ˧	tɕiaʔ˧	tɕʰiaʔ˧	tɕiaʔ˧	ɕiaʔ˧	tɕiaʔ˧
	后	tiaʔ˧	ni˧	li˧	tɕiaʔ˧	tɕʰiaʔ˧	tɕiaʔ˧	ɕiaʔ˧	tɕiaʔ˧
文水	初	tiæʔ	n̠d̠iaʔ	leaʔ	tɕiaʔ	tɕʰiaʔ	—	ɕiaʔ	tɕiaʔ
	中	tiaʔ˨	n̠iaʔ˧	liaʔ˧	tɕiaʔ˧	tɕʰiaʔ˧	—	ɕiaʔ˨	tɕiaʔ˧
	后	tiaʔ˨	niaʔ˧	liaʔ˧	tɕiaʔ˧	tɕʰiaʔ˧	tɕiaʔ˨	ɕiaʔ˧	tɕiaʔ˧
太谷	初	tiaʔ	n̠iaʔ	leaʔ	tɕiaʔ	tɕʰiaʔ	tɕiaʔ	ɕiaʔ	tɕiaʔ
	中	tiaʔ˨	n̠iaʔ˧	liaʔ˧	tɕiaʔ˨	tɕʰiaʔ˧	tɕiaʔ˨	ɕiaʔ˧	tɕiaʔ˧
	后	tiaʔ˨	n̠iaʔ˧	liaʔ˧	tɕiaʔ˨	tɕʰiaʔ˨	tɕiaʔ˨	ɕiaʔ˨	tɕiaʔ˨
兴县	初	tiaʔ	n̠d̠iaʔ	leaʔ	tɕiaʔ	tɕʰiaʔ	tɕiaʔ	ɕiaʔ	tɕiaʔ
	中	tiaʔ˨	niaʔ˧	liaʔ˧	tɕiaʔ˨	tɕʰiaʔ˧	tɕi˧	ɕiaʔ˨	tɕiaʔ˧
	后	tiaʔ˨	niaʔ˧	liaʔ˨	tɕiaʔ˨	tɕʰiaʔ˨	tɕi˧	ɕiaʔ˨	tɕiaʔ˨
晋城	初	tiaʔ	n̠iaʔ	leaʔ	tɕiaʔ	tɕʰiaʔ	tɕiaʔ	ɕiaʔ	tɕiaʔ
	中	tiaʔ˨	ni˧	liaʔ˧	tɕiaʔ˨	tɕʰiaʔ˧	tɕi˧	ɕiaʔ˧	tɕiaʔ˨
	后	tiaʔ˨	ni˧	liaʔ˧	tɕiaʔ˨	˨tɕʰi	tɕi˧	ɕiaʔ˨	tɕiaʔ˨
大同	初	tiaʔ	n̠iaʔ	leaʔ	tɕiaʔ	tɕʰiaʔ	tɕiaʔ	ɕiaʔ	tɕiaʔ
	中	˨ti	niaʔ˨	li˧	tɕiaʔ˨	tɕʰiaʔ˨	—	ɕiaʔ˨	tɕiaʔ˨
	后	˨ti	niaʔ˨	li˧	tɕiaʔ˨	tɕʰiaʔ˨	—	ɕiaʔ˨	tɕiaʔ˨
呼和浩特	初	tiaʔ	n̠iaʔ	leaʔ	tɕiaʔ	tɕʰiaʔ	tɕiaʔ	ɕiaʔ	tɕiaʔ
	中	tiaʔ˨	niaʔ˨	liaʔ˧	tɕiaʔ˨	tɕʰiaʔ˨	tɕiaʔ˨	ɕiaʔ˨	tɕiaʔ˨
	后	tiaʔ˨	niaʔ˨	liaʔ˨	tɕiaʔ˨	tɕʰiaʔ˨	tɕiaʔ˨	ɕiaʔ˨	tɕiaʔ˨

字目		获	卜	扑	木	秃	独	鹿	禄
古音		梗合二匣入麦	通合一帮入屋	通合一滂入屋	通合一明入屋	通合一透入屋	通合一定入屋	通合一来入屋	通合一来入屋
太原	初	xuaʔ	paʔ	p'aʔ	məʔ	t'uəʔ	tuəʔ	luəʔ	luəʔ
	中	xuaʔ₃ xuəʔ₃	pəʔ₃	p'aʔ₃ p'əʔ₃	məʔ₃	t'uəʔ₃	tuəʔ₃	luəʔ₃	luəʔ₃
	后	xuɣˀ	pəʔ₃	p'əʔ₃	məʔ₃	t'uəʔ₃	tuəʔ₃	luˀ	luˀ
文水	初	xua	paʔ	p'aʔ	mbəʔ	t'uəʔ	tuəʔ	luəʔ	luəʔ
	中	xuaʔ₃	—	—	məˀ	t'uəʔ₃	tuəʔ₃	luəʔ₃ ₋lue	luəʔ₃
	后	xuaʔ₃	pəʔ₃	p'əʔ₃	məʔ₃	t'uəʔ₃	tuəʔ₃	luəʔ₃	luəʔ₃
太谷	初	xuaʔ	pəaʔ	p'əʔ	məʔ	t'uəʔ	tuəʔ	—	luəʔ
	中	xyaʔ₃	pəʔ₂	p'əʔ₃	məʔ₃	t'uəʔ₃	tuəʔ₃	luəʔ₃	luəʔ₃
	后	xyaʔ₃	peiˀ	p'əʔ₃	məʔ₃	t'uəʔ₃	tuəʔ₃	luəʔ₃	luəʔ₃
兴县	初	xuəʔ	—	p'əʔ	mbəʔ	t'uəʔ	tuəʔ	luəʔ	luəʔ
	中	xuəʔ₃	p'əʔ₃	p'əʔ₃	məʔ₃	t'uəʔ₃	tuəʔ₃	luəʔ₃	luəʔ₃
	后	xuəʔ₃	p'əʔ₃	p'əʔ₃	məʔ₃	t'uəʔ₃	tuəʔ₃	luəʔ₃	luəʔ₃
晋城	初	xuaʔ	pa	p'əʔ	muəʔ	t'uəʔ	tuəʔ	—	luəʔ
	中	xuʌʔ₃	puˀ	p'əʔ₃	məʔ₃	t'uəʔ₃	tuəʔ₃	luəʔ₃	luəʔ₃
	后	xuʌʔ₃	pəʔ₃	pəʔ₃	məʔ₃	t'uʌʔ₃	tuəʔ₃	luəʔ₃	luəʔ₃
大同	初	xaʔ	paʔ	p'oʔ	mũʔ	t'uoʔ	tuoʔ	luoʔ	luoʔ
	中	xuaʔ₃	—	—	muˀ	t'uə₃	tuəʔ₃	luəʔ₃	luəʔ₃
	后	xuaʔ₃	—	—	muˀ	t'uə₃	tuəʔ₃	luəʔ₃	luəʔ₃
呼和浩特	初	—	puəʔ	p'uəʔ	məʔ	t'uəʔ	təʔ	ləʔ	ləʔ
	中	xuaʔ₃	pəʔ₃	p'aʔ₃	muˀ	t'uəʔ₃	tuəʔ₃	luəʔ₃	luəʔ₃
	后	xuaʔ₃	pəʔ₃	p'aʔ₃	muˀ	t'uəʔ₃	tuəʔ₃	luəʔ₃	luəʔ₃

字目	族	速	谷	哭	屋	笃	毒	酷
古音	通合一从入屋	通合一心入屋	通合一见入屋	通合一溪入屋	通合一影入屋	通合一端入沃	通合一定入沃	通合一溪入沃
太原　初	—	suəʔ	kuəʔ	kʰuəʔ	vəʔ	tuəʔ	tuəʔ	kʰuəʔ
太原　中	tsʰuəʔ$_2$　tsuəʔ$_2$	suəʔ$_3$	kuəʔ$_3$	kʰuəʔ$_3$	vəʔ$_3$	—	tuəʔ$_2$	kʰuəʔ$_3$
太原　后	tsuəʔ$_3$	su^3	kuəʔ$_3$	kʰuəʔ$_3$	₋u	—	tuəʔ$_3$	kʰu^3
文水　初	tɕyəʔ	ɕyəʔ	kuəʔ	kʰuəʔ	uəʔ	tuəʔ	tuəʔ	kʰuəʔ
文水　中	tsʰyəʔ$_2$	ɕyəʔ$_3$	kuəʔ$_3$	kʰuəʔ$_3$	uəʔ$_3$	tuaʔ$_3$	tuəʔ$_3$	kʰuəʔ$_3$
文水　后	tsuəʔ$_3$	suəʔ	kuəʔ$_3$	kʰuəʔ$_3$	uəʔ	tuəʔ	tuəʔ$_2$	kʰuəʔ$_3$
太谷　初	—	syəʔ	kuəʔ	kʰuəʔ	uəʔ	tuəʔ	tuəʔ	kʰuəʔ
太谷　中	tsuəʔ$_3$	ɕyəʔ$_3$	kuəʔ$_3$	kʰuəʔ$_3$	vəʔ$_3$	tuəʔ$_3$	tuəʔ$_2$	kʰuəʔ$_3$
太谷　后	tsuəʔ$_2$	suəʔ	kuəʔ$_3$	kʰuəʔ$_3$	₋vu	₋tu	tuəʔ$_2$	kʰu^3
兴县　初	tsuəʔ	ɕyəʔ	kuəʔ	kʰuəʔ	vaʔ	tuəʔ	tuəʔ	kʰuəʔ
兴县　中	tsuəʔ$_3$	suəʔ$_3$	kuəʔ$_3$	kʰuəʔ$_3$	uəʔ$_3$	tuəʔ	tuəʔ	kʰu^3
兴县　后	tsuəʔ$_3$	suəʔ$_3$	kuəʔ$_3$	kʰuəʔ$_3$	uəʔ$_3$	tuəʔ	tuəʔ$_3$	kʰu^3
晋城　初	tsuəʔ	suəʔ	kuəʔ	kʰuəʔ	uəʔ	tuəʔ	tuəʔ	kʰuəʔ
晋城　中	tʂuəʔ$_3$	ʂuəʔ$_3$	kuəʔ$_3$	kʰuəʔ$_3$	uəʔ$_3$	—	tuəʔ$_2$	ku^3
晋城　后	tʂuəʔ$_3$	ʂuəʔ$_3$	kuəʔ$_3$	kʰuəʔ$_3$	uəʔ$_3$	tuəʔ	tuəʔ$_2$	kʰu^3
大同　初	tsuoʔ	suoʔ	kuoʔ	kʰuoʔ	voʔ	tuoʔ	tuoʔ	kʰuoʔ
大同　中	tsʰuəʔ$_3$	suəʔ$_3$	kuəʔ$_3$	kʰuəʔ$_3$	vəʔ$_3$	—	₋tu	kʰuəʔ$_3$
大同　后	tsʰuəʔ$_3$	suəʔ$_3$	kuəʔ$_3$	kʰuəʔ$_3$	₋vu	—	₋tu	kʰuəʔ$_3$
呼和浩特　初	tsʰuəʔ	ɕyəʔ	kuəʔ	kʰuəʔ	vəʔ	təʔ	təʔ	kʰuəʔ
呼和浩特　中	tsuəʔ$_3$	suəʔ$_3$	kuəʔ$_3$	kʰuəʔ$_3$	vəʔ$_3$	tuəʔ$_3$	tuəʔ$_3$	kʰuəʔ$_3$
呼和浩特　后	tsuəʔ$_3$	suəʔ$_3$	kuəʔ$_3$	kʰuəʔ$_3$	vəʔ$_3$	tuəʔ$_3$	tuəʔ$_3$	kʰuəʔ$_3$

字目	福	覆	服	目	六	陆	肃	竹
古音	通合三非入屋	通合三敷入屋	通合三奉入屋	通合三明入屋	通合三来入屋	通合三来入屋	通合三心入屋	通合三知入屋
太原 初	fəʔ	fəʔ	fəʔ	məʔ	luəʔ	luəʔ	ɕyəʔ	tsuəʔ
太原 中	fəʔ˧	fəʔ˧	fəʔ˧	məʔ˧	luəʔ˧	luəʔ˧	ɕyəʔ˧	tsuəʔ˧
太原 后	fəʔ˧	fəʔ˧	fu꜒	mu꜒	liəu꜒	lu꜒	suəʔ˧	tsuəʔ˧
文水 初	xuəʔ	xuəʔ	xuəʔ	mbəʔ	luəʔ	luəʔ	ɕyəʔ	tsuəʔ
文水 中	xuəʔ˧	xuəʔ˧	xuəʔ˧	məʔ˧	luəʔ˧	luəʔ˧	ɕyəʔ˧	tsuəʔ˧
文水 后	xuəʔ˧	xuəʔ˧	xuəʔ˧	məʔ˧	luəʔ˧	luəʔ˧	ɕyəʔ˧	tsuəʔ˧
太谷 初	fəʔ	fəʔ	fəʔ	məʔ	—	luəʔ	ɕyəʔ	tsuəʔ
太谷 中	fəʔ˧	fəʔ˧	fəʔ˧	məʔ˧	luəʔ˧	luəʔ˧	ɕyəʔ˧	tsuəʔ˧
太谷 后	fəʔ˧	fəʔ˧	fəʔ˧	məʔ˧	liɐɯ꜒	luəʔ˧	suəʔ˧	tsuəʔ˧
兴县 初	fuəʔ	fuəʔ	fuəʔ	mbəʔ	luəʔ	luəʔ	ɕyəʔ	tsuəʔ
兴县 中	xuəʔ˧	xuəʔ˧	xuəʔ˧	məʔ˧	liou꜒	luəʔ˧	suəʔ˧	tsuəʔ˧
兴县 后	xuəʔ˧	xuəʔ˧	xuəʔ˧	məʔ˧	liou꜒	luəʔ˧	suəʔ˧	tsuəʔ˧
晋城 初	fəʔ	fəʔ	fəʔ	məʔ	—	luəʔ	ɕyəʔ	tsuəʔ
晋城 中	fəʔ˧	fəʔ˧	fəʔ˧	məʔ˧	liauɯ꜒	luəʔ˧	ʂuəʔ˧ ɕyəʔ˧	tʂuəʔ˧
晋城 后	fəʔ˧	fəʔ˧	fəʔ˧	məʔ˧	liauɯ꜒	luəʔ˧	ʂuəʔ˧	—
大同 初	foʔ	foʔ	foʔ	mũ꜒	luoʔ	luoʔ	ɕyæʔ	tʂuoʔ
大同 中	fəʔ˧	fəʔ˧	—	mu꜒	luəʔ˧	luəʔ˧	ɕyəʔ˧	tʂuəʔ˧
大同 后	fəʔ˧	fəʔ˧	—	mu꜒	luəʔ˧	luəʔ˧	suəʔ˧	tʂuəʔ˧
呼和浩特 初	fəʔ	fəʔ	fəʔ	məʔ	ləʔ	ləʔ	ɕyəʔ	tsuəʔ
呼和浩特 中	fuəʔ˧	fuəʔ˧	fuəʔ˧	mu꜒	liəu꜒	luəʔ˧	ɕyəʔ˧	tsuəʔ˧
呼和浩特 后	fuəʔ˧	fuəʔ˧	fuəʔ˧	mu꜒	liəu꜒	luəʔ˧	ɕyəʔ˧	tsuəʔ˧

字目		逐	祝	叔	熟	淑	肉	菊	畜
古音		通合三澄入屋	通合三章入屋	通合三书入屋	通合三禅入屋	通合三禅入屋	通合三日入屋	通合三见入屋	通合三晓入屋
太原	初	tsuəʔ	tsuəʔ	suəʔ	—	suəʔ	zuɛʔ	tɕyəʔ	çyəʔ
	中	tsuəʔ₂	tsuəʔ₃	suəʔ₃	suəʔ₂	—	zəuʔ₃	tɕyəʔ₃	çyəʔ₃
	后	tsuəʔ₃	tsu꜔	suəʔ₃	suəʔ₃	ˌsu	zəu꜔	tɕyəʔ₃	çyəʔ₃
文水	初	tsuəʔ	tsuəʔ	suəʔ	suəʔ	suəʔ	zuɛʔ	tɕʻyəʔ	çyəʔ
	中	tsuəʔ₃	tsuəʔ₂	səuʔ₃	suəʔ₂	suəʔ₂	zou꜔ / zuəʔ₃	tɕyəʔ₃	çyəʔ₃
	后	tsuəʔ₃	tsuəʔ₃	suəʔ₃	suəʔ₂	suəʔ₂	zuɯ꜔	tɕyəʔ₃	çyəʔ₃
太谷	初	tsuəʔ	tsuəʔ	fəʔ	—	fəʔ	uəʔ	tɕyəʔ	çyəʔ
	中	tsuəʔ₂	tsuəʔ₃	suəʔ₃	suəʔ₃	suəʔ₃	ˌmeʔ	tɕʻyəʔ₃	çyəʔ₃
	后	tsuəʔ₂	tsuəʔ₃	suəʔ₃	suəʔ₂	ˌsu	ˌmeʔ	tɕʻyəʔ₃	çyə₃
兴县	初	tsuəʔ	tsuəʔ	suəʔ	suəʔ	suəʔ	suəʔ	tɕyəʔ	—
	中	tsuəʔ₃	tsuəʔ₃	suəʔ₃	suəʔ₂	suəʔ₂	zou꜔	tɕyəʔ₃	çyəʔ₃
	后	tsuəʔ₃	tsuəʔ₃	suəʔ₃	suəʔ₂	suəʔ₂	zou꜔	tɕyəʔ₃	çyəʔ₃
晋城	初	tsuəʔ	tsuəʔ	suəʔ	—	suəʔ	zuɛʔ	tɕyəʔ	çyəʔ
	中	tʂuəʔ₃	tʂuəʔ₃	ˌʂu / ʂuəʔ₃	ʂuəʔ₃	ʂuəʔ₃	ʐɣɯ꜔ / ʐuəʔ₃	tɕyəʔ₃	çyəʔ₃
	后	—	tʂu꜔	ˌʂu	ʂuəʔ₂	ˌʂu	ʐaɯ꜔	tɕyəʔ₂	çyəʔ₃
大同	初	tʂuoʔ	tʂuoʔ	ʂuoʔ	ʂuoʔ	ʂuoʔ	ʐuoʔ	tɕyəʔ	çəʔ
	中	tʂuəʔ₃	tʂuəʔ₃	ˌʂəu	—	—	ʐəu꜔	tɕyəʔ₃	çyəʔ₃
	后	tʂuəʔ₃	tʂuəʔ₃	ˌʂəu	—	—	ʐəu꜔	tɕyəʔ₃	çyəʔ₃
呼和浩特	初	tsuəʔ	tsuəʔ	suəʔ	suəʔ	suəʔ	zuɛʔ	tɕyəʔ	çyəʔ
	中	tsuəʔ₃	tsuəʔ₃	suəʔ₃	suəʔ₂	suəʔ₃	zəu꜔	tɕʻyəʔ₃	çyəʔ₃
	后	tsuəʔ₃	tsuəʔ₃	suəʔ₃	suəʔ₂	suəʔ₃	zəu꜔	tɕʻyəʔ₃	çyəʔ₃

字目	绿	足	促	俗	烛	赎	束	蜀
古音	通合三 来入烛	通合三 精入烛	通合三 清入烛	通合三 邪入烛	通合三 章入烛	通合三 船入烛	通合三 书入烛	通合三 禅入烛
太原 初	luəʔ	tɕyəʔ	tsʻuəʔ	ɕyəʔ	tsuəʔ	suəʔ	suəʔ	—
太原 中	lyəʔ₃	tɕyəʔ₃	tsʻuəʔ₃	ɕyəʔ₃	tsuəʔ₃	suəʔ₃	suəʔ₃	suəʔ₃
太原 后	ly²	tsuəʔ₃	tsʻuəʔ₃	ɕyəʔ₃	tsuəʔ₃	suəʔ₃	su²	ˈsu
文水 初	luəʔ	tɕyəʔ	tsʻuəʔ	ɕyəʔ	tsuəʔ	suəʔ	suəʔ	—
文水 中	luəʔ₃	tɕyəʔ₃	tsʻuəʔ₃	ɕyəʔ₃	tsuəʔ₃	suəʔ₃	suəʔ₃	tsuəʔ₃
文水 后	luəʔ₃	tɕyəʔ₃	tsʻuəʔ₃	ɕyəʔ₃	tsuəʔ₃	suəʔ₃	suəʔ₃	suəʔ₃
太谷 初	luəʔ	tɕyəʔ	tsʻuəʔ	ɕyəʔ	tsuəʔ	fəʔ	fəʔ	—
太谷 中	luəʔ₃	tɕyəʔ₃	tsʻuəʔ₃	ɕyəʔ₃	tsuəʔ₃	fəʔ₃ suəʔ₃	fəʔ₃ suəʔ₃	suəʔ₃
太谷 后	luəʔ₃	tɕyəʔ₃	tsʻuəʔ₃	ɕyəʔ₃	tsuəʔ₃	fəʔ₃ ˌsu	su²	ˈsu
兴县 初	luəʔ	tsuəʔ	tsʻuəʔ	ɕyəʔ	tsuəʔ	suəʔ	suəʔ	—
兴县 中	luəʔ₃	tsuəʔ₃	tsʻuəʔ₃	suəʔ₃	tsuəʔ₃	suəʔ₃	suəʔ₃	ˈsu
兴县 后	luəʔ₃	tsuəʔ₃	tsʻuəʔ₃	suəʔ₃	tsuəʔ₃	suəʔ₃	suəʔ₃	ˈsu
晋城 初	luəʔ	tɕyəʔ	tsuaʔ	ɕyəʔ	tsuəʔ	ʂuəʔ	ʂuəʔ	ʂuəʔ
晋城 中	luəʔ₃	tɕyəʔ₃	tʂʻuəʔ₃	ɕyəʔ₃	tʂuəʔ₃	ʂuəʔ₃	ʂuəʔ₃	ˈʂu
晋城 后	luəʔ₃	tɕyəʔ₃ tʂuəʔ₃	tʂʻuəʔ₃	—	tʂuəʔ₃	ʂuəʔ₃	ʂuəʔ₃	ˈʂu
大同 初	luoʔ	tɕyəʔ	tsʻuoʔ	ɕyæʔ	tʂuoʔ	ʂuoʔ	ʂuoʔ	ʂuoʔ
大同 中	ly²	tɕyəʔ₃	tsʻuəʔ₃	ɕyəʔ₃	tʂuəʔ₃	ˌʂu	ʂuəʔ₃	ʂuəʔ₃
大同 后	ly²	tsuəʔ₃	tsʻuəʔ₃	ˌsu	tʂuəʔ₃	ˌʂu	ʂuəʔ₃	ʂuəʔ₃
呼和浩特 初	ləʔ	tɕyəʔ	—	ɕyəʔ	tsuəʔ	suəʔ	suəʔ	suəʔ
呼和浩特 中	luəʔ₃	tɕyəʔ₃	tsʻuəʔ₃	ɕyəʔ₃	tsuəʔ₃	suəʔ₃	suəʔ₃	tsuəʔ₃
呼和浩特 后	luəʔ₃	tɕyəʔ₃	tsʻuəʔ₃	ɕyəʔ₃	tsuəʔ₃	suəʔ₃	suəʔ₃	tsuəʔ₃

字目	辱	曲	局	玉	狱	欲
古音	通合三 日入烛	通合三 溪入烛	通合三 群入烛	通合三 疑入烛	通合三 疑入烛	通合三 以入烛
太原 初	zuəʔ	tɕʰyəʔ	tɕyəʔ	yəʔ	yəʔ	yəʔ
太原 中	zuəʔ˨	tɕʰyəʔ˨	tɕyəʔ˨	y˨	yəʔ˨	yəʔ˨
太原 后	ˈzu	ˈtɕʰy	tɕyəʔ˨	y˨	y˨	yəʔ˨
文水 初	zuəʔ	tɕʰyəʔ	tɕyəʔ	yəʔ	yəʔ	yəʔ
文水 中	zuəʔ˨	tɕʰyəʔ˨	tɕyəʔ˨	ɥ˨	yəʔ˨	yəʔ˨
文水 后	zuəʔ˨	tɕyəʔ˨	tɕyəʔ˨	yəʔ˨	yəʔ˨	ɥ˨
太谷 初	uəʔ	tɕʰyəʔ	tɕyəʔ	yəʔ	yəʔ	yəʔ
太谷 中	zuəʔ˨	tɕʰyəʔ˨	tɕyəʔ˨	yəʔ˨	yəʔ˨	yəʔ˨
太谷 后	ˈzu	ˈtɕʰy	tɕyəʔ˨	y˨	yəʔ˨	yəʔ˨
兴县 初	zuəʔ	tɕʰyəʔ	tɕyəʔ	yəʔ	yəʔ	yəʔ
兴县 中	zuəʔ˨	tɕʰyəʔ˨	tɕyəʔ˨	y˨	yəʔ˨	yəʔ˨
兴县 后	zuəʔ˨	tɕʰyəʔ˨	tɕyəʔ˨	y˨	yəʔ˨	yəʔ˨
晋城 初	zuəʔ	tɕʰyəʔ	tɕyəʔ	—	yəʔ	yəʔ
晋城 中	zu̯əʔ˨	tɕʰyəʔ˨	tɕyəʔ˨	yəʔ˨	y˨	y˨
晋城 后	zu̯əʔ˨	tɕʰyəʔ˨ / ˈtɕʰy	tɕyəʔ˨	yəʔ˨	y˨	yəʔ˨
大同 初	zu̯oʔ	tɕʰyəʔ	tɕyʔ	yʔ	yʔ	yʔ
大同 中	—	tɕʰyəʔ˨	ˈtɕy	y˨	y˨	yəʔ˨
大同 后	—	tɕʰyəʔ˨	ˈtɕy	y˨	y˨	y˨
呼和浩特 初	zuəʔ	tɕʰyəʔ	tɕyəʔ	yəʔ	yəʔ	yəʔ
呼和浩特 中	zu̯əʔ˨	tɕʰyəʔ˨	ˈtɕy	y˨	y˨	yəʔ˨
呼和浩特 后	zu̯əʔ˨	tɕʰyəʔ˨	ˈtɕy	y˨	y˨	yəʔ˨